O FEDERALISMO NA VISÃO DOS ESTADOS

CB071720

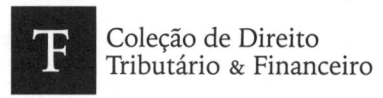 Coleção de Direito Tributário & Financeiro

organizador
Onofre Alves Batista Júnior

O FEDERALISMO NA VISÃO DOS ESTADOS

uma homenagem do Colégio Nacional de Procuradores-Gerais dos Estados e do Distrito Federal – CONPEG – aos 30 anos de Constituição

Copyright © 2018 by Editora Letramento

Diretor Editorial | **Gustavo Abreu**
Diretor Administrativo | **Júnior Gaudereto**
Diretor Financeiro | **Cláudio Macedo**
Logística | **Vinícius Santiago**
Assistente Editorial | **Laura Brand**
Revisão | **LiteraturaBr Editorial, Flávia Alessandra Costa e Marina Koehne de Barros**
Capa, Projeto Gráfico e Diagramação | **Luís Otávio**

Conselho Editorial | **Alessandra Mara de Freitas Silva; Alexandre Morais da Rosa; Bruno Miragem; Carlos María Cárcova; Cássio Augusto de Barros Brant; Cristian Kiefer da Silva; Cristiane Dupret; Edson Nakata Jr; Georges Abboud; Henderson Fürst; Henrique Garbellini Carnio; Henrique Júdice Magalhães; Leonardo Isaac Yarochewsky; Lucas Moraes Martins; Luiz Fernando do Vale de Almeida Guilherme; Nuno Miguel Branco de Sá Viana Rebelo; Renata de Lima Rodrigues; Rubens Casara; Salah H. Khaled Jr; Willis Santiago Guerra Filho.**

Coordenador da Coleção | **Onofre Alves Batista Júnior**

Todos os direitos reservados.
Não é permitida a reprodução desta obra sem
aprovação do Grupo Editorial Letramento.

Referência para citação

BATISTA JÚNIOR, Onofre Alves.(org). O federalismo na visão dos estados : uma homenagem do Colégio Nacional de Procuradores-Gerais dos Estados e do Distrito Federal – CONPEG – aos 30 anos de Constituição.Belo Horizonte(MG): Letramento: Casa do Direito, 2018.

Dados Internacionais de Catalogação na Publicação (CIP)
Bibliotecária Juliana Farias Motta CRB7- 5880

F293

O federalismo na visão dos estados : uma homenagem do Colégio Nacional de Procuradores-Gerais dos Estados e do Distrito Federal – CONPEG – aos 30 anos de Constituição / organizador Onofre Alves Batista Júnior. – Belo Horizonte(MG): Letramento: Casa do Direito: Fapemig: Fundep: Conpeg, 2018.

458 p. 16 x 23 cm. – Direito Tributário e Financeiro

ISBN: 978-85-9530-121-4

Outros autores: Maria Lídia Soares de Assis,Maria Mariana Soares de Moura, Juvêncio Vasconcelos Viana,Ariano Melo Pontes, Paola Aires Corrêa Lima, Alexandre Nogueira Alves, Anderson Sant'ana Pedra, Rodrigo Maia Rocha,Gabriel Meira Nóbrega de Lima, Ulisses Schwarz Viana, Onofre Alves Batista Júnior,Marina Soares Marinho...

1. Brasil. [Constituição (1988)].2. Direito constitucional - Brasil - Interpretação e construção.I. Batista Júnior, Onofre Alves. II. Título: uma homenagem do Colégio Nacional de Procuradores-Gerais dos Estados e do Distrito Federal – CONPEG – aos 30 anos de Constituição . III. Série

CDD 342.81

Belo Horizonte - MG
Rua Magnólia, 1086
Bairro Caiçara
CEP 30770-020
Fone 31 3327-5771
contato@editoraletramento.com.br
grupoeditoralletramento.com
casadodireito.com

Casa do Direito é o selo jurídico do
Grupo Editorial Letramento

7   **APRESENTAÇÃO**
FRANCISCO WILKIE REBOUÇAS CHAGAS JÚNIOR

9   **PRIMEIRAS PALAVRAS: O CONPEG E A SUA HISTÓRIA – O ANJO DA GUARDA DO FEDERALISMO**
ONOFRE ALVES BATISTA JÚNIOR
JOÃO LEONARDO SILVA COSTA

27   **PERSPECTIVAS PARA O FEDERALISMO BRASILEIRO: CONTRIBUIÇÕES DE UMA ANÁLISE MULTI-COMPARATIVA**
MARIA LÍDIA SOARES DE ASSIS
MARIA MARIANA SOARES DE MOURA

52   **FUNDEB E PACTO FEDERATIVO**
JUVÊNCIO VASCONCELOS VIANA
ARIANO MELO PONTES

80   **O FEDERALISMO E SUA CONCEPÇÃO COMO PRINCÍPIO CONSTITUCIONAL**
PAOLA AIRES CORRÊA LIMA

101   **O SENADO FEDERAL, A COMPETÊNCIA LEGISLATIVA CONCORRENTE E OS INTERESSES DOS GOVERNOS ESTADUAIS NO PROCESSO LEGISLATIVO: NORMAS GERAIS *VERSUS* NORMAS ESPECÍFICAS NUMA FEDERAÇÃO**
ALEXANDRE NOGUEIRA ALVES
ANDERSON SANT'ANA PEDRA

132   **O ESTATUTO NACIONAL DOS PROCURADORES DO ESTADO COMO MEDIDA DE FORTALECIMENTO DO PACTO FEDERATIVO**
RODRIGO MAIA ROCHA
GABRIEL MEIRA NÓBREGA DE LIMA

151   **UM COLÉGIO DE GOVERNADORES NO BRASIL E O MODELO DO *BUNDESRAT* NA REPÚBLICA FEDERAL ALEMÃ**
ULISSES SCHWARZ VIANA

172   **AS ESPERANÇAS DE REEQUILÍBRIO FEDERATIVO TRAZIDAS PELA ADO 25**
ONOFRE ALVES BATISTA JÚNIOR
MARINA SOARES MARINHO

198   **MEIO AMBIENTE, SUSTENTABILIDADE, TRIBUTAÇÃO E FEDERALISMO – O CAMINHO PARA O DESENVOLVIMENTO**
OPHIR FILGUEIRAS CAVALCANTE JÚNIOR

- 240   AS CONTRIBUIÇÕES E A OFENSA AO PACTO FEDERATIVO EM DECORRÊNCIA DA DRU
  GILBERTO CARNEIRO DA GAMA
  FELIPE TADEU LIMA SILVINO

- 276   AS PRETENSÕES INCONSTITUCIONAIS DE A UNIÃO FEDERAL TRIBUTAR HERANÇAS, LEGADOS E DOAÇÕES (PL Nº 5.205/2016) E AS PROPOSTAS DE REFORMA DO ICD
  CÉSAR CAÚLA
  PAULO ROSENBLATT

- 311   TRANSFERÊNCIAS CONSTITUCIONAIS E FEDERALISMO COOPERATIVO
  CÉSAR CAÚLA
  LILIAN C. T. DE MIRANDA MANZI

- 330   FEDERALISMO BRASILEIRO: ORIGENS HISTÓRICAS DA TENDÊNCIA CENTRALIZADORA
  PAULO SÉRGIO ROSSO

- 347   ESTADOS-MEMBROS
  ELIVAL DA SILVA RAMOS

- 385   O FEDERALISMO ALEMÃO EM UMA PERSPECTIVA COMPARADA COM O FEDERALISMO BRASILEIRO: A CONSTRIBUIÇÃO DO PRINCÍPIO DA LEALDADE FEDERATIVA PARA A PRESERVAÇÃO E O DESENVOLVIMENTO DA FEDERAÇÃO NO BRASIL
  EUZÉBIO FERNANDO RUSCHEL
  ERNESTO JOSÉ TONIOLO

- 402   SEGURANÇA PÚBLICA E O PACTO FEDERATIVO: REPARTIÇÃO DE COMPETÊNCIAS E POSSIBILIDADE DE INTERVENÇÃO FEDERAL NA SEGURANÇA
  FRANCISCO WILKIE REBOUÇAS CHAGAS JÚNIOR
  CARLOS FREDERICO BRAGA MARTINS
  RODRIGO TAVARES DE ABREU LIMA

- 427   FEDERALISMO FISCAL, REPARTIÇÃO DE RECEITAS TRIBUTÁRIAS, CONTRIBUIÇÕES ESPECIAIS E DRU: APONTANDO UMA SOLUÇÃO DEMOCRÁTICA QUE RESULTE NA AMENIZAÇÃO DA CRISE POLÍTICO-FISCAL DOS ESTADOS-MEMBROS E DO DISTRITO FEDERAL
  ANA CAROLINA DE CARVALHO NEVES
  PAULO CÉSAR DE CARVALHO GOMES JÚNIOR

APRESENTAÇÃO

FRANCISCO WILKIE REBOUÇAS CHAGAS JÚNIOR[1]

Aclamado provérbio chinês reza que *um pouco de perfume sempre fica nas mãos de quem oferece flores*. As mãos perfumadas dos meus pares - que já haviam me escolhido, por duas vezes, presidente do nosso Colégio Nacional de PGEs –, resolveram novamente me acarinhar. Desta feita, para minha honra e alegria, optaram pelo meu nome para apresentar a obra em apreço – a qual, a par de fazer uma radiografia nua, crua e certeira da nossa federação, traz remédios seguros e, ainda melhor, nada amargos, para desenvolvê-la e aperfeiçoá-la.

O saudoso professor Stephen Hawking, talvez a personalidade mais inspirada e inspiradora dos nossos tempos, disse certa vez que *"o maior inimigo do conhecimento não é a ignorância, mas a ilusão do conhecimento"*.

O fenômeno das redes sociais escancarou e amplificou a precisão das palavras do genial mestre. Nunca se falou tanta bobagem sobre os mais variados assuntos. Do nada, brotaram *experts* de todos os lados.

A complexa e delicada questão do "pacto federativo" não escapou a essa sanha digital, o que redundou numa confusão ainda maior acerca de um tema que é de vital importância para que nosso País se torne realmente uma nação. Sobejam textos e opiniões descolados da realidade. Falta material consistente e sério, elaborado por quem efetivamente conheça e viva a questão.

A presente obra, fruto da vasta experiência de Procuradores-Gerais de Estado de todo o país, bem como de longos e calorosos debates e aprofundados estudos e reflexões, vem em boa hora para cobrir essa lacuna e trazer luzes que podem ajudar a colocar o Brasil no rumo do desenvolvimento sustentável.

---

[1] Procurador-Geral do Estado do Rio Grande do Norte e Presidente do Colégio Nacional de Procuradores-Gerais dos Estados e do Distrito Federal.

A ideia de transformar as nossas teses e impressões num livro surgiu numa das reuniões do nosso Colégio Nacional de Procuradores Gerais de Estado – CONPEG – a partir da mente brilhante do Advogado-Geral de Minas Gerais, Doutor Onofre Batista –, e vem coroar o trabalho desse órgão que, de maneira responsável e coordenada, tem dado enorme e reconhecida contribuição para trazer um pouco mais de equilíbrio na relação entre os entes federados. Nossa mais nobre tarefa é descobrir e pavimentar caminhos que conduzam a uma menor concentração de poder e recursos nas mãos do governo central. Não há outra maneira de se estancar a hemorragia que corrói as entranhas dos estados e municípios e que, inevitavelmente, levará – ainda que por sintomas diferentes –, à falência múltipla dos órgãos de cada um dos cidadãos brasileiros, pois é nas cidades e estados que as pessoas vivem, e não na abstração da União Federal.

O presidente Barack Obama, outro ser iluminado, durante a histórica campanha que culminou com a eleição do primeiro presidente negro dos EUA, vaticinou que "a mudança não virá se esperarmos por outra pessoa ou outros tempos. Nós somos aqueles por quem estávamos esperando. Nós somos a mudança que procuramos."

Com a obra que ora oferecemos à comunidade jurídica estamos, não tenho a mínima dúvida, sendo aqueles por quem estávamos esperando e ajudando a promover a mudança que procuramos.

Aprendi com Oscar Wilde que não precisamos de muita coisa, só precisamos uns dos outros. E de sonhos.

Pois bem. O sonho de termos nossas ideias e crenças expostas em livro já virou realidade. Agora é fazer com que saiam do papel. Temos consciência de que não será uma missão fácil. Mas quem conhece pelo menos um pouco da nossa luta bem sabe que "fácil" é uma palavra que não consta em nosso vocabulário. E é ótimo que seja assim. Vitória sem esforço e sacrifício nunca teve a menor graça. Anima-nos saber que certamente contaremos com a ajuda do povo brasileiro, que, sabedor do espírito público que move nossas ações, adubará essa semente e fará desabrochar uma federação efetivamente horizontal, justa e harmônica.

Mãos (e olhos) à obra.

Boa leitura. E viva(m) o Brasil!

PRIMEIRAS PALAVRAS: O CONPEG E A SUA HISTÓRIA – O ANJO DA GUARDA DO FEDERALISMO[1]

ONOFRE ALVES BATISTA JÚNIOR[2]
JOÃO LEONARDO SILVA COSTA[3]

Aqueles que não conhecem a história, toda a vida serão crianças.

Marco Túlio Cícero[4]

---

[1] Não seria possível escrever este texto sem a imprescindível ajuda de eminentes pessoas que fizeram parte da história do CONPEG e muito gentilmente trouxeram informações e documentos que subsidiaram o breve relato aqui contado. Além dos atuais integrantes do Colégio, agradecemos ao Procurador do Estado do Rio Grande do Sul, Sérgio Gualdi, e aos ex-presidentes e Procuradores-Gerais dos Estados Marcos Bernardes de Mello (AL, 1984-1985), Ricardo Aziz Cretton (RJ, 1992-1993), Gabriel Pauli Fadel (RS, 1993-1994), Márcio Sotello Felipe (SP, 1997-1998), Oldeney de Sá Valente (AM, 1998-1999), e José Aloysio Cavalcante Campos (PA, 2003-2004). Um especial agradecimento ao ex-Procurador-Geral do Estado, que também foi presidente do CONPEG, Omar Coêlho Bernardes de Mello (AL), e à Procuradora do Estado e primeira coordenador(a) da Câmara Técnica do CONPEG, Sandra Maria do Couto e Silva (AM), os quais, nos atendendo de forma extremamente atenciosa, paciente, e compartilhando de nosso entusiasmo, aportaram contribuições essenciais para o resgate da memória do Colégio. Quaisquer imprecisões, incompletudes ou perspectivas historicamente parciais desta versão final são de nossa inteira responsabilidade.

[2] Advogado-Geral do Estado de Minas Gerais; Mestre em Ciências Jurídico-Políticas pela Universidade de Lisboa; Doutor em Direito pela UFMG; Pós-Doutoramento em Direito (Democracia e Direitos Humanos) pela Universidade de Coimbra; Professor de Direito Público do Quadro Efetivo da Graduação e Pós-Graduação da Universidade Federal de Minas Gerais (Curriculum lattes http://lattes.cnpq.br/2284086832664522).

[3] Assistente do Advogado-Geral do Estado de Minas Gerais; mestrando em Direito e Justiça (Direito Tributário) pela Faculdade de Direito da UFMG. E-mail: joaoleocosta@gmail.com.

[4] No original: *Nescire autem quid ante quam natus sis acciderit, id est semper esse puerum* (M. Ciceronis. Orator, 120)

Aqueles que forem vasculhar a história das instituições brasileiras em documentos legais pouco encontrarão a respeito do Colégio Nacional de Procuradores-Gerais dos Estados e do Distrito Federal – CONPEG. Nunca existiu registro civil, personalidade jurídica, CNPJ ou qualquer dispositivo legal que criasse e dispusesse sobre a sua existência, seu funcionamento e suas atribuições. Isso somente ocorreu no presente ano, no dia 23 de março, em reunião efetivada em Porto Alegre (RS) pelos Procuradores-Gerais e Advogados-Gerais dos Estados, que resolveram, destemidamente, estabelecer e publicar em seus respectivos Estados uma resolução interfederativa que criasse o CONPEG.[5]

Entretanto, é um ledo engano subestimar a importância que este fórum de discussão e de conjunção nacional, anteriormente não institucionalizado, desempenhou na história do Brasil, sobretudo na história da vigente Constituição de 1988.[6] Desde o nascedouro da *norma normarum* do sistema constitucional brasileiro, ou melhor dizendo, desde os trabalhos que levaram à promulgação desta, o Colégio sempre atuou de forma abscôndita, ocultando-se em orientações jurídicas convergentes levadas a cabo internamente no seio da Administração Pública de cada Estado, refugiando-se na similitude de legislações e formatações institucionais originariamente gestadas no âmbito das discussões travadas no Colégio, e atuando como lídimo *think tank* federativo, *soft law* no delineamento do sistema constitucional pátrio, fiel da balança no equilíbrio da separação de poderes entre os entes.

Os primórdios do CONPEG remontam a outubro de 1984, durante o Décimo Congresso Nacional de Procuradores dos Estados, em Maceió (AL), ocasião na qual os Procuradores-Gerais e Advogados-Gerais dos Estados, avistando as incumbências e responsabilidades que o porvir reservaria à procuratura,[7] decidiram conceber uma instituição que

---

[5] Esta espécie legislativa – resolução interfederativa – incomum no nosso sistema constitucional brasileiro, propositalmente denota o apelo dos membros desta congregação pelo reforço do convalido pacto federativo e verdadeira união dos entes políticos.

[6] Notáveis são as pessoas que passaram por esta instituição, como os Ministros do STF em exercício, Luís Roberto Barroso e Cármen Lúcia Antunes Rocha, e o atual Presidente da República Federativa do Brasil, Michel Temer.

[7] A expressão é comumente identificada a famigerado Procurador do Estado, o jusadministrativista Diogo de Figueiredo Moreira Neto: "[a] expressão procuradoria pode ser reservada para o gênero, vez que abrangerá outros órgãos, públicos ou

congregasse a cúpula da Advocacia Pública de Estado,[8] de modo a articular e centralizar uma atuação jurídica concertada entre os Estados. Nesta ocasião, foi escolhido como primeiro presidente do Colégio o Procurador-Geral do Estado em que se sediava referido Congresso, o PGE Marcos Bernardes de Mello.

Relevante perceber que desde sua origem a instituição foi criada para ser um autêntico "Colégio",[9] e não um fórum, um conselho ou uma ouvidoria sobre os problemas que os Estados enfrentavam. Ainda que o acrônimo da instituição tenha variado ao longo do tempo, sendo anteriormente referido como CNPGEDF,[10] CNPGEDFT,[11] ou

---

privados, de prestação de serviços jurídicos. A espécie aqui tratada, da advocacia pública de radical constitucional, fica, portanto, melhor identificada com designação própria, assinalando, ainda, com a parcial parônima da palavra 'procuratura' com 'magistratura', uma aproximação e uma assemelhação que o próprio legislador constitucional quis destacar." Cf. NETO, Diogo de Figueiredo Moreira *apud* PIRES, Ezequiel. *Procuratura de Estado*: uma visão institucional. Dissertação de Mestrado (Faculdade de Direito da Universidade Federal de Santa Catarina). Florianópolis, 1998.

8 Nas palavras de abertura do XVIII Congresso Nacional de Procuradores do Estado da Associação Nacional de Procuradores do Estado, o ex-Presidente do CONPEG, o Procurador-Geral do Estado do Rio de Janeiro, Ricardo Aziz Cretton, antes da bipartição entre o Ministério Público e a Advocacia-Geral da União, distinguiu quatro tipos de advocacia: a *Advocacia do Estado*, exercida por Procuradores dos Estados, a *Advocacia da Sociedade*, desempenhada pelo Ministério Público, a *Advocacia dos Necessitados*, atribuída à defensoria pública, e a *Advocacia em geral*, levada à cabo pelos advogados, todas constitucionalmente previstas: "Com efeito, matizadas por radical constitucional, específico, a Advocacia do Estado, por nós exercida, a Advocacia da sociedade, que cabe ao Ministério Público, a Advocacia dos necessitados, atribuída à Defensoria Pública, e, enfim, a Advocacia em Geral, lograram reconhecimento constitucional a essencialidade de suas funções, que haverão de exercer-se com as garantias indispensáveis à consecução de sua missão institucional".

9 Etimologicamente, a palavra tem suas raízes em *collĭgĕre*, do latim, que significa "reunir-se". Está formada pelo prefixo *con* e o verbo *eleger*, isto é, pessoas que escolhem trabalhar ou estudar juntas.

10 Colégio Nacional dos Procuradores Gerais dos Estados e do Distrito Federal.

11 Colégio Nacional dos Procuradores Gerais dos Estados e do Distrito Federal e Territórios.

CNPGE,[12] sua missão precípua se manteve intacta: o fortalecimento da federação, no desempenho de articulações entre os Estados em defesa da legalidade, na construção de políticas públicas conjuntas e em ações de interesse comum em prol dos entes subnacionais.

Isto se fez sentir desde o início da atuação do Colégio, e tem como amostra sua atuação na Assembleia Nacional Constituinte. Tendo como presidente o PGE do Distrito Federal, Humberto Gomes de Barros (que viria depois a se tornar ministro do Superior Tribunal de Justiça – STJ),[13] o Colégio atuou incisivamente nos trabalhos que estavam sendo desenvolvidos, participando das audiências públicas das comissões, propondo corretivos às propostas apresentadas, e criticando os projetos que enfraqueciam a federação. Isso foi inclusive notado em matéria veiculada no Jornal do Brasil, no ano de 1987, que evidenciou a comunhão dos PGEs em defesa dos Estados:

---

12 Colégio Nacional de Procuradores Gerais dos Estados e do Distrito Federal (CNPGE). Vale ressaltar que este acrônimo em muito se assemelha ao CNPG, instituição inteiramente diversa, referente ao Conselho Nacional dos Procuradores-Gerais de Justiça, membros do Ministério Público dos Estados, Distrito Federal e Territórios, e do Ministério Público da União.

13 Nos documentos sobre a Constituinte, é possível verificar, em diversas passagens, o registro da presença do PGE Humberto Gomes de Barros nas audiências públicas e nos trabalhos das comissões.

Política

Procuradores-Gerais de 16 estados criticam o anteprojeto de Cabral

Procuradores-gerais de 16 estados, em encontro ontem encerrado no Hotel Nacional, no Rio, divulgaram documento aos governadores no qual manifestam preocupação com alguns pontos do anteprojeto da nova Constituição redigido pelo deputado Bernardo Cabral. Um dos pontos do trabalho do relator da Comissão de Sistematização que recebeu fortes críticas foi o que reduz a competência legislativa dos estados.

O documento dos procuradores defende a manutenção de uma política tributária mais favorável aos estados — idéia que vem sendo torpedeada pelo governo federal —, condena a efetivação de servidores admitidos sem concurso público e estranha a exiguidade de prazos de decisão na Comissão de Sistematização, "que impedem reflexão mais cuidadosa sobre as inovações que os constituintes pretendem oferecer à nova Carta".

Coube ao procurador-geral do Estado do Rio de Janeiro, José Eduardo Santos Neves, presidir o encontro do Hotel Nacional. O ex-procurador Hélio Saboia, nomeado para secretário de Polícia Civil pelo governador Moreira Franco, participou da reunião como convidado especial. Por consenso, o chamado Colégio dos Procuradores-Gerais de Estado destacou no documento "o seu absoluto inconformismo pela maneira como estão sendo conduzidos os trabalhos da Constituinte".

Muita tensão debilita Sarney

Márcio Braga

BRASÍLIA — Noites mal dormidas, agravamento de sua dor na coluna vertebral, o que o obriga a exercícios de alongamento, mais cabelos brancos, rugas e alguns quilos a menos. Este é o preço que o presidente José Sarney está pagando por tentar — numa disputa com os políticos, entre eles, alguns de seus próprios ministros — fazer com que prevaleça, na Constituinte, o sistema presidencialista de governo.

"Ele vem trabalhando de 15 a 18 horas por dia, incluindo os fins de semana", informou o chefe do Gabinete Civil, Ronaldo Costa Couto. A morte do ministro da Reforma Agrária, Marcos Freire, e a crise do PFL que culminou com o rompimento da Aliança Democrática prejudicaram ainda mais, para desespero de seu médico, coronel Messias Araujo, o estado de saúde do presidente, que está sob regime de complementação alimentar à base de vitaminas e sais minerais. "Ele não tem nada grave, mas a tensão, o ritmo de trabalho e o cansaço mus-

Brasília — Wilson Pedrosa

Dor na coluna obriga Sarney a usar almofada

cular nesses últimos dias exigem um acompanhamento mais próximo", disse Messias, que tem se esforçado, algumas vezes em vão, para que Sarney faça suas caminhadas matinais.

Pericumã — Os dias tranquilos, como os da época do Plano Cruzado, que permitiam a Sarney passar os fins de semana no seu sítio São José do Pericumã definitivamente acabaram. Este mês — à exceção de ontem — ele tem passado os fins de semana trabalhando no Palácio da Alvorada.

Na quinta-feira, depois de ser informado pelo senador Marco Maciel, e o ministro Aureliano Chaves, do rompimento do PFL com o PMDB, Messias Araujo teve o cuidado de lhe tirar a pressão arterial. Estava normal: 13 por 8. "Apesar do aspecto abatido, consequência de poucas horas de sono, ele tem surpreendido. Reagiu bem durante todo o mês", disse o médico, acrescentando que, embora tenha emagrecido, Sarney está com 71 quilos, dois acima do normal.

Depois do agravamento da dor na coluna, o presidente tem se submetido a aplicações de ondas curtas e ultra-som e a exercícios de alongamento — extensão e flexão — dos músculos dos braços e das pernas. "A almofada e o encosto suplementares que vem utilizando em sua poltrona são complementos que terão de acompanhar o presidente pelo resto da vida", explicou Messias Araujo.

Após a promulgação da Constituição, o Colégio prosseguiu na consecução de seu mister, em anteparo ao federalismo e no fortalecimento da democracia brasileira, sendo que notórias passagens podem ser citadas.

No processo de revisão constitucional, o Colégio se reuniu a 29 de março de 1993, em João Pessoa, na Paraíba, sob a presidência do PGE do Rio de Janeiro, Ricardo Aziz Cretton, sendo acertadas posições e propostas do Colégio com vistas a disposições constitucionais originárias que impactavam diretamente ou indiretamente no exercício da autonomia dos Estados.[14] O presidente eleito em seguida, o PGE do

---

14 Eram elas: "art. 7º, inciso IV – adicional ao final do inciso a expressão: 'inclusive para servir de base a piso de quaisquer categorias funcionais ou profissionais';

art. 18 – trata do problema da proliferação indiscriminada de municípios. Acrescentar um parágrafo, estabelecendo requisito financeiro para o desmembramento;

art. 37, *caput* – acrescentar os princípios da motivação e da razoabilidade;

art. 37, inciso II – alterar a redação para tornar clara a necessidade de concurso público para a contratação de empregados de empresas públicas e sociedades de economia mista;

art. 37, inciso VI – excluir esse inciso ('e garantindo ao servidor público civil o direito à livre associação sindical);

art. 39, § 3º - incluir esse parágrafo: nenhum servidor receberá, a título de remuneração, importância inferior ao salário mínimo, não se computando as vantagens pessoais;

art. 40, inciso III – suprimir a alínea *b* ('aos trinta anos de efetivo exercício em funções de magistério, se professor, e vinte e cinco, se professora, com proventos integrais');

art. 40, § 4º - excluir a expressão final 'na forma da'

art. 40, § 5º - alterar a redação para 'os proventos da inatividade não poderão exceder a remuneração percebida na atividade, ressalvadas as vantagens pessoais;

art. 49, incisos VII e VIII – atribuir competência exclusiva ao Congresso Nacional para fixar para o período da legislatura seguinte e antes das eleições, a remuneração, equivalente entre si, do Presidente, do Vice-Presidente da República, dos Ministros de Estado, dos Senadores e Deputados, dos membros do Poder Judiciário Federal e dos integrantes das carreiras que constituem as funções essenciais à Justiça, de maneira indexada à inflação;

art. 57, § 2º - alterar a redação para: 'A sessão legislativa não será interrompida sem a aprovação dos projetos de leis orçamentárias';

art. 58, § 3º - modificar a redação para incluir a Procuradoria do Estado como promotora da ação de responsabilidade civil, nos seguintes termos: "As comissões parlamentares de inquérito, que terão poderes de investigação próprios das autoridades judiciais, além de outros previstos nos regimentos das respectivas Casas, serão criadas pela Câmara dos Deputados e pelo Senado Federal, em conjunto

Rio Grande do Sul, Gabriel Pauli Fadel, prosseguiu nestes trabalhos, realizando reunião em 26 e 27 de agosto de 1993, em Fortaleza, véspera dos trabalhos da revisão, ocasião em que ficou consignado que o Colégio encaminharia sugestões à Assembleia Constituinte revisional. Não obstante o considerado fracasso da revisão, sendo aprovadas apenas seis emendas à Constituição,[15] a atuação positiva do Colégio se deu em forma de contenção, obstando que normas prejudiciais aos Estados e ao federalismo fossem incorporadas ao texto constitucional.

Neste mesmo ano, quando entrou em vigor o Estatuto Nacional das Licitações, Lei Federal nº 8.666, de 21 de Junho de 1993, e tendo em vista a repercussão desta matéria para os Estados, foi convocada reunião extraordinária pelo Colégio, realizada em Brasília, a 6 de agosto daquele ano, para que fossem esboçadas diretrizes acerca dos procedimentos juridicamente escorreitos acerca daquele *novel* diploma. Ressalta-se que desde essa época referida Lei foi objeto de acerbas críticas, por ter engessado a autonomia dos entes em matéria licitatória, amiudando em demasio os procedimentos adotados, em descompasso à realidade de cada ente.

Ultrapassada a primeira metade da década de 90, o Colégio passou por um período de inatividade. Acontecimentos importantes neste período para o federalismo, como a renegociação da dívida dos Estados (a qual desembocou em estrangular as finanças públicas estaduais por anos a fio), demonstraram a falta que a ausência da instituição perfez no equilíbrio das relações entre os entes e na moderação do exercício do poder central.

Graças aos esforços, dentre outros, do PGE de Alagoas, Omar Coêlho de Mello, o Colégio foi ressuscitado, mantendo sua atuação velada, mas retomando suas atribuições para com o federalismo brasileiro. Desde

---

ou separadamente, mediante requerimento de um terço de seus membros, para a apuração de fato determinado e por prazo certo, sendo suas conclusões, se for o caso, encaminhadas ao órgão próprio, para que promova a responsabilidade civil ou criminal dos infratores;

art. 103 – incluir o Procurador-Geral do Estado como um dos legitimados a propor ação direta de inconstitucionalidade;"

15 Cf. SENADO FEDERAL. *O Fracasso da revisão Constitucional*. Disponível em: <https://www12.senado.leg.br/noticias/materias/2008/08/19/o-fracasso-da-revisao-constitucional-de-1994>, acesso: 09 de setembro de 2018.

então, a instituição agiu em uma plêiade de matérias de interesses comuns dos Estados, nas mais diversas áreas, como as da educação, da saúde, da segurança, dos repasses constitucionais e toda a miríade de questões afetas ao federalismo financeiro.

Progressivamente o Colégio também se formalizou. Desde as suas origens havia um regimento interno sobre sua constituição e funcionamento. Mas autêntico marco em sua história foi a criação de sua Câmara Técnica (CT), em 2008, primeiramente coordenada pela Procuradora do Estado Sandra Maria do Couto e Silva (AM), coadjuvada pelas colaboradoras também Procuradoras do Estado Ana Carolina Monte Procópio (RN) e Vanessa Abreu (MG), contando com a participação do atual presidente da CT, Ulisses Schwarz Viana, como 1º Vice-presidente à época, e das colegas Christina Aires Correa Lima (RJ) e Sérgio Santana (PE).[16]

A criação da Câmara foi impulsionada, dentre outros motivos, pela sistemática da Repercussão Geral, no STF, e dos Recursos Repetitivos, no STJ, e pelo anseio de que houvesse um centro que gestasse ações jurídicas concertadas entre os Estados, a evitar o tumulto processual, e a combater aberrações autoritariamente impostas pelo poder central.[17]

Neste momento de crise financeira e federativa que ora vivemos, o Colégio decidiu por se expor, abraçando o seu compromisso de proteger a federação. O anjo da guarda do federalismo se revela e toma

---

16 Sendo que os três mais antigos membros do grupo que constituiu a pré Câmara Técnica foram Sandra Couto (AM), Sérgio Santana (PE) e Ulisses Schwarz Viana (MS), os três ainda atuantes.

17 Relatou-nos a Procuradora do Estado Sandra Maria do Couto e Silva que um dos fatores que motivaram a criação da Câmara técnica se deveu ao resultado positivo da Ação Cautelar nº 1033, ajuizada pelos Estados e Distrito Federal em face da União. Proferiu-se liminar favorável aos autores para a suspensão dos efeitos das inscrições dos respectivos CNPJs no Cadastro Único dos Convênios (CAUC), que obstava a realização de aportes financeiros juntos à Caixa Econômica Federal. Outro resultado positivo pré Câmara Técina se deu também na Ação Cível Originária nº 840, junto ao STF, com objeto correlato, na qual os entes subnacionais obtiveram desfecho positivo. Nesta última, o descrédito da União frente aos entes estaduais restou escancarado. A título de exemplo, a exordial do caso narrou que a negativação no CAUC do CNPJ do Estado do Amazonas se deu em virtude de execução fiscal ajuizada pela União em face de hospital localizado no Estado do Rio de Janeiro. Por este motivo, o Estado do Amazonas ficou impedido de receber transferências voluntárias e realizar operações de crédito, abalando gravemente as finanças estaduais.

contornos, combatendo incisivamente desmandos autoritários e centralizadores. E já incentiva a formação de um Colégio de Governadores, para que possa regressar à sua atuação velada, tão bem desempenhada. Oxalá consiga cumprir seus objetivos, para o bem de todo o país.

Linha do Tempo – Presidentes do CONPEG

Ano	Presidente
1984 –1985	Marcos Bernardes de Mello (AL)
1986 – 1987	Humberto Gomes de Barros (DF)
1988 – 1989	Jales Costa (RN)
1992	Ricardo Aziz Cretton (RJ)
1993	Ricardo Aziz Cretton (RJ) Fernando Luiz Ximenes Rocha (CE) Gabriel Pauli Fadel (RS)
1994	Gabriel Pauli Fadel (RS)
1995	Raul Cid Loureiro (RJ)
1997	Márcio Sotello Felipe (SP)
1998	Márcio Sotello Felipe (SP) Omar Coêlho de Mello (AL) Oldeney de Sá Valente (AM)
1999	Oldeney de Sá Valente (AM) Miguel Ângelo Farage de Carvalho (DF)
2000 – 2001	Miguel Ângelo Farage de Carvalho (DF)
2003 – 2004	José Aloysio Cavalcante Campos (PA)
2005	José Aloysio Cavalcante Campos (PA) João Furtado de Mendonça (GO)
2006	João Furtado de Mendonça (GO)
2007	João Furtado de Mendonça (GO) Rafael Coldibelli Francisco (MS)
2008 – 2010	Rafael Coldibelli Francisco (MS)
2011 – 2014	Lúcia Lea Guimarães Tavares (RJ)
2015 – 2018	Francisco Wilkie Rebouças Chagas Júnior (RN)

REGIMENTO INTERNO DA CÂMARA TÉCNICA CRIADA PELA RESOLUÇÃO Nº 01/08-CNPGEDF

SEÇÃO I – DA CÂMARA TÉCNICA E DE SUA FINALIDADE

Art. 1º - A Câmara Técnica é órgão auxiliar do Colégio Nacional de Procuradores Gerais dos Estados e do Distrito Federal, responsável pela organização da atuação conjunta dos entes federados, com a finalidade de promover a articulação, o desenvolvimento de ações, a uniformização e otimização da defesa do interesse público, em questões comuns, perante os Tribunais Superiores.

SEÇÃO II – DA COMPOSIÇÃO E ATRIBUIÇÕES

Art. 2º - A Câmara Técnica compõe-se dos seguintes membros:

I – Presidente;

II – Vice-Presidente;

III - um Procurador do Estado de cada unidade federada e um do DF, designados pelos respectivos Procuradores Gerais e Advogado Geral.

§ 1º - As atividades da Câmara Técnica são coordenadas pelo Presidente e, em sua ausência, pelo Vice-Presidente, ambos eleitos por seus integrantes, com mandato de 2 (anos).

§ 2º Poderão ser criados, no âmbito da Câmara Técnica, grupos temáticos específicos, permanentes ou temporários, por deliberação do Presidente da Câmara Técnica, segundo indicação dos Procuradores referidos no inciso III, do *caput* deste artigo.

SEÇÃO III – DOS PROCEDIMENTOS PARA ATUAÇÃO CONJUNTA DOS ESTADOS E DO DISTRITO FEDERAL NOS RECURSOS EXTRAORDINÁRIOS COM REPERCUSSÃO GERAL

Art. 3º - Nos recursos extraordinários processados nos termos dos artigos 543-A e 543-B do Código de Processo Civil, os Estados e o Distrito Federal poderão apresentar manifestação conjunta sobre a questão da repercussão geral, visando a defesa do interesse público comum, observadas as disposições do artigo 4º da Resolução CNPGEDF nº 1/2008 e os seguintes procedimentos:

§ 1º - Destacada a existência de repercussão geral de matéria relevante para o interesse comum dos Estados e do Distrito Federal, a Procuradoria/ Advocacia Geral do ente federativo que figurar como parte no processo comunicará o fato ao Colégio Nacional de Procuradores-Gerais e ao Presidente da Câmara Técnica, que cientificará os integrantes da câmara e designará o coordenador das medidas necessárias à manifestação conjunta no feito na qualidade de terceiros interessados na análise da repercussão geral, na forma do art. 543-A, § 6º, do CPC.

§2º - Reconhecida pelo Supremo Tribunal Federal a existência de repercussão geral, a Procuradoria/Advocacia Geral do ente federativo que for parte no recurso extraordinário comunicará o fato ao Colégio Nacional de Procuradores-Gerais e ao Presidente da Câmara Técnica, que cientificará os membros da câmara e, se ainda não houver, designará o coordenador das medidas necessárias à intervenção conjunta no feito, observado o disposto no art. 327, §2º do RISTF.

§ 3º - O Presidente da Câmara Técnica designará o coordenador na forma do § 2º, do art. 4º, da Resolução nº 01/2008-CNPGEDF.

§ 4º - Na hipótese do parágrafo anterior, o coordenador da manifestação conjunta, a quem competirá elaborar a minuta da manifestação, será designado dentre os representantes da Câmara Técnica, salvo determinação em contrário.

§ 5º - O ente federativo que decidir pela apresentação de manifestação autônoma comunicará a decisão ao Presidente por meio de seu representante na Câmara Técnica.

§ 6º - As manifestações conjuntas serão submetidas e subscritas pelos Procuradores/Advogados-Gerais, que poderão delegar a subscrição das peças aos respectivos representantes perante a Câmara Técnica.

SEÇÃO IV – DOS PROCEDIMENTOS PARA A ATUAÇÃO CONJUNTA DOS ESTADOS E DISTRITO FEDERAL NOS PROCESSOS SUBMETIDOS AO REGIME DO ARTIGO 543 – C DO CÓDIGO DE PROCESSO CIVIL

Art. 4º - Nos recursos submetidos ao regime do artigo 543-C do Código de Processo Civil, os Estados e o Distrito Federal poderão apresentar manifestação conjunta para a defesa do interesse público comum, observadas as disposições do artigo 4º da Resolução CNPGEDF nº 1/2008 e os seguintes procedimentos:

§ 1º - Admitidos pelo presidente do tribunal de origem um ou mais recursos representativos da controvérsia, na forma do § 1º do artigo 543-C do CPC, ou na ocorrência da hipótese prevista no § 1º do artigo 2º da Resolução STJ nº 08/2008, a Procuradoria/Advocacia Geral do ente federativo que figurar como parte nos processos comunicará o fato ao Presidente do Colégio Nacional de Procuradores-Gerais e ao Presidente da Câmara Técnica, que cientificará os demais integrantes da câmara e designará o coordenador das medidas necessárias à intervenção conjunta.

§ 2º - A designação do coordenador referido no § 1º recairá preferencialmente sobre o representante, perante a Câmara Técnica, da Procuradoria/Advocacia Geral do ente federativo que figurar como parte no recurso representativo da controvérsia.

§ 3º - A elaboração do texto da manifestação conjunta a ser submetida pelos integrantes da Câmara Técnica aos respectivos Procuradores-Gerais/Advogado-Geral será elaborada pela Procuradoria/Advocacia-Geral do ente federativo que figurar como parte no recurso representativo da controvérsia, salvo determinação em contrário do Colégio Nacional de Procuradores-Gerais.

§ 4º - Quando houver interesse ou conveniência na ampliação do âmbito da defesa do interesse comum aos entes federativos, esses poderão, inclusive na forma do § 4º do art. 543-C do CPC, na qualidade de terceiro interessado, apresentar manifestação conjunta complementar à manifestação oferecida pelo ente federativo que figurar como parte no recurso representativo.

§ 5º - O coordenador da manifestação conjunta complementar, a quem competirá elaborar a minuta da manifestação, será designado dentre os representantes da Câmara Técnica, salvo determinação diversa do Colégio Nacional de Procuradores-Gerais.

§ 6º - O ente federativo que decidir pela apresentação de manifestação autônoma comunicará a decisão ao Presidente por meio de seu representante na Câmara Técnica.

§ 7º - As manifestações conjuntas serão submetidas e subscritas pelos Procuradores-Gerais, que poderão delegar a subscrição das peças aos respectivos representantes perante a Câmara Técnica.

SEÇÃO V - DA REPRESENTAÇÃO DA CÂMARA TÉCNICA

Art. 5º - Compete ao Presidente e em sua ausência, ao Vice-Presidente, representar a Câmara Técnica perante os Tribunais Superiores, Advocacia Geral da União, Procuradoria Geral da Fazenda Nacional, Procuradoria Geral da República, órgãos da Administração Pública Federal, ou órgão definido pelo Colégio Nacional de Procuradores-Gerais dos Estados e do Distrito Federal.

Parágrafo único. Em caso de ausência justificada de ambos os representantes, fica autorizado a representar a Câmara Técnica o Procurador-Chefe de lotação mais antiga em Brasília ou o Procurador do Estado-Parte na controvérsia.

SEÇÃO VI - DAS ATRIBUIÇÕES DO PRESIDENTE DA CÂMARA TÉCNICA

Art. 6º - Compete ao Presidente:

I – convocar e presidir as reuniões da Câmara Técnica, ordinárias e extraordinárias;

II – estabelecer sistema de intercâmbio de informações com as Procuradorias Gerais dos Estados e do Distrito Federal com o objetivo de conhecer, previamente, das questões jurídicas de interesse público comum, suscetível de desencadear demandas judiciais repetitivas ou súmulas vinculantes;

III – conhecer e examinar, de ofício, ou mediante provocação do Colégio Nacional de Procuradores Gerais dos Estados e do Distrito Federal, ou de qualquer Procuradoria Geral, as questões constitucionais e federais de interesse comum postas como fundamento de recurso extraordinário ou de recurso especial suscetíveis de serem consideradas de repercussão geral ou que envolvam recursos repetitivos, respectivamente;

IV – solicitar à Procuradoria-Geral ou à Advocacia Geral pertinentes, por intermédio de seu representante na Câmara Técnica, as razões de recurso extraordinário ou de recurso especial interpostos, ou contra-razões apresentadas a um ou outro recurso, de matérias jurídicas que sejam de interesse comum de alguns Estados ou do DF, passíveis de ensejar repercussão geral ou repetição de controvérsia nos termos da lei, informando, do litígio, ao Presidente do Colégio Nacional;

V – encaminhar à Câmara Técnica as peças processuais a que se refere o inciso anterior, para levantamento e consolidação do número de casos judiciais semelhantes de interesse comum dos Estados e do DF;

VI – designar coordenador para analisar e atuar nas matérias selecionadas de ofício, encaminhadas pelo Colégio Nacional de Procuradores Gerais ou isoladamente por Procuradorias Gerais ou Advocacia Geral, recaindo a designação, preferencialmente, em Procurador representante do Estado-Parte na controvérsia, convocando-se, desde logo, reunião da Câmara Técnica ou de Grupo Técnico específico para discussão da matéria e indicação de medidas a serem empreendidas em atuação conjunta das Unidades Federadas interessadas;

VII – submeter as conclusões e manifestações da Câmara Técnica ou do Grupo Técnico competente à apreciação e decisão do Colégio Nacional de Procuradores Gerais dos Estados e do Distrito Federal;

VIII – cumprir a deliberação do Colégio Nacional de Procuradores-Gerais relativamente ao texto aprovado pela Câmara Técnica ou outro que venha a substituí-lo, total ou parcialmente, cuja elaboração tenha sido determinada a relator designado pelo Colégio de Procuradores-Gerais dos Estados e do Distrito Federal;

IX – promover, em casos urgentes, por deliberação da Câmara Técnica, medidas que visem à intervenção para defesa ou impugnação de repercussão geral em recurso extraordinário ou recurso representativo de controvérsia em recurso especial, *ad referendum* do Colégio Nacional de Procuradores Gerais dos Estados e do Distrito Federal;

X – Convidar especialistas para palestras sobre temas sugeridos pelos integrantes da Câmara Técnica ou do Colégio Nacional de Procuradores Gerais dos Estados e do Distrito Federal pertinentes a recursos ou ações judiciais, que aprimorem a atuação dos Procuradores na Câmara Técnica e na Câmara de Conciliação da Advocacia Geral da União.

Art. 7º - Aos demais processos em curso nos Tribunais Superiores que apresentarem característica de interesse comum e repercussão geral, além dos já versados neste Regimento, aplicar-se-ão, no que couber, os procedimentos neste elencados para atuação conjunta.

SEÇÃO VII – DAS ELEIÇÕES

Art. 8º - As eleições dos integrantes da Câmara Técnica obedecem aos seguintes requisitos:

I – a inscrição de chapa será feita junto à Secretaria da Câmara Técnica composta por Procuradores especialmente designados para essa finalidade, pelo menos com 30 (trinta) dias de antecedência ao dia do pleito;

II-a chapa conterá a inscrição dos nomes dos candidatos para Presidente e Vice-Presidente e somente poderá concorrer Procurador do Estado com mais de 3 (três) anos de efetivo exercício.

§1º. A eleição realizar-se-á antes do término de cada biênio civil, convocadas ordinariamente até 45 (quarenta e cinco) dias antes do final do exercício do mandato do Presidente do Colégio Nacional de Procuradores Gerais dos Estados e do Distrito Federal, podendo votar todos os integrantes da Câmara Técnica, em escrutínio secreto, sendo eleita a chapa que obtiver maioria simples.

SEÇÃO VIII – DAS DISPOSIÇÕES GERAIS

Art. 9º - O presente Regimento Interno poderá ser alterado por iniciativa do Colégio Nacional de Procuradores Gerais dos Estados e do Distrito Federal ou por sugestão da Câmara Técnica.

Art. 10 – Aplicam-se a essa hipótese as regras vigentes para o Colégio Nacional de Procuradores Gerais e do Distrito Federal.

Art. 11 – A extinção da Câmara Técnica ou dos Grupos Técnicos cabe ao Colégio Nacional de Procuradores Gerais dos Estados e do Distrito Federal.

Art. 12 – Aplicam-se, aos casos omissos, as regras vigentes para o Colégio Nacional de Procuradores Gerais dos Estados e do Distrito Federal.

RESOLUÇÃO INTERFEDERATIVA

> Estabelece as regras de funcionamento do Colégio Nacional de Procuradores-Gerais dos Estados e do Distrito Federal – CONPEG.

OS PROCURADORES-GERAIS DOS ESTADOS DO ACRE, ALAGOAS, AMAPÁ, AMAZONAS, BAHIA, CEARÁ, ESPÍRITO SANTO, GOIÁS, MARANHÃO, MATO GROSSO, MATO GROSSO DO SUL, MINAS GERAIS, PARÁ, PARAÍBA, PARANÁ, PERNAMBUCO, PIAUÍ, RIO DE JANEIRO, RIO GRANDE DO NORTE, RIO GRANDE DO SUL, RONDÔNIA, RORAIMA, SANTA CATARINA, SÃO PAULO, SERGIPE E TOCANTINS E DO DISTRITO FEDERAL, no uso de suas atribuições, considerando o disposto no arts. 1º, 18, 23, I, 25 e 32, da Constituição da República Federativa do Brasil de 1988,

Considerando a necessidade de viabilizar o fortalecimento dos Estados e do Distrito Federal mediante a revisão do Pacto Federativo de forma a garantir aos entes federados o cumprimento de suas obrigações perante a sociedade brasileira, como partes autônomas, porém indivisíveis da República Federativa do Brasil;

Considerando que a advocacia pública dos Estados e do Distrito Federal exerce importante papel na defesa da legalidade, na construção de políticas públicas no interesse da sociedade zelando pela correção dos atos administrativos;

Considerando a necessidade de os Estados e do Distrito Federal, no fortalecimento da Federação, atuar em conjunto articulando ações na defesa dos legítimos interesses dos entes subnacionais nas esferas judicial e extrajudicial;

RESOLVEM:

Art.1º Estabelecer o funcionamento e as atribuições do Colégio Nacional de Procuradores-Gerais dos Estados e do Distrito Federal – CONPEG–, de deliberação coletiva e caráter consultivo e propositivo.

Art.2º Cabe ao CONPEG:

I- acompanhar e avaliar as políticas públicas que tenham impacto nos Estados e Distrito Federal;

II- atuar conjuntamente em ações judiciais e extrajudiciais em matérias de interesse geral;

III-desenvolver estudos e propor medidas para o fortalecimento do federalismo fiscal;

IV - harmonizar o entendimento entre seus componentes nas matérias de interesse dos Estados e DF;

V - promover a realização de estudos jurídicos de interesse dos entes federados, recomendando a proposição de ações conjuntas pelos Estados e o Distrito Federal, junto ao Poder Judiciário, se for o caso;

VI - apoiar e compartilhar práticas inovadoras visando ao fortalecimento da gestão fiscal de seus entes;

VII - divulgar análises, estudos e diagnósticos relativos às matérias que impactam direta ou indiretamente os Estados e Distrito Federal;

VIII - manter articulação constante com Governo Federal e demais entidades, Poderes e órgãos da Federação;

IX - elaborar o seu Regimento Interno.

Art.3º O CONPEG será presidido alternadamente a cada 2 (dois) anos por um Procurador-Geral de Estado ou DF.

Art.4º O CONPEG se reunirá nos termos do Regimento Interno.

Art.5º Compõem o CONPEG:

I- o Comitê Deliberativo, composto pelos 27 (vinte e sete) titulares das Procuradorias- Gerais e do Distrito Federal;

II - a Câmara Técnica do Colégio Nacional dos Procuradores-Gerais dos Estados e do Distrito Federal, composta pelos 27 (vinte e sete) Procuradores dos Estados e do Distrito Federal que integram.

§1º Os membros da Câmara Técnica a que se refere o inciso II, poderão se reunir sem a presença dos membros do Comitê Deliberativo visando avaliar tecnicamente as matérias relativas às reuniões por este solicitadas ou outra matéria que entendam ser importante e oportuna a discussão.

Art.6º As deliberações do Conselho Deliberativo do CONPEG, a critério de cada um de seus membros, serão publicadas nos seus respectivos Diários Oficiais ou em outro meio que lhes garanta publicidade.

Art.7º O CONPEG disporá de uma Secretaria Executiva que lhe prestará apoio técnico e administrativo, composto por um servidor indicado pelo representante de cada uma das Procuradorias-Gerais que trabalharão, preferencialmente, em plataforma virtual.

Parágrafo único - A Secretaria Executiva, sempre que necessário, reunir-se-á com antecedência para adotar todas as providências necessárias à preparação das reuniões e as pertinentes ao cumprimento das deliberações aprovadas pelo Conselho Deliberativo do CONPEG.

Art.8º Esta Resolução entra em vigor na data de sua assinatura, observado o disposto no art.6º.

Porto Alegre, 23/03/2018

PERSPECTIVAS PARA O FEDERALISMO BRASILEIRO: CONTRIBUIÇÕES DE UMA ANÁLISE MULTI-COMPARATIVA

MARIA LÍDIA SOARES DE ASSIS[1]
MARIA MARIANA SOARES DE MOURA[2]

> SUMÁRIO: *1. Introdução. 2. Um breve regresso histórico às origens do federalismo moderno. 3. Percepções sobre o federalismo dos Estados Unidos da América. 4. O federalismo na Suíça. 5. Um olhar sobre o federalismo alemão 6. O federalismo brasileiro. 7. Conclusões 8. Referências Bibliográficas.*

1. INTRODUÇÃO

Uma reflexão sobre o federalismo ganha novos contornos no cenário político-jurídico brasileiro contemporâneo. Para tanto, um breve regresso histórico às origens do federalismo moderno é essencial para iniciar qualquer estudo que pretenda uma análise do modelo federativo.

Esta pesquisa, no entanto, tem como objetivo principal a realização de um estudo comparado entre modelos e experiências distintas de sistemas federalistas com o intuito de retirar de cada sistema analisado algum contributo para o aperfeiçoamento do federalismo brasileiro.

Após as considerações históricas iniciais sobre o federalismo, este estudo se ocupará em realizar alguns pontos de análise dos modelos federativos escolhidos. Com isso, a ideia é que as experiências

---

[1] Maria Lídia Soares de Assis, Procuradora-Geral do Estado do Acre, pós-graduada *Lato Sensu* (MBA) em Direito Tributário pela Universidade Cândido Mendes, especialista em Direito Constitucional pela Universidade Federal do Acre e em Direito Público pela FACIPE – Faculdade Integrada de Pernambuco, lidia.soares@ac.gov.br.

[2] Maria Mariana Soares de Moura, advogada, graduada em direito pela Universidade Federal do Acre, mestranda em Ciências Jurídicas da Faculdade de Direito da Universidade de Lisboa, mariamarianademoura@gmail.com.

externas – guardadas as peculiaridades afetas ao Brasil e aos países paradigmas – podem de alguma forma oferecer contribuições para o desenvolvimento positivo do sistema federativo nacional.

A análise comparativa circundará o modelo alemão, o modelo de federação da Suíça e, ainda, destacará algumas diferenças importantes entre o sistema federativo brasileiro e o modelo "original" dos Estados Unidos (federalismo clássico). Neste ponto, o estudo comparado torna-se relevante quando se passa a repensar a realidade nacional a partir de novos ideais e mecanismos utilizados que poderiam ser implementados – no caso de um possível futuro redesenho do federalismo brasileiro.

Após a apresentação destes modelos, também será feita uma sucinta exposição da estrutura do federalismo no Brasil e, por fim, o balanço final das perspectivas do federalismo brasileiro, depois de realizadas as análises comparativas objeto deste estudo.

2. UM BREVE REGRESSO HISTÓRICO ÀS ORIGENS DO FEDERALISMO E ALGUMAS CARACTERÍSTICAS

Uma digressão histórica da ideia de federalismo,[3] remonta-nos imediatamente à origem do Estado Federal estatuída na Constituição dos Estados Unidos da América de 1787, época da fundação do país.[4]

Até então, a forma de Estado que prevalecia era o Estado Unitário, em que basicamente o poder se acumulava em um governo único, centralizador e nacional. Porém, este modelo passou a não se amoldar à realidade de alguns países, que dentre outros motivos, tinham uma larga extensão territorial ou estruturavam-se num modelo democrático, de modo que urgiu a necessidade de adotar uma outra forma de Estado capaz de superar as dificuldades apresentadas pelo modelo unitário.

Começa a se pensar no federalismo.[5] A principal diferença deste em relação ao outro modelo se apresenta na conjugação de diferentes

---

[3] A etimologia da palavra vem do vocábulo latim *foedus*: pacto, aliança, liga, tratado. Disponível em: <https://www.etymonline.com/>, tradução nossa, acesso em: 12 de dez. de 2017.

[4] HAMILTON, Alexander; JAY, John; MADISON, James. *O Federalista*. Tradução de Heitor Almeida Herrera. Brasília: Universidade de Brasília, 1984, p. 419-421.

[5] Não é objetivo deste artigo trazer uma definição conceitual única e absoluta sobre o tema. O federalismo pode ter um significado diferente conforme o Estado onde

centros de autonomia. Todo este processo se inicia a partir do movimento de independência das treze colônias americanas que, logo em seguida, tornaram-se novos Estados. A partir da necessidade de se regularem as relações entre estas unidades foi celebrado o Tratado dos Artigos da Confederação.

A ideia central era de que estes Estados deveriam permanecer unidos e, ao mesmo tempo, independentes entre si, ligados a um governo nacional central, o qual não poderia ser dotado de grandes poderes. Contudo, a primeira tentativa de atingir este objetivo por meio do Tratado não foi bem sucedida pela fragilidade de suas cláusulas.

O risco da Confederação se partir era muito alto, principalmente depois da queda do Império Britânico, que culminou na independência[6] e, consequentemente, no fim da luta comum que unia os Estados membros.

A Convenção Constitucional da Philadelphia foi o primeiro passo para reparar as incoerências do Tratado e afastar a instabilidade econômica, política e social dos governos estatais. A finalidade principal era a reforma dos Artigos da Confederação. Porém, a Convenção foi muito além disso: a partir dela, iniciava-se uma nova fase da organização política moderna – o Estado federal.[7]

é utilizado. Não há também um consenso acerca da sua definição. ROCHA, Carlos Vasconcelos. Federalismo: dilemas de uma definição conceitual. In: Civitas, Porto Alegre, v. 11, n. 2, p. 323-338, maio/ago. 2011.

6 Por exemplo, inexistia um Poder Judiciário e um Poder Executivo centralizado, não era possível fazer emendas aos Artigos da Confederação, o Congresso tinha poucos poderes para obrigar os Estados a recolherem tributos à Confederação. Cf. LIMA, Rogério de Araújo. Os artigos federalistas: a contribuição de James Madison, Alexander Hamilton e John Jay para o surgimento do Federalismo no Brasil. In: Revista de Informação Legislativa, Brasília, ano 48, n. 192, p. 125-136, out./dez. 2011.

7 "O Estado Federal constitui fórmula vinculativa em que os laços políticos são mais apertados, têm mais força agregativa, não se desfazem ao sopro de uma conveniência superficial nem ostentam a simplicidade peculiar à relação meramente confederativa, em que as vontades contratantes estão longe de produzir um ente novo e autônomo, dotado de vontade própria, que não fique condicionada pela vontade de quem quer que seja (...)". BONAVIDES, Paulo. O caminho para um federalismo das regiões. In: Revista de Informação Legislativa, Brasília, ano 17, n. 65, p. 116, jan./mar. 1980.

A proposta inovadora deu origem ao que seria o documento político mais prestigioso dos Estados Unidos da América e, posteriormente, de tantos outros países espalhados pelo mundo: uma Constituição Federal.

Dentre os participantes da Convenção, destacam-se James Madison, Alexander Hamilton e John Jay, políticos expoentes no cenário da época, a que foram atribuídos os títulos de "pais" do federalismo moderno.[8] Estas três personalidades empenharam-se em, por meio da publicação de artigos sob o pseudônimo *Publius*, que posteriormente viriam a ser publicados em conjunto na obra **O Federalista**,[9] defender a instituição de uma novidade que era a Constituição, como resultado dos debates travados na Convenção de Philadelphia, a despeito dos chamados antifederalistas que consideravam suficiente a emenda aos artigos já existentes da Confederação.

E assim o faziam porque a Confederação havia demonstrado ser um modelo insuficiente para o que se pretendia para o futuro dos Estados Unidos da América.[10] A unidade sob um governo federal que fosse capaz de ser forte – principalmente em relação à ameaça exterior – conjugada com a preservação da autonomia dos Estados não parecia poder ser alcançada se a Constituição em debate não fosse acatada: o resultado seria Estados desunidos e, logo depois, o despedaçamento da Confederação.

Uma das maiores preocupações do *Publius* era a solidez da união para evitar qualquer conflito interno que enfraquecesse a América e a tornasse novamente uma "presa fácil" para a Europa – considerada uma região superior por sua magnitude política, militar e econômica à época.

---

8 Pode-se entender que houve na Grécia Antiga um federalismo primitivo mediante a concepção de Estado fornecida pelos gregos, segundo Nicola Abbagnano (ABBAGNANO, Nicola. *Dicionário de Filosofia*. 4ª ed. São Paulo: Martins Fontes, 2000, p. 364).

9 A coleção de artigos de *O Federalista* é desde então uma obra muito prestigiada nos estudos constitucionais e de política americana.

10 "Sete dos treze Estados imprimiam seu próprio dinheiro. Muitos passavam leis tarifárias contrárias aos interesses dos seus vizinhos. Nove dos treze tinham sua própria marinha, e frequentemente aprendiam navios de outros Estados. Havia contínua disputa sobre limites, além de reivindicações conflitantes sobre territórios do oeste". Cf. KRAMNICK, Isaac. Apresentação. *In*: HAMILTON, Alexander; JAY, John; MADISON, James. *Os artigos federalistas*. Tradução de Maria Luiza X. de Borges. Rio de Janeiro: Nova Fronteira, 1993, p. 9.

Em razão disso, os estudos realizados em cada artigo do *Publius* apontavam defeitos da Confederação, como a ausência de um compromisso recíproco e cooperativo entre os governos dos Estados, a contribuição dos Estados para o Tesouro Nacional por meio de cotas e a falta de sanções em caso de descumprimento das leis aplicadas aos Estados Membros do Sistema Confederativo Americano.[11]

A federação que se construía por meio de cada discussão travada definia também os poderes e competências que deveriam ser atribuídos à união e aos estados. O desafio era o de afastar a ideia de um governo central totalitário, mas preservar a união forte e protetora dos Estados, simultaneamente com a garantia da soberania e liberdade. Juntos, porém separados.

O fim de tudo foi a vitória do *Publius* e dos ideais federalistas. Mais do que o estabelecimento de uma Constituição Federal, mais do que a simples união de estados, a partir desta Convenção histórica, foi estabelecido um modelo inédito de Estado e, nascia o maior paradigma de república federal, o qual influenciou inúmeros países que até hoje buscam seguir o modelo da federação americana – guardadas as devidas particularidades, que serão objeto de comparação neste breve estudo.

Um Estado Federal, conforme se concebeu inicialmente nos Estados Unidos da América, era um modelo inovador, porque se revestia de algumas particularidades e avanços em relação ao que era anteriormente adotado.

Além do conceito básico já mencionado anteriormente de que a Federação conjuga centros de autonomia diversos e evita que o poder central detenha toda a soberania para si, outras características podem ser mencionadas como o fato de que o Estado Federal possui uma Constituição Federal a qual devem todos os Estados Membros serem subordinados; os princípios de participação e de autonomia precisam também ser resguardados e respeitados; perante o cenário internacional é reconhecido o Estado Federal como uma unidade – apesar da divisão interna de Estados Membros; cada membro elabora seu ordenamento jurídico próprio; há a busca pelo equilíbrio no relacionamento entre os entes federativos e o compartilhamento do poder político.

---

11 HAMILTON, Alexander; JAY, John; MADISON, James. *O Federalista*. Tradução de Ricardo Rodrigues Gama. 1ª ed., Campinas: Russel, p. 141-143, 2003.

Longe de buscar e apresentar uma definição pronta e exaustiva para o Estado federal, diante das considerações feitas até aqui e somente para fins de aproximação com o tema, é possível definir o modelo federal – de modo geral - como uma forma de Estado em que o poder se organiza de forma descentralizada, dividido entre os membros por meio da distribuição de competências dadas ao governo central e aos Estados Membros, devidamente determinadas por uma Constituição.

Atualmente, inclusive, a doutrina identifica não apenas um modelo de federalismo, mas vários, como é o caso de Carlos Velloso,[12] para o qual existem três modelos de federalismo, a saber:

a) dual, competitivo ou clássico: caracterizado pela existência de dois campos de poder, ou melhor, dois governos independentes e soberanos: o da união e os dos Estados;

b) cooperativo ou neoclássico: caracterizado pelo desenvolvimento de atividades nacionais, em que a união e os estados colaboram entre si, planejam juntos as soluções de problemas econômicos e sociais, em que se verifica um gradativo aumento dos poderes da união frente aos Estados-membros. É o caso atual dos Estados Unidos e do Brasil;

c) hegemônico ou racionalizado: confere competências exclusivas à União, distribuindo outras competências comuns e concorrentes entre esta e os demais entes federados, sendo o caso da Rússia.

Esses tipos surgiram das necessidades de cada Estado, a partir da experiência norte-americana. Não se pretende aqui avaliar qual modelo é o melhor, mas estudar o modelo adotado no Brasil, Suíça e Alemanha, qual seja, o federalismo cooperativo, tido por Peter Häberle, como sendo o ideal de Estado da sociedade aberta. Para o constitucionalista alemão:[13]

> O Estado Constitucional Cooperativo não é apenas uma possível forma (futura) de desenvolvimento do tipo Estado Constitucional; ele já assumiu conformação, hoje, claramente, na realidade e é, necessariamente, uma forma necessária de estabilidade legítima do amanhã

---

12 VELLOSO, Carlos Mario da Silva. *Temas de direito público,* Belo Horizonte: Del Rey, 1994, p. 361-362.

13 HÄBERLE, Peter. *Estado Constitucional Cooperativo.* Tradução de Marcos Augusto Maliska e Elisete Antoniuk. Rio de Janeiro: Renovar, 2007, p. 5-6.

A própria Constituição Federal[14] do Brasil em vigor, no Parágrafo único de seu art. 23, deixou clara a opção do legislador pátrio pelo modelo Cooperativo:

> Art. 23 (omissis)
> Parágrafo único. Leis complementares fixarão norma para a cooperação entre a União e os Estados, o Distrito Federal e os Municípios, tendo em vista o equilíbrio do desenvolvimento e do bem-estar em âmbito nacional.

Por fim, em reforço ao argumento de que a opção do legislador brasileiro foi pelo modelo cooperativo, têm-se as lições de José Afonso da Silva ao afirmar que, embora a extensão da cooperação seja estabelecida em lei complementar, "a regra constitucional já indica seu objetivo geral - ou seja: visa o equilíbrio do desenvolvimento e do bem-estar em âmbito nacional".[15]

3. PERCEPÇÕES SOBRE O FEDERALISMO DOS ESTADOS UNIDOS DA AMÉRICA

Os precursores da forma de estado federal foram os Estados Unidos da América e, a partir de então, o modelo passou a ser difundido para tantos outros países ao redor do mundo.

Em um primeiro olhar, o surgimento do federalismo brasileiro já ecoa diferenças em relação àquele experimentado nos Estados Unidos da América.

Os Estados Unidos da América trazem uma descentralização maior no Estado Federal e a força dos Estados-membros se sobrepõe à União. Da origem do Estado unitário, o Brasil experimenta uma concentração maior de poder da União do que das demais unidades federativas.

Importante destacar que o federalismo original dos Estados Unidos é um exemplo daquilo que a doutrina costuma chamar de federalismo dual ou competitivo, que hoje foi superado por uma forma de federalismo mais cooperativo.

---

14 BRASIL. *Constituição da República Federativa do Brasil de 1988*. Disponível em: <http://www.planalto.gov.br/ccivil_03/constituicao/constituicaocompilado.htm>.

15 SILVA, José Afonso da. *Comentário Contextual à Constituição*. 2ª ed. São Paulo: Malheiros, 2006, p. 275.

Como a própria denominação nos indica, ao invés de um sistema de cooperação entre os Estados-membros da federação, o modelo competitivo consagra a repartição horizontal das competências constitucionais e determina a divisão de dois níveis soberanos de poder. Basicamente, pretende-se garantir maior autonomia aos dois níveis de poder e, para tanto, limita uma área reservada ao poder central e outra à esfera do poder local,[16] ou seja, independência de ação dos estados em relação ao poder central.

O federalismo americano pode ser caracterizado pela união dos Estados membros autônomos com a consecução de uma finalidade comum entre eles – assim como as federações ao redor do mundo. Além disso, a Constituição Federal Norte Americana expressa as disposições acerca das competências da União e reserva aos Estados-membros os poderes residuais.

Nesse sentido, os estados e o poder central possuem uma autonomia significativa para atuarem dentro das competências atribuídas pelo texto constitucional e, para tanto, o próprio ordenamento jurídico se proveu de mecanismos para impor, cumprir e elaborar a legislação em todos os Estados pertencentes à federação, munindo-se de instrumentos no executivo, legislativo e judiciário. O federalismo americano também impõe que as decisões do governo federal, inserida na competência constitucional que lhe foi atribuída, são hierarquicamente superiores às decisões locais sobre a mesma matéria.

Como já visto nas origens do federalismo – que coincide com o modelo federativo americano – a ideia inicial era preservar a completa autonomia dos Estados-membros em relação ao poder central, que seria mero regulador. Porém, alguns acontecimentos históricos relevantes fizeram com que a primeira impressão do federalismo americano tivesse que ser reconfigurada.

Anteriormente, por exemplo, a Décima Emenda era interpretada pela Suprema Corte Americana no sentido de que sob o olhar constitucional, os direitos dos Estados são aqueles que à época da promulgação da Constituição por ela não foram consagrados ao governo federal e nem proibidos aos Estados e estes direitos são mantidos para impor limites ao exercício do governo federal apenas àquilo que a Constituição

---

16 REVERBEL, Carlos Eduardo Dieder. *O federalismo numa visão tridimensional do direito*. Porto Alegre: Livraria do Advogado Editora, 2012, p. 19.

expressamente o outorgou.[17] Isto é, a intepretação impedia a União de regular alguma questão de interesses estatais, de modo que o governo federal deveria se submeter às políticas dos Estados.

A aprovação da Décima Quarta e Décima Quinta Emendas, alterou este seguimento ao garantir mais importância ao governo central em relação à definição de metas nacionais comuns. Esta tendência foi maior com o advento da crise de 1929 com a instituição de políticas adotadas pelo governo federal no *New Deal*, quando se verificou como medida de recuperação a concentração de mais competências constitucionais ao governo federal, que passaria a regulamentar a economia, e abriu mais as possibilidades para a atuação federal[18] no poder local.

O federalismo norte-americano continuou a sofrer mudanças no seu sentido inicial especialmente a partir da crise do *Welfare State* – nos anos 70 – e outros acontecimentos, como a bancarrota do Sistema *Bretton Woods* e o aumento da dívida pública, fizeram com que a ideia de descentralização fosse novamente aderida pelo governo americano. Houve redução da máquina estatal e dos programas sociais com o advento das políticas neoliberais. Já mais para frente, em 1996, o Congresso norte-americano aprovou a legislação que estabelecia a responsabilidade das políticas de bem-estar social para os Estados-membros. É um processo de descentralização do federalismo americano que passou a ser denominado como *New Federalism*.[19]

---

17 COOLEY, Thomas. *Princípios Gerais de Direito Constitucional dos Estados Unidos da América do Norte*. Tradução de Alcides Cruz. 2ª ed. São Paulo: Revista dos Tribunais, 1982, p. 34.

18 "Um caso emblemático desse período do federalismo norte-americano é o *United States v. Darby Lumber Co.* (1941), no qual a Suprema Corte avançou no sentido de não aplicar os preceitos do federalismo dual, revogando sua decisão anterior sobre trabalho infantil, reconhecendo a constitucionalidade da Lei dos Padrões de Trabalho Justo, promulgada pelo Congresso em 1938. Para muitos autores, nessa fase o federalismo nos EUA assumiu ares de um federalismo cooperativo, com o fortalecimento dos poderes do governo federal". RAMMÊ, Rogério Santos. O federalismo em perspectiva comparada: contribuições para uma adequada compreensão do federalismo brasileiro. *In: Revista Eletrônica Direito e Política*, Programa de Pós-Graduação *Stricto Sensu* em Ciência Jurídica da UNIVALI, Itajaí, v. 10, n. 4, 3º quadrimestre de 2015. Disponível em: <www.univali.br/direitoepolitica>, acesso em 2 de fevereiro de 2018.

19 SCHWARTZ, Bernard. *O Federalismo Norte-americano Atual*. Tradução de Élcio Cerqueira. Rio de Janeiro: Forense Universitária. 1984.

A mudança trouxe também consequências como a redução de benefícios em programas sociais, entraves ligados à implementação de políticas públicas para os Estados-membros e um movimento de rivalidade nas relações econômicas dos Estados.[20]

O que é importante deixar assente nesta breve comparação da perspectiva do modelo federativo americano é que a concentração de poderes da União no federalismo do Brasil é a principal peculiaridade em relação ao modelo americano e o que mais interfere na autonomia dos Estados-membros e na manutenção de um Estado Federal.

4. CONSIDERAÇÕES SOBRE O FEDERALISMO NA SUÍÇA

O federalismo suíço data de 1848, com a promulgação da primeira constituição da Confederação Suíça, podendo ser considerada a segunda federação mais antiga do mundo.

A Suíça[21] será mais uma experiência brevemente analisada neste estudo. O federalismo é um modelo dinâmico que se adequa e adapta a cada país que o adota, conforme peculiaridades sociais, econômicas, culturais e territoriais. E, acima de tudo, em se tratando de uma análise comparativa, é importante que esta noção esteja presente a fim de que a partir do estudo da experiência federativa de cada modelo apresentado aqui, seja possível ponderar acerca das possibilidades que poderiam ser proveitosas numa perspectiva de melhorias do sistema federal brasileiro.

O modelo federativo suíço encontrou abrigo neste estudo justamente porque traz na sua estrutura muitas peculiaridades capazes de instigar a reflexão sobre como poderia ser caso esta realidade fosse "importada" para a realidade brasileira.

A primeira questão importante do sistema federativo suíço é que os membros possuem maior soberania – o que a torna uma "Confederação Suíça". A Suíça se aproximará também do modelo federal cooperativista, principalmente porque impõe na lei constitucional diversas disposições voltadas ao cooperativismo e às equalizações dos entes federativos – inclusive financeira.

---

20 BAGGIO, Roberta Camineiro. *Federalismo no contexto da nova ordem global*: perspectivas de (re)formulação da federação brasileira. Curitiba: Juruá, 2006.

21 A Suíça é um país pequeno com 41 mil km² de extensão territorial. Apesar disso, é um país com uma ampla diversidade cultural, geográfica e linguística (italiano, francês, alemão e romanche).

A Confederação Suíça surge num movimento de ajuntamento dos Estados independentes (contrário à experiência brasileira). O fato da Suíça ser denominada como confederação e não federação em sua Constituição não a deixa de ser classificada como um exemplo do modelo federativo. Esta confusão se estabelece primordialmente porque é dado aos Estados uma soberania superior à encontrada em outros sistemas de federação, mas ainda que dotados de autonomia legislativa, os governos locais estão submetidos aos limites da Constituição Suíça.

Para além disso, também vem do texto constitucional[22] a disposição que determina o relacionamento com outros estados por meio do governo central e ainda não permite a secessão dos estados que unidos formam a Confederação. Ainda, a Confederação trata de assuntos ligados à política externa, porém se houver algum interesse afeto ao estado-membro será permitida a sua participação.

Isto tudo para dizer que a Suíça aproxima-se mais de um modelo federativo do que de uma confederação. A divisão de competências entre a Confederação – governo central – e os Estados – denominados cantões – segue modelo semelhante ao brasileiro já que o texto constitucional traz as competências reservadas ao governo central e destina a competência residual para os cantões.[23]

O que acontece aqui é que a competência legislativa destinada ao governo central da Confederação possui um rol reduzido e, por conseguinte, garante aos Estados-membros uma competência residual mais ampla e uma autonomia bem maior que a conhecida no sistema federativo de repartição de competências brasileiro.

---

[22] "Artigo 54 - Assuntos exteriores: 1 Os assuntos exteriores são da competência da Confederação. 2 A Confederação empenha-se na preservação da independência da Suíça e de sua prosperidade; nomeadamente contribui para aliviar a miséria e pobreza no mundo, para o respeito dos direitos humanos e para a promoção da democracia, para a coexistência pacífica dos povos, assim como para a preservação dos recursos naturais indispensáveis à vida. 3 Leva em conta as competências dos cantões e salvaguarda seus interesses." Cf. *Constituição Federal da Confederação da Suíça*. Disponível em: <http://ccisp-newsletter.com/wp_docs/Bundesverfassung_PT.pdf>, acesso em: 07 de fev. de 2018.

[23] "Artigo 3º - Cantões: Os cantões são soberanos, desde que sua soberania não seja limitada pela Constituição Federal; eles exercem todos os direitos não delegados à Confederação." *Constituição Federal da Confederação da Suíça*, disponível em: <http://ccisp- newsletter.com/wp_docs/Bundesverfassung_PT.pdf>, acesso em: 07 de fev. de 2018.

Dessa forma, a produção legislativa acaba por ser eminentemente dos Estados – além da própria execução de algumas competências destinadas ao governo central mas não de sua execução exclusiva – ainda que devam respeitar os parâmetros estabelecidos na Constituição Suíça.

Insta salientar a participação democrática no sistema federativo suíço que vai além de uma faculdade do legislador, mas se reflete como direito do cidadão, inclusive como condição para validar determinada decisão legislativa – porque muitas vezes a Constituição Suíça assegura a participação direta dos cidadãos. Vale lembrar, ademais, que a forma de governo adotada na Suíça é peculiar e mistura o sistema presidencialista e o parlamentarista.

Outro ponto importante do federalismo suíço para este estudo é o fato de que reconhecidamente diversa na sua estrutura territorial interna, cultural, social e política, os Estados-Membros tornam-se refletores de disparidades, principalmente financeiras.

Neste aspecto, a lei constitucional retoma o ideal cooperativista e busca incrementar um sistema complexo de equalização financeira entre os cantões.[24] A redistribuição de tributos baseia-se também no princípio da solidariedade[25] e da subsidiariedade. Ao fim, o objetivo maior a ser alcançado é que todos se desenvolvam individualmente e, ao mesmo tempo, que também seja preservado o desenvolvimento da confederação Suíça sem que para a proteção e promoção dos direitos garantidos

---

24 "(…) Os cantões variam de tamanho. Logicamente, em virtude das diferenças de tamanho, a densidade populacional varia de 5.315,5 habitantes por quilômetro quadrado (BS) a 25,2 (GR). O que significa 212 vezes menos. Sem considerar os quilômetros. A população varia de 1.164.500 habitantes inclusos os estrangeiros a 36.100 habitantes (…), o que significa 32 (…) vezes menos. As receitas dos cantões variam de 7.102 milhões (ZH) a 226 milhões (UR) ou ainda a 63 milhões (halfcanton AI), isto é, 31 ou 111 vezes menos." Cf. RAMOS, Dircêo Torrecillas. *O federalismo assimétrico*. Rio de Janeiro: Forense, 2000, p. 106.

25 "O artigo 45 da Constituição Suíça dispõe que a "confederação e os cantões se apoiam mutuamente no cumprimento de suas tarefas e cooperam entre si" e o artigo 135 da Constituição impõe que a confederação promova a compensação financeira entre os cantões e também ao conceder as contribuições federais seja levada em consideração a capacidade financeira dos cantões e das regiões montanhosas." GIERON, Lucas Fonseca e Silva; GONÇALVES, Carlos Júnior. Federação Suíça e seu contributo para o federalismo contemporâneo. *In*: RAMOS, Dircêo Torrecillas (Coord.) *O federalista atual – Teoria do Federalismo*. Belo Horizonte: Arraes, 2013, p. 535.

constitucionalmente sejam demasiadamente onerados os cidadãos – de forma que os mais ricos numa rede de solidariedade contribuam com os mais pobres no desempenho dos papéis constitucionais.

Merece destacar que a equalização financeira proposta no sistema federativo suíço possui um aspecto protetivo da autonomia dos cantões, de modo que a transferência de recursos entre eles evita ou diminui a necessidade de pleito junto ao governo central em busca de recursos financeiros e garante uma harmonização entre a população e o nível econômico de cada região.[26]

Há falar também que o mecanismo de igualização financeira se resume em torno da noção de que os Estados-membros mais favorecidos economicamente devem pagar àqueles mais desfavorecidos. Mais uma vez, a questão é um pouco mais complexa do que a teoria. Sempre que o repasse de recurso financeiro é envolvido num sistema federativo, apesar de parecer ser uma noção solidária, enfrenta alguns dilemas e entraves, conforme ensina Dircêo Torrecillas Ramos:[27]

> Quando em um Estado federal várias coletividades exercem juntas poderes soberanos e cumprem tarefas no mesmo território, há logicamente uma problemática concernente à determinação das tarefas públicas, relacionadas às finanças, entre aquelas coletividades. A atribuição de tarefas e recursos entre os níveis do Estado e seu resultado financeiro são chamados de igualização financeira. Esta procura de igualdade poderá ser resumida no seguinte: a atribuição de poder que significa a alocação de material e poderes financeiros para a 'Confederação', e/ou para os cantões; a determinação de recursos, entre outros, o de receitas fiscais entre a 'Confederação' e os cantões; a igualdade financeira, o nivelamento das diferenças no encargo financeiro dos cantões.

O sistema suíço, porém, nem sempre consegue garantir a igualização financeira como pretendida, muitas vezes acaba por favorecer os estados mais ricos e neste ponto é possível perceber uma aproximação com o modelo federativo brasileiro também insuficiente na tarefa de superar as desigualdades com mecanismos financeiros de compensação.

Em suma, a Suíça possui um modelo federativo formado por um ente central – a Confederação – e as unidades federativas – os cantões. Estes últimos possuem competências maiores do que as conferidas

---

26 *Id.*, 2000, p. 109.

27 *Ibidem*, p.108.

aos Estados-membros brasileiros, por exemplo. Para além disso, o mecanismo adotado pela Suíça em busca de superar as assimetrias do território tem como pilar o repasse financeiro de recursos das regiões mais ricas para as menos desenvolvidas, mas que ainda assim, não se demonstra suficiente para sanar as desigualdades.

5. UM OLHAR SOBRE O FEDERALISMO ALEMÃO

Em vias de considerar outros Estados Federais que adotam modelos federativos a fim de retirar destas experiências algum contributo para o federalismo brasileiro, como uma opção metodológica das autoras, elencar-se-á alguns pontos interessantes da experiência e história da federação alemã.

O federalismo alemão foi consagrado desde a promulgação da Lei Fundamental de 23 de maio de 1949. Historicamente, este período sucedeu a decadência do nacional-socialismo alemão, razão pela qual o federalismo alemão tinha como fundamento primordial a questão social: *Die Bundesrepublik Deutschland ist ein demokratischer und sozialer Bundesstaat.*[28] Isto significa que o federalismo alemão tem como desiderato uma fidelidade federal baseada no princípio da solidariedade e na igualdade a fim de promover o bem social do país.

A organização formal da Alemanha como um Estado Federal denota a importância do modelo federativo dentro da sua estrutura normativa, tendo em vista que a federação é consagrada como uma das cláusulas pétreas, conforme se depreende do artigo 79, § 3º[29] da Constituição Federal. A ideia parece querer consagrar a opção do modelo federal

---

28 "A República da Alemanha é um Estado federal, democrático e social." Cf. *Deutscher Bundestag: Basic Law of the Federal Republic of Germany.* Deutscher Bundestag: Berlin. Artikel 20. Disponível em: <https://www.bundestag.de/gg>, acesso em: 02 de fev. de 2018.

29 Artikle 76, §3º: *Eine Änderung dieses Grundgesetzes, durch welche die Gliederung des Bundes in Länder, die grundsätzliche Mitwirkung der Länder bei der Gesetzgebung oder die in den Artikeln 1 und 20 niedergelegten Grundsätze berührt werden, ist unzulässig* – estabelece que qualquer emenda à Constituição que afete a forma de divisão federativa do Estado, bem como impeça a participação dos cidadãos nos processos legislativos, ou ainda, alguns dos princípios estabelecidos do artigo 1 a 20, irá ser inadmissível – Tradução nossa. Social. *Deutscher Bundestag*: Basic Law of the Federal Republic of Germany. Deutscher Bundestag: Berlin. Artikel 76. Disponível em: <https://www.bundestag.de/gg>, acesso em: 02 de fev. de 2018.

como uma forma que não permitiria que a Alemanha revisitasse os erros cometidos no passado, de modo que a forma de um Estado Unitário com o poder centralizado não poderia ser a adotada pela ordem normativa.

E isto apresentava algumas vantagens – comum a todos os países que adotam o modelo federativo - como a limitação do abuso do poder, a flexibilidade trazida pelo federalismo que garante resposta mais rápidas para superar alguns desafios e a participação democrática e mais acessível dos cidadãos abrindo mais possibilidades ao processo democrático a partir do exercício da cidadania em níveis diversos.[30]

Primordialmente, o federalismo alemão se fixa na descentralização política, no fortalecimento da democracia e no pluralismo político e social. O modelo federal alemão consagra uma divisão de competências constitucionais voltadas para a cooperação, auxílio mútuo e aproximação na relação entre os governos federais e locais, motivo pelo qual a organização política germânica favorece o desenvolvimento de funções sociais sustentadas pelos princípios da solidariedade e da subsidiariedade entre os poderes, como ordena a Lei Fundamental.

Basicamente, o cooperativismo se torna um mecanismo do governo para que os poderes divididos pela forma federada do Estado atuem em conjunto. Não como uma disputa de poderes ou apenas como uma divisão de tarefas, mas como engrenagens articuladas e harmônicas para a persecução de uma mesma finalidade.

Esta característica é vista muito claramente no sistema de competências definido entre o Bund – instância federal – e o Länder – que se equipara a instância estadual – pela Lei Fundamental[31] e destaca a Alemanha na experiência dos modelos de federação pelo cooperativismo – e não no foco na autonomia dos entes federativos, como proclama o modelo dos Estados Unidos.

É uma estrutura complexa que busca equilibrar a repartição da federação no nível federal e no estadual de modo que cada um tem o

---

[30] LAWS, Norman. Carry on the distribution of power: Federalism in Germany. *In*: RAMOS, Dircêo Torrecillas (Coord.). *O federalista atual – Teoria do Federalismo*. Belo Horizonte: Arraes, 2013, p. 506.

[31] REZENDE, Renato Monteiro. Repartição de Competências Legislativas e a Questão das Normas Ambientais: o que a Reforma Federativa Alemã nos tem a dizer. *In*: *Núcleo de Estudos e Pesquisas do Senado*, v. 115, p. 1-38, 2013.

dever e o direito tanto de legislar, como também de autoadministrar, autofinanciar, dependendo do assunto em pauta e da combinação de alguns fatores.[32]

A estrutura de cooperação federativa que mencionamos aqui se exterioriza, por exemplo, na presunção geral de competência em favor dos estados (*Landers*) para o exercício dos poderes estatais e funções públicas,[33] no modelo de concorrência de competências legislativas entre Bund e Lander e também nas regras que norteiam o compartilhamento dos fundos públicos, por meio do mecanismo da equalização[34] fiscal.[35]

A cooperação federativa é um mecanismo utilizado para alcançar o equilíbrio e evitar as desigualdades regionais dentro da estrutura da federação. Em se tratando de poder financeiro, a ideia era a de garantir e equalizar as capacidades de cada unidade da federação por meio da realização de distribuição dos fundos públicos de maneira propor-

---

[32] ORTOLAN, Marcelo Augusto Biel; TOMIO, Fabrício Ricardo Lima. O sistema de repartição de competências legislativas da Lei Fundamental Alemã após a reforma federativa de 2006. In: *Revista Direito, Estado e Sociedade*, v. 38, p. 51-80, 2012.

[33] *Artikle 30:" Die Ausübung der staatlichen Befugnisse und die Erfüllung der staatlichen Aufgaben ist Sache der Länder, soweit dieses Grundgesetz keine andere Regelung trifft oder zuläßt"*. Deutscher Bundestag: Basic Law of the Federal Republic of Germany. Deutscher Bundestag: Berlin. Artikel 30. Disponível em: <https://www.bundestag.de/gg>, acesso em: 02 de fev. de 2018.

[34] "O critério objetivo com base no qual se fazia a compensação interestadual equivalia a uma medida de capacidade fiscal, ou seja, o volume de receitas tributárias recebidas por um estado qualquer. Os estados que tivessem uma capacidade fiscal elevada transfeririam recursos para aqueles com baixa capacidade fiscal". Cf. MORAES, Marcos Ribeiro de. *As relações intergovernamentais na República Federal da Alemanha*. São Paulo: Fundação Konrad Adenauer, 2001, p. 174.

[35] A equalização fiscal se subdivide em quatro fases. A primeira é a equalização fiscal vertical primária em que as receitas dos impostos são distribuídas para os dois níveis de governo – federal e estadual, numa redistribuição vertical de recursos. Já a segunda fase, se caracteriza pela equalização fiscal horizontal primária, o que significa que uma parcela das receitas fiscais referente aos *Länder* (estados) é compartilhada entre eles numa redistribuição horizontal. A terceira fase é a equalização horizontal secundária, em que há a equalização dos estados federados economicamente fracos com os mais fortes. A última fase, equalização vertical secundária, os estados federados menos favorecidos recebem mais fundos vindos da União. Cf. BRÄUER, Christian. *Finanzausgleich und Finanzbeziehungen im wiedervereinten Deutschland*. Wiesbaden: VS Verlag, 2005, p. 95-96.

cional. A redistribuição de recursos entre todos os entes da federação pressupõe uma nivelação de serviços sociais.

Nesta perspectiva, a equalização de receitas tributárias – teoricamente – representa uma solução alternativa para os países que sofrem com as desigualdades regionais e sociais, agravadas pela acumulação de receitas em determinada região. É claro que esta estrutura cooperativista do federalismo – especialmente na área fiscal – apresenta diversos desafios, porque sempre difícil conciliar a satisfação de todos os entes federados, inclusive quando o repasse de recursos está em jogo.

6. O FEDERALISMO NO BRASIL

O Brasil, desde o início da República (15 de novembro de 1889) adota a forma federativa como modelo de Estado.

Entretanto, ao invés do exemplo americano onde o federalismo surge de uma confederação de treze estados autônomos que optam por ceder a sua total soberania em prol da criação de um Estado Federal em que se preserva a sua autonomia, o federalismo brasileiro é criado a partir de um Estado unitário que se subdivide em estados – unidades territoriais – para compor a federação.

Além de todas as diferenças presentes em diversas outras variáveis – extensão territorial, cultura, colonização –, o movimento contrário de formação do Estado Federal brasileiro, por óbvio implicará em resultados diferentes na construção do federalismo conhecido nos Estados Unidos.

A federação é cláusula pétrea na Constituição brasileira o que torna alguns aspectos organizacionais e funcionais do Estado vinculados à opção federativa.

Isto significa dizer que quando se adota o federalismo como a forma de Estado, o princípio federativo[36] deve ser respeitado nas ações legislativas, administrativas e judiciais.

---

[36] "O princípio constitucional federativo aplica-se a todo o ordenamento jurídico, na medida em que o legislador ordinário está obrigado a legislar em conformidade com o seu conteúdo e o Poder Judiciário deve interpretar as normas em conformidade com o princípio federativo". Cf. COUTO, Monica Bonetti; MEYER, Samantha Ribeiro. O federalismo brasileiro. *In*: RAMOS, Dircêo Torrecillas (Coord.). *O federalista atual – Teoria do Federalismo*. Belo Horizonte: Arraes, 2013, p. 496.

O federalismo na Constituição Brasileira implica níveis de governos diversos em esferas diferentes da organização estatal, baseado na divisão de competência entre União, Estados, Distrito Federal e Municípios, bem como na noção de que cada nível de governo precisa por meio dos tributos arrecadar recursos financeiros próprios.[37] Ademais, o sistema federativo garante aos entes um poder de auto-organização, autogoverno, autoadministração e normatização própria.

Embora garanta a autonomia política, a Constituição dispõe que em determinados casos seja possibilitada a intervenção da União nos Estados e dos Estados nos Municípios (artigos 34 e 35 da CRFB/88).

Também é conferida a participação dos Estados-membros no Poder Legislativo Federal por meio do Senado – onde há três representantes de cada Estado e do Distrito Federal. Não tem a ver com a importância ou com o contingente populacional do Estado, mas tão somente com a representação, que é a mesma para todos.

A União é autônoma em relação aos Estados e Municípios e exterioriza soberania. Sobre isto, ensina Karl Loewenstein:[38]

> A distribuição do poder estatal em uma organização federal, não pode ser equiparada com um sistema de dupla soberania. Desde o ponto de vista da distribuição do poder, a organização federal se propõe e consegue proteger os direitos dos Estados-Membros – e de uma maneira tão eficaz como seja compatível com a soberania do Estado Central – contra uma usurpação e absorção anticonstitucional por parte do Estado Central, assim como a proteção do Estado Central frente às intromissões anticonstitucionais dos Estados-Membros nos domínios designados à sua exclusiva competência.

É da União o papel da soberania do Estado brasileiro, porém, esta noção não se confunde com o Estado Federal (composto por União, Estados, Distrito Federal e Municípios).

Na distribuição de poderes, ao fixar as competências da União, dos Estados e dos Municípios, a Constituição confere atribuições e encargos, na maioria das vezes onerosos, que se constituem como deveres daquela esfera de poder que detém as competências constitucionais.

---

37 PETERSON, Paul E. *The Price of Federalism*. Washington DC: The Brookings Institution, 1995, p. 14.

38 LOEWENSTEIN, Karl. *Teoría de la Constitución*. Barcelona: Ediciones Ariel, 1965, p. 358.

Os Estados-membros têm a possibilidade de se autogovernar e autoadministrar, o que significa que podem administrar seus interesses sem que necessitem da interferência da União, bem como se autogovernam no sentido de que o povo pode escolher seus próprios representantes locais também independentes da União.

Importante, neste sentido, ressaltar que a autoadministração estatal se reflete também na área tributária. Também estão autorizados a promulgar as próprias constituições respeitados, por óbvio, os limites constitucionais. A relação entre Estados, União e Municípios respeita também um sistema de autonomia recíproca, além de um mecanismo de coordenação entre as tarefas a eles designadas.

Agora, os Municípios, que também compõem a estrutura federativa brasileira, foram incorporados ao federalismo, diferentemente do que aconteceu nas outras experiências federalistas aqui retratadas. Estes entes federativos também possuem plena autonomia, porém, além do dever de respeitar os limites constitucionais federais também devem fazê-lo com os limites atribuídos pelo poder constituinte derivado dos Estados. É garantido aos Municípios os atributos da autoadministração e autogoverno e podem legislar conforme as matérias de sua competência.

O Distrito Federal, criado para abrigar a capital federal da República, também integra a organização da federação e, apesar de não poder ser subdividido em municípios, acumula as competências dos Estados-membros e dos Municípios.

A forma fragmentada de divisão do poder do Estado tem se mostrado eficaz para países de grandes extensões territoriais, como é o Brasil. Contudo, o federalismo brasileiro precisa ser repensado, principalmente para aperfeiçoar e melhorar as assimetrias existentes pelas desigualdades regionais e econômicas que afetam o sistema federativo.

É preciso que a descentralização do poder seja efetivamente um instrumento de promoção dos direitos sociais, à proteção e garantia das liberdades individuais.

Ocorre que, no Brasil, a complexa repartição constitucional das competências legislativas e das receitas tributárias outorga perigosa concentração de poder à União, enfraquecendo o pacto federativo consubstanciado no art. 1º da Carta Magna.

A própria origem do federalismo brasileiro, qual seja, centrífugo, explica essa concentração de competências legislativas na união, enfraquecendo os Estados-membros e os municípios, entes políticos mais próximos da população.

7. CONCLUSÕES

O federalismo pode assumir diversas formas, como se verificou no decorrer deste estudo. Ainda que determinado país "siga" predominantemente um modelo ou outro, sempre existirá alguma peculiaridade que se revelará na forma daquele determinado Estado.

A vantagem desta possibilidade do federalismo multiforme é a de que podemos experimentar como o federalismo se adapta e se comporta em cada país que o adota e daí refletir sobre aspectos que podem aperfeiçoar a experiência do sistema federativo.[39]

Ao mesmo tempo em que a Constituição brasileira de 1988 inova no sistema federativo ao conceder o caráter de ente federativo aos municípios, estabeleceu também um movimento de descentralização de políticas públicas, concedendo aos Estados e Municípios inúmeros encargos, acompanhados de um sistema de redistribuição de receitas tributárias, que se revela deficiente ou insuficiente, concentrando as competências legislativas na União.

Por isso, alguns doutrinadores como Janice Helena Ferreri,[40] com a qual concordamos, afirmam que o maior desafio do federalismo brasileiro é vencer sua propensão centralizadora.

---

39 "O federalismo brasileiro assimétrico encontra-se diante do desafio de enfrentar enormes desigualdades de diferentes tipos que caracterizam o país e que, muitas vezes, são agravadas pela competição predatória entre os Estados membros. As perversas condições socioeconômicas que se mostram mais em alguns Estados e em algumas regiões do que em outras, constituem ameaças para o regime democrático e afetam negativamente o exercício da cidadania democrática. O que emerge como mais preocupante é que ali onde as condições são mais precárias é exatamente onde se verifica menor desenvolvimento institucional". Cf. ANASTASIA, Fátima. Federalismo e relações intergovernamentais. *In*: AVELAR, Lúcia; CINTRA, Antônio Octávio (Org.). *Sistema político brasileiro: uma introdução*. São Paulo, Fundação Unesp Editora, 2007, p. 240.

40 FERRERI, Janice Helena. A Federação. *In*: BASTOS, Celso Ribeiro (coord.). *Por uma nova Federação*. São Paulo: Revista dos Tribunais, 1995.

Por essas razões, o atual modelo de federalismo cooperativo adotado no Brasil necessita de aperfeiçoamento, podendo-se utilizar como parâmetros a Alemanha e a Suíça, conforme demonstrado ao longo deste labor.

Neste sentido, urge alterar a Constituição Federal para reduzir as competências da União, fortalecendo os Estados-membros e os Municípios, inclusive financeiramente, pois o que acontece no Brasil é que os encargos dos Estados e Municípios são tamanhos que não conseguem estabelecer um equilíbrio com os recursos disponíveis para a execução das tarefas e responsabilidades (geralmente onerosas) que lhes foram atribuídas. Ou seja, paradoxalmente, o Brasil comporta uma centralização baseada na arrecadação de recursos e na regulação de diversas atividades dos Estados e Municípios ao mesmo tempo em que concebe uma descentralização administrativa e política ampla.[41]

Nesse sentido, vale colacionar as lições de Reverbel, que aduz:[42]

> O modelo de federalismo brasileiro que pretendia ser um misto de federalismo cooperativo e federalismo dual (competitivo), acaba, na prática, engessando tanto os mecanismos de competição, quanto os mecanismos de cooperação entre os Estados. O que se pretendia federalizar com a Constituição de 1988, acabou, em verdade se unitarizando, ou descentralizando aos municípios: o verdadeiro nome sem a realidade. Em determinadas áreas, porém, sobretudo no que tange às competências comuns administrativas, não raro surgem confusões sobre qual o órgão competente para agir, o que evidencia a falta de uma melhor coordenação e cooperação federativa.

O caráter cooperativista da federação brasileira, portanto, muitas vezes perde-se mediante "os recursos e a capacidade de execução", "distribuem-se desigualmente entre as unidades federativas, por essa razão o sistema de cooperação deve procurar dotar cada uma delas com as condições mínimas necessárias para desempenhar seu papel dentro da complexa estrutura federativa".[43] Em alguns momentos,

---

41 BRASILEIRO, Ana Maria. Federalismo. In: *Revista Brasileira de Estudos Políticos*. Belo Horizonte: Universidade Federal de Minas Gerais, 1974, p. 116.

42 REVERBEL, Carlos Eduardo Dieder. *O federalismo numa visão tridimensional do direito*. Porto Alegre: Livraria do Advogado Editora, 2012, p. 133.

43 BRASILEIRO, Ana Maria. Federalismo. In: *Revista Brasileira de Estudos Políticos*. Belo Horizonte: Universidade Federal de Minas Gerais, 1974, p. 116.

isso não é completamente estranho ao modelo federativo brasileiro,[44] como na criação de consórcios públicos para a execução de diversas atividades em cooperação entre os entes.

Entrementes, a alteração do modelo não implica necessariamente na obrigatoriedade de mudanças constitucionais, vez que, por exemplo, seria possível limitar a competência legislativa da União estreitando um conceito legal de normas gerais, as quais continuariam na competência da União.

O ideal do pacto federativo, estabelecido no art. 1º da Carta Maior, tem na sua base compromisso constitucional fundado na promoção do desenvolvimento do binômio economia e bem-estar social, elementos, portanto, essenciais para a efetivação do Estado Federal.

A crise hodierna enfrentada pelos Estados e Municípios, tanto na ordem econômico-financeira, como na social, demonstra, sobretudo, uma crise da estrutura do modelo adotado pelo Brasil, no qual é visível a desproporcionalidade entre as repartições das competências legislativas e administrativas, delineadas pela própria Constituição, em relação à capacidade de arrecadação de receitas dos entes menores, fato que, em linha de consequência, promove o atrofiamento da capacidade do autodesenvolvimento econômico destes.

Ao federalismo cooperativo, deve-se aproximar, no redesenho da organização federal do Brasil, a marca dos princípios da solidariedade e da subsidiariedade. A solidariedade deve se revelar na maior responsabilidade dos entes desenvolvidos perante aqueles com menor desenvolvimento. Enquanto a subsidiariedade diz com a melhor definição de atribuições dos entes federados, eliminando privilégios e sobreposição.

Assim, garante João Baptista Machado:[45]

> O princípio da subsidiariedade, ou princípio segundo o qual o Estado só deve assumir as atribuições, as tarefas ou as incumbências que outras entidades existentes no seu âmbito e mais próximas das pessoas e dos seus problemas concretos como os municípios ou as regiões - não possam assumir e exercer melhor ou mais facilmente.

---

44 As relações federativas de cooperação estão delineadas nos artigos 23 e 24 da Constituição Federal de 1988, que definem as competências comuns e concorrentes entre os entes federados para a elaboração e a implantação de políticas públicas.

45 *Apud* MIRANDA, Jorge. *Manual de Direito Constitucional.* Coimbra: Coimbra Editora, 2004, v. III, p. 180.

Isso, por si só, já seria uma forma de aperfeiçoamento do mecanismo cooperativo, principalmente em relação à redistribuição de receitas que atualmente patrocina a desigualdade e assimetria entre os entes federados e que, na verdade, desconfigura o Estado Federal brasileiro.

Portanto, cremos possível a superação de parte dos obstáculos que interferem diretamente na autonomia dos entes que, ao mesmo tempo, tendem a privilegiar uma solidariedade efetiva entre os Estados, Municípios e as regiões do país. A atual conjuntura política, econômica, social e cultural não permite mais a permanência de modelos que impeçam o real implemento de um federalismo cooperativo e de equilíbrio e redução das desigualdades regionais.

Sabe-se, diante de tudo isto, que as medidas adotadas pela Alemanha e pela Suíça especialmente no que tange à equalização financeira e cooperação entre os entes não são absolutamente efetivas ou perfeitas, mas sem dúvidas representam uma alternativa possível que pode ser lapidada e aperfeiçoada na possibilidade da importação de mecanismos para a experiência federativa brasileira.

Cada solução para dirimir ou amenizar o federalismo assimétrico a que o Brasil está imerso deve ser estabelecida e pensada, considerando todas as peculiaridades locais, culturais, geográficas e econômicas carregadas por um país tão peculiar como o Brasil.

8. REFERÊNCIAS BIBLIOGRÁFICAS

ABBAGNANO, Nicola. *Dicionário de Filosofia*. 4ª ed. São Paulo: Martins Fontes, 2000.

ALEMANHA. *Lei Fundamental da República Federal da Alemanha*. Coimbra: Coimbra Editora, 1996.

ANASTASIA, Fátima. Federalismo e relações intergovernamentais. *In*: AVELAR, Lúcia; CINTRA, Antônio Octávio (Org.). *Sistema político brasileiro*: uma introdução. São Paulo: Fundação Unesp Editora, 2007.

BAGGIO, Roberta Camineiro. *Federalismo no contexto da nova ordem global*: perspectivas de (re)formulação da federação brasileira. Curitiba: Juruá, 2006.

BARACHO, José Alfredo de Oliveira. Novos rumos do federalismo. *Revista brasileira de estudos políticos*, n° 56, jan., 1983.

BASTOS, Celso Ribeiro. *Curso de Teoria do Estado e Ciência Política*. 4ª ed. São Paulo: Saraiva, 1999.

BONAVIDES, Paulo. O caminho para um federalismo das regiões, *Revista de Informação Legislativa*, Brasília, ano 17, n. 65, jan./mar. 1980.

_____. *Teoria do Estado*. 5ª ed. São Paulo: Malheiros, 2003.

BRASIL. Constituição (1988). *Constituição da República Federativa do Brasil*, 5 de out. de 1998. Brasília: Senado Federal - Centro Gráfico, 1988.

BRASILEIRO, Ana Maria. O Federalismo Cooperativo. In: *Revista Brasileira de Estudos Políticos*, nº 39, Belo Horizonte, Universidade Federal de Minas Gerais, 1974.

BRÄUER, Christian. *Finanzausgleich und Finanzbeziehungen im wiedervereinten Deutschland*. Wiesbaden: VS Verlag, 2005.

CARNEIRO, José Mario Brasiliense; HOFMEISTER, Wilhelm (Orgs.). *Federalismo na Alemanha e no Brasil*. São Paulo. Fundação Konrad Adenauer, 2001.

COOLEY, Thomas. *Princípios Gerais de Direito Constitucional dos Estados Unidos da América do Norte*. Tradução de Alcides Cruz. 2ª ed. São Paulo: Revista dos Tribunais, 1982.

COUTO, Monica Bonetti; MEYER, Samantha Ribeiro. O federalismo brasileiro. In: Dircêo Torrecillas Ramos (Coord.) *O federalista atual – Teoria do Federalismo*, Belo Horizonte: Arraes, 2013.

FERRERI, Janice Helena. A Federação. In: BASTOS, Celso Ribeiro (coord.). *Por uma nova Federação*. São Paulo: Revista dos Tribunais, 1995.

GIERON, Lucas Fonseca e Silva; GONÇALVES, Carlos Júnior. Federação Suíça e seu contributo para o federalismo contemporâneo. In: RAMOS, Dircêo Torrecillas (Coord.). *O federalista atual – Teoria do Federalismo*. Belo Horizonte: Arraes, 2013.

HÄBERLE, Peter. *Estado Constitucional Cooperativo*. Tradução de Marcos Augusto Maliska e Elisete Antoniuk. Rio de Janeiro: Renovar, 2007.

_____. *O Federalista*. Tradução de Heitor Almeida Herrera. Brasília: Universidade de Brasília, 1984, p. 419-421.

HAMILTON, Alexander; JAY, John; MADISON, James. *O Federalista*. Tradução de Ricardo Rodrigues Gama. 1ª ed. Campinas: Russel, 2003.

KRAMNICK, Isaac. Apresentação. In: MADISON, James; HAMILTON, Alexander; JAY, John. *Os artigos federalistas*. Tradução de Maria Luiza X. de Borges. Rio de Janeiro: Nova Fronteira, 1993.

LAWS, Norman. Carry on the distribution of power: federalism in Germany. In: RAMOS, Dircêo Torrecillas (Coord.). *O federalista atual – Teoria do Federalismo*. Belo Horizonte: Arraes, 2013.

LIMA, Rogério de Araújo. Os artigos federalistas: a contribuição de James Madison, Alexander Hamilton e John Jay para o surgimento do Federalismo no Brasil. In: *Revista de Informação Legislativa*, Brasília, ano 48, n. 192, out/dez 2011.

LOEWENSTEIN, Karl. *Teoría de la Constitución*. Barcelona: Ediciones Ariel, 1965.

MIRANDA, Jorge. *Manual de Direito Constitucional*. Coimbra: Coimbra Editora, 2004, v. III.

MORAES, Marcos Ribeiro de. *As relações intergovernamentais na República Federal da Alemanha*. São Paulo: Fundação Konrad Adenauer, 2001.

ORTOLAN, Marcelo Augusto Biel; TOMIO, Fabrício Ricardo Lima. O sistema de repartição de competências legislativas da Lei Fundamental Alemã após a reforma federativa de 2006. In: *Revista Direito, Estado e Sociedade*, v. 38, p. 51-80, 2012.

PETERSON, Paul E. *The Price of Federalism*. Washington DC: The Brookings Institution, 1995.

RAMOS, Dircêo Torrecillas. *O federalismo assimétrico*. Rio de Janeiro: Forense, 2000.

RAMMÊ, Rogério Santos. O federalismo em perspectiva comparada: contribuições para uma adequada compreensão do federalismo brasileiro. In: *Revista Eletrônica Direito e Política*, Programa de Pós-Graduação Stricto Sensu em Ciência Jurídica da UNIVALI, Itajaí, v. 10, nº 4, 3º quadrimestre de 2015. Disponível em: <www.univali.br/direitoepolitica>.

REVERBEL, Carlos Eduardo Dieder. *O federalismo numa visão tridimensional do direito*. Porto Alegre: Livraria do Advogado Editora, 2012.

REZENDE, Renato Monteiro. Repartição de Competências Legislativas e a Questão das Normas Ambientais: o que a Reforma Federativa Alemã nos tem a dizer. In: *Núcleo de Estudos e Pesquisas do Senado*, v. 115, 2013.

ROCHA, Carlos Vasconcelos. Federalismo: Dilemas de uma definição conceitual. In: *Civitas*, Porto Alegre, v. 11, nº 2, maio/ago. 2011.

ROVIRA, Enoch Albertí. *Federalismo y Cooperación en la Republica Federal Alemana*. Madrid: Centro de Estudios Constitucionales, 1986.

SCHWARTZ, Bernard. *O Federalismo Norte-americano Atual*. Tradução de Élcio Cerqueira. Rio De Janeiro: Forense Universitária, 1984.

SILVA, José Afonso da. *Comentário Contextual à Constituição*. 2ª ed. São Paulo: Malheiros, 2006.

SUÍÇA. *Constituição Federal da Confederação da Suíça*, disponível em: <http://ccisp-newsletter.com/wp_docs/Bundesverfassung_PT.pdf>.

VELLOSO, Carlos Mário da Silva. *Temas de direito público*. Belo Horizonte: Del Rey, 1994.

FUNDEB E PACTO FEDERATIVO

JUVÊNCIO VASCONCELOS VIANA[1]
ARIANO MELO PONTES[2]

SUMÁRIO: *1. Introdução. 2. Antecedentes. 3. A chegada do FUNDEB. 4. Composição financeira do FUNDEB. 5. O FUNDEB como instrumento de equalização e redistribuição de investimentos no âmbito do pacto federativo. 6. Novos problemas. 7. Problemas conceituais. 8. Conclusões 9. Referências Bibliográficas.*

1. INTRODUÇÃO

É a própria Constituição Federal que, logo em seu artigo 1º, anuncia *"a República Federativa do Brasil, formada pela união indissolúvel dos Estados e Municípios e do Distrito Federal (...)"*.[3]

A forma federativa de Estado é assumida explicitamente, exsurgindo – junto ao princípio republicano – como uma das vigas mestras do nosso sistema de direito. Essa assunção é tão séria e há de ser de tal modo preservada que sequer pode ser abolida por reforma constitucional posterior.[4]

Assumir o federalismo, sob o ponto de vista jurídico-formal, leva-nos, sabemos, a uma forma de Estado composto por várias entidades, dotadas de autonomia e poder de auto-organização. Estas se unem para formar

---

[1] Procurador-Geral do Estado do Ceará, Professor da Faculdade de Direito – UFCE, Mestrado em Direito (Direito e Desenvolvimento) pela Universidade Federal do Ceará e Doutorado em Direito Processual pela Faculdade de Direito da Universidade de São Paulo (USP).

[2] Procurador-Geral Adjunto do Estado do Ceará, Advogado.

[3] E, na sequência, no mesmo dispositivo, não menos importante, autoafirma-se um "Estado Democrático de Direito".

[4] Art. 60, § 4º, inc. I, CRFB/88.

um todo maior. Não há, por tais razões, direito de secessão entre as mesmas. Para conviverem e trabalharem juntas, essas unidades depararam-se com um pacto federativo definido pela Constituição. Esta diz como serão compartilhadas as competências de atuação de tais entes e o cumprimento de respectivas políticas públicas.

Assim, o federalismo tem na Constituição sua base jurídica maior.[5] Esta traça e distribui competências, que não poderão ser abolidas ou alteradas unilateralmente. Não há hierarquia entre os entes que compõem a federação, os quais serão dotados de *autonomia,* aquela capacidade de agir dentro de círculo preestabelecido,[6] segundo um conjunto de competências traçadas e garantidas pela Constituição. Competências essas que não podem ser invadidas ou alteradas unilateralmente pelo Poder central.[7]

Importante destacar mesmo que, no federalismo, cada esfera de competência deve deter forma de renda própria. Isso soa absolutamente lógico. Evidente que de nada adiantaria receber competências a serem executadas, se aquela entidade não detivesse meios próprios para executar o que lhe foi colocado. Havendo dependência financeira, o ente não tem como exercer suas funções livre e autonomamente.

Esse, como dissemos, o plano formal. Resta-nos aferir o plano material do federalismo.

Está claro que não basta a Constituição anunciar a forma federativa. A federação não se transforma em realidade somente por força do anúncio constitucional. A construção da federação sempre requereu um processo de evolução, maturação e permanente aperfeiçoamento.

É percebível que, apesar de todo aquele desenho ideal – além da estatura de que goza dentro do sistema – o federalismo sofre duras críticas. A realidade que vivenciamos não parece condizer com o que

---

5 Acerca do reforço ao federalismo na Constituição de 1988, cf. BONAVIDES, Paulo. *Curso de Direito Constitucional.* 32ª ed. São Paulo: Malheiros, 2017, p. 352.

6 Cf. AFONSO DA SILVA, José. *Curso de Direito Constitucional Positivo.* 9ª ed., São Paulo: Malheiros, 1994, p. 423.

7 A autonomia do ente federativo há de ser a regra. A possibilidade, por exemplo, de intervenção de uma unidade federativa em uma outra constitui autêntica medida de exceção, tanto que somente pode ser essa decretada observados rigorosos requisitos legais e na estrita medida do necessário, pelo tempo que for apenas preciso ao restabelecimento da ordem, *v.g.,* art. 36, §§ 3º e 4º, CRFB/88.

preconizado constitucionalmente, parecendo não refletir toda aquela significação dada pela Constituição. Mais grave, modernamente, vários fatos têm demonstrado que Estados da federação não vêm tendo condições de sobreviver financeiramente se lhes faltar o apoio do Governo Federal (v. *infra*). Chegam a dizer que o princípio federativo seria um dos mais fragilizados e degradados hodiernamente.

Sendo assim, seria o caso de pensar-se se ainda seria conveniente valer-se da federação. Se essa forma ainda importaria, seria mesmo ainda fundamental.

Alguns tendem a deixar-se levar mesmo pela corrente negativa e pelo sentimento da centralização como algo mais eficiente. Vão dizer, decerto, que, diante de tantas demandas da sociedade, o melhor seria mesmo um governo central cada vez mais forte para atendê-las.

Apesar de tudo, o federalismo ainda aparece como um princípio (o melhor) fundamental a ser seguido.[8]

É correto que o federalismo brasileiro se formou por razões bem diversas daquela que inspirou o americano (aqui, desejava-se conter o governo central, reagir à força deste). Mas poder repartido é mais difícil de ser arbitrário. Centralização do poder tende à formação de governo autoritário. O federalismo autêntico, real, não nos impede de termos um Estado forte ao mesmo tempo que respeitante das peculiaridades locais.

Mas, hoje, a federação constituiu algo muito maior. Uma forma de organizar o Estado democrático (recordando aqui a segunda parte do art. 1º da CRFB/88). Descentralizar o poder passa a ser uma forma de auxílio direto ao exercício da democracia. "Quer dizer, quanto mais perto estiver a sede do poder decisório daqueles que a ele estão sujeitos, mais probabilidade existe de o poder ser democrático".[9] Este, um ponto

---

[8] "O federalismo ainda é em nossos dias um princípio reitor que encontra grande receptividade e ressonância na vida de muitos países. Ele não se desatualizou porque soube encontrar novos fundamentos em substituição àqueles que lhe deram origem. (...) Em síntese, foi a forma mais imaginosa já inventada pelo homem para permitir a conjugação das vantagens da autonomia política com aquelas outras defluentes da existência de um poder central" (BASTOS, Celso Ribeiro; MARTINS, Ives Gandra. *Comentários à Constituição do Brasil*. São Paulo: Saraiva, 1988, v. 1, p. 415).

[9] BASTOS, Celso Ribeiro; MARTINS, Ives Gandra. *Comentários à Constituição do Brasil*. São Paulo: Saraiva, 1988, v. 1, p. 415.

fundamental. Deixa de ser o federalismo somente um instrumento de propiciar convivência entre diferentes Estados que buscam uma unidade nacional para ser um bom instrumento em prol da democracia.

Voltamos ao ponto destacado *supra*. Cada esfera de competência deve deter renda própria. A economia pública há de ser repartida entre as diversas esferas federadas. Até porque cada uma delas tem suas demandas, suas necessidades e suas políticas públicas a serem executadas. Como dito, de nada adiantaria receber tais competências se aquela entidade não detivesse meios próprios para executar o que lhe foi colocado. Entra em cena, nesse ponto, o *federalismo fiscal*.[10] Havendo dependência financeira, o ente não tem como exercer suas funções livre e autonomamente.

Cuidar de peculiaridades próprias implica ter e receber recursos para isso. Recursos são concentrados nas mãos da União,[11] enquanto Estados e municípios continuam com suas obrigações e políticas sociais a desempenhar e, cada vez mais, com menos recursos. É preciso buscar um maior e mais eficiente equilíbrio.

A Constituição e as leis não podem manter essa autonomia somente num plano artificial. Um bom sistema financeiro-tributário é algo essencial para o Estado sob uma forma autenticamente federativa.

Mais, não podemos esquecer que esse Estado republicano, federativo e democrático há de perseguir aqueles fins do art. 3º da própria Constituição. Ali estão os objetivos daquele Estado federativo, cabendo destacar, dentre outros, os de construir uma sociedade justa e solidária, garantir o desenvolvimento nacional, erradicar a pobreza e a marginalização e reduzir as desigualdades sociais e regionais. A educação constitui poderoso instrumento à persecução de tais objetivos.

---

10 Ver os arts. 145 a 162 da CRFB/88.

11 "Não podemos nos esquecer, contudo, de que os poderes agigantados de que desfruta hoje a União não foram, necessariamente, absorvidos de Estados e municípios. O que houve foi uma invasão incomensurada levada a cabo pelo poder central na esfera normalmente reservada aos particulares em matéria econômica. De nada adianta cuidar-se de atribuir tarefas específicas a Estados e municípios se se continuar a permitir que a União, de forma descontrolada, incursione pelo domínio econômico. (...) Um poder central estatizante é inconveniente com uma autêntica federação, que pressupõe um equilíbrio entre as diversas esferas governamentais" (BASTOS, Celso Ribeiro; MARTINS, Ives Gandra. *Comentários à Constituição do Brasil*. São Paulo: Saraiva, 1988, v. 1, p. 416). A crítica não é de hoje, mas é de uma absurda atualidade.

O tema do FUNDEB, objeto do presente artigo, calha exatamente ao citado contexto, constitui instrumento de busca da cidadania e de melhor condição social, representa a aplicação plena do princípio da solidariedade, essencial ao federalismo cooperativo.

2. ANTECEDENTES

Voltando um pouco no tempo, ainda na época do Fundo de Manutenção e Desenvolvimento do Ensino Fundamental e Valorização do Magistério – FUNDEF, já ocorriam discussões acerca de desrespeito da União Federal às normas legais aplicáveis. O Estado do Ceará, por exemplo, necessitou oferecer demanda em face da União Federal visando a obter o pagamento de valores decorrentes da complementação que a União deveria ofertar ao Estado-membro no âmbito daquele (FUNDEF).

Apontadas diferenças decorreriam da indevida aplicação do Decreto nº 2.264/97, o qual, sob o pretexto de regulamentar a Lei nº 9.424/96, acabou por extrapolá-la, prevendo critérios de complementação dos recursos do FUNDEF à revelia das disposições legais, gerando uma insuficiência na complementação financeira do valor mínimo anual por aluno (VMAA).

Naquela década, houve a inobservância, por parte da União, dos critérios estatuídos no art. 6º, § 1º, da Lei Federal nº 9.492/96, o qual estabelecia a fórmula de cálculo do VMAA.[12]

---

[12] "Art. 6º A União complementará os recursos do Fundo a que se refere o art. 1º sempre que, no âmbito de cada Estado e do Distrito Federal, seu valor por aluno não alcançar o mínimo definido nacionalmente.

§ 1º *O valor mínimo anual por aluno, ressalvado o disposto no § 4º, será fixado por ato do Presidente da República e nunca será inferior à razão entre a previsão da receita total para o Fundo e a matrícula total do ensino fundamental no ano anterior, acrescida do total estimado de novas matrículas, observado o disposto no art. 2º, § 1º, incisos I e II.*

§ 2º As estatísticas necessárias ao cálculo do valor anual mínimo por aluno, inclusive as estimativas de matrículas, terão como base o censo educacional realizado pelo Ministério da Educação e do Desporto, anualmente, e publicado no Diário Oficial da União.

§ 3º As transferências dos recursos complementares a que se refere este artigo serão realizadas mensal e diretamente às contas específicas a que se refere o art. 3º.

§ 4º No primeiro ano de vigência desta Lei, o valor mínimo anual por aluno, a que se refere este artigo, será de R$ 300,00 (trezentos reais)".

Tal determinação legal refletia, em verdade, a própria previsão constante do art. 60, § 7º, do ADCT (redação da EC nº 14/96, antes da EC nº 53/2006).[13]

---

13 "Art. 60. Nos dez primeiros anos da promulgação desta Emenda, os Estados, o Distrito Federal e os Municípios destinarão não menos de sessenta por cento dos recursos a que se refere o caput do art. 212 da Constituição Federal, à manutenção e ao desenvolvimento do ensino fundamental, com o objetivo de assegurar a universalização de seu atendimento e a remuneração condigna do magistério. (Redação dada pela Emenda Constitucional nº 14, de 1996)

§ 1º A distribuição de responsabilidades e recursos entre os Estados e seus Municípios a ser concretizada com parte dos recursos definidos neste artigo, na forma do disposto no art. 211 da Constituição Federal, é assegurada mediante a criação, no âmbito de cada Estado e do Distrito Federal, de um Fundo de Manutenção e Desenvolvimento do Ensino Fundamental e de Valorização do Magistério, de natureza contábil. (Incluído pela Emenda Constitucional nº 14, de 1996)

§ 2º O Fundo referido no parágrafo anterior será constituído por, pelo menos, quinze por cento dos recursos a que se referem os arts. 155, inciso II; 158, inciso IV; e 159, inciso I, alíneas «a» e «b»; e inciso II, da Constituição Federal, e será distribuído entre cada Estado e seus Municípios, proporcionalmente ao número de alunos nas respectivas redes de ensino fundamental. (Incluído pela Emenda Constitucional nº 14, de 1996)

§ 3º A União complementará os recursos dos Fundos a que se refere o § 1º, sempre que, em cada Estado e no Distrito Federal, seu valor por aluno não alcançar o mínimo definido nacionalmente. (Incluído pela Emenda Constitucional nº 14, de 1996).

§ 4º A União, os Estados, o Distrito Federal e os Municípios ajustarão progressivamente, em um prazo de cinco anos, suas contribuições ao Fundo, de forma a garantir um valor por aluno correspondente a um padrão mínimo de qualidade de ensino, definido nacionalmente. (Incluído pela Emenda Constitucional nº 14, de 1996)

§ 5º Uma proporção não inferior a sessenta por cento dos recursos de cada Fundo referido no § 1º será destinada ao pagamento dos professores do ensino fundamental em efetivo exercício no magistério. (Incluído pela Emenda Constitucional nº 14, de 1996)

§ 6º A União aplicará na erradicação do analfabetismo e na manutenção e no desenvolvimento do ensino fundamental, inclusive na complementação a que se refere o § 3º, nunca menos que o equivalente a trinta por cento dos recursos a que se refere o caput do art. 212 da Constituição Federal." (Incluído pela Emenda Constitucional nº 14, de 1996)

§ 7º *A lei disporá sobre a organização dos Fundos, a distribuição proporcional de seus recursos, sua fiscalização e controle, bem como sobre a forma de cálculo do valor mínimo nacional por aluno.* (Incluído pela Emenda Constitucional nº 14, de 1996). (*sem destaques no original*)

Observa-se que aquele § 7º remetera à *lei* (e não a Decreto) a tarefa de dispor sobre a forma de cálculo do valor mínimo nacional por aluno, o qual, em atenção ao § 3º, deveria ser fixado nacionalmente, ou seja, uniforme para todo o País.

Ademais, a lei e a Constituição foram taxativas ao prescreverem que "*a União complementará os recursos do fundo (...)*", quando "(...) *seu valor não alcançar o mínimo definido nacionalmente*".

A União apegava-se à letra do Decreto nº 2.264/97, o qual, a pretexto de regulamentar a Lei Federal nº 9.492/96, acabou por extrapolar indevidamente os limites do texto legal.[14] Evidente que a atribuição

---

14 "Art. 2º O valor destinado ao Fundo de Manutenção e desenvolvimento do Ensino Fundamental e de Valorização do Magistério em cada Unidade da Federação será creditado em contas individuais e específicas dos Governos Estaduais, do Distrito Federal e dos respectivos Municípios, mediante aplicação de coeficientes de distribuição a serem fixados anualmente.

§ 1º Para o estabelecimento dos coeficientes de distribuição serão considerados:

a) o número de alunos matriculados nas escolas cadastradas das respectivas redes de ensino, apurado no Censo Escolar do exercício anterior ao da distribuição, considerando-se para este fim as matrículas da 1ª à 8ª séries do ensino fundamental regular;

b) a estimativa de novas matrículas, elaborada pelo Ministério da Educação e do Desporto;

c) a diferenciação do custo por aluno, segundo os níveis de ensino e os tipos de estabelecimentos, conforme previsto no § 2º do art. 2º da Lei nº 9.424, de 24 de dezembro de 1996. (Vide Decreto nº 5.374, de 2005)

§ 2º Para fins do disposto neste artigo, o Ministério da Educação e do Desporto:

a) divulgará, até o dia 31 de março de cada ano, a estimativa do número de alunos referida no parágrafo anterior por Estado, Distrito Federal e Município, bem assim as demais informações necessárias ao cálculo dos recursos a serem repassados no ano subsequente, com vistas à elaboração das propostas orçamentárias das três esferas de Governo.

b) publicará, até o dia 30 de novembro de cada ano, as informações necessárias ao cálculo efetivo dos coeficientes de distribuição para o ano seguinte e o Censo Escolar do ano em curso. (Vide Decreto nº 5.374, de 2005)

§ 3º Com base no Censo Escolar e nas demais informações publicadas, o Ministério da Educação e do Desporto elaborará a tabela de coeficientes de distribuição dos recursos do Fundo, e a publicará no Diário Oficial da União até o último dia útil de cada exercício, para utilização no ano subsequente, remetendo as planilhas de cálculo ao Tribunal de Contas da União, para exame e controle.

§ 4º Somente será admitida revisão dos coeficientes de que trata o § 2º deste artigo se houver determinação do Tribunal de Contas da União nesse sentido.

à Administração de um poder regulamentar é algo de fundamental importância dentro de um Estado de Direito, mas, sem dúvida alguma, esse poder tem limites.¹⁵

Assim, enquanto o art. 6º, § 1º, da Lei Federal nº 9.492/96 estabeleceu que seria devida a complementação quando o valor por aluno não alcançasse o mínimo nacional, o Decreto acima referido previu que esse complemento deveria corresponder à diferença (negativa) entre a receita anual de cada fundo (cada estado deveria ter FUNDEF) e o valor mínimo da despesa definida para o Fundo no mesmo ano. Algo arbitrário e descabido, portanto.

Reconhecendo tal violação, clara exacerbação do poder regulamentar, julgados se sucederam naquele sentido, calhando aqui destacar voto do então Ministro do Superior Tribunal de Justiça, Teori Albino Zavascki, no julgamento do REsp nº 1.101.015-BA:¹⁶

---

§ 5º O repasse dos recursos nos termos do caput deste artigo será efetuado nas mesmas datas do repasse dos recursos de que trata o art. 159 da Constituição, observados os mesmos procedimentos e forma de divulgação.

Art. 3º Compete ao Ministério da Fazenda efetuar o cálculo da complementação anual devida pela União ao Fundo de Manutenção e Desenvolvimento do Ensino Fundamental e Valorização do Magistério em cada Estado e no Distrito Federal.

§ 1º *O cálculo da complementação da União em cada ano terá como base o número de alunos de que trata o § 1º do Art. 2º deste Decreto, o valor mínimo por aluno, definido nacionalmente, na forma do art. 6º, da Lei nº 9.424, de 24 de dezembro de 1996, e a arrecadação das receitas vinculadas ao Fundo.*

§ 2º A complementação anual da União corresponderá a diferença, se negativa, entre a receita anual do Fundo em cada Unidade da Federação e o valor mínimo da despesa definida para *o Fundo no mesmo ano.*"

15 Acerca do poder regulamentar, sua justificação e limites, cf. FERNANDEZ, Tomás Ramón; GARCÍA DE ENTERRIA, Eduardo. *Curso de Direito Administrativo*. Tradução de Arnaldo Setti. São Paulo: Saraiva, 1991.

16 Da ementa do julgado extrai-se: "ADMINISTRATIVO. FUNDO DE MANUTENÇÃO E DESENVOLVIMENTO DO ENSINO FUNDAMENTAL E DE VALORIZAÇÃO DO MAGISTÉRIO - FUNDEF. VALOR ANUAL MÍNIMO POR ALUNO - VMAA. FIXAÇÃO. CRITÉRIO: MÉDIA NACIONAL. *1. Para fins de complementação pela União ao Fundo de Manutenção e Desenvolvimento do Ensino Fundamental - FUNDEF (art. 60 do ADCT, redação da EC 14/96), o "valor mínimo anual por aluno" (VMAA), de que trata o art. 6º, § 1º da Lei 9.424/96, deve ser calculado levando em conta a média nacional. Precedentes. 2. Recurso especial a que se nega provimento.* Acórdão sujeito ao regime do art. 543-C do CPC e da Resolução STJ 08/08." (REsp 1.101.015/BA, Rel. Ministro TEORI ALBINO ZAVASCKI, PRIMEIRA SEÇÃO, julgado em 26/05/2010, DJe 02/06/2010, *sem destaques no original*).

Do cotejo dos dispositivos acima, infiro que o Decreto 2.264/97, ao regulamentar a Lei 9.424/96, estabeleceu, nos artigos mencionados, como parâmetro para fixação do valor mínimo do FUNDEF, a observância de uma importância intermediária resultante da média de cada valor mínimo alcançado dentro de cada fundo por unidade da federação, exorbitando, assim, do seu poder normativo ao criar limitação não prevista em lei, possibilitando à União a prerrogativa de fixação do valor anual por aluno em valores aquém daqueles que deveriam ser fixados caso fosse observado o comando legal. E, isto porque, em nenhum momento, a Lei 9.424/96 faz menção a vinte e sete quocientes, mas, sim, a um único método de cálculo do valor mínimo, qual seja, nunca inferior à razão entre a previsão da receita total para o fundo e a matrícula total do ensino fundamental no ano anterior, acrescida do total estimado de novas matrículas (art. 6º, §1º).

Assim, a interpretação dada pela União para o cálculo da complementação devida aos Municípios, de que o Valor Mínimo Anual por Aluno deve levar em conta a receita e o número de alunos em cada Estado e isoladamente, sob o argumento de que o Fundo é estadual, sem intercomunicação, encontra-se em dissonância com a intenção do legislador que é exatamente a de garantir aos Estados e Municípios mais pobres a condição para ter um sistema educacional de qualidade promovendo a uniformidade do padrão de ensino a fim de diminuir a desigualdade social existente no país e atender um dos objetivos fundamentais da Federação, contido no artigo 3º, III, da CF. Destarte, ao contrário do por que sustentado pela apelante, não há que se falar em interferência no Princípio Federativo pois, em nenhuma hipótese haverá transferências interestaduais de recursos, na medida em que a fórmula para fixação do Valor Mínimo Nacional deve ser utilizada, tão-somente, como parâmetro para a complementação do Fundo e nunca como deslocamento de numerário entre os estados federados.

Muito embora o Decreto Presidencial estabeleça que o valor mínimo será fixado por ato do Presidente da República e esse ato seja discricionário, essa discricionariedade não é absoluta, pois se vincula ao limite mínimo legal, aquém do qual não pode ser estabelecido, sendo possível somente sua fixação num patamar superior à média nacional, nunca abaixo desta. A União, portanto, ao não observar a norma legal, está se afastando da fórmula matemática adotada pelo legislador e que evidencia com nitidez o propósito de garantir a contínua atualização do Valor Mínimo Anual por Aluno - VMAA, a fim de mantê-lo sempre apto à assegurar a consecução de sua finalidade educacional precípua, recusando-se, desse modo, ao cumprimento de seu papel constitucionalmente definido a propósito do ensino fundamental.

Assim, para fins de complementação pela União ao FUNDEF o "valor mínimo anual por aluno" (VMAA), deveria ser calculado levando em conta a média nacional. Ficava claro, então, que o cálculo lastreado no citado decreto era totalmente ilegal, sendo devida uma complementação de valores pela União Federal ao Estado.

3. A CHEGADA DO FUNDEB

Sucessor do FUNDEF (Fundo de Manutenção e Desenvolvimento do Ensino Fundamental e de Valorização do Magistério), que existiu entre os anos de 1998 e 2006, o FUNDEB (Fundo de Manutenção e Desenvolvimento da Educação Básica e de Valorização dos Profissionais da Educação) foi instituído pela Emenda Constitucional nº 53, de 19 de dezembro de 2006 (publicada no Diário Oficial da União de 20/12/2006), a qual trouxe inúmeras modificações na Carta Magna, todas voltadas para a educação, como, por exemplo, a polêmica instituição do "piso salarial profissional nacional para os profissionais da educação escolar pública" (art. 206, inciso VIII).

A citada emenda constitucional alterou o artigo 60 do Ato das Disposições Constitucionais Transitórias (ADCT), o qual passou a estatuir que, "até o 14º (décimo quarto) ano a partir da promulgação desta Emenda Constitucional, os Estados, o Distrito Federal e os Municípios destinarão parte dos recursos a que se refere o caput do art. 212 da Constituição Federal à manutenção e desenvolvimento da educação básica e à remuneração condigna dos trabalhadores da educação". Em seguida, dispõe que "a distribuição dos recursos e de responsabilidades entre o Distrito Federal, os Estados e seus Municípios é assegurada mediante a criação, no âmbito de cada Estado e do Distrito Federal, de um Fundo de Manutenção e Desenvolvimento da Educação Básica e de Valorização dos Profissionais da Educação - FUNDEB, de natureza contábil".

Trata-se, efetivamente, de disposição transitória, com prazo de vigência de 14 anos, que se estenderá até o ano de 2020, embora se possa antever, com certa previsibilidade, que deverá sobrevir nova emenda constitucional visando a prorrogar a vigência do fundo, ainda que sob nova denominação e com regras diferenciadas, tal como ocorreu com o FUNDEB em relação ao FUNDEF.

A propósito, em 2012, o Deputado Francisco Escórcio e outros[17] apresentaram a Proposta de Emenda à Constituição nº 192, cuja ementa era a seguinte: "Insere o art. 212-A na Constituição Federal, de forma a tornar o Fundo de Manutenção e Desenvolvimento da Educação Básica

---

17 Não especificados na Proposta de Emenda Constitucional.

e de Valorização dos Profissionais da Educação – FUNDEB, instrumento permanente de financiamento da educação básica pública".[18]

Em sua justificativa, o parlamentar anotou o seguinte:

> Como destaca a Ministra do Supremo Tribunal Federal (STF), Carmen Lúcia Rocha, enquanto as normas constitucionais do corpo permanente voltam-se para o presente e o futuro, as disposições constitucionais transitórias são voltadas para o passado, com repercussões no presente. E o Fundeb trata, e assim deve ser, do presente e do futuro da educação brasileira.
>
> O Fundeb, embora tenha ampliado seu prazo de vigência para 14 anos (até 2020), enquanto o fundo precedente, Fundef, vigorou por dez anos, não ousou trazer as regras de financiamento para o corpo permanente da Constituição, mantidas no Ato das Disposições Constitucionais Transitórias. Entretanto, admitir esta topografia constitucional seria considerá-lo como um programa provisório. E isso não pode ser.
>
> O fim do Fundeb provocaria grande desorganização no financiamento da educação básica pública brasileira e colocaria termo à mais importante experiência de construção de encaminhamento de políticas públicas a partir da solidariedade federativa. O efeito redistributivo do fundo é seu grande mérito.
>
> O Fundeb representa a aplicação plena do princípio da solidariedade, essencial ao federalismo cooperativo, modelo de organização do Estado adotado pelo Brasil.

Com efeito, à vista da sua irrecusável importância para a educação básica e da precária situação financeira de inúmeros Estados e Municípios da Federação, agravada sobremaneira pela seríssima crise econômica e fiscal que o País atravessa, é induvidoso que o FUNDEB não poderá sofrer solução de continuidade, prevendo-se, com segurança, que será mantido e robustecido, de forma a incrementar as conquistas que a educação básica, no Brasil, vem alcançando de forma paulatina.

4. A COMPOSIÇÃO FINANCEIRA DO FUNDEB

De logo, é preciso acentuar que não há, na verdade, um só FUNDEB, mas tantos quantos são os Estados-membros da Federação.

Com efeito, o inciso I do art. 60 do Ato das Disposições Constitucionais Transitórias (ADCT) previu "a criação, no âmbito de cada Estado e do Distrito Federal, de um Fundo de Manutenção e Desenvolvimento da Educação Básica e de Valorização dos Profissionais da Educação – FUNDEB, de natureza contábil".

---

[18] Disponível na internet: <http://www.camara.gov.br/proposicoesWeb/fichadetramitacao?idProposicao=548223>, acesso: 06 de fev. de 2018.

A composição financeira do FUNDEB foi prevista na Lei Federal nº 11.494/2007, que, minudenciando o disposto no inciso II do art. 60 do ADCT,[19] estabeleceu que os fundos estaduais se compõem da agregação de 20 % das seguintes fontes de receita:

I – ITCD (imposto sobre transmissão causa mortis e doação de quaisquer bens ou direitos), previsto no inciso I do caput do art. 155 da Constituição Federal;
II – ICMS (imposto sobre operações relativas à circulação de mercadorias e sobre prestações de serviços de transportes interestadual e intermunicipal e de comunicação), previsto no inciso II do caput do art. 155 combinado com o inciso IV do caput do art. 158 da Constituição Federal;
III – IPVA (imposto sobre a propriedade de veículos automotores) previsto no inciso III do caput do art. 155 combinado com o inciso III do caput do art. 158 da Constituição Federal;
IV – parcela do produto da arrecadação do imposto que a União eventualmente instituir no exercício da competência que lhe é atribuída pelo inciso I do caput do art. 154 da Constituição Federal prevista no inciso II do caput do art. 157 da Constituição Federal;
V – parcela do produto da arrecadação do ITR (imposto sobre a propriedade territorial rural), relativamente a imóveis situados nos Municípios, prevista no inciso II do caput do art. 158 da Constituição Federal;
VI – parcela do produto da arrecadação do imposto sobre renda e proventos de qualquer natureza e do IPI (imposto sobre produtos industrializados) devida ao Fundo de Participação dos Estados e do Distrito Federal – FPE e prevista na alínea a do inciso I do caput do art. 159 da Constituição Federal e no Sistema Tributário Nacional de que trata a Lei nº 5.172, de 25 de outubro de 1966;
VII – parcela do produto da arrecadação do imposto sobre renda e proventos de qualquer natureza e do IPI (imposto sobre produtos industrializados) devida ao Fundo de Participação dos Municípios – FPM e prevista na alínea b do inciso I do caput do art. 159 da Constituição Federal e no Sistema Tributário Nacional de que trata a Lei nº 5.172, de 25 de outubro de 1966;

---

19 "Os Fundos referidos no inciso I do caput deste artigo serão constituídos por 20% (vinte por cento) dos recursos a que se referem os incisos I, II e III do art. 155; o inciso II do caput do art. 157; os incisos II, III e IV do caput do art. 158; e as alíneas a e b do inciso I e o inciso II do caput do art. 159, todos da Constituição Federal, e distribuídos entre cada Estado e seus Municípios, proporcionalmente ao número de alunos das diversas etapas e modalidades da educação básica presencial, matriculados nas respectivas redes, nos respectivos âmbitos de atuação prioritária estabelecidos nos §§ 2º e 3º do art. 211 da Constituição Federal".

VIII – parcela do produto da arrecadação do IPI (imposto sobre produtos industrializados) devida aos Estados e ao Distrito Federal e prevista no inciso II do caput do art. 159 da Constituição Federal e na Lei Complementar nº 61, de 26 de dezembro de 1989; e

IX – receitas da dívida ativa tributária relativa aos impostos previstos acima indicados, bem como juros e multas eventualmente incidentes.

Importante ressaltar, ainda, que, de acordo com o § 2º do art. 3º da Lei nº 11.494/2007, inclui-se, na base de cálculo dos recursos referidos nos incisos do *caput* deste artigo, os valores transferidos pela União aos Estados, ao Distrito Federal e aos Municípios nos termos da Lei Kandir (Lei Complementar Federal nº 87/1996), por conta da desoneração de exportações.

Após vertidos todos esses recursos aos fundos estaduais, tem-se, outrossim, a relevantíssima participação da União Federal, à qual incumbe complementar "os recursos dos Fundos sempre que, no âmbito de cada Estado e no Distrito Federal, o valor médio ponderado por aluno, calculado na forma do Anexo desta Lei, não alcançar o mínimo definido nacionalmente, fixado de forma a que a complementação da União não seja inferior aos valores previstos no inciso VII do caput do art. 60 do ADCT" (art. 4º da Lei nº 11.494/2007).[20]

Cumpre frisar que o Superior Tribunal de Justiça (STJ) decidiu que "as verbas que compõem o FUNDEB não estão compreendidas nas receitas tributárias, nem nas transferências que pertencem aos Municípios, nos termos dos arts. 153, § 5º, 158 e 159 da CRFB/88. Logo, devem ser excluídas da base de cálculo dos duodécimos repassados pela União às Casas Legislativas Municipais, nos moldes do art. 29-A, da CRFB/88".[21]

---

20 Vale registrar que essa complementação, embora com feição diferente, também existia no âmbito do FUNDEF e, na época, foi objeto de intensa celeuma judicial, a exemplo da ACO nº 683, ajuizada pelo Estado do Ceará perante o Supremo Tribunal Federal, conforme já referido acima. De fato, inúmeros Estados e Municípios ajuizaram demandas questionando diferenças de valores da complementação (em decorrência da divergência na metodologia de sua apuração), tendo o Superior Tribunal de Justiça firmado tese favorável aos demandantes, gerando dívida bilionária para a União.

21 RMS nº 44.795/MG, Rel. Ministro HUMBERTO MARTINS, Rel. p/ Acórdão Ministro OG FERNANDES, Segunda Turma, julgado em 03/11/2015, DJe 12/02/2016.

Esse entendimento, ao evitar que os recursos do FUNDEB sejam computados para o traspasse de dinheiro às Câmaras Municipais, assegura que, nem mesmo de forma indireta (por influência na base de cálculo de transferências de recursos), sejam aqueles desviados da sua aplicação na educação básica.

Importante registrar, ademais, que a arrecadação e a distribuição de recursos são realizadas pela União e pelos Estados, com a participação dos agentes financeiros do fundo (Banco do Brasil e Caixa Econômica Federal).

Os recursos do FUNDEB são distribuídos de forma automática (sem necessidade de autorização ou convênios para esse fim) e periódica, mediante crédito na conta específica de cada governo estadual e municipal.

Essa distribuição é realizada com base no número de alunos da educação básica pública, de acordo com dados do último censo escolar, sendo computados os alunos matriculados nos respectivos âmbitos de atuação prioritária, conforme art. 211 da Constituição Federal. Ou seja, os municípios recebem os recursos do FUNDEB com base no número de alunos da educação infantil e do ensino fundamental, e os estados, com base no número de alunos do ensino fundamental e médio.

Nota-se, então, que o FUNDEB é fundo de natureza contábil, formado com recursos provenientes das três esferas de governo, as quais possuem funções diferenciadas: a União participa da composição e distribuição dos recursos; os Estados participam da composição, da distribuição, do recebimento e da aplicação final dos recursos; e os Municípios participam da composição, do recebimento e da aplicação final dos recursos.

5. O FUNDEB COMO INSTRUMENTO DE EQUALIZAÇÃO E REDISTRIBUIÇÃO DE INVESTIMENTOS NO ÂMBITO DO PACTO FEDERATIVO

Afigura-se induvidoso que, como destacamos, no Estado Federado, "não há que falar em autonomia política ou administrativa, sem autonomia financeira, cuja inexistência elide totalmente o conceito".[22]

---

[22] DI PIETRO, Juliano. Repartição das Receitas Tributárias: a repartição do produto da arrecadação, as transferências intergovernamentais. In: CONTI, José Maurício. *Federalismo Fiscal*. Barueri: Manole, 2004, p. 69.

No Brasil, como vimos, essa autonomia financeira não é plena, verificando-se flagrante assimetria no Federalismo moldado na Constituição Federal, o qual resulta na concentração de recursos financeiros na União Federal. Assim,[23]

> (...) a partir da inescapável constatação de que nem todos os Estados-membros e Municípios – os quais se pretenderia tornar autônomos – são capazes de produzir em seus lindes riqueza suficiente para dela extrair, sem auxílio externo, matéria tributável em montante compatível às atribuições constitucionais que lhes tenham sido conferidas, dentro de sua rigidez a Carta de 1988 pretendeu otimizar a 'distribuição vertical de rendas' (...), estipulando uma complexa rede de vascularização financeira, dinamizada por transferências de parcelas do produto da arrecadação de alguns impostos.

Nesse panorama, é induvidoso que o FUNDEB atua como notável instrumento de equalização e redistribuição dos investimentos na educação básica, reduzindo as distorções verificadas em razão do federalismo assimétrico brasileiro, cujo modelo privilegia sobremaneira a União Federal, tanto na distribuição de competências quanto na concentração das receitas (especialmente as tributárias).

Sob essa perspectiva, destacam-se, no âmbito do FUNDEB, a complementação de valores realizada pela União Federal e a distribuição dos recursos aos Municípios, já referida no tópico anterior.

Consoante já frisado, de acordo com o art. 4º da Lei nº 11.494/2007, a "União complementará os recursos dos Fundos sempre que, no âmbito de cada Estado e no Distrito Federal, o valor médio ponderado por aluno, calculado na forma do Anexo desta Lei, não alcançar o mínimo definido nacionalmente, fixado de forma a que a complementação da União não seja inferior aos valores previstos no inciso VII do *caput* do art. 60 do ADCT".

A complementação é anual, mas será repassada paulatinamente,[24] havendo um ajuste no primeiro quadrimestre do exercício imediatamente subsequente, em razão da diferença a maior ou a menor apurada.

---

23 LOBO, Rogério Leite. *Federalismo Fiscal Brasileiro*: Discriminação de Rendas Tributárias e Centralidade Normativa. Rio de Janeiro: Lumen Juris, 2006, p. 82.

24 Essa complementação da União, nos termos do § 1º do art. 6º da citada lei, deverá contemplar pagamentos mensais de, no mínimo, 5% da complementação anual, a serem realizados até o último dia útil de cada mês, assegurados os repasses de, no mínimo, 45% (quarenta e cinco por cento) até 31 de julho, de 85% (oitenta e cinco por cento) até 31 de dezembro de cada ano, e de 100% (cem por cento) até 31 de janeiro do exercício imediatamente subsequente.

Demais disso, a Lei nº 11.494/2007 estabelece, em seu art. 5º, que a "complementação da União destina-se exclusivamente a assegurar recursos financeiros aos Fundos, aplicando-se o disposto no *caput* do art. 160 da Constituição Federal",[25] ou seja, é vedada a retenção ou qualquer restrição da entrega dos recursos advindos da União destinados ao FUNDEB.

Diferentemente do FUNDEF, "o FUNDEB teve um impacto significativo na redução das disparidades inter-regionais, devido, particularmente, à ampliação do complemento financeiro da União".[26]

Vê-se, então, que esse complemento financeiro atua como forte elemento de equalização e redistribuição dos recursos para a educação básica, de forma que, não tendo o Estado-membro conseguido atingir o valor médio ponderado por aluno, a União proverá recursos financeiros que ensejarão uma aplicação igualitária dos valores em cada ente.

Assim, Estados menos favorecidos poderão aplicar, em regra, recursos equivalentes (por aluno) aos dos entes financeiramente mais robustos, assegurando investimento na educação básica e remuneração dos profissionais da educação.

Essa complementação, por óbvio, diminui o impacto das desigualdades regionais (art. 3º, inciso III, art. 43, *caput*, e art. 165, § 7º, da Constituição), atuando simultaneamente na redução da concentração de recursos na União Federal, decorrente da assimetria fincada no âmbito do Pacto Federativo brasileiro.

Quanto à distribuição dos recursos, impende destacar que esta se dá entre o governo estadual e os de seus Municípios, na proporção do número de alunos matriculados nas respectivas redes de educação básica pública presencial (art. 8º da Lei nº 11.494/2007).

Por conseguinte, os Municípios obtêm dinheiro oriundo do fundo do respectivo Estado, fazendo com que os recursos do FUNDEB escoem, inclusive, para os recantos mais remotos do País, permitindo, em tese, a equalização dos gastos (por aluno) em relação a todos os outros.

---

[25] "Art. 160. É vedada a retenção ou qualquer restrição à entrega e ao emprego dos recursos atribuídos, nesta seção, aos Estados, ao Distrito Federal e aos Municípios, neles compreendidos adicionais e acréscimos relativos a impostos."

[26] PINTO, José Marcelino Rezende. *Federalismo, descentralização e planejamento da educação: desafios aos municípios*. Cad. Pesqui. [online]. 2014, vol. 44, n. 153, p. 624-644. Disponível em: <http://dx.doi.org/10.1590/198053142946>, acesso em: 17 de dez. de 2017.

Cumpre lembrar que os Municípios, em regra, ostentam condições financeiras mais frágeis, dependendo, em boa medida, das transferências obrigatórias e voluntárias feitas pela União e pelos Estados-membros, razão pela qual a distribuição dos recursos do FUNDEB assume destacada importância no reforço à educação básica e na valorização dos profissionais da educação.

Com efeito, "ainda que o crescimento das economias locais tenha permitido o aumento do montante arrecadado pelas prefeituras, a elevada dependência de transferências intergovernamentais cristalizou-se entre os municípios brasileiros: 94% têm nas transferências recebidas pelo menos 70% de suas receitas correntes".[27]

Conclui-se, por conseguinte, que o FUNDEB substancia relevante instrumento de equalização e redistribuição de recursos, tendo promovido grande avanço cooperativo no âmbito do Pacto Federativo, possibilitando aos Estados e Municípios uma aplicação relativamente equânime dos recursos na educação básica e na valorização dos profissionais da educação.

6. NOVOS PROBLEMAS

Apesar da moderna sistemática, em 2016, o Estado do Ceará vinha recebendo, regularmente, recursos da União a título de complementação para o Fundo de Manutenção e Desenvolvimento da Educação Básica e de Valorização dos Profissionais da Educação – FUNDEB, a que se refere o art. 4.º da Lei nº 11.494, de 20 de junho de 2007.

Os valores foram inicialmente estabelecidos na Portaria Interministerial MEC/MF nº 11, de 30 de dezembro de 2015, mediante a estimativa das receitas do FUNDEB provenientes das contribuições dos Estados e Municípios, tendo sido posteriormente ajustados por meio das Portarias Interministeriais MEC/MF nº 6, de 21 de julho de 2016, e nº 7, de 16 de dezembro de 2016.

Sucede que foi publicada, no Diário Oficial da União, a Portaria MEC nº 565, de 20 de abril de 2017, a qual divulga o demonstrativo

---

[27] BRASIL. FIRJAN – Federação das Indústrias do Estado do Rio de Janeiro. *IFGF 2015 – Índice FIRJAN de gestão fiscal: ano base 2013 – recorte municipal; abrangência nacional*. Edição 2015. pág. 6. Disponível em: <http://publicacoes.firjan.org.br/ifgf/2015/#1/z>, acesso em: 18 de dez. de 2017.

de ajuste anual da distribuição dos recursos do FUNDEB, referente ao exercício 2016, e dispõe que os lançamentos referentes ao ajuste serão realizados ainda no corrente mês.

Segundo o ato acima referido, no âmbito do Estado do Ceará – e, consequentemente, dos respectivos Municípios –, o ajuste foi apurado como negativo, implicando o lançamento a débito das contas do FUNDEB do Estado do Ceará e dos municípios cearenses de vultosa quantia.[28]

Ao tentar impor aos Estados aquele elevado desconto, emergiam vários problemas. O substancioso montante, calculado como repassado a maior no exercício de 2016, não poderia ser restituído sem prévia submissão à manifestação do Estado (contraditório e ampla defesa), pois não foi recebido de forma indevida. Em vez disso, havia sido recebido de boa-fé, conforme os parâmetros apurados pela própria Administração Federal, e aplicado integralmente na finalidade específica legalmente prevista, especialmente na remuneração dos professores estaduais, pagamento este sabidamente não passível de repetição.

Não se olvida que a Lei n° 11.494/2007 efetiva o necessário ajuste, a ser feito no primeiro quadrimestre de cada ano, para as hipóteses em que a complementação da União tenha sido superior ou inferior à devida, após ser conhecida, em janeiro de cada ano, a receita realizada do exercício de referência.[29]

---

[28] Na oportunidade, estimava-se a importância de R$ 164.558.732,91 (cento e sessenta e quatro milhões, quinhentos e cinquenta e oito mil, setecentos e trinta e dois reais e noventa e um centavos).

[29] "Art. 6° A complementação da União será de, no mínimo, 10% (dez por cento) do total dos recursos a que se refere o inciso II do caput do art. 60 do ADCT.

§ 1° A complementação da União observará o cronograma da programação financeira do Tesouro Nacional e contemplará pagamentos mensais de, no mínimo, 5% (cinco por cento) da complementação anual, a serem realizados até o último dia útil de cada mês, assegurados os repasses de, no mínimo, 45% (quarenta e cinco por cento) até 31 de julho, de 85% (oitenta e cinco por cento) até 31 de dezembro de cada ano, e de 100% (cem por cento) até 31 de janeiro do exercício imediatamente subsequente.

§ 2° A complementação da União a maior ou a menor em função da diferença entre a receita utilizada para o cálculo e a receita realizada do exercício de referência será ajustada no 1° (primeiro) quadrimestre do exercício imediatamente subsequente e debitada ou creditada à conta específica dos Fundos, conforme o caso."

A previsão do referido ajuste, por conseguinte, somente se aplica a distorções pontuais entre a receita estimada e aquela efetivamente realizada. Não se destina, contudo, a corrigir equívocos que resultem na reposição de quantias vultosas, como a apurada no caso do Estado do Ceará, que decorrera de erro de premissa de cálculo e de omissão dos órgãos federais, mas não de frustração ou de superação da receita estimada.

Não é despiciendo lembrar que a diferença entre os valores estimados e realizados não decorrera de qualquer ato do Estado, porquanto este se desincumbiu do seu dever de informar suas receitas tempestivamente, pelo que caracterizada estava sua boa-fé.

No caso examinado, pois, não havia de se aplicar o art. 6º, § 2º, da Lei nº 11.494/2007, como ilegalmente invocado na Portaria MEC n.º 565/2017, eis que, na realidade, intentava-se corrigir um grande erro da Administração Federal no cálculo da complementação, e não singela e pequena "diferença entre a receita utilizada para o cálculo e a receita realizada do exercício de referência", conforme a previsão legal.

Entendimento contrário, ressalte-se, implicaria a inconstitucionalidade do próprio dispositivo legal, pois este estaria conferindo autorização genérica para que a União pudesse, de forma unilateral, reter valores de um fundo constitucional que é não somente de transferência obrigatória, como composto por percentuais de tributos constitucionalmente assegurados aos Estados, seja diretamente, como nas hipóteses do art. 157 da CRFB/88, seja por meio de Fundo de Participação (FPE), tal como nos casos do art. 159.

Tudo isso além da afronta ao art. 160 da Carta Magna, pois se estaria malferindo diretamente o próprio pacto federativo, princípio fundamental insculpido no art. 1º da Constituição Federal e erigido como cláusula pétrea em seu art. 60, § 4º, I (v. *supra*).

Ademais, é preciso acentuar que os valores recebidos pelo Estado, a título de complementação da União aos recursos do FUNDEB, foram integralmente aplicados nas finalidades específicas previstas na Lei nº 11.494/2007.

Inclusive, tais recursos foram utilizados, de forma praticamente integral, no pagamento da remuneração dos profissionais do magistério, tratando-se de verbas alimentícias recebidas de boa-fé, sabidamente irrestituíveis, de acordo com a jurisprudência pacífica do Supremo Tribunal Federal.[30]

Destarte, como os valores recebidos pela Administração Estadual e utilizados para pagar os profissionais do magistério não poderão ser restituídos ao Estado, exigir deste tal restituição – especialmente, em única parcela – implicaria prejuízo irreparável, pois inviabilizaria, por completo, o serviço público essencial da Educação, intento este diametralmente contrário ao pretendido pelo constituinte e pelo legislador, ao criar e disciplinar o FUNDEB.

Ainda que fosse aquela restituição possível, jamais poderia ser feita da forma como fora buscada pelos órgãos federais, unilateralmente, sem prestígio ao contraditório e à ampla defesa, em parcela única. Efetivamente, não se poderiam efetuar débitos das contas estaduais do FUNDEB, a pretexto da realização de um simples ajuste contábil, para corrigir suposta diferença do próprio cálculo, sem a observância

---

[30] "AGRAVO REGIMENTAL EM MANDADO DE SEGURANÇA. ATOS DO TRIBUNAL DE CONTAS DA UNIÃO. DEVOLUÇÃO DE VALORES RECEBIDOS INDEVIDAMENTE POR SERVIDORES PÚBLICOS. VALORES REFERENTES À PARCELA DE 10,87% (IPCR) E RELATIVOS A PAGAMENTO PELO EXERCÍCIO DE FUNÇÕES COMISSIONADAS E CARGOS EM COMISSÃO. A NATUREZA ALIMENTAR E A PERCEPÇÃO DE BOA-FÉ AFASTAM A RESTITUIÇÃO DOS VALORES RECEBIDOS ATÉ A REVOGAÇÃO DA LIMINAR. AGRAVO REGIMENTAL A QUE SE NEGA PROVIMENTO. 1. Os valores percebidos em razão de decisão administrativa, dispensam a restituição quando auferidas de boa-fé, aliada à ocorrência de errônea interpretação da Lei, ao caráter alimentício das parcelas percebidas e ao pagamento por iniciativa da Administração Pública sem participação dos servidores. 2. Os valores recebidos com base em decisões judiciais, além de não ostentar caráter alimentar, não são restituíveis na forma da jurisprudência desta Corte. (Precedente AI 410.946-AgR, Min. Rel. Ellen Gracie, DJe 07/5/2010) 3. In casu, O TCU determinou a devolução de quantias indevidamente recebidas por servidores do TJDFT, relativas ao pagamento de valores referentes ao percentual de 10,87%, em razão de decisões judiciais, bem como ao pagamento do valor integral de função comissionada ou cargo em comissão cumulado com remuneração de cargo efetivo e VPNI, devido à decisão administrativa. 4. Agravo regimental a que se nega provimento." (STF, MS nº 31.259 AgR, Rel. Min. LUIZ FUX, PRIMEIRA TURMA, julgado em 24.11.2015, DJe 09.12.2015).

das normas constitucionais previstas no art. 5º, incisos LIV e LV, da Carta Magna.[31]

Como dito, ainda que se cogitasse a necessidade de restituição, nunca se poderia admitir que fosse a respectiva apuração realizada de forma unilateral e arbitrária pela Administração Federal, sem qualquer processo administrativo ou possibilidade de manifestação dos Estados e Municípios, ao arrepio do devido processo legal, do contraditório e da ampla defesa.

A Portaria MEC nº 565/2017, na qual anunciada a vultosa retenção de valores devidos ao Estado do Ceará, também afrontou o princípio da razoabilidade, da proporcionalidade e o próprio interesse público, ao impor a restituição, em parcela única, de valores repassados mensalmente durante todo um exercício.

De fato, a quantia a ser debitada peal Administração Federal *manu militari* era sobremaneira elevada, e, assim como a maioria dos entes federados, o Estado do Ceará leva a efeito uma busca permanente do equilíbrio financeiro, não podendo custear o essencial serviço de educação mediante a abrupta supressão de montante absolutamente elevado. A disponibilização de tão vultosa quantia, de uma só vez, inviabilizaria a prestação efetiva e qualificada dos serviços educacionais pelo Estado, que se veria impossibilitado, até mesmo, de honrar o pagamento da folha de pessoal da Educação.

---

31 A jurisprudência do Pretório Excelso é pacífica neste sentido, como se verifica dos seguintes excertos: "MANDADO DE SEGURANÇA. ATO DO TRIBUNAL DE CONTAS DA UNIÃO. MAGISTRADOS DO TRIBUNAL REGIONAL DO TRABALHO DA 2ª REGIÃO. PARCELA AUTÔNOMA DE EQUIVALÊNCIA. DEVOLUÇÃO DE VALORES. MAJORAÇÃO DO DESCONTO DE 1% PARA 25%. AFRONTA AOS PRINCÍPIOS DO CONTRADITÓRIO E DA AMPLA DEFESA. ORDEM CONCEDIDA EM PARTE." (MS nº 30.932, Rel. Min. CÁRMEN LÚCIA, SEGUNDA TURMA, julgado em 18.12.2012, DJe 21.02.2013; grifos inovadores). Ou ainda "(...) 1. Ao Estado é facultada a revogação de atos que repute ilegalmente praticados; porém, se de tais atos já decorreram efeitos concretos, seu desfazimento deve ser precedido de regular processo administrativo. 2. Ordem de revisão de contagem de tempo de serviço, de cancelamento de quinquênios e de devolução de valores tidos por indevidamente recebidos apenas pode ser imposta ao servidor depois de submetida a questão ao devido processo administrativo, em que se mostra de obrigatória observância o respeito ao princípio do contraditório e da ampla defesa. 3. Recurso extraordinário a que se nega provimento." (RE nº 594.296, Rel. Min. DIAS TOFFOLI, TRIBUNAL PLENO, julgado em 21.09.2011, REPERCUSSÃO GERAL – MÉRITO, DJe 10.02.2012).

Por conseguinte, não há dúvidas de que o ajuste, com débito de uma vez só, como previsto na Portaria em tela, com base no art. 6º, § 2º, da Lei nº 11.494/2007, não subsistia ao exame da razoabilidade e da proporcionalidade.

A este propósito, cumpre destacar que o princípio da proporcionalidade, considerado em sentido lato e como mecanismo de controle das leis e dos demais atos estatais, significa basicamente que o Estado não pode legislar, administrar e julgar abusivamente, porquanto todas as normas emanadas do Poder Público estão sujeitas ao princípio do *substantive due process of law*.

O princípio da proporcionalidade é uma barreira ao arbítrio, um freio à liberdade de que, à primeira vista, poder-se-ia supor investido o titular da função estatal para estabelecer e concretizar fins políticos. O excesso se encontra peremptoriamente proibido, devendo o aplicador do direito, no exame concreto da proporcionalidade das leis restritivas, observar que o princípio em foco se desdobra em três subprincípios, quais sejam: a adequação, a necessidade e a proporcionalidade em sentido estrito.[32] A Portaria MEC nº 565/2017 não atende ao último princípio, precisamente porque dela resulta uma inequívoca sobrecarga ao Estado, o que não atende à ideia de justa medida.

Nesse sentido, o princípio da proporcionalidade em sentido estrito, complementando os princípios da adequação e da necessidade, é de suma importância para indicar se o meio utilizado se encontra em razoável proporção com o fim perseguido. A ideia de equilíbrio entre valores e bens é realçada e tal situação há de ser inferida a partir da técnica de ponderação de bens.

Na hipótese vertente, de um lado, está a União, buscando, a qualquer custo e de uma vez só, reaver vultosos recursos que foram entregues ao Estado de forma parcelada, por meio de uma conduta no plano material equiparável ao exercício arbitrário das próprias razões, consistente no saque a débito da conta do FUNDEB. De outro, o Estado do Ceará, os profissionais do magistério, os alunos e familiares, que se veem extremamente prejudicados ante a abrupta perda de recursos vitais para custear a educação estadual, até mesmo o pagamento da remuneração dos professores.

---

32 MIRANDA, Jorge. *Manual de Direito Constitucional*. 3ª ed. Coimbra: Coimbra Editora, 2000, p. 207.

Inelutável, pois, que, dessa ponderação dos interesses e valores acima postos, resulta que a balança pende em favor da população do Estado do Ceará, sendo injusta, desproporcional, desarrazoada e iníqua a medida restritiva-compensatória, a qual, por isso mesmo, haveria de ter sua inconstitucionalidade declarada.

Portanto, resta evidenciada a absoluta desproporcionalidade da devolução imediata e não parcelada dos recursos da complementação do FUNDEB, o que impõe o reconhecimento da inconstitucionalidade, em sede de controle difuso, do art. 6º, § 2º, da Lei nº 11.494/2007 e da Portaria MEC nº 565/2017.

Nessa última sede argumentativa, ainda que possível fosse o desconto, somente poderia ser levado a efeito, pois, após o devido processo legal administrativo, e mediante restituição parcelada, jamais de uma só vez, podendo-se aplicar, por analogia, o mesmo prazo de 240 (duzentos e quarenta) meses utilizados pelo legislador nos parcelamentos especiais em prol da Fazenda Pública.

7. PROBLEMAS PROCESSUAIS

Diante desses históricos conflitos (seja na época da redução do VMMA, seja com descontos unilaterais milionários sobre as contas do FUNDEB), os quais colocam em cheque o próprio equilíbrio federativo, abre-se ao Estado-membro o caminho para a colocação de demanda, valendo-se de competência originaria do Supremo Tribunal Federal e pugnando, conforme o caso, obtenção de tutela provisória em favor do Estado-autor.

Primeiro, há de ser afastada qualquer tese restritiva ao emprego da regra de competência originária do STF em tais situações.

Como sabemos, compete ao Supremo Tribunal Federal o julgamento das causas entre União e Estados-membros (art. 102, I, *f*, CRFB/88), sobremodo quando tais conflitos põem em risco o equilíbrio do pacto federativo.

É o que temos exatamente nas situações antes desenhadas. Naqueles casos, não se trata de um mero *conflito patrimonial* entre entes federativos. Não se está diante de uma mera "ação de cobrança", mas sim da vulneração de regras constitucionais que servem de base à partilha de recurso, portanto ligadas à própria autonomia político-administrativa dos Estados-membros.

São questões que nos levam a um potencial desequilíbrio do pacto federativo. O conflito entre os entes é *real*, visto que a União Federal não cedeu em sua interpretação e insiste em reter verbas devidas aos Estados-membros vinculadas aos fundos. Há não uma mera questão econômica, mas sim *risco real de desestabilização do pacto federativo*, pois se trata de matéria da maior relevância, tocando em ponto sensível da higidez financeira e orçamentária dos Estados-membros neste momento de crise, com todas as consequências daí advindas.[33]

Não há dúvida, portanto, quanto à competência do STF para o processamento e julgamento da causa, devendo ser rechaçada qualquer arguição de incompetência oposta no curso do processo.

Com efeito, queda-se patente a ilegitimidade, sob todos os prismas abordados, do desconto de mais de uma centena de milhões sobre as contas estaduais do FUNDEB, por inconstitucional e lesivo ao interesse público.

E, acaso se permitisse a realização do malsinado desconto, os recursos do FUNDEB ficariam desfalcados em vultosa quantia, inviabilizando a prestação do serviço público essencial da Educação e prejudicando não só a Administração, mas os professores, demais servidores da área, alunos e mesmo as famílias destes.

Nessa situação, ter-se-ia, pois, a probabilidade do direito autoral e o risco de lesão de difícil reparação, requisitos necessários à antecipação dos efeitos da tutela, aplicando-se perfeitamente o disposto no art. 300 do Código de Processo Civil, o que impõe a imediata concessão de tutela de urgência no sentido de determinar à União e ao FNDE que se abstenham de proceder a qualquer desconto, nas contas do FUNDEB do Estado membro, referente ao ajuste previsto na Portaria nº 565/2017.

---

[33] Nesse sentido: "DIREITO CONSTITUCIONAL E FINANCEIRO. EMBARGOS DE DECLARAÇÃO EM AÇÃO CÍVEL ORIGINÁRIA. DECISÃO DE INCOMPETÊNCIA ORIGINÁRIA DO STF. RECONSIDERAÇÃO. 1. Com as novas informações trazidas em embargos de declaração, resta comprovada a existência de conflito federativo, uma vez que: (i) há teses contrapostas entre o Estado e a União quanto à possibilidade de deduzir da base de cálculo do percentual mínimo aplicado em saúde os valores de ICMS destinados ao FUNDAP; e (ii) a questão interfere diretamente na relação entre os entes políticos, o que leva a possibilidade de desestabilizar o pacto federativo. 2. Reconsiderada a embargada, fica sem objeto os embargos de declaração." (Emb. Decl. na Ação Cível Originária nº 1.007/ES. Relator Min. Roberto Barroso – DJE 16.10.2015).

Observe-se, ainda, que a medida de urgência pleiteada afigura-se plenamente reversível, razão pela qual sua concessão nenhum prejuízo trará à parte adversa; pelo contrário, o indeferimento da medida é que desvelaria lesão de dificílima reparação ao interesse público, como acima explanado.

A necessidade da tutela provisória em tais situações é manifesta, já tendo o Supremo Tribunal Federal,[34] inclusive, concedido medida liminar em situações similares.[35]

---

34 O Supremo Tribunal, numa clara aplicação do princípio da proporcionalidade em sentido estrito, tem reiteradamente deferido medidas liminares para suspender a devolução de recursos da complementação do FUNDEF/FUNDEB, a seguir ilustradas: "FUNDEF: controvérsia entre Estado-membro e a União acerca do cálculo da complementação federal: deferimento de medida cautelar incidente para sustar o desconto pela União do que entende ter repassado a maior." (ACO nº 700, tutela antecipada, Rel. Min. MARCO AURÉLIO, Rel. p/ Acórdão Min. SEPÚLVEDA PERTENCE, TRIBUNAL PLENO, julgado em 11.03.2004, DJ 26.08.2005)

"FUNDEF: controvérsia entre Estado-membro e a União acerca do cálculo da complementação federal: deferimento de medida cautelar incidente para sustar o desconto pela União do que entende ter repassado a maior: referendo." (AC nº 93 MC, Rel. Min. SEPÚLVEDA PERTENCE, TRIBUNAL PLENO, julgado em 06.11.2003, DJ 06.02.2004).

35 Fez isso por exemplo na Ação Cível Originária nº 2.973, proposta pelo Estado do Rio Grande do Norte, em caso por tudo análogo ao presente: "Percebam as balizas objetivas do processo. O Estado do Rio Grande do Norte visa obstar a compensação, pela União, dos valores relativos ao Fundo de Manutenção e Desenvolvimento da Educação Básica e Valorização dos Profissionais da Educação – Fundeb, ante o que veio a disciplinar a Portaria Interministerial nº 8, de 5 de novembro de 2015. Consideradas as dificuldades operacionais resultantes da potencial glosa, a ser realizada em parcela única, a impactar a prestação de serviço público de educação – direito fundamental não suscetível a solução de continuidade –, admito a presença dos requisitos autorizadores da medida acauteladora, sem prejuízo de nova análise após o contraditório. Não antevejo a ocorrência de dano *inverso*, reconhecida a possibilidade de ajuste de contas em futuras complementações do Fundo. 3. Defiro a liminar para impedir a compensação de R$ 79.288.197,14, alusivos ao Fundo de Manutenção e Desenvolvimento da Educação Básica e Valorização dos Profissionais da Educação – Fundeb, mediante a suspensão, em relação ao Estado do Rio Grande do Norte, dos efeitos do item B do anexo II da Portaria Interministerial MEC/MF nº 17, de 29 de dezembro de 2014, com a redação dada pelo artigo 2º da Portaria Interministerial nº 8, de 5 de novembro de 2015." (ACO 2973 MC, Relator(a): Min. MARCO AURÉLIO, julgado em 17/02/2017, publicado em Processo Eletrônico DJe-036 Divulg 22/02/2017 Public 23/02/2017).

8. CONCLUSÕES

De tudo o que foi visto, temos que ainda vale, sim, modernamente, a opção pelo federalismo. Este permanece como forma de bem organizar o próprio Estado democrático. Descentralizar o poder é forma de auxílio direto ao exercício da democracia. O federalismo deixa de ser tão somente um instrumento propiciador da convivência entre diferentes Estados que buscam uma unidade nacional para ser um bom instrumento em prol da democracia.

Mas cada esfera de competência deve deter renda própria, ante suas demandas específicas, suas necessidades e suas políticas públicas a serem executadas. De nada adianta receber competências e não contar com meios próprios para executar o que lhe foi posto. É preciso lutar pelo equilíbrio, evitando o fenômeno de mais recursos concentrados nas mãos da União, enquanto Estados e Municípios continuam com suas políticas sociais a desempenhar e cada vez mais contando com menos recursos.

Nesse panorama, o FUNDEB atua como notável instrumento de equalização e redistribuição dos investimentos na educação básica, como meio a realização dos vetores do art. 3º da Constituição, reduzindo as distorções verificadas em razão do federalismo assimétrico brasileiro, sendo ilegítimas as posturas do Poder central no sentido de reduzir, de forma arbitrária e unilateral, valores de seu repasse aos Estados-membros.

9. REFERÊNCIAS BIBLIOGRÁFICAS

AFONSO DA SILVA, José. *Curso de Direito Constitucional Positivo*. 9ª ed. São Paulo: Malheiros, 1994.

ATALIBA, Geraldo. *República e Constituição*. 2ª ed. São Paulo: Malheiros, 2001.

BASTOS, Celso Ribeiro; MARTINS, Ives Gandra. *Comentários à Constituição do Brasil*. São Paulo: Saraiva, 1988, v. 1.

BONAVIDES, Paulo. *Curso de Direito Constitucional*. 32ª ed. São Paulo: Malheiros, 2017.

BRASÍLIA. Câmara dos Deputados. *Projeto de Emenda Constitucional. PEC 192 de 2012*: Insere o art. 212-A na Constituição Federal, de forma a tornar o Fundo de Manutenção e Desenvolvimento da Educação Básica e de Valorização dos Profissionais da Educação – FUNDEB, instrumento permanente de financiamento da educação básica pública. Arquivada. Disponível em: <http://www.camara.gov.br/proposicoesWeb/fichadetramitacao?idProposicao=548223>.

BRASIL. Constituição (1988). *Constituição da República Federativa do Brasil*, 5 de out. 1998. Brasília: Senado Federal: Centro Gráfico, 1988.

____. Constituição (1988). *Emenda Constitucional nº 53, de 19 de dezembro de 2006*. Dá nova redação aos arts. 7º, 23, 30, 206, 208, 211 e 212 da Constituição Federal e ao art. 60 do Ato das Disposições Constitucionais Transitórias, Brasília, DF, 19 de. 2006. Disponível em: <http://www.planalto.gov.br/ccivil_03/constituicao/constituicaocompilado.html>.

____. Constituição (1988). *Emenda Constitucional nº 14, de 12 de setembro de 1996*. Modifica os arts. 34, 208, 211 e 212 da Constituição Federal e dá nova redação ao art. 60 do Ato das Disposições Constitucionais Transitórias, Brasília, DF, 12 set. 1996. Disponível em: <http://www.planalto.gov.br/ccivil_03/constituicao/constituicaocompilado.html>.

____. *Lei Complementar Federal nº 87, Lei Kandir, de 13 de setembro de 1996*. Brasília, DF, 13 set. 1996. Disponível em: <http://www.planalto.gov.br/ccivil_03/Leis/lcp/Lcp87.htm>.

____. *Decreto nº 2.264, de 27 de junho de 1997*. Brasília, DF, jun. 1997. Disponível em: <http://www.planalto.gov.br/ccivil_03/decreto/d2264.htm>.

____. *Lei Federal nº 9.424, de 24 de dezembro de 1996*. Brasília, DF, dez. 1996. Disponível em: <http://www.planalto.gov.br/ccivil_03/LEIS/l9424.htm>.

____. *Lei Federal nº 11.494, de 20 de junho de 2007*. Brasília, DF, jun. 2007. Disponível em: <http://www.planalto.gov.br/ccivil_03/_ato2007-2010/2007/lei/l11494.htm>.

____. Supremo Tribunal Federal. *Mandado de Segurança: MS nº 31.259*. Relator: Ministro Luiz Fux, Brasília, DF, 24 nov. 2015. Disponível em: <http://redir.stf.jus.br/paginadorpub/paginador.jsp?docTP=TP&docID=9966215>.

____. Supremo Tribunal Federal. *Recurso Especial: RE nº 594.296*. Relator: Ministro Dias Toffoli, Brasília, DF, 10 fev. 2012. Disponível em: <http://redir.stf.jus.br/paginadorpub/paginador.jsp?docTP=TP&docID=1729772>.

____. Supremo Tribunal Federal. *Embargos de Declaração na Ação Cível Originária: Emb. Decl. na Ação Cível Originária nº 1.007/ES*. Relator: Ministro Roberto Barroso, Brasília, DF, 16 out. 2015. Disponível em: <file:///C:/Users/m17650584/Downloads/texto_307939092.pdf>.

____. Supremo Tribunal Federal. *Ação Cível Originária: ACO nº 700*, tutela antecipada. Relator: Ministro Marco Aurélio, Rel. p/ Acórdão: Ministro Sepúlveda Pertence, Brasília, DF, 26 ago. 2005. Disponível em: <http://redir.stf.jus.br/paginadorpub/paginador.jsp?docTP=AC&docID=352120>.

____. Supremo Tribunal Federal. *Ação Cautelar: AC nº 93 MC*. Relator: Ministro Sepúlveda Pertence, Brasília, DF, 06 fev. 2004. Disponível em: http://redir.stf.jus.br/paginadorpub/paginador.jsp?docTP=AC&docID=361348.

_____. Superior Tribunal de Justiça. *Recurso Especial: REsp 1.101.015/BA*. Relator: Ministro Teori Albino Zavascki, Brasília, DF, 02 jun. 2010. Disponível em: <https://ww2.stj.jus.br/processo/revista/documento/mediado/?componente=ITA&sequencial=976605&num_registro=200802370936&data=20100602&formato=PDF>.

_____. Superior Tribunal de Justiça. *Recurso em Mandado de Segurança: RMS nº 44.795/MG*. Relator: Ministro Humberto Martins. Brasília, DF, 12 fev. 2016. STJ, 2016. Disponível em: <https://ww2.stj.jus.br/processo/revista/documento/mediado/?componente=ITA&sequencial=1305975&num_registro=201400133556&data=20160212&formato=PDF>

DI PIETRO, Juliano. Repartição das Receitas Tributárias: a repartição do produto da arrecadação, as transferências intergovernamentais. In: CONTI, José Maurício. *Federalismo Fiscal*. Barueri: Manole, 2004.

FERNANDEZ, Tomás Ramón; GARCIA DE ENTERRIA, Eduardo. *Curso de Direito Administrativo*. Tradução de Arnaldo Setti. São Paulo: Saraiva, 1991.

LOBO, Rogério Leite. *Federalismo Fiscal Brasileiro:* Discriminação de Rendas Tributárias e Centralidade Normativa. Rio de Janeiro: Lumen Juris, 2006.

MIRANDA, Jorge. *Manual de Direito Constitucional*. 3ª ed. Coimbra: Coimbra Editora, 2000.

FIRJAN – Federação das Indústrias do Estado do Rio de Janeiro. IFGF 2015 – Índice FIRJAN de gestão fiscal: ano base 2013 – recorte municipal; abrangência nacional, pág. 6. Disponível em: <http://publicacoes.firjan.org.br/ifgf/2015/#1/z>.

PINTO, José Marcelino Rezende. *Federalismo, descentralização e planejamento da educação: desafios aos municípios*. Cad. Pesqui. [online]. 2014, vol. 44, n. 153, p. 624-644. Disponível em: <http://dx.doi.org/10.1590/198053142946>.

O FEDERALISMO E SUA CONCEPÇÃO COMO PRINCÍPIO CONSTITUCIONAL

PAOLA AIRES CORRÊA LIMA[1]

sumário: *1. Introdução. 2. A origem do federalismo brasileiro. 3. Conceito e características do federalismo. 4. Federalismo como cláusula pétrea na CRFB/88. 5. O pacto federativo na Constituição de 1988. 6. Conclusões. 7. Referências Bibliográficas.*

1. INTRODUÇÃO

Escrever sobre o tema do federalismo é sem dúvida despertar paixões acaloradas, porquanto se apresentam discussões acerca da melhor forma de se governar uma nação. A história e as razões que levaram cada país a adotar a forma federativa variam bastante e, por isso, não há uma fórmula idêntica para cada Federação, nem um modelo pronto e acabado, mas sim em constante revisão, de acordo com os anseios de cada época.

Ao contrário de muitos, acreditamos que essa flexibilidade da estrutura federal seja o seu grande trunfo perante os demais modelos de organização do Estado, porque permite a mutabilidade do chamado "pacto federativo", a fim de melhor compatibilizar o exercício do Poder Estatal com os anseios e expectativas do povo.

O desafio do presente trabalho é fazer um panorama sobre como o "pacto federativo" foi pensado pelo Poder Constituinte de 1988 e como este pacto está sendo operacionalizado ao longo dos anos. Qual o núcleo essencial do pacto federativo da Constituição de 1988 que

---

[1] Procuradora-Geral do Distrito Federal, Mestre em Direito do Estado pela Universidade de Brasília, Especialista em Direito Público pelo Instituto de Direito Público – IDP.

pode ser encarado como cláusula pétrea, ou seja, que não admite sequer ser objeto de uma alteração pelo poder constitucional reformador? Será que esse núcleo essencial vem sendo mantido ao longo dos anos?

2. A ORIGEM DO FEDERALISMO BRASILEIRO

O federalismo teve início com a Constituição norte-americana de 1787, marcada pela manutenção da autonomia dos Estados-membros e ao mesmo tempo pela necessidade de criação de um poder central para manter a união e coesão das antigas colônias. Assim, foi consagrado o princípio de divisão constitucional de competências, entre os Poderes Legislativo, Judiciário e Executivo, com uma "pluralidade de centros locais de poder, com autonomia de autogoverno e autoadministração, coordenado pelo poder central, cujas competências seriam indicadas expressamente pela Constituição Federal."[2]

Portanto, o Federalismo americano nasceu da ideia de perda da soberania das colônias para o poder Central, implantando um modelo de federalismo dual no qual existiam duas esferas de poder estanques, a União e os governos estaduais, com campos de poder exclusivos e limitadores. Essa fórmula perdurou até o início do século XX quando imposições econômicas (crise da Bolsa americana) exigiram do poder central maior unidade decisória e comando. Foi a partir de então que se experimentou uma reformulação do modelo de federalismo americano para um federalismo centrípeto e cooperativo, com maior fortalecimento do regime presidencialista de governo e do legislativo nacional.[3]

A implantação do federalismo no Brasil ocorreu de forma absolutamente diversa. Ao contrário dos Estados Unidos, em que o federalismo teve origem em um movimento centrípeto de poder, dos lados para o centro, no Brasil o federalismo nasceu com a ideia de repartição do poder central, ou seja, o movimento partiu do centro para os lados.

---

2 MORAES, Alexandre de. Federação brasileira: necessidade de fortalecimento das competências dos estados-membros. *In: Coleção Digital RDA: Revista de Direito Administrativo.* Belo Horizonte, n. 251, maio/ago. 2009. Disponível em: < http://www.bidforum.com.br/bid/PDI0006.aspx?pdiCntd=75587>, acesso em: 9 de fev. de 2018.

3 *Ibid.*

Como bem pontuou Régis Fernandes de Oliveira "com a independência, passamos a ser Estado unitário e, num gesto de mágica, com o advento da República dos Estados Unidos do Brasil (15.11.1889), fomos convertidos ao federalismo".[4]

Não por outro motivo, Paulo Vargas Groff chega a afirmar que:[5]

> os pactos 'federativos' no caso do Estado brasileiro não são nada mais que uma ficção constitucional, porque não houve um pacto entre os Estados soberanos para se constituir um novo Estado. Na realidade, seria mais correto dizer que no início, de 1889 a 1930, houve pactos políticos entre as oligarquias, e, mais tarde, a partir dos anos 1930, houve outros pactos políticos entre as elites políticas e econômicas, durante o processo de edificação do Estado nacional.

Desde o seu nascedouro, o pacto federativo brasileiro foi uma descentralização do poder central e não uma perda de soberania dos Estados-membros. A partir de então o Brasil vivenciou períodos de maior ou menor centralização do poder central, não obstante o pacto federativo ter sido reafirmado nas Constituições republicanas brasileiras. Os períodos de maior centralização do poder estatal coincidem com as fases mais duras de ditadura no Brasil, com o período político do Estado Novo (1937-1945) e durante a validade do Ato Institucional nº 5 (1968-1978), chegando alguns a afirmar que nesses períodos a Federação brasileira deixou de existir.

Não por outro motivo, a Constituição de 1988 inspirada em um movimento de redemocratização do País fez a opção programática por uma forte descentralização de poder e com o nítido auspício de implantar no Brasil um Federalismo não só como descentralização da administração, mas também no campo político, com a capacidade de auto-organização e de autogoverno.

---

4 OLIVEIRA, Régis Fernandes de. Federalismo Fiscal e Pacto Federativo. *Revista Tributária e de Finanças Públicas*, v. 61, p. 179-192, mar./abr. 2005.

5 GROFF, Paulo Vargas. Um novo pacto federativo para o Estado Brasileiro. *Revista Brasileira de Estudos Constitucionais – RBEC*, Belo Horizonte, ano 5º, n. 19, jul./set. 2011. Disponível em: <http://www.bidforum.com.br/bid/PDI0006.aspx?pdiCntd=76146>, acesso em: 9 fev. 2018.

3. CONCEITO E CARACTERÍSTICAS DO FEDERALISMO

De forma bastante direta é possível dizer que a Federação significa o modo pelo qual o Estado faz a distribuição espacial do poder político. A Federação permite o exercício do poder político por diferentes entes em um mesmo território, que juntos formam um Estado Federal soberano.

No Estado Federal, há dois centros de poder, o central e o regional. Cada Estado Federal soberano pode atribuir diversos graus de autonomia aos seus Estados-membros, ou seja, Estado Federal é formado por integrantes autônomos, mas não soberanos.

Desta feita, é ínsito à autonomia dos entes federativos não haver hierarquia entre si, mas sim distribuição de campos de atuação autônomos e exclusivos, traçados constitucionalmente.

Segundo Luís Roberto Barroso:[6]

> a caracterização do Estado federal envolve a presença de três elementos: a) a *repartição de competências*, por via da qual cada entidade integrante da Federação receba competências políticas exercitáveis por direito próprio, frequentemente classificadas em político-administrativas, legislativas e tributárias; b) a *autonomia* de cada ente, descrita classicamente como o poder de autodeterminação exercido dentro de um círculo pré-traçado pela Constituição, que assegura a cada ente estatal poder de auto-organização, autogoverno e autoadministração; e c) a *participação* na formação da vontade do ente global, do poder nacional, o que tradicionalmente se dá pela composição paritária do Senado Federal, onde todos os Estados têm igual representação.

A repartição das competências está ligada à ideia da descentralização política e não apenas da descentralização administrativa, que está presente em Estados Unitários. Assim, aos Estados-membros são conferidas competências legislativas próprias, de modo que formem seu próprio ordenamento jurídico. A Constituição Federal de 1988 tratou de dividir as competências entre os entes federados (União, Estados e Municípios) em privativa, concorrente e comum.

A autonomia conferida pela Constituição Federal de 1988 aos Estados-membros permite a sua auto-organização por meio da promul-

---

[6] BARROSO, Luís Roberto. *Curso de Direito Constitucional Contemporâneo*: os conceitos fundamentais e a construção do novo modelo. 6ª ed. São Paulo: Saraiva, 2017, p. 209.

gação de suas próprias constituições, pelo poder constituinte decorrente, de exercerem o seu autogoverno com a eleição dos seus representantes do Poder Executivo e Legislativo, além da autoadministração com a autonomia para estruturarem seus órgãos administrativos e exercerem diretamente a sua própria administração, na aplicação e execução das leis.

A participação na vontade nacional dos entes federados pressupõe um Poder Legislativo em que as vontades dos Estados-membros estejam representadas de modo paritário. No Brasil, o sistema bicameral do Poder Legislativo reserva para o Senado Federal essa função de representação paritária dos Estados-membros.

No entanto, nada disso tem sentido se não existir um mínimo de autossuficiência financeira que permita aos Estados-membros exercerem sua autonomia e suas competências.

Este texto pretende demonstrar como cada uma das características que asseguram a autonomia dos Estados-membros foram sendo mitigadas em favor da União, o que culminou na grave crise do federalismo brasileiro, refletida na crise financeira dos Estados e Municípios, que acarreta a deficiência na prestação dos serviços públicos de saúde, educação, segurança etc.

4. O FEDERALISMO COMO CLÁUSULA PÉTREA NA CRFB/88

A Constituição de 1988 logo em seu artigo 1º estabelece "A República Federativa do Brasil é constituída pela união indivisível dos Estados, dos Municípios e do Distrito Federal". Assim, ao lado do princípio republicano, o princípio federativo é o suporte do ordenamento constitucional brasileiro. Estabelecendo a indissolubilidade e o caráter perpétuo do pacto federativo brasileiro, conforme leciona Paulo Vargas Groff.[7]

Como princípio em que se baseia todo o ordenamento constitucional, o constituinte originário decidiu eleger a forma federativa de Estado como um núcleo imutável da Constituição, não alcançado nem mesmo pelo constituinte reformador. São as chamadas cláusulas pétreas, dispo-

---

[7] GROFF, Paulo Vargas. Um novo pacto federativo para o Estado brasileiro. *Revista Brasileira de Estudos Constitucionais – RBEC,* Belo Horizonte, ano 5, n. 19, jul./set. 2011. Disponível em: <http://www.bidforum.com.br/bid/PDI0006.aspx?pdeiCntd=76146>, acesso em: 9 de fev. de 2018.

sições insuscetíveis de serem abolidas por emenda constitucional, o que extirpa do mundo jurídico qualquer legislação que vier a contrariá-las.

Esse núcleo imutável visa a proteger assuntos cruciais para a cidadania e para o próprio Estado, e estão relacionados no parágrafo quarto do artigo 60 da Constituição de 1988: a forma federativa de Estado; a separação dos poderes; o voto direto, secreto, universal e periódico e os direitos e garantias individuais. São as chamadas limitações materiais explícitas ao poder de reforma.

Como guardião máximo da Constituição Federal, o Supremo Tribunal Federal assume a função de órgão imparcial responsável pelo zelo e guarda da intangibilidade federal, na valorosa lição de Cristiano Franco Martins "este é o órgão jurisdicional responsável pela sobrevivência, equilíbrio e desenvolvimento do princípio federativo brasileiro."[8]

A dificuldade no estudo deste tema reside em precisar até que ponto se é possível reformular o pacto federativo tal como previsto na Constituição de 1988, sem que com isso se configure uma "tendência a abolir" a forma federativa de Estado.

Luiz Alberto David Araújo[9] apresenta duas possibilidades de interpretação do art. 60, § 4º, inciso I.

A primeira seria aquela de se interpretar como inconstitucional qualquer alteração do pacto federativo tal como previsto pelo constituinte originário. Desta feita, qualquer alteração nas competências de qualquer um dos entes federados seria inconstitucional porque haveria alteração no ajuste inicial. A segunda forma de interpretação seria a de se buscar apenas os princípios da forma federativa de Estado, permitindo nesse caso uma alteração das competências dos entes federativos.

A primeira interpretação na visão do autor daria um maior prestígio à Federação enquanto sistema, mas levaria ao engessamento do texto constitucional, tornando muito difícil sua alteração, enquanto que a

---

8 MARTINS, Cristiano Franco. *Princípio Federativo e Mudança Constitucional*: limites e possibilidades na Constituição Brasileira de 1988. Rio de Janeiro: Lumen Juris, 2003, p. 143.

9 ARAÚJO, Luiz Alberto David. O Federalismo Brasileiro, seus característicos e a vedação material contida no art. 60, § 4º, I. *In*: CLÉVE, Clémerson Merlin. *Doutrinas Essenciais de Direito Constitucional*. Rio de Janeiro: Revista dos Tribunais, 2011, v. 3, p. 137-150.

segunda opção permitiria uma maior mutabilidade ao texto constitucional, no entanto ofereceria uma grande margem de discricionariedade ao intérprete e que acabaria por permitir uma redução do grau de autonomia pactuado no ajuste federalista de 1988.

Como visto anteriormente, não há um modelo único de Federação e, por isso, a tarefa do intérprete se torna mais difícil de conceituar aquilo que se traduz no núcleo duro, imutável do pacto federativo estabelecido na Constituição de 1988.

Mas seja qual for o modelo de federalismo adotado, o conteúdo essencial da forma federativa de Estado deve abranger dois elementos: (i) a autonomia dos entes federados e (ii) a participação dos entes federados na formação da vontade global. Esse é o núcleo duro do pacto federativo, que não permite seja por alteração legislativa ou interpretação judicial, uma minoração ou violação dos seus preceitos. Aqui se encontra a chave daquilo que se tem como cláusula pétrea da forma federativa do Estado brasileiro.

Nesse sentido a preciosa lição de Luís Roberto Barroso[10]:

> Da mesma forma como se passa com a separação de Poderes, esses elementos centrais da federação podem ser desenvolvidos e implementados de formas variadas. A experiência brasileira ao longo de sua história republicana e a de outros países confirma a assertiva. No caso da Constituição de 1988, a federação que se decidiu implementar é estruturada ao longo de várias partes do texto, em particular entre os artigos 18 e 36 e no capítulo do sistema Tributário, no qual são distribuídas as competências e repartidas as receitas entre os entes. É certo, entretanto, e o mesmo raciocínio exposto acima aplica-se aqui, que a cláusula pétrea que protege a forma federativa de Estado não congela todas as disposições que tratam do assunto existentes no texto constitucional. Uma emenda constitucional apenas será inválida se afetar o núcleo do princípio, isto é: se esvaziar ou restringir substancialmente a autonomia dos entes federativos, em alguma de suas manifestações, ou inviabilizar a participação deles na formação da vontade nacional.

Propomos então um estudo de como foi disciplinada pela Constituição de 1988 as características da federação brasileira, de modo a verificar as bases em que foi firmado o nosso pacto federativo e como ele foi

---

[10] BARROSO, Luís Roberto. Constitucionalidade e legitimidade da criação do Conselho de Justiça. In: *Interesse Público – IP*, Belo Horizonte, n. 30, ano 7, março/abril 2005. Disponível em: <http://www.bidforum.com.br/bid/PDI0006.aspx?pdiCntd=50042.Acesso>, acesso em: 9 de fev. de 2018.

sendo aplicado na prática pelas diversas leis, interpretações judiciais e implementação das políticas públicas. A partir desse estudo, será possível fazer uma análise crítica das alterações ocorridas no modelo federal brasileiro que importam em violações ao núcleo duro da forma federativa como pensada pelo constituinte de 1988.

5. O PACTO FEDERATIVO NA CONSTITUIÇÃO DE 1988

A Constituição de Federal de 1988 sob a inspiração da redemocratização no Brasil procurou levar os auspícios de liberdade e descentralização a fim de redesenhar o pacto federativo, com a elevação dos Municípios ao patamar de entes federativos e com o fortalecimento da posição dos Estados-membros. A intenção do constituinte originário de tornar o nosso federalismo menos centralizado, um federalismo mais equilibrado, transparece em diversos artigos.

No entanto, no Brasil a tradição política é de centralização do poder e, portanto, nunca houve uma cultura ao "pacto federativo". Isso explica em grande parte o retrocesso que se observou a partir de meados dos anos 90 na política de descentralização do poder, opção política do Constituinte de 1988.

Essa excessiva centralização do poder nas mãos da União leva muitos críticos do Federalismo brasileiro a negar a sua própria existência. Paulo Vargas Groff chega a afirmar que "o Estado Brasileiro é um Estado unitário descentralizado, regional, ou ainda com estrutura federal".[11]

O que se observa após o advento da Constituição é de que pacto federativo lá celebrado já sofreu inúmeras alterações, sempre em prol de se aumentar o poder central da União em detrimento da perda de autonomia dos Estados-membros. Mas se deve ter sempre em mente que a manutenção da autonomia consiste na preservação das atribuições e dos recursos destinados aos Estados-membros. Cada violação da autonomia estadual representa uma violação ao princípio federativo, cláusula pétrea da nossa Constituição.

---

11 GROFF, Paulo Vargas. Um novo pacto federativo para o Estado brasileiro. *Revista Brasileira de Estudos Constitucionais – RBEC*, Belo Horizonte, ano 5, n. 19, jul./set. 2011. Disponível em: <http://www.bidforum.com.br/bid/PDI0006.aspx?pdeiCntd=76146>. Acesso em: 9 fev. 2018.

No entanto, as violações à autonomia estadual já são tantas e tão frequentes que não causam nenhuma revolta ou mesmo surpresa, ao contrário, a cada medida centralizadora de poder e de recursos a justificativa amplamente propagada é de que a centralização na União trará um melhor controle de gastos e de aplicação dos recursos públicos.

Partindo da divisão proposta por Luís Roberto Barroso poderemos verificar diversos exemplos desta perda da autonomia estadual em detrimento da União em todos os três elementos que caracterizam a federação: a repartição de competências, a autonomia de cada ente e a participação de cada ente na vontade global.

5.1. REPARTIÇÃO DE COMPETÊNCIAS

A repartição de competências permite a cada ente federado a formação de seu próprio ordenamento jurídico e assim tenha autonomia em sua própria forma de regular as relações dentro do seu território.

A Constituição de 1988 tratou de estabelecer quais as matérias seriam próprias de cada um dos entes federativos, União, Estados e Municípios, segundo o princípio geral da predominância do interesse. Assim, à União cabe regular as matérias de interesse predominante geral, aos Estados as de interesse predominante regional, e aos Municípios as de interesse predominante local, ressalvando a competência cumulativa do Distrito Federal das matérias de interesse local e regional.

As competências segundo Alexandre de Moraes foram então divididas entre reserva de campos de competência específicos administrativos e legislativos, possibilidade de delegação, áreas comuns de atuação paralela e áreas de atuação legislativa concorrentes.[12]

Portanto, temos competências privativas administrativas e legislativas para a União, matérias enumeradas nos artigos 21 e 22 da CRFB/88, para os Municípios matérias enumeradas no artigo 30, e para os Estados matérias remanescentes no artigo 25 da CRFB/88. Temos a competência comum dos três entes, artigo 23 da CRFB/88, e a competência concorrente entre a União e os Estados-membros, artigo 24 da CRFB/88.

---

[12] MORAES, Alexandre de. *Constituição do Brasil Interpretada e legislação constitucional*. 9ª ed. São Paulo: Atlas, 2013, p. 662.

Ocorre que, o que se observou durante a aplicação desta divisão das regras de competência foi a prevalência da competência da União sobre a competência dos demais entes. A Constituição de 1988 já foi bastante generosa com a União na escolha dos temas a cargo da competência privativa da União, reservando ao Poder Central os temas de maior relevância, mas não bastasse essa competência privativa já avantajada, observa-se com grande preocupação a extensão do conceito de regras gerais na competência concorrente conferida pelo Supremo Tribunal Federal.

Tem-se inúmeros casos de leis estaduais declaradas inconstitucionais por terem supostamente invadido esfera de competência concorrente da União para editar normas gerais.

Apenas como exemplo, percebe-se que os Estados-membros e o Distrito Federal não possuem qualquer competência na prática para editar leis que disciplinem a forma de aquisição de seus bens e serviços. A Lei nº 8.666/93, que disciplina as licitações e compras pela Administração Pública, regulou completamente o tema sem deixar margem para a autonomia local definir peculiaridades que sejam mais afetas à realidade local de aquisição. Qualquer tentativa de inovação estadual ou alteração é tido como uma afronta à competência da União, mesmo que a matéria legislada não esteja relacionada a uma regra geral.[13]

Será que a realidade econômica da União é a mesma do Estado de São Paulo ou do Estado do Acre? Será que os critérios para a fixação dos valores para a dispensa de licitação para a escolha das modalidades de licitação, convite, tomada de preços e concorrência devem ser os mesmos em todo o território nacional? Em que medida a fixação de patamares diversos dos definidos para a União, ou exigências específicas para a habilitação ou fixação de novas hipóteses de dispensa de licitação por parte dos Estados-membros podem ser vistos como ofensa à competência da União, por se tratarem de regra geral de licitação? Esse entendimento estrangula e fere de morte as peculiaridades locais.

---

[13] União. Poder Judiciário, Supremo Tribunal Federal. Ação Direta de Inconstitucionalidade: *ADI 3.735/MS*, Relator: Ministro Teori Zavascki, Tribunal Pleno, Julgado em 08/09/2016. Disponível em: <http://portal.stf.jus.br/processos/detalhe.asp?incidente=2384129>.

Outro exemplo bastante importante para demonstrar essa predominância do interesse nacional sobre o estadual foi a questão das leis estaduais que exigiram a instalação de bloqueadores de celulares nos presídios. Neste caso, o Supremo Tribunal Federal foi confrontado com o interesse estadual para dispor da segurança pública local nos presídios e o interesse da União em preservar a sua competência sobre os contratos de concessão dos serviços de telefonia. O resultado foi mais uma vez a prevalência do interesse da União sobre o dos Estados-membros.[14]

Por fim, mais uma vez prevaleceu o interesse da União sobre os interesses locais no precedente fixado pelo Supremo Tribunal Federal acerca do piso nacional do magistério público da educação básica. O Supremo entendeu por constitucional a Lei Federal nº 11.738/2008, que fixou o piso salarial dos professores do ensino médio com base no vencimento, e não na remuneração global. Prevaleceu o entendimento de que compete à União editar normas gerais para fixar o vencimento dos professores como modo de fomento à Educação, em detrimento à competência de cada ente federal de disciplinar o vencimento de seus servidores de acordo com a capacidade financeira de cada qual.[15]

Em realidade, o pensamento hoje é no sentido de que se a matéria foi regulada por lei federal, é norma geral, mesmo que o seu conteúdo não seja propriamente de uma norma geral. Com essa interpretação de tendência centralizadora, o Supremo Tribunal Federal fulminou um dos elementos fundamentais do federalismo, qual seja, a competência para legislar matérias que lhes sejam próprias, e mais uma vez as peculiaridades locais foram substituídas pela homogeneidade de um tratamento geral e nacional para as matérias.

---

[14] União. Poder Judiciário, Supremo Tribunal Federal. Ação Direta de Inconstitucionalidade: *ADI 4.861*, Relator: Ministro Gilmar Mendes, Tribunal Pleno, Julgado em 03/08/2016. Disponível em: <http://portal.stf.jus.br/processos/detalhe.asp?incidente=4309303>.

União. Poder Judiciário, Supremo Tribunal Federal. Ação Direta de Inconstitucionalidade: *ADI 5.253*, Relator: Ministro Dias Toffoli, Tribunal Pleno, Julgado em 03/08/2016. Disponível em: <http://portal.stf.jus.br/processos/detalhe.asp?incidente=4725635>.

[15] União. Poder Judiciário, Supremo Tribunal Federal. Ação Direta de Inconstitucionalidade: *ADI 4.167*, Relator: Ministro Joaquim Barbosa, Tribunal Pleno, Julgado em 01/04/2014. Disponível em: <http://portal.stf.jus.br/processos/detalhe.asp?incidente=2645108>.

Aqui se busca demonstrar que mesmo sem promover qualquer mudança no texto constitucional por emenda, a simples interpretação conferida pelo Supremo Tribunal Federal ao tema da repartição das competências fixadas pela Constituição Federal afeta sobremaneira o pacto federativo, por meio da redução sistemática da competência legislativa dos Estados-membros, fazendo prevalecer sempre o interesse nacional sobre o regional. Se percebe então, ao longo do tempo, um esvaziamento do núcleo duro do pacto federativo que diz respeito à rígida divisão de competências, por meio de interpretações do texto constitucional sempre a favor da centralização.

5.2. AUTONOMIA DOS ESTADOS-MEMBROS

A autonomia dos Estados-membros se divide em três vertentes: a de auto-organização, poder de promulgar sua própria constituição; autogoverno, poder de eleger seus representantes do Executivo e Legislativo; e autoadministração, poder de estruturar e exercer diretamente sua própria administração.

Neste tópico ganha relevo a questão da autossuficiência financeira do Estados-membros. A Constituição Federal repartiu as competências e atribuições de cada ente federativo e, ao dividir as atribuições, deve necessariamente dividir os recursos financeiros na igual medida dos custos envolvidos na consecução dos seus objetivos. Nas palavras de Régis Fernandes de Oliveira:[16]

> A Constituição da República outorgou competência tributária a cada ente federativo para que possa instituir seus próprios tributos, de acordo com a repartição efetuada. Como a Constituição da República estabeleceu as atribuições de cada ente federal, evidente que deve dar-lhes os instrumentos ou recursos para que possa atendê-las. Quem dá os fins, dá os meios, dizia RUI BARBOSA. Se, na partilha das competências políticas e administrativas, União, Estados-membros, Distrito Federal e Municípios receberam um plexo de atribuições de que devem cuidar, evidente que a eles devem ser destinados recursos para cumprir suas finalidades.

Sem qualquer exagero, a questão da repartição das competências e receitas tributárias e não tributárias é o aspecto de maior relevância do ponto de vista do federalismo brasileiro. Após um período de muita

---

16 OLIVEIRA, Régis Fernandes de. Federalismo Fiscal e Pacto Federativo. *Revista Tributária e de Finanças Públicas*, v. 61/2005, p. 179-192, mar./abr. de 2005.

centralização de recursos, a Constituição de 1988 procurou dotar os Estados e Municípios de maior autonomia financeira, seja por meio da criação de tributos próprios, seja por meio da participação no produto da arrecadação dos tributos da União e dos Estados.

Não obstante o esforço do Constituinte de 1988, o que se observa na prática é a progressiva dependência por parte dos Estados e Municípios dos recursos da União, seja por meio de financiamento federal, ou investimentos diretos dos órgãos federais em seu território.

A atual crise fiscal enfrentada em maior ou menor grau por todos os Estados e Municípios decorre de vários fatores, mas sem dúvida está ligada ao esvaziamento do pacto federativo, com a perda gradativa da autonomia e da capacidade de autofinanciamento dos governos locais. Essa crise era anunciada e alertada por Luís Roberto Barroso[17] já no início dos anos 2000. Nada mais atual as suas constatações, que podem ser transportadas para o momento sem qualquer reparo:

> Além da insuficiência de arrecadação, o processo de endividamento dos Estados e Municípios, com o consequente comprometimento de sua autonomia real, se liga a um complexo conjunto de causas. Dentre elas se inclui, com destaque, a evolução dos gastos com pessoal, inclusive e especialmente com o pagamento dos inativos. E sob esta rubrica que se podem arrolar disfunções como: a inobservância do limite máximo de remuneração estabelecido no art. 37, XI da Constituição; a discutível decisão do Supremo Tribunal Federal que excluiu do teto as chamadas "vantagens pessoais"; o crescimento vegetativo da folha de pagamentos por força de adicionais e incorporações; excesso de pessoal; falta de uma política de cálculos atuariais responsáveis para sustentação do sistema de seguridade. (....)
> A situação de insolvência dos Estados levou-os a um abrangente processo de renegociação de suas dívidas, que vieram em grande parte a ser assumidas pela União Federal, mediante um amplo acordo que envolvia, além dos repagamentos ajustados, a adoção de determinadas políticas públicas. De fato, os acordos celebrados pela União com os Estados implementavam o programa macroeconômico do governo federal, com ênfase na redução do *déficit* público, na privatização de empresas e nas concessões de serviços públicos à iniciativa privada. Tais ajustes, ainda quando vantajosos sob a ótica estritamente financeira, passariam a comprometer uma parcela insuportável da receita estadual e são fonte de tensão permanente entre os Estados e a União Federal.

---

17 BARROSO, Luís Roberto. A Derrota da Federação: O Colapso Financeiro dos Estados e dos Municípios. *Revista de Direito Processual Geral*. Rio de Janeiro, nº 53, 2000, p. 111-112.

Vive-se, portanto, um momento crítico na Federação brasileira e um gravíssimo problema de natureza fiscal, que tem comprometido o funcionamento adequado das instituições e serviços estaduais e municipais. O reconhecimento deste cenário é imperativo para qualquer atividade de interpretação e construção jurídicas acerca da matéria. O intérprete não existe fora de uma concreta situação histórica, que molda a sua *pré-compreensão* da realidade, nem tampouco pode estar alheio aos problemas concretos para os quais deve buscar solução. (Destaques do original).

Veja-se que a crise do federalismo não foi resolvida desde esse diagnóstico feito por Luís Roberto Barroso no ano de 2000, mas ao contrário, a crise se agravou e novamente os Estados no ano de 2016, por absoluta impossibilidade de pagamento, foram obrigados a buscar uma nova renegociação das dívidas contraídas com a União. No ano de 2017, as condições para a renegociação foram acertadas com os Governadores, e o Congresso Nacional aprovou a negociação com a contrapartida dos Estados de adotarem as mesmas regras fixadas para a União acerca do teto de gastos por 20 (vinte) anos, como a proibição de reajuste salarial aos servidores públicos durante dois anos, dentre outras exigências.

A enorme 'superioridade' e a submissão dos Estados à União nos contratos de empréstimos foram muito bem retratadas por Alexandre Santos de Aragão,[18] que sustentou a inconstitucionalidade das regras de autoexecutoriedade existentes nesses contratos, por ferir o devido processo legal, além de privar o Estado de receitas tributárias de repasse obrigatório. O mesmo autor alertou para a gravidade de se privar o Estado das receitas necessárias para garantir a prestação dos serviços públicos, por isso defende a prevalência do princípio da continuidade dos serviços públicos em detrimento do respeito aos contratos.

A par do já tão propalado e inequívoco desequilíbrio na distribuição das receitas entre os entes federativos em favor da União, a forma de acesso aos recursos existentes em fundos federais só reforça o Poder Central e estrangulam qualquer esperança de autonomia dos Estados na escolha das políticas públicas que desejem implementar.

---

18 ARAGÃO, Alexandre dos Santos de. Federalismo em crise: aspectos constitucionais dos contratos de empréstimo entre entes federativos. *In: Revista Brasileira de Direito Público – RBDP*. Belo Horizonte, ano 6, nº 22, p. 75-88, jul./set. 2008.

Para obter acesso aos fundos federais de financiamento da saúde, educação, segurança pública, ou mesmo para a construção de moradias populares, os Estados e os Municípios devem se submeter às regras e à política pública ditada pela União.

Vanessa Elias de Oliveira[19] aponta os impactos da política de descentralização de recursos da União sobre o federalismo brasileiro. Em um artigo lúcido sobre o tema, faz um histórico das fases do processo de descentralização no Brasil. Demonstra como no início dos anos 90, os entes federados tinham uma maior autonomia decisória para a implementação das suas políticas públicas (fase da descentralização autonomista), e como ano após ano o Governo Federal passou a intervir cada vez mais sobre os programas de políticas públicas a serem implementados (fase da descentralização dirigida):

> Ao longo dos anos 90, uma série de medidas foi sendo tomada no sentido de rever a extrema descentralização promovida pela Constituição de 1988, conforme apontou Almeida (2005), diminuindo os poderes não apenas dos governos locais, como também dos estaduais. Podemos citar por exemplo, a privatização dos bancos estaduais, que retirou dos governadores o controle sobre os mesmos, impedindo-lhes de ampliar as dívidas estaduais (GARMAN *et al.*, 2001); a Lei Camata, que limitou os gastos públicos com pessoal; a Lei de Responsabilidade Fiscal, que reduziu a autonomia fiscal dos governantes locais e estaduais; a criação de uma série de impostos sob a forma de contribuições sociais, não sujeitos a partilha com estados e municípios, dentre outros.

Afora essas medidas de redução de autonomia administrativa e de recursos dos Estados e Municípios, o Governo Federal implementou regras no âmbito dos seus programas que minoram a autonomia dos Estados e dos Municípios. A opção do Governo Federal foi o de determinar o formato dos programas de política pública a ser realizado localmente, de modo que, para ter acesso aos recursos existentes, os Estados e Municípios deverão seguir o programa trilhado pela União e prestar contas da utilização dos recursos na forma preconizada pelos órgãos federais.

---

[19] OLIVEIRA, Vanessa Elias de. Processo de descentralização de políticas públicas e seu impacto sobre o federalismo brasileiro. *Revista Brasileira de Estudos Constitucionais – RBEC*. Belo Horizonte, ano 5, nº 19, jul./set. 2011. Disponível em: <http://www.bidforum.com.br/bid/PDI0006.aspx?pdiCntd=76148.Acesso>. Acesso em: 9 de fev. de 2018.

Exemplo clássico desta centralização de escolhas da política pública se observa no Fundo Nacional de Saúde: qualquer financiamento que provenha de recursos do Fundo deverá observar os valores dos blocos de atenção à saúde fixados pelo Ministério da Saúde, são recursos carimbados. O acesso aos recursos do Fundo Penitenciário (FunPen) para a construção de presídios exige que o Estado siga o modelo de construção estipulado pelo Ministério da Justiça; o mesmo se dá no caso da construção de creches, de casas populares no programa Minha Casa Minha Vida, etc.

Outro ponto digno de nota é que, no Brasil, o federalismo permite a descentralização não somente da União para os Estados, mas também da União para os Municípios. Essa opção de aparente tendência descentralizadora, de repasse do centro diretamente para os Municípios, representa um mecanismo de esvaziar o poder político dos Estados sobre os Municípios e aumentar o da União, o que vai na contramão do ideal de federalismo. Não há dúvidas que seria muito mais lógico que cada Estado fizesse o controle sobre os seus Municípios e a União ficasse a cargo do controle dos Estados.

No entanto, o Governo Federal deseja determinar e controlar as políticas públicas em todos os entes federados diretamente, de modo a centralizar o seu poder, mas a consequência desta política é o enfraquecimento do federalismo, uma vez que as políticas públicas planejadas pelo Poder Central não se atentam para as particularidades regionais e locais, o que muitas vezes acaba por não propiciar a política pública mais adequada para a realidade local.

5.3. A PARTICIPAÇÃO DOS ESTADOS FEDERADOS NA FORMAÇÃO DA VONTADE NACIONAL

Um dos aspectos mais relevantes para caracterizar uma federação é a participação dos entes federados na formação da vontade nacional. Então é necessária a existência de um órgão do Poder Legislativo em que os Estados-membros estejam representados de forma paritária, ao lado de outro com representação proporcional, o bicameralismo.

No Brasil, coube ao Senado Federal a representação paritária das vontades dos Estados-membros. Entretanto, se percebe uma perda enorme da representatividade estadual no Senado, o qual representa muito mais o órgão da vontade dos partidos políticos nacionais, e com isso reforça a tendência ao aumento das competências federais.

Mais grave ainda para desequilibrar o pacto federativo é uma constatação feita por Sérgio Ferrari,[20] quando afirma que: "ao lado da perda de representatividade estadual do Senado, um outro fenômeno tem marcado o Poder Legislativo Federal, que é a crescente atuação dos parlamentares como representantes de interesses de um determinado Município ou um conjunto deles, chamados de 'redutos eleitorais'".

Aqui está sem dúvida a causa mais importante do problema do desequilíbrio do federalismo brasileiro. Essa falta de representatividade da vontade estadual no Senado faz com que passem despercebidas as violações legislativas ao pacto federativo proposto pelo legislador constituinte de 1988. Não há uma preocupação de resguardo dos interesses estaduais frente à forte pressão centralizadora da União. O Senado não cumpre o seu papel de zelar pela manutenção da vontade estadual no pacto federativo.

Para exemplificar essa ausência de zelo pela preservação da autonomia e interesse estadual foi a recente alteração do Código de Processo Civil, que alterou a sistemática das regras de competência das ações em que figurem como parte o Estado e o Distrito Federal. As novas regras processuais permitem que as ações judiciais nas quais sejam parte os Estados e o Distrito Federal sejam propostas perante o Poder Judiciário de outro Estado.

Veja bem a quão grave ofensa ao pacto federativo brasileiro foi essa alteração no Código de Processo Civil, pois submete um ente federado ao Poder Judiciário de outro ente, retirando-lhe parcela fundamental da sua autonomia, que diz respeito a ter o seu próprio Poder Judiciário.

6. CONCLUSÕES

À guisa de conclusões daquilo que foi tratado no presente trabalho, percebe-se que os ventos de redemocratização e de liberdade que ecoaram à época da Constituinte de 1988 se refletiram no desejo de uma maior descentralização do poder do Estado brasileiro, conferindo uma maior importância tanto na distribuição das competências, como

---

[20] FERRARI, Sérgio. Federação, Princípio da (verbete). *In:* GALDINO, Flávio; KATAOKA, Eduardo Takemi; TORRES, Ricardo Lobo (Org.). *Dicionário de Princípios Jurídicos.* 1ª ed. Rio de Janeiro: Elsevier, 2011, p. 469.

na distribuição dos recursos aos entes federados descentralizados, Estados e Municípios.

No entanto, a tradição política centralizadora do Brasil acabou por minar esse intuito de promover um novo pacto federativo mais descentralizado, respeitando as vontades regionais e locais na formação da vontade geral.

Não foi suficiente a proteção colocada pelo constituinte originário de elevar o princípio federativo como cláusula pétrea da nossa Constituição, de modo a proibir qualquer alteração, mesmo que por força de emenda constitucional que implique em "tendência a abolir" a forma federativa de Estado.

Isto porque, ante a tendência centralizadora da União, tanto o legislador (Senado Federal), como o intérprete constitucional (Supremo Tribunal Federal) não souberam proteger o núcleo essencial da forma federativa de Estado brasileiro: (i) a autonomia dos Estados-membros e Municípios e (ii) a participação dos Estados-membros na formação da vontade do ente global.

Desta feita, não se mostrou adequada a ideia de que se mantida a proteção em face de alterações constitucionais da repartição das competências fixadas pelo constituinte originário estaria protegido o pacto federativo. Em realidade, as diversas e mais variadas violações da autonomia dos Estados e dos Municípios ao longo dos anos, com a prevalência em todos os momentos dos interesses da União, desaguou na mais grave crise do federalismo brasileiro, refletida na enorme crise fiscal que atravessa os Estados e os Municípios.

Os momentos de crise em geral favorecem o pensamento crítico e mudanças de modelos e paradigmas. Talvez por isso podemos perceber ao longo dos anos de 2015 a 2017 alguns avanços no que diz respeito à preservação da autonomia dos Estados em detrimento dos interesses da União em questões sensíveis, como na questão da renegociação das dívidas dos Estados com a União. Neste caso, tanto o Supremo Tribunal Federal, que deve funcionar como órgão imparcial para a solução dos conflitos federativos, como o Senado Federal tiveram um papel importante no sucesso das negociações. O primeiro acatou os argumentos dos Estados nas ações ajuizadas e com o deferimento de liminares para suspender o pagamento das parcelas da dívida, criou o ambiente para a negociação política, conduzida pelos Governadores de Estado com o Governo Federal, que contou com o apoio do Senado Federal na alteração legislativa necessária para sacramentar o acordo[21].

Podemos concluir que nada é mais republicano e democrático do que a defesa do federalismo, tema que traz à tona valores como liberdade, autonomia, organização, limites do Estado, entre outros temas tão sensíveis e caros a qualquer sociedade. Por isso mesmo, o pacto federativo brasileiro previsto na Constituição de 1988 precisa ser preservado e estimulado, por todos os atores constitucionais, como cláusula pétrea do Estado Brasileiro.

7. REFERÊNCIAS BIBLIOGRÁFICAS

ARAGÃO, Alexandre dos Santos de. Federalismo em crise: aspectos constitucionais dos contratos de empréstimo entre entes federativos. *In*: *Revista Brasileira de Direito Público – RBDP*. Belo Horizonte, ano 6, n. 22, p. 75-88, jul./set. 2008.

ARAÚJO, Luiz Alberto David. O Federalismo Brasileiro, seus característicos e a vedação material contida no art. 60, § 4º, I. *In*: CLÉVE, Clémerson Merlin. *Doutrinas Essenciais de Direito Constitucional*. Rio de Janeiro: Revista dos Tribunais, 2011, v. 3, p. 137-150.

BARROSO, Luís Roberto. *Curso de Direito Constitucional Contemporâneo*: os conceitos fundamentais e a construção do novo modelo. 6ª ed. São Paulo: Saraiva, 2017.

____. Constitucionalidade e legitimidade da criação do Conselho de Justiça. *Interesse Público – IP*. Belo Horizonte, n. 30, ano 7, março/abril 2005. Disponível em: <http://www.bidforum.com.br/bid/PDI0006.aspx?pdiCntd=50042>.

____. A Derrota Federação: O Colapso Financeiro dos Estados e dos Municípios. *Revista de Direito Processual Geral*. Rio de Janeiro, v. 53, p. 107-113, 2000.

BRASIL. Constituição (1988). *Constituição* da República Federativa do Brasil, 5 de out. 1998. Brasília: Senado Federal: Centro Gráfico, 1988.

---

[21] UNIÃO. Poder Judiciário, Supremo Tribunal Federal. Mandado de Segurança: *MS 34.154*, Relatora atual: Ministra Rosa Weber, Decisão pelo deferimento em 06/07/2016. Disponível em: <http://portal.stf.jus.br/processos/detalhe.asp?incidente=4969236>.

BRASIL. *Lei Complementar nº 156*, de 28 de dez. de 2016. Estabelece o Plano de Auxílio aos Estados e ao Distrito Federal e medidas de estímulo ao reequilíbrio fiscal; e altera a Lei Complementar no 148, de 25 de novembro de 2014, a Lei no 9.496, de 11 de setembro de 1997, a Medida Provisória no 2.192-70, de 24 de agosto de 2001, a Lei no 8.727, de 5 de novembro de 1993, e a Lei Complementar no 101, de 4 de maio de 2000. Brasília, DF, dez. de 2016.

_____. Supremo Tribunal Federal. Ação Direta de Inconstitucionalidade: *ADI 3735/ MS*, Relator(a): Min. TEORI ZAVASCKI, Tribunal Pleno, Brasília, DF, 08 set. 2016. Disponível em: <http://www.stf.jus.br/portal/jurisprudencia/listarJurisprudencia. asp?s1=%28ADI%24%2ESCLA%2E+E+3735%2ENUME%2E%29+OU+%28A-DI%2EACMS%2E+ADJ2+3735%2EACMS%2E%29&base=baseAcordaos&url=http://tinyurl.com/azxvfxh>.

_____. Supremo Tribunal Federal. Ação Direta de Inconstitucionalidade: *ADI 5253*, Relator(a): Min. Dias Toffoli, Tribunal Pleno, Brasília, DF, 03 ago. 2016. Disponível em: <http://www.stf.jus.br/portal/jurisprudencia/listarJurisprudencia. asp?s1=%28ADI%24%2ESCLA%2E+E+5253%2ENUME%2E%29+OU+%28A-DI%2EACMS%2E+ADJ2+5253%2EACMS%2E%29&base=baseAcordaos&url=http://tinyurl.com/o7uxdrh>.

_____. Supremo Tribunal Federal. Ação Direta de Inconstitucionalidade: *ADI 4861*, Relator(a): Min. Gilmar Mendes, Tribunal Pleno, Brasília, DF, 03 ago. 2016. Disponível em: <http://www.stf.jus.br/portal/jurisprudencia/listarJurisprudencia. asp?s1=%28ADI%24%2ESCLA%2E+E+4861%2ENUME%2E%29+OU+%28A-DI%2EACMS%2E+ADJ2+4861%2EACMS%2E%29&base=baseAcordaos&url=http://tinyurl.com/cw3noo5>.

_____. Supremo Tribunal Federal. Mandado de Segurança: *MS 34.154*. Brasília, DF. Disponível em: <http://www.stf.jus.br/portal/processo/verProcessoAndamento. asp>.

FERRARI, Sérgio. Federação, Princípio da (verbete). *In*: GALDINO, Flávio; KATAOKA, Eduardo Takemi; TORRES, Ricardo Lobo (Org.). *Dicionário de Princípios Jurídicos*. 1ª ed. Rio de Janeiro: Elsevier, 2011.

GROFF, Paulo Vargas. Um novo pacto federativo para o Estado Brasileiro. *Revista Brasileira de Estudos Constitucionais – RBEC*. Belo Horizonte, ano 5, p. 177-195, nº 19, jul./set. 2011. Disponível em: <http://www.bidforum.com.br/bid/PDI0006. aspx?pdiCntd=76146>.

_____. Um novo pacto federativo para o Estado brasileiro. *Revista Brasileira de Estudos Constitucionais – RBEC,* Belo Horizonte, ano 5, nº 19, jul./set. 2011. Disponível em: <http://www.bidforum.com.br/bid/PDI0006.aspx?pdeiCntd=76146>.

MARTINS, Cristiano Franco. *Princípio Federativo e Mudança Constitucional*: limites e possibilidades na Constituição Brasileira de 1988. Rio de Janeiro: Lumen Juris, 2003.

MORAES, Alexandre de. Federação brasileira: necessidade de fortalecimento das competências dos estados-membros. *Revista de Direito Administrativo*. Belo Horizonte, n. 251, p. 11-27, maio/ago. 2009. Disponível em: <http://www. bidforum.com.br/bid/PDI0006.aspx?pdiCntd=75587>.

_____. *Constituição do Brasil Interpretada e legislação constitucional*. 9ª ed. São Paulo: Atlas, 2013.

OLIVEIRA, Régis Fernandes de. Federalismo Fiscal e Pacto Federativo. *Revista Tributária e de Finanças Públicas*. Rio de Janeiro: Revista dos Tribunais, v. 61, p. 179-192, mar./abr. 2005.

OLIVEIRA, Vanessa Elias de. Processo de descentralização de políticas públicas e seu impacto sobre o federalismo brasileiro. *Revista Brasileira de Estudos Constitucionais – RBEC*. Belo Horizonte, ano 5, n. 19, p. 93-101 jul./set. 2011. Disponível em: <http://www.bidforum.com.br/bid/PDI0006.aspx?pdiCntd=76148>.

O SENADO FEDERAL, A COMPETÊNCIA LEGISLATIVA CONCORRENTE E OS INTERESSES DOS GOVERNOS ESTADUAIS NO PROCESSO LEGISLATIVO: NORMAS GERAIS *VERSUS* NORMAS ESPECÍFICAS NUMA FEDERAÇÃO

ALEXANDRE NOGUEIRA ALVES[1]
ANDERSON SANT'ANA PEDRA[2]

sumário: *1. Introdução. 2. Pacto federativo como instituto jurídico-político. 2.1. Autonomia e igualdade entre os entes integrantes da federação. 3. A importância do Senado Federal numa federação. 4. Competência legislativa concorrente. 4.1. Normas gerais versus normas específicas. 4.1.1. Características da norma geral. 4.2. Posicionamento do Supremo Tribunal Federal. 4.3. Princípio interpretativo da unidade da Constituição. 5. Conclusões. 6. Referências Bibliográficas.*

1. INTRODUÇÃO

A Constituição brasileira de 1988 no seu art. 1º, *caput*, já anuncia a formação do Estado brasileiro como sendo uma federação, o que é reforçado pelo seu art. 18, que prescreve que a "organização político-administrativa da República Federativa do Brasil compreende a União, os Estados, o Distrito Federal e os Municípios, todos autônomos", nos termos da Constituição.

---

[1] Procurador-Geral do Estado do Espírito Santo.

[2] Pós-doutor em Direito (Faculdade de Direito da Universidade de Coimbra). Doutor em Direito do Estado (Pontifícia Universidade Católica de São Paulo, PUC/SP). Mestre em Direito (Fundação Dom Cabral, FDC/RJ). Professor de Direito Administrativo e de Direito Constitucional da Faculdade de Direito de Vitória (FDV). Professor convidado do Mestrado em Gestão Pública da Universidade Federal do Espírito Santo (UFES). Procurador do Estado do Espírito Santo.

Na distribuição de competências inerente a um Estado federado, o art. 24 da Constituição brasileira de 1988 (CRFB/88), traz o rol de competência legislativa concorrente entre a União, os Estados federados e o Distrito Federal, sendo que, no parágrafo primeiro do mesmo dispositivo, o legislador constituinte prescreveu que no "âmbito da legislação concorrente, a competência da União limitar-se-á a estabelecer normas gerais".

Nessa linha, importante então investigar qual o papel a ser desempenhado pelo Senado Federal, cujos integrantes representam os Estados e o Distrito Federal (art. 46, CRFB/88) ao atuarem no processo legislativo, que se predispõe a definir as *normas gerais* cuja competência pertence à União.

2. PACTO FEDERATIVO COMO INSTITUTO JURÍDICO-POLÍTICO

Tem-se que a noção, intuitiva, costumeira e típica de Estado é a de um Estado unitário em que todas as normas emanam de um poder único que domine sobre a totalidade do seu território, não obstante o desmentido de que tal concepção sempre ofereceu na realidade histórica, por diversas causas: *naturais, sociais* e *políticas*.[3]

Para Loewenstein o federalismo é o enfrentamento entre duas soberanias estatais diferentes, separadas territorialmente e que se equilibram mutuamente. A existência de balizas constitucionais limita o poder do Estado central sobre o Estado-membro, e vice-versa.[4]

A formação de um Estado federado moderno ganha amalgama na formação da federação estadunidense, num movimento centrípeto em que os Estados (federados) eram independentes e decidiram pela formação (por agregação) de uma Confederação, por meio de um governo central (federal).[5]

---

[3] TEIXEIRA, José Horácio Meirelles. *Curso de direito constitucional*. Rio de Janeiro: Forense Universitária, 1991, p. 606-607. Como causas naturais podem-se mencionar a vastidão territorial de muitos Estados, a dificuldade de comunicação, as condições econômicas diversas etc. As causas sociais e políticas serão abordadas no item 4.1 *infra*.

[4] LOEWENSTEIN, Karl. *Teoría de la Constitución*. Tradução Alfredo Gallego Anabitarte. 2ª ed. Barcelona: Ariel, 1979, p. 353.

Tratou-se de um longo processo e com grandes discussões políticas, bem retratado pelas cartas dos *Federalistas* ao povo americano. Numa dessas cartas (*papers*) Hamilton destaca a importância dos Estados na Confederação que estava a se formar, sua representatividade por meio do Senado e ainda a preservação da respectiva autonomia dos confederados.

Alexander Hamilton no *paper* nº 09 destaca que:[6]

> A Constituição proposta, longe de conter uma abolição dos governos estaduais, torna-os partes constituintes da soberania nacional, concedendo-lhes uma representação no Senado e não lhes retirando certas porções exclusivas e muito importantes de poder soberano. Isto corresponde integralmente, em todos os sentidos racionais, à ideia de um governo federal.

Tem-se, então, que na órbita mundial, junto à democracia e ao Estado de direito, coloca-se o federalismo como terceira forma básica desse modelo de Estado moderno com extenso território.[7]

Dois princípios capitais se apresentam como sendo a chave de todo o sistema federativo: a *lei da participação* e a *lei da autonomia*. Pela *lei da participação* tomam os Estados-membros parte do processo de elaboração da vontade política válida para toda a organização federal; já pela *lei da autonomia* devem se manifestar livremente exercendo suas competências (legislativas e administrativas) que decorrem da

---

5 A Convenção da Filadélfia (1787) produziu uma Constituição e um Estado (Estados Unidos da América) que permitiu uma apresentação de um exemplo de república federativa extensa, fundada num governo representativo. Registra-se que os Federalistas usaram sem distinção os termos "Federação" e "Confederação", notadamente nas cartas (*papers*) 41 a 46, em que James Madison trata da repartição de competências entre a União e os Estados. Cf.: HAMILTON, Alexander; MADISON, James; JAY, John. *O federalista*. Tradução Ricardo Rodrigues Gama. São Paulo: Russel, 2003. Para Loewenstein "certas características essenciais diferenciam o Estado federal de uma confederação, sendo esta última, geralmente, a fase anterior àquela." (LOEWENSTEIN, Karl. Teoría de la constitución. Tradução Alfredo Gallego Anabitarte. 2ª ed. Barcelona: Ariel, 1979, p. 355).

6 HAMILTON, Alexander; MADISON, James; JAY, John. *O federalista*. Tradução Ricardo Rodrigues Gama. São Paulo: Russel, 2003, p. 75.

7 Nesse sentido: HESSE, Konrad. *Elementos de direito constitucional da República Federal da Alemanha*. Tradução de Luís Afonso Heck. Porto Alegre: Fabris Editor, 1998, p. 178; LOEWENSTEIN, Karl. *Teoría de la Constitución*. Tradução Alfredo Gallego Anabitarte. 2ª ed. Barcelona: Ariel, 1979, p. 354.

natureza do sistema federativo, observando, obviamente, as balizas traçadas pela Constituição federal.[8]

Não se pode olvidar de que a manutenção do equilíbrio democrático depende da fiel observância da distribuição de competências entre os entes federativos,[9] caracterização inerente à forma federativa de Estado nos termos em que foi forjada em solo estadunidense.

Baracho destaca que no "desenvolvimento do processo democrático brasileiro, dois temas têm grande saliência: República e Federação".[10]

Não é demais trazer à colação que os Estados federados são peças de vital importância na organização do Estado moderno. Via de regra, os principais Estados democráticos aperfeiçoam o seu regime pelo aprimoramento das instituições políticas federadas (Estados-membros), vez que permitem, talvez em razão da aproximação, melhor vivência coletiva local, com repercussões em outros níveis da estrutura governamental, principalmente em razão da cultura social e organizacional de cada um desses entes políticos federativos.

No mesmo sentido leciona Pontes Filho, para quem o ordenamento constitucional brasileiro elegeu, dentre outros, como pedras angulares de sua estrutura, os princípios do *pacto federativo* e da *república*, ficando estes em posição de primazia diante das demais normas constitucionais, vinculando o entendimento e a aplicação de qualquer outra norma jurídica, inclusive as insertas na própria Constituição.[11]

Ataliba destaca que no Brasil os *princípios da federação* e da *república* são os mais importantes, exercendo assim função capitular da mais transcendental influência em todo o ordenamento jurídico brasileiro,

---

8 BONAVIDES, Paulo. *Ciência política*. 10ª ed. São Paulo: Malheiros, 2001, p. 181.

9 MORAES, Alexandre de. Federação brasileira: necessidade de fortalecimento das competências dos Estados-membros. *In*: LEITE, George Salomão; SARLET, Ingo Wolfgang; TAVARES, André Ramos (Orgs.). *Estado constitucional e organização do poder*. São Paulo: Saraiva, 2010, p. 143. Continua o autor afirmando que o Brasil seguiu o modelo federalista e presidencialista norte-americanos (ibidem, p. 143).

10 BARACHO, José Alfredo de Oliveira. Descentralização do poder: federação e município. *Revista de informação legislativa*. Brasília: Senado Federal, ano 22, n. 85, jan./mar. 1985, p. 164.

11 PONTES FILHO, Valmir. Federalismo e autonomia municipal. *Revista de informação legislativa*. Brasília: Senado Federal, ano 22, n. 85, jan./mar. 1985, p. 139.

determinando inclusive como se deve interpretar as demais normas constitucionais, cuja exegese e aplicação jamais poderão ensejar menoscabo ou detrimento para a força, a eficácia e a extensão dos primeiros, o que guia, por consectário lógico, o *princípio da autonomia dos entes federados* a patamar idêntico, já que este está na base do *princípio republicano*.[12]

As prescrições da Constituição brasileira de 1988 a respeito da autonomia dos entes federados configuram, inquestionavelmente, o mais considerável avanço de proteção, de abrangência e de reforço de juridicidade concernente a esse instituto jurídico-político do *pacto federativo*.

Por fim, não se pode esquecer que a "federação é a cidadania comprometida com a história do povo centrada em dado espaço geográfico", não se tratando apenas de uma forma de Estado, mas uma "garantia contra as investidas centralizadoras", se apresentando também como um mecanismo de "garantia de democracia no Brasil", exigindo, portanto, uma "vigília permanente".[13]

2.1. AUTONOMIA E IGUALDADE ENTRE OS ENTES INTEGRANTES DA FEDERAÇÃO

Sob o aspecto formal e material, os Estados federados e o Distrito Federal são entidades que no exercício de suas atribuições atuam em absoluta igualdade de condições com a União e, naquilo que aqui interessa (competência legislativa concorrente), com o Congresso Nacional.

Do manancial vocabular da CRFB/88 jorra do seu art. 1º que o Brasil é uma República Federativa, e sendo a Federação uma forma complexa de organização política, é na verdade forma de descentralização do poder, de descentralização geográfica do poder do Estado, consubstanciado pelo *princípio da autonomia dos entes parciais* que o formam, sendo que suas competências e limitações decorrem tão-somente das prescrições constitucionais.[14]

---

12 ATALIBA, Geraldo. *República e Constituição*. 2ª ed. São Paulo: Malheiros, 1998, p. 36-45, *passim*.

13 ROCHA, Cármen Lúcia Antunes. *República e federação no Brasil*: traços constitucionais da organização política brasileira. Belo Horizonte: Del Rey, 1997, p. 257.

14 PEDRA, Anderson Sant'Ana. Possibilidade de edição de medidas provisórias pelos municípios. *Revista de direito administrativo*. Rio de Janeiro: Renovar, v. 230, out./dez. 2002. p. 11.

O mesmo dispositivo constitucional (art. 1º) proclama que a República Federativa do Brasil é formada pela união indissolúvel dos Estados, Municípios e do Distrito Federal, determinando-se, assim, a existência de várias ordens na composição de nossa Federação: a União – ordem total, os Estados – ordens regionais, e os Municípios – ordens locais; ficando assim o poder político repartido entre os entes coletivos que compõem a Federação.

A equiparação formal dos Estados membros (e do Distrito Federal e dos Municípios) e da União está consolidada pela prescrição contida no art. 18 da CRFB/88.[15]

Restou garantida a autonomia aos Estados membros que se consubstancia na sua capacidade de auto-organização, de autolegislação, de autogoverno e de autoadministração,[16] considerando os Estados-membros como componentes da estrutura federativa, entidades estatais integrantes da Federação, entidades político-administrativas, dotadas, inclusive, de autonomia política e de competência legislativa.

Autonomia significa capacidade ou poder de decidir suas próprias questões, dentro de um círculo prefixado por entidade superior, detendo a Constituição brasileira de 1988, *exclusivamente*, o poder de distribuir as competências e impor limites a todos os entes político-federativos (União, Estados, Municípios e Distrito Federal).[17]

Vê-se então que além do reconhecimento da autonomia às entidades estatais – isto é, de capacidade de autodeterminação dentro das balizas estabelecidas pela Constituição – a ideia de Federação envolve ainda outro conceito fundamental, que é o de *repartição de competências*. União, Estados, Distrito Federal e Municípios têm suas atribuições demarcadas pela Constituição brasileira de 1988 e estabelecem entre si relações que não têm a marca da *hierarquia*, mas a do desempenho por

---

15 "Art. 18. A organização político-administrativa da República Federativa do Brasil compreende a União, os Estados, o Distrito Federal e os Municípios, todos autônomos, nos termos desta Constituição."

16 Arts. 18, 29 e 30 da CRFB/88.

17 SILVA, José Afonso da. *Curso de direito constitucional positivo*. 33ª ed. São Paulo: Malheiros, 2010, p. 608-609.

legitimação própria das funções constitucionalmente estabelecidas,[18] até porque a autonomia das coletividades parciais é essencial para a existência de uma Federação, a tal ponto que sem ela a organização federal não se distinguiria de um Estado unitário complexo.[19]

Como será visto no item 4, a Constituição brasileira de 1988 distribuiu as competências legislativas e, por consectário lógico, os limites de sua atuação.

Observa-se então que a autonomia dos Estados está na base do *princípio republicano*, sendo um dos mais importantes princípios do nosso direito público, que na pena de Ataliba ganha o seguinte destaque:

> Tal como fixado o regime republicano, entre nós, a federação é uma forma necessária de sua realização: a autonomia dos Estados surge, já em 1891, como forma de expressão das exigências republicanas, entre nós. Como postulado pela mais lúcida doutrina, tudo o que puder ser feito pelos escalões intermediários haverá de ser de sua competência; tudo o que o povo puder fazer por si mesmo, a ele próprio incumbe. Aí está a demonstração da íntima relação entre república e federação.[20]

Tem-se assim que o *princípio da autonomia dos entes federados* (Estados, Distrito Federal e Municípios) é uma derivação dos *princípios fundamentais da república* e da *federação*, estabelecendo-se um trinômio integrado de níveis federativos sem qualquer tipo de hierarquia, mas apenas de fixação de competências administrativas e legislativas.

Conquanto ocupem níveis na escala constitucional federativa, estabelece a Constituição plena igualdade entre os entes federados, não se permitindo falar em supremacia de um sobre qualquer dos outros, pois todos dispõem de autonomia, e limitados aos ditames vicejados pela mesma Constituição.

Sundfeld trata tal assunto como o *princípio da igualdade das pessoas políticas*, asseverando que o Estado brasileiro não é unitário, já que suas atribuições são descentralizadas entre os entes – União,

---

18 BARROSO, Luís Roberto. *Temas de direito constitucional*. 2ª ed. Rio de Janeiro: Renovar, 2002, p. 142.

19 PEDRA, Anderson Sant'Ana. Inconstitucionalidade de normas estaduais que versam sobre remuneração de agentes públicos municipais. *Revista interesse público*. Porto Alegre: Nota Dez, ano 5, n. 27, p. 187-200, set./out. 2004, p. 195.

20 ATALIBA, Geraldo. *República e Constituição*. 2ª ed. São Paulo: Malheiros, 1998, p. 43.

Estados-membros, Distrito Federal e Municípios, sendo esses absolutamente iguais entre si, pois são criaturas da Constituição, que outorgou a cada qual uma *esfera irredutível e impenetrável de competências, exercidas com total independência*.[21]

A regra de que a União não pode intervir em assuntos de interesse local/regional jamais pode ser violada, assim como o princípio do *self-government*, isto é, o governo local autônomo.[22]

Nos limites normativos trazidos pela CRFB/88, os Municípios, os Estados-membros, o Distrito Federal e a União merecem idêntico tratamento, não podendo um ente invadir a esfera de competência (administrativa e/ou legislativa) e de autonomia do outro ente, sob pena de se ver estapeado o *pacto federativo*.

Conforme adverte Moraes, não podem os Estados-membros permanecerem tímidos no exercício da sua competência legislativa concorrente (complementar), "aceitando sem qualquer contestação a legislação federal", que em matéria concorrente acaba por "disciplinar tanto os princípios e regras gerais quanto as normas específicas".[23] Afinal, não são entes subordinados à União, estando todos (União e Estados-membros) num mesmo nível político-constitucional.

3. A IMPORTÂNCIA DO SENADO FEDERAL NUMA FEDERAÇÃO

Para Loewenstein, o princípio de distribuição do poder entre o Estado central e os Estados-membros está ancorado nas disposições constitucionais sobre a formação da vontade estatal da federação; e o *locus* tradicional para a participação dos Estados membros na decisão política fundamental e na execução da decisão pela legislação é o Senado, tendo comprovado que num Estado federal não se deve ter uma desvalori-

---

21 SUNDFELD, Carlos Ari. *Fundamentos de direito público*. 4ª ed. rev. aum. e atual. São Paulo: Malheiros, 2000, p. 185.

22 TEIXEIRA, José Horácio Meirelles. *Curso de direito constitucional*. Rio de Janeiro: Forense Universitária, 1991, p. 628.

23 MORAES, Alexandre de. Federação brasileira: necessidade de fortalecimento das competências dos Estados-membros. *In*: LEITE, George Salomão; SARLET, Ingo Wolfgang; TAVARES, André Ramos (Orgs.). *Estado constitucional e organização do poder*. São Paulo: Saraiva, 2010, p. 158.

zação do Estado-membro, pois tais integrantes da federação possuem sua representação na Câmara Alta.[24]

Nos termos do art. 46, *caput,* da Constituição brasileira de 1988, o Senado Federal (Câmara Alta)[25] "compõe-se de representantes dos Estados e do Distrito Federal", ou seja, seu papel é o de representar os interesses destes entes federativos na União.[26]

Tem-se então que o Senado Federal deve desenvolver sua atuação voltada, principalmente, para a mantença harmoniosa do pacto federativo (v. item 2 *supra*), defendendo os interesses políticos da União, mas, principalmente, dos Estados e do Distrito Federal, sob pena de se permitir um desgaste dessa convivência harmônica entre a União e os demais entes federativos.

Não se pode olvidar que o Senado foi criado no Brasil como órgão de moderação, não cumprindo seu papel originário de "Câmara dos Estados" com a finalidade de garantir o equilíbrio da federação.[27] Talvez essa origem tupiniquim juntamente com o movimento centrífugo de formação da federação brasileira, não favoreceu a formação de um Senado fortemente atrelado ao seu importante papel de mantença do equilíbrio entre Estado central e Estado membros tal como proposto pelos *Federalistas* estadunidenses.

Contudo, de forma alguma a Câmara Alta deve se portar como uma caixa de reverberação da sociedade e confundir sua atuação com

---

[24] LOEWENSTEIN, Karl. *Teoría de la constitución*. Tradução Alfredo Gallego Anabitarte. 2ª ed. Barcelona: Ariel, 1979, p. 358.

[25] Tal expressão possui origem oligárquica inglesa: *House of Lords* e *House of Commons*.

[26] Registra-se a crítica quanto à estrutura do Senado Federal brasileiro, que não representa idealmente os Estados membros, pois os Senadores são eleitos por meio dos partidos políticos, enquanto que em alguns outros países eles são indicados pelos próprios Estados. Cf. nesse sentido: BERCOVICI, Gilberto. *Dilemas do estado federal brasileiro*. Porto Alegre: Livraria do Advogado, 2004, p. 85.

[27] Cf. nesse sentido: SILVA, José Afonso da. *Princípios do processo legislativo na formação das leis*. 2ª ed. São Paulo: Malheiros, 2006, p. 76 e 81. Montesquieu também sugeria que a Câmara Alta atuasse como poder moderador. (MONTESQUIEU, Charles de Secondat. *O espírito das leis*. Tradução Cristina Murachco. São Paulo: Martins Fontes, 2000, p. 172). Ainda para Montesquieu: "[...] o poder legislativo será confiado ao corpo dos nobres e ao corpo que for escolhido para representar o povo, que terão cada um suas assembleias e suas deliberações separadamente, e opiniões e interesses separados." (*Ibidem*, p. 172).

parlamentares que foram escolhidos para representar o povo. Essa *representação popular* pertence à Câmara dos Deputados (Câmara Baixa) (art. 45, *caput,* da CRFB/88). Ao Senado Federal compete um papel mais sobranceiro sob o prisma constitucional, fazendo manter as instituições políticas, não podendo se comportar como uma Casa Legislativa que queira apenas cuidar dos interesses da sociedade – não! O Senado Federal, além de cuidar dos interesses da sociedade, deve primar pela garantia do equilíbrio federativo, para que não haja uma tensão entre as competências da União e dos Estados-membros no exercício das suas decisões políticas, a partir das autonomias fixadas pela Constituição brasileira de 1988.

A importância de um Senado foi observada no berço político da formação da (con)federação estadunidense. Madison destacou no *paper* nº 39 que o Senado "tem seus poderes derivados dos estados-membros, como sociedades políticas e com situações semelhantes; e estes serão representados no Senado segundo o princípio da igualdade".[28]

Cumpre registrar que o sistema bicameral instituído pela Constituição brasileira de 1988 para o Congresso Nacional – Câmara dos Deputados (Câmara Baixa) e Senado Federal (Câmara Alta), traz consigo uma inspiração que se verifica em outros países de, em certo modo, não permitir uma mudança abrupta do sistema normativo, fortalecendo um conservadorismo inclusive das instituições políticas.

Tal circunstância é facilmente perceptível com uma leitura das normas que indicam a composição e o funcionamento do Senado Federal, bem como os critérios para preenchimento do cargo de Senador e o tempo de seu mandato, o que reforça o entendimento quanto a importância do Senado para o equilíbrio da federação brasileira.

Nos termos do art. 46, *caput,* da Constituição brasileira de 1988, o Senado Federal "compõe-se de representantes dos Estados e do Distrito Federal", de forma igualitária, sendo que cada um desses entes políticos elegerá três Senadores (art. 46, § 1º, da CRFB/88).

Para tanto, a CRFB/88 (art. 14, inc. VI, *a*) estabelece como um dos requisitos para a investidura no cargo de Senador da República uma

---

28 HAMILTON, Alexander; MADISON, James; JAY, John. *O federalista.* Tradução Ricardo Rodrigues Gama. São Paulo: Russel, 2003, p. 246.

idade mínima de 35 anos, buscando, assim, garantir uma experiência mínima para o exercente desse importante múnus público.

Na mesma senda, o legislador constituinte estabeleceu um "mandato de oito anos" para o Senador (art. 46, § 1º), sendo que a "representação de cada Estado e do Distrito Federal será renovada de quatro em quatro anos, alternadamente, por um e dois terços" (art. 46, § 2º), garantindo assim um conservadorismo, por não permitir uma mudança abrupta de todos os representantes do Senado Federal.

Repita-se que esse conservadorismo é importante para o exercício da função representativa estatal e a consequente manutenção das instituições políticas, notadamente do equilíbrio do pacto federativo.

Voltando à importância do bicameralismo do Congresso Nacional brasileiro, deve-se destacar que tal característica é primordial para o predomínio da representação dos Estados e do Distrito Federal por intermédio do Senado Federal, fazendo um contraponto a simples representação popular, a cargo da Câmara dos Deputados.

A relevância dessa segunda câmara (Senado Federal) numa federação busca garantir a efetiva participação e influência dos Estados membros nos assuntos federais,[29] além de tutelar os interesses desses entes federativos diante de uma tentativa de investida ilegítima da União.

O bicameralismo é um elemento típico e tradicionalmente considerado como essencial nos Estados federais, apesar de não ser exclusivamente destes. Discute-se também o caráter essencial da presença de uma segunda casa legislativa no federalismo, muito embora todos os Estados federais hodiernos possuam essa estrutura legislativa.[30]

4. COMPETÊNCIA LEGISLATIVA CONCORRENTE

Para o que se pretende no presente estudo, deve-se agora compulsar as prescrições estabelecidas pela Constituição brasileira de 1988 no que concerne à competência legislativa concorrente dos Estados federados – art. 24, §§ 1º e 2º.

---

29 BERCOVICI, Gilberto. *Dilemas do estado federal brasileiro*. Porto Alegre: Livraria do Advogado, 2004, p. 80.

30 Cf. nesse sentido: BERCOVICI, Gilberto. *Dilemas do estado federal brasileiro*. Porto Alegre: Livraria do Advogado, 2004, p. 80.

Verifica-se que a competência legislativa concorrente quanto a certas matérias (temas, assuntos) fica a cargo tanto do Estado central quanto dos Estados-membros, restando ao primeiro a fixação das *normas gerais* e aos Estados-membros a fixação das *normas específicas*.

Meirelles Teixeira leciona no sentido de que o critério máximo para a divisão das competências entre o Estado central e os Estados-membros é o *princípio da predominância (preponderância) de interesse*, ou do *interesse peculiar*, deixando para a União as matérias de predominante interesse geral (nacional), e para os Estados membros as matérias de interesse predominantemente local/regional.[31]

Reside exatamente aí a primeira dificuldade: onde termina o interesse geral (nacional) e onde se inicia o interesse local/regional?

A resposta a ser encontrada não é jurídica, mas principalmente sociológica e política, devendo o operador do direito constitucional – e para o que aqui se pretende o Senador (cf. item 3 *supra*), "orientar-se, com visão realista das necessidades, dos problemas, dos dados de fato apresentados pelo panorama da realidade nacional",[32] somando-se a isso o fato de que o conceito de interesse geral ou local/regional se altera juntamente com a evolução social, "com os novos problemas apresentados pelo progresso técnico, pela complexidade social, pelos novos dados e elementos políticos, etc.".[33]

---

[31] TEIXEIRA, José Horácio Meirelles. *Curso de direito constitucional*. Rio de Janeiro: Forense Universitária, 1991, p. 628-629. No mesmo sentido: MORAES, Alexandre de. Federação brasileira: necessidade de fortalecimento das competências dos Estados-membros. *In*: LEITE, George Salomão; SARLET, Ingo Wolfgang; TAVARES, André Ramos (Orgs.). *Estado constitucional e organização do poder*. São Paulo: Saraiva, 2010, p. 153.

[32] TEIXEIRA, José Horácio Meirelles. *Curso de direito constitucional*. Rio de Janeiro: Forense Universitária, 1991, p. 629. Continua o autor: "Eis aqui um daqueles momentos culminantes em que a Ciência Política, a Sociologia, a História, etc., prestam serviço relevante ao Direito Constitucional." (*ibidem*, p. 629).

[33] TEIXEIRA, José Horácio Meirelles. *Curso de direito constitucional*. Rio de Janeiro: Forense Universitária, 1991, p. 630.

Não será analisada a *competência legislativa residual* trazida no art. 25, § 1º da CRFB/88,[34] pois, para o que aqui interessa, basta verificar a *competência legislativa concorrente* trazida pelo art. 24 da CRFB/88[35] que prescreve em seu *caput* que "compete à União, aos Estados e ao Distrito Federal legislar *concorrentemente* sobre": *i*) direito tributário, financeiro, penitenciário, econômico e urbanístico; *ii*) orçamento; *iii*) juntas comerciais; *iv*) custas dos serviços forenses; *v*) produção e consumo; *vi*) florestas, caça, pesca, fauna, conservação da natureza, defesa do solo e dos recursos naturais, proteção do meio ambiente e controle da poluição; *vii*) proteção ao patrimônio histórico, cultural, artístico, turístico e paisagístico; *viii*) responsabilidade por dano ao meio ambiente, ao consumidor, a bens e direitos de valor artístico, estético, histórico, turístico e paisagístico; *ix*) educação, cultura, ensino, desporto, ciência, tecnologia, pesquisa, desenvolvimento e inovação; *x*) criação, funcionamento e processo do juizado de pequenas causas; *xi*) procedimentos em matéria processual; *xii*) previdência social, proteção e defesa da saúde; *xiii*) assistência jurídica e Defensoria pública; *xiv*) proteção e integração social das pessoas portadoras de deficiência; *xv*) proteção à infância e à juventude; e, *xvi*) organização, garantias, direitos e deveres das polícias civis.

Nos parágrafos do mesmo art. 24, o legislador constituinte prescreveu ainda que no "âmbito da legislação concorrente, a competência da União limitar-se-á a estabelecer normas gerais" (§ 1º) e que a "competência da União para legislar sobre normas gerais não exclui a competência suplementar dos Estados" (§ 2º).

Vê-se então que compete à União, em sede de *competência legislativa concorrente*, elaborar sobre as *normas gerais*, cabendo aos Estados e ao Distrito Federal estabelecer as *normas específicas*. Cada ente decidirá politicamente dentro da sua esfera de competência legislativa, de maneira separada e independente.

---

34 "Art. 25. Os Estados organizam-se e regem-se pelas Constituições e leis que adotarem, observados os princípios desta Constituição. § 1º São reservadas aos Estados as competências que não lhes sejam vedadas por esta Constituição." Pela competência residual os Estados membros podem legislar sobre os as matérias que não foram atribuídas aos outros entes federativos (União e Municípios).

35 Com redação dada pela Emenda Constitucional nº 85/2015.

Agra leciona no sentido de que o modelo de competência legislativa concorrente adotado no Brasil se refere "a uma atribuição legislativa vertical, em que a União legisla sobre normas gerais e os Estados se incumbem da legislação específica", refletindo um "federalismo de feição simbiótica", no sentido de que o Estado central e os Estados-membros somam esforços para alcançar uma finalidade comum.[36]

Contudo, bem observa Meirelles Teixeira no sentido de que, pelo simples fato de tais matérias ficarem entregues a essas diferentes órbitas federativas, já "indica que se trata, aqui, de assuntos ou matérias não considerados de precípuo interesse nacional", só podendo intervir a União "quando realmente se fizer sentir a necessidade de ação federal, uniforme, ou mais eficiente".[37]

Não diferente, Moraes leciona que a ideia a ser aplicada à federação brasileira no exercício da competência legislativa concorrente é a de "prestigiar a atuação preponderante do ente federativo em sua esfera de poder na proporção de sua maior capacidade para solucionar a matéria de interesse do cidadão".[38]

Registra-se que o raciocínio aqui desenvolvido não se aplica somente à *competência legislativa concorrente* trazida no art. 24 da CRFB/88, mas também aos demais enunciados normativos constitucionais que, ao estabelecer a competência para a União, deixou para os demais entes federativos a competência para editar legislação específica, tais como: art. 22, inc. IX (transporte); inc. XXI (organização, efetivos, material bélico, garantias, convocação e mobilização das polícias militares e corpos de bombeiros militares) e inc. XXVII (licitações e contratos administrativos); art. 61, § 1º, inc. II, *d* (organização do Ministério Público e da Defensoria Pública); art. 142, § 1º (organização, preparo e emprego das Forças Armadas); art. 146, inc. III (direito tributário); art. 169 (direito financeiro) etc.

---

36 AGRA, Walber de Moura. *Curso de direito constitucional*. 2ª ed. Rio de Janeiro: Forense, 2007, p. 273.

37 TEIXEIRA, José Horácio Meirelles. *Curso de direito constitucional*. Rio de Janeiro: Forense Universitária, 1991, p. 635.

38 MORAES, Alexandre de. Federação brasileira: necessidade de fortalecimento das competências dos Estados-membros. *In*: LEITE, George Salomão; SARLET, Ingo Wolfgang; TAVARES, André Ramos (Orgs.). *Estado constitucional e organização do poder*. São Paulo: Saraiva, 2010, p. 159.

Pois bem, como visto no item 2, por ser um Estado federado integrante de uma federação, sua autonomia não pode ser amesquinhada por uma usurpação de competência legislativa originária decorrente de uma atuação ilegítima do Congresso Nacional, que avança, costumeiramente, na produção legislativa, sobre a competência legislativa do Estado federado.

Infelizmente, no âmbito da legislação concorrente a "União não fica restrita apenas ao estabelecimento de *normas gerais*. Bem pelo contrário, tal mecanismo federativo vem sendo utilizado mais no sentido de ampliar a competência da União".[39]

Madison, ao defender a formação da federação estadunidense,[40] elencou como um dos "poderes" dos estados federados o de elaborar leis que sejam necessárias e adequadas para a manutenção da porção de autoridade mantida nos diversos Estados-membros.[41]

Tem-se então que deve ser respeitada essa importante e imprescindível divisão de competência legislativa concorrente entre a União e os Estados Federados, sob pena de ser ver atingido a próprio pacto federativo.

4.1. NORMAS GERAIS *VERSUS* NORMAS ESPECÍFICAS

Primeiramente cumpre destacar que alguns doutrinadores afirmam que no exercício da competência legislativa concorrente o "direito federal" deve prevalecer sobre o direito estadual.[42] Tal assertiva deve

---

39 REVERBEL, Carlos Eduardo Dieder. *O federalismo numa visão tridimensional do direito*. Porto Alegre: Livraria do Advogado, 2012, p. 132. Continua o autor: "[a]s normas gerais, em verdade, retiram competências dos Estados. Estes mecanismos que deveriam ser cooperativos não passam de um controle por parte da União das políticas sociais, duplicando a máquina administrativa do Estado." (*Ibidem*, p. 132).

40 Registra-se que a formação da federação estadunidense ocorreu com uma movimentação centrípeta (de fora para dentro) em que os Estados federados resolveram se unir cedendo parte de seus poderes e competências para a formação de uma Confederação. Já a federação brasileira foi formada por uma movimentação centrífuga (de dentro para fora) em que o Estado era unitário (centralizado) e parte dos poderes e competências foram distribuídos para os Estados federados.

41 HAMILTON, Alexander; MADISON, James; JAY, John. *O federalista*. Tradução Ricardo Rodrigues Gama. São Paulo: Russel, 2003, p. 284.

42 BERCOVICI, Gilberto. *Dilemas do estado federal brasileiro*. Porto Alegre: Livraria do Advogado, 2004, p. 60.

ser vista com cuidado, pois essa prevalência do direito federal sobre o estadual deve ocorrer apenas quando a União produzir efetivamente "normas *gerais*", e não normas substancialmente *específicas* e que apenas foram adjetivadas (inconstitucionalmente) pelo Congresso Nacional como sendo *normas gerais*.

Não se pode olvidar que, como já abordado no item 1, a dificuldade de se encontrar um Estado totalmente unificado é devido a causas *naturais, sociais* e *políticas*.

Meirelles Teixeira traz como causas *sociais* e *políticas*, a fim de justificar a formação do Estado federado:[43]

> [...] ausência de conhecimento dos problemas e necessidades locais, por parte de autoridades distantes e estranhas, necessariamente indiferentes a essas necessidades e subtraídas à pressão dos interessados na adoção desta ou daquela política governamental; diversidade de fatores econômicos, raciais, religiosos, e culturais em geral; elementos políticos, como dinastias, tradições, [...]; a existência de interesses e problemas próprios, específicos a cada região ou a cada localidade, e que somente os habitantes de cada uma, conhecendo-os de perto, tendo interesse imediato, direto, em sua solução, podem resolver com eficiência e de acordo com esses mesmos interesses [...].

A integração das ordens parciais na implementação das políticas gerais, mediante, inclusive, o exercício da competência legislativa concorrente, representa alternativa necessária para se atingir a descentralização eficaz que o federalismo brasileiro reclama, possibilitando aos Estados-membros uma "participação apta a vivificar a diversidade da unidade, que é própria do modelo federal de Estado".[44]

São esses os fatores que conduzem necessariamente à descentralização política e à formação de um Estado federal, a "bem da própria paz social, da eficiência do governo e do equilíbrio político do Estado".[45]

A grande dificuldade é que, muito embora os parágrafos do art. 24 da CRFB/88 tentem demarcar o espaço de atuação dos entes federa-

---

43 TEIXEIRA, José Horácio Meirelles. *Curso de direito constitucional*. Rio de Janeiro: Forense Universitária, 1991, p. 607-608.

44 ALMEIDA, Fernanda Dias Menezes. *Competências na Constituição de 1988*. 2ª ed. São Paulo: Atlas, 2000, p. 161.

45 TEIXEIRA, José Horácio Meirelles. *Curso de direito constitucional*. Rio de Janeiro: Forense Universitária, 1991, p. 608.

tivos – *normas gerais* e *normas específicas*, tais conceitos não são fornecidos pela Constituição e suscitam grandes e importantes discussões teóricas.[46]

Contudo, a própria Constituição em seu art. 22 auxilia na interpretação dos parágrafos do art. 24 que prescrevem os limites da *competência legislativa concorrente*, afinal, o art. 22 ao elencar a *competência legislativa privativa* da União, notadamente com a redação do seu parágrafo único, indica que aí foi concedido à União um *espaço maior de decisão* com uma normatização *mais densa*,[47] ao contrário, não haveria razão para a separação dessas competências em dois artigos distintos (arts. 22 e 24).

4.1.1. Características da norma geral

O sentido material de *lei* é todo enunciado normativo cujo conteúdo apresenta como características a generalidade, a abstração e a obrigatoriedade. Assim, quando a Constituição brasileira de 1988 confere à União a competência legislativa para edição de "normas gerais", está indo além e outorgando, na essência, uma modalidade específica de competência legislativa.

Bandeira de Mello, no mesmo palmilhar, traz que:[48]

> [...] se é próprio de quaisquer leis serem gerais, ao se referir a "normas gerais", o Texto da Lei Magna está, por certo, reportando-se a normas cuja "características de generalidade" é peculiar em seu confronto com as demais leis. Em síntese: a expressão "normas geral" tem um significado qualificador de uma determinada compostura tipológica de lei.

---

46 Nesse sentido: BANDEIRA DE MELLO, Celso Antônio. O conceito de normas gerais no direito constitucional brasileiro. *Revista Interesse Público*. Belo Horizonte: Fórum, ano 13, n. 66, mar./abr. 2011, p. 15; BARROSO, Luís Roberto. Federação, Transportes e meio ambiente. *In*: LEITE, George Salomão; SARLET, Ingo Wolfgang; TAVARES, André Ramos (Orgs.). *Estado constitucional e organização do poder*. São Paulo: Saraiva, 2010, p. 484.

47 Nesse sentido: KRELL, Andreas J. *Leis de normas gerais, regulamentação do poder executivo e cooperação intergovernamental em tempos de reforma federativa*. Belo Horizonte: Fórum, 2008, p. 35-37.

48 BANDEIRA DE MELLO, Celso Antônio. O conceito de normas gerais no direito constitucional brasileiro. *Revista Interesse Público*. Belo Horizonte: Fórum, ano 13, n. 66, mar./abr. 2011, p. 15.

Verifica-se então a necessidade de caracterizar essa modalidade específica de produção normativa trazida pela CRFB/88 em diversos enunciados constitucionais – *normas gerais*, distinguindo-a da "lei" como produção normativa estatal dotada de generalidade, abstração e obrigatoriedade.

A primeira principal característica dessa modalidade de lei trazida pela CRFB/88 – *norma geral* – é que sua extensão deverá abranger a totalidade do Estado, configurando-se uma norma de âmbito nacional, aplicável ao Estado central e a todos os Estados membros.

A segunda principal característica é que a *norma geral* não pode ser exaustiva, preenchendo todos os espaços normativos e esvaziando a competência legislativa dos Estados membros de produzir as *normas específicas*. Deve deixar um espaço normativo para preenchimento das normas específicas, a fim de atender as situações (causas) sociais e políticas peculiares de cada Estado-membro.

Moreira Neto elencou as principais características das *normas gerais*: *i*) estabelecem princípios, linhas mestras, diretrizes e regras jurídicas gerais; *ii*) não podem entrar em pormenores, detalhando assuntos e esgotando-os; *iii*) devem ser normas nacionais, uniformemente aplicáveis a todos os entes políticos; *iv*) devem ser normas uniformes para todas as situações homogêneas; *v*) só cabem quando preencham lacunas constitucionais ou disponham sobre áreas de conflito; *vi*) devem referir-se a questões fundamentais; *vi*) são limitadas, no sentido de não poderem violar a autonomia dos Estados membros; e, *vii*) não são normas de aplicação direta.[49]

---

49 MOREIRA NETO, Diogo Figueiredo. Competência concorrente limitada: o problema da conceituação das normas gerais. *Revista de Informação Legislativa*. Brasília: Senado Federal, ano 25, n. 100, out./dez. 1988. p. 149-150. No mesmo sentido: BARROSO, Luís Roberto. Federação, Transportes e meio ambiente. *In*: LEITE, George Salomão; SARLET, Ingo Wolfgang; TAVARES, André Ramos (Orgs.). *Estado constitucional e organização do poder*. São Paulo: Saraiva, 2010, p. 484-485. Moreira Neto conclui ainda sobre as características das normas gerais que um elemento comum dessa relação é "a ideia de que, há, sem sobra de dúvida, um sentido limitativo nas normas gerais". (*Ibidem*, p. 150).

Na mesma linha, Silva destaca que quando o constituinte grafou a expressão *norma geral* quis significar uma "*legislação principiológica* (normas gerais, diretrizes, bases)".⁵⁰

Bandeira de Mello, indo um pouco mais além e de forma pontual, leciona advertindo um dever legislativo da União em atender o interesse público:⁵¹

> [...] de fora parte diretrizes, princípios e delineamentos genéricos, a União estaria autorizada também a qualificar, em casos de símile compostura, um patamar, um piso defensivo do interesse público que as legislações estadual e distrital não poderiam desatender.

Já Rocha adverte que nenhuma das unidades federativas possuem competência legislativa plena, restando para a União, em sede de competência legislativa concorrente, uma competência legislativa primária, pois "o primeiro tratamento originário e que compõe os princípios gerais dos institutos cuidados legislativamente são fixados nas normas gerais",⁵² destacando então a autora que as normas gerais devem se limitar apenas em fixar os princípios gerais dos temas elencados pelo art. 24 da CRFB/88.

Barroso destaca que embora a expressão *normas gerais* seja relativamente indeterminada, "não seria razoável adotar interpretação que considerasse como específicas matérias que irão interferir com a organização e o funcionamento do Estado Federal em seu conjunto".⁵³

Contudo, essas características, de *per si*, não são suficientes para delimitar de forma precisa as competências normativas da União e dos Estados-membros, sendo muito comum a invasão por aquela dos espaços normativos destes, facilitada por entendimento complacente do STF (item 4.2 *infra*) e por uma omissão silenciosa do Senado Federal que deveria defender os interesses dos Estados-membros (item 5 *infra*).

---

50 SILVA, José Afonso da. *Curso de Direito Constitucional Positivo*. 29ª ed., rev. e atual., São Paulo: Malheiros, 2007.

51 BANDEIRA DE MELLO, Celso Antônio. O conceito de normas gerais no direito constitucional brasileiro. *Revista Interesse Público*. Belo Horizonte: Fórum, ano 13, n. 66, mar./abr. 2011, p. 16.

52 ROCHA, Carmén Lúcia Antunes. *República e federação no Brasil: traços constitucionais da organização política brasileira*. Belo Horizonte: Del Rey, 1997, p. 248.

53 BARROSO, Luís Roberto. Federação, Transportes e meio ambiente. *In*: LEITE, George Salomão; SARLET, Ingo Wolfgang; TAVARES, André Ramos (Orgs.). *Estado constitucional e organização do poder*. São Paulo: Saraiva, 2010, p. 486.

4.2. POSICIONAMENTO DO SUPREMO TRIBUNAL FEDERAL

A análise do art. 24 da CRFB/88 pelo Supremo Tribunal Federal comporta algumas dificuldades e uma convergência.

A convergência, infelizmente, é a verificação de uma tendência do Supremo Tribunal Federal, principalmente na esfera das competências concorrentes, de dirimir eventuais dúvidas a favor da União,[54] quiçá de modo complacente.

Na mesma toada Tavares destaca que na[55]

> [...] jurisprudência do STF pode ser constatada uma tendência ainda restritiva quanto a um amplo e real compartilhamento competencial, ou seja, a admissão de um largo espaço para a autonomia legislativa dos Estados-membros no Brasil, no que se refere a essa pontualmente prevista "competência concorrente".

As dificuldades se relacionam quanto à definição do que vem a ser considerado *norma geral* e *norma específica*, muito embora já tenha o Supremo debruçado sobre essa temática em diversas oportunidades.

Numas das cautelares mais antigas (1993) abordando essa temática, o Min. Carlos Velloso consignou em seu voto:[56]

> A formulação do conceito de "normas gerais" é tarefa tormentosa [...]. A formulação do conceito de "normas gerais" é tanto mais complexa quando se tem presente o conceito de lei em sentido material – norma geral abstrata. Ora, se a lei, em sentido material, é norma geral, como seria a lei de "normas gerais" referida na Constituição? Penso que essas "normas gerais" devem

---

54 Cf. nesse sentido: MORAES, Alexandre de. Federação brasileira: necessidade de fortalecimento das competências dos Estados-membros. *In*: LEITE, George Salomão; SARLET, Ingo Wolfgang; TAVARES, André Ramos (Orgs.). *Estado constitucional e organização do poder*. São Paulo: Saraiva, 2010, p. 158.

55 TAVARES, André Ramos. Aporias acerca do "condomínio legislativo" no Brasil. *In*: LEITE, George Salomão; SARLET, Ingo Wolfgang; TAVARES, André Ramos (Orgs.). *Estado constitucional e organização do poder*. São Paulo: Saraiva, 2010, p. 162-163.

56 STF, Pleno, ADI nº 927/RS, rel. Min. Carlos Velloso, DJ 11.11.1994. Importante registrar que nesse julgamento não se estava a apreciar o art. 24, § 2º, da CRFB/88, mas o art. 22, inc. XXVII, também da CRFB/88, que prescreve que compete à União legislar sobre "normas gerais de licitação e contratação". Idêntico texto foi repetido pelo Min. Carlos Velloso em seu voto na ADI nº 3.098/SP, agora apreciando o art. 24, § 2º, da CRFB/88 (STF, Pleno, ADI nº 3.098/SP, rel. Min. Carlos Velloso, DJ 10.03.2006).

apresentar generalidade maior do que apresentam, de regra, as leis. Penso que "norma geral", tal como posta na Constituição, tem o sentido de diretriz, de princípio geral. A norma geral federal, melhor será dizer nacional, seria a moldura do quadro a ser pintado pelos Estados e Municípios no âmbito de suas competências.

Tavares, após analisar decisões proferidas pelo STF, concluiu que existem os seguintes critérios naquela Corte sobre o sentido de *norma geral*: *i*) semelhante aos princípios (maior abstração);[57] *ii*) passível aplicação federativa uniforme;[58] e, *iii*) normas que proíbem ou admitem certas condutas,[59] apesar de o Supremo ainda não ter produzido "um posicionamento acurado e consistente quando o assunto é o rateio de competências".[60]

Necessário que essas concepções do STF, ou qualquer outra acerca da competência legislativa concorrente, não deixe de lado a ideia de federação e a inerente observância da autonomia dos Estados-membros, utilizando do princípio interpretativo da unidade da Constituição conforme será abordado no subitem seguinte.[61]

---

57 STF, Pleno, ADI nº 927/RS, rel. Min. Carlos Velloso, DJ 11.11.1994.

58 STF, Pleno, ADI nº 3.645/PR, relª Minª. Ellen Gracie, DJ 1º.09.2006. O trecho do julgado que cristaliza esse critério se verifica nessa parte do voto do Min. Carlos Britto: "norma geral, a princípio, é aquela que emite um comando passível de uma aplicabilidade federativamente uniforme".

59 STF, Pleno, ADI nº 2.396/MS, relª. Minª. Ellen Gracie, DJ 1º.08.2003 e STF, Pleno, ADI nº 3.035/PR, rel. Min. Gilmar Mendes, DJ 14.10.2005.

60 TAVARES, André Ramos. Aporias acerca do "condomínio legislativo" no Brasil. *In*: LEITE, George Salomão; SARLET, Ingo Wolfgang; TAVARES, André Ramos (Orgs.). *Estado constitucional e organização do poder*. São Paulo: Saraiva, 2010, p. 188.

61 Registra-se ainda a aplicação do princípio da simetria constitucional pelo STF – outro instituto que esvazia a autonomia dos entes federativos. Certa feita consignou em voto o Min. Sepúlveda Pertence: "Com todas as vênias, estou em que, no caso, o voto do em. Min. rel. entre duas leituras possíveis do texto constitucional – optou, uma vez mais, pelo excesso de centralização uniformizadora que, há muito, a jurisprudência do Tribunal tem imposto à ordenação jurídico-institucional de Estados e Municípios, sob a inspiração mítica de um princípio universal de simetria, cuja fonte não consigo localizar na Lei Fundamental". (STF, Pleno, RE nº 197.917/SP, rel. Min. Maurício Corrêa, DJ 07.05.2004).

4.3. PRINCÍPIO INTERPRETATIVO DA UNIDADE DA CONSTITUIÇÃO

Como se viu, o Supremo Tribunal Federal ainda está longe de traçar uma linha conceitual para as *normas gerais* e as *normas específicas*. Contudo, o pior é que tais abordagens estão passando distante da concepção de uma federação forte, em que as competências dos Estados-membros sejam analisadas e respeitadas a partir da ideia do instituto político-constitucional da federação, tal qual a matriz estadunidense.

Nesse contexto, mostra-se importante verificar o que seria uma *normação geral* e uma *normação específica* nos termos pretendidos pelo legislador constituinte, a partir do princípio interpretativo da *unidade da Constituição* e levando em conta o pacto federativo esculpido pelo legislador constituinte com forte inspiração norte-americana.[62]

Müller afirma que o *princípio da unidade da Constituição* ordena interpretar normas constitucionais de modo a evitar contradições com outras normas constitucionais e especialmente com decisões sobre princípios do direito constitucional. A *unidade da Constituição* enquanto visão orientadora da metódica do direito constitucional deve antepor aos olhos do intérprete enquanto ponto de partida, sobretudo, enquanto representação do objetivo: a totalidade da Constituição como um *arcabouço de normas*. Este, por um lado, não é destituído de tensões nem está centrado em si, mas forma, por outro lado, provavelmente, um todo integrado com sentido.[63]

Esse princípio quer significar que a Constituição deve ser interpretada de forma a evitar contradições (antinomias) entre suas normas, obrigando ao intérprete a considerá-la na sua globalidade, como preceitos integrados num sistema interno unitário de *regras* e *princípios* (setoriais e gerais).[64]

---

[62] LINCH, Christian Edward Cyril. *Da monarquia à oligarquia:* história institucional e pensamento político brasileiro (1822-1930). *São Paulo: Alameda, 2014*, p. 11.

[63] MÜLLER, Friedrich. Métodos de trabalho de direito constitucional, p. 84. Cf. em idêntico sentido: HESSE, Konrad. *Escritos de derecho constitucional*. 2ª ed. Tradução de Pedro Cruz Villalon. Madrid: Centro de Estudos Constitucionales, 1992, p. 45.

[64] PEDRA, Anderson Sant'Ana. *O controle da proporcionalidade dos atos legislativos:* a hermenêutica constitucional como instrumento. Belo Horizonte: Del Rey, 2006, p. 165.

Trata-se de um importante princípio interpretativo, pois engloba todo um sentido teleológico-lógico, já que a essência da Constituição consiste em ser uma ordem unitária da vida política e social da comunidade estatal.[65]

Cabe ao intérprete considerar a Constituição na sua globalidade, procurando harmonizar os espaços de tensão existentes entre as normas que se extraem dos enunciados ali trazidos. Em outras palavras, cria-se a obrigatoriedade de se ter sempre em conta a interdependência de todas as normas de natureza constitucional, ou seja, os dispositivos constitucionais sempre devem ser considerados coesos e mutuamente imbricados.[66]

É imperioso proceder com uma harmonização dos significados atribuíveis às normas constantes de uma mesma Constituição (brasileira de 1988). Isso significa afastar a ideia de contradições entre as normas originárias de um mesmo texto constitucional. Essas ideias desenvolvem-se tendo como suporte a metódica da interpretação sistemática.

Na utilização do método interpretativo sistemático, o intérprete deve partir do pressuposto de que um enunciado normativo não existe isoladamente, e sim em coexistência com os demais enunciados que formam o sistema jurídico. A interpretação do direito é a interpretação do direito em seu todo, não de textos isolados – não se interpreta o direito em tiras, aos pedaços; sendo um dos postulados da metodologia jurídica o da existência fundamental da unidade do Direito, o que converge assim para a interpretação sistemática[67] – a pressuposição hermenêutica é a da *unidade da Constituição*.

A *interpretação sistemática* deve ser definida como uma operação que consiste em atribuir a melhor significação, dentre várias possíveis, aos princípios, às regras e aos valores jurídicos, hierarquizando-os num todo aberto, fixando-lhes o alcance e superando antinomias, a partir

---

65 SARMENTO, Daniel. *A ponderação de interesses na constituição federal*. Rio de Janeiro: Lumen Juris, 2002, p. 28.

66 BASTOS, Celso Ribeiro. *Hermenêutica e interpretação constitucional*. São Paulo: Celso Bastos Editor, 1997, p. 102.

67 CANARIS, Claus-Wilhelm. *Pensamento sistemático e conceito de sistema na ciência do direito*. 2ª ed. Tradução de A. Menezes Cordeiro. Lisboa: Calouste Gulbenkian, 1996, p. 14-15.

da conformação teleológica, objetivando solucionar os casos concretos. Dito de outra forma, a interpretação sistemática, quando compreendida em profundidade, é aquela que se realiza em consonância com a rede hierarquizada, máxime na Constituição, tecida pelos princípios, pelas regras e pelos valores considerados dinamicamente e em conjunto. Assim, ao se aplicar uma norma contida num enunciado, está-se aplicando o sistema inteiro.[68]

Junta-se a isso a excelente contribuição de Meirelles Teixeira para a melhor compreensão das normas constitucionais distribuidoras de competências:[69]

> E para dirimir essas dúvidas [sobre distribuição constitucional de competências], o jurista, além dos métodos e processos de hermenêutica jurídica, propriamente dita, isto é, de interpretação constitucional e legal, deverá forrar-se também de conhecimentos políticos, sociológicos e históricos, para bem fixar o verdadeiro sentido, o exato e justo entendimento da Constituição.

Será então a partir de alguns enunciados normativos constitucionais (art. 1º e 18 da CRFB/88) que prescreve o modelo federativo brasileiro, que deverá ser compreendida a *competência legislativa concorrente* da União na produção das normas gerais, desvelando assim o espírito normativo do art. 24, §§ 1º e 2º da CRFB/88 à luz do pacto federativo (item 1); conciliando as normas antecedentes com as consequentes; amalgamando uma ideia de *unidade da Constituição*, coerente em seus institutos político-constitucionais e conceitos jurídicos, bem como verificando a funcionalidade do sistema jurídico-político como um todo, notadamente o pacto federativo.

5. CONCLUSÕES

Conforme abordado nos itens 1 e 3 *supra*, a importância do sistema bicameral e de um Senado foi observada no berço político da formação da (con)federação estadunidense que serviu de inspiração para a formação do Estado federado brasileiro.

---

[68] FREITAS, Juarez. *A interpretação sistemática do direito*. 2ª ed. rev. amp. São Paulo: Malheiros, 1998, p. 60-61.

[69] TEIXEIRA, José Horácio Meirelles. *Curso de direito constitucional*. Rio de Janeiro: Forense Universitária, 1991, p. 630.

Madison destacou no *paper* nº 39 que o Senado "tem seus poderes derivados dos estados-membros, como sociedades políticas e com situações semelhantes; e estes serão representados no Senado segundo o princípio da igualdade".[70]

Contudo, o Senado Federal brasileiro tem-se se distanciado cada vez mais do seu *mister* original, cumprindo apenas "parcialmente a função de zelar pelos interesses da preservação e equilíbrio da Federação"[71].

O Senado tem que ir além do seu papel traçado na época da monarquia brasileira como um mero órgão de moderação, e atuar como restou defendido pelos federalistas na formação da Confederação de Virgínia, ou seja, seu papel originário e substancial como uma "Câmara dos Estados membros", garantidor do equilíbrio e da harmonia da federação, sob pena de aumentar as vozes que questionam sua existência em razão da sua ineficiência na calibração do pacto federativo.

A distribuição das competências legislativas entre o Estado central e os Estados-membros serve para permitir o independente funcionamento de todos eles, autorizando, inclusive, a continuação da personalidade estatal de cada Estado-membro.[72]

Assim, a competência legislativa concorrente da União deve se limitar à produção de *normas gerais*, não podendo produzir *normas específicas*, pois a lei nacional não possui a capacidade de vislumbrar peculiaridades locais/regionais, que apenas os atores do processo legislativo dos Estados-membros são capazes de visualizar e analisar, decidindo politicamente, por meio de sua produção legislativa (normas específicas), suas respectivas necessidades.

Nessa linha, a produção normativa da União não pode invadir a competência legislativa dos Estados-membros (normas específicas) em face do risco de impedir a preservação das características que marcam cada Estado-membro sob o prisma das causas *sociais* ou *políticas* (item 4.1 *supra*).

---

70 HAMILTON, Alexander; MADISON, James; JAY, John. *O federalista*. Tradução Ricardo Rodrigues Gama. São Paulo: Russel, 2003, p. 246.

71 BERCOVICI, Gilberto. *Dilemas do estado federal brasileiro*. Porto Alegre: Livraria do Advogado, 2004, p. 87.

72 LOEWENSTEIN, Karl. *Teoría de la constitución*. Tradução Alfredo Gallego Anabitarte. 2ª ed. Barcelona: Ariel, 1979, p. 356.

Trata-se de questão delicada e complexa que requer um enorme empenho do Senado Federal, que possui a competência de manter o equilíbrio federativo, devendo atuar com muita prudência na produção das normas tidas como *gerais*, não podendo desconsiderar a existência das órbitas de poderes (central e local/regional), sob o risco de comprometer a harmonia, o equilíbrio e a cooperação entre a União e os Estados-membros.[73]

Como já dito, o simples fato de algumas matérias ficarem entregues a diferentes órbitas federativas (central e local/regional), já sugere que se trata de matérias não consideradas aprioristicamente como de interesse nacional, não devendo então ser objeto de processo legislativo como *norma geral* em sede de competência legislativa concorrente, afinal, o Congresso Nacional só poderá atuar quando realmente se fizer sentir a necessidade de uma *normação nacional*, não sendo legítimo presumir que qualquer atuação do Congresso Nacional ensejará, necessariamente, a elaboração de uma *norma geral*.

Cumpre consignar a advertência do Min. Ricardo Lewandowski, contida em seu voto na ADI nº 3.645/PR, sobre o risco de se estar "caminhando, na verdade, para um Estado unitário descentralizado", haja vista que no âmbito da competência legislativa concorrente prevista no art. 24 da CRFB/88, "cada vez mais vemos esvaziada a competência dos Estados de legislar supletivamente, porque a União, quando legisla, esgota o assunto, não se limita a editar apenas normas gerais".[74]

Como se nota, deve-se combater a tradicional exegese político-jurídica que vem sendo dada ao art. 24 da CRFB/88, no sentido de que nas diversas matérias de competência concorrente entre a União e os Estados-membros, a União poderia discipliná-las quase que integralmente, restando diminuto espaço para o exercício da competência legislativa concorrente suplementar pelos Estados-membros, afinal, tal comportamento gera excessiva centralização legislativa na União, o que caracteriza um grave desequilíbrio federativo.[75]

---

[73] Cf. nesse mesmo sentido: TEIXEIRA, José Horácio Meirelles. *Curso de direito constitucional*. Rio de Janeiro: Forense Universitária, 1991, p. 630.

[74] STF, Pleno, ADI nº 3.645/PR, relª. Minª. Ellen Gracie, DJ 1º.09.2006.

[75] MORAES, Alexandre de. Federação brasileira: necessidade de fortalecimento das competências dos Estados-membros. *In*: LEITE, George Salomão; SARLET, Ingo

O Senado Federal tem que estar atento, dialogando politicamente com o Estado que representa, seja por meio do Legislativo ou do Executivo estadual, a fim de não permitir que o exercício da competência legislativa concorrente pela União interfira nas questões locais/regionais, sob pena de gerar inclusive uma instabilidade política do pacto federativo e o comprometimento do regime democrático.

Não pode o Senado Federal atuar meramente como instituição chanceladora do poder normativo central em detrimento de uma análise simétrica da potencialidade normativa dos Estados federados que representam.

Para o restabelecimento do reequilíbrio do pacto federativo, necessário que ocorra uma evolução interpretativa (cf. item 4.3 *supra*), legislativa e jurisprudencial, para que o Estado-membro recupere a competência legislativa que lhe é própria, a partir de uma interpretação da unidade da Constituição que conjugue o entendimento da competência legislativa concorrente e a importância da descentralização das decisões políticas em razão das causas *sociais* e *políticas* (item 4.1 *supra*), ou seja, interpretar sistematicamente a competência legislativa concorrente com o pacto federativo.

Aliás, essa era a preocupação do Min. Menezes de Direito, que foi externalizada em seu voto na ADI nº 2.501/MG – o de restabelecer um conceito mais forte de federação que, infelizmente, foi e vem sendo mitigada por um sistema autoritário de compreensão da realidade nacional.[76]

Deve-se ter o cuidado para permitir que a competência legislativa concorrente desenhada na Constituição brasileira de 1988 seja conduzida "com outros elementos, ao federalismo cooperativo (por oposição ao clássico federalismo dualista)", afinal, como bem advertiu Bonavides, o federalismo dualista é aquele que melhor se amolda aos institutos autoritários, por permitir a sobreposição do Estado central à vontade autonômica das demais entidades federativas.[77]

Wolfgang; TAVARES, André Ramos (Orgs.). *Estado constitucional e organização do poder*. São Paulo: Saraiva, 2010, p. 155.

76 BRASIL. Supremo Tribunal Federal: Ação Direta de Inconstitucionalidade: *ADI nº 2.501/MG*, rel. Min. Joaquim Barbosa, Tribunal Pleno, Brasília, DF, DJ 19.12.2008.

77 TAVARES, André Ramos. Aporias acerca do "condomínio legislativo" no Brasil. *In*: LEITE, George Salomão; SARLET, Ingo Wolfgang; TAVARES, André Ramos (Orgs.). *Estado constitucional e organização do poder*. São Paulo: Saraiva, 2010, p. 162-163.

Deve o Senado Federal[78] no exercício de sua competência legislativa concorrente contribuir para a tessitura da federação brasileira, equilibrando as forças entre os entes federativos, atuando como órgão de proteção institucional, tutelando a competência legislativa dos Estados-membros que representam e defendendo os interesses locais/regionais preponderantes junto ao poder legislativo central – o que deve ser conseguido mediante um diálogo harmonioso na defesa das pautas dos Governos Estaduais.

O Senado Federal não pode permitir que o Congresso Nacional produza legislação que transborde o caráter principiológico das *normas gerais*, notadamente, naquilo que venha a interferir na autonomia administrativa, financeira e política dos Estados-membros, temas evidentemente caros aos Executivos e aos Legislativos estaduais, razão pela qual a proximidade e o diálogo entre os Senadores e os representantes desses órgãos locais (Governadores e Deputados Estaduais) devem ser constantes e de sintonia fina, afinal, em razão da diuturna proximidade com a sociedade que representam e sua inserção no cotidiano das políticas públicas local e regional, estes agentes políticos estaduais possuem um conhecimento mais apropriado das causas *sociais* e *políticas* que justificam a formação da federação (item 4.1 *supra*), a individualização de cada ente federativo, a elaboração de normas específicas e, por consectário lógico, um melhor controle das normas gerais produzidas pela União.

6. REFERÊNCIAS BIBLIOGRÁFICAS

AGRA, Walber de Moura. *Curso de direito constitucional*. 2ª ed. Rio de Janeiro: Forense, 2007.

ALMEIDA, Fernanda Dias Menezes. *Competências na Constituição de 1988*. 2ª ed. São Paulo: Atlas, 2000.

ATALIBA, Geraldo. *República e Constituição*. 2ª ed. São Paulo: Malheiros, 1998.

BANDEIRA DE MELLO, Celso Antônio. O conceito de normas gerais no direito constitucional brasileiro. *Revista Interesse Público*. Belo Horizonte: Fórum, ano 13, n. 66, p. 15-20, mar./abr. 2011.

BARACHO, José Alfredo de Oliveira. Descentralização do poder: federação e município. *Revista de Informação Legislativa*. Brasília: Senado Federal, v. 22, n. 85, p. 151-184, jan./mar. 1985.

---

[78] A omissão do Senado Federal favorece o protagonismo do STF, inclusive como intérprete e definidor dos limites das competências do pacto federativo.

BARROSO, Luís Roberto. Federação, Transportes e meio ambiente. *In*: LEITE, George Salomão; SARLET, Ingo Wolfgang; TAVARES, André Ramos (Orgs.). *Estado constitucional e organização do poder*. São Paulo: Saraiva, 2010, p. 479-512.

_____. *Temas de direito constitucional*. 2ª ed. Rio de Janeiro: Renovar, 2002.

BASTOS, Celso Ribeiro. *Hermenêutica e interpretação constitucional*. São Paulo: Celso Bastos Editor, 1997.

BERCOVICI, Gilberto. *Dilemas do estado federal brasileiro*. Porto Alegre: Livraria do Advogado, 2004.

BONAVIDES, Paulo. *Ciência política*. 10ª ed. São Paulo: Malheiros, 2001.

BRASIL. *Constituição* (1988). Constituição da República Federativa do Brasil. Brasília, DF: Senado Federal: Centro Gráfico, 1988.

_____. Supremo Tribunal Federal. Ação Direta de Inconstitucionalidade: *ADI 3735/ MS*, Relator(a): Min. Carlos Velloso, Tribunal Pleno, Brasília, 03 nov. 1993. Disponível em: <http://www.stf.jus.br/portal/jurisprudencia/listarJurisprudencia.asp?s1=%28ADI%24%2ESCLA%2E+E+927%2ENUME%2E%29+OU+%28A-DI%2EACMS%2E+ADJ2+927%2EACMS%2E%29&base=baseAcordaos&url=http://tinyurl.com/bo8uatr>.

_____. Supremo Tribunal Federal. Ação Direta de Inconstitucionalidade, *ADI 3645*, Relator(a): Min. ELLEN GRACIE, Tribunal Pleno, Brasília, DF, 31 mai. 2006. Disponível em: <http://www.stf.jus.br/portal/jurisprudencia/listarJurisprudencia.asp?s1=%28ADI%24%2ESCLA%2E+E+3645%2ENUME%2E%29+OU+%28A-DI%2EACMS%2E+ADJ2+3645%2EACMS%2E%29&base=baseAcordaos&url=http://tinyurl.com/ay54a76>.

_____. Supremo Tribunal Federal. Ação Direta de Inconstitucionalidade: *ADI 2396*, Relator(a): Min. ELLEN GRACIE, Tribunal Pleno, Brasília, DF, 08 mai. 2003. Disponível em: <http://www.stf.jus.br/portal/jurisprudencia/listarJurisprudencia.asp?s1=%28ADI%24%2ESCLA%2E+E+2396%2ENUME%2E%29+OU+%28A-DI%2EACMS%2E+ADJ2+2396%2EACMS%2E%29&base=baseAcordaos&url=http://tinyurl.com/afo9l8k>.

_____. Supremo Tribunal Federal. Recurso Extraordinário: *RE 197917*, Relator(a): Min. MAURÍCIO CORRÊA, Tribunal Pleno, Brasília, DF, 06 jun. 2002. Disponível em: <http://www.stf.jus.br/portal/jurisprudencia/listarJurisprudencia.asp?s1=%28RE%24%2ESCLA%2E+E+197917%2ENUME%2E%29+OU-+%28RE%2EACMS%2E+ADJ2+197917%2EACMS%2E%29&base=baseAcordaos&url=http://tinyurl.com/adf4rbr>.

_____. Supremo Tribunal Federal. Ação Direta de Inconstitucionalidade: *ADI 3645*, Relator(a): Min. ELLEN GRACIE, Tribunal Pleno, Brasília, DF, 31 mai. 2006. Disponível em: <http://www.stf.jus.br/portal/jurisprudencia/listarJurisprudencia.asp?s1=%28ADI%24%2ESCLA%2E+E+3645%2ENUME%2E%29+OU+%28A-

DI%2EACMS%2E+ADJ2+3645%2EACMS%2E%29&base=baseAcordaos&url=http://tinyurl.com/ay54a76>.

____. Supremo Tribunal Federal. Ação Direta de Inconstitucionalidade: *ADI 2501*, Relator(a): Min. Joaquim Barbosa, Tribunal Pleno, Brasília, DF, 04 set. 2008. Disponível em: <http://www.stf.jus.br/portal/jurisprudencia/listarJurisprudencia.asp?s1=%28ADI%24%2ESCLA%2E+E+2501%2ENUME%2E%29+OU+%28ADI%2EACMS%2E+ADJ2+2501%2EACMS%2E%29&base=baseAcordaos&url=http://tinyurl.com/ct3hvc3>.

____. Supremo Tribunal Federal. Ação Direta de Inconstitucionalidade: *ADI 927*, Relator(a): Min. Carlos Veloso, Tribunal Pleno, Brasília, DF, 03 nov. 1993. Disponível em: < http://redir.stf.jus.br/paginadorpub/paginador.jsp?docTP=AC&docID=346697>.

____. Supremo Tribunal Federal. Ação Direta de Inconstitucionalidade: *ADI 3098/SP*, Relator(a): Min. Carlos Velloso, Tribunal Pleno, Brasília, FD, 24 nov. 2005. Disponível em: < http://redir.stf.jus.br/paginadorpub/paginador.jsp?docTP=AC&docID=363306>.

CANARIS, Claus-Wilhelm. *Pensamento sistemático e conceito de sistema na ciência do direito*. 2ª ed. Tradução de A. Menezes Cordeiro. Lisboa: Calouste Gulbenkian, 1996.

FREITAS, Juarez. *A interpretação sistemática do direito*. 2ª ed. rev. amp. São Paulo: Malheiros, 1998.

HAMILTON, Alexander; MADISON, James; JAY, John. *O federalista*. Tradução Ricardo Rodrigues Gama. São Paulo: Russel, 2003.

HESSE, Konrad. *Escritos de derecho constitucional*. 2ª ed. Tradução de Pedro Cruz Villalon. Madrid: Centro de Estudos Constitucionales, 1992.

HESSE, Konrad. *Elementos de direito constitucional da República Federal da Alemanha*. Tradução de Luís Afonso Heck. Porto Alegre: Fabris Editor, 1998.

KRELL, Andreas J. *Leis de normas gerais, regulamentação do Poder Executivo e cooperação intergovernamental em tempos de reforma federativa*. Belo Horizonte: Fórum, 2008.

LINCH, Christian Edward Cyril. *Da monarquia à oligarquia*: história institucional e pensamento político brasileiro (1822-1930). São Paulo: Alameda, 2014.

LOEWENSTEIN, Karl. *Teoría de la Constitución*. Tradução de Alfredo Gallego Anabitarte. *2ª* ed. Barcelona: Ariel, 1979.

MONTESQUIEU, Charles de Secondat. *O Espírito das Leis*. Tradução de Cristina Murachco. São Paulo: Martins Fontes, 2000.

MORAES, Alexandre de. Federação brasileira: necessidade de fortalecimento das competências dos Estados-membros. *In*: LEITE, George Salomão; SARLET, Ingo

Wolfgang; TAVARES, André Ramos (Orgs.). *Estado constitucional e organização do poder*. São Paulo: Saraiva, 2010, p. 143-160.

MOREIRA NETO, Diogo Figueiredo. Competência concorrente limitada: o problema da conceituação das normas gerais. *Revista de Informação Legislativa*. Brasília: Senado Federal, ano 25, n. 100, p. 127-162, out./dez. 1988.

MÜLLER, Friedrich. *Métodos de trabalho de direito constitucional*. 1ª Edição. São Paulo: Editora Renovar, 2005.

PEDRA, Anderson Sant'Ana. *A jurisdição constitucional e a criação do direito na atualidade*: condições e limites. Belo Horizonte: Fórum, 2017.

_____. *O controle da proporcionalidade dos atos legislativos*: a hermenêutica constitucional como instrumento. Belo Horizonte: Del Rey, 2006.

_____. Inconstitucionalidade de normas estaduais que versam sobre remuneração de agentes públicos municipais. *Revista Interesse Público*. Porto Alegre: Nota Dez, ano 5, n. 27, p. 187-200, set./out. 2004.

PONTES FILHO, Valmir. Federalismo e autonomia municipal. *Revista de informação legislativa*. Brasília: Senado Federal, ano 22, n. 85, jan./mar. 1985.

ROCHA, Carmén Lúcia Antunes. *República e federação no Brasil*: traços constitucionais da organização política brasileira. Belo Horizonte: Del Rey, 1997.

REVERBEL, Carlos Eduardo Dieder. *O federalismo numa visão tridimensional do direito*. Porto Alegre: Livraria do Advogado, 2012.

SARMENTO, Daniel. *A ponderação de interesses na constituição federal*. Rio de Janeiro: Lumen Juris, 2002.

SARLET, Ingo Wolfgang. In: MARINONI, Luiz Guilherme; MITIDIERO, Daniel; SARLET, Ingo Wolfgang. *Curso de Direito Constitucional*. 3ª ed. São Paulo: Revista dos Tribunais, 2014.

SILVA, José Afonso da. *Princípios do processo legislativo na formação das leis*. 2ª ed. São Paulo: Malheiros, 2006.

SUNDFELD, Carlos Ari. *Fundamentos de direito público*. 4ª ed. rev. aum. e atual. São Paulo: Malheiros, 2000.

TAVARES, André Ramos. Aporias acerca do "condomínio legislativo" no Brasil. In: LEITE, George Salomão; SARLET, Ingo Wolfgang; TAVARES, André Ramos (Orgs.). *Estado constitucional e organização do poder*. São Paulo: Saraiva, 2010, p. 161-191.

_____. *Curso de direito constitucional positivo*. 33ª ed. São Paulo: Malheiros, 2010.

TEIXEIRA, José Horácio Meirelles. *Curso de direito constitucional*. Rio de Janeiro: Forense Universitária, 1991.

O ESTATUTO NACIONAL DOS PROCURADORES DO ESTADO COMO MEDIDA DE FORTALECIMENTO DO PACTO FEDERATIVO

RODRIGO MAIA ROCHA[1]
GABRIEL MEIRA NÓBREGA DE LIMA[2]

SUMÁRIO: *1. Introdução. 2. Da visão que compreende pela inconstitucionalidade de um estatuto nacional da advocacia pública. 3. Entre o político e o jurídico: o regime híbrido do advogado público. 4. A necessidade de um Estatuto Nacional dos Procuradores do Estado como medida de fortalecimento ao federalismo. 5. Conclusões. 6. Referências Bibliográficas.*

1. INTRODUÇÃO

O presente trabalho discute a necessidade de uma nova leitura da cláusula do federalismo e da autonomia federativa, sob uma perspectiva dinâmica, à luz de um questionamento principal: *Seria compatível com a Constituição e com o atual pacto federativo a promulgação pelo Congresso Nacional de um Estatuto Nacional da Advocacia Pública, ou de ao menos um Estatuto Nacional dos Procuradores do Estado?*

No capítulo inicial da discussão, apresentam-se os fundamentos da corrente teórica a compreender pela impossibilidade da promulgação de um diploma normativo de caráter nacional estabelecendo um Estatuto dos Procuradores do Estado, consubstanciados em uma visão estática do pacto federativo, a considerar uma proposta neste sentido violadora

---

[1] Procurador-Geral do Estado do Maranhão. Pós-graduado em Direito Processual Civil pela Universidade CEUMA e Direito Ambiental pela PUC/PR.

[2] Procurador do Estado do Maranhão. Mestrando em Direito Econômico pelo Programa de Pós-Graduação em Ciências Jurídicas da Universidade Federal da Paraíba (PPGCJ/UFPB). Pós-graduado em Direito e Processo Tributário pela Escola Superior da Advocacia Flósculo da Nóbrega (ESA/OAB-PB).

da competência legislativa dos entes federados para legislar sobre seus serviços e servidores públicos.

O segundo capítulo do trabalho "Entre o Político e o Jurídico: o regime jurídico do Advogado Público" explora as nuances do regime *sui generis* que constitui a carreira do Procurador, que no seu exercício funcional constitui o próprio Estado presente em juízo.

Demonstra-se a existência de um regime híbrido que compreende: i) uma atuação judicial, na representação do ente federado perante o Poder Judiciário; ii) uma atuação administrativa, consubstanciada na consultoria e assessoramento da Administração Pública e no controle interno de legalidade e constitucionalidade dos atos administrativos; e iii) uma atuação representativa, consubstanciada na atribuição de estabelecer um diálogo entre o discurso político daqueles que possuem a legitimidade democrática do voto e o discurso jurídico, isto é, conectar Democracia e Direito.

A partir desses dados, será proposta uma releitura do pacto federativo, sob uma perspectiva dinâmica e que leve em consideração o complexo sistema de competências legislativas que é a marca do federalismo brasileiro, de forma a se compreender pela compatibilidade constitucional de um Estatuto Nacional dos Procuradores do Estado a estabelecer uma identidade institucional para a Advocacia Pública dos Estados.

2. DA VISÃO QUE COMPREENDE PELA INCONSTITUCIONALIDADE DE UM ESTATUTO NACIONAL DA ADVOCACIA PÚBLICA

O presente capítulo visa à resolução de uma questão principal: *Seria compatível com a Constituição e com o atual pacto federativo a promulgação pelo Congresso Nacional de um Estatuto Nacional da Advocacia Pública, ou de ao menos um Estatuto Nacional dos Procuradores do Estado?*

Não se trata de uma proposta absurda, muito pelo contrário, tendo havido no campo da discussão desta temática, inclusive, a realização de audiência pública no âmbito da Câmara dos Deputados para a discussão de uma Lei Orgânica Nacional da Advocacia Pública.[3]

---

[3] BRASIL. Câmara dos Deputados. *Audiência Pública nº 1047/12, em 10 de julho de 2012*. Audiência Pública – Lei Orgânica da Advocacia Pública. Disponível em: <http://www2.camara.leg.br/atividade-legislativa/comissoes/comissoes-permanentes/ccjc/documentos/notastaq/notas-taquigraficas-2012/audiencia-publica-lei-organica-para-a-advocacia-publica>. Acesso em: 23 jan. 2018.

Uma primeira análise, apressada, poderia levar à conclusão que a edição de um Estatuto Nacional da Advocacia Pública pelo Congresso Nacional seria inconstitucional, em razão de violação da competência legislativa dos entes federados para legislar sobre seus servidores e serviços. Assim, para esta corrente, poderia haver uma violação ao próprio pacto federativo (art. 18 c/c art. 60, §4º, da CRFB/88).

Os defensores desta corrente advogam pela inconstitucionalidade da medida, considerando dois argumentos principais, quais sejam: **i)** seria competência legislativa reservada ao próprio ente federado legislar sobre seus serviços e servidores públicos, em observância à reserva de administração e à capacidade de autoadministração dos entes federados; **ii)** o *status* jurídico dos Procuradores de Estado seria diverso dos contornos normativos das demais carreiras jurídicas, quais sejam, a magistratura, o Ministério Público e a Defensoria, visto que a previsão de uma lei orgânica nacional para estas categorias é explicitamente prevista no texto constitucional.

Ainda em relação à segunda afirmação, caberia pontuar que no tocante à magistratura, a Constituição Federal (art. 93, *caput*) **expressamente** incumbiu ao Supremo Tribunal Federal aa iniciativa da Lei Complementar a dispor acerca do Estatuto da Magistratura.[4] Dessa forma, é hipótese de o órgão legislativo federal, o Congresso Nacional, apreciar lei complementar de natureza **nacional**, a abranger carreiras de agentes públicos vinculados aos tribunais federais, estaduais e distritais.

No que se refere ao Ministério Público, a Constituição Federal (art. 128, §5º), dispõe que Leis Complementares da União e dos Estados, cuja iniciativa é facultada aos respectivos Procuradores-Gerais, estabelecerão o estatuto de cada Ministério Público.[5] Nesse sentido, foram promulgadas: 1) a Lei Complementar federal nº 75/1993, que dispõe sobre a organização, as atribuições e o estatuto do Ministério Público da União; 2) Leis complementares estaduais que estatuem a lei orgânica do Ministério Público dos Estados; 3) a Lei federal

---

4 Art. 93. Lei complementar, de iniciativa do Supremo Tribunal Federal, disporá sobre o Estatuto da Magistratura, observados os seguintes princípios: (...)

5 Art. 128 § 5º Leis complementares da União e dos Estados, cuja iniciativa é facultada aos respectivos Procuradores-Gerais, estabelecerão a organização, as atribuições e o estatuto de cada Ministério Público, observadas, relativamente a seus membros:

nº 8.625/1993 que institui a Lei Orgânica Nacional do Ministério Público, dispondo normas gerais para a organização do Ministério Público dos Estados.

Em relação à Defensoria Pública, dispõe a Carta da República em seu art. 134, §2º, acrescido pela Emenda Constitucional nº 45/2004, que: *"Lei complementar organizará a Defensoria Pública da União e do Distrito Federal e dos Territórios e prescreverá normas gerais para a sua organização nos Estados, em cargos de carreira (...)"*. Assim, igualmente em relação a este órgão autônomo, foi expressamente previsto no texto constitucional a previsão de lei complementar para edição de um estatuto nacional.

Assim, para a corrente que defende a impossibilidade de um Estatuto Nacional da Advocacia Pública, ou de pelo menos um Estatuto Nacional dos Procuradores do Estado, como em relação à advocacia pública não há, de forma expressa na Constituição, a previsão de uma lei nacional, os advogados públicos submeter-se-iam exclusivamente ao regime jurídico administrativo do respectivo ente federado, apenas podendo ter sua atividade regulamentada por lei da Pessoa Política a qual vinculado, na forma do art. 39, *caput*, da CRFB/88.

Desta feita, para a supracitada corrente, a edição de um Estatuto Nacional da Advocacia Pública careceria de inconstitucionalidade nomodinâmica (formal) subjetiva, visto que a União usurparia a competência legislativa, nas modalidades de autolegislação e autoadministração, dos demais entes federados.

Como será demonstrado no curso deste trabalho, o pensamento doutrinário acima apresentado, no entanto, revela-se superficial e insuficiente para compreensão da temática discutida, equivocando-se em razão da generalização e de não compreender o complexo sistema de competências legislativas que é a marca do federalismo brasileiro. Sem embargo desta constatação, nas páginas seguintes discutiremos as razões de ordem constitucional que autorizam a edição do Estatuto Nacional dos Procuradores do Estado. Para tanto, far-se-á uma breve digressão acerca do regime jurídico *sui generis* ao qual vinculam-se os Procuradores públicos.

3. ENTRE O POLÍTICO E O JURÍDICO: O REGIME HÍBRIDO DO ADVOGADO PÚBLICO

Discutir eventual lei nacional da advocacia pública exige de nós uma reflexão sobre o fundamento da institucionalização e constitucionalização da carreira do advogado público. Uma carreira que é responsável pela interação entre os sistemas político e jurídico.

O Procurador público possui um regime híbrido que compreende: **i)** uma atuação judicial, na representação do ente federado perante o Poder Judiciário, como função essencial à Justiça; **ii)** uma atuação administrativa, de consultoria e assessoramento da Administração Pública e de controle interno de legalidade e constitucionalidade dos atos administrativos; **iii)** uma atuação representativa, consubstanciada na atribuição de estabelecer um diálogo entre o discurso político daqueles que possuem a legitimidade democrática do voto e o discurso jurídico, isto é, converter Política em Direito. Essa atuação pode ser vista com nitidez no papel fundamental exercido pela advocacia pública de viabilização jurídica e concretização das políticas públicas.

Assim, a análise a que este trabalho pretende exige um importante pressuposto, qual seja, a compreensão da identidade institucional da Advocacia Pública.

Conforme Gustavo Binenbojm,[6] o *status* constitucional da Advocacia Pública possui significado que vai além do exercício da defesa ativa do Estado em juízo. Sua inscrição no capítulo das funções essenciais à Justiça correlaciona-se ao modelo do Estado Democrático de Direito inaugurado com a Carta de 1988. Neste desenho, o Advogado Público é um agente ativo essencial para a consecução dos valores inerentes ao Direito e à democracia. Neste sentido, a Advocacia Pública é a função de Estado por excelência a que o constituinte conferiu, precisamente, a missão de estabelecer uma comunicação entre os subsistemas sociais da política e do Direito, isto é, o elo entre a democracia e a juridicidade.

Em nível infraconstitucional, o advogado público está vinculado aos dispositivos do Estatuto da Ordem dos Advogados do Brasil. Confira-se:[7]

---

[6] BINENBOJM, Gustavo. *Parecer sobre a constitucionalidade de dispositivos do Projeto de Lei Complementar nº 205, de 2012*. Disponível em: <http://www.anajur.org.br/downloads/artigos/parecer-dr-gustavo-plp-205-2012.pdf>. Acesso em: 26 jul. 2017.

> Art. 2º O advogado é indispensável à administração da justiça.
> § 3º **No exercício da profissão, o advogado é inviolável por seus atos e manifestações**, nos limites desta lei.
> Art. 3º O exercício da atividade de advocacia no território brasileiro e a denominação de advogado são privativos dos inscritos na Ordem dos Advogados do Brasil (OAB).
> § 1º Exercem atividade de advocacia, sujeitando-se ao regime desta lei, além do regime próprio a que se subordinem, **os integrantes da Advocacia-Geral da União, da Procuradoria da Fazenda Nacional, da Defensoria Pública e das Procuradorias e Consultorias Jurídicas dos Estados, do Distrito Federal, dos Municípios** e das respectivas entidades de administração indireta e fundacional.
> Art. 31. (...) § 1º O advogado, no exercício da profissão, **deve manter independência** em qualquer circunstância.

Igualmente, o Código de Processo Civil também apresenta disposições específicas referentes à advocacia pública:

> Art. 182. Incumbe à Advocacia Pública, na forma da lei, defender e promover os interesses públicos da União, dos Estados, do Distrito Federal e dos Municípios, por meio da representação judicial, em todos os âmbitos federativos, das pessoas jurídicas de direito público que integram a administração direta e indireta.
> Art. 183. A União, os Estados, o Distrito Federal, os Municípios e suas respectivas autarquias e fundações de direito público gozarão de prazo em dobro para todas as suas manifestações processuais, cuja contagem terá início a partir da intimação pessoal.
> § 1º A intimação pessoal far-se-á por carga, remessa ou meio eletrônico.
> § 2º Não se aplica o benefício da contagem em dobro quando a lei estabelecer, de forma expressa, prazo próprio para o ente público.
> Art. 184. O membro da Advocacia Pública será civil e regressivamente responsável quando agir **com dolo ou fraude** no exercício de suas funções.

- No âmbito do exercício das atribuições que a Constituição a incumbiu, a advocacia pública exerce a representação judicial e extrajudicial dos entes públicos, a consultoria e o assessoramento jurídico da Administração Pública.

---

7 BRASIL. *Lei Federal nº 8.906, de 4 de julho de 1994*. Dispõe sobre o Estatuto da Advocacia e a Ordem dos Advogados do Brasil (OAB). Brasília, DF, jun. de 1994. Disponível em: <http://www.planalto.gov.br/ccivil_03/LEIS/L8906.htm>. Acesso em: 28 ago. 2018.

- Na função de representação judicial dos entes públicos, os Procuradores são titulares de cargos públicos privativos de advogados e regularmente inscritos na OAB, detendo, portanto, capacidade postulatória. Como a representação decorre da lei, é prescindível a juntada de procuração, de forma que os Procuradores representam a Fazenda Pública sem necessidade de haver procuração; a representação decorre do vínculo legal mantido entre a Administração Pública e o Procurador. Afirma-se, assim, que o advogado público, no exercício de sua função judicial, é a própria Fazenda Pública presente em juízo.

Senão vejamos a lição de Leonardo Carneiro da Cunha:[8]

> Na verdade, a Procuradoria Judicial e seus procuradores constituem um órgão da Fazenda Pública. Então, o advogado público quando atua perante os órgãos do Poder Judiciário é a Fazenda Pública presente em juízo. Em outras, palavras, a Fazenda Pública se faz presente em juízo por seus procuradores. **Segunda clássica distinção feita por Pontes de Miranda, os advogados públicos *presentam* a Fazenda Pública em juízo, não sendo correto aludir-se à representação.** (...) Já se vê que, uma vez investido no cargo ou função, o procurador público adquire a representação (leia-se *presentação*) da Fazenda Pública, estando incluídos nessa presentação os poderes gerais para o foro.

No que se refere à função administrativa de **consultoria e o assessoramento jurídico**, cumpre à advocacia pública: i) viabilizar, no plano jurídico, as políticas públicas definidas pelos agentes políticos eleitos – e nisso reside o seu **compromisso democrático**; e ii) adequar os atos dos gestores públicos e do aparato administrativo ao quadro de possibilidades e limites oferecidos pelo ordenamento jurídico, na realização de um controle de juridicidade que é tanto prévio quanto sucessivo – o que constitui o seu **compromisso jurídico**.[9]

No exercício do primeiro desses compromissos, consistente na viabilização jurídica de políticas públicas legítimas, o advogado público exerce papel que é necessariamente dinâmico. Não se trata do exercício de um "sim" ou um "não". Não se cuida de proferir um *decisum*

---

8 CUNHA, Leonardo Carneiro da. *A Fazenda Pública em Juízo*. 14ª ed. rev. atual e ampl. Rio de Janeiro: Forense, 2017, p. 7.

9 BINENBOJM, Gustavo. *Parecer sobre a constitucionalidade de dispositivos do Projeto de Lei Complementar nº 205, de 2012*. Disponível em: <http://www.anajur.org.br/downloads/artigos/parecer-dr-gustavo-plp-205-2012.pdf>. Acesso em: 26 jul. 2017.

estático, como faz a magistratura. A função do Procurador Público é compreender a política pública que se deseja implementar, expressão da vontade popular intermediada por seus representantes eleitos, e apresentar os mecanismos, a possibilidade e o enquadramento jurídicos a viabilizar a realização dessa política.

Por outro lado, como bem expõe Binenbojm,[10] o compromisso jurídico dos Advogados de Estado, consistente na imposição de limites à vontade e aos atos de gestores públicos, é condição *sine qua non* da Advocacia Pública, que, nesse ponto, se diferencia da Advocacia Privada. Se o advogado privado é o profissional que atende aos interesses do seu cliente, dentro das fronteiras da sua ciência, da sua consciência e da ética profissional, o Advogado Público deve reverência, além disso, aos limites impostos pelo ordenamento jurídico, sendo um agente promotor do princípio da juridicidade.

Percebe-se, então, a singularidade da função do Procurador Público, que, se no âmbito judicial *presenta* o Estado, no âmbito administrativo atua como i) instância de controle interno da juridicidade dos atos administrativos; ii) consultor jurídico da Administração Pública; iii) coparticipante no processo de criação e concretização do Direito, ao realizar a intersecção entre a vontade política vencedora das urnas e o Direito. Não se trata de uma função singela no Estado Democrático.

Neste sentido, discutindo acerca da especificidade do regime jurídico do advogado público, e sua função única de interlocução entre o Direito e a Política, cabe transcrição a lição de Diogo de Figueiredo Moreira Neto:[11]

> 5. Não obstante, os Advogados de Estado têm investidura especial em cargos para tanto constitucionalmente diferenciados, **não se tratando, por isso, de cargos administrativos, mas de cargos jurídicos próprios, tal como instituídos na própria Carta Magna**, especificamente dirigidos ao desempenho das funções advocatícias públicas de promoção e controle de legalidade (aqui entendida em sua acepção mais ampla, de juridicidade).
> 6. **São inequivocamente funções de corte político, inconfundíveis portanto, por mais esse relevante diferencial constitucional** *ratione*

---

10 *Ibidem.*

11 MOREIRA NETO, Diogo de Figueiredo. *A Responsabilidade do Advogado do Estado.* P. 7. Disponível em: <http://abrap.org.br/wp-content/uploads/2012/12/res.pdf>. Acesso em: 26 jul. 2017.

materiae, com as de servidores que exercem funções administrativas, pois essa especial investidura, além de induzir uma responsabilidade corporativa geral, perante os órgãos colegiados de classe, implica também em uma responsabilidade corporativa especial, perante os órgãos colegiados institucionais que lhes são próprios.

Não obstante os direitos, deveres, prerrogativas processuais e sanções estabelecidas no Estatuto da OAB e no próprio Código de Processo Civil, os membros da advocacia pública dos diversos níveis federativos, submetem-se, outrossim, aos respectivos estatutos e leis orgânicas das carreiras. Em nível federal, a Advocacia-Geral da União, instituição que, diretamente ou através de órgão vinculado, representa a União, judicial e extrajudicialmente, teve sua Lei Orgânica instituída pela Lei Complementar nº 73/1993. Em nível estadual e distrital, os Procuradores dos Estados e do Distrito Federal submetem-se às leis orgânicas editadas pelas respectivas pessoas políticas a que vinculados.

A singularidade da função revela-se, inclusive, no campo da correição funcional. Insta ressaltar que, mesmo no campo dos deveres funcionais e sanções, trata-se inequivocamente, de uma função que se submete a um regime jurídico de natureza híbrida, ao conformar os direitos, deveres e sanções previstas no Estatuto da OAB e nas respectivas leis orgânicas. A atuação funcional do Advogado Público demonstra, então, uma relação de sujeição complexa, pois se remete a um duplo sistema estatutário, formado: i) por um sistema geral a cargo de seus pares, através dos órgãos corporativos competentes da Ordem dos Advogados do Brasil, e ii) por um sistema especial, também a cargo de seus pares, através de órgãos corporativos competentes como a Corregedoria da Procuradoria do respectivo ente estatal a que representam.

Tal como ensina José Afonso da Silva[12], cabe ao advogado público dever de maior extensão que a mera advocacia de interesses patrimoniais da Fazenda Pública. É sua função defender e fazer prevalecer a

---

12 SILVA, José Afonso da. A Advocacia Pública e Estado Democrático de Direito. *In*: *RDA*, v. 230, out./dez. 2002, p. 284. E conclui o autor: "Só isso já mostra [referindo-se ao controle dos princípios da legalidade e da moralidade] quão extensa é a tarefa da Advocacia Pública no Estado Democrático de Direito. Acresça-se a isso sua responsabilidade pela plena defesa dos direitos fundamentais da pessoa humana, e então se tem que seus membros saíram da mera condição de servidores públicos burocráticos, preocupados apenas com o exercício formal da atividade administrativa de defesa dos interesses patrimoniais da Fazenda Pública para se tornarem peças relevantes da plena configuração desse tipo de Estado" (ob. cit., p. 289).

legalidade em seu sentido mais amplo, que pode ser sintetizada no princípio da juridicidade.

Dessa forma, **a atividade advocatícia pública não se confunde com atividade de administração pública,** o Procurador Público é agente público *sui generis,11* de natureza política e *status constitucional,* pois exerce unipessoalmente uma parcela de poder e representatividade do Estado.

Isto posto, discutir a constitucionalidade de um Estatuto Nacional da Advocacia Pública exige de nós uma reflexão mais profunda sobre o fundamento da institucionalização, constitucionalização dessa carreira, visto a advocacia pública ser responsável pela conformação entre o sistema jurídico e político. Também se faz necessário uma interpretação sistemática das competências constitucionais, para compreender quais assuntos teriam que ser tratados por um Estatuto Nacional.

4. A NECESSIDADE DE UM ESTATUTO NACIONAL DOS PROCURADORES DO ESTADO COMO MEDIDA DE FORTALECIMENTO AO FEDERALISMO

O fato é que, a partir de um diálogo de fontes entre o Estatuto da OAB e o Código de Processo Civil, já é possível reconhecer, atualmente, a existência de **um microssistema de regime jurídico uniforme para a advocacia pública.**

Esse microssistema se constata da leitura conjunta das prerrogativas processuais e responsabilidade funcionais que vêm sido paulatinamente impostos aos representantes do poder público em juízo como um todo. Nesse sentido, é possível apontar como exemplos: **i)** a prerrogativa do prazo em dobro para manifestação processual dos representantes da União, dos Estados, do Distrito Federal, dos Municípios e suas respectivas autarquias e fundações (CPC, art. 183);[13] **ii)** a equiparação da responsabilização com as demais categorias jurídicas, neste sentido o membro da Advocacia Pública só será civil e regressivamente responsável quando agir com dolo ou fraude no exercício de suas funções

---

13 Art. 183. A União, os Estados, o Distrito Federal, os Municípios e suas respectivas autarquias e fundações de direito público gozarão de prazo em dobro para todas as suas manifestações processuais, cuja contagem terá início a partir da intimação pessoal.

(CPC, art. 184);[14] **iii**) a extensão da prerrogativa de intimação pessoal para a advocacia pública de todos os entes federados (art. 183, do CPC), antes restrita aos representantes em juízo da União; **iv**) a garantia da inviolabilidade do advogado público, assim como o privado, por seus atos e manifestações no exercício da profissão (art. 2º, § 3º, da lei nº 8.906/1994);[15] **v**) a garantia de independência técnica (art. 31, §1º, da lei nº 8.906/1994)[16]. Demais disso, outros temas, como a capacidade da advocacia pública, na sua função de *presentação* do Estado, realizar negócios processuais e extrajudiciais, são discutidos de forma cada vez mais consistente pela doutrina e jurisprudência, constituindo um regramento não positivado deste microssistema.

Por todo o exposto, em que pese a atual ausência de um Estatuto Nacional consolidado, mostra-se tecnicamente adequado falar-se em um microssistema de regime jurídico uniforme para a advocacia pública, composto de normas federais de natureza nacional, sendo um equívoco falar-se em inconstitucionalidade total de um Estatuto Nacional da Advocacia Pública.

Assim, a afirmação inicial da corrente que advoga pela inconstitucionalidade de um Estatuto Nacional dos Procuradores do Estado, por ser competência legislativa reservada do próprio ente federado tratar de sua advocacia pública em razão das cláusulas da reserva de administração e da capacidade de autoadministração dos entes federados, demonstra-se superficial.

Em primeiro lugar, porque, como demonstrado, já é possível, a partir de um diálogo de fontes entre o Estatuto da OAB e o Código de Processo Civil, reconhecer, atualmente, a existência de **um microssistema de regime jurídico uniforme para a advocacia pública**.

Por sua vez, uma leitura estática da cláusula do federalismo, no sentido pretendido pela corrente acima exposta, é prejudicial aos próprios entes federados menores, enfraquecendo o próprio pacto federativo. Este ponto merece maior atenção.

---

14 Art. 184. O membro da Advocacia Pública será civil e regressivamente responsável quando agir com dolo ou fraude no exercício de suas funções.

15 § 3º No exercício da profissão, o advogado é inviolável por seus atos e manifestações, nos limites desta lei.

16 Art. 31. § 1º O advogado, no exercício da profissão, deve manter independência em qualquer circunstância.

A Constituição da República prevê, em seu artigo 22, uma série de matérias que constituem competência legislativa privativa da União, entre eles o direito processual, civil e penal (art. 22, I, da CRFB/88). Sendo assim, em razão da impossibilidade de leis estaduais ou municipais versarem sobre temas como responsabilização civil do parecerista ou do advogado público em juízo, ou mesmo prerrogativas processuais, como por exemplo a possibilidade de requisição de documentos e de perícias, bem como de outros atos de conteúdo probatório, por parte dos advogados públicos, por se tratar de temas relativos a direito civil e processual, e portanto, de competência legislativa privativa da União, revela-se necessária a edição de um Estatuto Nacional, sob pena de prejuízo da própria representação dos Entes federativos subnacionais.

Assim, afirmar-se que somente à própria Pessoa Política caberia a legislação sobre sua carreira da advocacia pública é prejudicar o próprio federalismo, visto que nunca poderiam ser conferidos aos representantes jurídicos dos demais entes, que não os da União, prerrogativas fundamentais para possibilitar todo o potencial de atuação que a advocacia pública possui. Este pensamento macula o federalismo, por majorar sobremaneira o fosso fático e jurídico existente entre a União e as demais unidades federativas.

Desta feita, mais que possível, revela-se essencial uma lei nacional a prever normas gerais, um estatuto que defina princípios, conceitos e que, na realidade, estabeleça uma identidade institucional da Advocacia Pública e promova uma "paridade de armas" na representação processual dos entes federados.

Considerando o regime Republicano previsto na Carta da República que confere igualdade entre União, Estados e Municípios, bem como a necessidade de preservação da autonomia dos entes federados, não encontra amparo na Carta da República a existência de distinções na representação processual e extraprocessual das Unidades federativas, sob pena de ofensa ao pacto federativo.

Carmen Lúcia Rocha define a autonomia como a "capacidade política de uma entidade para governar-se a si mesma segundo leis próprias, criadas em esfera de competência definida por um poder soberano".[17]

---

[17] ROCHA, Carmen Lúcia Antunes. *República e federação no Brasil*: traços constitucionais da organização política brasileira. Belo Horizonte: Del Rey, 1997, p. 180-181.

Para Gabriel Ivo, seria a capacidade que têm as partes de um mesmo povo de organizar a vida própria, política e administrativa, **dentro dos princípios constitucionais**.[18]

O conceito de autonomia é polissêmico e tecnicamente complexo, visto que, construído historicamente, assimilou diversos subconceitos. A autonomia federativa é garantida pela existência de um grupo mínimo de competências constituintes, governamentais e políticas, atribuídas aos Estados federados. Tais competências devem ser próprias, vale dizer, devem estar previstas constitucionalmente e sua mutação deve ser excepcional, requerendo rito próprio e difícil para sua realização.

Etimologicamente, a palavra *autonomia* vem do grego *autos* (próprio) e *nomos* (norma), a capacidade de editar normas próprias. Autonomia pode ser conceituada, dentro das balizas de nossa Constituição, como o espaço de atuação próprio delineado e assegurado pela Constituição para cada ente federativo, através da repartição de competências, que se desdobra nas capacidades de auto-organização, autolegislação, autoadministração e autogoverno.

Autonomia é, portanto, uma forma de poder constituído-constituinte. É constituído, porquanto sua existência é precedida de um ato decorrente do poder soberano que o prevê, que o origina, que o reconhece. Mas é também constituinte, pois a coletividade em que se insere o Estado federado, tal como o Estado federativo, pode constituir sua ordem jurídica. Ao se constituir, o ente autônomo exerce ao mesmo tempo uma competência e um poder. Exerce uma competência, pois a Constituição do ente soberano a si atribuiu a competência constituinte, que é uma forma constituída de poder. Pode-se, portanto, dizer que, ao exercer o poder constituinte, o ente autônomo exerce uma competência constituída; mas o resultado que daí decorre é produto de um poder, não de uma *competência*. Ao exercer, porém, a competência constituinte, exerce uma forma de poder. Por isso, pode-se dizer que a *autonomia* é, ao mesmo tempo, um *poder*, uma *competência* e uma *função*.[19]

---

[18] IVO, Gabriel. *Constituição estadual*: competência para elaboração da constituição do estado-membro. São Paulo: Max Limonad, 1997.

[19] QUINTILIANO, Leonardo David. *Autonomia Federativa:* Delimitação no Direito Constitucional Brasileiro. 2012. Tese (Doutorado em Direito) – Faculdade de Direito do Largo São Francisco, Universidade de São Paulo, São Paulo, 2012.

A autonomia federativa, então, constitui uma cláusula de fortalecimento do federalismo, e não o contrário. Uma leitura da autonomia que impeça a edição de um Estatuto Nacional dos Procuradores do Estado seria uma leitura a mitigar o poder de representação dos mesmos, ampliando a desigualdade entre a União e as unidades federativas subnacionais e enfraquecendo o próprio pacto federativo. A Constituição não outorga uma leitura da capacidade institucional de forma sufragar a autonomia dos demais Entes federados, que constituem membros igualmente dignos da Federação, como requisito do próprio pacto federativo, mandamento expressado em diversas normas constitucionais (art. 1°, *caput*, 18, 25, da CRFB/88).

Sendo assim, a questão que realmente se impõe não é se seria constitucional ou não a edição de um Estatuto Nacional da Advocacia Pública pelo Congresso Nacional, mas sim, à luz do complexo sistema de competências legislativas disposto pela Carta da República, definir quais matérias poderiam ser efetivamente regidas por este Estatuto.

É de se reconhecer que, não haveria possibilidade de eventual Estatuto Nacional dispor acerca de alguns temas, a exemplo das penalidades administrativas. Isso ocorre em razão, de como visto anteriormente, o controle da atuação funcional do Procurador ocorrer: i) enquanto advogado, conforme os deveres e as sanções já impostas pelo Estatuto da OAB e por um sistema geral a cargo de seus pares, através dos órgãos corporativos competentes da Ordem dos Advogados do Brasil; e ii) na condição de servidor público, em razão da reserva de administração (capacidade de autoadministração) que decorre do princípio federativo e do desenho institucional da Federação, as penalidades administrativas só podem ser dispostas por lei do próprio ente federado a que esteja vinculado o Procurador Público (art. 39, *caput*, CRFB/88), incumbindo à fiscalização e à punição por um sistema especial, através de órgãos administrativos competentes como as Corregedorias do ente estatal a que sirvam.

Por outro lado, é assente, de acordo com a interpretação que o Supremo Tribunal Federal faz da Constituição, que não poderia lei estadual ou municipal versar sobre temas como responsabilização civil do parecerista ou do advogado público em juízo, ou mesmo prerrogativas processuais de requisição de documentos e perícias por parte dos advogados públicos, que se referem a temas relativos a direito civil e processual, de competência legislativa privativa da União (art. 22, I, da CRFB/88).

Ademais, possibilidades como a criação de câmaras de conciliação e de sistemas de compartilhamento de informações entre as advocacias públicas dos níveis federativos, bem como tornar mais nítida a atuação na representação judicial e extrajudicial dos Poderes e o papel do Procurador na implementação de políticas públicas são matérias que poderiam ser, de forma constitucionalmente legítima, disciplinadas por um Estatuto Nacional.

Nas matérias, como as supramencionadas, relativas à competência legislativa privativa da União, como direito civil e processual (art. 22, I, da CRFB/88), e nas que exijam normas de cooperação entre a União, os Estados, o Distrito Federal e os Municípios, tendo em vista o federalismo cooperativo, mais que possível, revela-se necessário a edição de uma lei nacional a prever normas gerais, um estatuto que defina princípios, conceitos e que, na realidade, estabeleça uma identidade institucional da Advocacia Pública.

Por outro lado, diversamente do que pretendem alguns, não poderia o Estatuto Nacional dos Procuradores do Estado ser utilizado, como forma transversa, para a concessão de determinadas demandas classistas que só poderiam ser estendidas aos advogados públicos através de emenda à Constituição. Determinadas demandas de classe como: a) a obrigação de que a escolha pelo Governador do Estado do Procurador-Geral do Estado recaia sobre membros da carreira;[20] b) a garantia funcional da inamovibilidade;[21] e c) a autonomia funcional, administrativa e finan-

---

20 O Supremo Tribunal Federal firmou posição de que o cargo de Procurador Geral do Estado é de livre nomeação e exoneração pelo Governador do Estado, que pode escolher o Procurador-Geral entre membros da carreira ou não, dessa forma, apenas emenda à Constituição poderia reverter à interpretação constitucional do STF. (*ADI 291*, rel. min. Joaquim Barbosa, j. 7-4-2010, *DJE* de 10-9-2010; *ADI 2.682*, rel. min. Gilmar Mendes, j. 12-2-2009, *DJE* de 19-6-2009; *ADI 2.581*, rel. p/ o ac. min. Marco Aurélio, j. 16-8-2007, *DJE* de 15-8-2008).

21 O Supremo Tribunal Federal firmou posição de que: "A garantia da inamovibilidade é conferida pela CF apenas aos magistrados, aos membros do Ministério Público e aos membros da Defensoria Pública, não podendo ser estendida aos procuradores do Estado." Dessa forma, apenas emenda à Constituição poderia ser esta garantia funcional estendida aos Procuradores do Estado (*ADI 291*, rel. min. Joaquim Barbosa, j. 7-4-2010, *DJE* de 10-9-2010).

ceira das Procuradorias[22] não poderiam ser, de forma compatível com a Constituição em vigor, implementadas através de eventual lei nacional, sem serem objeto de prévia Emenda Constitucional a alterar o texto constitucional vigente, conforme a jurisprudência do Supremo Tribunal Federal.

5. CONCLUSÕES

Discutir eventual Estatuto Nacional dos Procuradores do Estado exige de nós uma reflexão sobre o fundamento da institucionalização e constitucionalização da carreira do advogado público. Uma carreira que é responsável pela interação entre os sistemas político e jurídico.

Em razão da impossibilidade de leis estaduais ou municipais versarem sobre temas como responsabilização civil do parecerista ou do advogado público em juízo, ou mesmo prerrogativas processuais de requisição de documentos, perícias e outros conteúdos de natureza probatória por parte dos advogados públicos, que se referem a temas relativos a direito civil e processual, de competência legislativa privativa da União, mais que possível, revela-se premente uma lei nacional a prever normas gerais, um estatuto que defina princípios, conceitos e que, na realidade, estabeleça uma identidade institucional da Advocacia Pública.

Como visto, o conceito de autonomia é polissêmico e tecnicamente complexo, visto que, construído historicamente, assimilou diversos subconceitos. A autonomia federativa é garantida pela existência de um grupo mínimo de competências constituintes, governamentais e políticas, atribuídas aos Estados federados. Tais competências devem

---

[22] AÇÃO DIRETA DE INCONSTITUCIONALIDADE. ARTS. 135, I; E 138, CAPUT E § 3º, DA CONSTITUIÇÃO DO ESTADO DA PARAÍBA. AUTONOMIA INSTITUCIONAL DA PROCURADORIA-GERAL DO ESTADO. REQUISITOS PARA A NOMEAÇÃO DO PROCURADOR-GERAL, DO PROCURADOR-GERAL ADJUNTO E DO PROCURADOR-CORREGEDOR. O inciso I do mencionado art. 135, *ao atribuir autonomia funcional, administrativa e financeira* à Procuradoria paraibana, desvirtua a configuração jurídica fixada pelo texto constitucional federal para as Procuradorias estaduais, desrespeitando o art. 132 da Carta da República. Os demais dispositivos, ao estabelecerem requisitos para a nomeação dos cargos de chefia da Procuradoria-Geral do Estado, limitam as prerrogativas do Chefe do Executivo estadual na escolha de seus auxiliares, além de disciplinarem matéria de sua iniciativa legislativa, na forma da letra c do inciso II do § 1º do art. 61 da Constituição Federal. Ação julgada procedente. (STF – ADI nº 217/PB, Relator: Min. ILMAR GALVÃO, Data de Julgamento: 28/08/2002, Tribunal Pleno, Data de Publicação: DJ 13-09-2002, *sem destaques no original*).

ser próprias, vale dizer, devem estar previstas constitucionalmente e sua mutação deve ser excepcional, requerendo rito próprio e difícil para sua realização.

Sendo assim, a autonomia é, portanto, uma forma de poder constituído-constituinte. É constituído, porquanto sua existência é precedida de um ato decorrente do poder soberano que o prevê, que o origina, que o reconhece. Mas é também constituinte, pois a coletividade em que se insere o Estado federado, tal como o Estado federativo, pode constituir sua ordem jurídica. Por isso, pode-se dizer que a *autonomia* é, ao mesmo tempo, um *poder*, uma *competência* e uma *função*.

A autonomia federativa, então, constitui uma cláusula de fortalecimento do federalismo, e não o contrário. Uma leitura da autonomia que impeça a edição de um Estatuto Nacional dos Procuradores do Estado seria uma leitura a mitigar o poder de representação dos mesmos, ampliando a desigualdade entre a União e as unidades federativas subnacionais e enfraquecendo o próprio pacto federativo. A Constituição não outorga uma leitura da capacidade institucional de forma sufragar a autonomia dos demais Entes federados, que constituem membros igualmente dignos da Federação, como requisito do próprio pacto federativo, mandamento expressado em diversas normas constitucionais (art. 1º, *caput*, arts. 18, 25, da CRFB/88).

As atribuições do advogado público incluem a atuação judicial, na representação do ente federado perante o Poder Judiciário, como função essencial à Justiça; atuação administrativa, de consultoria e assessoramento da Administração Pública e de controle interno de legalidade e constitucionalidade dos atos administrativos; e a atuação representativa, consubstanciada na atribuição de estabelecer um diálogo entre o discurso político daqueles que possuem a legitimidade democrática do voto e o discurso jurídico, isto é, conectar Democracia e Direito.

O papel do advogado público revela-se fundamental para o próprio fortalecimento institucional da Unidade Federativa. O estabelecimento de um Estatuto Nacional a conferir identidade institucional à advocacia pública e uniformizar suas prerrogativas contribui, então, para o próprio fortalecimento do federalismo, visto que o Procurador presenta o Estado. Desta feita, negar a necessidade e a constitucionalidade de um Estatuto Nacional constitui, antes de tudo, uma tentativa de enfraquecer o próprio pacto federativo.

6. REFERÊNCIAS BIBLIOGRÁFICAS

BINENBOJM, Gustavo. *Parecer sobre a constitucionalidade de dispositivos do Projeto de Lei Complementar nº 205, de 2012.* Disponível em: <http://www.anajur. org.br/downloads/artigos/parecer-dr-gustavo-plp-205-2012.pdf>.

BRASIL. Constituição (1988). *Constituição da República Federativa do Brasil.* Brasília, DF: Senado Federal: Centro Gráfico, 1988.

____. Supremo Tribunal Federal. Ação Direta de Inconstitucionalidade: *ADI 2581*, Relator(a): Min. Marco Aurélio, Tribunal Pleno, Brasília, DF, 16 ago. 2007. Disponível em: <http://redir.stf.jus.br/paginadorpub/paginador. jsp?docTP=AC&docID=541503>.

____. Supremo Tribunal Federal. Ação Direta de Inconstitucionalidade: *ADI 2682*, Relator(a) para o acórdão: Min. Gilmar Mendes, Tribunal Pleno, Brasília, DF, 12 fev. 2009. Disponível em: <http://redir.stf.jus.br/paginadorpub/paginador. jsp?docTP=AC&docID=597160>.

____. Supremo Tribunal Federal. Ação Direta de Inconstitucionalidade: *ADI 291*, Relator(a): Min. Joaquim Barbosa, Tribunal Pleno, Brasília, DF, 07 abr., 2010. Disponível em: <http://redir.stf.jus.br/paginadorpub/paginador. jsp?docTP=AC&docID=614078>.

____. Supremo Tribunal Federal. Ação Direta de Inconstitucionalidade: *ADI 217*, Relator(a): Min. Ilmar Galvão, Tribunal Pleno, Brasília, DF, 28 ago. 2002. Disponível em: <http://redir.stf.jus.br/paginadorpub/paginador. jsp?docTP=AC&docID=266252>.

____. *Lei nº 8.906, de 4 de julho de 1994.* Dispõe sobre o Estatuto da Advocacia e a Ordem dos Advogados do Brasil (OAB). Brasília, DF, jul. 1994.

____. Câmara dos Deputados. Audiência Pública nº 104 7/12, em 10 de julho de 2012. *Audiência Pública – Lei Orgânica da Advocacia Pública.* Disponível em: <http://www2.camara.leg.br/atividade-legislativa/comissoes/comis-soes-permanentes/ccjc/documentos/notastaq/notas-taquigraficas-2012/audiencia-publica-lei-organica-para-a-advocacia-publica>.

CUNHA, Leonardo Carneiro da. *A Fazenda Pública em Juízo.* 14ª ed. rev. atual e ampl. Rio de Janeiro: Forense, 2017.

IVO, Gabriel. *Constituição estadual:* competência para elaboração da constituição do estado-membro. São Paulo: Max Limonad, 1997.

MOREIRA NETO, Diogo de Figueiredo. *A Responsabilidade do Advogado do Estado.* Disponível em: <http://abrap.org.br/wp- content/uploads/2012/12/res.pdf>.

QUINTILIANO, Leonardo David. *Autonomia Federativa:* Delimitação no Direito Constitucional Brasileiro. 2012. Tese (Doutorado em Direito) – Faculdade de Direito do Largo São Francisco, Universidade de São Paulo, São Paulo, 2012.

ROCHA, Carmen Lúcia Antunes. *República e federação no brasil*: traços constitucionais da organização política brasileira. Belo Horizonte: Del Rey, 1997.

SILVA, José Afonso da. A Advocacia Pública e Estado Democrático de Direito. *In*: *RDA*, v. 230, p. 281-289, out./dez. 2002.

UM COLÉGIO DE GOVERNADORES NO BRASIL E O MODELO DO *BUNDESRAT* NA REPÚBLICA FEDERAL ALEMÃ

ULISSES SCHWARZ VIANA[1]

SUMÁRIO: *1. Introdução. 2. Federalismo: seus elementos históricos, evolução conceitual e problemas representativos federativos no Brasil. 3. O Bundesrat: a modelagem alemã de uma câmara alta verdadeiramente federativa. 4. Um 'colégio de governadores': possível alternativa? 5. Conclusões. 6. Referências Bibliográficas.*

1. INTRODUÇÃO

O presente texto tem por objeto trazer uma análise do federalismo brasileiro a partir da conformação que lhe foi dada pela Constituição de 1988, passando por um percurso crítico em que se coloca o problema da efetividade da participação dos Estados-membros na formação de diretivas normativas (leis e outros atos normativos) e de políticas nacionais, de modo mais específico naquelas em que suas atividades autônomas, sejam legislativas, sejam político- administrativas, são direta ou indiretamente atingidas.

O federalismo brasileiro tem, em sua *praxis* cotidiana, apresentado uma faceta centralizadora, com a concentração de 'poderes' na atuação da União, como se verifica, por ex., na edição de lei veiculadoras de

---

[1] Procurador do Estado de Mato Grosso do Sul. Presidente da Câmara Técnica do CONPEG (Colégio Nacional de Procuradores-Gerais dos Estados e do Distrito Federal). Doutor em Filosofia e Teoria Geral do Direito pela Faculdade de Direito da Universidade de São Paulo (USP). Mestre em Direito Constitucional pela Escola de Direito de Brasília do Instituto Brasiliense de Direito Público (EDB/IDP). Professor na Escola de Direito de Brasília do Instituto Brasiliense de Direito Público (EDB/IDP). Professor na Pós-Graduação em Direito da Fundação Escola do Ministério Público do Distrito Federal e Territórios (FESMPDFT). E-mail: ulisses.schwarz@usp.br.

'normas gerais' tão minuciosas que acabam por suprimir, no campo fático-aplicativo, várias esferas de atuação que estão tipicamente reservadas aos Estados-membros. Não se podendo deixar de mencionar a alta concentração de receitas tributárias na esfera tributária da União.

No campo teórico muito se tem escrito sobre as características do federalismo brasileiro, mas, apesar de alguns diagnósticos sobre sua crise, há poucas propostas e iniciativas capazes de promover um processo evolutivo dos mecanismos de ação integradora voltada à promoção de uma visão de coordenação das atividades estaduais a partir da perspectiva comum dos Estados-membros, sem a suposta 'boa' tutela da União.

Mais ainda, coloca-se a urgente necessidade de uma participação direta, eficaz e efetiva dos Governos estaduais (regionais) no processo informativo e avaliativo de propostas federais de execução de políticas públicas e, deste modo, exercer uma influência benfazeja nas decisões federativas centrais (Executivo da União, Congresso Nacional e Tribunais Superiores), no sentido de alimentar algo que podemos chamar de processo cognitivo integrado das realidades vividas pelos Estados-membros na Federação brasileira.

Neste propósito, o texto terá como primeira parte a exposição dirigida a delinear os elementos conceituais que descrevem as características de um Estado federativo, como também de sua evolução conceitual e dos diagnósticos de desequilíbrio no funcionamento da Federação brasileira.

Na segunda parte do trabalho, lança-se mão da análise de direito comparativo, com a observação do modelo alemão de organização do Poder Legislativo federal, com foco na estrutura e competência do *Bundesrat* (Senado), como *locus* político de participação efetiva dos *Länder* (Estados) na formação da legislação e das decisões nacionais. Dessa análise retiraremos propostas para a adoção de mecanismos adicionais que supram uma lacuna de efetiva e real participação dos Governos estaduais na produção de decisões e de normas jurídicas que se relacionam com as atividades dos Estados-membros e, ainda mais grave e sensível, da relação constitucional e institucional dos Estados-membros com a União, com vista à produção de equilíbrio e de uma simetria de poder entre os entes federativos.

Na terceira parte, observa-se e se constrói a ideia da criação de um Colégio de Governadores como elemento impulsionador na evolução do federalismo brasileiro, adotando-se de forma criativa mecanismos aptos a promover um ambiente federativo mais aberto ao debate e a construir uma verdadeira *federação de equilíbrio*, o que apresenta-se como oportunidade para uma nova perspectiva de superação das sucessivas crises (políticas e econômicas) com a valorização dos Estados-membros como atores indispensáveis ao desenvolvimento nacional consistentemente planejado e mais justo.

Em sua derradeira parte, apresentam-se as notas conclusivas, dando sistematização à proposta do presente texto, da necessidade de efetiva criação de um Colégio de Governadores no federalismo pátrio.

2. FEDERALISMO: SEUS ELEMENTOS HISTÓRICOS, EVOLUÇÃO CONCEITUAL E PROBLEMAS REPRESENTATIVOS FEDERATIVOS NO BRASIL

A própria etimologia do termo Federação já traz consigo ideias que bem demonstram sua natureza funcional, pois ele se origina da palavra latina *foedus*, que significa 'pacto' ou 'aliança', bem demonstrando as implicações *cooperativas* por detrás da palavra.

Historicamente, a *federação* surge como fenômeno moderno porque surge no séc. XVIII, mais precisamente em 1787 com a Convenção de Filadélfia, ou seja, nos momentos fundacionais da Constituição dos Estados Unidos da América. Mas há autores que mencionam como marco histórico do federalismo a Confederação Helvética de 1291, que só se torna em 1848 a Suíça como Estado Federal.[2]

Já na formação da Constituição dos EUA, os debates foram muito acesos entre os denominados *federalists* e os *antifederalists*, em suas contendas sobre o alcance e a extensão dos poderes da União em face dos Estados federados.[3]

A relação entre a União e Estados federados sempre constitui tema central na teoria do federalismo, tanto de que dentre os elementos

---

[2] DALLARI, Dalmo de Abreu. *Elementos de Teoria Geral do Estado*. 33ª ed. São Paulo: Saraiva, 2016, p. 250.

[3] TUSHNET, Mark. *The Constitution of the United States of America: a contextual analysis*. Oxford: Hart Publishing, 2009, p. 12-21.

caracterizadores do federalismo está a ideia da *inexistência* de *hierarquia* entre União e Estados.

A Constituição de 1988 em seu artigo 18 estabelece a autonomia dos entes federados que se desdobram em três dimensões, a da auto-organização política, a da administrativa e a da financeira, sendo que a União *se submete como ente interno da Federação* à observância e respeito dessas autonomias dos Estados, DF e Municípios, bem como também desfruta dessas garantias.

A soberania, por sua vez, é atributo do *ente de direito público internacional*, a República Federativa do Brasil, que não se confunde com a União, esta elemento *interno* do Estado federativo brasileiro.[4] Não obstante este fato, algumas atividades de soberania têm sua *execução* acometida à União e a suas estruturas, como se verifica nos incisos I a III do art. 21 da Constituição, para não citar outros.

Mas, no *plano interno* da Federação, sobressai o ponto nuclear já versado, que é da manutenção da autonomia dos Estados-membros, além da distribuição constitucional de competências e o direito de participação nas decisões políticas gerais (vontade política *nacional*).[5]

Sobre o direito federativo de participação dos Estados-membros na formação da vontade política e legislativa federal em decorrência da sobreposição e participação, Jorge Miranda[6] aponta os princípios diretivos que exigem o seguinte:

> (...) Participação dos Estados federados na formação e modificação da Constituição federal, seja a título constitutivo, seja a título de veto coletivo, seja por via representativa, seja por referendos parciais;
> (...) Intervenção institucionalizada dos Estados federados na formação da vontade política e legislativa federal, através de órgãos federais com representação dos Estados (senados ou conselhos federais, os primeiros com titulares eleitos e os segundos com titulares delegados dos Governos locais);

---

4 Cf. SILVA, José Afonso da. *Curso de Direito Constitucional Positivo*. 16ª ed. São Paulo: Malheiros Editores, 1999, p. 104-105.

5 Cf. MORAES, Alexandre de. *Constituição do Brasil Interpretada e Legislação Constitucional*. 9ª ed. São Paulo: Atlas, 2013, p. 633.

6 MIRANDA, Jorge. *Teoria do Estado e da Constituição*. 4ª ed. Rio de Janeiro: Editora Forense, 2015, p. 157.

Neste momento, deve ser mencionada a concepções teórica do *federalismo de equilíbrio*, as quais põem o foco na descentralização legislativa e reclamam a *desconcentração* desse tipo de competência na União. Essa concepção abre caminho a uma maior autonomia dos Estados-membros, como bem ressalta Raul Machado Horta quando preleciona que:[7]

> É nesse federalismo de equilíbrio que se inspirou o constituinte federal brasileiro, para levar a termo a restauração do federalismo brasileiro, de forma que o indispensável exercício dos poderes federais não venha inibir o florescimento dos poderes estaduais.

O federalismo de equilíbrio, segundo esse mesmo autor, restou consubstanciado na tendência constitucional brasileira, a partir da República, pela ampliação do rol de matérias de legislação comum à União e aos Estados-membros, deixando à União o poder de elaboração de normas gerais e aos Estados a legislação complementar.[8] Na Constituição de 1998, por esse influxo, passamos a ter a repartição em competências *comuns* previstas no art. 23 e as competências *concorrentes*, conforme elenco e regras do art. 24.

A ideia de um federalismo regido por uma ação coordenada e não hierarquizada entre União e Estados para a consecução dos fins estatais na realização do bem comum encontra ressonância na concepção do denominado *federalismo cooperativo*.[9]

Sobre o federalismo cooperativo, escreve com muita clareza Ingo Wolfgang Sarlet:[10]

> A noção de um "federalismo cooperativo, (...), tem por finalidade a atuação conjunta das unidades federadas entre si (União, Estados-membros, no Brasil também o DF e dos Municípios) quando dos Estados entre si, com

---

7 HORTA, Raul Machado. *Estudos de Direito Constitucional*. Belo Horizonte: Livraria Del Rey Editora, 1995, p. 355.

8 HORTA, Raul Machado. *Estudos de Direito Constitucional*. Belo Horizonte: Livraria Del Rey Editora, 1995, p. 355.

9 Na Constituição de 1988 o constitucionalismo cooperativo emerge, exemplificativamente, das disposições do *caput* do artigo 43 da Constituição Federal, do artigo 157 ao artigo 159 da CF (coparticipação em receitas alheias), do art. 23 (competências comuns) e do § 3º do art. 25 (criação de regiões metropolitanas).

10 Cf. MARINONI, Luiz Guilherme; MITIDIERO, Daniel; SARLET, Ingo Wolfgang. *Curso de Direito Constitucional*. 3ª ed. São Paulo: Revista dos Tribunais, 2014, p. 778.

o intuito de permitir um planejamento e atuação conjunto e integrado em prol da consecução de objetivos comuns, do desenvolvimento e do bem-estar no plano mais amplo do Estado Federal sem afetar os níveis de autonomia de cada unidade da Federação.

A ideia de superação de um modelo de federalismo estritamente *dual*, caracterizado pela horizontalidade com a separação rígida de competências veio sendo submetida a uma evolução, como acentua Dalmo de Abreu Dallari,[11] ao propor o caráter *dinâmico* do federalismo.

Sem dúvida, esse aspecto *dinâmico* do federalismo servirá de elemento analítico ao estudarmos a proposta de um Colégio de Governadores no sistema constitucional brasileiro.

Contudo, ao retomarmos a linha expositiva desenvolvida neste tópico, deve ser mencionado o elemento característico do federalismo brasileiro relacionado ao denominado *direito de participação nas decisões políticas gerais*[12] (*vontade política nacional*), bem como reconhecer o mecanismo bastante imperfeito que foi inserido pelo constituinte federal na Constituição de 1988 para a consecução e efetivação desse fundamental direito dos Estados-membros.

Para dar sequência a essa análise, deve ser observado o artigo 44 da Constituição de 1988, o qual estabelece o modelo bicameral do Poder Legislativo da União, o que faz ao proclamar que o "Poder Legislativo é exercido pelo Congresso Nacional, que se compõe da Câmara dos Deputados e do Senado Federal.

Nesta estrutura bicameral do Congresso Nacional, o Constituinte de 1988 insere o corpo legislativo da Câmara dos Deputados como constituído de "representantes do povo".

Por sua vez, o artigo 46 da Constituição de 1988 reza de modo solene que o "**Senado Federal compõe-se de representantes dos Estados e do Distrito Federal**", sendo que o §2º deste mesmo artigo ainda estatui a regra de que "[c]ada Estado e o Distrito Federal elegerão três Senadores".

---

11 DALLARI, Dalmo de Abreu. *O Estado Federal.* São Paulo: Editora Ática, 1986, p. 39-48.

12 Cf. MORAES, Alexandre de. *Constituição do Brasil Interpretada e Legislação Constitucional.* 9ª ed. São Paulo: Atlas, 2013, p. 633.

À primeira vista, *quer parecer* que o sistema constitucional brasileiro inaugurado em outubro de 1988 teria criado um eficiente mecanismo que asseguraria aos Estados-membros e ao Distrito Federal a *efetiva* participação estadual e distrital no processo decisório central da Federação, no Congresso Nacional, tomando parte na edição de Emendas à Constituição, de Leis Complementares e Ordinárias, como também de outros atos decisórios e normativos, como as resoluções.

Contudo, esse modelo desde o início foi diagnosticado como ineficiente, na verdade, *ineficaz*, o que no plano prático deixou os Estados e o Distrito Federal sem qualquer força de participação e de interferência nos processos decisórios nacionais, criando uma Federação centralizadora – fenômeno que passamos a denominar "unitarização" no texto –, o que é em si mesmo, uma contradição, uma grave disfuncionalidade federativa.

Este fato é observado de modo muito percuciente por Paulo Gustavo Gonet Branco, quando assevera que:[13]

> Para que os Estados-membros possam ter voz ativa na formação da vontade da União – vontade que expressa sobretudo por meio das leis –, historicamente, foi concebido o Senado Federal, com representação paritária, em homenagem ao princípio da igualdade jurídica dos Estados-membros. (...) Observa-se, entretanto, um afastamento das câmaras altas dos Estados federais dessa primitiva intenção motivadora da sua criação. Na medida em que os partidos, que são nacionais, galvanizam os interesses políticos, passam a deixar em segundo plano, também, os interesses meramente regionais, em favor de uma orientação nacional sobretudo partidária.

Sérgio Ferrari, além de esposar a mesma opinião, agrega outro problema resultante da 'partidarização' da representação dos Estados brasileiros, além do influxo da 'municipalização' do Senado Federal, o que ele descreve nos seguintes termos:[14]

---

13 BRANCO, Paulo Gustavo Gonet. *In*: BRANCO, Paulo Gustavo Gonet; MENDES, Gilmar Ferreira. *Curso de Direito Constitucional*. 11ª ed. São Paulo: Saraiva, 2016, p. 843.

14 FERRARI, Sérgio. *In*: GALDINO, Flavio; KATAOKA, Eduardo Takemi; TORRES, Ricardo Lobo (Org.). *Dicionário de Princípios Jurídicos*. Rio de Janeiro: Elsevier, 2011, p. 469.

> (...) vale apontar de que, no Brasil, ao lado da perda de representatividade estadual do Senado, um outro fenômeno tem marcada o Poder Legislativo Federal, que é a crescente atuação dos parlamentares como representantes de interesses de um determinado Município ou um conjunto deles, chamados de "redutos eleitorais". Este fenômeno, captado pela observação de parlamentares que integraram a Constituinte, levou à criação da espirituosa expressão "vereadores federais".

De fato, os Estados-membros e o Distrito Federal – ente que goza do *status* constitucional de "Estado" – não têm conseguido o mínimo poder de articulação na forma da vontade nacional (ou, da União), perdendo o espaço e a dignidade que deveriam preservar e fomentar o modelo federativo brasileiro ("Pacto Federativo"), no qual a Federação deve emergir como espaço plural em que se articulam, de forma saudável e construtiva, os interesses nacionais e regionais, na construção do equilíbrio do desenvolvimento nacional e da redução das desigualdades, bem como o fortalecimento da democracia 'representativa'.

Daí surge o problema federativo brasileiro, o de uma Federação desequilibrada, com a ampliação descontrolada da 'zona de influência' da União, com consequências deletérias para o desenvolvimento nacional e o aumento das dificuldades financeiras e políticas dos Estados, com as crises financeiras, problemas na segurança pública, dificuldades nas áreas de educação e da saúde, por falta de uma ação cooperativa e articulada *horizontalizada* entre União e Estados, aqui também incluído o Distrito Federal. Em outros termos, relação *horizontalizada* deve ser entendida como a urgente necessidade de restauração da igualdade – isonomia federativa - entre os entes federativos, do espírito cooperativo e do equilíbrio como um todo da Federação brasileira.

Neste ponto, o texto adentra à análise no direito comparado do modelo do Senado alemão, o *Bundesrat* (Conselho Federal), buscando ideias que apontam para a necessidade de adoção de modelo participativo, ainda que indireto, de participação dos Governadores dos Estados e do Distrito Federal no processo de formação da vontade nacional, mormente em temas que direta ou indiretamente atingem suas estruturas tributárias, orçamentárias, administrativas e legislativas.

3. O *BUNDESRAT*: A MODELAGEM ALEMÃ DE UMA CÂMARA ALTA VERDADEIRAMENTE FEDERATIVA

O direito constitucional comparado é sempre um eficaz instrumento para a observação crítica de outros modelos adotados em Constituições de Estados democráticos, os quais podem ser extremamente úteis para a formulação criativa de soluções e de alternativas para superar construtivamente deficiências e crises no sistema constitucional doméstico.

Como apontado acima, há uma deficiência de representatividade dos Estados e do Distrito Federal que não lhes assegura o efetivo direito de participação na vontade nacional, principalmente em questões que, direta ou indiretamente, atinjam a esfera dos interesses que se inserem na esfera da autonomia estadual.

Para tanto, por suas peculiaridades e características próprias, opta-se neste texto por observar o modelo alemão, com seu bicameralismo, em que no legislativo federal se integram o *Bundestag* – equivalente de nossa Câmara dos Deputados – com o *Bundesrat* – que de certo modo, ocupa a posição do que denominamos de Senado Federal.

Pela natureza breve deste texto, concentra-se o estudo no *Bundesrat*, deixando-se de fora o *Bundestag*.

O Senado alemão ou, simplesmente, o *Bundesrat* (Conselho Federal), tem uma composição *sui generis* se comparado com os modelos da Rússia ou o do Senado dos Estados Unidos da América, assim como o do Senado Federal brasileiro, isto porque os membros do *Bundesrat* (Conselho Federal) **não são eleitos pelo voto popular**, sendo sim representantes, ou melhor, **delegados** indicados pelos respectivos Governos estaduais.

No direito alemão, Peter Badura[15] esclarece sobre a natureza do *Bundesrat* que:[16]

---

15 BADURA, Peter. *Staatsrecht*: Systematische Erläuterung des Grundgesetzes für die Bundesrepublik Deutschland. 6ª ed. Munique: C. H. Beck, 2015, p. 608-609.

16 No original: *"Für die föderative Kammer von Bundesstaaten haben sich historisch zwei Grundtypen herausgebildet: Der Senatstyp und der Gesantenkongreβ- oder Bundesratstyp. Die föderative Kammer entspricht dem Senatstyp, wenn die Mitglieder durch unmittelbare Wahlen der Bevölkerung in den Gliedstaaten oder durch Wahlen der Volksvertretungen der Gliedsaaten berufen werden. (...) Im Falle des Gesandtenkongreβ- oder Bundesratstyps werden die Mietglieder der föderativen Kammer durch die Regierung der Gliedstaaten entsandt und instruiert. Die Mitglieder der föderativen Kammer sind folgerichtig an die Weisungen ihrer Regierung gebunden."*

> Para as câmaras federativas dos Estados federais se formaram historicamente três tipos fundamentais: o modelo do Senado e o do Congresso de Emissários ou modelo do Conselho Federal. A câmara federativa corresponde ao modelo do Senado, se os integrantes são nomeados pelo voto direto da população do Estado-membro, ou por meio do voto dos representantes do povo do Estado federado. (...) No caso do Congresso de Emissários ou modelo do Conselho Federal os integrantes da câmara federativa são enviados pelos Governos dos Estados-membros e por eles instruídos. Os integrantes da câmara federativa ficam consequentemente vinculados a seus Governos. (Tradução livre do autor)

Ou seja, no bicameralismo federativo alemão, o *Bundesrat* (Conselho Federal) não corresponde, por ex., ao modelo do Senado Federal brasileiro, mas exerce **função equivalente**, ao menos no plano formal constitucional, qual seja, a de representar os Estados da Federação na formação da vontade da União federal.

Contudo, sem dúvida, por força da atuação **vinculada** do representante estadual em faces das instruções e comandos emanados do Governo estadual que ele representa, fica clara a preocupação constitucional que o modelo do *Bundesrat* assegure e dê efetividade ao propósito de que a participação dos Estados – na Alemanha: *Länder* – venha a refletir **efetivamente** a *vontade estadual* na formação da vontade nacional, nos processos legislativos e constitucionais federais.[17]

Esta percepção é ratificada por Konrad Hesse,[18] quando este importante doutrinador alemão preleciona que:[19]

> A repartição de poderes da Lei Fundamental está em sua conformação substancial, nomeadamente na alocação das funções e do balanceamento dos poderes determinada na ordem federativa. Exatamente aqui o *Bundesrat* é de grande significação. Como meio de influência dos Estados (*Länder*)

---

17 HESSE, Konrad. *Grundzüge des Verfassungsrechts der Bundesrepublik Deutschland.* 20ª ed. Heidelberg: C.F. Müller, 1999, p. 260.

18 HESSE, Konrad. *Grundzüge des Verfassungsrechts der Bundesrepublik Deutschland.* 20ª ed. Heidelberg: C.F. Müller, 1999, p. 259.

19 No original: "*Das Gewaltenanteilungssystem des Grundgesetzes ist im ewsentlichen Zügenm, nämlich in der Zuweisung der Staatlichen Funktionen an bestimmte Organe, der Zuordnung der Funktionen und der Balancierung der Gewalten, durch die bundesstaatliche Ordnung bestimmt („,). Hierfür ist der Bundesrat von maßgenlicher Bedeutung. Als Medium des Einflusses der Länder auf den Bund ist er, wie gezeigt, dasjenige Organ, in dem die bundesstaatliche Ordnung heute einen wesentlichen Teil ihrer Wirsamkeit enfaltet*".

sobre a União, ele é, como demonstrado, aquele órgão no qual hoje a ordem federativa em sua parte essencial desenvolve sua efetividade (...). (Tradução livre do autor)

Outro ponto que indica a preservação da autonomia estadual está no modo de indicação dos representantes dos Estados-membros, que é feita de acordo com as regras estabelecidas por cada Governo regional.

Inclusive deve ser mencionado o fato de que cada Estado (*Land*) poderá enviar um só representante que poderá *votar em bloco*, ou seja, exercer o direito de 'utilizar' todos os votos do Estado que representa. Como também cada Estado poderá enviar tantos representantes quanto forem o número de votos que detenha,[20] proporcionalmente,[21] como já registrado acima.

De grande relevância também, no modelo alemão, é o dever de *fidelidade* do representante do *Land* (Estado) ao Governo estadual em sua atuação no *Bundesrat*, o qual pode ter sua indicação revogada (desconstituição) em caso de não seguir as instruções e encaminhamentos do Governo regional.[22]

O bicameralismo alemão e seu modelo de câmara alta federativa servem para demonstrar como a concepção da câmara de representação federativa (seja a de um Senado, seja a de um *Bundesrat*) é de fundamental importância para determinar o grau de funcionalidade de um modelo federativo em que os Estados, no Brasil também o Distrito Federal, podem exercer seu *direito federativo* de participação *efetiva* na formação das decisões nacionais, no âmbito dos órgãos da União, com grande relevância para a participação real dos Estados e Distrito Federal no processo legislativo federal e, por via de consequência, nos processos de reforma constitucional por meio de propostas de emenda à Constituição.

---

20 Conforme a Lei Fundamental, o número de votos por Estado é distribuído com base em proporcionalidade degressiva em relação à população, o que implica em que os Länder com menor população tenham mais votos do que a distribuição populacional permitiria. Cada Estado tem 3 (três) votos no mínimo e no máximo 6 (seis), segundo esses parâmetros; (a) com 2 (dois) milhões de habitantes, o Estado tem 4 (quatro) votos; (b) com 6 (seis) milhões, 5 (cinco) votos; e (c) com 7 (sete) milhões tem 6 (seis) votos.

21 Cf. BADURA, Peter. *Staatsrecht:* Systematische Erläuterung des Grundgesetzes für die Bundesrepublik Deutschland. 6ª ed. Munique: C. H. Beck, 2015, p. 610.

22 HESSE, Konrad. *Grundzüge des Verfassungsrechts der Bundesrepublik Deutschland*. 20ª ed. Heidelberg: C.F. Müller, 1999, p. 260.

Torna-se sensível e grave qualquer forma de *déficit* participativo em temas e questões que envolvam, de modo direito ou indireto, os interesses submetidos constitucionalmente à autonomia estadual (e distrital).

O elemento da cooperação entre a União e os Estados e o papel do *Bundesrat* da República Federal Alemã são ressaltados por Reinhold Zippelius,[23] quando este autor leciona que:[24]

> As funções dos órgãos centrais da União (órgãos federais) e os órgãos estaduais se complementam em uma efetividade geral do Estado. A forma política de um Estado Federal é a de um todo racional formado pelas partes, sendo que estas são incessantemente coordenadas para uma eficácia comum. (...) O órgão federativo da União que deve defender os interesses regionais é organizado na Alemanha segundo o "princípio do conselho": o *Bundesrat* (Conselho Federal) alemão é constituído por membros dos Governos dos Estados, membros que são por eles nomeados e destituídos; o membro do Conselho (*Bundesrat*) traz perante este a já organizada vontade dos Estados na formação política da vontade da União. (Tradução livre do autor)

As reflexões extraídas da observação teórica do modelo do *Bundesrat* (Conselho Federal) alemão, como câmara federativa em seu bicameralismo, servirão de elementos para fundamentar a necessidade da criação de um 'Colégio de Governadores' que possa funcionar, *de constitutione ferenda*, como mecanismo de *representatividade* e, por que não, de *pressão* dos Estados na defesa de sua autonomia federativo-constitucional e dos interesses a ela relacionados, trazendo ao processo de tomada de decisões na esfera da União e de seus órgãos a dimensão legítima dos *interesses regionais* que, sem dúvida, servem à promoção do salutar equilíbrio federativo e à promoção, ainda mais eficiente, dos denominados *interesses nacionais*; os quais não se confundem com interesses de grupos político-partidários ou do *lobby* de setores econômicos com influência no cenário nacional.

---

23 ZIPPELIUS, Reinhold. *Allgemeine Staatslehre*. 15ª ed. Munique: Verlag C. H. Beck, 2017. p. 306.

24 No original: "*Die Funktionen der Zentralorgane des Bundes (Bundesorgane) under Länderorgane ergänzen sich zu einer gesamtstaatlichen Wirksamkeit. Die politische Form des Bundesstaates ist ein sinnvoll gegliedert Ganzes, dessen Teile zu fortwährender gemeinsamer Wirksamkeit koordiniert sind. (...) Das föderative Bundesorgan, das die regionalen Interessen vertreten soll, ist in Deutschland nach dem, "Ratsprinzip organisiert": Der deutsche Bundesrat besteht aus Mitgliedern der Regierung der Länder, die sie bestellen und abberufen; die Ratsmitglieder bringen hier also den bereits staatlich organisierten Wille der Länder in die politische Willensbildung des Bundes ein*".

Sobre isso, Konrad Hesse adverte que:[25]

> A isso pertence antes de tudo o **elemento federativo** das peculiaridades regionais, que, no entanto, é capaz de exercer cada vez menos seu papel diante dos sinais do avanço fático da unitarização, embora ocasionalmente possa ter um papel efetivo. Essencial é a influência dos partidos **políticos**. Aqui se pode por meio da vinculação com os centros decisórios das capitais dos Estados formar grupos de pressão no *Bundesrat* (Senado) como no *Bundestag* (Câmara); podem colocar-se as vantagens de outros direcionamentos e por causa disso diferentes relações majoritárias nos Estados podem divergir das relações de forças dos partidos políticos do *Bundestag* (Câmara dos Deputados). (Tradução livre do autor)

4. UM 'COLÉGIO DE GOVERNADORES': POSSÍVEL ALTERNATIVA?

O sistema federativo brasileiro tem apresentado os sinais de "unitarização", para utilizar a expressão utilizada por Konrad Hesse ao tratar do modelo alemão, em que, de modo crescente, a União tem avançado por meio inclusive da legislação federal na autonomia dos Estados e do Distrito Federal, a partir de uma concepção errônea que se disseminou na cultura administrativa e jurídica nacionais, sem bases teóricas ou empíricas, no sentido de os Estado-membros necessitarem de uma 'tutela' da União, como que se aqueles padecessem de certa *"menoridade"* federativa.

Entretanto, as recentes crises no âmbito da União, como, por ex., a crise fiscal que se agravou no ano 2016, só demonstram que o ente central não só não atingiu a "maioridade" federativa imaginada, como também fica cada vez mais forte a constatação do fato de que sem a atuação direta e a *expertise* dos Estados-membros e do Distrito Federal, a promoção de políticas públicas está fadada a um crescente grau de

---

25 No original: *"Zu diesen gehört einmal das föderative Element regionaler Besonderheit, das jedoch im Zeichen forschreitender sachlicher Unitarisierung nur noch geringere, gelegentlich allerdings sehr wirkungsfkräftige Rolle zu spielen vermag. Wesentliche ist der Einfluβ der politischen Parteien. Hier können durch der Verbindung mit den Entscheidungszentren in den Landhauptstädten im Bundesrat andere Kräftegruppierungen enststehen als im Bundestag; es können andere Richtungen zur Geltung gelangen, und wegen der unterschiedlichen Mehrheitsverhältnisse in den Ländern kann das Stärkverhältnis der politischen Parteien von dem des Bundestag abweichen."* (Ibid.)

insucesso, exatamente por falta de uma visão holística federativa, a partir da perspectiva do *federalismo cooperativo*.[26]

Aliás, o Brasil precisa desenvolver um intenso *diálogo federativo*, entre Estados-membros, Distrito Federal e União, superando a tendência 'unitarista' que centraliza a busca e a elaboração de soluções nos órgãos federativos federais.

Na verdade, precisamos construir um verdadeiro federalismo, sem a visão hierarquizada das relações federativas, sem visões paternalistas e idealizações improdutivas de um papel preponderante e quase um protagonismo excludente exercido pela União no Brasil.

Mais ainda, o problema da representação federativa dos Estados-membros e do Distrito Federal no Senado Federal tem alcançado níveis intoleráveis, deixando sem voz as unidades estaduais e distrital, relegando ao plano do esquecimento as necessidades e as realidades *regionais* em favor de uma ineficiente prevalência do *"nacional"*.

Em vários momentos recentes, viu-se a estranha e algo frequente situação em que o Senado Federal 'vota' contra os interesses dos Estados-membros e do Distrito Federal, alinhando-se com o Poder Executivo da União, muitas vezes por questões mais partidárias do que relacionadas com o interesse federativo.

Tome-se como singular exemplo a esdrúxula regra inserida no Código de Processo Civil de 2015, segundo a qual (parágrafo único do art. 52)[27] os Estados-membros e o Distrito Federal podem ser demandados em qualquer parte do território nacional (domicílio do autor).

E, ainda, quebrando todos os elementos de autonomia federativa, estabelece a estranha regra de que a Advocacia Pública de um determinado Estado seja 'legitimada' para produzir a defesa de outra Unidade da Federação, quando a ação contra um determinado Estado-membro seja ajuizada perante a Justiça de outro Estado.

---

26 Sobre tema, também dentro da análise do direito comparado, recomendável a leitura do trabalho monográfico de Enoch Alberti Rovira (ROVIRA, Enoch Alberti. *Federalismo y Cooperación en la República Federal Alemana*. Madri: Centros de Estudios Constitucionales, 1986).

27 Art. 52. É competente o foro de domicílio do réu para as causas em que seja autor Estado ou o Distrito Federal.

Parágrafo único. Se o Estado ou o Distrito Federal for o demandado, a ação poderá ser proposta no foro de domicílio do autor, no de ocorrência do ato ou fato que originou a demanda, no de situação da coisa ou na capital do respectivo ente federado.

Tal quadro só demonstra a tendência "unitarista" que inspira o legislador federal, o qual a pretexto de 'facilitar o acesso à justiça' desconsidera e rompe importantes estruturas da autonomia federativa conferida aos Estados, em que uma lei estadual poderá ser apreciada por juiz de outro Estado, *quebrando a unicidade da interpretação da legislação estadual* no Tribunal de Justiça de cada Estado-membro.

Sobre uma lei de um determinado Estado-membro poderemos ter jurisprudência discrepante produzida em Tribunal de Justiça de outro Estado, sem possibilidade de acesso, em muitas situações, a uma 'unificação' de entendimento no STJ ou no STF, ou porque não há 'questão de direito federal', no primeiro caso, ou por ausência de ofensa direta à Constituição, no segundo.

O mau funcionamento do mecanismo de participação federativa criado pelo Constituinte de 1988, por meio do Senado Federal, aponta para uma imprevista deficiência prático-funcional da regra do *caput* do art. 46 da Constituição, o que acaba sendo percebido como uma deficiência do *design* federativo brasileiro, levando-nos a refletir sobre o modelo alemão do *Bundesrat*, acima estudado.

O constituinte germânico foi bem cauteloso ao não adotar o modelo estadunidense de Senado, buscando uma estrutura alternativa. **E no Brasil, hoje, temos alternativas?**

Se olharmos para o direito constitucional positivo vigente, a resposta seria um singelo "não".

Mas se trabalharmos com a ideia do *federalismo dinâmico* como estudado por Dalmo de Abreu Dallari,[28] em suas observações da evolução da jurisprudência da Suprema Corte dos Estados Unidos da América, da passagem de um federalismo essencialmente *dual* para uma concepção *cooperativa* (federalismo cooperativo), abre-se, assim, a possibilidade de pensarmos em mecanismos inovadores, ainda que *de constitutione ferenda*, como já mencionado anteriormente neste texto, que permitam o resgate de uma verdadeira forma federativa de Estado no Brasil, com a restauração da *dignidade federativa* dos Estados-membros e do Distrito Federal.

---

28 DALLARI, Dalmo de Abreu. *O Estado Federal*. São Paulo: Editora Ática, 1986, p. 39-48.

E essa missão é urgente, mesmo porque estamos em um quadro crescente de inconstitucionalidade *institucionalizada*, que, sem exageros, acaba por resvalar em ofensa à cláusula pétrea da intangibilidade da forma federativa do Estado brasileiro, com a progressiva perda prática de autonomia e de capacidade de influência em assuntos federativos por partes dos Estado-membros e do Distrito Federal, em um paradoxal (inconstitucional) federalismo 'centralizante'.

Dentre essas possíveis medidas, deve ser ressaltada a iniciativa do Fórum de Governadores dos Estados e do Distrito Federal, no sentido de em uma ação *conjunta* e *coordenada* começar a debater a possibilidade da criação e da formalização jurídica de um Colégio de Governadores dos Estados e do Distrito Federal.

Pode parecer, à primeira vista, uma proposta inviável, mas, para além de ser plenamente viável, é também de urgente necessidade. Explica-se.

Apesar de não prevista no texto constitucional vigente, a criação do Colégio de Governadores se coaduna com o ideal federativo de viabilizar o fortalecimento dos Estados-membros e do Distrito Federal por meio da revisão do Pacto Federativo, **ou mesmo da efetiva implantação dele**, de forma a restabelecer os primados do federalismo, seja cooperativo, seja de equilíbrio. Possibilita, assim, o necessário debate sobre a divisão de tarefas constitucionais entre União, Estados e Distrito Federal, bem como de uma cooperação *horizontal* (não hierarquizada) que permita, de maneira concertada, o cumprimento dos deveres e das missões estatais para com a sociedade como partes autônomas (entes federativos), mas também de modo paradoxal, indivisível na forma da República Federativa do Brasil (artigo 1º e *caput* do art. 18 da Constituição).

O propósito que inspira essa iniciativa dos Governadores é a necessidade de os Estados e o Distrito Federal buscarem o entendimento nacional, com o propósito de que estes entes federativos atuem em pé de igualdade com a União como protagonistas na realização efetiva do desenvolvimento social, econômico e financeiro do País.

Os propósitos que norteiam a inciativa de criação do Colégio de Governadores encontram ressonância nos objetivos fundamentais do artigo 3º da Constituição de 1988, dentre eles, destacam-se a garantia do desenvolvimento nacional e a redução das desigualdades sociais e regionais.

De certa forma, buscando inspiração no modelo do *Bundesrat* alemão como mecanismo que garante feições técnicas ao futuro Colégio de Governadores, este possivelmente contará, além dos governadores, com o trabalho integrado do Colégio Nacional de Procuradores-Gerais dos Estados e do Distrito Federal, composto por 27 titulares das Procuradorias-Gerais, como também um Comitê Técnico composto por 27 secretários de Fazenda ou Finanças.

Dentre as atribuições que eventualmente seriam exercidas pelo Colégio de Governadores, poderiam ser propostos o (a) acompanhamento e avaliação das políticas públicas que tenham impacto nos Estados e no Distrito Federal, (b) o desenvolvimento de estudos com vistas à apresentação de propostas ao Governo Federal medidas para o fortalecimento do federalismo fiscal, (c) promover a harmonização do entendimento entre os Estados e o Distrito Federal em matérias de interesse comum, (d) a realização de estudos jurídicos de interesse dos entes federados, recomendando a proposição de ações conjuntas pelos Estados e o Distrito Federal, junto ao Poder Judiciário, (e) o apoio e o compartilhamento de práticas inovadoras, visando ao fortalecimento da gestão de suas estruturas administrativas, (f) a divulgação de análises, estudos e diagnósticos relativos às matérias que impactam direta ou indiretamente os Estados e o Distrito Federal e (g) a manutenção de articulação permanente com a Presidência da República e demais entidades, Poderes e órgãos da Federação.

Apesar de sua inspiração no modelo alemão do *Bundesrat*, o Colégio de Governadores não se estrutura como órgão constitucional, mesmo porque, como já registrado, não encontra previsão expressa no texto constitucional de 1988, e assim, não obstante não poder ter a prerrogativa de voto em propostas legislativas, pode suprir o ponto cego do federalismo brasileiro, dando voz e visibilidade às importantes contribuições que os Governos estaduais têm a dar na formação de decisões federativas que, na maior parte das vezes, acabem atingindo-os de forma direta ou indireta.

Em outros termos, o Colégio de Governadores pode operar, ainda que sem força vinculante de seus encaminhamentos e direcionamentos, como um salutar **mecanismo de calibração federativa**, tirando os Estados e o Distrito Federal de uma espécie de 'limbo federativo', funcionando como um contrapeso, se bem que de caráter argumentativo, informativo e opinativo, ao servir ao Estado federal brasileiro como meio de introduzir no grande arcabouço dos elementos federativos as peculiaridades regionais, equilibrando o discurso e os interesses partidários que têm regido o funcionamento do Congresso Nacional e, assim, abrindo novas perspectivas *funcionais* e *cognitivas* ao federalismo brasileiro.

Pode parecer utópica, mas poderíamos chegar à conclusão extrema de que já é tempo de pensarmos na reformulação na Constituição de 1988 dos mecanismos de participação dos Estados-membros e do Distrito federal em seu direito de participação na formação da vontade nacional ou, como dizem alguns, da vontade da União, com alterações constitucionais pontuais, até mesmo da concepção e modelagem do Senado Federal, transformando-o em algo semelhante ao *Bundesrat* alemão.

Esta ideia certamente pode suscitar eventuais objeções de estudiosos do direito constitucional pátrio,[29] mas, por ora, faz-se urgente que algo surja no caminho do resgate dos princípios federativos, sendo que talvez a criação efetiva do Colégio de Governadores constitua um passo importante e necessário adiante.

5. CONCLUSÕES

O presente texto constitui um breve estudo sobre a necessidade premente de reorganizarmos o federalismo brasileiro, reformulando ou mesmo resgatando o Pacto Federativo.

Dentro desta perspectiva, analisou-se a questão federativa brasileira e extraiu-se da doutrina constitucional contemporânea o diagnóstico das dificuldades e deficiências de funcionamento do modelo federativo brasileiro, com sua tendência à "unitarização", como fenômeno de crescente supressão ou, melhor, da desconsideração dos elementos de autonomia constitucionalmente conferidos aos Estados-membros e ao Distrito Federal.

---

29 Defensável essa ideia quando observarmos que o § 4º do art. 59 da Constituição de 1988 não traz como 'cláusula pétrea', inserindo no núcleo intangível da Constituição, a forma de estruturação do Congresso Nacional, mormente quando se pensa a adoção de modelo que pode dar maior efetividade à forma federativa de Estado, essa sim inserida no núcleo pétreo constitucional. A discussão está aberta e não cabe na natureza breve deste texto.

O texto ressalta a deficiência ou, mais grave ainda, a disfuncionalidade dos mecanismos de atuação federativa dos Estados e do Distrito Federal, mais ainda do direito que caracteriza um Estado Federal que é o da **efetiva e indispensável participação estadual e distrital** na formação da vontade nacional, a qual se manifesta de forma mais proeminente na produção legislativa do Poder Legislativo da União.

Diante da natureza crítico-propositiva deste breve escorço, buscou-se no direito constitucional comparado outro modelo de estruturação federativa da participação estadual e distrital nos processos decisórios fundamentais da União, como no caso do processo legislativo constitucional.

Propósito que conduziu a pesquisa ao estudo do peculiar modelo do *Bundesrat* alemão, no qual não há membros eleitos em votação popular, mas sim delegados indicados pelos Governos estaduais e a eles vinculados em seus votos e manifestações.

O estudo analítico do *Bundesrat* (Conselho Federal) serviu para contextualizar, em termos gerais, a questão da necessidade de contrabalançar os interesses políticos partidários de uma estrutura partidária de caráter nacional, em que as pautas políticas nacionais suplantam as pautas relativas às necessidades e aos interesses regionais, representados pelos Estados-membros e pelo Distrito Federal.

As conclusões apontam para o diagnóstico da ineficácia do mecanismo *participativo* constitucional de 1988, que estabeleceu o Senado Federal como o *locus* institucional da representação federativa dos Estados e do Distrito Federal, na atuação legislativa da câmara alta do Poder Legislativo federal.

O resultado prático desse modelo produz a constatação de que os interesses dos grandes partidos nacionais têm exercido irresistível influência no funcionamento de nosso Senado Federal, ficando a representação efetiva dos Estados e do Distrito Federal praticamente neutralizada neste processo tipicamente político.

Para contrabalançar o grande peso da questões político-partidárias de âmbito nacional, conclui-se pela necessidade de que algo seja feito, de modo criativo, como temos na proposta de criação de um Colégio de Governadores dos Estados e do Distrito Federal, que apesar de não previsto no direito constitucional positivo vigente, parece-nos não ser com ele conflitante.

Apesar de não haver força (constitucionalmente) vinculante de suas deliberações ou direcionamentos, um Colégio de Governadores pode, ainda que de modo bastante limitado, é verdade, exercer um papel algo semelhante ao do modelo do *Bundestag* alemão, ao menos como *mecanismo de calibração* dos processos de decisões nacionais, dos quais os Estados e o Distrito Federal têm sido alijados, apesar de frequentemente atingidos, mormente na dimensão fiscal, direta ou indiretamente por essas decisões.

Um Colégio de Governadores seria uma oportunidade de alinhamento dos interesses comuns, ou ao menos não conflitantes dos Estados-membros, que atuando em bloco – como benfazejo grupo de pressão – seja capaz de ter voz e exercer influência nos processos e procedimentos político-institucionais de formação da chamada 'vontade nacional'.

De todo modo, há urgência em resgatar os Estados e o Distrito Federal desta espécie de 'limbo federativo', devolvendo-lhes seu papel e sua importância federativa, salvando o Pacto Federativo de um inconstitucional fenômeno progressivo de "unitarização", mesmo porque sem Estados dotados de autonomia efetiva não há Estado Federal, de forma alguma.

Podemos deixar como conclusão a defesa e o estímulo à criação de um Colégio de Governadores no Brasil, o que pode ser, nesta quadra da história do País, o único instrumento de salvaguarda, ainda que incipiente, do Pacto Federativo e da retomada de um espírito federativo. A autonomia de cada ente da Federação deve atuar de modo coordenado e construtivo na promoção do desenvolvimento nacional, o qual sempre tem como eixo concretizador o efetivo desenvolvimento regional, indo assim das partes (Estados e DF) para o todo (União), e do todo para as partes, de forma *cooperativa* e *equilibrada*, dentro dos postulados do *federalismo de equilíbrio e de cooperação*.

Eis aqui o desafio do Brasil de nosso tempo, da federação que queremos construir e aperfeiçoar, momento oportuno para um Colégio de Governadores.

6. REFERÊNCIAS BIBLIOGRÁFICAS

BADURA, Peter. *Staatsrecht:* Systematische Erläuterung des Grundgesetzes für die Bundesrepublik Deutschland. 6ª ed. Munique: C. H. Beck, 2015.

BRASIL. *Código de Processo Civil*, Lei nº 13.105, de 16 de março de 2015. Disponível em: <http://www.planalto.gov.br/ccivil_03/_ato2015-2018/2015/lei/l13105.htm>.

_____. Constituição (1988). *Constituição da República Federativa do Brasil*, 5 de out. 1998. Brasília: Senado Federal: Centro Gráfico, 1988.

BRANCO, Paulo Gustavo Gonet. In: BRANCO, Paulo Gustavo Gonet; MENDES, Gilmar Ferreira. *Curso de Direito Constitucional*. 11ª ed. São Paulo: Editora Saraiva, 2016.

DALLARI, Dalmo de Abreu. *Elementos de Teoria Geral do Estado*. 33ª ed. São Paulo: Editora Saraiva, 2016.

_____. *O Estado Federal*. São Paulo: Editora Ática, 1986.

FERRARI, Sérgio. In: GALDINO, Flavio; KATAOKA, Eduardo Takemi; TORRES, Ricardo Lobo (Org.). *Dicionário de Princípios Jurídicos*. Rio de Janeiro: Elsevier, 2011.

HESSE, Konrad. *Grundzüge des Verfassungsrechts der Bundesrepublik Deutschland*. 20ª ed. Heidelberg: C.F. Müller, 1999.

HORTA, Raul Machado. *Estudos de Direito Constitucional*. Belo Horizonte: Livraria Del Rey Editora, 1995.

MIRANDA, Jorge. *Teoria do Estado e da Constituição*. 4ª ed. Rio de Janeiro: Editora Forense, 2015.

MORAES, Alexandre de. *Constituição do Brasil Interpretada e Legislação Constitucional*. 9ª ed. São Paulo: Atlas, 2013.

ROVIRA, Enoch Alberti. *Federalismo y Cooperación en la República Federal Alemana*. Madri: Centros de Estudios Constitucionales, 1986.

SARLET, Ingo Wolfgang. In: MARINONI, Luiz Guilherme; MITIDIERO, Daniel; SARLET, Ingo Wolfgang. *Curso de Direito Constitucional*. 3ª ed. São Paulo: Revista dos Tribunais, 2014.

SILVA, José Afonso da. *Curso de Direito Constitucional Positivo*. 16ª ed. São Paulo: Malheiros Editora, 1999.

TUSHNET, Mark. *The Constitution of the United States of America:* a contextual analysis. Oxford: Hart Publishing, 2009.

ZIPPELIUS, Reinhold. *Allgemeine Staatslehre*. 15ª ed. Munique: Verlag C. H. Bec, 2017.

AS ESPERANÇAS DE REEQUILÍBRIO FEDERATIVO TRAZIDAS PELA ADO 25

ONOFRE ALVES BATISTA JÚNIOR[1]
MARINA SOARES MARINHO[2]

SUMÁRIO: *1. Introdução. 2. A ação direta de inconstitucionalidade por omissão e seus efeitos. 3. Retroatividade dos efeitos do julgamento da ADO 25. 3.1. Retroação até 2004. 3.2. Retroação até 2006. 3.3. Retroação até 1996. 4. Conclusões. 5. Referências Bibliográficas.*

1. INTRODUÇÃO

Um julgamento do Supremo Tribunal Federal (STF) veio como um sopro de esperança para os Estados. Trata-se da decisão do STF na Ação Direta de Inconstitucionalidade por Omissão nº 25 (ADO 25) que representa, sem sombra de dúvidas, uma oportunidade para que se possa rediscutir o machucado pacto federativo. O julgado estabeleceu o prazo de 1 (um) ano para que o Congresso Nacional regulamentasse o art. 91 do Ato das Disposições Constitucionais Transitórias da Constituição da República Federativa do Brasil (ADCT/CRFB/88), que trata da compensação da União Federal aos Estados, Distrito Federal

---

[1] Advogado-Geral do Estado de Minas Gerais; Mestre em Ciências Jurídico-Políticas pela Universidade de Lisboa; Doutor em Direito pela UFMG; Pós-Doutoramento em Direito (Democracia e Direitos Humanos) pela Universidade de Coimbra; Professor de Direito Público do Quadro Efetivo da Graduação e Pós-Graduação da Universidade Federal de Minas Gerais (Curriculum lattes http://lattes.cnpq.br/2284086832664522).

[2] Assistente do Advogado-Geral do Estado de Minas Gerais; Mestranda em Direito e Justiça pela Universidade Federal de Minas Gerais (Curriculum lattes http://lattes.cnpq.br/6230936890648392).

(DF) e Municípios pela desoneração ampla do ICMS nas exportações, sob pena de o Tribunal de Contas da União (TCU) o fazer.

Originalmente, a CRFB/1988 determinou que apenas as operações de exportação de produtos industrializados seriam desoneradas pelo ICMS. Em contrapartida, assegurou a entrega de 10% (dez por cento) do resultado da arrecadação do imposto sobre produtos industrializados (IPI) aos Estados e ao Distrito Federal, proporcionalmente ao valor das respectivas exportações desses produtos. Com a edição da Lei Complementar nº 87/1996 ("Lei Kandir"), os produtos primários e semielaborados passaram a gozar do mesmo benefício, posteriormente elevado ao *status* de imunidade pela Emenda Constitucional nº 42/2003 (EC nº 42/2003). Coube ao Congresso Nacional definir, em lei complementar, o montante a ser entregue pela União aos entes menores como compensação pela perda de arrecadação.

Dez anos após a promulgação da EC 42/2003, sem que fosse editada a norma em comento, o Estado do Pará ingressou no STF pleiteando a declaração da omissão, o que foi reconhecido pela unanimidade dos Ministros, em novembro de 2016. O prejuízo sofrido pelos Estados exportadores de *commodities* ficou expresso na decisão do Plenário e não houve votação para modular os seus efeitos. Por isso, deve ser estabelecido o marco temporal da retroação dos efeitos do julgamento.

A análise histórica dos debates em torno da Lei Kandir, das Leis Complementares que a modificaram e da EC nº 42/2003 deixa claro que as negociações entre os entes sempre foram no sentido de compensar os Estados e o DF por seu esforço exportador. Isso porque a desoneração buscou, sobretudo, reverter o desequilíbrio da balança comercial brasileira, causado pela opção do Governo Federal de manter paridade cambial entre o real e o dólar. Entretanto, desde 1997, os valores transferidos não fizeram frente às perdas experimentadas, reduzindo ano após ano, o que motivou a edição reiterada de atos normativos buscando nova forma de garantir o pagamento no montante efetivamente devido. O julgamento que reconheceu a omissão legislativa quanto à compensação devida aos Estados dá as balizas segundo as quais serão definidos os valores de repasse da União aos demais entes da federação.

Não há questionamento sobre a persistência dos prejuízos de arrecadação causados a todos os Estados; em outras palavras, os efeitos futuros da ADO 25 são indiscutíveis. Ocorre que a União Federal se recusa a dar efetividade à decisão no que diz respeito ao período anterior ao da promulgação da nova lei complementar, ignorando as questões procedimentais de julgamentos de ADO (os quais, em regra, produzem efeitos *ex tunc*), assim como os desequilíbrios causados ao pacto federativo. Basta ver que os Estados se endividaram com a própria União Federal, na medida em que não receberam a receita tributária que deveria ter fluído para os cofres estaduais, e pagam, ainda, hoje, juros elevadíssimos sobre a dívida contraída. Vale repisar, os efeitos da declaração de inconstitucionalidade em sede de ADO são *ex tunc*, salvo quando expressamente o STF, por maioria de dois terços de seus membros, restringir os efeitos da declaração ou decidir que ela só terá eficácia a partir de seu trânsito em julgado ou de outro momento que venha a ser fixado (o que não ocorreu na ADO 25).

O presente trabalho propõe a discussão de 2 (duas) possíveis teses para os efeitos *ex tunc* da ADO 25: (i) a retroação até 2004, data imediatamente posterior à edição da EC 42/2003, a partir da qual o Congresso Nacional estaria autorizado a legislar (e que desde então não o fez); e (ii) retroação até 2006, período em que perdeu a vigência o art. 31 da Lei Kandir e que, por essa razão, materializou o vácuo normativo. Abordaremos, ainda, a possibilidade de retroação até 1996, data da promulgação da Lei Kandir, uma vez que a forma de apuração dos prejuízos, ao longo do tempo, se mostrou insuficiente para atender à própria teleologia da norma do art. 31 da Lei Complementar nº 87/1996 (LC 87/1996).

2. A AÇÃO DIRETA DE INCONSTITUCIONALIDADE POR OMISSÃO E SEUS EFEITOS

Em discurso de abertura da Assembleia Nacional Constituinte, o seu presidente, Dr. Ulysses Guimarães, expressou que a Nação queria mudança,[3] e no seu discurso de promulgação da CRFB/88 declarou que, no que tange à Carta Constitucional, a Nação tinha mudado. De acordo com o saudoso Deputado, as mudanças realizadas no âmbito da lei maior permitem conceituá-la como a "Constituição coragem", a "Constituição cidadã", a "Constituição federativa", "a Constituição representativa e participativa", a "Constituição do governo-síntese

---

[3] GUIMARÃES, Ulysses. *Diário da Assembleia Nacional Constituinte*. 4. fev. 1987, p. 21-23.

Executivo-Legislativo", a "Constituição fiscalizadora".[4] Entre as alterações celebradas está a ampliação dos deveres dos legisladores, para garantir a efetividade dos direitos sociais. Sobre esse aspecto, Ulysses Guimarães enfatizou que a "Nação repudia a preguiça, a negligência, a inépcia" e completou que "na ausência de lei complementar, os cidadãos poderão ter o provimento suplementar pelo mandado de injunção".[5]

Realmente, a CRFB/88 em muito se distingue das cartas constitucionais anteriores. A começar pelo seu processo de edição, que permitiu maior participação popular[6] e pela alteração da própria estrutura das normas constitucionais, passando os direitos individuais, os coletivos, os sociais e os políticos a serem expostos antes das normas de organização do Estado. Destaca-se também que a Constituição inovou ao prever ações jurídicas próprias para darem efetividade aos comandos constitucionais: o Mandado de Injunção (MI) e a Ação Direta de Inconstitucionalidade por Omissão (ADO), entre outras conquistas que marcaram o momento de redemocratização do Brasil.

O MI está listado como direito fundamental dos brasileiros e dos estrangeiros residentes no País no inc. LXXI do art. 5º da CRFB/1988, enquanto a Ação Direta de Inconstitucionalidade por Omissão encontra-se prevista no art. 103, §2º da Carta Constitucional. Por meio desses instrumentos processuais a CRFB/1988 buscou garantir que nenhum direito por ela assegurado restasse ineficaz porque não regulamentado.

Como explica Herzeleide Maria Fernandes de Oliveira, consultora do Senado Nacional no período da Assembleia Constituinte, o problema da ausência de efetividade das normas constitucionais preocupou estudiosos do Direito e educadores ao longo de toda a história constitucional brasileira, já que, até a promulgação da CRFB/1988, as normas definidoras dos direitos inerentes ao homem e ao exercício da cidadania serviam como meras declarações de intenções. Relata que as áreas

---

4 GUIMARÃES, Ulysses. *Diário da Assembleia Nacional Constituinte*. 5. out. 1988, p. 14.380-14.382.

5 Op. cit., p. 14.381.

6 Antes mesmo de a Assembleia Constituinte ser instaurada, foi lançado o Projeto Constituição, por meio do qual a população poderia enviar, por carta, sugestões aos Constituintes. Além disso, pela primeira vez na história constitucional brasileira foi utilizada a figura da emenda popular (aprovada, por exemplo, para prever os mecanismos de participação popular no processo legislativo).

de assessoria de Educação e Direito envidaram seus esforços para dotar de efetividade o direito à educação no Brasil, o que resultou nas propostas de MI e ADO apresentadas pelo Senador Virgílio Távora.[7] Nas palavras da Consultora:[8]

> O Mandado de Injunção surgiu a partir da necessidade de elaborar-se instituto jurídico-processual, com assento na Constituição, para a defesa do direito à Educação. Ressalte-se que existiam, no ordenamento jurídico brasileiro, garantias constitucionais cujas limitações as impediam de exigir do Governo a observância dos ditames constitucionais.
> Descartados os institutos processuais brasileiros, pensou-se no "Juicio de Amparo" mexicano, mas foi este também rejeitado por se voltar ao controle de constitucionalidade das leis e atos emanados pelo poder público, sendo que, no caso, cogitava-se de controlar a inação do Governo brasileiro.
> Na impossibilidade de utilização dos remédios jurídicos já conhecidos, teve-se que inovar mediante criação de um novo instrumento processual, voltado para a execução das normas programáticas.
> Dessa forma, foi gerado o Mandado de Injunção e, para isso, buscou-se inspiração nos "injuctions" ingleses, mais precisamente no "writ of injuction", fonte também do "Juicio de Amparo" e do Mandado de Segurança. Paralelemente ao Mandado de Injunção, foi criado, sob inspiração direta da Constituição portuguesa (art. 283),[9] o instituto jurídico da Inconstitucionalidade por Omissão, ao qual, porém, conferiu-se conotação mais abrangente que a do seu similar português, sendo-lhe atribuído o controle não só da inatividade legislativa mas, principalmente, da inércia do Poder Executivo no campo educacional.

---

[7] Na sua redação original, as propostas eram as seguintes: sugestão de Norma Constitucional nº 155-4, "sempre que se caracterizar a inconstitucionalidade por omissão, conceder-se-á mandado de injunção, observado o rito processual estabelecido para o mandado de segurança"; sugestão de Norma Constitucional nº 156-2, "a não edição de atos ou normas pelos Poderes Legislativo, Executivo e Judiciário, visando a implementar esta Constituição, implica a inconstitucionalidade por omissão" OLIVEIRA, Herzeleide Maria Fernandes de. O Mandado de Injunção. *Revista de Informação Legislativa*, 100 (out./dez. 1998), p. 51.

[8] OLIVEIRA, op. cit., p. 49.

[9] Destaca Regina Quaresma que o instituto recepcionado diretamente no art. 283 da Constituição da República Portuguesa de 1976 e 1982 teve como fontes a Constituição Iugoslava de 1974 (arts. 367 e 377) e a Constituição Alemã de 1949 (art. 93, §4º). QUARESMA, Regina. *O mandato de injunção e a ação direta de inconstitucionalidade por omissão: teoria e prática*. Rio de Janeiro: Forense, 1995.

Após serem modificadas nas comissões constituintes, as propostas do Senador Virgílio Távora tomaram as suas configurações atuais e foram aprovadas.[10] A regulamentação da Ação Direta de Inconstitucionalidade por Omissão veio em 2009, por meio da Lei nº 12.063, que incluiu o Capítulo II-A à Lei nº 9.868/1999, a qual dispõe precipuamente sobre a Ação Direta de Inconstitucionalidade (ADI). Já a regulamentação do MI viria apenas em 2016, por meio da Lei nº 13.300.

A Lei nº 9.868/1999 (ADO) traz disposições relativas aos legitimados para propor a ação, os requisitos da petição inicial, esmiúça o seu trâmite processual, inclusive quanto à eventual concessão de medidas cautelares e, ainda, apresenta esclarecimentos sobre a decisão proferida pelo Tribunal. No que couber, de acordo com o §2º do art. 12-H, aplicam-se também as prescrições relativas aos efeitos das decisões em ADI, nos termos do capítulo IV da mesma lei.

Fica evidente, por isso, que os efeitos das decisões em ADO, assim como em ADI, são *ex tunc*, ou seja, retroativos. O art. 27 da Lei nº 9.868/1999, aplicável à ADO em razão do comando do mencionado art. 12-H, frisa a retroatividade dos efeitos da decisão. Vejamos:

> Ao declarar a inconstitucionalidade de lei ou ato normativo, e tendo em vista razões de segurança jurídica ou de excepcional interesse social, poderá o Supremo Tribunal Federal, por maioria de dois terços de seus membros, restringir os efeitos daquela declaração ou decidir que ela só tenha eficácia a partir de seu trânsito em julgado ou de outro momento que venha a ser fixado.

A consideração legal de que os efeitos de decisões em ADO são retroativos, tais como em ADI, parte do pressuposto de que elas possuem natureza declaratória, ou seja, reconhecem um estado preexistente.[11]

---

10 Art. 5º, inc. LXXI da CRFB/88: "conceder-se-á mandado de injunção sempre que a falta de norma regulamentadora torne inviável o exercício dos direitos e liberdades constitucionais e das prerrogativas inerentes à nacionalidade, à soberania e à cidadania".

Art. 103, §2º da CRFB/88: "declarada a inconstitucionalidade por omissão de medida para tornar efetiva norma constitucional, será dada ciência ao Poder competente para a adoção das providências necessárias e, em se tratando de órgão administrativo, para fazê-lo em trinta dias."

11 Cf. CUNHA JR., Dirley. *Controle de Constitucionalidade: teoria e prática*. 4ª ed. ver., ampl. e atual. Bahia: JusPodivm, 2010, p. 216.

O Ministro Gilmar Mendes, em sua obra "Curso de Direito Constitucional", faz um preciso apanhado da questão:[12]

> Um dos problemas relevantes da dogmática constitucional refere-se aos efeitos de eventual declaração de inconstitucionalidade da omissão.
>
> Não se pode afirmar, simplesmente, que a decisão que constata a existência da omissão inconstitucional e determina ao legislador que empreenda as medidas necessárias à colmatação da lacuna inconstitucional não produz maiores alterações na ordem jurídica. Em verdade, tem-se aqui sentença de caráter nitidamente mandamental que impõe ao legislador em mora o dever de, dentro de um prazo razoável, proceder à eliminação do estado de inconstitucionalidade.
>
> O dever dos Poderes Constitucionais ou dos órgãos administrativos de proceder à imediata eliminação do estado de inconstitucionalidade parece ser uma das consequências menos controvertidas da decisão que porventura venha a declarar a inconstitucionalidade de uma omissão que afete a efetividade de norma constitucional. O princípio do Estado de Direito (art. 1º), a cláusula que assegura a imediata aplicação dos direitos fundamentais (art. 5º, § 1º) e o disposto no art. 5º, LXXI, que, ao conceder o mandado de injunção para garantir os direitos e liberdades constitucionais, impõe ao legislador o dever de agir para a concretização desses direitos, exigem ação imediata para eliminar o estado de inconstitucionalidade.
>
> Considerando que o estado de inconstitucionalidade decorrente da omissão pode ter produzido efeitos no passado – sobretudo se se tratar de omissão legislativa –, faz-se mister, muitas vezes, que o ato destinado a corrigir a omissão inconstitucional tenha caráter retroativo.
>
> Evidentemente, a amplitude dessa eventual retroatividade somente poderá ser aferida em cada caso.

Roque Antônio Carraza concorda que os efeitos de ADO devem retroagir, até a data em que restou materializada a omissão.[13] Já o também Ministro do STF, Alexandre de Moraes, comentando os efeitos da decisão, além de reconhecer que eles são retroativos, entende que a União Federal deve ser responsabilizada por perdas e danos, senão vejamos:[14]

---

12 MENDES, Gilmar Ferreira. *Curso de direito constitucional*. 12ª ed. rev. e atual. São Paulo: Saraiva, 2017. p. 1.107, ebook (grifos nossos).

13 CARRAZA, Roque Antônio. Ação direta de inconstitucionalidade por omissão e mandado de injunção. *Justitia*, São Paulo, v. 55, n. 163, p. 35-52, jul./set. 1993, p. 39.

14 MORAES, Alexandre de. *Direito Constitucional*. 32ª ed. rev. e atual. São Paulo: Atlas, 2016. p. 1.204, e-book (grifos nossos).

> Declarando o Supremo Tribunal Federal a inconstitucionalidade por omissão, por ausência de medida legal que torne a norma constitucional efetiva, deverá dar ciência ao Poder ou órgão competente para: (...)
> 2. Poder Legislativo: ciência para adoção das providências necessárias, sem prazo preestabelecido. Nessa hipótese, o Poder Legislativo tem a oportunidade e a conveniência de legislar, no exercício constitucional de sua função precípua, não podendo ser forçado pelo Poder Judiciário a exercer seu *munus*, sob pena de afronta a separação dos Poderes, fixada pelo art. 2º da Carta Constitucional. Como não há fixação de prazo para a adoção das providências cabíveis, igualmente, não haverá possibilidade de responsabilização dos órgãos legislativos. Declarada, porém, a inconstitucionalidade e dada ciência ao Poder Legislativo, fixa-se judicialmente a ocorrência da omissão, com efeitos retroativos *ex tunc* e *erga omnes*, permitindo-se sua responsabilização por perdas e danos, na qualidade de pessoa de direito público da União Federal, se da omissão ocorrer qualquer prejuízo.

Diante do que dispõe a legislação e o que sustenta a doutrina, há necessidade de apontar o marco inicial de retroação no caso da ADO 25, já que durante o julgamento os efeitos não foram modulados. Embora o STF tenha determinado prazo para o Congresso Nacional legislar, sob pena de o TCU apurar o montante devido, não se trata esse lapso temporal de modulação de efeitos. Isso porque não houve qualquer manifestação sobre o momento em que deve ser considerada materializada a omissão, e a modulação versa exatamente sobre esse marco: o termo inicial da consideração de inconstitucionalidade. O prazo estabelecido integra o próprio conteúdo da decisão, que, alinhada à corrente concretista dos efeitos de MI e ADO, não aceita que as decisões em ações relacionadas a omissões constitucionais sejam meramente informativas. Ademais, a modulação de efeitos é procedimento de exceção e, por isso, deve ser explícita. É dizer, houvesse a intenção de restringir a retroação dos efeitos da decisão, essa questão deveria ter sido expressamente levantada e a votação exigida pelo art. 27 da Lei nº 9.868/1999 deveria ter sido realizada de forma específica.

Destarte, insistimos na pergunta: não havendo a modulação de efeitos prevista no art. 27 da Lei nº 9.868/1999, aplicável para ADO por determinação do §2º do art. 12-H, no caso da ADO 25, até quando eles retroagirão? Para respondê-la, ainda não há jurisprudência suficiente que permita estabelecer o entendimento do STF, mas a própria Lei nº 9.868/1999 e a doutrina a respeito das omissões legislativas constitucionais permitem vislumbrar soluções juridicamente plausíveis para a determinação desse marco inicial.

3. RETROATIVIDADE DOS EFEITOS DO JULGAMENTO DA ADO 25

3.1. RETROAÇÃO ATÉ 2004

Retomando o exposto acima, na sua origem, a CRFB/1988 apenas previu a imunidade do ICMS nas exportações de produtos industrializados, estabelecendo, então, a compensação por meio da entrega de 10% (dez por cento) do produto da arrecadação do imposto sobre produtos industrializados, pela União, proporcionalmente ao valor das respectivas exportações desses produtos pelos Estados. O objetivo da medida, claramente, era tornar o produto industrializado competitivo no mercado internacional, o que gera investimentos em atividades produtivas no Brasil.

Oito anos depois da promulgação da Carta Constitucional, o legislador complementar, valendo-se da competência assegurada pelo inc. XII, alínea "e", do §2º do art. 155 da CRFB/1988, excluiu da incidência do ICMS, nas exportações para o exterior, os produtos primários e semielaborados, na tentativa de reequilibrar a balança comercial brasileira, impactada pela âncora cambial adotada durante os primeiros anos do Plano Real. A desoneração ocorreu por meio do art. 3º, inc. II, da LC 87/1996 (Lei Kandir)[15] e, seguindo o exemplo constitucional, a compensação de Estados e Municípios foi disciplinada no art. 31 do mesmo diploma.[16]

A sistemática de compensação prevista pelo art. 31 da Lei Kandir era conhecida como "seguro-receita". Segurar, em sua acepção mais tradicional, equivale a acautelar contra prejuízos. Ocorre que basta se defrontar com os números de cobertura das perdas nos períodos entre

---

15 "Art. 3º O imposto não incide sobre: (...)

II - operações e prestações que destinem ao exterior mercadorias, inclusive produtos primários e produtos industrializados semielaborados, ou serviços".

16 "Art. 31. Até o exercício financeiro de 2.002, inclusive, a União entregará mensalmente recursos aos Estados e seus Municípios, obedecidos os limites, os critérios, os prazos e as demais condições fixados no Anexo desta Lei Complementar, com base no produto da arrecadação estadual efetivamente realizada do imposto sobre operações relativas à circulação de mercadorias e sobre prestações de serviços de transporte interestadual e intermunicipal e de comunicação no período julho de 1995 a junho de 1996, inclusive".

1997 e 2000 para constatar que isso não ocorreu.[17] Na realidade, a redação original do art. 31 estabeleceu um sistema de repasses com limites pré-estabelecidos e que asseguraria a manutenção do nível de arrecadação do período anterior ao da Lei Kandir. A compensação deveria ser calculada com base na arrecadação de ICMS entre 1995 e 1996 (e não de acordo com as perdas experimentadas no ano-calendário de referência dos repasses).

Diante da insatisfação geral dos Estados exportadores de produtos primários e semielaborados, foi aprovada a Lei Complementar n. 102/2000 (LC 102/2000), que alterou a Lei Kandir para adaptar as fórmulas de compensação e estabelecer que os repasses, a partir de então e até o ano de 2002, fossem realizados segundo um "fundo orçamentário", utilizando-se de coeficientes de participação pré-fixados. Em 2002, entretanto, também para abafar os veementes protestos dos governantes estaduais, sobreveio a Lei Complementar nº 115/2002 (LC 115/2002), que postergou essa forma de repasses até 2006.

Antes que a LC 115/2002 perdesse sua vigência em razão do prazo expressamente previsto, sobreveio a Emenda Constitucional nº 42/2003, que elevou ao *status* de imunidade constitucional a desoneração de ICMS na exportação de produtos primários, semielaborados, industrializados e de serviços. Como não poderia deixar de ser, o art. 91 do ADCT foi incluído para garantir a devida compensação a Estados, DF e Municípios pelos graves prejuízos que àquele tempo já eram de amplo conhecimento dos parlamentares.

Conforme é sabido, passaram-se 10 (dez) anos sem que o Congresso Nacional desse cumprimento ao que previu a CRFB/1988, razão pela qual foi proposta a ADO 25 pelo Estado do Pará, em 2013 (a que aderiram como *amicus curiae* outros 16 Estados). O pedido dessa ação, cuja tramitação durou pouco mais de 3 (três) anos, foi o de declaração da inconstitucionalidade por omissão para tornar efetiva a referida norma constitucional. O STF, em 30 de novembro de 2016, em julgamento brilhantemente relatado pelo Ministro Gilmar Mendes, à unanimidade, decretou a inconstitucionalidade por omissão, sem modular os efeitos.

---

17 De acordo com os cálculos do CONFAZ, em 1997 as transferências realizadas pela União Federal cobriram apenas 37,3% das perdas no exercício; em 1998 somente 40,8% e, em 1999, 55,4%. Cf. Estudo realizado pela Comissão Técnica Permanente do CONFAZ (COTEPE).

A declaração de que o Congresso Nacional estava omisso é o reconhecimento de uma situação preexistente, a qual persiste desde o momento imediatamente posterior ao da promulgação da EC nº 42/2003. O Poder Legislativo tinha a obrigação de exercer a sua função típica e regulamentar o art. 91, desde janeiro de 2004, período legislativo imediatamente posterior à sua inclusão no ADCT. E isso não aconteceu.

O §3º do art. 91 determina que, enquanto não for editada a lei complementar de que trata o *caput* do dispositivo, permanece vigente o sistema de entrega previsto no art. 31 da Lei Kandir. Todavia, tal previsão não possui o condão de afastar a omissão do Congresso Nacional; não faz desaparecer a inércia do Poder Legislativo quanto à ordem constitucional. O próprio voto proferido pelo Ministro Relator Gilmar Mendes na ADO 25 reforça essa conclusão:

> No caso ora em julgamento, como já vimos, os critérios estão no art. 31 e Anexo da Lei Complementar 87/1996, de 13 de setembro de 1996, com a redação dada pela Lei Complementar 115, de 26 de dezembro de 2002. Ora, o fato de a Emenda ter disposto critérios provisórios para o repasse não configura razão suficiente para afastar a omissão inconstitucional em questão. **Ao contrário: o sentido de provisoriedade estampado no teor do § 2º do art. 91 só confirma a omissão do Congresso Nacional na matéria. Não tem o condão de convalidá-la.** (destaques nossos)

O §3º do art. 91 do ADCT apenas assegura que Estados, DF e Municípios não passem por situação ainda pior, sem receber nenhum repasse até que haja a regulamentação da nova forma de apuração do montante devido. Não fosse mantida a vigência do art. 31 da Lei Kandir, a CRFB/88 estaria criando uma situação paradoxal: determinaria a regulamentação de uma nova regra de compensação, mais benéfica, mas acabaria por impedir a realização de qualquer repasse pela União até que a lei complementar fosse editada, o que ocasionaria ainda mais prejuízos para Estados, DF e Municípios. E a finalidade da emenda constitucional era, claramente, a de evitar que persistissem as perdas financeiras dos entes menores.

É importante destacar que, houvesse o Congresso Nacional atuado em prazo razoável, obviamente, não haveria declaração da omissão lesiva e não caberia falar em retroação de efeitos. Entretanto, a inércia de mais de 10 (dez) anos fez com que o Poder Judiciário reconhecesse a lesividade da inconstitucionalidade e os efeitos desse reconhecimento, por certo, retroagem até a materialização da omissão, ou seja, até 2004.

3.2. RETROAÇÃO ATÉ 2006

Pelo até aqui exposto, poder-se-ia fixar, pelo menos provisoriamente, as seguintes premissas acerca dos efeitos da decisão proferida na ADO 25: (i) como o STF não suscitou a modulação, os efeitos retroagirão até a data em que houver se materializado a omissão; (ii) a materialização da omissão se dá no primeiro dia a partir do qual o Congresso Nacional tinha a obrigação de editar a lei complementar requerida pelo art. 91 do ADCT. Conjugando-se os dois enunciados formulados, pode-se concluir que a omissão relativa ao art. 91 do ADCT se materializou em janeiro de 2004, período legislativo imediatamente posterior à sua promulgação.

Entretanto, não seria descabido afirmar que o constituinte derivado concedeu um prazo que, apenas depois de transcorrido, demarcaria o início da omissão do Poder Legislativo. Confira-se o dispositivo mencionado:

> Art. 91. A União entregará aos Estados e ao Distrito Federal o montante definido em lei complementar, de acordo com critérios, prazos e condições nela determinados, podendo considerar as exportações para o exterior de produtos primários e semielaborados, a relação entre as exportações e as importações, os créditos decorrentes de aquisições destinadas ao ativo permanente e a efetiva manutenção e aproveitamento do crédito do imposto a que se refere o art. 155, § 2º, X, a.
> § 1º Do montante de recursos que cabe a cada Estado, setenta e cinco por cento pertencem ao próprio Estado, e vinte e cinco por cento, aos seus Municípios, distribuídos segundo os critérios a que se refere o art. 158, parágrafo único, da Constituição.
> § 2º A entrega de recursos prevista neste artigo perdurará, conforme definido em lei complementar, até que o imposto a que se refere o art. 155, II, tenha o produto de sua arrecadação destinado predominantemente, em proporção não inferior a oitenta por cento, ao Estado onde ocorrer o consumo das mercadorias, bens ou serviços.
> § 3º Enquanto não for editada a lei complementar de que trata o *caput*, em substituição ao sistema de entrega de recursos nele previsto, permanecerá vigente o sistema de entrega de recursos previsto no art. 31 e Anexo da Lei Complementar nº 87, de 13 de setembro de 1996, <u>com a redação dada pela Lei Complementar nº 115, de 26 de dezembro de 2002.</u>
> § 4º Os Estados e o Distrito Federal deverão apresentar à União, nos termos das instruções baixadas pelo Ministério da Fazenda, as informações relativas ao imposto de que trata o art. 155, II, declaradas pelos contribuintes que realizarem operações ou prestações com destino ao exterior.

A redação dada pela LC 115/2002 ao art. 31 da LC 87/1996 é expressa ao estabelecer que a União entregará recursos mensalmente aos Estados e Municípios "nos exercícios financeiros de 2003 a 2006". Portanto, não seria desarrazoada a interpretação no sentido de que a delimitação do início da omissão do Congresso Nacional seria o prazo de 3 anos concedido para que o art. 91 do ADCT fosse densificado.

Em julgamentos de omissões legislativas constitucionais, o STF frequentemente fala de "prazo razoável" para estipular se a omissão poderia ser considerada inconstitucional ou não. Na própria ADO 25, o Ministro Celso de Melo fez referência à expressão "omissão abusiva no adimplemento da prestação legislativa".[18] O Ministro Gilmar Mendes também utilizou a expressão para descrever a omissão julgada inconstitucional na ADI nº 3.682, que inspirou a decisão concretista proposta por ele na ADO 25. Nas palavras do Ministro, o STF entendeu que "a inércia legislativa também poderia configurar omissão passível de vir a ser reputada inconstitucional na hipótese de os órgãos legislativos não deliberarem dentro de prazo razoável sobre o projeto de lei em tramitação". No caso, igualmente, a omissão perdurava por mais de 10 (dez) anos desde a promulgação da EC nº 15/1996.[19]

Portanto, a respeito da segunda premissa adotada nesse estudo, embora a omissão se caracterize desde o primeiro momento a partir do qual deveria ser dado cumprimento à CRFB/1988, é possível cogitar que ela apenas se torne inconstitucional após o transcurso do prazo razoável para legislar.

---

18 "Presente esse contexto, cumpre reconhecer que a ação direta de inconstitucionalidade por omissão – considerada a sua específica destinação constitucional – busca neutralizar as consequências lesivas decorrentes da ausência de regulamentação normativa de preceitos inscritos na Carta Política e que dependem da intervenção concretizadora do legislador, traduzindo significativa reação jurídico-institucional do vigente ordenamento político, que a estruturou como instrumento destinado a impedir o desprestígio da própria Carta da República. A imposição constitucional de legislar, de um lado, e a situação de omissão abusiva no adimplemento da prestação legislativa, de outro, caracteriza-se, diante do estado de mora do legislador, pela superação excessiva de prazo razoável, o requisito condicionante da declaração de inconstitucionalidade por omissão." (ADO 25. STF. Relator Ministro Gilmar Mendes. Dj: 30/11/2016. Dje: 18/08/2017 – grifos nossos).

19 A EC nº 15/1996 deu nova redação ao § 4º do art. 18 da CRFB/1988, para dispor sobre a criação, a incorporação, a fusão e o desmembramento de Municípios, estabelecendo que lei complementar regulamentaria a questão, em especial o período para realização de tais mudanças.

A esse respeito, dúvidas surgem sobre como estabelecer qual é o "prazo razoável" para o Congresso Nacional legislar. Entretanto, o próprio STF fornece alguns parâmetros. No julgamento da ADI nº 3.682, que inspirou a decisão na ADO 25, o STF entendeu que 18 (dezoito) meses seriam "prazo razoável" para adoção de todas as providências legislativas necessárias para dar cumprimento ao art. 18, §4º da CRFB/1988. Já nas decisões das ADIs nºs 2.240, 3.316, 3.489 e 3.689, anteriores à ADI nº 3.682, o STF consignou que o prazo de 24 (vinte e quatro) meses seria "parâmetro temporal razoável" para que leis que criavam municípios ou alteravam os seus limites territoriais continuassem vigendo, porque nesse período deveria ser promulgada a lei complementar que contemplaria as realidades dos entes federativos. Na própria ADO 25 o STF estabeleceu o prazo de 12 (doze) meses para que seja sanada a omissão, ou seja, considerou esse prazo como razoável para que o Congresso Nacional exercesse a sua função típica.

Percebe-se, então, que apesar de o Supremo Tribunal Federal não possuir manifestação uniforme quanto ao período exato que corresponde ao "prazo razoável para legislar", no caso da ADO 25 a própria CRFB/1988 pode tê-lo estabelecido. É que o § 3º do art. 91 do ADCT determina que, enquanto o Congresso Nacional não produzir a Lei Complementar que regulamenta a norma transitória, deve ser adotada a sistemática do art. 31 da Lei Kandir, com a redação dada pela LC 115/2002. E a redação da LC 115/2002 expressamente estipulava que a União entregaria recursos mensalmente aos Estados e seus Municípios nos exercícios financeiros *de 2003 a 2006*. Não é razoável supor, portanto, que ao fazer referência à redação da LC 115/2002 o constituinte derivado tenha ignorado a vigência por ela expressamente imposta ao art. 31 da Lei Kandir.

É evidente que o próprio constituinte derivado determinou como prazo razoável o período de 36 (trinta e seis) meses (2003 a 2006) para o Congresso Nacional legislar - o triplo do que estabeleceu o próprio STF no julgamento da ADO 25. Diante dessa conclusão, é razoável argumentar que mesmo a omissão existindo desde janeiro de 2004, a inércia do Poder Legislativo apenas se tornou inconstitucional a partir de 2006, porque a CRFB/1988 teria ela mesma concedido prazo razoável para o cumprimento de sua ordem.

De fato, uma vez que o art. 31 da Lei Kandir nunca foi modificado, sua vigência expirou em 2006. Desde então, há verdadeiro estado de anomia, ou seja, não há norma que regulamente os repasses relativos à desoneração do ICMS. O Ministro Lewandowski, no julgamento da ADO 25, chamou atenção para essa circunstância:

> A dúvida que tenho é saber se a matéria hoje está integralmente regulada pela Lei Complementar 115/2002, que alterou, como todos nós sabemos, a Lei Complementar anterior, que era a Lei Complementar 87/96. Ocorre que esta Lei Complementar 115/2002, salvo melhor juízo, regula os repasses apenas nos exercícios financeiros de 2003 a 2006. É isto? Ou ela foi prorrogada?
> (...)
> **Quer dizer, então, tecnicamente, essa Lei já não vigora mais, porque ela estaria regulando a matéria até 2006, mas, tacitamente, está sendo aplicada.** (destaques nossos)

O saudoso Ministro Teori Zawaski, retomou a discussão, sob outro ponto de vista, o da vigência do § 3º do art. 91 do ADCT,[20] no que o Ministro Gilmar Mendes, relator da ADO 25, explicou:

> Portanto, aquilo era um provisório necessariamente que já se projeta por treze anos. É óbvio que a regra é: "Edite-se a lei complementar". Este é o comando. Portanto, há um dever constitucional de legislar. A mim me parece que Vossa Excelência tem razão. Nós estamos assumindo - essa é a premissa do meu voto - que **caducou essa norma de caráter transitório. O Ministro Lewandowski até falou na superação, na revogação mesmo da Lei Complementar nº 115. Parece-me que é isso que acaba por ocorrer**. E essa é a reclamação do Estado. (destaques nossos)

Dessa forma, não restam dúvidas quanto a retroação dos efeitos da decisão até, pelo menos, o ano de 2006, seja porque esse foi o prazo dado pelo constituinte derivado para o Congresso Nacional legislar, seja porque há estado de anomia desde então, o que precisa ser colmatado pelo concretismo da decisão.

---

20 "A dificuldade que vejo neste caso específico é que, de alguma forma, o próprio legislador constituinte, - e foi o legislador constituinte -, no § 3º do artigo 91, preencheu, de algum modo, esse vazio normativo, estabelecendo que, enquanto perdurar essa mora, o sistema seria o ali previsto. Aliás, o parágrafo determina manter o sistema estabelecido na Lei Complementar nº 87. Para podermos dar uma solução diferente, teríamos que, de alguma forma, dizer que esse sistema do § 3º não tem mais vigência. Ele não teria mais vigência, ou porque foi revogado, ou porque seria inconstitucional - uma inconstitucionalidade superveniente -, ou, então, que, por sua natureza eminentemente temporária, ele teria exaurido as suas funções. Parece-me que o voto do Ministro-Relator seguiria esse último caminho."

3.3. RETROAÇÃO ATÉ 1996

A terceira hipótese de retroação não é diretamente extraída da decisão do STF na ADO 25, mas do objetivo da norma do art. 91 do ADCT, revelada pela interpretação histórica do dispositivo.

Isso porque, como destacado diversas vezes nos votos dos Ministros do STF no julgamento da ADO 25, o art. 91 do ADCT foi incluído pela EC nº 42/2003 para compensar as perdas sofridas pelos Estados exportadores. O Ministro Relator, Gilmar Mendes, chega a mencionar o parecer do Deputado Osmar Serraglio, relator da PEC nº 41/2003 na então Comissão de Constituição e Justiça e de Redação da Câmara dos Deputados:

> A segunda dissimetria, que me parece inegável, foi claramente percebida e assumida ruidosamente por todos que reivindicam a previsão constitucional de fundo de compensação aos Estados exportadores, medida simétrica à constitucionalização da exoneração total das exportações, o que se afigura procedente, a meu ver, se não de um ponto de vista puramente teórico, pelo menos do ponto de vista da nossa prática constitucional positiva.
> Assim, ainda que se possa alegar, especulativamente, que uma política de ressarcimento perene aos Estados exportadores seria inconsistente, contraditória, com uma adesão plena ao princípio da não-exportação de impostos, materializado na exoneração total das exportações, temos a seguinte situação de fato, a saber, que a exoneração constitucional em vigor abrange apenas os produtos industrializados, e prevê compensação perene aos Estados exportadores de produtos industrializados, financiada com 10 % da arrecadação do IPI, não cabendo mais discutir se mal ou bem, pois que é uma correlação constitucional vigente, indiscutível porquanto santificada pelo Constituinte originário.
> Ao propor a constitucionalização plena da exoneração das exportações, incorporando preceito da chamada Lei Kandir (Lei Complementar nº 87/96, alterada pela LC 102/00 e LC 115/02), não há como, simetricamente, deixar de cogitar da constitucionalização do fundo compensatório correlativo, dado o precedente indiscutível do art. 159, II, da CF em vigor. O precedente desautoriza o argumento de que o fundo compensatório da Lei Kandir tinha sido previsto para durar por prazo certo, na suposição de que, com o tempo, as perdas se diluiriam diante do aumento da atividade econômica e, junto a ela, do incremento dos ingressos tributários, decorrente do crescimento das exportações. O precedente do art. 159, II, pode ser um mal, numa avaliação puramente teórica, mas persiste, do ponto de vista da análise constitucional, como um molde constitucional irrecusável e indiscutível.

Isso posto, atendendo às reivindicações mais numerosas, parece conveniente sugerir à Comissão Especial a incorporação, na altura do art. 159, I, 'e', de previsão de fundo compensatório aos Estados exportadores, nos moldes do que consta hoje nas leis complementares mencionadas, para sanear possível assimetria no texto constitucional.

Após citação do parecer, o Ministro conclui que "[a] inclusão da norma do art. 91 do ADCT veio, portanto, claramente no sentido de oferecer uma medida compensatória em face das perdas experimentadas de maneira especialmente gravosa pelos estados exportadores em prol de um objetivo nacional: o favorecimento das exportações".

Compensar, diante do contexto em que uma das partes relacionadas sofre prejuízos, apenas pode significar "reparar um prejuízo com uma vantagem correspondente; contrapesar, reciprocar".[21] E essa foi a moeda de troca, desde 1996, para conseguir aprovar no Congresso Nacional normas que, não fossem as promessas de ressarcimento, obviamente prejudicariam muito os Estados exportadores.

O Projeto de Lei Complementar (PLP) n. 95/1996 (que resultou na LC 87/1996), em sua redação original, no art. 19, previa expressamente que "a União compensar[ia] financeiramente os Estados e o Distrito Federal pela perda de arrecadação do imposto sobre circulação de mercadorias e serviços decorrente da revogação da Lei Complementar nº 65/91".[22] Da mesma forma, assim vieram todas as justificativas apresentadas durante as discussões para desenvolvimento da nova lei. É ver o discurso do então Presidente da República, FHC, na data da sanção da Lei Kandir no Palácio do Planalto:

> Tudo isso, é claro, é muito importante para o Brasil. Mas tem um custo. Porque é preciso ressarcir os Estados – o senador Albano Franco está aqui para ouvir eu dizer isso, ou seja, que nós vamos ressarcir os Estados. E só é possível fazer esse ressarcimento aos Estados porque nós estamos recolocando as finanças do país em ordem. Houve muita negociação, muita discussão, mas chegou-se a um entendimento, de tal maneira que a União vai pagar o custo dessa redução de impostos. Mas vai fazer com satisfação, com a confiança que ela vai ser capaz, a União, de cobrar mais impostos do consumo, porque vai aumentar o consumo. Porque vai haver um aumento do consumo, e nós vamos ter também mais produção industrial, mais IPI,

---

21 Verbete retirado do *Dicionário Brasileiro da Língua Portuguesa MICHAELIS* (2015).
22 A LC 65/1991 define os produtos semielaborados para fins de incidência do ICMS.

mais Imposto de Renda. E é melhor cobrar mais de todos, do que cobrar muito de poucos, como é nosso sistema. É esse sistema que nós estamos mudando. (MACHADO, S., 1997a, p. 24)

É também o que consta das notas divulgadas pelo Ministério do Planejamento e Orçamento (MPO) na conclusão da votação do PLP n. 95/1996:

> **Por que União e Estados negociaram estas mudanças?** A Sociedade exige urgentes mudanças na estrutura tributária do País. Era preciso que uma Lei Complementar do ICMS buscasse o equilíbrio entre os interesses dos fiscos estaduais e os dos contribuintes e, sobretudo, que atendesse aos interesses maiores da Nação. Os governos estaduais e federal entenderam, por isso, que o Projeto devesse ser fruto de um acordo entre União e Estados, que merecesse o apoio do setor produtivo e o aval do Congresso Nacional.
> **Não obstante a importância das modificações que se deseja introduzir na legislação do ICMS, a situação financeira dos Estados não lhes permite arcar com o ônus de quedas em suas arrecadações, que, ainda que transitoriamente, possam advir das alterações. Para viabilizar as mudanças, o Governo Federal se propôs a assumir os riscos financeiros da transição, assegurando que nenhum Estado sofrerá redução de receita real em decorrência das mudanças.**[23] (destaques nossos)

Todas essas promessas foram feitas porque era evidente que os Estados enfrentariam perdas significativas pela retirada de boa parte do universo tributável de suas esferas de autonomia de arrecadação. Os representantes das fazendas estaduais, por meio do CONFAZ, deixaram isso claro na Reunião de Conclusão do Acordo Básico em torno do texto e definição do "seguro-receita", realizada em 14 de agosto de 1996, com os Ministérios da Fazenda e Planejamento nacionais:[24]

> A. O Problema
> [...] estas medidas são importantes para aumentar a competitividade das empresas brasileiras pois, nos três casos [mudanças propostas pelo Poder Executivo], a tributação está criando "custo Brasil". Por outro lado, a correção dessas distorções implica perda de receita de ICMS em relação à situação atual. **Os Estados entendem que as medidas são benéficas – estimulam o crescimento econômico e as exportações – e as aceitam desde que a perda seja compensada temporariamente (até que o crescimento se encarregue de diluí-las).** (destaques nossos)

---

[23] MACHADO, S., 1997a, p. 27.
[24] MACHADO, S., 1997b, p. 60.

Após as negociações, sob forte pressão do Governo Federal que precisava equilibrar a balança comercial brasileira e garantir o sucesso do Plano Real, foi aprovada a Lei Kandir e a sistemática do "seguro-receita" para compensação. Ocorre que depois de pouco tempo de vigência da LC 87/1996 os impactos da desoneração foram sentidos pelos Estados exportadores, dando início à campanha para sua alteração, como fica evidente pelo trecho de reportagem da época:[25]

> [o] Ministro Antonio Kandir (Planejamento) disse ontem que negocia o aperfeiçoamento da Lei Kandir, que eliminou a cobrança do ICMS nas exportações. Segundo ele, o governo não aceita negociar duas reivindicações dos Governadores: o fim da isenção das exportações e a reposição integral das perdas sofridas na arrecadação do ICMS (Imposto sobre Circulação de Mercadorias e Serviços) devido aos incentivos. Se as modificações fossem feitas, provocariam, segundo Kandir, 'a volta da desorganização das finanças públicas' e abalariam o Real.

A situação piorou porque a partir de 1999, o Anexo da Lei Kandir previa a redução das transferências.[26] Assim, foi aprovada a Lei Complementar n. 102/2000 (LC 102/2000), que alterou a LC 87/1996 para adaptar as fórmulas de compensação e estabelecer que os repasses, a partir de então e até o ano de 2002, fossem realizados segundo um "fundo orçamentário", utilizando-se de coeficientes de participação

---

25 GOVERNO..., 1997.

26 A insatisfação dos governos estaduais pode ser percebida também pelo movimento realizado para alterar o art. 31 da LC 87/1996, apenas após 28 meses de vigência da LC 87/1996. Por meio Projeto de Lei Complementar n. 02/1999, pretendia-se prever tanto (i) o imediato ressarcimento dos estados conforme a receita que deixasse de ser auferida como (ii) a compensação retroativa pelo que foi prometido e não foi entregue. O PLP está tramitando até a presente data, tendo sido apensado ao PLP n. 221/1998, que concentra as propostas que serão analisadas para atendimento da decisão da ADO 25.

pré-fixados.²⁷ Acompanhou o PLP n. 114/2000 o Anexo à EM interministerial n. 58/MP/MF/MDIC, de 15 de março de 2000:²⁸

1. Síntese do problema ou da situação que reclama providências:
A Lei Complementar nº 87, de 13 de setembro de 1996, desonerou as empresas da incidência do ICMS sobre as exportações, os bens destinados ao ativo fixo, o consumo de energia elétrica e os serviços de comunicação.
Na tentativa de minimizar eventuais danos financeiros aos Estados, Distrito Federal e Municípios, decorrentes dessas alterações, foi instituído no Anexo dessa Lei Complementar o chamado 'seguro-receita'.
Embora essas modificações tenham melhorado o desempenho da economia brasileira, particularmente nas exportações e nos investimentos, elas tiveram efeitos negativos sobre a receita de ICMS de alguns Estados.
Adicionalmente, o seguro-receita foi objeto de contestações dos Estados sob o argumento de que suas compensações foram insuficientes.
2. Soluções e providências contidas no ato normativo ou na medida proposta:
Restrição de créditos decorrentes da aquisição de energia elétrica e de serviços de comunicação, sem prejuízo da atividade exportadora, com vigência até 31 de dezembro de 2002;
Diferimento do crédito de bens de capital, com apropriação feita à razão de um quarenta e oito avos por mês;
Substituição do "seguro-receita" por um fundo orçamentário com coeficientes de participação pré-fixados para repasse de recursos aos Estados, Distrito Federal e Municípios, com vigência até dezembro de 2002.
3. Alternativas existentes às medidas ou atos propostos:
Reforma tributária, objeto de discussão no Congresso Nacional, que terá desdobramento somente no longo prazo.
[...]
5. Razões que justificam a urgência:
Preservar os avanços da legislação do ICMS obtidos com a edição da Lei Complementar 87, de 1996, e contribuir para o avanço da ordem tributária;
Minimizar as dificuldades financeiras a que foram expostos alguns Estados;
Distensionar a relação entre União e os Estados em relação à compensação de perdas decorrentes da desoneração do ICMS. [...]. (destaques nossos)

---

27 A LC 102/2000 foi resultado da deliberação da Comissão de Estudo e Revisão da LC 87/1996, instituída pelo Governo FHC por meio do Decreto s/n de 26 de outubro 1999, em razão das reclamações dos governadores a respeito do "seguro-receita". Confira-se a justificativa para a sua edição, apresentada pelos Ministérios de Planejamento e de Fazenda: "Embora a Lei Complementar nº 87, de 1996, tenha contribuído significativamente para o melhor desempenho da economia brasileira, incentivando as exportações e o aumento da formação bruta de capital fixo, acreditamos que seja necessário aprimorar a legislação de forma a minimizar as dificuldades financeiras a que foram expostos alguns Estados". (BRASIL, 2000, p. 12.328).

28 BRASIL, 2000, p. 12.329.

Em 2002, quando os repasses deveriam acabar, sobreveio a LC 115/2002 que, novamente, postergou as transferências compensatórias até 2006. O Parecer do próprio Antonio Kandir no PLP 349/2002, então deputado federal pelo PSDB/SP, deixou claro que as compensações prometidas não foram realizadas:[29]

> [...] basicamente são duas questões. No Projeto de Lei Complementar nº 349, estende-se por mais quatro anos o fundo orçamentário, o que é necessário, tendo em vista a não-complementação da reforma tributária. Em 1996, quando foi feita a Lei Kandir, estabeleceu-se a retirada do ICMS sobre exportações, investimentos e material de uso e consumo e a criação de condições para transferências entre a União e os Estados, **de maneira a compensar os Estados durante o período antecedente à reforma tributária.**
> **Como tal reforma não foi realizada em sua totalidade**, faz-se necessário estender o fundo orçamentário por mais quatro anos. (destaques nossos)

Percebe-se que, ao longo dos anos, os representantes estaduais se mobilizaram para encontrar uma regra que fosse capaz de promover o ressarcimento real de suas perdas. Em 2003, o Congresso Nacional, no seu papel de constituinte derivado, aprovou a Emenda Constitucional n. 42 (EC 42/03), que elevou a desoneração das exportações ao *status* de imunidade, firmando expressamente a necessidade de compensação. As perdas deveriam ser repostas nos termos de lei complementar a ser editada para resolver definitivamente a questão, estabelecendo um mecanismo de compensação efetiva aos Estados e Municípios (art. 91 do ADCT).[30]

---

29 BRASIL, 2000.

30 Art. 91 do ADCT da CRFB/1988: "A União entregará aos Estados e ao Distrito Federal o montante definido em lei complementar, de acordo com critérios, prazos e condições nela determinados, podendo considerar as exportações para o exterior de produtos primários e semielaborados, a relação entre as exportações e as importações, os créditos decorrentes de aquisições destinadas ao ativo permanente e a efetiva manutenção e aproveitamento do crédito do imposto a que se refere o art. 155, § 2º, X, a.

§ 1º. Do montante de recursos que cabe a cada Estado, setenta e cinco por cento pertencem ao próprio Estado, e vinte e cinco por cento, aos seus Municípios, distribuídos segundo os critérios a que se refere o art. 158, parágrafo único, da Constituição.

§ 2º. A entrega de recursos prevista neste artigo perdurará, conforme definido em lei complementar, até que o imposto a que se refere o art. 155, II, tenha o produto de

As perdas dos Estados e Municípios ultrapassa o montante de R$ 590 bi. Se compensar equivale a "reparar um prejuízo com uma vantagem correspondente", não é possível cogitar de uma norma compensatória que não determine a transferência do valor correspondente às perdas, ainda que diferido ao longo do tempo. As normas relativas às compensações (LC 87/1996, LC 102/2000 e LC 115/2002) mostraram-se inconstitucionais pelo desequilíbrio federativo que provocaram (ofensa cabal ao princípio federativo): de um lado, a União realizou repasses muito inferiores ao que seria devido para compensar as perdas de arrecadação; de outro, os Estados exportadores perderam sua autonomia e passaram a sofrer com uma política federal que catalisa um processo flagrante de desindustrialização e que os torna meros exportadores de *commodities*. Ou seja, a União Federal, que já abocanha a maior fatia das arrecadações tributárias nacionais, ainda se beneficiou da retirada de parcela da arrecadação dos entes menores, em um movimento que ofende de forma cabal o pacto federativo celebrado na CRFB/88.

Por isso, qualquer projeto de lei que venha a ser aprovado pelo Congresso Nacional deve contemplar as perdas pretéritas desde 1996, sob pena de não fazer a efetiva compensação, o que seria, mais uma vez, inconstitucional. Nesse compasso, em observância ao decidido na ADO 25, deve o TCU, para apurar o montante devido pela União Federal aos Estados e Municípios, por óbvio, considerar essa circunstância.

---

sua arrecadação destinado predominantemente, em proporção não inferior a oitenta por cento, ao Estado onde ocorrer o consumo das mercadorias, bens ou serviços.

§ 3º. Enquanto não for editada a lei complementar de que trata o caput, em substituição ao sistema de entrega de recursos nele previsto, permanecerá vigente o sistema de entrega de recursos previsto no art. 31 e Anexo da Lei Complementar nº 87, de 13 de setembro de 1996, com a redação dada pela Lei Complementar nº 115, de 26 de dezembro de 2002.

§ 4º. Os Estados e o Distrito Federal deverão apresentar à União, nos termos das instruções baixadas pelo Ministério da Fazenda, as informações relativas ao imposto de que trata o art. 155, II, declaradas pelos contribuintes que realizarem operações ou prestações com destino ao exterior" (BRASIL, 1988).

4. CONCLUSÕES

O julgamento do STF na ADO 25 fez inúmeras referências ao federalismo e à concentração de poder na União Federal em detrimentos dos entes federados. Foram reconhecidos os prejuízos que os Estados exportadores tiveram (não apenas financeiros) e foi dado destaque ao caráter compensatório da norma incluída no art. 91 do ADCT. O STF, portanto, impôs o reequilíbrio federativo e exerceu sua importante função de guardião do pacto federativo.

Não obstante, para que as consequências desse julgamento efetivamente respondam às demandas do princípio federativo, posto como cláusula pétrea na CRFB/1988, é preciso delimitar de forma adequada (e justa) a compensação a que fazem jus os Estados e seus Municípios. Como é consabido, a autonomia dos entes federados, primado do federalismo, depende em grande medida da saúde financeira de cada um deles. E a tecnoburocracia da União Federal, sabedora dessa circunstância, fortalece sua influência provocando a deterioração financeira dos entes federados.

Apenas um montante de compensação que contemple devidamente as perdas pretéritas pode fazer justiça pelos prejuízos que se arrastam desde 1996. Não é possível falar em omissão sem o reconhecimento de situação preexistente. A vitória dos Estados e Municípios no julgamento da ADO 25 está pendente. Somente com a promulgação de uma lei que abranja as perdas do passado ou por meio da apuração do TCU do montante total dos prejuízos acumulados é que será feita verdadeira justiça para os Estados e Municípios. Mesmo com o julgamento da ADO 25 pelo STF, em 2016, os repasses relativos à Lei Kandir, em 2017 (somado ainda o FEX), foram superiores apenas aos anos em que não houve pagamento do Auxílio.

A necessidade da compensação é premente diante da crise financeira que ameaça a prestação de serviços públicos essenciais. Por isso, não basta reconhecer o estado de inércia do Congresso Nacional, é preciso impedir que ele perdure por mais 10 (dez) anos.

Por certo, a União Federal, mesmo diante de Estados e Municípios em verdadeiro estado de "calamidade financeira", fará apelos consequencialistas e invocará os desgastados argumentos de equilíbrio das contas do país. Não restam dúvidas de que a tecnoburocracia financeira da União vai balançar em suas mãos promessas de um plano econômico salvador e pedir o sacrifício dos entes já sufocados. O que se espera é que o STF, como guardião maior do pacto federativo, não ceda aos clamores e ao poder do Executivo Federal. É preciso que o Judiciário defenda o plano constitucional e o faça prevalecer sobre os projetos de pretensos "salvadores da pátria".

5. REFERÊNCIAS BIBLIOGRÁFICAS

BRASIL. *Constituição da República Federativa do Brasil, de 05 de outubro de 1988.* Brasília, 1988. Disponível em: <http://www.planalto.gov.br/ccivil_03/constituicao/constituicaocompilado.htm>.

_____. *Lei Complementar n. 87, de 13 de setembro de 1996.* Dispõe sobre o imposto dos Estados e do Distrito Federal sobre operações relativas à circulação de mercadorias e sobre prestações de serviços de transporte interestadual e intermunicipal e de comunicação, e dá outras providências (Lei Kandir). Brasília, 1996a. Disponível em: <http://www.planalto.gov.br/ccivil_03/leis/LCP/Lcp87.htm>.

_____. *Lei Complementar nº 102, de 11 de junho de 2000.* Altera dispositivos da Lei Complementar no 87, de 13 de setembro de 1996, que «dispõe sobre o imposto dos Estados e do Distrito Federal sobre operações relativas à circulação de mercadorias e sobre prestações de serviços de transporte interestadual e intermunicipal e de comunicação, e dá outras providências». Brasília, DF, mar 2000. Disponível em: <http://www.planalto.gov.br/ccivil_03/Leis/lcp/Lcp102.htm>.

_____. *Lei Complementar nº 115, de 26 de dezembro de 2002.* Altera as Leis Complementares nos 87, de 13 de setembro de 1996, e 102, de 11 de julho de 2000. Brasília, DF, dez. 2002. Disponível em: <http://www.planalto.gov.br/ccivil_03/Leis/lcp/Lcp115.htm>.

_____. Câmara dos Deputados. Senado Federal. *Emenda Constitucional nº 42, de 19 de dezembro de 2003.* Altera o Sistema Tributário Nacional e dá outras providências, Brasília, DF, dez, 2003. Disponível em: <http://www.planalto.gov.br/ccivil_03/constituicao/emendas/emc/emc42.htm>.

_____. *Lei nº 12.063, de 27 de outubro de 2009.* Acrescenta à Lei no 9.868, de 10 de novembro de 1999, o Capítulo II-A, que estabelece a disciplina processual da ação direta de inconstitucionalidade por omissão. Brasília, DF, out. 2009. Disponível em: <http://www.planalto.gov.br/ccivil_03/_ato2007-2010/2009/lei/l12063.htm>.

_____. *Lei nº 13.300, de 23 de junho de 2016.* Disciplina o processo e o julgamento dos mandados de injunção individual e coletivo e dá outras providências. Brasília, DF, jun. 2016. Disponível em: <http://www.planalto.gov.br/ccivil_03/_ato2015-2018/2016/lei/l13300.htm>.

_____. Congresso Nacional. Câmara dos Deputados. *Diário da Câmara dos Deputados*. Brasília, 2000, Ano 55, 28 mar. 2000, p. 12.318-12.430 (112 p.).

_____. _____. *Projeto de Lei Complementar n. 95/1996*. Brasília, 1996b. Disponível em: <http://www.camara.gov.br/proposicoesWeb/prop_mostrarintegra;jsessionid=C3B348723319BFAE49E7AF560C433D8C.proposicoesWebExterno2?codteor=368485&filename=Tramitacao-PLP+95/1996>.

_____. _____. *Proposições da Câmara dos Deputados*. Parecer do Deputado Antônio Kandir. Brasília, 2002, Sessão n. 233.4.51.O, p. 958. Disponível em: <http://imagem.camara.gov.br/MostraIntegraImagem.asp?strSiglaProp=PLP&intProp=349&intAnoProp=2002&intParteProp=2#/>.

_____. Supremo Tribunal Federal. *Inteiro teor do julgamento da Ação Direta de Inconstitucionalidade por Omissão n. 25*. "Ação Direta de Inconstitucionalidade por Omissão. 2. Federalismo fiscal e partilha de recursos. 3. Desoneração das exportações e a Emenda Constitucional 42/2003. Medidas compensatórias. 4. Omissão inconstitucional. Violação do art. 91 do Ato das Disposições Constitucionais Transitórias (ADCT). Edição de lei complementar. 5.Ação julgada procedente para declarar a mora do Congresso Nacional quanto à edição da Lei Complementar prevista no art. 91 do ADCT, fixando o prazo de 12 meses para que seja sanada a omissão. Após esse prazo, caberá ao Tribunal de Contas da União, enquanto não for editada a lei complementar: a) fixar o valor do montante total a ser transferido anualmente aos Estados-membros e ao Distrito Federal, considerando os critérios dispostos no art. 91 do ADCT; b) calcular o valor das quotas a que cada um deles fará jus, considerando os entendimentos entre os Estados-membros e o Distrito Federal realizados no âmbito do Conselho Nacional de Política Fazendária – CONFAZ." Relator Ministro Gilmar Mendes. DJ, 30 nov. 2016. *Diário da Justiça Eletrônico*, 18 ago. 2017.

CARRAZA, Roque Antônio. Ação direta de inconstitucionalidade por omissão e mandado de injunção. *Justitia*, São Paulo, v. 55, n. 163, p. 35-52, jul./set. 1993.

Cf. CUNHA JR., Dirley. *Controle de Constitucionalidade: teoria e prática*. 4ª ed. ver., ampl. e atual. Bahia: JusPodivm, 2010.

GUIMARÃES, Ulysses. *Diário da Assembleia Nacional Constituinte*, 4. fev. 1987.

GOVERNO já admite mexer na Lei Kandir. *Folha de São Paulo,* São Paulo, 24 set. 1997. Disponível em: <http://www1.folha.uol.com.br/fsp/brasil/fc240919.htm>.

MACHADO, Sérgio. *Histórico da Lei Nacional do ICMS/ Lei complementar n. 87, de 1996: memória da elaboração e das negociações do projeto de lei*. Parte I, Brasília, sexta ed., 1997a.

_____. _____. Parte II, _____, _____, 1997b.

MICHAELIS. *Dicionário Brasileiro da Língua Portuguesa*. Melhoramentos, 2015. Disponível em: <http://michaelis.uol.com.br/busca?id=49Ez>.

MENDES, Gilmar Ferreira. *Curso de direito constitucional*. 12ª ed. rev. e atual. São Paulo: Saraiva, 2017. p. 1.107, ebook.

MORAES, Alexandre de. *Direito Constitucional*. 32ª ed. rev. e atual. São Paulo: Atlas, 2016. p. 1.204, e-book.

OLIVEIRA, Herzeleide Maria Fernandes de. O Mandado de Injunção. *Revista de Informação Legislativa*, 100 (out./dez. 1998).

PELLEGRINI, Josué Alfredo. *Dez Anos da Compensação Prevista na Lei Kandir: conflito insolúvel entre os entes federados?* Brasília, ESAF, 2006.

QUARESMA, Regina. *O mandato de injunção e a ação direta de inconstitucionalidade por omissão: teoria e prática*. Rio de Janeiro: Forense, 1995.

RIANI, Flávio; ALBUQUERQUE, C. M. P. de. (2008). Lei Kandir e a Perda de Receita do Estado de Minas Gerais. In *Anais do XIII Seminário sobre a Economia Mineira*. Diamantina: CEDEPLAR - Centro de Desenvolvimento e Planejamento Regional da Universidade Federal de Minas Gerais. p. 1-22 Disponível em: <http://www.cedeplar.ufmg.br/seminarios/seminario_diamantina/2008/D08A032.pdf>.

VARSANO, Ricardo. *A evolução do sistema tributário brasileiro ao longo do século: anotações e reflexões para futuras reformas*. Texto para discussão n. 405. Instituto de Pesquisa Econômica Aplicada - IPEA. Rio de Janeiro. Disponível em: <http://ppe.ipea.gov.br/index.php/ppe/article/viewFile/735/675>.

MEIO AMBIENTE, SUSTENTABILIDADE, TRIBUTAÇÃO E FEDERALISMO – O CAMINHO PARA O DESENVOLVIMENTO

OPHIR FILGUEIRAS CAVALCANTE JÚNIOR[1]

SUMÁRIO: *1. Introdução. 2. A competência dos Estados para instituir, mediante lei, taxa sobre recursos minerais e hídricos. 2.1 As competências constitucionais para a instituição de tributos. 2.2. As competências constitucionais em matéria minerária e de águas. 2.3. Instituição da cobrança da taxa por lei ordinária. 2.4. A base de cálculo dessas taxas não é idêntica à de imposto (ICMS). 2.5. Da legalidade da taxa – contraprestação de serviço público específico e divisível a justificar a sua cobrança. 2.6. A destinação específica da arrecadação das taxas. 2.7. A constitucionalidade das taxas perante o Supremo Tribunal Federal. 3. Conclusões. 4. Referências Bibliográficas.*

1. INTRODUÇÃO

Vivemos hoje um século em que se experimenta um cada vez mais crescente desenvolvimento econômico, mas paradoxalmente esse desenvolvimento ainda não se reflete, com a mesma intensidade, nos aspectos sociais, humanos, culturais e ambientais, fato esse que tem levado milhares de seres humanos à miséria, ao abandono e ao descaso social, como ainda tem relegado a um plano secundário os reflexos desse desenvolvimento no meio ambiente.

Do ponto de vista ambiental, inúmeros têm sido os esforços para se permitir a preservação e o desenvolvimento sustentável, sendo o marco inicial dessa tentativa de conciliar o crescimento econômico com as necessidades de bem-estar social e preservação do meio ambiente o ano de 1962, com a publicação do livro "Primavera Silenciosa", de

---

[1] Procurador-Geral do Estado do Pará. Mestre e Bacharel em Direito pela Universidade Federal do Pará (UFPA).

Rachel Carson. Após, dentre os eventos que mais se destacaram nesse ímpeto, podemos citar o encontro de Estocolmo, na Suécia, em 1972, a publicação do *Brundtland* (1987), a Conferência ECO-92, no Rio de Janeiro, o encontro da Cúpula Mundial sobre Desenvolvimento Sustentável em Joanesburgo, a RIO+10 (2002) e, mais recentemente, a Conferência das Nações Unidas sobre o Desenvolvimento Sustentável (CNUDS), em junho de 2012, no Rio de Janeiro.

O conceito de sustentabilidade econômica no âmbito do desenvolvimento sustentável parte da premissa de que ao conceito de mais-valia econômica devem ser adicionados parâmetros ambientais e socioeconômicos. Um não existiria sem o outro e, por isso mesmo, o lucro não seria medido somente no aspecto financeiro, mas igualmente nos aspectos ambiental e social, o que potencializaria um uso mais adequado das matérias-primas e dos recursos humanos. Para além disso, haveria a incorporação mais eficiente dos recursos naturais de toda a ordem, inclusive os minerais, de modo a permitir uma exploração sustentável, ou seja, sem riscos de esgotamento, o que também faria diminuir a poluição ou as externalidades ambientais, adicionando aos elementos naturais um valor econômico.

A Constituição Federal de 1988 absorveu esses princípios, seja em seu "Preâmbulo" ao assegurar o bem-estar, o desenvolvimento, a igualdade e a justiça como valores supremos de uma sociedade fraterna, pluralista e sem preconceitos, seja quando fez constar como fundamento da República a busca pelo desenvolvimento nacional com a redução das desigualdades sociais e regionais (art. 3º, II e III) aliada à dignidade da pessoa humana, ao valor do trabalho humano e à livre iniciativa (art. 1º, III e IV).

Ao lado disso, inseriu que é direito de todos ter um meio ambiente ecologicamente equilibrado, bem de uso comum do povo e essencial à sadia qualidade de vida, impondo-se ao Poder Público e à coletividade o dever de defendê-lo e preservá-lo para as presentes e futuras gerações (art. 225, CRFB/88).

Dentro dessa compreensão sistêmica do texto constitucional, previu no artigo 170 uma relação direta entre as normas econômicas e as ambientais quando mencionou que a ordem econômica é fundada na valorização do trabalho e na livre iniciativa, apontando a defesa do meio ambiente e a função social da propriedade como princípios da ordem econômica e financeira (art. 170, III e VI, CRFB/88).

Mas foi além, ao prever que caberá ao Estado, primordialmente, atuar como agente normativo e regulador da atividade econômica, exercendo, nos termos da lei, as funções de fiscalização, incentivo e planejamento (art. 174, CRFB/88).

Dentro desse escopo e nos limites das suas competências constitucionais, respeitando sempre o pacto federativo, alguns Estados vêm atuando para compatibilizar as atividades econômicas exercidas em seu território com o desenvolvimento sustentável, sendo exemplos recentes disso a edição de Leis Estaduais que instituíram taxas de fiscalização mineral e hídrica.

Diz-se dentro da sua competência, pois a Constituição Federal autoriza a fiscalização pelo Estado, consoante o artigo 23, XI, que prevê ser da competência comum da União, dos Estados, dos Municípios e do Distrito Federal, "registrar, acompanhar e fiscalizar as concessões de direitos de pesquisa e exploração de recursos hídricos e minerais em seus territórios".

Essas taxas passaram a ser objeto de questionamentos da classe empresarial e de manifestações de alguns juristas, inclusive objeto de Ações Diretas de Inconstitucionalidade no Supremo Tribunal Federal,[2] desafiando, assim, o debate a partir da perspectiva da constitucionalidade das normas estaduais, inclusive a partir de julgados do Supremo Tribunal Federal.

2. A COMPETÊNCIA DOS ESTADOS PARA INSTITUIR, MEDIANTE LEI, TAXA SOBRE RECURSOS MINERAIS E HÍDRICOS

2.1. AS COMPETÊNCIAS CONSTITUCIONAIS PARA A INSTITUIÇÃO DE TRIBUTOS

O Brasil adota a forma de Estado Federado (CRFB/88, art. 1º), que se caracteriza pela existência de órgãos governamentais próprios e por possuírem, cada um dos entes que integram a Federação, competências

---

[2] ADI's 4785, 4786 e 4787 ajuizadas pela Confederação Nacional da Indústria contras leis estaduais: Lei nº 19.976/2011 (Minas Gerais), Lei nº 7.591/2011 (Pará) e Lei nº 1.613/2011 (Amapá), que instituíram a taxa de controle, monitoramento e fiscalização das atividades de pesquisa, lavra, exploração e aproveitamento de recursos minerários (TFRM).

exclusivas para exercer suas atividades normativas. São autônomos por terem o poder de se autogerir; de editar sua própria legislação; de autogovernar-se.

A distribuição dessas competências, na Constituição Federal de 1988, pauta-se por um sistema, segundo SILVA, complexo, que busca realizar o equilíbrio federativo, por meio de uma repartição de competências que se fundamenta na técnica da *enumeração de poderes da União* (arts. 21 e 22), *com poderes remanescentes para os Estados* (art. 25, § 1º) e *poderes definidos indicativamente para os Municípios* (art. 30), mas combina, com essa reserva de campos específicos (nem sempre exclusivos, mas apenas privativos), possibilidade de delegação (art. 22, parágrafo único), áreas comuns em que se preveem atuações paralelas da União, dos Estados, do Distrito Federal e dos Municípios (art. 23) e setores concorrentes entre a União e os Estados, em que a competência para estabelecer políticas gerais, diretrizes gerais ou normas gerais cabe à União, enquanto se defere aos Estados e até aos Municípios a competência suplementar.[3]

Sobre a competência privativa, ATALIBA esclarece que "quem diz privativa, diz exclusiva, quer dizer: excludente de todas as demais pessoas; que priva de seu uso todas as demais pessoas. A exclusividade da competência de uma pessoa implica proibição peremptória, *erga omnes*, para exploração desse campo".[4]

Quanto à competência concorrente, apenas a União e os Estados podem exercê-la; os Municípios, não. Isso se dá por conta do art. 21, que autoriza somente aos dois primeiros criar tributos não definidos como privativos (concorrentes). Mas o Distrito Federal, que é ao mesmo tempo Estado e Município, para efeitos de competência tributária (art. 26, § 4º), pode criar impostos de competência concorrente, como qualquer outro ente federativo. Pelo sistema atualmente em vigor, em relação ao destino da arrecadação dos tributos de competência concorrente, no caso de cobrança, v. g. por parte dos Estados (mesmo que de tributos criados pela União), estando a cargo dos primeiros a arrecadação, deverá ser feita a partilha do resultado líquido obtido,

---

[3] SILVA, José Afonso. *Curso de Direito Constitucional Positivo*. 35ª ed., rev. e atual. até a EC n.º 68/2011. São Paulo: Malheiros Editores, 2012, p. 479.

[4] ATALIBA, Geraldo. *Sistema Constitucional Tributário Brasileiro*. 1ª ed. São Paulo: RT, 1996, p. 106.

deduzindo-se as despesas. A única exceção encontra-se no produto da arrecadação dos tributos não privativos. É a que consta do § 6º do artigo 155 da CRFB/88.

Já nas matérias que a Constituição da República Federativa estabelece como de competência comum dos entes federados, há a possibilidade de eles legislarem de forma cumulativa ou paralela sobre o mesmo tema, respeitando, por óbvio, o espaço constitucional reservado a cada qual.

Estabelecidas essas premissas, importa verificar para o presente estudo a competência tributária dos entes federados para saber se os Estados podem, em primeiro lugar, legislar sobre matéria tributária e, em segundo lugar, em que extensão podem fazê-lo. Em outras palavras, a partir das competências estabelecidas pela Constituição, em que situações os Estados podem legislar sobre direito tributário ou instituir tributos.

Com efeito, a Constituição da República Federativa esboça o poder de tributar do Estado Democrático de Direito, prevendo esse poder e o delimitando a cada ente federativo como forma de melhor assegurar a autonomia financeira, que é o alicerce da federação. A norma, ao ditar competências, restringe-as. Isso porque não há competências ilimitadas.

Assim, a competência para os Estados legislarem sobre direito tributário se dá de forma concorrente com a União e com os Municípios, conforme previsão no artigo 24, I, da Carta Magna, sendo que poderão exercer essa competência nas omissões da União em matéria de direito tributário.

Quanto à competência para instituir tributos, trata-se de competência comum, consoante estabelece o artigo 145, da Constituição Federal, no tocante aos seguintes tributos: impostos, taxas e contribuições de melhoria.

No tocante às taxas, objeto maior do nosso estudo, segundo Carraza, podem ser conceituadas como[5]

> (...) tributos que têm por hipótese de incidência uma atuação estatal diretamente referida ao contribuinte. Esta atuação estatal – consoante reza o art. 145, II, da CRFB/88 (que traça a *regra-matriz* das taxas) – pode consistir ou num serviço público, ou num ato de polícia. Daí distinguirmos

---

[5] CARRAZA, Roque Antônio, *Curso de Direito Constitucional Tributário*. 28ª edição. São Paulo: Malheiros Editores, 2012, p. 601.

as *taxas de serviço* (vale dizer, as quem têm pressuposto a realização de serviços públicos específicos e divisíveis) das *taxas de polícia* (ou seja, as que nascem em virtude da prática, pelo Poder Público, de atos de polícia diretamente referidos a alguém).

Com efeito, a Constituição Federal, ao regular o Sistema Tributário (Capítulo I do Título VI) não individualizou quais são as taxas ou contribuições de melhoria que podem ser estabelecidas por cada ente, mas apenas autorizou, por exemplo, que quem se dispuser a prestar o serviço ou exercer o poder de polícia poderá instituir a taxa. Dessa forma, esse tipo de competência funciona como uma forma de autolimitação, na medida em que o Poder Público só pode lançar mão de tais tributos caso ofereça a respectiva contraprestação ao contribuinte.

Feitas tais importantes conceituações, resta concluir que o objeto de nosso estudo se encontra, indubitavelmente, na categoria dos tributos de competência comum, o que afasta a regra da competência concorrente, na qual o direito federal afasta o direito regional.

2.2. AS COMPETÊNCIAS CONSTITUCIONAIS EM MATÉRIA MINERÁRIA E DE ÁGUAS

Na espécie comum, as unidades federadas estão em equivalência hierárquica, sem exceção.

Especificamente quanto aos potenciais mineral e hidrelétrico, há previsão de ser da União a competência privativa para sobre eles legislar (art. 176 e art. 22, IV, CRFB/88), sendo da competência comum dela, dos Estados e dos Municípios, *"registrar, acompanhar e fiscalizar* as concessões de direitos de pesquisa e exploração de recursos hídricos e minerais em seus territórios" (art. 23, XI, CRFB/88).

Para que possamos identificar, inequivocamente, em que medida os Estados podem legislar sobre esses temas, importa analisar o artigo 176 do texto constitucional, que está assim redigido:

> Art. 176. As jazidas, em lavra ou não, e demais recursos minerais e os potenciais de energia hidráulica constituem propriedade distinta da do solo, para efeito de exploração ou aproveitamento, e pertencem à União, garantida ao concessionário a propriedade do produto da lavra.
> § 1º - A pesquisa e a lavra de recursos minerais e o aproveitamento dos potenciais a que se refere o 'caput' deste artigo somente poderão ser efetuados mediante autorização ou concessão da União, no interesse nacional, por brasileiros ou empresa constituída sob as leis brasileiras e que tenha

sua sede e administração no País, na forma da lei, que estabelecerá as condições específicas quando essas atividades se desenvolverem em faixa de fronteira ou terras indígenas.

§ 2º - É assegurada participação ao proprietário do solo nos resultados da lavra, na forma e no valor que dispuser a lei.

§ 3º - A autorização de pesquisa será sempre por prazo determinado, e as autorizações e concessões previstas neste artigo não poderão ser cedidas ou transferidas, total ou parcialmente, sem prévia anuência do poder concedente.

§ 4º - Não dependerá de autorização ou concessão o aproveitamento do potencial de energia renovável de capacidade reduzida.

Importante destacar que as jazidas, demais recursos minerais e a água, enquanto potenciais, não se confundem com o solo e não pertencem aos Estados, nem aos Municípios, tampouco aos particulares que tenham o solo como propriedade. Nesse sentido, Celso Bastos[6] leciona:

> A propriedade do solo não implica o domínio sobre as jazidas minerais que nele se encontrem, nem sobre os potenciais de energia hidráulica. (...) O que o Texto Constitucional dissocia nos imóveis em que haja ocorrências mineralógicas é, de um lado, o solo, com as benfeitorias que tiver, e, de outro, o domínio das jazidas e dos potenciais de energia elétrica, que compõe o domínio da União.

Ademais, dizem os artigos constitucionais 20 e 26 que:

> Art. 20. São bens da União:
> (...) III - os lagos, rios e quaisquer correntes de água em terrenos de seu domínio, ou que banhem mais de um Estado, sirvam de limites com outros países, ou se estendam a território estrangeiro ou dele provenham, bem como os terrenos marginais e as praias fluviais;
> (...) IX - os recursos minerais, inclusive os do subsolo;
> Art. 26. Incluem-se entre os bens dos Estados:
> I - as águas superficiais ou subterrâneas, fluentes, emergentes e em depósito, ressalvadas, neste caso, na forma da lei, as decorrentes de obras da União.

Ora, se o legislador constituinte desassocia a exploração mineral da superfície (solo) e das reservas de água sem tirar do seu detentor (Estados, Municípios ou membros da sociedade) a sua propriedade, resta evidente que pretende conferir a essas situações dois regimes jurídicos diversos: um, para o potencial minerário e de energia hidroelétrica, e outro, à propriedade, expressa no artigo 5º, XXII, da Constituição Federal.

---

6 Cf. BASTOS, Celso. *Comentários à Constituição do Brasil*. São Paulo: Saraiva, 2000, v. 7, p. 126.

Não é novidade alguma que a exploração de recursos minerais e hídricos, de forma indistinta e sem controle, acarreta severos impactos.

Essa foi a razão que levou o constituinte a definir que "compete privativamente à União legislar sobre: (...) águas, energia, informática, telecomunicações e radiodifusão" (art. 22, IV – destacamos) e ao mesmo tempo, outorgar competência comum de atribuições e legislativa à União, Estados e Municípios para, em face do duplo regime incidente sobre o direito de propriedade das águas, permitir aos Estados e Municípios "registrar, acompanhar e fiscalizar as concessões de direitos de pesquisa e exploração de recursos hídricos e minerais em seus territórios".[7]

Por outro lado e de igual forma, o constituinte reservou à União a autorização ou concessão à pesquisa e à lavra de recursos minerais e ao aproveitamento dos potenciais minerais (art. 176, § 1º), mas outorgou competência comum de atribuições e legislativa à União, aos Estados e aos Municípios para, em face do duplo regime incidente sobre o direito de propriedade do solo, permitir que Estados e Municípios *registrem, acompanhem e fiscalizem* as concessões de direito de pesquisa e de exploração de recursos hídricos e minerais *"em seus territórios"*.

Não há dúvida na doutrina ser competência comum da União, dos Estados, do Distrito Federal e dos Municípios registrar, acompanhar e fiscalizar as concessões de direitos de pesquisa e de exploração de recursos hídricos e minerais em seus territórios (art. 23, XI), devendo a correspondente lei complementar fixar normas para essa cooperação simultânea, tendo em vista o equilíbrio do desenvolvimento e do bem-estar em âmbito nacional (art. 23, parágrafo único).

Como se vê, portanto, há um duplo regime jurídico na Constituição Federal. Um legislativo – privativo da União, para a exploração de potencial minerário e hidroelétrico –, e outro, destinado aos Estados e aos Municípios, com o objetivo de fiscalizarem os impactos que o uso das reservas minerais e aquíferas podem ter em seu território e meio-ambiente. Este segundo regime, segundo Tomanik Pompeu, significa que cabe aos Estados instituir normas administrativas referentes à utilização, à preservação e à recuperação do recurso, na qualidade de bem público. O titular do domínio sobre a água, por exemplo,

---

7 Art. 23, XI, da CRFB/88.

tem o poder-dever de administrá-la, de definir sua repartição entre os usuários, cujo uso pode ser gratuito ou retribuído, e de organizar-se administrativamente para tanto. E sentencia:[8]

> (...) a ocorrência de águas do domínio estadual, relativamente às quais os Estados têm o poder-dever de administrá-las, torna indispensável interpretar o texto constitucional no sentido de permitir que isso ocorra. Do contrário, a disposição da inclusão destas entre os bens das unidades federadas teria sido inócua. Num estado de direito, seria impossível geri-las sem editar normas, inclusive em forma de lei. Sendo assim, não pode ser negada aos Estados a competência para editarem normas administrativas sobre a gestão das águas de seu domínio, mesmo como lei formal. O que a estes é vedado é criar o direito sobre águas, pois trata-se de matéria privativa da União.

A fim de cumprir sua missão constitucional determinada pelo art. 22, IV, o Governo Federal instituiu, no caso do potencial hidrelétrico, a Política Nacional de Recursos Hídricos, com a edição da Lei nº 9.433/97, deixando a cargo dos Estados a concessão de outorga e a cobrança pelo uso dos recursos hídricos, senão vejamos:[9]

> Art. 12. Estão sujeitos a outorga pelo Poder Público os direitos dos seguintes usos de recursos hídricos:
> I - derivação ou captação de parcela da água existente em um corpo de água para consumo final, inclusive abastecimento público, ou insumo de processo produtivo;
> II - extração de água de aquífero subterrâneo para consumo final ou insumo de processo produtivo;
> III - lançamento em corpo de água de esgotos e demais resíduos líquidos ou gasosos, tratados ou não, com o fim de sua diluição, transporte ou disposição final;
> IV - aproveitamento dos potenciais hidrelétricos;
> V - outros usos que alterem o regime, a quantidade ou a qualidade da água existente em um corpo de água.
> § 1º Independem de outorga pelo Poder Público, conforme definido em regulamento:
> I - o uso de recursos hídricos para a satisfação das necessidades de pequenos núcleos populacionais, distribuídos no meio rural;
> II - as derivações, captações e lançamentos considerados insignificantes;
> III - as acumulações de volumes de água consideradas insignificantes.

---

8 POMPEU, Cid Tomanik. *Águas Doces no Brasil:* capital ecológico, uso e conservação. São Paulo: Escrituras, 1999, p. 618-619.

9 Brasil. Lei Federal nº 9.433 (8 de janeiro de 1997). *Lei dos Recursos Hídricos*, Artigos 12, 14 e 20. Brasília, DF: Senado Federal, jan. 1997.

> Art. 14. A outorga efetivar-se-á por ato da autoridade competente do Poder Executivo Federal, dos Estados ou do Distrito Federal.
> § 1º O Poder Executivo Federal poderá delegar aos Estados e ao Distrito Federal competência para conceder outorga de direito de uso de recurso hídrico de domínio da União.
> Art. 20. Serão cobrados os usos de recursos hídricos sujeitos a outorga, nos termos do art. 12 desta Lei. (Os originais não possuem destaque)

É exatamente essa autonomia, criada pela Lei Federal nº 9.433/97, que confere aos Estados a legitimidade para editarem normas com vistas a instituir a fiscalização e a cobrança sobre o uso desse bem, inexistindo nesse diploma qualquer vedação sobre a cobrança de taxa de poder de polícia. Esclarece ela, apenas, qual o sistema adotado para o gerenciamento de uma política nacional de recursos hídricos, com definição de seus fundamentos e objetivos, inclusive impondo articulação com os Estados para tal gerenciamento (art. 4º), em suas diretrizes,[10] além de cuidar do sistema de informações, de ação do Poder Público.

Dispõe, ainda, sobre os instrumentos, os planos de recursos hídricos, enquadramento de corpos d'água, outorga de direitos de uso e cobrança pelo uso de recursos hídricos, nos seus artigos 19 e 20, a saber:[11]

> Art. 19. A cobrança pelo uso de recursos hídricos objetiva:
> I - reconhecer a água como bem econômico e dar ao usuário uma indicação de seu real valor;
> II - incentivar a racionalização do uso da água;
> III - obter recursos financeiros para o financiamento dos programas e intervenções contemplados nos planos de recursos hídricos.
> Art. 20. Serão cobrados os usos de recursos hídricos sujeitos a outorga, nos termos do art. 12 desta Lei.

Por outro lado, quanto ao potencial minerário, a União só é detentora das reservas e não do solo, só pode legislar sobre as reservas e não sobre o solo da comunidade, só pode exercer parcela do poder de polícia sobre as suas ações, devendo submeter-se, no que diz respeito aos impactos que possa provocar na região, na comunidade e, no meio ambiente, à competência dos Estados e Municípios, que têm, portanto, o direito de registrar, acompanhar e fiscalizar a exploração mineral no que concerne a seu peculiar interesse.

---

10 Art. 4º A União articular-se-á com os Estados tendo em vista o gerenciamento dos recursos hídricos de interesse comum.

11 Brasil. Lei Federal nº 9.433 (8 de janeiro de 1997). *Lei dos Recursos Hídricos*, Artigos 19 e 20. Brasília, DF: Senado Federal, jan. 1997.

Assim, em todos os dispositivos, não há a mínima vedação ao exercício do poder de polícia, por parte dos Estados, para defesa do seu meio ambiente, mesmo que a exploração de recursos minerários e hídricos seja de bens da União. A taxa do Estado é preservativa do meio ambiente de seu território, por meio do poder de polícia. Não é concessiva de outorgas para a exploração. A diferença é nítida, clara e inequívoca, segundo Ives Gandra Martins.[12]

Os Estados instituíram uma taxa de polícia pela fiscalização exercida, de modo a evitar degradação do meio ambiente, o que é completamente diverso da outorga e fiscalização feita pela União para exploração de recursos minerários e hídricos. Da forma como as taxas vêm sendo criadas, afiguram-se como taxas complementares ao direito de outorga da União, exclusivamente dedicadas aos impactos ambientais que poderiam ocorrer em seu território, algo de seu direto interesse e poder fiscalizatório.

Demais disso, o artigo 23, XI, prevê como competência comum da União, Estados e Municípios *registrar, acompanhar e fiscalizar* a exploração de recursos hídricos e minerais em seus territórios, o que é bem delimitado por Ives Gandra Martins:[13]

> o regime jurídico das transferências dos encargos de exploração de tais riquezas (concessão, permissão ou autorização) torna, todavia, mais fluido o controle da União, sobre permitir a entrada de outras entidades federativas na área de atuação, até mesmo por delegação constitucional.
> (...)
> Os interesses, portanto, estão interligados. Há de se entender, por conseguinte, a competência comum que o constituinte ofertou à União, aos Estados, ao Distrito Federal e aos Municípios no que diz respeito a essa matéria.

Reforça essa competência, ainda, o disposto no artigo 225 da Constituição Federal, ao estipular que todos têm direito ao meio ambiente ecologicamente equilibrado, bem de uso comum do povo

---

[12] GANDRA MARTINS, Ives. Parecer sobre a competência legislativa da União, Estados, Municípios e Distrito Federal para registrar, acompanhar e fiscalizar pesquisa e exploração de recursos hídricos. Constitucionalidade da Lei do Estado do Pará n. 8.091/2014, que instituiu taxa para tal finalidade, abril/2015.*In: Revista Dialética de Direito Tributário*, nª 238, julho, 2015, p.148-169.

[13] BASTOS, Celso Ribeiro; MARTINS, Ives Gandra. *Comentários à Constituição do Brasil*. São Paulo: Saraiva, 2001, v. 3, tomo I, p. 461-462.

e essencial à sadia qualidade de vida, impondo-se ao Poder Público e à coletividade o dever de defendê-lo e preservá-lo para as presentes e futuras gerações. O dispositivo é claro ao definir que compete ao "Poder Público", entendido esse como União, Estados e Municípios, ou seja, a Federação por seus entes, o dever de zelar pela preservação, o que reafirma tratar-se de competência comum, como assevera Moraes.[14]

Ives Gandra Martins diz ser o artigo 225 da Constituição da República "uma carta de princípios para a proteção do meio-ambiente" e, ao analisar o citado dispositivo, conclui:[15]

> Inicia, o constituinte, seu discurso afirmando que todos, no Brasil, têm direito ao "meio-ambiente ecologicamente equilibrado", isto é, não destruído, nem aviltado por interesses de quaisquer naturezas, inclusive econômicos, visto que se trata de um patrimônio nacional, coletivo e individual dos que aqui vivem. O discurso continua afirmando que o meio-ambiente equilibrado é bem de uso comum do povo e essencial à sadia qualidade de vida. A primeira parte, portanto, torna o meio-ambiente propriedade coletiva de toda a sociedade, visto que, na segunda parte, o

---

14 "A Constituição Federal de 1988 consagrou como obrigação do Poder Público a defesa, preservação e garantia de efetividade do direito fundamental ao meio ambiente ecologicamente equilibrado, bem de uso comum do povo e essencial à sadia qualidade de vida." Como bem salientado por Raul Machado Horta, "a Constituição da República de 1988 exprime o estágio culminante da incorporação do Meio Ambiente ao ordenamento jurídico do País". Assim, no caput do art. 225, o texto constitucional afirma que o meio ambiente é bem de uso comum do povo, suscitando diversas questões quanto à efetividade de sua proteção. A proteção do meio ambiente pelo Direito Constitucional e pelo Direito Internacional suscita diversas vezes conflitos com a clássica noção de soberania, pois como salienta Guido Fernando Silva Soares, "no fundo, o meio ambiente é um conceito que desconhece os fenômenos das fronteiras, realidades essas que foram determinadas por critérios históricos e políticos, e que se expressam em definições jurídicas de delimitações dos espaços do Universo, denominadas fronteiras. Na verdade, ventos e correntes marítimas não respeitam linhas divisórias fixadas em terra ou nos espaços aquáticos ou aéreos, por critérios humanos, nem as aves migratórias ou os habitantes dos mares e oceanos necessitam de passaportes para atravessar fronteiras, as quais foram delimitadas, em função dos homens". (MORAES, Alexandre de. *Constituição do Brasil interpretada e legislação constitucional*. 9ª. Ed, Atlas, São Paulo, 2013, p. 2038, *apud* MARTINS, Ives Gandra, A preservação do meio ambiente e o exercício da competência legislativa pelos entes federativos para cobrança de taxa pelo poder de polícia. *In: Revista Direito Tributário Atual*, nº33, 2015).

15 BASTOS, Celso Ribeiro; MARTINS, Ives Gandra. *Comentários à Constituição do Brasil*. 2ª ed. São Paulo: Saraiva, 2000, v. 8, p. 960-961.

constituinte, reconhece ser tal propriedade coletiva essencial à sadia qualidade de vida. Essa postura do legislador supremo torna as "deseconomias externas" (utilização do bem da coletividade a custo zero, como as águas dos rios para a indústria de celulose; os peixes, para a indústria de produtos alimentícios) sujeitas a regras especiais e até a tributo compensatório pelos danos ao meio-ambiente, cuja instituição é permitida pelo artigo 149 (contribuições especiais para intervenção no domínio econômico)".

E a afirmação de que o art. 225 da Constituição Federal é "uma carta de princípios à proteção do meio ambiente" resta referendada pelo Supremo Tribunal Federal em voto lapidar do decano da Corte, Ministro Celso De Mello, cuja ementa bem sintetiza essa ideia, *verbis*:

> A QUESTÃO DO DESENVOLVIMENTO NACIONAL (CF, ART. 3º, II) E A NECESSIDADE DE PRESERVAÇÃO DA INTEGRIDADE DO MEIO AMBIENTE (CF, ART. 225): O PRINCÍPIO DO DESENVOLVIMENTO SUSTENTÁVEL COMO FATOR DE OBTENÇÃO DO JUSTO EQUILÍBRIO ENTRE AS EXIGÊNCIAS DA ECONOMIA E AS DA ECOLOGIA. O princípio do desenvolvimento sustentável, além de impregnado de caráter eminentemente constitucional, encontra suporte legitimador em compromissos internacionais assumidos pelo Estado brasileiro e representa fator de obtenção do justo equilíbrio entre as exigências da economia e as da ecologia, subordinada, no entanto, a invocação desse postulado, quando ocorrente situação de conflito entre valores constitucionais relevantes, a uma condição inafastável, cuja observância não comprometa nem esvazie o conteúdo essencial de um dos mais significativos direitos fundamentais: o direito à preservação do meio ambiente, que traduz bem de uso comum da generalidade das pessoas, a ser resguardado em favor das presentes e futuras gerações. (ADI nº 3540 MC, Relator(a): Min. CELSO DE MELLO, Tribunal Pleno, julgado em 01/09/2005, DJ 03-02-2006 PP-00014 EMENTA VOL-02219-03 PP-00528).

Como se pode ver, portanto, nas questões ambientais, a competência dos entes federativos é comum, e não concorrente, em face de serem a biodiversidade e o meio ambiente patrimônios da nação. Para além disso, deve ser considerado que o desenvolvimento sustentável implica em se compatibilizar o equilíbrio entre as exigências da economia e as da ecologia, o que justifica que eventuais despesas com sua preservação e na busca desse equilíbrio podem e devem ser ressarcidas por intermédio da espécie taxa, principalmente no que diz respeito à fiscalização necessária para que as leis sejam bem aplicadas e a degradação ambiental não ocorra.

Dessa forma, a tese de que caberia exclusivamente à União legislar sobre os recursos minerários e hídricos por serem bens ou concessões outorgáveis sucumbe à expressa competência outorgada no inciso XI do artigo 23, que atribui tal poder de polícia, também, aos Estados e aos Municípios, bem como à Lei Federal que institui a Política Nacional de Recursos Hídricos e ainda ao disposto no artigo 225 da CRFB/88, que impõe ao Poder Público e à coletividade o dever de defender e preservar o meio ambiente, autorizando, assim, o exercício do poder de polícia, que pode ser remunerado por meio de taxa, para evitar a degradação ambiental no território de cada entidade federativa, ainda que o bem fiscalizado seja de outra entidade.

Caso prevalecessem os argumentos de que sobre tal matéria não poderiam Estados e Municípios legislar, estar-se-ia a reconhecer que o disposto no inciso XI do art. 23 nunca integrou a competência comum dos entes federativos ou mesmo acreditar que foi revogado pelos dois outros artigos no exato momento em que entrou em vigor.

Nenhuma das hipóteses, por sua absurdez, podem ser admitidas, até porque, como se sabe, na hermenêutica constitucional, a Constituição Federal não contém palavras inúteis. Resta, então, ao intérprete excluir as hipóteses descabidas e conciliar os dispositivos vigentes e de eficácia plena, de modo a alcançar uma interpretação coerente, como aliás, assevera Granziera:[16]

> Chama-se atenção para o paradoxo que se coloca entre a competência privativa da União para legislar sobre águas e a capacidade dos entes políticos – União, Estado, Distrito Federal e Municípios – para legislar sobre os bens públicos sob seu domínio. Se aos Estados ficasse proibida a competência de fixar normas sobre os bens de seu domínio, restaria uma lacuna no Direito, pois tampouco a União poderia legislar em matéria administrativa, sobre bens que não lhe pertencem.

Essa leitura aponta à conclusão de que a União só é detentora do potencial da energia hidrelétrica, e não dos leitos, e só é detentora do potencial de exploração dos recursos minerários, e não do solo, apenas podendo exercer parcela do poder de polícia sobre as suas ações. Eventuais impactos causados no meio ambiente local são da competência dos Estados e Municípios, que têm, portanto, o direito de registrar, acompanhar e fiscalizar a exploração dos minérios e o uso da água.

---

[16] GRANZIERA, Maria Luiza Machado. *Direito das águas:* disciplina jurídica das águas doces. 3ª ed. São Paulo: Atlas, 2006, p. 112.

Conclui-se, inexoravelmente, não ser competência privativa do Congresso Nacional a edição de lei para se fixar a cobrança de taxa sobre recursos minerários e hídricos, permitindo-se aos Estados fazê-lo, se assim entenderem, segundo critérios de oportunidade e de conveniência.

2.3. INSTITUIÇÃO DA COBRANÇA DA TAXA POR LEI ORDINÁRIA

Uma outra questão importante a ser debatida no presente estudo diz respeito à possibilidade de os entes da federação, nos limites de suas competências, criarem taxas por meio de lei ordinária.

Com efeito, o artigo 59 da Carta Política delimita os diferentes meios normativos postos à disposição do legislador:

> Art. 59. O processo legislativo compreende a elaboração de:
> I - emendas à Constituição;
> II - leis complementares;
> III - leis ordinárias;
> IV - leis delegadas;
> V - medidas provisórias;
> VI - decretos legislativos;
> VII - resoluções.
> Parágrafo único. Lei complementar disporá sobre a elaboração, redação, alteração e consolidação das leis.

Em que pese não haver, entre leis complementares e ordinárias, relação de hierarquia, já que seus campos de abrangência são diversos, necessário perquirir sobre as diferenças que as particularizam. A desigualdade tem início no *quórum* de aprovação, já que o artigo 69 da CRFB/88 exige **maioria absoluta** para a primeira enquanto o artigo 47 impõe apenas **maioria simples** para a segunda espécie.

Se observarmos que há maior rigidez para a aprovação de leis complementares, facilmente inferiremos que o legislador reservou àquelas as matérias de importância elevada, como, por exemplo, a criação de Território Federal (art. 18, § 2º) e a edição de normas gerais a serem adotadas na organização, preparo e emprego das Forças Armadas (art. 142, §1º). Nos demais casos, ressalvadas as hipóteses em que é expressamente exigido outro veículo normativo específico, é possível a edição de lei ordinária.

Conforme Alexandre de Moraes:[17]

> a razão da existência da lei complementar consubstancia-se no fato do legislador constituinte ter entendido que determinadas matérias, apesar da evidente importância, não deveriam ser regulamentadas na própria Constituição Federal, sob pena de engessamento de futuras alterações; mas, ao mesmo tempo, não poderiam comportar constantes alterações através do processo legislativo ordinário.

Especificamente na seara tributária, vale transcrever os acertados ensinamentos do professor e jurista Ives Gandra Martins:[18]

> Em direito tributário, como, de resto, na grande maioria das hipóteses em que a lei complementar é exigida pela Constituição, tal veículo legislativo é explicitador da Carta Magna. Não inova, porque senão seria inconstitucional, mas complementa, tornando clara a intenção do constituinte, assim como o produto de seu trabalho, que é o princípio plasmado no Texto Supremo. É, portanto, a lei complementar norma de integração entre os princípios gerais da Constituição e os comandos de aplicação da legislação ordinária, razão pela qual, na hierarquia das leis, posta-se acima destes e abaixo daqueles. Nada obstante alguns autores entendam que tenha campo próprio de atuação — no que têm razão —, tal esfera própria de atuação não pode, à evidência, nivelar-se àquela outra pertinente à legislação ordinária. A lei complementar é superior à lei ordinária, servindo de teto naquilo que é de sua particular área mandamental.

A questão posta em discussão encontra resposta no artigo 146 da Constituição Federal:

> Art. 146. Cabe à lei complementar: (...)
> III - estabelecer normas gerais em matéria de legislação tributária, especialmente sobre:
> a) definição de tributos e de suas espécies, bem como, em relação aos impostos discriminados nesta Constituição, a dos respectivos fatos geradores, bases de cálculo e contribuintes;
> b) obrigação, lançamento, crédito, prescrição e decadência tributários;
> c) adequado tratamento tributário ao ato cooperativo praticado pelas sociedades cooperativas;
> d) definição de tratamento diferenciado e favorecido para as microempresas e para as empresas de pequeno porte, inclusive regimes especiais ou simplificados no caso do imposto previsto no art. 155, II, das contribuições previstas no art. 195, I e §§ 12 e 13, e da contribuição a que se refere o art. 239.

---

17 MORAES, Alexandre de. *Constituição do Brasil interpretada e legislação constitucional*. 9ª Ed, Atlas, São Paulo, 2013, p. 569.

18 MARTINS, Ives Gandra da Silva. *O sistema tributário na Constituição*. 6ª ed. São Paulo: Saraiva, 2007, p. 123-125.

Tendo em vista que as alíneas "c" e "d" não guardam relação com o objeto de estudo, o texto constitucional deixa claro quais são as hipóteses em que se exige a edição de lei complementar na seara tributária: a) para a definição de tributos; b) no caso dos impostos, para definir sua regra matriz de incidência e; c) para tratar de obrigação, de lançamento, de crédito, de prescrição e de decadência tributários.

A criação de uma nova taxa, destarte, não encontra guarida, já que a primeira situação fora cumprida pelo Código Tributário Nacional (CTN, que, embora seja lei ordinária, fora recepcionada pela CRFB/88 com *status* de lei complementar), em relação à segunda, por não se tratar de imposto, mas sim de taxa, e, no terceiro caso, porque também tais situações já estão definidas no CTN.

Importante lembrar que nem a Constituição nem o Código Tributário Nacional **instituem** tributos, mas tão somente os preveem e definem, como no caso dos impostos, ao estabelecerem os fatos geradores, bases de cálculo e contribuintes a serem descritos na lei ordinária que os instituirá, de acordo com a competência legislativa de cada ente federado, já analisada linhas acima.

Para Luciano Amaro[19],

> É, ainda, função típica da lei complementar estabelecer normas gerais e direito tributário (art. 146, III) (...), aumentar o grau de detalhamento dos modelos de tributação criados pela CF (...), adensar os traços gerais dos tributos, preparando o esboço que será utilizado pela lei ordinária (...), padronizar o regramento básico das obrigações tributárias, conferindo-se, desta forma, uniformidade ao Sistema Tributário Nacional.

Apenas em casos excepcionais é que a lei complementar poderá instituir tributos. É o caso dos empréstimos compulsórios (art. 148), contribuições sociais (art. 149) e determinados impostos (art. 153, VII e art. 154, I). Outros dispositivos constitucionais prescrevem que lei complementar deve regular alguns aspectos destes (arts. 155, 156 e 161). No entanto, vale ressaltar que esses tributos só podem ser estabelecidos em casos de relevância e urgência. Ainda de acordo com Luciano Amaro:[20]

---

19 AMARO, Luciano. *Direito tributário brasileiro*. 11ª ed. São Paulo: Saraiva, 2005, p. 171.

20 *Idem*.

A Constituição reclama, excepcionalmente, a edição de lei complementar para a criação de certos tributos (...) é que a Constituição pretendeu que poucas e determinadas figuras tributárias só pudessem ser criadas a partir de processo de aprovação mais representativo que a lei comum (...) nessas situações a lei terá o nome, mas não a natureza de lei complementar.

Pois bem. Em havendo necessidade de se instituir norma mediante lei complementar apenas nos casos exigidos pela Constituição, e não sendo essa a hipótese do objeto tratado no presente estudo (taxa), fica claro que não há necessidade de edição de lei complementar para estipular a fiscalização e a cobrança pela utilização de recursos hídricos, podendo a matéria ser tratada por lei ordinária.

2.4. A BASE DE CÁLCULO DESSAS TAXAS NÃO É IDÊNTICA À DE IMPOSTO (ICMS)

O § 2º do artigo 145 da CRFB/88 está disposto da seguinte forma:

> Art. 145. A União, os Estados, o Distrito Federal e os Municípios poderão instituir os seguintes tributos:
> (...)
> § 2º. As taxas não poderão ter base de cálculo própria de impostos.

Examinando o texto constitucional, surge a questão: qual a *ratio* da norma? Parece-nos evidente que é a garantia da repartição das competências tributárias, pois a taxa é um tributo cujas hipóteses de incidência configuram atuações específicas do Estado em relação ao contribuinte.

Para Ribeiro de Moraes, a taxa "deve atender a três elementos essenciais: (a) ter um pressuposto material vinculado a uma atividade do Poder Público, relacionada diretamente ao contribuinte; (b) ter como sujeito passivo da obrigação tributária a pessoa ligada a essa atividade estatal; (c) ter como base de cálculo elemento relacionado com essa atividade estatal."[21]

Se a relação de dependência entre a base de cálculo e o fato gerador dos tributos deixasse de ser respeitada, dar-se-ia margem para que o *nomen juris* prevalecesse sobre a forma conceitual dos tributos. Assim, facilmente estariam criados tributos semelhantes ao ICMS, mesmo que camuflados sobre outra denominação jurídica.

---

21 Apud SILVA, José Afonso da. *Comentário contextual à Constituição.* 6ª ed. São Paulo: Malheiros, 2009, p. 644.

Nisso reside a importância de se utilizar a base de cálculo como parâmetro de comparação entre os tributos. Nas palavras de Sacha Calmon:[22]

> O dispositivo sob comento, além de conferir à base de cálculo esta missão de controle, assegura integridade ao sistema de repartição de competências tributárias instituído na Constituição, tido por um dos mais perfeitos do mundo. Na medida em que a Nação está politicamente organizada como República Federativa, necessário se faz garantir a repartição dos diversos tributos entre as pessoas políticas que convivem na Federação. A nossa discriminação de competências tributárias é rígida, inadmitindo conflitos e superposições. Não fosse esta regra aparentemente miúda, dadas pessoas políticas poderiam criar fatos geradores de taxas com base de cálculo de imposto e, assim, burlar o sistema, provocando invasões de competências em áreas já reservadas às outras, com evidente sobrecarga tributária em desfavor dos contribuintes.

Hugo de Brito Machado também se posiciona no sentido de que nos casos em que é difícil mensurar de modo preciso o valor da taxa, a cobrança deve estar relacionada com a atividade específica que constitui o fato gerador:[23]

> As taxas geralmente são estabelecidas em quantias prefixadas. Não se há de falar, nesses casos, de base de cálculo, nem de alíquota. Mas pode ocorrer que o legislador prefira indicar uma base de cálculo e uma alíquota. Pode ainda ocorrer que a determinação do valor da taxa seja feita em função de elementos como, por exemplo, a área do imóvel, como acontece com a taxa de licença para localização de estabelecimento comercial ou industrial. Nesses casos, é possível dizer-se que o cálculo é feito mediante aplicação de alíquota específica. A ausência de critério para demonstrar, com exatidão, a correspondência entre o valor da maioria das taxas e o custo da atividade estatal que lhes constitui fato gerador não invalida o entendimento pelo qual o valor dessa espécie tributária há de ser determinado, ainda que por aproximação e com uma certa margem de arbítrio, tendo-se em vista o custo da atividade estatal a qual se vincula.

---

[22] COÊLHO, Sacha Calmon Navarro; MAIA, Marcos Correia Piqueira; MANEIRA, Eduardo. *A interpretação equivocada dos precedentes em relação às taxas de fiscalização de postes e orelhões*. Disponível em: <http://sachacalmon.com.br/publicacoes/artigos/a-exegese-equivocada-dos-precedentes-em-relacao-as-taxas-de-fiscalizacao-de-postes-e-orelhoes>, acesso em 30 de mar. de 2015.

[23] MACHADO, Hugo de Brito, *Curso de Direito Tributário*. 27ª ed. São Paulo: Malheiros, 2006, p. 438.

Logo se vê que, pela redação da norma supratranscrita, restam preservadas até mesmo as áreas passíveis de tributação por impostos que venham a ser criados, consoante competência residual da União, não cabendo, assim, eventual alegação de que a base de cálculo da taxa em questão seria idêntica à dos impostos.

Com efeito, as normas estaduais estabelecem bases de cálculos específicas (por m³ ou por volume de extração), não havendo no sistema brasileiro imposto que tenha essas metragens como base de cálculo.

Não obstante, ao se tomar como base de cálculo a metragem ou mesmo o volume da extração, permite-se o cálculo do custo aproximado do exercício do poder de polícia a ser empregado, lembrando que, quanto maior a utilização, maior a demanda pelo serviço de fiscalização e controle, por parte dos órgãos encarregados de acompanhar e de fiscalizar tal uso, tal produção e tal comercialização da água ou do minério explorados.

Em brilhante parecer[24] acerca da legalidade da Taxa de Fiscalização Mineral instituída pelo Estado do Pará, Ives Gandra Martins esclarece que, apesar de, por definição doutrinária, o custo do serviço determinar o valor da taxa, é fato que o custo do exercício do poder de polícia em relação à arrecadação da taxa correspondente só pode ser aproximado, já que se afigura

> (...) impossível, em qualquer taxa para tais fins, a correspondência rigorosa, até o último centavo, entre o custo operacional do serviço e o nível da arrecadação. Variável esta é variável aquela, pelos próprios impactos orçamentários correspondentes a inúmeros fatores, inclusive os impactos judiciais de decisões que podem alterar o nível de vencimentos de servidores, como, muitas vezes, tem ocorrido.
> Em outras palavras, os custos são aproximadamente determinados no orçamento, assim como a arrecadação possível e compatível. Mas os valores são sempre aproximados, não conhecendo eu um caso sequer em que o custo do serviço correspondeu exatamente, centavo por centavo, à arrecadação impositiva pertinente.

---

[24] MARTINS, Ives Gandra da Silva. Parecer – Taxa de fiscalização mineral do Estado do Pará – Exercício de competência impositiva outorgada pela Constituição Federal (artigos 23, inciso XI e 145, inciso II) – Exação constitucional. In: *Revista Dialética de Direito Tributário*, n. 200, maio/2012, p. 130.

O que se exige é uma previsão orçamentária a respeito do custo e da arrecadação, o que, no caso em estudo, foi inegavelmente observado pelo Estado-membro, como base de cálculo adequada e cabível para corresponder aos custos da atividade fiscalizatória, tendo como referência, na lição de Ives Gandra Martins, a quantidade – e não o valor – dos recursos minerário e hídrico utilizados, sendo natural que, quanto maior for o uso do recurso, maior o custo do exercício do poder de polícia, no que diz respeito aos impactos ambientais e de danos ao Estado que tal uso possa provocar, exigindo, portanto, maior fiscalização. Haja ou não operação mercantil, seja o valor que for, na referida taxa, o uso do minério ou da água, em nível de quantidade usada que exige correspondente atuação estatal, a taxa será cobrada com base exclusivamente sobre esta quantidade.[25]

2.5. DA LEGALIDADE DA TAXA – CONTRAPRESTAÇÃO DE SERVIÇO PÚBLICO ESPECÍFICO E DIVISÍVEL A JUSTIFICAR A SUA COBRANÇA

A Constituição adotou, para o caso das taxas, uma dupla natureza de tributo: de um lado, trata-se de contraprestação advinda de relação de subordinação (e não de coordenação, como o preço público) e, de outro, o de ser facultada sua exigência pelo exercício do poder de polícia, decorrente de atribuições fiscalizatórias e regulatórias do Poder Público.

Assim, no concernente às taxas, ficou claro, à luz do artigo 145, II, da Constituição da República, que poderia ser imposta: a) por serviços públicos específicos e divisíveis prestados ou colocados à disposição da sociedade; e b) pelo exercício do poder de polícia.

Nessa segunda hipótese, destaca-se o elemento de extrafiscalidade do tributo, já que faz parte da atividade administrativa impedir ou restringir atividades que ofereçam risco para o interesse da coletividade, e a tributação nesse caso tem por escopo custear os serviços prestados pelo Estado quando executa o referido poder.

---

[25] GANDRA MARTINS, Ives, Parecer sobre a competência legislativa da União, Estados, Municípios e Distrito Federal para registrar, acompanhar e fiscalizar pesquisa e exploração de recursos hídricos. Constitucionalidade da Lei do Estado do Pará n. 8.091/2014, que institui taxa para tal finalidade, abril/2015. *In: evista Dialética de Direito Tributário*, nª 238, julho 2015, p.148-169.

Para Di Pietro,[26] "o poder de polícia é a atividade do Estado consistente em limitar o exercício dos direitos individuais em benefício do interesse público".

No âmbito do Direito Tributário, o CTN contribui para a compreensão do conceito ao dispor, em seu artigo 78, que:

> Art. 78. Considera-se poder de polícia atividade da administração pública que, limitando ou disciplinando direito, interesse ou liberdade, regula a prática de ato ou abstenção de fato, em razão de interesse público concernente à segurança, à higiene, à ordem, aos costumes, à disciplina da produção e do mercado, ao exercício de atividades econômicas dependentes de concessão ou autorização do Poder Público, à tranquilidade pública ou ao respeito à propriedade e aos direitos individuais ou coletivos.
> Parágrafo único. Considera-se regular o exercício do poder de polícia quando desempenhado pelo órgão competente nos limites da lei aplicável, com observância do processo legal e, tratando-se de atividade que a lei tenha como discricionária, sem abuso ou desvio de poder.

Assim, com base no poder de polícia, os Municípios brasileiros têm instituído taxas de inspeções sanitárias (TIS), com o intuito de fiscalizar os estabelecimentos que possuem instalações sanitárias, e taxas de alvará (TA), cujo objetivo é autorizar a instalação e funcionamento de determinado estabelecimento no Município.

O estudo dessa hipótese constitucional para instituição de taxas requer o conhecimento prévio do conceito de serviço público, pois a noção desse conceito é variável. Para Bandeira de Melo:[27]

> Serviço Público é toda atividade de oferecimento de utilidade ou comodidade material destinada à satisfação da coletividade em geral, mas fruível singularmente pelos administrados, que o Estado assume como pertinente a seus deveres e presta por si mesmo ou por quem lhe faça às vezes, sob um regime de Direito Público – 24 portanto, consagrador de prerrogativas de supremacia e de restrições –, instituído em favor dos interesses definidos como público no sistema normativo.

---

26 DI PIETRO, Maria Sylvia Zanella. *Direito administrativo*. 19ª ed. Atlas: São Paulo, 2011, p. 111.

27 MELLO, Celso Antônio Bandeira de. *Curso de direito administrativo*. 18ª ed. São Paulo: Malheiros, 2004, p. 628.

Segundo Hely Lopes Meirelles,[28] "Serviço Público é todo aquele prestado pela Administração ou por seus delegados, sob normas e controle estatais, para satisfazer necessidades essenciais ou secundárias da coletividade ou simples conveniências do Estado".

Verifica-se, então, no texto constitucional, que não é todo serviço público que constitui fato gerador para a cobrança da taxa, devendo ser considerado somente aquele específico e divisível.

A doutrina diferencia os serviços públicos de caráter específico dos serviços públicos gerais. Mais uma vez nos socorremos às lições de Hely Lopes Meirelles,[29] segundo o qual:

> (...) serviço específico e divisível ou "Serviços 'uti singli' ou individuais: são os que têm usuários determinados e utilização particular e mensurável para cada destinatário, como ocorre com o telefone, a água e a energia elétrica domiciliares. Esses serviços desde que implantados, geram direito subjetivo à sua obtenção para todos os administrados que se encontrem na área de sua prestação ou fornecimento e satisfaçam as exigências regulamentares. São sempre serviços de utilização individual, facultativa e mensurável, pelo que devem ser remunerados por taxa (tributo) ou tarifa (preço público), e não por imposto.

Por outro lado, temos os serviços gerais, que, continua o mesmo doutrinador:

> (...) são aqueles que a Administração presta sem ter usuários determinados, para atender à coletividade no seu todo, como os de polícia, iluminação pública, calçamento e outros dessa espécie. Esses serviços satisfazem indiscriminadamente a população, sem que se erijam em direito subjetivo de qualquer administrado à sua obtenção para seu domicílio, para sua rua ou para seu bairro. Estes serviços são indivisíveis, isto é, não mensuráveis na sua utilização. Daí por que, normalmente, os serviços *uti universi* devem ser mantidos por impostos (tributo geral), e não por taxa ou tarifa, que é remuneração mensurável e proporcional ao uso individual do serviço.

A título de exemplo de serviços gerais tem-se a prestação de segurança nacional, saúde, educação, que geralmente são custeados via recolhimento de impostos. Já para os específicos, a cobrança de contraprestação é autorizada, desde que o serviço público, prestado ou posto à disposição, seja também divisível, pois o serviço pode

---

[28] MEIRELLES, Hely Lopes. *Direito Administrativo Brasileiro*. 33ª edição atual. São Paulo: Malheiros, 2007, p. 320.

[29] *Idem*, p. 314.

ser específico, todavia indivisível, v. g. o serviço de pavimentação de logradouro público.[30]

O artigo 79, III, do CTN diz que os serviços são "divisíveis, quando suscetíveis de utilização, separadamente, por parte de cada um dos seus usuários". Isso permite a individualização do serviço prestado ou posto à disposição do contribuinte, a fim de que se possa avaliar e identificar a parcela utilizada pelo contribuinte ou pela entidade. É o caso do serviço para expedição de passaporte existente na Polícia Federal.

Por último, temos a característica da compulsoriedade. Neves da Silva e Motta Filho[31] lecionam:

> A taxa, como tributo, é compulsória, ressaltada essa sua característica pela utilização potencial do serviço, isto é, basta simplesmente estar ele à disposição do contribuinte, que, mesmo não o utilizando, é obrigado a pagar o gravame. Também, pela natureza do regime jurídico, o exercício do poder de polícia e a prestação do serviço público e a cobrança da taxa devem-se dar independentemente da vontade da Administração Pública, pois essas condutas são exigidas por vontade da lei.

Como vimos, o poder de polícia é inerente à administração pública, no exercício de seu poder de fiscalizar e de acompanhar as atividades do particular.

Ora, o responsável por fiscalizar, autorizar, acompanhar, entre outras atividades, assume custos, razão pela qual pode exigir, para fazer frente a eles, a taxa correspondente ao serviço a ser prestado.[32]

Por esta razão, o artigo 176, § 1º, fala que a União pode "conceder ou outorgar", e o artigo 23, inciso XI, autoriza Estados e Municípios

---

[30] Consoante decidiu o STF no Recurso Extraordinário nº 75.769/MG, Relator(a): Min. ALIOMAR BALEEIRO, Primeira Turma, julgado em 21/09/1973, DJ 23-11-1973 PP-08902 EMENT VOL-00931-02 PP-00514.

[31] MOTTA FILHO, Marcelo Martins; NEVES DA SILVA, Edgard. Outras formas desonerativas: In: MARTINS, Ives Gandra da Silva (org.). Curso de direito tributário. 14ª ed. São Paulo: Saraiva, 2013, p. 1061.

[32] Consta da mensagem de encaminhamento do Projeto de Lei à Assembleia Legislativa do Estado do Pará que a instituição da TFRH visa a "custear o exercício do poder de polícia exercido pelos diversos órgãos e instituições do Estado relativamente à Exploração e Aproveitamento de Recursos Hídricos no território paraense, como atender ao princípio da justiça, uma vez que as atividades de poder de polícia, sempre que possível, devem ser custeadas pelos setores sobre os quais incidem a atividade estatal."

a "registrar, acompanhar e fiscalizar" tal exploração, a fim de que não venha a provocar descompassos sociais, desajustes populacionais, deterioração ambiental, problemas de toda a natureza para o Estado ou para os Municípios, que dão sustentação à referida exploração.

Ives Gandra Martins[33] tece pertinentes elucidações sobre o tema:

> A própria expressão "registrar", a meu ver, implica, inclusive, o direito de NEGAR A EXPLORAÇÃO. A título apenas exemplificativo, e utilizando um exemplo "in extremis", se se encontrasse uma reserva mineral de larga escala e grande valor no subsolo da Avenida Paulista, a mais valorizada da cidade de São Paulo, onde se concentram os melhores prédios e o centro financeiro de São Paulo e do Brasil, à evidência, mesmo que a União autorizasse a destruição de todos os prédios e a sua transformação em um canteiro de obras e de extração, tanto o Estado de São Paulo, quanto o Município poderiam não registrar a exploração. Neste particular não prevaleceria o texto ordinário sobre a legislação sobre minérios - que é em grande parte anterior à Carta Magna -, pois a Lei Maior de 1988 permite, nos assuntos de seu peculiar interesse, ao Município legislar, como ao Estado, conforme os artigos 25 e 30, incisos I, IV, VIII e IX da CF.
>
> Raciocinar de forma contrária seria, em verdade, tornar a lei estadual ou municipal, na hipótese, extremamente aviltada, se a União autorizasse e esta autorização terminasse prevalecendo sobre Estados e Municípios. Haveria uma hierarquização de competências, NITIDAMENTE NÃO CONSTANTE DA CONSTITUIÇÃO, QUE SÓ A ADMITIU NA COMPETÊNCIA CONCORRENTE DO ARTIGO 24, E NÃO NA COMUM DO ARTIGO 23. Como o texto atual não possui palavras inúteis, claramente, "registrar" tem sua relevância e densidade no texto, e não pode ser desconsiderada em face da equiparação constitucional das esferas federativas, no que diz respeito à competência comum.

Também, as expressões "acompanhar" e "fiscalizar" implicam, como "registrar", autênticos exemplos de exercício do poder de polícia, com a nuance de que, nesses casos, a Constituição autoriza que o Estado seja reembolsado pela atividade desempenhada em favor do tributado, sendo a fiscalização típico exercício do poder de polícia, que pode ser remunerada pela espécie taxa.

Como se vê, portanto, os Estados, para o "custo fiscalizatório" da exploração e pesquisa sobre recursos hídricos, podem impor taxa corres-

---

33 MARTINS, Ives Gandra da Silva. Parecer – Taxa de fiscalização mineral do Estado do Pará – Exercício de competência impositiva outorgada pela Constituição Federal (artigos 23, inciso XI e 145, inciso II) – Exação constitucional. In: Revista Dialética de Direito Tributário, n.º 200, maio/2012, p. 121.

pondente, objetivando impedir a degradação do meio ambiente em seus limites de atuação, pois todo serviço público em prol da comunidade, que constitua exercício do poder de polícia, permite às entidades federativas o direito de cobrar a espécie tributária, denominada taxa.

Em uníssono, o Pretório Excelso, em diversas oportunidades – tema do próximo capítulo deste trabalho – admitiu a cobrança de taxa pelo exercício do poder fiscalizatório, em matéria de competência impositiva exclusiva de unidade federativa, o que mostra que a taxa de poder de polícia em nada afeta, interfere, modifica ou altera a competência impositiva que pertence à União, a quem foi outorgado direito de instituir outros tributos.

2.6. A DESTINAÇÃO ESPECÍFICA DA ARRECADAÇÃO DAS TAXAS

Os entes subnacionais que instituíram as taxas minerária e hídrica o fizeram com o intuito de proteger suas regiões ricas em minérios e água, riquezas essas que beneficiam outras nações e até mesmo empresas transnacionais.

Apesar de suas riquezas naturais, não detêm condições para atender a sua população, por escassez de recursos, não havendo, no momento, solução para tal problema, que é crucial para o país. Registre-se, por importante, que a maioria das regiões de onde se extraem as riquezas minerárias, ou que detêm um extraordinário potencial aquífero, amarga déficits sociais alarmantes, gerando enormes desigualdades, pois geram riquezas a empresas e ao país, sem que, contudo, tenham a necessária e justa contrapartida.

Tais dados preliminares, embora não jurídicos, estão a demonstrar não mais ser possível exercer o poder de polícia, de fiscalização, até agora em parte exercido a custo zero para as empresas exploradoras de recursos minerários e hídricos, pois isso implica estar sendo pago por toda a população do Estado, e, principalmente, pela população mais carente, em benefício exclusivo das grandes firmas, sem que se tenha um controle, mais efetivo, a respeito das repercussões que isso vem ocasionando na escassez de água, agora e no futuro.

Essa é a razão pela qual alguns Estados decidiram cobrar pelo exercício do poder de polícia do setor que utiliza recursos minerários e hídricos, o qual é, efetivamente, o beneficiário dessa exploração.

Contudo, os Estados jamais visaram atribuir a essa cobrança característica de imposto. Segundo o tributarista Kiyoshi Harada[34] "os impostos, que são decretados independentemente de qualquer atuação específica do Estado, destinam-se a prover a execução de obras públicas e serviços públicos gerais".

Também Ribeiro De Moraes[35] explica que "para alguns autores o que distingue o imposto é o destino especial do produto da respectiva arrecadação, que há de ser, sempre, o atendimento de necessidades coletivas e indivisíveis".

Assim, via de regra, o imposto tem, conforme o princípio da não-vinculação, destinação genérica e incerta, ao contrário da taxa, que "constitui instrumento para satisfazer às necessidades individuais e divisíveis, razão por que, financeiramente, o produto da arrecadação deve ter destino específico".[36]

No caso do objeto de nosso estudo, o valor recolhido pelos contribuintes não faz parte "do bolo" da arrecadação, essa sim, como vimos, passível de ser utilizada nos mais diversos gastos da Administração, de maneira irrestrita.

Nas hipóteses em debate, os Estados implementaram a taxa para o exercício de sua competência fiscalizatória, atribuindo a determinados órgãos executivos a responsabilidade pelo controle e fiscalização do uso dos recursos minerários e hídricos, sendo que a verba arrecadada com a referida cobrança deverá ser revertida para o pagamento dos custos relativos ao desempenho dessas funções fiscalizatórias.

2.7. A CONSTITUCIONALIDADE DAS TAXAS PERANTE O SUPREMO TRIBUNAL FEDERAL

Em mais de uma ocasião, o tema ora debatido foi objeto, por meio de casos similares, de análise pelo STF. Os enfoques foram diversos, mas a Suprema Corte se mostrou a favor da constitucionalidade da cobrança de taxas assemelhadas à que instituíram os entes subnacionais.

---

34 HARADA, Kiyoshi. *Dicionário de Direito Público*. 1ª ed. São Paulo: MP, 1999, p. 85.
35 RIBEIRO DE MORAES, Bernardo. *Doutrina e prática do imposto sobre serviços*. São Paulo: Revista dos Tribunais, 1984, p. 209.
36 *Idem*.

Foi o caso da criação, por parte de alguns Estados, da taxa florestal, ou taxa de fiscalização ambiental, que levou o debate até à instância constitucional. Eis alguns arestos que afirmaram a constitucionalidade da cobrança de taxa instituída em contrapartida ao exercício do poder de polícia estatal:

> EMENTA: TRIBUTÁRIO. ESTADO DE MINAS GERAIS. TAXA FLORESTAL. LEI N. 7.163/77. ALEGADA OFENSA AOS ARTS. 5º, CAPUT; 145, II E § 2º; 150, I E IV; E 152, TODOS DA CONSTITUIÇÃO FEDERAL. <u>Exação fiscal que serve de contrapartida ao exercício do poder de polícia, cujos elementos básicos se encontram definidos em lei, possuindo base de cálculo distinta da de outros impostos, qual seja, o custo estimado do serviço de fiscalização.</u> Efeito confiscatório insuscetível de ser apreciado pelo STF, em recurso extraordinário, em face da necessidade de reexame de prova. Súmula 279 do STF. Descabimento da alegação de ofensa ao princípio da isonomia, por razões óbvias, diante do incentivo fiscal, em forma de redução do tributo, previsto para as indústrias que comprovarem a realização de reflorestamento proporcional ao seu consumo de carvão vegetal. Recurso não conhecido. (RE nº 239.397, Relator(a): Min. ILMAR GALVÃO, Primeira Turma, julgado em 21/03/2000, DJ 28-04-2000 PP-00098 EMENT VOL-01988-07 PP-01351 RTJ VOL-00173-03 PP-01000 – grifo nosso); AGRAVO REGIMENTAL NO RECURSO EXTRAORDINÁRIO COM AGRAVO. TRIBUTÁRIO. TAXA DE CONTROLE E FISCALIZAÇÃO AMBIENTAL DO ESTADO DE MINAS GERAIS – TFAMG. LEI ESTADUAL 14.940/2003, COM AS ALTERAÇÕES DA LEI ESTADUAL 17.608/2008. BASE DE CÁLCULO. SOMATÓRIO DAS RECEITAS BRUTAS DE TODOS OS ESTABELECIMENTOS DO CONTRIBUINTE. ART. 145, II, § 2º, DA CF. CONSTITUCIONALIDADE. AGRAVO REGIMENTAL A QUE SE NEGA PROVIMENTO. I – <u>A jurisprudência do Supremo Tribunal Federal tem reconhecido a constitucionalidade de taxas cobradas em razão do controle e fiscalização ambiental, por serem cobradas em razão do exercício regular do poder de polícia.</u> II – É legítima a utilização do porte da empresa, obtido a partir do somatório das receitas bruta de seus estabelecimentos, para mensurar o custo da atividade despendida na fiscalização que dá ensejo a cobrança da taxa. Precedente. III – Agravo regimental a que se nega provimento. (ARE nº 738.944 AgR, Relator(a): Min. RICARDO LEWANDOWSKI, Segunda Turma, julgado em 11/03/2014, PROCESSO ELETRÔNICO DJe-059 DIVULG 25-03-2014 PUBLIC 26-03-2014 - destacamos)

Sobre o tema, importa destacar trecho do voto proferido pelo e. Ministro Carlos Velloso quando do julgamento do RE 416.601/DF, citando Mizabel Derzi e Moreira Alves, ao analisar o mote da correlação entre o valor da taxa e o serviço efetivamente prestado:

Não se pode ignorar, contudo, a virtual impossibilidade de aferição matemática direta do custo de cada atuação do Estado (a coleta do lixo de um determinado domicílio, ao longo de um mês; a emissão de um passaporte; etc.). O cálculo exigiria chinesices como a pesquisa do tempo gasto para a confecção de cada passaporte, e a sua correlação com o salário-minuto dos funcionários encarregados e o valor do aluguel mensal do prédio da Polícia Federal onde o documento foi emitido, entre outras variáveis intangíveis, de modo a colher o custo de emissão de cada passaporte, para a exigência da taxa correspectiva (que variaria para cada contribuinte, segundo o seu documento tivesse exigido maior ou menor trabalho ou tivesse sido emitido em prédio próprio ou alugado). O mesmo se diga quanto à coleta de lixo: imagine-se o ridículo de obrigarem-se os lixeiros, tais ourives, a pesar com balança de precisão os detritos produzidos dia a dia por cada domicílio, para que a taxa pudesse corresponder ao total de lixo produzido a cada mês pelo contribuinte. O Direito não pode ignorar a realidade sobre a qual se aplica. O princípio da praticabilidade, tão bem trabalhado entre nós por MISABEL DERZI, jurisdiciza essa constatação elementar, que tampouco passa despercebida ao STF. Nos autos da Representação de Inconstitucionalidade nº 1.077/84, Rel. Min. MOREIRA ALVES, declarou a Corte que não se pode exigir do legislador mais do que equivalência razoável entre o custo real dos serviços e o montante a que pode ser compelido o contribuinte a pagar, tendo em vista a base de cálculo estabelecida pela lei e o 'quantum' da alíquota por esta fixado'. Ora, é razoável 'por que a receita bruta de um estabelecimento varie segundo o seu tamanho e a intensidade de suas atividades. É razoável ainda pretender que empreendimentos com maior grau de poluição potencial ou de utilização de recursos naturais requeiram controle e fiscalização mais rigorosos e demorados da parte do IBAMA. (Grifos nossos). (RE nº 416.601/DF, Rel. Min. Carlos Velloso, Tribunal Pleno, julgado em 10/08/2005).

E arremata invocando Ives Gandra Martins:

Perfeito o entendimento do mestre mineiro, do qual, aliás, não destoa a lição de Ives Gandra Martins, que opina pela constitucionalidade, por isso que o projeto que se transformou na Lei 10.165/2000, que deu nova redação à Lei 6.938/81, libertou-se "das inconstitucionalidades corretamente detectadas pelo Pretório Excelso".

A ementa do julgado ficou assim consignada:

CONSTITUCIONAL. TRIBUTÁRIO. IBAMA: TAXA DE FISCALIZAÇÃO. Lei 6.938/81, com a redação da Lei 10.165/2000, artigos 17-B, 17-C, 17-D, 17-G. C.F., art. 145, II. I. - Taxa de Controle e Fiscalização Ambiental; TCFA – do IBAMA: Lei 6938, com a redação da Lei 10.165/2000: constitucionalidade. II.- R.E. conhecido, em parte, e não provido.

ACÓRDÃO
Vistos, relatados e discutidos estes autos, acordam os Ministros do Supremo Tribunal Federal, em Sessão Plenária, na conformidade da ata de julgamentos e das notas taquigráficas, por unanimidade, nos termos do voto do relator, conhecer, em parte, do recurso e, na parte conhecida, negar-lhe provimento. Votou a Presidente. Ausentes, justificadamente, o Senhor Ministro Nelson Jobim (Presidente) e, neste julgamento, os Senhores Ministros Marco Aurélio e Gilmar Mendes. Brasília, 10 de agosto de 2005.
ELLEN GRACIE - VICE-PRESIDENTE (no exercício da Presidência)
CARLOS VELLOSO – RELATOR

O voto acima transcrito é de extrema importância, na medida em que serviu de precedente para diversos julgados, fincando o entendimento da Corte sobre o tema. Vejamos:

> TAXA DE CONTROLE E FISCALIZAÇÃO AMBIENTAL – CONSTITUCIONALIDADE. O Tribunal, no julgamento do Recurso Extraordinário nº 416.601/DF, da relatoria do Ministro Carlos Velloso, concluiu pela constitucionalidade da Taxa de Controle e Fiscalização Ambiental. AGRAVO – CARÁTER INFUNDADO – MULTA. Surgindo do exame do agravo a convicção sobre o caráter manifestamente infundado, impõe-se a aplicação da multa prevista no § 2º do artigo 557 do Código de Processo Civil. (RE 682168 AgR, Relator(a): Min. MARCO AURÉLIO, Primeira Turma, julgado em 03/09/2013, ACÓRDÃO ELETRÔNICO DJe-185 DIVULG 19-09-2013 PUBLIC 20-09-2013);
> AGRAVO REGIMENTAL NO RECURSO EXTRAORDINÁRIO. TRIBUTÁRIO. TAXA DE CONTROLE E FISCALIZAÇÃO AMBIENTAL. IBAMA. CONSTITUCIONALIDADE. PRECEDENTES. 1. A jurisprudência desta Corte firmou entendimento no sentido de ser constitucional a Taxa de Controle e Fiscalização Ambiental (TCFA). 2. Agravo regimental não provido. (RE nº 603.513 AgR, Relator(a): Min. DIAS TOFFOLI, Primeira Turma, julgado em 28/08/2012, PROCESSO ELETRÔNICO DJe-179 DIVULG 11-09-2012 PUBLIC 12-09-2012);
> TAXA DE CONTROLE E FISCALIZAÇÃO AMBIENTAL – CONSTITUCIONALIDADE. O Tribunal, no julgamento do Recurso Extraordinário nº 416.601/DF, da relatoria do Ministro Carlos Velloso, concluiu pela constitucionalidade da Taxa de Controle e Fiscalização Ambiental. (RE nº 408.582 AgR, Relator(a): Min. MARCO AURÉLIO, Primeira Turma, julgado em 15/02/2011, DJe-046 DIVULG 10-03-2011 PUBLIC 11-03-2011 EMENT VOL-02479-01 PP-00056);
> AGRAVO REGIMENTAL NO AGRAVO DE INSTRUMENTO. CONSTITUCIONAL E TRIBUTÁRIO. TAXA DE CONTROLE E FISCALIZAÇÃO AMBIENTAL - TCFA. CONSTITUCIONALIDADE. PRECEDENTES DO SUPREMO TRIBUNAL FEDERAL. AGRAVO REGIMENTAL AO QUAL SE NEGA PROVIMENTO. (AI nº 648.201

AgR, Relator(a): Min. CÁRMEN LÚCIA, Primeira Turma, julgado em 26/05/2009, DJe-118 DIVULG 25-06-2009 PUBLIC 26-06-2009 EMENT VOL-02366-11 PP-02196);
TRIBUTÁRIO. TAXA DE CONTROLE E FISCALIZAÇÃO AMBIENTAL. CONSTITUCIONALIDADE. LEIS 6.938/81 E 10.165/2000. AGRAVO IMPROVIDO. I - Constitucionalidade da Taxa de Controle e Fiscalização Ambiental, objeto da Lei 6.938/81, com a redação dada pela Lei 10.165/2000. Precedente do Plenário. II - Agravo regimental improvido. (AI nº 638.092 AgR, Relator(a): Min. RICARDO LEWANDOWSKI, Primeira Turma, julgado em 17/03/2009, DJe-071 DIVULG 16-04-2009 PUBLIC 17-04-2009 EMENT VOL-02356-18 PP-03696 LEXSTF v. 31, n. 364, 2009, p. 43-46);
PROCESSUAL CIVIL. AGRAVO REGIMENTAL NOS EMBARGOS DE DIVERGÊNCIA NO AGRAVO REGIMENTAL NO RECURSO EXTRAORDINÁRIO. INADMISSÃO. AUSÊNCIA DE SIMILITUDE FÁTICA ENTRE OS PRECEDENTES POSTOS A CONFRONTO. TAXA DE CONTROLE E FISCALIZAÇÃO AMBIENTAL. CONSTITUCIONALIDADE. JURISPRUDÊNCIA PACÍFICA. ART. 332 DO RISTF. 1. É pacífico na jurisprudência do Supremo Tribunal Federal o entendimento de que é constitucional a Taxa de Controle e Fiscalização Ambiental instituída pela Lei 10.165/00 (RE 416.601/DF, rel. Min. CARLOS VELLOSO, Pleno, unânime, DJ de 30.9.2005). 2. Agravo regimental a que se nega provimento. (RE nº 603.513 AgR-EDv-AgR, Relator(a): Min. TEORI ZAVASCKI, Tribunal Pleno, julgado em 10/04/2014, PROCESSO ELETRÔNICO DJe-081 DIVULG 29-04-2014 PUBLIC 30-04-2014)

Mas não foi só em relação à taxa ambiental que o STF consolidou sua posição. Ela é extensiva a vários outros tipos de taxas, sendo que em todas as decisões é firme o posicionamento da Corte Suprema quanto à competência administrativa do ente tributante para fiscalizar a atividade particular potencialmente lesiva ao interesse coletivo sobre a qual recairá a vigilância estatal, criando para isso taxa de polícia, como se pode ver nos arestos a seguir transcritos:

AGRAVO REGIMENTAL. TRIBUTÁRIO. TAXA DE FISCALIZAÇÃO AMBIENTAL. EXAÇÕES COBRADAS PELA UNIÃO E PELO ÓRGÃO ESTADUAL. BITRIBUTAÇÃO DESCARACTERIZADA. CONFISCO. RAZÕES RECURSAIS INSUFICIENTES PARA CONCLUIR PELA DESPROPORCIONALIDADE OU PELA IRRAZOABILIDADE DA COBRANÇA. É condição constitucional para a cobrança de taxa pelo exercício de poder de polícia a competência do ente tributante para exercer a fiscalização da atividade específica do contribuinte (art. 145, II da Constituição). Por não serem mutuamente exclusivas, as atividades de fiscalização ambiental exercidas pela União e pelo estado não se sobrepõem e, portanto, não ocorre bitributação. Ao não trazer à discussão o texto da lei estadual que institui um dos tributos, as razões recursais impedem que se examine a acumulação da carga tributária e, com isso, prejudica o exame de eventual efeito confiscatório da múltipla cobrança. Agravo regimental ao qual se nega provimento. (RE nº 602.089 AgR, Relator: Ministro Joaquim Barbosa, Órgão Julgador: Segunda Turma, Julgamento em 24/04/12, Publicação em 22/05/12)

CONSTITUCIONAL. TRIBUTÁRIO. TAXA DE LOCALIZAÇÃO E FUNCIONAMENTO. HIPÓTESE DE INCIDÊNCIA. EFETIVO EXERCÍCIO DE PODER DE POLÍCIA. AUSÊNCIA EVENTUAL DE FISCALIZAÇÃO PRESENCIAL. IRRELEVÂNCIA. PROCESSUAL CIVIL. AGRAVO REGIMENTAL. 1. A incidência de taxa pelo exercício de poder de polícia pressupõe ao menos (1) competência para fiscalizar a atividade e (2) a existência de órgão ou aparato aptos a exercer a fiscalização. 2. O exercício do poder de polícia não é necessariamente presencial, pois pode ocorrer a partir de local remoto, com o auxílio de instrumentos e técnicas que permitam à administração examinar a conduta do agente fiscalizado (cf, por semelhança, o RE 416.601, rel. Min Carlos Velloso, Pleno, DJ de 30.09.2005). Matéria debatida no RE 588.332-RG (rel. Min. Gilmar Mendes Mendes, Pleno, julgado em 16.06.2010. Cf Informativo STF 591/STF). 3. Dizer que a incidência do tributo prescinde de 'fiscalização porta a porta' (in loco) não implica reconhecer que o Estado pode permanecer inerte no seu dever de adequar a atividade pública e a privada às balizas estabelecidas pelo sistema jurídico. Pelo contrário, apenas reforça sua responsabilidade e a de seus agentes. 4. Peculiaridades do caso. Necessidade de abertura de instrução probatória. Súmula 279/STF. Agravo regimental ao qual se nega provimento. (RE nº 361.009 AgR, Relator: Ministro Joaquim Barbosa, Órgão Julgador: Segunda Turma, Julgamento em 31/08110, Publicação em 12111110).

Para além dessas decisões, o STF declarou sobre o tema, mais especificamente sobre a compatibilidade da base de cálculo com a grandeza econômica relacionada, ao julgar a Representação de Inconstitucionalidade nº 1.077/84, Rel. Min. MOREIRA ALVES, <u>que não se pode exigir do legislador mais do que equivalência razoável entre o custo real dos serviços e o montante a que pode ser compelido o contribuinte a pagar</u>, tendo em vista a base de cálculo estabelecida pela lei e o *quantum* da alíquota por esta fixado, o que tem sido observado nas diversas legislações estaduais.[37] No sentido desse entendimento:

---

37 No Pará, por exemplo, no tocante à fiscalização dos recursos hídricos, estipulou a Lei nº 8.091/2014, instituída com vistas a estabelecer o cadastro e a fiscalização do uso de recursos hídricos com finalidade lucrativa, além de criar uma taxa de fiscalização, que a mensuração seria feita com base no valor da TFRH em 0,2 (dois

(1) Ação Direta de Inconstitucionalidade. (2) Art. 1º, II, da Lei nº 11.073, de 30.12.1997, que acrescentou os §§ 7º e 8º ao art. 6º da Lei nº 8.109, de 1985, do Estado do Rio Grande do Sul; Art. 1º, VI, da Lei nº 11.073, de 1997, que inseriu o inciso IX na Tabela de Incidência da Lei nº 8.109, de 1985; Decreto estadual nº 39.228, de 29.12.1998, que regulamentou a incidência da taxa impugnada. (3) Alegada violação aos arts. 145, II e 145, § 2º, da Constituição. (4) <u>Taxa de Fiscalização e Controle de Serviços Públicos Delegados, instituída em favor da Agência Estadual de Regulação dos Serviços Públicos Delegados do Rio Grande do Sul - AGERGS, autarquia estadual.</u> (5) <u>O faturamento, no caso, é apenas critério para incidência da taxa, não havendo incidência sobre o faturamento.</u> Precedente (RE nº 177.835, Rel. Min. Carlos Velloso) (6) Improcedência da ação direta quanto aos dispositivos legais e não conhecimento quanto ao Decreto nº 39.228, de 1988. (ADI 1948, Relator(a): Min. GILMAR MENDES, Tribunal Pleno, julgado em 04/09/2002, DJ 07-02-2003 PP-00020 EMENT VOL-02097-02 PP-00394 – grifou-se)

1.Ação direta de inconstitucionalidade. 2. <u>Valor da taxa judiciária e das custas judiciais estaduais. Utilização do valor da causa como base de cálculo. Possibilidade. Precedentes.</u> 3. Estipulação de valores máximos a serem despendidos pelas partes. Razoabilidade. 4. Inexistência de ofensa aos princípios do livre acesso ao Poder Judiciário, da vedação ao confisco, da proibição do bis in idem e da proporcionalidade. Precedentes. 5. Ação julgada improcedente. (ADI nº 2.078, Relator: Ministro Gilmar Mendes, Órgão Julgador: Tribunal Pleno, Julgamento em 17/03/11, Publicação em 12/04/11 – grifou-se)

AÇÃO DIRETA DE INCONSTITUCIONALIDADE. INCISO V DO ART. 28 DA LEI COMPLEMENTAR 166/99 DO ESTADO DO RIO GRANDE DO NORTE. TAXA INSTITUÍDA SOBRE AS ATIVIDADES NOTARIAIS E DE REGISTRO. PRODUTO DA ARRECADAÇÃO DESTINADO AO FUNDO DE REAPARELHAMENTO DO MINISTÉRIO PÚBLICO. 1. <u>O Supremo Tribunal Federal vem admitindo a incidência de taxa sobre as atividades notariais e de registro, tendo por base de cálculo os emolumentos que são cobrados pelos titulares das serventias como pagamento do trabalho que eles prestam aos tomadores dos serviços cartorários. Tributo gerado em razão do exercício do poder de polícia que assiste aos Estados-membros, notadamente no plano da vigilância, orientação e correição da atividade em causa, nos termos do § 1º, do art. 236 da Constituição Federal.</u> 2. O

décimos) da Unidade Padrão Fiscal do Estado do Pará – UPF-PA, por m^3 (metro cúbico) de recurso hídrico utilizado e de 0,5 (cinco décimos) da Unidade Padrão Fiscal do Estado do Pará – UPF-PA, por 1.000 m^3 (mil metros cúbicos), no caso de utilização de recurso hídrico para fins de aproveitamento hidroenergético, sendo tais parâmetros proporcionais ao uso desses recursos, sem que tivesse havido qualquer sentido de confisco, mormente quando se constata o lucro das empresas que fazem a exploração hidroenergética.

inciso V do art. 28 da Lei Complementar 166/99 do Estado do Rio Grande do Norte criou taxa em razão do poder de polícia. Pelo que não incide a vedação do inciso IV do art. 167 da Carta Magna, que recai apenas sobre os impostos. 3. (...). 4. Ação direta que se julga improcedente. (ADI nº 3028, Relator: Ministro Marco Aurélio, Relator p/ Acórdão: Ministro Ayres Britto, Órgão Julgador: Tribunal Pleno, Julgamento em 26/05/2010, Publicação em 01/07/10 – grifou-se).

Em relação à taxa de controle, monitoramento e fiscalização das atividades de pesquisa, lavra, exploração e aproveitamento de recursos minerários (TFRM), instituída pelas leis estaduais: Lei nº 19.976/2011 (Minas Gerais), Lei nº 7.591/2011 (Pará) e Lei nº 1.613/201 (Amapá), a Confederação Nacional da Indústria (CNI) ajuizou três Ações Diretas de Inconstitucionalidade (ADIs nº 4.785, nº 4.786 e nº 4.787), perante o Supremo Tribunal Federal (STF), nas quais pediu liminar para suspender os efeitos das mesmas, não sendo concedidas pelos respectivos relatores, estando todas elas em fase de instrução.

O argumento da CNI, em síntese, é de que as leis em questão instituíram um "verdadeiro imposto mascarado de taxa" e o fato de a taxa, proposta inicialmente em Minas Gerais, ter sido adotada também no Amapá e no Pará, mostra um verdadeiro risco de "efeito multiplicador" na busca de arrecadação significativa, cuja restituição enfrentará todos os conhecidos percalços.

Destaca-se na ADI nº 4.785 o parecer da Advocacia-Geral da União, que sustenta serem as taxas constitucionais, sendo de ressaltar a ementa e alguns trechos:

> Administrativo e Tributário. Lei nº 19.976/11 do Estado de Minas Gerais. Instituição e cobrança de taxa que tem como fato gerador o exercício regular do poder de polícia sobre a atividade de pesquisa, lavra, exploração ou aproveitamento de recursos minerais. Tributo criado com fundamento na competência material comum das unidades federadas para fiscalizar as atividades minerárias desenvolvidas no âmbito dos respectivos territórios. Artigos 23, inciso XI; 24, inciso I; 25; e 145, inciso II, da Carta da República. <u>Ausência de ofensa à competência privativa União para legislar sobre recursos minerais, uma vez que as normas impugnadas não dispõem sobre aspectos próprios da exploração desses recursos, nem da compensação financeira dela decorrente. Princípios da proporcionalidade e do não confisco não desrespeitados.</u> Inconstitucionalidade do benefício concedido pelo artigo 7º, inciso I, do diploma estadual. Ofensa ao artigo 152 da Constituição Federal. Manifestação pela procedência parcial do pedido formulado pela requerente.

Dos fundamentos do parecer se extrai, no que importa para o presente estudo, os seguintes excertos:

> De feito, nada obstante a União detenha competência para dispor, privativamente, sobre recursos minerais, bem como para outorgar a exploração desses bens à iniciativa privada, verifica-se que o artigo 23, inciso XI, da Carta Maior atribui a todos os entes federados, indistintamente, a competência para fiscalizar as concessões de direitos de pesquisa e exploração de recursos hídricos e minerais situados em seus respectivos territórios. Confira-se: "Art. 23. É competência comum da União, dos Estados, do Distrito Federal e dos Municípios: (...) XI - registrar, acompanhar e fiscalizar as concessões de direitos de pesquisa e exploração de recursos hídricos e minerais em seus territórios;"
>
> Note-se que a referida competência fiscalizatória alinha-se à previsão constante do artigo 20, § 1º, da Constituição, que assegura aos Estados, Distrito Federal e Municípios a participação no resultado da exploração de recursos minerais situados nos respectivos territórios, ou a compensação financeira por tal exploração, como forma de indenizá-los pelos danos decorrentes dessa exploração. Confira-se, sobre o assunto, o seguinte excerto do voto proferido pelo Ministro Gilmar Mendes, no julgamento do Mandado de Segurança nº 24.312-17, *in verbis*:
>
> "Essa compensação financeira há de ser entendida em seu sentido vulgar de mecanismo destinado a recompor uma perda, sendo, pois, essa perda, o pressuposto e a medida da obrigação do explorador. A que espécie de perda, porém, se refere implicitamente a Constituição? (...) A compensação financeira se vincula, a meu ver, não à exploração em si, mas aos problemas que gera. Com efeito, a exploração de recursos minerais e de potenciais de energia elétrica é atividade potencialmente geradora de um sem número de problemas para os entes públicos, especialmente para os municípios onde se situam as minas e as represas. Problemas ambientais - como a remoção da cobertura vegetal do solo, poluição, inundação de extensas áreas, comprometimento da paisagem e que tais -, sociais e econômicos, advindos do crescimento da população e da demanda por serviços públicos."
>
> <u>Assim, tendo-se em vista que a União, os Estados, o Distrito Federal e os Municípios compartilham a competência para fiscalizar as concessões de direitos de pesquisa e exploração de recursos minerais, atividades supostamente geradoras de danos ambientais, sociais e econômicos, estão eles autorizados a instituir taxa em razão do efetivo exercício do poder de polícia sobre tais delegações. E, em respeito ao princípio da legalidade tributária (artigo 150, inciso I, da Constituição 18), essas taxas devem ser instituídas por meio de lei, tal como os demais tributos previstos pelo ordenamento jurídico.</u>
>
> Cumpre ressaltar, por outro lado, que a criação de taxa de polícia, nos moldes exigidos pela lei impugnada, não implica violação à competência

legislativa da União para dispor sobre recursos minerais, nem desrespeito aos instrumentos de concessão da exploração desses bens a particulares. Isso porque, como se nota, os dispositivos questionados pela requerente não dispõem sobre aspectos específicos da exploração desses recursos no Estado de Minas Gerais, nem sobre a compensação financeira decorrente dessa exploração; do mesmo modo, não interferem nos termos dos contratos de concessão travados entre o Poder Público e os delegatários.

Ao contrário, <u>as normas hostilizadas têm natureza administrativa (poder de polícia) e tributária (taxa), as quais extraem seu fundamento de validade dos artigos 23, inciso XI; e 24, inciso I; 25, caput; e 145, inciso II, da Carta Republicana. Nesses termos, conclui-se que as normas impugnadas compatibilizam-se com os artigos 20, § 1º; 22, inciso XII; 23, inciso XI; e 176 todos da Constituição Federal.</u>

Do mesmo modo, não merece prosperar a alegação de que os dispositivos hostilizados violariam os princípios da proporcionalidade e do não confisco, bem como o disposto nos artigos 145, inciso II e § 2º, e 146, inciso II, da Constituição Federal, este último dispositivo na sua combinada inteligência com o artigo 77 do Código Tributário Nacional. Neste ponto, sustenta a requerente que a Lei nº 19.976/11 - a pretexto de instituir taxa de polícia - teria estabelecido um imposto sobre o produto da exploração de recursos minerais no território estadual (toneladas de minério), com o objetivo de obter uma arrecadação vultosa e desvinculada de qualquer atividade estatal ou partilha de recursos. (...)

Como se sabe, a Constituição Federal não fixa o aspecto quantitativo as taxas, limitando-se a proibir que tributos adotem base de cálculo própria de impostos (art. 145, § 2º, da Carta). Contudo, conforme adverte Hugo de Brito machado, ainda que não exista critério para determinar de modo preciso a base de cálculo das taxas, certo é que "o valor da taxa (...) há de estar sempre relacionado com a atividade específica que lhe constitui o fato gerador." (...)

<u>Dessa forma, conclui-se que a taxa de polícia deve ter como base de cálculo, em regra, uma grandeza econômica relacionada com a atividade do Poder Público que lhe constitui o fato gerador, não sendo exigível, entretanto, que o seu valor corresponda exatamente ao custo dessa atuação estatal. (...)
Destarte, verifica-se que o tributo instituído pela Lei n. 19.976/11 apresenta as características essenciais à taxa de polícia - e não as de imposto, como alegado pela requerente -, não havendo o que se falar em ofensa aos artigos 5º, inciso LIV; 145, inciso II e § 2º; 146, inciso II; e 150, inciso IV, da Carta Republicana. Resta prejudicado, por conseguinte, o pleito de declaração de inconstitucionalidade por arrastamento dos demais dispositivos da Lei nº 19.976/11 que guardam relação de dependência com o tema.</u>

Como se demonstrou, a jurisprudência do STF é firme no sentido de, com fundamento no artigo 145, II, da Constituição, reconhecer a constitucionalidade da instituição e cobrança, por qualquer um dos entes federados (competência comum), de taxa que tem como fato gerador o exercício regular do poder de polícia sobre atividades supostamente geradoras de danos ambientais, sociais e econômicos, como é o caso da exploração, no âmbito dos respectivos territórios, de recursos hídricos (art. 23, XI, da Carta Constitucional de 1988).

3. CONCLUSÕES

Compatibilizar o desenvolvimento econômico-social e a proteção do meio ambiente não é tarefa fácil; implica na conciliação de dois princípios constitucionais: o desenvolvimento econômico-social (art. 3º, II, CRFB/88) e o direito ao meio ambiente equilibrado, comum do povo e essencial à boa qualidade de vida desta e das futuras gerações (art. 225, CRFB/88). E essa conciliação é feita, em nosso entender, pelo artigo 170 da Constituição Federal ao promover uma relação direta entre as normas econômicas e as ambientais no momento em que prevê que a ordem econômica é fundada na valorização do trabalho e na livre iniciativa, apontando a defesa do meio ambiente e a função social da propriedade como princípios da ordem econômica e financeira (art. 170, III e VI, CRFB/88).

Para José Afonso da Silva,[38] a solução está na promoção do desenvolvimento sustentável, que consiste na exploração equilibrada dos recursos naturais, nos limites da satisfação das necessidades e do bem-estar da presente geração, assim como de sua conservação no interesse das gerações futuras, e requer um crescimento econômico que envolva a equitativa redistribuição de resultados do processo produtivo e erradicação da pobreza, de forma a reduzir as disparidades nos padrões de vida e melhor atendimento da maioria da população.[39]

Não há dúvida, como afirma Martins da Cruz,[40] que o ambiente é um valor ético fundamental da humanidade, na verdade um bem

---

38 SILVA, José Afonso, *Direito Constitucional: Estudos e Pareceres*. Brasília: Fórum, 2014, p. 110.

39 Nesse sentido é o Princípio 5º da Declaração do Rio de Janeiro da Conferência das Nações Unidas sobre Meio Ambiente e Desenvolvimento.

40 MARTINS DA CRUZ, Branca. Importância da Constitucionalização do Direito ao Ambiente. *In*: Paulo Bonavides (Org.). *Estudos de Direito Constitucional, em homenagem ao Ministro Cesar Asfor Rocha*. 1ª ed. Rio de Janeiro: Renovar, 2009. p. 206.

jurídico fundamental, ao lado de outros bens jurídicos, com elevado comprometimento ético, como a vida ou a dignidade humana.

Com o declínio do Estado-providência, em que a defesa dos interesses sociais se constituía numa tarefa fundamental do Estado, enquanto representante político da sociedade, entra em cena o Estado intervencionista, que deve agir como um "agente normativo e regulador da atividade-econômica, exercendo funções de fiscalização, incentivo e planejamento, sendo este determinante para o setor público e indicativo para o setor privado" (art. 174, CRFB/88).

O Direito passa então a ser um instrumento nas mãos do Estado para prevenir ou mesmo reprimir os ataques ao meio ambiente, estimulando o desenvolvimento sustentável como a única forma de se alcançar um relativo equilíbrio.

Granziera[41] refere ser imprescindível ter o Estado uma estrutura capacitada para responder às necessidades advindas do cumprimento da norma. Para tanto, recursos devem ser alocados na fiscalização. Aliás, a palavra fiscalização é o ponto-chave para garantir o cumprimento da norma. Se não houver fiscalização, dificilmente será cumprida a regra em vigor, gerando, igualmente, insegurança jurídica, além de ferir o princípio da isonomia.

E sentencia:[42]

> À medida que os direitos coletivos – ou melhor dizendo, difusos -, ganham espaço na importância do bem estar social, verifica-se a tendência ou ao menos a necessidade de um poder de polícia mais ativo, para ser compatível com as expectativas de proteção de tais interesses e, principalmente, para evitar danos. É o caso dos recursos hídricos e do meio ambiente, em que legislação recente alterou o regime jurídico que vigorava, criando mecanismos de proteção inéditos, como o entendimento do meio ambiente sob uma visão holística, e não apenas o conjunto de vários recursos naturais, cada qual visto sob uma ótica específica; o conceito da responsabilidade objetiva por dano ambiental; a ideia da cobrança pela utilização de recursos hídricos, entre outros.

Dentro desse espírito de compromisso com o meio ambiente, com a conscientização da população e com a sustentabilidade, é que se criou, por Lei, um sistema de fiscalização e se instituiu uma taxa a ser cobrada

---

41 *Op. Cit.* p. 207.

42 *Op. Cit.* p. 208.

dos grandes usuários, com vistas a tornar efetiva essa fiscalização, alinhando as atividades econômicas exercidas no território dos Estados com a proteção do meio ambiente, de forma a se buscar o tão almejado desenvolvimento sustentável, como deseja a Constituição Federal.

As normas estaduais que instituíram a fiscalização e taxa respectiva para dar o devido suporte à estrutura montada para esse fim foram editadas dentro da competência constitucional dos entes subnacionais, mais especificamente do artigo 23, XI, da Constituição Federal, que prevê ser da competência comum da União, Estados, Municípios e Distrito Federal, "registrar, acompanhar e fiscalizar as concessões de direitos de pesquisa e exploração de recursos hídricos e minerais em seus territórios".

O Supremo Tribunal Federal já assentou posicionamento no sentido de que é da competência administrativa do ente tributante criar taxa de polícia com o objetivo de fiscalizar a atividade particular potencialmente lesiva ao interesse coletivo sobre a qual recairá a vigilância estatal, desde que o faça a partir de um pressuposto material vinculado a uma atividade do Poder Público, relacionada diretamente ao contribuinte, tenha como sujeito passivo da obrigação tributária a pessoa ligada a essa atividade estatal e, ainda, tenha como base de cálculo elemento relacionado com essa mesma atividade.

No caso das normas estaduais, há a identificação clara do pressuposto material, que é o acompanhamento e fiscalização, em legítimo exercício do poder de polícia, e definição sobre qual seja o fato gerador da referida taxa, em conformidade com o artigo 145, II, da Constituição da República e os artigos 77 e 80, do Código Tributário Nacional, lei com eficácia de complementar, bem como a definição clara nos artigos 5º e 6º sobre quais sejam os sujeitos passivos e o valor da taxa[43].

---

43 Art. 5º Contribuinte da TFRH é a pessoa, física ou jurídica, que utilize recurso hídrico como insumo no seu processo produtivo ou com a finalidade de exploração ou aproveitamento econômico.

Art. 6º O valor da TFRH corresponderá a 0,2 (dois décimos) da Unidade Padrão Fiscal do Estado do Pará – UPF-PA por m³ (metro cúbico) de recurso hídrico utilizado.

§ 1º O valor da TFRH corresponderá a 0,5 (cinco décimos) da Unidade Padrão Fiscal do Estado do Pará – UPF-PA por 1.000 m³ (mil metros cúbicos), no caso de utilização de recurso hídrico para fins de aproveitamento hidroenergético.

Para finalizar, posiciono-me no sentido de que cumpre ao Estado respeitar e participar, de forma ativa, de um processo de conscientização acerca da importância dos recursos minerários e hídricos para o equilíbrio dos ecossistemas e da preservação da biodiversidade como forma de garantir a própria vida do homem, exigindo-se, tanto do próprio Estado, quanto da sociedade, um olhar que não seja só do agora, mas do sempre e isso só será viável por meio de educação ambiental e leis que defendam a humanidade do desperdício, do mau uso.

4. REFERÊNCIAS BIBLIOGRÁFICAS

ATALIBA, Geraldo. *Sistema Constitucional Tributário Brasileiro*. 1ª ed. São Paulo: RT, 1996.

AMARO, Luciano. *Direito tributário brasileiro*. 11ª ed. São Paulo: Saraiva, 2005.

BASTOS, Celso. *Comentários à Constituição do Brasil*. São Paulo: Saraiva, 2000, v. 7.

BASTOS, Celso Ribeiro; MARTINS, Ives Gandra. *Comentários à Constituição do Brasil*. São Paulo: Saraiva, 2001, v. 3, tomo I.

BRASIL. Constituição (1988). *Constituição da República Federativa do Brasil*, 5 de out. 1998. Brasília: Senado Federal: Centro Gráfico, 1988.

_____. Lei Federal nº 9.433 (8 de janeiro de 1997). *Lei dos Recursos Hídricos*, Brasília, DF: Senado Federal, jan. 1997. Disponível em: <http://www.planalto.gov.br/ccivil_03/constituicao/constituicaocompilado.htm.>,

_____. Supremo Tribunal Federal. Agravo Interno: *AI nº 648.201 AgR*, Relator(a): Ministra Cármen Lúcia, Primeira Turma, Brasília, DF, 26 mai. 2009. Disponível em: <http://redir.stf.jus.br/paginadorpub/paginador.jsp?docTP=AC&docID=598147>.

_____. Supremo Tribunal Federal. Agravo de Instrumento: *AI nº 638.092 AgR*, Relator(a): Ministro Ricardo Lewandowski, Primeira Turma, Brasília, DF, 17 mar. 2009. Disponível em: <http://redir.stf.jus.br/paginadorpub/paginador.jsp?docTP=AC&docID=587891>.

_____. Supremo Tribunal Federal. Recurso Especial: *RE nº 239.397*, Relator(a): Ministro Ilmar Galvão, Primeira Turma, Brasília, DF, 21 mar. 2000. Disponível em: <http://redir.stf.jus.br/paginadorpub/paginador.jsp?docTP=AC&docID=256404>.

_____. Supremo Tribunal Federal. Agravo de Recurso Especial: *ARE nº 738.944 AgR*, Relator(a): Ministro Ricardo Lewandowski, Segunda Turma, Brasília, DF, 11 mar. 2014. Disponível em: <http://redir.stf.jus.br/paginadorpub/paginador.jsp?docTP=TP&docID=5512071>.

_____. Supremo Tribunal Federal. Recurso Extraordinário: *RE 682168 AgR*, Relator(a): Ministro Marco Aurélio, Primeira Turma, Brasília, DF, 03 set.

2013. Disponível em: <http://redir.stf.jus.br/paginadorpub/paginador.jsp?docTP=TP&docID=4548335>.

_____. Supremo Tribunal Federal. Recurso Extraordinário: *RE nº 603.513 AgR*, Relator(a): Ministro Dias Toffoli, Primeira Turma, Brasília, DF, 28 ago. 2012. Disponível em: <Http://Redir.Stf.Jus.Br/Paginadorpub/Paginador.Jsp?Doctp=Tp&Docid=2729729>.

_____. Supremo Tribunal Federal. Recurso Extraordinário: *Re Nº 408.582 Agr*, Relator(A): Ministro Marco Aurélio, Primeira Turma, Julgado em 15/02/2011, Dje-046 Divulg 10-03-2011 Public 11-03-2011 Ement Vol-02479-01 PP-00056. Disponível em: <http://redir.stf.jus.br/paginadorpub/paginador.jsp?docTP=AC&docID=620337>.

_____. Supremo Tribunal Federal. Recurso Extraordinário: *RE nº 603.513 AgR-EDv-AgR*, Relator(a): Ministro Teori Zavascki, Tribunal Pleno, Brasília, DF, 10 abr. 2014. Disponível em: <http://redir.stf.jus.br/paginadorpub/paginador.jsp?docTP=TP&docID=5750372>.

CARRAZA, Roque Antônio. *Curso de Direito Constitucional Tributário*. 28ª edição. São Paulo: Malheiros Editores, 2012.

COÊLHO, Sacha Calmon Navarro; MAIA, Marcos Correia Piqueira; MANEIRA, Eduardo. *A interpretação equivocada dos precedentes em relação às taxas de fiscalização de postes e orelhões*. Disponível em <http://sachacalmon.com.br/publicacoes/artigos/a-exegese-equivocada-dos-precedentes-em-relacao-as-taxas-de-fiscalizacao-de-postes-e-orelhoes>.

DI PIETRO, Maria Sylvia Zanella. *Direito administrativo*. 19ª ed. Atlas: São Paulo, 2011.

GRANZIERA, Maria Luiza Machado. *Direito das águas:* disciplina jurídica das águas doces. 3ª ed. São Paulo: Atlas, 2006.

HARADA, Kiyoshi. *Dicionário de Direito Público*. 1ª ed. São Paulo: MP, 1999.

MORAES, Alexandre de. *Constituição do Brasil interpretada e legislação constitucional*. 9ª ed. São Paulo: Atlas, 2013.

_____. *Direito Constitucional*. 33ª ed. São Paulo: Atlas, 2017.

GANDRA MARTINS, Ives. Parecer sobre a competência legislativa da União, Estados, Municípios e Distrito Federal para registrar, acompanhar e fiscalizar pesquisa e exploração de recursos hídricos. Constitucionalidade da Lei do Estado do Pará n. 8.091/2014, que instituiu taxa para tal finalidade, abril/2015. In: *Revista Dialética de Direito Tributário*, nº 238, julho 2015.

_____. Parecer – Taxa de fiscalização mineral do Estado do Pará – Exercício de competência impositiva outorgada pela Constituição Federal (artigos 23, inciso XI e 145, inciso II) – Exação constitucional. In: *Revista Dialética de Direito Tributário*, n. 200, maio/2012.

_____. *O sistema tributário na Constituição*. 6ª ed. São Paulo: Saraiva, 2007.

MORAES, Ribeiro de, apud SILVA, José Afonso da. *Comentário contextual à Constituição*. 6ª ed. São Paulo: Malheiros, 2009.

MACHADO, Hugo de Brito. *Curso de Direito Tributário*. 27ª ed. São Paulo: Malheiros, 2006.

MARTINS DA CRUZ, Branca. Importância da Constitucionalização do Direito ao Ambiente. *In*: BONAVIDES, Paulo. (Org.). *Estudos de Direito Constitucional, em homenagem ao Ministro Cesar Asfor Rocha*. 1ª ed. Rio de Janeiro: Renovar, 2009.

MELLO, Celso Antônio Bandeira de. *Curso de direito administrativo*. 18ª ed. São Paulo: Malheiros, 2004.

MEIRELLES, Hely Lopes. *Direito Administrativo Brasileiro*. 33ª edição. São Paulo: Malheiros, 2007.

MOTTA FILHO, Marcelo Martins; NEVES DA SILVA, Edgard. Outras formas desonerativas: *In:* MARTINS, Ives Gandra da Silva (org.). *Curso de direito tributário*. 14ª ed. São Paulo: Saraiva, 2013, p. 1061.

POMPEU, Cid Tomanik. *Águas Doces no Brasil*: capital ecológico, uso e conservação. São Paulo: Escrituras, 1999.

RIBEIRO DE MORAES, Bernardo. *Doutrina e prática do imposto sobre serviços*. São Paulo: Revista dos Tribunais, 1984.

SILVA, José Afonso da. *Direito Constitucional*: Estudos e Pareceres. Brasília: Fórum, 2014.

_____. *Curso de Direito Constitucional Positivo*. 35ª ed., rev. e atual. até a EC n.º 68/2011. São Paulo: Malheiros, 2012.

SOARES, Guido Fernando Silva. *Constituição do Brasil interpretada e legislação constitucional*. 9ª ed. São Paulo: Atlas, 2013.

AS CONTRIBUIÇÕES E A OFENSA AO PACTO FEDERATIVO EM DECORRÊNCIA DA DRU

GILBERTO CARNEIRO DA GAMA[1]
FELIPE TADEU LIMA SILVINO[2]

SUMÁRIO: *1. Introdução. 1.1. Federalismo. 1.2. Espécies tributárias e repartição de receitas. 1.3. Importância jurídico-política do imposto nas unidades parciais. 1.4. Destinação das contribuições e a teoria quimpartite. 1.5. Advento da Desvinculação de Receitas da União (DRU). 2. Argumentos político-jurídicos de suporte à DRU. 3. Entendimentos contrários à DRU e sua influência no federalismo. 3.1. Considerações iniciais. 3.2. Inconstitucionalidade pela usurpação de função legislativa. 3.3. Inconstitucionalidade pela modificação da natureza jurídica das contribuições e invasão da competência tributária privativa dos impostos. 3.4. Inconstitucionalidade pelo desvio de finalidade e desafetação como embuste à cidadania, deslegitimando a natureza da obrigação tributária. 3.5. A Emenda Constitucional nº 93 e a apropriação inconstitucional dos repasses da Cide-combustíveis. 4. Conclusões. 5. Referências Bibliográficas.*

1. INTRODUÇÃO

1.1. FEDERALISMO

O princípio federativo é um elemento fundamental basilar da Constituição brasileira (CRFB/88), definidor da forma de Estado escolhida pelo constituinte originário (art. 1º), expressando-se ainda como

---

[1] Procurador-Geral do Estado da Paraíba. Especialista em Direito Processual Civil pela Universidade Estadual da Paraíba. Graduado em Direito pela Universidade Estadual da Paraíba. Lattes CV: http://lattes.cnpq.br/0753352002456916.

[2] Procurador do Estado da Paraíba. Graduado em Direito pelo Centro Universitário de João Pessoa (UNIPE). Lattes CV: http://lattes.cnpq.br/9798938150542389.

cláusula pétrea (art. 60, § 4º, inc. I, CRFB/88).³ A doutrina classifica como Federalismo Clássico (chamado também Dual ou dualista) aquele em que há divisão rígida do poder político entre o Ente Federal (que é mínimo, e se dedica apenas a assuntos de âmbito nacional) e os Estados (que cuidam dos interesses locais e regionais) com autonomia gigantesca, característica que é refletida nas responsabilidades fiscais. Nos Estados Unidos, por exemplo, há Estados afundados em dívidas e que assim agonizam, sem receber qualquer socorro ou atenção por parte do seu Governo Federal Americano.

Contrapondo-se a ele, então, distinguimos o Federalismo Cooperativo, no qual há uma relativa perda de autonomia em prol da União, de maneira que as políticas públicas são negociadas intergovernamentalmente, dando-se uma interdependência entre os Estados e a União, esta assumindo sensível protagonismo nos assuntos internos, e comum coordenação das atividades governamentais. Tal interdependência também se expressa no campo das receitas públicas.

Na federação brasileira, não há hierarquia entre as unidades integrantes, o que impõe que a distribuição clara das atribuições constitucionais seja rigidamente respeitada, para evitar a ocorrência de conflitos de competência, seja pela invasão indevida de um ente por outro (p. ex., a União invadindo campo tributário do Estado), seja pela omissão ou recusa (p. ex., Estado relegando sua segurança pública ao constante auxílio de tropas da União). Como ensina Abraham,⁴ o poder político, distribuído pela federação, encontra seu necessário embasamento na simultânea atribuição de poder financeiro, sem o qual pouco vale a autonomia.

Nessa linha, e a fim de viabilizar o funcionamento das unidades federativas, o constituinte brasileiro tratou de estabelecer o Sistema Tributário Nacional (arts. 145 a 162),⁵ reservando para cada uma delas as competências tributárias, e o regime de repartição de receitas, sendo esta característica marcante do Federalismo Cooperativo-Financeiro.

---

3 BRASIL. Constituição (1988). *Constituição da República Federativa do Brasil*. 40ª ed. São Paulo: Saraiva, 2007.

4 ABRAHAM, Marcus. *Curso de Direito Financeiro Brasileiro*. 4ª ed. rev. atual. amp. Rio de Janeiro: Forense, 2017.

5 BRASIL. Constituição (1988). *Constituição da República Federativa do Brasil*. 40ª ed. São Paulo: Saraiva, 2007.

Aqui, objetivando a redução das desigualdades em grupos e regiões, a fim de promover melhor justiça social e desenvolvimento do país, além da discriminação das receitas por fontes, dá-se igualmente uma distribuição segundo o produto arrecadado, oportunidade em que se distingue a pessoa competente e aquela beneficiada pela receita tributária (entes federados como beneficiários de receita tributária de competência alheia, a fim de atingir os objetivos fundamentais previstos na Constituição).

Gilmar Mendes e Paulo Gustavo Gonet Branco[6] destacam o tema, observando que o constituinte estabelece uma repartição de rendas "que vivifica a autonomia dos Estados-membros e os habilita a desempenhar as suas competências". E prosseguem:[7]

> Para garantir a realidade da autonomia dos Estados (...) a Constituição regula, no capítulo sobre o sistema tributário nacional, a capacidade tributária das pessoas políticas e descreve um modelo de repartição de receitas entre elas. Estados e Municípios também participam das receitas tributárias alheias por meio de fundos (art. 159, I, da CF) e de participação direta no produto da arrecadação de outras pessoas políticas (arts. 157, 158 e 159, II, da CF). (...) Esse quadro de opções estruturais insere o Brasil na modalidade cooperativa do Federalismo, afastando o país, sob este aspecto, do modelo clássico de Estado Federal.

Como pontua André Mendes Moreira[8]:

> A repartição do produto da arrecadação desempenha papel de relevo no amortecimento das desigualdades fiscais no contexto da Federação, contribuindo decisivamente para a erradicação da pobreza, da marginalização e para a redução das desigualdades sociais e regionais (...). O aspecto financeiro da autonomia dos entes federados é, sem dúvida, o seu lado mais relevante. Afinal, sem recursos para exercer as funções que lhe são atribuídas, toda e qualquer delegação de poder (administrativo, judiciário, legislativo e político) aos Estados-membros será inócua, porquanto estes dependerão permanentemente das verbas do poder central para o atingimento de suas finalidades.

---

6 BRANCO, Paulo Gustavo Gonet; MENDES, Gilmar Ferreira. *Curso de Direito Constitucional*. 9ª ed. São Paulo: Saraiva, 2014, p. 803-804.

7 BRANCO, Paulo Gustavo Gonet; MENDES, Gilmar Ferreira. *Curso de Direito Constitucional*. 9ª ed. São Paulo: Saraiva, 2014, p. 803-804

8 MOREIRA, André Mendes. *Direito Financeiro na Jurisprudência do Supremo Tribunal Federal - Homenagem ao Ministro Marco Aurélio*. Curitiba: Juruá, 2016, p. 71.

Nesse contexto, doutrina e a jurisprudência, classificam as modalidades brasileiras de Repartição das Receitas Tributárias (presentes nos arts. 157 a 162 da CRFB/88), basicamente em 2 (duas) espécies: indireta e direta. A Repartição Indireta, também chamada de "transferência indireta", trata da partilha nas hipóteses do inciso I do art. 159 – por meio dos fundos de participação dos Estados, fundos de participação dos Municípios e de desenvolvimento regional. A Repartição Direta, por outro lado, pode ocorrer de duas formas. Ora se refere à própria titularidade da arrecadação que, quando ingressa, deixa de ser do Ente político competente para instituí-lo e passa a ser diretamente do Ente beneficiário (caso dos arts. 157 e 158 – tributos que já "pertencem aos" Estados e Municípios, como o IRRF dos seus servidores); e ora se refere à forma de transferência "direta" ou "participação direta" que se dá mediante remessa independente de fundos (incisos II e III do art. 159 – casos em que "a União entregará" obrigatoriamente receitas tributárias, pois estas já pertencem àquela pessoa política).

A classificação supra foi inclusive a mencionada pelo Min. Gilmar Mendes, quando da relatoria da emblemática ADI nº 875/DF, que tratava do questionamento referente aos fundos de participação. Vejamos:[9]

> O modelo de distribuição das receitas tributárias adotado pela Constituição de 1988 – partilha por meio de fundos (art. 159, I) e participação direta no produto da arrecadação (arts. 157, 158 e 159, II) – possibilita a redução ou a atenuação das disparidades existentes entre as Unidades da Federação. Isso porque os Estados e Municípios mais pobres, não obstante as inúmeras demandas sociais, possuem, em regra, menor arrecadação tributária direta, o que é compensado pelas transferências intergovernamentais. Se mantido, em nosso país, modelo próprio do federalismo clássico (*dual federalism*), segundo o qual as unidades federadas deveriam se manter, exclusivamente, com o produto da arrecadação dos tributos de sua própria competência, o fosso socioeconômico entre os entes federativos apenas se aprofundaria, e não restaria atendida a exigência contida na parte final do art. 160, II, da Constituição."

Tais reflexões reforçam que ao federalismo brasileiro é essencial à preservação das regras de competência e repartição de tributos, como instrumentos viabilizadores dos objetivos essenciais da CRFB/88.

---

9 BRASIL. Supremo Tribunal Federal. Ação Direta de Inconstitucionalidade: *ADI 875/DF*, Rel. Min. Gilmar Mendes, Brasília, DF, 30 abr. .2010. Disponível em: <http://redir.stf.jus.br/paginadorpub/paginador.jsp?docTP=AC&docID=610258>. Acesso em: 21 fev. 2018.

1.2. ESPÉCIES TRIBUTÁRIAS E REPARTIÇÃO DE RECEITAS

Pois bem, o sistema jurídico pátrio, mormente o constitucional, atualmente consagra a classificação das espécies tributárias em 5 (cinco); isto é, adotando a teoria quinquipartite (também chamada de pentapartite ou quimpartite). Dessa maneira, são tributos os impostos, as taxas, as contribuições de melhoria, o empréstimo compulsório e as contribuições especiais, sendo essa classificação adotada pela doutrina majoritária, na linha seguida por Machado.[10] Essa inclusive é a linha de entendimento acolhido pelo Supremo Tribunal Federal, vez que, segundo sua jurisprudência, os empréstimos compulsórios (STF RE nº 111.954, Rel. Min. Oscar Corrêa, DJ 24-06-1988),[11] e as contribuições especiais (STF AI nº 658.576 AgR, Rel. Min. Ricardo Lewandowski, DJe-165, divulg. 18-12-2007, public. 19-12-2007, DJ 19-12-2007)[12] são espécies tributárias autônomas com natureza jurídica própria. Ainda assim, deve ser registrada a classificação tripartite, baseada na literalidade do Código Tributário Nacional (Lei Federal nº 5.172, de 25.10.1966),[13] conforme registravam Carrazza[14] e Barros Carvalho.[15]

Assim, inobstante as cinco espécies tributárias possíveis no país (impostos, taxas e contribuições de melhoria [art. 145], além de

---

10 MACHADO, Hugo de Brito. *Curso de Direito Tributário*. 20ª Ed. São Paulo: Malheiros, 2002, p. 63-64.

11 BRASIL. Supremo Tribunal Federal. Recurso Extraordinário *RE: 111954 PR*, Relator: Min. Oscar Corrêa, Tribunal Pleno, Brasília, DF, 01 jun. 1988. Disponível em: <https://stf.jusbrasil.com.br/jurisprudencia/14675169/recurso-extraordinario-re-111954-pr/inteiro-teor-103071278?ref=juris-tabs>. Acesso em: 12 jul. 2018

12 UNIÃO. Poder Judiciário, Supremo Tribunal Federal - *AI: 658576 RS*, Relator: Min. RICARDO LEWANDOWSKI, Data de Julgamento: 27/11/2007, Primeira Turma, Data de Publicação: DJe-165 DIVULG 18-12-2007 PUBLIC 19-12-2007 DJ 19-12-2007 PP-00037 EMENT VOL-02304-13 PP-02576 LEXSTF v. 30, n. 355, 2008, p. 160-163). Disponível em: https://stf.jusbrasil.com.br/jurisprudencia/14724684/agregno-agravo-de-instrumento-ai-658576-rs/inteiro-teor-103112076. Acesso em: 12 jul. 2018.

13 BRASIL. Lei Federal nº 5.172, de 25 de outubro de 1966. Dispõe sobre o Sistema Tributário Nacional e institui normas gerais de direito tributário aplicáveis à União, Estados e Municípios. *Diário Oficial da União*. 27 de out. 1966.

14 CARRAZZA, Roque Antônio. *Curso de direito constitucional tributário*. 19ª ed. rev. ampl. São Paulo: Malheiros, 2003.

15 CARVALHO, Paulo de Barros. *Curso de direito Tributário*. São Paulo: Saraiva, 1995.

empréstimos compulsórios [art.148], contribuições especiais [art. 149], e contribuição para custeio da iluminação pública [art.149-A]), importa-nos, para os fins específicos deste trabalho, e da repartição de receitas, as questões relativas aos impostos e às contribuições federais, especialmente CIDE-Combustíveis. É que, conforme ressaltam há bastante tempo os professores Marcelo Alexandrino e Paulo Vicente,[16] "embora existam diversas espécies tributárias em nosso ordenamento constitucional (...) somente há repartição do produto da arrecadação de impostos e da contribuição de intervenção no domínio econômico incidente sobre combustíveis (CIDE-Combustíveis)".

1.3. IMPORTÂNCIA JURÍDICO-POLÍTICA DO IMPOSTO NAS UNIDADES PARCIAIS

O estudo do imposto como espécie tributária revela contexto de rígida separação entre os Entes Federados em termos de competências constitucionais, falando-se aqui de Competência Privativa. Em decorrência do conjunto de garantias constitucionais, a própria "atribuição de competência para instituir impostos constitui uma forma de limitação do poder de tributar";[17] assim, a invasão em âmbito de incidência (seja horizontal ou vertical) é vedada por qualificar um grave conflito federativo, regra que é relativizada apenas na excepcionalidade de guerra externa (inciso II do art. 154). Dessa proibição também decorre a rejeição à isenção heterônoma (conforme inciso III do art. 151, da CRFB/88).

Ainda nesse âmbito e, como uma das garantias da preservação do princípio federativo, a CRFB/88 estabelece seu sistema de repartição tributária incidente sobre os impostos e, ao dispor sobre a competência residual do inciso I do art. 154, preocupa-se em autorizar à União a criação de novos impostos não previstos no art. 153, mas desde que não tenham fato gerador ou base de cálculo próprios dos já discriminados na Constituição. A regra protege enormemente os Entes Parciais, no âmbito da conhecida competência residual da União (preceito também determinado para as contribuições residuais do § 4º do art. 195). Posteriormente, o inciso I do art. 157 determina pertencerem

---

16 ALEXANDRINO, Marcelo; PAULO, Vicente. *Direito Tributário na Constituição e no STF.* 9ª ed. rev., ampl. Rio de Janeiro: Impetus, 2005.

17 MACHADO, Hugo de Brito. *Curso de Direito Tributário.* 20ª ed. São Paulo: Malheiros, 2002, p. 250-251.

aos Estados e ao Distrito Federal 20% (vinte por cento) do produto da arrecadação desse imposto, eventualmente criado no âmbito da competência residual.

A importância dos impostos no contexto federativo para a sobrevivência dos Estados-membros é reconhecida pela doutrina. Gilmar Mendes e Paulo Gustavo Gonet Branco[18] relembram:

> A partilha das receitas, especialmente dos impostos, é uma questão fundamental do pacto federativo brasileiro, assim como de qualquer Estado fiscal que se estruture na forma de Federação. Como se sabe, o modelo brasileiro caracteriza-se por processo de sístoles e diástoles do poder financeiro, ora concentrando receitas no ente central, ora diluindo-as entre entes regionais ou locais, com o cenário político vigente em cada momento histórico.

Mister então indagar quais as características que especializam o imposto, e como identificá-lo precisamente em sua natureza jurídica diante das demais espécies tributárias. A fim de responder o questionamento e conferir efetividade àqueles dispositivos, restou ao Constituinte deliberar sobre a definição de impostos e diferenciá-los das demais espécies tributárias; tarefa então que foi confiada, pelo art. 146 da CRFB/88, à lei complementar. Cumprindo essa missão, o CTN estabelece que "[i]mposto é o tributo cuja obrigação tem por fato gerador uma situação independente de qualquer atividade estatal específica, relativa ao contribuinte" (art. 16). Ou seja, é a prestação de dinheiro ao Poder Público, sem assegurar ao contribuinte qualquer vantagem ou serviço específico em razão desse mesmo pagamento. Com efeito, a grande característica da espécie tributária é ser um tributo não-vinculado (ou desvinculado); enquanto as demais espécies sempre são vinculadas a alguma atuação estatal específica. Importante pontuar ainda que o princípio orçamentário da *não vinculação dos impostos* tem amparo no inciso IV do art. 167 da CRFB/88, que determina:[19]

> Art. 167. São vedados: (...) IV - a vinculação de receita de impostos a órgão, fundo ou despesa, ressalvadas a repartição do produto da arrecadação dos impostos a que se referem os arts. 158 e 159, a destinação de recursos para as ações e serviços públicos de saúde, para manutenção e desenvolvimento do ensino e para realização de atividades da administração tributária, como

---

18 BRANCO, Paulo Gustavo Gonet; MENDES, Gilmar Ferreira. *Curso de Direito Constitucional.* 9ª ed. São Paulo: Saraiva, 2014, p. 1367.

19 BRASIL. Constituição (1988). *Constituição da República Federativa do Brasil.* 40ª ed. São Paulo: Saraiva, 2007.

determinado, respectivamente, pelos arts. 198, § 2º, 212 e 37, XXII, e a prestação de garantias às operações de crédito por antecipação de receita, previstas no art. 165, § 8º, bem como o disposto no § 4º deste artigo; (Redação dada pela Emenda Constitucional nº 42, de 19.12.2003).

Ressaltando a diferenciação entre imposto e contribuição, diz Luciano Amaro[20] que "o fato gerador do imposto é uma situação que não supõe nem se conecta com nenhuma atividade do Estado especificamente dirigida ao contribuinte". Mais adiante, ao tratar das contribuições, ensina:[21]

> Em verdade, se a destinação do tributo compõe a própria norma jurídica constitucional definidora da competência tributária, ela se torna um dado jurídico que, por isso, tem relevância na definição do regime jurídico específico da exação, prestando-se, portanto, a distingui-la de outras. (...) É a circunstância de as contribuições terem destinação específica que as diferencia dos impostos, enquadrando-as, pois, como tributos afetados à execução de uma atividade estatal ou paraestatal específica, que pode aproveitar ou não ao contribuinte.

Com essas considerações iniciais, observa-se que a União, em épocas de paz, somente se legitima a instituir um novo "imposto" (*rectius*: tributo desvinculado, ou seja, sem atividade estatal específica relativa ao contribuinte), cumprindo alguns requisitos, dentre os quais: (a) por lei complementar; (b) que tenha fato gerador e base de cálculo diferentes dos discriminados na CRFB/88; (c) que destine 20% da sua arrecadação aos Estados e ao Distrito Federal.

Reitere-se que o Constituinte originário previu que a Administração Pública funcionaria basicamente por meio de impostos, sendo essa a via primordial do sistema tributário lá instituído. Essa realidade se torna mais evidente no contexto das Unidades Parciais, pois sua competência tributária tem limites mais estreitos (por exemplo, não tem poderes para criar empréstimos compulsórios, impostos nem contribuições residuais). Dessa forma, é possível concluir que para a sobrevivência da Federação brasileira e o adequado funcionamento dos Estados, é essencial (1) o respeito pela sua competência privativa (mormente o âmbito de incidência dos impostos), e (2) que a União observe rigorosamente as regras de repartição de receitas da CRFB/88.

---

20 AMARO, Luciano. *Direito Tributário Brasileiro*. 19ª ed. São Paulo: Saraiva, 2013, p. 52

21 AMARO, Luciano. Op. cit., p. 100.

1.4. DESTINAÇÃO DAS CONTRIBUIÇÕES E A TEORIA QUIMPARTITE

Em face da adoção da teoria pentapartite ou quimpartite pela CRFB/88, na leitura do STF, as contribuições são espécies tributárias autônomas. Assim, a CRFB/88 derrogou a teoria tripartite do CTN, e igualmente seu corolário do art. 4º (que determina que a natureza específica do tributo é determinada pelo fato gerador, sendo irrelevante a destinação legal) justamente porque a única característica que diferencia, p. ex., as contribuições dos impostos (uma vez que, por autorização constitucional, podem ter idênticos "fato gerador" e "base de cálculo") é apenas a específica finalidade da aplicação da sua arrecadação.

Na visão de Geraldo Ataliba, citado por Baleeiro (*op. cit.*), sendo a contribuição um tributo vinculado a uma atividade estatal, não se pode arrecadar, de todos os contribuintes envolvidos, mais do que o custo da atuação estatal que é financiada pela contribuição. Com efeito, a contribuição social é uma espécie tributária vinculada à atuação do Estado, tendo como fato gerador essa atividade do Poder Público "mediatamente referida ao sujeito passivo da obrigação tributária". Ou seja, "tem seu fundamento na maior despesa provocada pelo contribuinte e na particular vantagem a ele proporcionada pelo Estado", uma vez que certas pessoas (contribuintes), que passam a usufruir de benefícios diferenciados dos demais (não contribuintes).[22] Importante mencionar que, na lição de Alexandrino e Paulo[23]:

> A natureza específica dessas contribuições, ou seja, a característica que permite distingui-las como espécie tributária diversa das demais, é determinada pelo fato de estar o produto de sua arrecadação vinculado a fins determinados, como o custeio da seguridade social, o exercício das atividades de fiscalização, pelos respectivos conselhos, de profissões regulamentadas, ou, ainda, certas intervenções no domínio econômico.

Conforme a posição de Filipe Reis:[24]

---

22 HARADA, Kiyoshi. *Direito Financeiro e Tributário*. 22ª ed. rev., ampl. São Paulo: Atlas, 2013, p. 324.

23 ALEXANDRINO, Marcelo; PAULO, Vicente. *Direito Tributário na Constituição e no STF*. 9ª ed. rev., ampl. Rio de Janeiro: Impetus, 2005.

24 CALDAS, Filipe Reis. *A inconstitucionalidade da desvinculação de receitas da União previstas no art. 76 do ADCT*. Disponível em: <https://jus.com.br/imprimir/45825/a-inconstitucionalidade-da-desvinculacao-de-receitas-da-uniao-previstas-no-art-76-do-adct>. Acesso em: 18 fev. 2018.

É importante relembrar a discussão acerca da natureza jurídica específica do tributo, que segundo o Art. 4º do CTN é determinada pelo fato gerador, não importando a denominação dada ou a destinação legal do produto de sua arrecadação, uma vez que o próprio código adotou a teoria tripartite das espécies tributárias. Todavia, com o advento da Constituição Federal de 1988, os empréstimos compulsórios, Art. 148, da CF e as contribuições sociais, Art. 149 e 149-A, da CF assumiram o *status* de espécies tributárias, tendo algumas dessas exações fatos geradores idênticos ao dos impostos, tornando inaplicável a regra do art. 4º do CTN. (...) A destinação específica é uma característica essencial das contribuições, um requisito diferenciador do respectivo tributo segundo a classificação pentapartite, classificação essa defendida pelo Supremo e abordada pela Carta Magna, sendo a desvinculação das receitas no percentual de 20% manifestamente inconstitucional.

A relação entre as contribuições e a sua destinação é de essencial importância, visto que, sendo criadas para determinados fins específicos, estas finalidades se tornam partes integrantes das suas hipóteses de incidência determinadas constitucionalmente (fato gerador da obrigação). Conforme nos ensina Baleeiro, ao discorrer sobre a legalidade do tributo, contribuições são "verdadeiros impostos com destinação específica". Ou seja, o único elemento que diferencia a natureza jurídica dessas duas espécies é justamente sua destinação. Diz o professor:[25]

> A Constituição de 1988 disciplina tributos "finalisticamente" afetados, que são as contribuições e os empréstimos compulsórios, dando à destinação que lhes é própria relevância não apenas do ponto de vista do Direito Financeiro ou Administrativo, mas igualmente do ponto de vista do Direito Tributário. (...) Mas enquanto o Texto Magno proíbe que o legislador vincule a arrecadação de impostos a órgão, fundo ou despesa (art. 167, IV), ressalvadas as exceções expressas, a afetação do produto a certas despesas ou serviços é requisito necessário para o exercício da competência federal, no que tange às contribuições e aos empréstimos compulsórios. (...) Ora, é evidente que tais despesas pressupõem os atos estatais dela causadores, em prol da habitação, da educação e da seguridade; os atos estatais de intervenção no domínio econômico e, finalmente, as entidades e sua atividade no interesse de categorias profissionais ou econômicas. Tais atos são os fatos geradores das contribuições parafiscais ou especiais.

E continua:[26]

---

25 BALEEIRO, Aliomar. *Direito Tributário Brasileiro*. 12ª ed. rev., ampl. Rio de Janeiro: Forense, 2013, p. 42-43.

26 *Idem.*

A destinação passou a fundar o exercício da competência da União e, ao mesmo tempo, pressupõe como hipótese de incidência o ato ou atos estatais causadores dos gastos ou despesa. Sem afetar o tributo às despesas expressamente previstas na Constituição e sem praticar os atos que as ensejam, falece competência à União para criar contribuições. Estaríamos em face de exigências pecuniárias cobradas sem causa e sem competência. (...) Assim, a destinação assume relevância não só tributária, como constitucional e legitimadora do exercício da competência federal. Mas, ao mesmo tempo, converte-se em fato gerador ou hipótese de incidência da matriz constitucional. O contribuinte pode opor-se à cobrança de contribuição que não esteja afetada aos fins constitucionalmente admitidos; igualmente, poderá reclamar a repetição do tributo pago se, apesar da lei, houver desvio quanto à aplicação dos recursos arrecadados.

Assim como nas contribuições, as regras constitucionais de criação de taxas também são rígidas e bem delineadas. Nesse contexto, a correlação com o custo do serviço ou investimento naquela específica atividade do poder público mostra ser fundamental.

Apesar disso, desde a promulgação da CRFB/88, várias foram as investidas, nos três níveis da Federação, no sentido de majorar suas cargas tributárias mediante a criação de tributos ilegítimos, que escodem natureza efetiva de impostos em hipóteses constitucionalmente vedadas. A prodigalidade do legislador pátrio na dissimulação da vontade do constituinte mediante criação de "*criptoimpostos*" (burla na criação de espécies com *nomen iuris* de, p. ex., "taxa" ou "contribuição", mas com efetiva natureza jurídica de imposto novo disfarçado – em hipóteses vedadas pela CRFB/88), tem sido registrada pela doutrina. Conforme Baleeiro:[27]

> Somente à União cabe criar tributos finalísticos, chamados contribuições, destinados a custear serviços ou atos de intervenção; enquanto as contribuições, de competência privativa da União, podem ser muito mais rentáveis, assentando-se em hipóteses e bases de cálculo amplas e similares às de imposto, como no caso das contribuições sociais do art. 195 da CF, as taxas, de competência comum aos entes estatais tributantes, são limitadas em suas bases impositivas. Para assegurar, então, a transparência do sistema tributário e a rígida delimitação de competência imposta a Estados e Municípios, a Constituição de 1988 (conforme o art. 145, §2º) veda a instituição de taxa com base de cálculo própria de imposto, que se constituiria em verdadeiro imposto especial disfarçado. (...) Na prática, o ente estatal, se não

---

27 BALEEIRO, Aliomar. *Direito Tributário Brasileiro*. 12ª ed. rev., ampl. Rio de Janeiro: Forense, 2013, p. 42.

fosse a vedação, poderia pretender aumentar a arrecadação, criando novo imposto – muitas vezes invadindo campo de competência alheia – não só nomeando-o de taxa, como escondendo-o sob fato gerador aparente de tributo vinculado e afetando-lhe o produto arrecadado ao custeio de certo serviço público. (...) Com isso, se pretendeu, muitas vezes, em nosso país, aumentar a arrecadação por meio de impostos afetados a certas despesas (o que, há cerca de três décadas é proibido na Constituição), nesse caso utilizando-se o legislador de pseudotaxas. Esses criptoimpostos já foram repelidos em diversas ocasiões pela jurisprudência.

As tentativas inconstitucionais de elevação da carga tributária não têm se resumido a essas hipóteses, tendo igualmente o legislador federal mostrado grande criatividade. Bulos também relembra que a União já tentou algumas vezes invadir cláusulas pétreas, a fim de majorar a carga tributária. Cita o exemplo reconhecido pelo STF na ADI nº 937-7/DF, Rel. Min. Sydney Sanches, DJ de 18/03/1994; e menciona trecho em que o Ministro relator considera que "[a]dmitir que a União, no exercício de sua competência residual, ainda que por emenda constitucional, pudesse excepcionar a aplicação desta garantia individual ao contribuinte, implica em conceder ao ente tributante poder que o constituinte expressamente lhe subtraiu".[28]

Enfim, percebe-se que taxas e contribuições somente se legitimam pela finalidade constitucional inerente à sua arrecadação. Caso haja excessos ou sobras recorrentes na sua arrecadação, o Governo Federal necessita reduzir a carga tributária pela diminuição das alíquotas desses tributos vinculados, visto que aquilo que sobeja não pode ser *tredestinado*, por desnaturar a essência do tributo, transformando-o em verdadeiro imposto novo (ou criptoimposto – tributo dissimulado que, recobrindo-se de aparência de contribuição ou taxa, guarda efetiva essência de imposto).

1.5. ADVENTO DA DESVINCULAÇÃO DE RECEITAS DA UNIÃO (DRU)

Nesse panorama constitucional, foram instituídos no âmbito federal os ciclos de desvinculação de receitas. O mecanismo jurídico-financeiro teve seu antecedente histórico com a Emenda Constitucional de Revisão

---

[28] BULOS, Uadi Lammêgo. *Curso de Direito Constitucional*. 8ª ed. São Paulo: Saraiva, 2014.

nº 1, de 01.03.1994, que criou o Fundo Social de Emergência (FSE),[29] que tinha objetivo temporário (vigência de apenas dois anos) de saneamento financeiro e estabilização econômica do Governo Federal, a fim de atender a uma suposta urgência transitória, sendo composto por parcelas de todos os impostos e contribuições da União, em regra, à uma alíquota de 20% (vinte por cento). O FSE foi então prorrogado pela Emenda Constitucional nº 10, de 04.03.1996, que também determinou a alteração da sua nomenclatura para Fundo de Estabilização Fiscal (FEF). [30]

Com o advento da Emenda Constitucional nº 27, de 21.03.2000,[31] é criada a "desvinculação de arrecadação de impostos e contribuições sociais da União", que ficou então conhecida pela sigla "DRU". Novamente, deveria vigorar em caráter transitório, apenas entre 2000 e 2003. A ferramenta foi então prorrogada novamente pela Emenda Constitucional nº 42, de 19.12.2003, para vigorar até o final de 2007;[32] e, em sequência, prorrogada pela Emenda Constitucional nº 56, de 20.12.2007, até dezembro de 2011.[33] Chegando esse termo, foi (evidentemente) prorrogada, então pela Emenda Constitucional

---

29 BRASIL. Constituição (1988). Emenda Constitucional de Revisão nº 1, de 01 de março de 1994. Altera o Ato das Disposições Constitucionais Transitórias para incluir dispositivos sobre o Fundo Social de Emergência, e dá outras providências. *Diário Oficial da União*, Brasília, 2 de março de 1994.

30 BRASIL. Constituição (1988). Emenda Constitucional nº 10, de 04 de março de 1996. Altera os arts. 71 e 72 do Ato das Disposições Constitucionais Transitórias, introduzidos pela Emenda Constitucional de Revisão n.º 1, de 1994. *Diário Oficial da União*, Brasília, 7 de março de 1996.

31 BRASIL. Constituição (1988). Emenda Constitucional nº 27, de 21 de março de 2000. Acrescenta o art. 76 ao Ato das Disposições Constitucionais Transitórias, instituindo a desvinculação de arrecadação de impostos e contribuições sociais da União. *Diário Oficial da União*, Brasília, 22 de março de 2000.

32 BRASIL. Constituição (1988). Emenda Constitucional nº 27, Emenda Constitucional nº 42, de 19 de dezembro de 2003. Altera o Sistema Tributário Nacional e dá outras providências. *Diário Oficial da União*, Brasília, 31 de dez. 2003.

33 BRASIL. Constituição (1988). Emenda Constitucional nº 56, de 20 de dezembro de 2007. Prorroga o prazo previsto no caput do art. 76 do Ato das Disposições Constitucionais Transitórias e dá outras providências. *Diário Oficial da União*, Brasília, 21 de dez. 2007.

n° 68, de 21.12.2011, até dezembro de 2015;³⁴ e, finalmente, pela Emenda Constitucional n° 93, de 08.09.2016, foi prorrogada até dezembro de 2023.³⁵

Conforme traz o sítio do Senado Federal,³⁶ a Desvinculação de Receitas da União é um mecanismo que permite ao governo federal usar livremente uma parte de todos os tributos federais vinculados, tendo como principal alvo as contribuições sociais (que respondem por "cerca de 90% do montante desvinculado").

O artifício inserido no art. 76 do ADCT, inicialmente adotava o percentual de 20% (vinte por cento), permitindo que essa parcela das receitas da União fossem utilizadas livremente na Administração Federal – e geralmente previa o ciclo de apenas dois ou quatro exercícios. Na sua última alteração, entretanto, o percentual foi majorado de 20 para 30% (trinta por cento), e seu lapso estendido por mais 8 (oito) exercícios fiscais (2016 a 2023, inclusive). Foram excluídos os impostos federais (os quais representavam muito pouco na DRU, em termos financeiros), e restaram incluídas em seu âmbito de incidência todas as taxas tributárias "já instituídas ou que vierem a ser criadas" até 31.12.2023.

Como dito, o regime hoje em vigor da DRU decorre da Emenda Constitucional n° 93, de 08.09.2016, cujo texto alterou o art. 76 do ADCT, para assim consignar:³⁷

---

34 BRASIL. Constituição (1988). Emenda Constitucional n° 68, de 21 de dezembro de 2011. Altera o art. 76 do Ato das Disposições Constitucionais Transitórias. *Diário Oficial da União*, Brasília, 22 de dez. 2011.

35 BRASIL. Constituição (1988). Emenda Constitucional n° 93, de 08 de setembro de 2016. Altera o Ato das Disposições Constitucionais Transitórias para prorrogar a desvinculação de receitas da União e estabelecer a desvinculação de receitas dos Estados, Distrito Federal e Municípios. *Diário Oficial da União*, Brasília, 09 set. 2016.

36 UNIÃO. Poder Legislativo, Congresso Nacional, Senado Federal. Disponível em: <https://www12.senado.leg.br/noticias/entenda-o-assunto/dru >. Acesso em: 15 fev. 2018.

37 BRASIL. Constituição (1988). Emenda Constitucional n° 93, de 08 de setembro de 2016. Altera o Ato das Disposições Constitucionais Transitórias para prorrogar a desvinculação de receitas da União e estabelecer a desvinculação de receitas dos Estados, Distrito Federal e Municípios. *Diário Oficial da União*, Brasília, 09 set. 2016.

> Art. 76. São desvinculados de órgão, fundo ou despesa, até 31 de dezembro de 2023, 30% (trinta por cento) da arrecadação da União relativa às contribuições sociais, sem prejuízo do pagamento das despesas do Regime Geral da Previdência Social, às contribuições de intervenção no domínio econômico e às taxas, já instituídas ou que vierem a ser criadas até a referida data.
> § 1º *(Revogado).*
> *§ 2º Excetua-se da desvinculação de que trata o caput a arrecadação da contribuição social do salário-educação a que se refere o § 5º do art. 212 da Constituição Federal.*
> § 3º *(Revogado).*

Extrai-se, assim, que a DRU, atualmente em vigor até 2023, ampliou substancialmente seu espectro, e agora adota índice de 30% (trinta por cento), atingindo ainda taxas tributárias atuais e futuras. Em termos de valores financeiros, considerando a alteração de alíquota (de 20 para 30, e a abrangência sobre as taxas – e a desprezível retirada dos impostos), é possível imaginar um acréscimo de 50% ou mais, do montante desvinculado.

Para garantir o apoio político dos Estados e Municípios, o Governo Federal articulou a inserção no texto da Emenda os artigos 76-A e 76-B, estabelecendo (embora bastante mitigadas) certas desvinculações de receita no âmbito dos Estados, do Distrito Federal e dos Municípios.

Percebe-se que a ferramenta, inobstante de caráter alegadamente transitório, para suprir uma desestabilização pontual, tem se incorporado ao sistema jurídico-político pátrio, não dando quaisquer sinais de que será abandonada pelo Governo Federal; o qual a cada ciclo a torna mais forte e mais abrangente, robustecendo seu percentual, majorando seu período de vigência, agora atraindo o apoio político de Estados e de Municípios através de "pequenas DRUS" estaduais e municipais.

Nesse contexto, seria pertinente indagar-se quais seriam os limites materiais da DRU em face do pacto federativo, da concentração de poder financeiro em torno da União, considerando-se a necessidade de repartição de receitas e desenvolvimento da carga tributária das contribuições sociais e econômicas federais observada na história recente; e em qual medida a União tem efetivamente contribuído ou dado causa ao contexto de grave crise financeira desencadeada nas unidades parciais.

2. ARGUMENTOS POLÍTICO-JURÍDICOS DE SUPORTE À DRU

Os defensores da DRU argumentam que ao longo das décadas e das emendas constitucionais que se sucederam, o volume de vinculações de recursos do Orçamento Geral da União teria se elevado substancialmente, desestabilizando o equilíbrio financeiro do texto original da CRFB/88. Esse panorama teria criado distorções, de maneira que determinadas despesas contavam com excesso de receitas vinculadas, enquanto outras áreas prioritárias sofriam com carência de recursos. O problema teria elevado a dívida pública para o pagamento de despesas obrigatórias, enquanto se dispunha de recursos excedentes em outras rubricas.

Assim, seria imprescindível permitir uma margem de folga, uma flexibilidade financeira a ajustar provisoriamente o desequilíbrio fiscal da União, dando ao Executivo poderes para destinar recursos conforme seu livre entendimento, sem alterar numericamente o orçamento federal e sem atingir as transferências constitucionais da repartição de receitas.

Essa justificativa foi defendida oficialmente pelo Ministério da Fazenda, ao mencionar em nota a necessidade da DRU a fim de *evitar que determinadas áreas ficassem com excesso de recursos vinculados, enquanto outras apresentem carência.*

A página oficial do Ministério da Fazenda trouxe o seguinte:[38]

> A proposta de prorrogação faz-se necessária diante da rigidez orçamentária brasileira. A desvinculação de parte da receita permite adequar o orçamento às mudanças da realidade brasileira, além de garantir recursos orçamentários para implementar projetos prioritários. Cabe destacar que a DRU objetiva dar uma maior flexibilidade à alocação dos recursos públicos e não significa elevação das receitas disponíveis para o governo federal. A desvinculação sugerida na PEC não incide sobre o principal dos impostos. Portanto, não afeta a regra de recursos mínimos para educação e saúde, nem as transferências constitucionais de impostos para Estados e municípios, cuja principal fonte de receita é o IPI e o IR. (...) A DRU permite a gestão mais adequada de recursos orçamentários, pois evita que determinadas áreas fiquem com excesso de recursos vinculados, enquanto outras apresentem carência de recursos.

---

[38] UNIÃO. Poder Executivo, Ministério da Fazenda. Disponível em: <http://www.fazenda.gov.br/noticias/2015/julho/governo-envia-ao-congresso-pec-que-prorroga-dru-ate-2023 >. Acesso em: 15 fev. 2018.

Essa nota visava apoio à PEC nº 87/2015,[39] apresentada pela Presidência da República em 08.07.2015.

Por sua vez, a mensagem do Executivo, subscrita pelo então Presidente em exercício Michel Temer, que acompanhou o envio da PEC, nada dizia em termos de justificativa jurídico-política. Sua tramitação seguiu até ser absorvida, via apensamento, na PEC nº 4/2015,[40] do Deputado André Figueiredo (PDT/CE). Condensada e após algumas alterações na tramitação, foi convertida na Emenda Constitucional nº 93/2016.[41] Em sede de parecer, o Deputado Federal Marcos Rogério (relator na CCJ), foi bastante sucinto, aprovando sem quaisquer elucubrações. Entendeu, em síntese, que o texto seria constitucional com a simples retirada da incidência da DRU sobre os recursos dos Fundos Constitucionais de Financiamento ao Setor Produtivo das Regiões Norte, Nordeste e Centro-Oeste (art. 159, I, "c", da CRFB/88), que constava no texto original.

Assim, para seus apoiadores, seria imprescindível que a Administração Federal continuasse dotada de uma ferramenta que conferisse flexibilidade orçamentária através da preservação de uma discricionariedade alocativa para a gestão governamental, a fim de garantir ao Governo Federal a definição das suas prioridades conforme seu projeto político e seus objetivos. Dessa maneira, a DRU cumpriria esse papel ocasional, e ainda seria importante para gestão da política fiscal, viabilizando que recursos disponíveis em algum órgão ou instituição fossem destinados para outras finalidades, além de facilitar o atingimento da meta de superávit primário.

---

39 BRASIL. Congresso. Câmara dos Deputados. *Proposta de Emenda à Constituição nº 87, de 2015* Altera o art. 76 do Ato das Disposições Constitucionais Transitórias. Disponível em: <http://www.camara.gov.br/proposicoesWeb/fichadetramitacao?idProposicao=1567815>. Acesso em: 15 fev. 2018.

40 BRASIL. Congresso. Câmara dos Deputados. *Proposta de Emenda à Constituição nº4, de 2015.* Altera o art. 76 do Ato das Disposições Constitucionais Transitórias. Disponível em: <http://www.camara.gov.br/proposicoesWeb/fichadetramitacao?idProposicao=946734>. Acesso em: Acesso em 15 fev. 2018.

41 BRASIL. Constituição (1988). Emenda Constitucional nº 93, de 08 de setembro de 2016. Altera o Ato das Disposições Constitucionais Transitórias para prorrogar a desvinculação de receitas da União e estabelecer a desvinculação de receitas dos Estados, Distrito Federal e Municípios. *Diário Oficial da União*, Brasília, 09 set. 2016.

Sob o ponto de vista jurídico-constitucional, a União, pela AGU, em alguns processos que chegaram ao STF, defendeu que a DRU não afeta cláusulas pétreas, mormente porque a vinculação de contribuições a uma finalidade específica não seria garantia acobertada pelo § 4º do art. 60 da CRFB/88. Igualmente, essa tredetestinação das contribuições, não alteraria a natureza jurídica dessa espécie tributária. Esses posicionamentos tiveram, até o momento, certa acolhida em decisões do STF, como veremos a seguir.

3. ENTENDIMENTOS CONTRÁRIOS À DRU E SUA INFLUÊNCIA NO FEDERALISMO

3.1. CONSIDERAÇÕES INICIAIS

Em sentido contrário à utilização da DRU, há os que apontam efeitos negativos, defendendo que, contrariamente, a ferramenta aprofunda perdas em políticas públicas essenciais e já deficitárias, eleva a carga tributária, provoca uma concentração do poder orçamentário em torno do Governo Federal, viabiliza arbitrariedade fiscal, e avança sobre repasses e competências tributárias das unidades parciais; possuindo, assim, vício de constitucionalidade material por atacar a cláusula pétrea da forma federativa do Estado e a própria separação entre os poderes.

As limitações constitucionais ao poder constituinte reformador podem ser expressas ou implícitas. Essas vedações (cláusulas pétreas), servem a balizar a competência reformadora das constituições. Dessa maneira, na lição de Bulos[42] "emendas constitucionais não podem ser propostas para abolir, direta ou indiretamente, a forma federativa de Estado".

É que já decidiu o STF que emendas constitucionais podem também incorrer em inconstitucionalidades, e assim serem aptas ao controle pela via da ação direta.[43] É bastante transcrever:

> O Supremo Tribunal Federal já assentou o entendimento de que é admissível a Ação Direta de Inconstitucionalidade de Emenda Constitucional, quando se alega, na inicial, que esta contraria princípios imutáveis ou as

---

42 BULOS, Uadi Lammêgo. *Curso de Direito Constitucional*. 8ª ed. São Paulo: Saraiva, 2014, p. 417.

43 BRASIL. Supremo Tribunal Federal. Ação Direta de Inconstitucionalidade: *ADI 939*, Rel. Min. Sydney Sanches, Brasília, DF, 15 dez. 1993, Plenário.

chamadas cláusulas pétreas da Constituição originária (art. 60, § 4°, da C.F.). Precedente: A.D.I. n° 939 (RTJ 151/755)." (Fonte: STF ADI 1.946-MC, Rel. Min. Sydney Sanches, julgamento em 29-4-1999, Plenário, DJ de 14-9-2001.)

O entendimento em torno da viabilidade de controle de constitucionalidade de emendas constitucionais é firme na doutrina e na jurisprudência.

3.2. INCONSTITUCIONALIDADE PELA USURPAÇÃO DE FUNÇÃO LEGISLATIVA

Sabe-se que, em sua acepção geral, orçamento é o planejamento político-legislativo das pessoas constitucionais pertencentes à Administração Pública, necessário para a aplicação dos recursos a fim de realizar suas finalidades.[44] As origens históricas do orçamento remontam à Inglaterra dos Sécs. XI a XIII, quando os reis foram pressionados a só exigirem tributos mediante a anuência de uma assembleia, como legitimação por prestação de contas prévia para a cobrança dos impostos. O instituto passou à França e espalhou-se pelos Estados constitucionais.

Os arts. 165 a 169 da CRFB/88 exigem que os orçamentos públicos sejam executados conforme três planejamentos básicos, todos constantes de leis periodicamente aprovadas pelo poder legislativo: o Plano Plurianual (PPA), a Lei de Diretrizes Orçamentárias (LDO) e a Lei Orçamentária Anual (LOA). Assim, os orçamentos brasileiros são sempre constantes de leis ordinárias. Sendo de efeitos concretos, o STF tem evoluído a discussão sobre a possibilidade de serem objeto de controle concentrado. Conforme pontua Gilmar Mendes,[45] o STF, com as ADIs n° 4.048[46] e n° 4.663,[47] "alterou seu posicionamento, passando a aceitar o controle de constitucionalidade abstrato em relação a normas orçamentárias", abrindo possibilidade de "exercer-se controle

---

44 JARDIM, Eduardo Marcial Ferreira. *Manual de Direito Financeiro e Tributário*. 10ª ed. São Paulo: Saraiva, 2009, p. 75-76.

45 BRANCO, Paulo Gustavo Gonet; MENDES, Gilmar Ferreira. *Curso de Direito Constitucional*. 9ª ed. São Paulo: Saraiva, 2014, p. 1384-1385.

46 BRASIL. Supremo Tribunal Federal. Ação Direta de Inconstitucionalidade: *ADI 4048*. MC, Relator(a): Min. Gilmar Mendes, Tribunal Pleno, Brasília, DF, julgado em 14 mai. 2008.

47 BRASIL. Supremo Tribunal Federal. *ADI 4663*. MC-Ref, Relator(a): Min. Luiz Fux, Tribunal Pleno, Brasília, DF, julgado em 15 out. 2014.

jurídico sobre a legislação orçamentária" sempre que "houver uma controvérsia constitucional suscitada em abstrato".

Assim, o orçamento tem natureza jurídica de lei em sentido formal, de efeitos concretos, "representativo do consentimento dos contribuintes",[48] com aptidão para ser objeto de controle de constitucionalidade.

Nos termos do art.165 da CRFB/88 e do Decreto n° 2.829, de 29.10.1998,[49] o PPA é um conjunto de planos de ação de médio prazo que estabelece as diretrizes e metas prioritárias do Poder Público para o período quadrienal, vigendo do segundo ano do mandato presidencial até a conclusão do primeiro exercício do mandato seguinte. Esses planos contêm vários elementos, como: objetivo, órgão governamental responsável, valor, prazo de conclusão, fontes de financiamento etc., sujeitos a avaliação do seu desenvolvimento. Essas metas se relacionam às diretrizes orçamentárias (LDO), que consistem num planejamento veiculado em outra lei, contendo ações e metas prioritárias para um ciclo anual, tendo como finalidade principal orientar a elaboração dos orçamentos fiscais, de seguridade e de investimentos, com as diretrizes e metas públicas estabelecidas do PPA. Aquilo que for aprovado na LDO deve ser considerado na elaboração da LOA, revelando assim o montante, a origem e o destino dos recursos a serem gastos pelo Poder Público.

Em outros termos, o PPA é a lei que estabelece os objetivos e metas referentes às despesas de capital e afins que sejam de duração continuada. A LDO é a lei que estabelece metas e prioridades das despesas de capital para o exercício subsequente, e dispõe sobre alterações na legislação tributária. A LOA é a que cuida do orçamento fiscal referente a todos os órgãos da Administração. Todo esse processo é eminentemente legislativo e extremamente formal, sujeito a prazos e normas específicas, previstos na CRFB/88 e na legislação, como a LRF (LC n° 101 de 4 de maio de 2000), a Lei n° 4.320, de 17.03.1964, normas regimentais das casas legislativas etc.

---

48 HARADA, Kiyoshi. *Direito Financeiro e Tributário*. 22ª ed. rev., ampl. São Paulo: Atlas, 2013.

49 BRASIL. Decreto n° 2.829, de 29 de outubro de 1998. Estabelece normas para a elaboração e execução do Plano Plurianual e dos Orçamentos da União, e dá outras providências. *Diário Oficial da União*, Brasília, 30 out. 1998.

Essa rígida conjuntura é posta justamente para evitar arbítrios e desvios de finalidade, ou seja, uma transformação do exercício em abuso de poder, pois o interesse público muitas vezes fica contido por uma linha tênue que só o texto legal pode delimitar. Mister assim, assegurar que a decisão da sociedade, por seus representantes, no que pertine aos projetos e aplicações de recursos, seja ouvida, e que tais decisões tenham efetividade.

Ora, como pontua Ferreira Jardim:[50]

> Cumprido o ciclo procedimental de criação de leis, o diploma orçamentário ganha vigência e eficácia, pelo que as entidades públicas assumem o dever jurídico de observar os ditames contidos na lei orçamentária. Instala-se o estágio da execução do orçamento, o qual compreende quatro etapas, a saber: empenho, liquidação, ordenação e pagamento.

Na opinião de Filipe Reis,[51] entretanto, a sistemática de aprovação da DRU viola justamente esse sistema constitucional, invadindo o postulado da separação entre os Poderes mediante uma excessiva margem de liberdade quanto à utilização dos importes desvinculados (que inclusive seriam afetados a outras finalidades essenciais, como a seguridade), constituindo uma ilegítima autorização "em branco" ao chefe do Executivo Federal. Diz o autor, ao defender a inconstitucionalidade da DRU:

> No presente caso, ou o Poder Executivo estaria usurpando função legislativa por meio de atos administrativos, ou estaria adquirindo poderes inerentes aos da lei delegada, sendo ambas as situações vedadas pela Lei Fundamental, pois no primeiro caso fere o princípio da legalidade, quanto no segundo se destoa do mandamento inserto no art. 68, §1º, inciso III, da CF, também poderia se falar que feriu o princípio da independência e harmonia dos Poderes, Art. 2, da CF. Tal postura, além de ferir a gênese das obrigações, eivando-as de nulidades de pleno direito, ofende também o padrão ético e o princípio da boa-fé que deve presidir todos os quadrantes de um estado democrático de direito.

---

50 JARDIM, Eduardo Marcial Ferreira. *Manual de Direito Financeiro e Tributário*. 10ª ed. São Paulo: Saraiva, 2009.

51 CALDAS, Filipe Reis. A *inconstitucionalidade da desvinculação de receitas da União previstas no art. 76 do ADCT*. Disponível na internet em: <https://jus.com.br/imprimir/45825/a-inconstitucionalidade-da-desvinculacao-de-receitas-da-uniao-previstas-no-art-76-do-adct>. Acesso em: 18 fev. 2018.

A lição de Harada,[52] segue no mesmo sentido, quando, ao comentar especialmente a DRU, ressalta:

> Vige entre nós a cultura de desprezo ao orçamento, apesar de, ironicamente, existir uma parafernália de regras e normas, algumas delas de natureza penal, objetivando a fiel execução orçamentária. O desvio na realização de gastos públicos costuma ocorrer por meio de seguintes expedientes: (...) d. instituição de fundos. Ultimamente, incorporou-se ao elenco de práticas deletérias para o esvaziamento da peça orçamentária a criação de fundo, composto de partes do produto de arrecadação de impostos e contribuições, para atender objetivos genéricos, vagos e imprecisos. Exemplo disso é o Fundo Social de Emergência, instituído pela Emenda Revisional de n° 1/94 para vigorar nos exercícios de 1994 e 1995. Esse fundo foi prorrogado com nova denominação: Fundo de Estabilização Econômica.

Logo, segundo a visão desses autores, a DRU serviria como uma burla aos princípios constitucionais orçamentários através de invasão às funções legislativas.

3.3. INCONSTITUCIONALIDADE PELA MODIFICAÇÃO DA NATUREZA JURÍDICA DAS CONTRIBUIÇÕES E INVASÃO DA COMPETÊNCIA TRIBUTÁRIA PRIVATIVA DOS IMPOSTOS

Outro argumento juridicamente grave contra a DRU paira sobre a relação entre a desafetação e a modificação da natureza jurídica das contribuições.

Como visto, anteriormente a 2016, a DRU atingia também impostos federais, mas, mesmo assim, sua prevalência era reduzida em razão do grande poder arrecadatório das contribuições que, sozinhas, representavam 90% (noventa por cento) do montante desvinculado. Logo, é fácil perceber que as contribuições federais sempre foram o grande foco da DRU. Após 2016 então, com a aprovação da Emenda Constitucional n° 93, a DRU deixou de atingir os impostos, evitando desnecessário desgaste político, para focar no poder arrecadatório das contribuições, incluindo as taxas, e majorando seu percentual para de 20 para 30%.

Logo, a nova DRU, mais poderosa, atualmente é composta cem por cento de tributos que, por suas naturezas, deveriam ter suas receitas vinculadas necessariamente à determinadas atividades governamentais.

---

52 HARADA, Kiyoshi. *Direito Financeiro e Tributário*. 22ª ed. rev., ampl. São Paulo: Atlas, 2013, p. 68.

Conforme pontua Baleeiro,[53] a utilização de contribuições como forma de abastecimento de receita desvinculada é procedimento de patente ilegitimidade constitucional. Diz o professor:

> Falece competência à União para criar contribuições sem afetar sua arrecadação às despesas expressamente previstas na Constituição. O contribuinte tanto pode opor-se, como pode pedir a restituição do indébito. "Inexistente o gasto ou desviado o produto arrecadado para outras finalidades não autorizadas na Constituição, cai a competência do ente tributante para legislar e arrecadar. (...) Se inexiste o órgão, a despesa ou a pessoa quem necessariamente deve financiar, falece competência à União".

Coincidentemente, no mesmo período em que se desenvolvia a DRU, crescia em torno da União a utilização de contribuições como forma de financiamento genérico do Governo Federal. Bem pontuam Gilmar Mendes e Paulo Gustavo Gonet Branco:[54]

> No correr da década de 1990, assistiu-se ao espantoso avanço das contribuições no financiamento do Estado brasileiro.(...) Progressivamente, o governo federal viu-se induzido a lançar mão dessa espécie tributária, quer pelas facilidades de seu regime de instituição, livre da aplicação de boa parte dos princípios tributários, quer pela não obrigatoriedade de partilha das receitas geradas, ao contrário do que ocorre com os impostos. (...) No plano econômico e fiscal, a ampliação do financiamento do setor público (federal) brasileiro por meio de contribuições pode ter sido responsável por efeitos perversos, como o ganho de complexidade do sistema tributário, a centralização fiscal e a elevação da carga tributária.

Dessa maneira, percebe-se que o procedimento do Governo Federal ao longo dos anos (e décadas), embalado pela ausência de medidas de controle de constitucionalidade, é de, por um lado, aumentar a carga tributária federal justamente pela via de contribuições (como PIS/PASEP, COFINS e CIDE-Combustíveis) que se agregam aos fatos geradores dos principais impostos das unidades federadas parciais (como o ICMS estadual e o ISS dos Municípios); e, por outro lado, promover a desvinculação desses mesmos recursos (incorporando-os na receita tributária desatrelada, como se fossem puros impostos).

---

53 BALEEIRO, Aliomar. *Op. cit.*, p. 68.

54 BRANCO, Paulo Gustavo Gonet; MENDES, Gilmar Ferreira. *Curso de Direito Constitucional*. 9ª ed. São Paulo: Saraiva, 2014, p. 1375-1376.

Conclui-se que o incremento histórico da carga tributária através das contribuições, e a posterior transmutação da receita desvinculada de taxas e contribuições, pela via da DRU, tem verdadeiramente natureza jurídica de imposto novo, de maneira que prejudicam as unidades parciais duplamente: seja pela ausência da repartição prevista no inciso II do art. 157; seja pela abrangência sobre impostos já reservados aos Estados e aos Municípios (invadindo ilegitimamente o campo de incidência do ICMS e do ISS).

O STF, entretanto, apreciou em parte essa controvérsia, não acolhendo a tese ora defendida em sede de controle difuso por recurso especial. O aresto restou assim ementado:[55]

> CONTRIBUIÇÃO SOCIAL – RECEITAS – DESVINCULAÇÃO – ARTIGO 76 DO ATO DAS DISPOSIÇÕES CONSTITUCIONAIS TRANSITÓRIAS – EMENDAS CONSTITUCIONAIS Nº 27, DE 2000 E Nº 42, DE 2003 – MODIFICAÇÃO NA APURAÇÃO DO FUNDO DE PARTICIPAÇÃO DOS MUNICÍPIOS. A desvinculação parcial da receita da União, constante do artigo 76 do Ato das Disposições Constitucionais Transitórias, não transforma as contribuições sociais e de intervenção no domínio econômico em impostos, alterando a essência daquelas, ausente qualquer implicação quanto à apuração do Fundo de Participação dos Municípios. Precedente: Ação Direta de Inconstitucionalidade nº 2.925/DF, em que fui designado redator para o acórdão. MULTA – AGRAVO – ARTIGO 557, § 2º, DO CÓDIGO DE PROCESSO CIVIL. Surgindo do exame do agravo o caráter manifestamente infundado, impõe-se a aplicação da multa prevista no § 2º do artigo 557 do Código de Processo Civil.

Assim, conforme o STF, a DRU não alteraria o título sob o qual os recursos foram arrecadados, não transfigurando a essência da espécie tributária que deu origem às rendas tributárias. Pelo aresto, o fato de parte do estoque de recursos arrecadados mediante contribuições sociais poder ser direcionado para outras finalidades não atrai o regime impositivo dos impostos, nem determina sua repartição segundo os arts. 157 a 159 da CF.

---

[55] BRASIL. Supremo Tribunal Federal. Recurso Extraordinário: *RE 793564* AgR, Relator(a): Min. Marco Aurélio, Primeira Turma, Brasília, DF, julgado em 12 ago. 2014, Dje de 01/10/2014.

3.4. INCONSTITUCIONALIDADE PELO DESVIO DE FINALIDADE E DESAFETAÇÃO COMO EMBUSTE À CIDADANIA DESLEGITIMANDO A NATUREZA DA OBRIGAÇÃO TRIBUTÁRIA

Argumenta-se ainda que a desafetação das receitas de contribuições e taxas representa uma transgressão ao Princípio da Finalidade, na medida em que o agente busca um fim diferente daquele previsto na lei instituidora do determinado tributo. Dessa maneira, e conforme a doutrina administrativista, em casos de tredestinação (lícita ou ilícita) o gestor sempre ficaria passível de responder pelo desvio.

Ainda, discorrendo especificamente sobre a problemática das contribuições na DRU, diz o professor Baleeiro:[56]

> Estava assim aberto o caminho para as tredestinações e os desvios de recursos, com o total beneplácito do Supremo Tribunal Federal. Tal como havia sido previsto por todos aqueles que conhecem a história da Previdência Social no Brasil, os desvios de recursos relativos às contribuições arrecadadas pela Receita Federal (PIS/COFINS e LUCRO) foram imediatamente registrados e se legitimaram por meio de sucessivas emendas constitucionais. Primeiro vieram aquelas que criaram os FUNDOS SOCIAIS DE EMERGÊNCIA; depois FUNDOS FISCAIS DE EMERGÊNCIA; e, finalmente, as DESVINCULAÇÕES DA RECEITA DA UNIÃO. Entretanto, isso ainda não seria suficiente para as necessidades de caixa do Tesouro Nacional. É que as reformas previdenciárias que se seguiram e as DESVINCULAÇÕES DA RECEITA (DRUs) jamais alcançaram as contribuições pagas pelos segurados e aquelas pagas pelas empresas e incidentes sobre a folha de pagamentos, diretamente administradas pelo Instituto Nacional de Seguridade Social e, dessa forma, protegidas dos desvios. Ao contrário, as reformas subsequentes procuraram proteger as contribuições sociais incidentes sobre os salários e a folha de pagamentos. (...) Assim sendo, a desvinculação da receita da União não atinge as contribuições incidentes sobre a folha de pagamentos, pois a sua arrecadação sempre foi encargo da autarquia previdenciária (o INSS). Urgia então – no intuito de se expandirem a desvinculação e os recursos disponíveis para os gastos gerais da União – concentrar a arrecadação na Receita Federal daquelas contribuições. Iniciou-se, dessa forma, a criação da Super-Receita, como caixa único. Todas as contribuições sociais integrarão o caixa único federal e poderão sujeitar-se ao desvio de 20%, disciplinado pelo art. 76 do ADCT. Parece-nos que, à luz da Constituição Federal, em especial das normas que consagram a separação dos orçamentos; a autonomia administrativa e gerencial dos recursos previdenciários; que impedem a utilização dos fundos previdenciários do trabalhador em outras despesas

---

[56] BALEEIRO, Aliomar. *Op. cit.*, p. 74-75.

ou programas; e que, finalmente, vedam a desvinculação de tais recursos de suas finalidades primárias, somente o INSS deveria arrecadar e gerir os recursos a ele vinculados pela Constituição. Consideramos tais manobras, em especial a criação do caixa único, ou da Super-Receita, em desacordo com a Constituição, em especial, ofensivas a seu espírito (p. 74-75).

Filipe Reis[57] pontua na mesma linha de Baleeiro, para quem as obrigações sem causa final (como tributos desvinculados por artifícios jurídicos) são exatamente o fenômeno, de extrema gravidade, com que somos obrigados a conviver, com sentimento de profundo retrocesso democrático. Conforme aquele, então, evidenciar-se-ia o desvio de finalidade pelo engodo ao contribuinte, que se obriga a pagar certo tributo com o argumento constitucional de certa finalidade e vê as regras serem modificadas no curso do processo tributário, pois, uma vez arrecadadas, o Poder Público dá direcionamento diverso e totalmente livre àquele específico recurso. A medida violaria a cidadania, pois o cidadão supõe que os tributos pagos nos preços daquelas mercadorias e serviços seriam carreados para uma finalidade pré-estabelecida por sua escolha através do parlamento, quando na realidade, imensa porcentagem (30%) é conferida ao Executivo para gastar naquilo que bem entender.

Por exemplo, ao se desvincular, v.g., 30% de uma taxa federal de licenciamento ambiental, ao argumento de sobras orçamentárias, declara-se formalmente que o custo daquele serviço não mais ultrapassa os 70% do valor cobrado, e assim a desvinculação do que sobeja faz violar a razoável e necessária equivalência entre o valor da exação e os custos que ela pretende ressarcir, parâmetro exigido pela Constituição.[58]

---

57 CALDAS, Filipe Reis. *A inconstitucionalidade da desvinculação de receitas da União previstas no art. 76 do ADCT*. Disponível em: <https://jus.com.br/imprimir/45825/a-inconstitucionalidade-da-desvinculacao-de-receitas-da-uniao-previstas-no-art-76-do-adct>. Acesso em: 18 fev. 2018.

58 V. nessa linha: STF. Recurso Extraordinário: *RE 727579* AgR, Relator(a): Min. ROSA WEBER, Primeira Turma, julgado em 25/06/2013, ACÓRDÃO ELETRÔNICO DJe-159 DIVULG 14-08-2013 PUBLIC 15-08-2013; STF. Recurso Extraordinário com Agravo: *ARE 906203* AgR, Relator(a): Min. ROBERTO BARROSO, Primeira Turma, julgado em 25/08/2017, ACÓRDÃO ELETRÔNICO DJe-203 DIVULG 06-09-2017 PUBLIC 08-09-2017; STF. Recurso Extraordinário: *RE 906257* AgR, Relator(a): Min. GILMAR MENDES, Segunda Turma, julgado em 08/03/2016, ACÓRDÃO ELETRÔNICO DJe-065 DIVULG 07-04-2016 PUBLIC 08-04-2016; e STF. Ação Direta de Inconstitucionalidade *ADI 948*, Relator(a): Min. FRANCISCO REZEK, Tribunal Pleno, julgado em 09/11/1995, DJ 17-03-2000 PP-00002 EMENT VOL-01983-01 PP-00043 RTJ VOL-00172-3 PP-00778.

Os autores também argumentam, com pertinência, que os recursos desvinculados geram lacunas orçamentárias naqueles objetivos para os quais os tributos foram criados, fazendo setores como a previdência e a seguridade ainda mais carentes, por má gestão. Sendo assim, "revestidas de natureza pétrea no plano das vedações implícitas segundo a classificação de Michel Temer, 1987, pois a desafetação representa um embuste à cidadania". Dessa maneira, a desafetação violaria preceito constitucional dotado de fisionomia pétrea implícita por corromper o orçamento público e desestabilizar a estruturação do Estado Federal.

O STF também permeou em parte essa tese, não a acolhendo, também em sede de controle difuso. O aresto ficou ementado assim:[59]

> EMENTA: 1. TRIBUTO. Contribuição social. Art. 76 do ADCT. Emenda Constitucional n° 27/2000. Desvinculação de 20% do produto da arrecadação. Admissibilidade. Inexistência de ofensa a cláusula pétrea. Negado seguimento ao recurso. Não é inconstitucional a desvinculação de parte da arrecadação de contribuição social, levada a efeito por emenda constitucional.

O acórdão, *data venia*, de fundamentação paupérrima (extraído de uma causa particular entre uma distribuidora de alimentos contra a União, em que aquela buscava reduzir sua carga tributária no exato percentual desvinculado da contribuição – 20%), apenas disse que "a norma que determina a vinculação da destinação do produto da arrecadação das contribuições não assume caráter de cláusula pétrea, uma vez não contemplada pelo art. 60, §4°" da CRFB/88. Percebe-se que o tema reclama um melhor e mais aprofundado exame em sede de ação direta.

3.5. A EMENDA CONSTITUCIONAL Nº 93 E A APROPRIAÇÃO INCONSTITUCIONAL DOS REPASSES DA CIDE-COMBUSTÍVEIS

A Contribuição de intervenção no domínio econômico é um tributo de finalidade parafiscal que deve ser usado pela União para regular mercados em situação de excepcionalidade enquanto houver o estado de desorganização econômica no setor. O constituinte pátrio apenas autoriza esse tipo de tributo especial para finalidades específicas (natu-

---

[59] BRASIL. Supremo Tribunal Federal. *RE 537610*, Relator(a): Min. CEZAR PELUSO, Segunda Turma, julgado em 01/12/2009, Dje de 18/12/09.

ralmente transitórias), sendo vedado o seu uso como instrumento fiscal-arrecadatório. Nessa linha, diz Harada:[60]

> Como se verifica do caput do art. 149 da CF, a contribuição de intervenção no domínio econômico representa instrumento de atuação da União na área econômica, de sorte a não permitir sua utilização com finalidade arrecadatória.

Como visto, dentre as regras de repartição de receitas, consta no inc. III do art. 159 da CRFB/88 que "a União entregará" 29% da CIDE-Combustíveis aos Estados e oa Distrito Federal. O dispositivo trata, como visto anteriormente, da hipótese de Repartição Direta pela via da Transferência Direta. Nesse caso, o tributo já pertence ao ente político destinatário, pois a entrega deve se dar independentemente de fundos de participação.

Pois bem, durante a tramitação da PEC que originou a EC nº 93, o Governo Federal, a fim de receber o apoio político das Unidades Federadas, propalou oficialmente que estariam excluídas da DRU "as transferências obrigatórias e voluntárias entre entes da Federação";[61] que a desvinculação abrangeria só recursos tributários federais "no entanto, as transferências dessas receitas para estados e municípios serão mantidas";[62] ressonando ao que fora apresentado pelo Ministério da Fazenda ao assegurar que "as transferências destas compensações para Estados e municípios serão mantidas".[63]

---

[60] HARADA, Kiyoshi. *Direito Financeiro e Tributário*. 22ª ed. rev., ampl. São Paulo: Atlas, 2013. p. 329.

[61] BRASIL. Senado aprova proposta que prorroga a DRU até 2023. *Notícias do Senado*, Brasília. Publicado em 24/08/2016, atualizado em 25/08/2016. Disponível em: <https://www12.senado.leg.br/noticias/materias/2016/08/24/senado-aprova-proposta-que-prorroga-a-dru-ate-2023>. Acesso em: 15 fev. 2018.

[62] BRASIL. Proposta renova DRU até 2023 e amplia desvinculação para 30% da receita. *Câmara Notícias*. Publicado em: 08/07/2015 Disponível em: <http://www2.camara.leg.br/camaranoticias/noticias/ADMINISTRACAO-PUBLICA/491966-PROPOSTA-RENOVA-DRU-ATE-2023-E-AMPLIA-DESVINCULACAO-PARA-30-DA-RECEITA.html >. Acesso em: 21 fev. 2018.

[63] BRASIL. Governo envia ao Congresso PEC que prorroga DRU até 2023. Ministério da Fazenda notícias. Disponível em: <http://www.fazenda.gov.br/noticias/2015/julho/governo-envia-ao-congresso-pec-que-prorroga-dru-ate-2023>. Acesso em: 15 fev. 2018.

A Emenda Constitucional n° 93, de 08.09.2016, entretanto, ao dar nova redação ao art. 76 do ADCT da CRFB/88, revogou expressamente o seu §1°; cuja redação (dada pela EC n° 68, de 2011) estabelecia:

> § 1° O disposto no caput não reduzirá a base de cálculo das transferências a Estados, Distrito Federal e Municípios, na forma do § 5° do art. 153, do inciso I do art. 157, dos incisos I e II do art. 158 e das alíneas a, b e d do inciso I e do inciso II do art. 159 da Constituição Federal, nem a base de cálculo das destinações a que se refere a alínea c do inciso I do art. 159 da Constituição Federal.

Aproveitando-se, então, do "cochilo" do legislador constituinte, o Ministério da Fazenda aplicou o art. 1°-A, caput, da Lei Federal n° 10.336/2001, e fez incidir o percentual de desvinculação aprovado na EC n° 93 (30%) também sobre o repasse da CIDE-Combustíveis aos Estados, apropriando-se de mais 8,7% dos recursos da contribuição, reduzindo as transferências (originalmente de 29%) para apenas 20,3%. A agressão aos repasses foi intensa nos cofres de todas as Unidades Federadas, o que ocasionou a impetração, no STF, da ADI n° 5.628-AC, hoje sob a relatoria do Min. Alexandre de Moraes.

Em síntese, o argumento foi de evidente violação ao pacto federativo, pela apropriação da União sobre repasses pertencentes diretamente aos Estados e Distrito Federal, oriundos da participação destes na CIDE-Combustíveis, causando grave desestabilização político-jurídica da federação. Em sua defesa, a União, pela AGU, defendeu linha diametralmente oposta ao discurso político travado na tramitação da PEC, argumentando então que a efetiva vontade do constituinte reformador havia sido a revogação expressa das exceções dos §§ 1° e 3° da DRU, de maneira que as transferências devem incidir apenas sobre a parcela residual não atingida pela desvinculação.

Ao apreciar a medida cautelar, o Min. Teori Zavascki decidiu em síntese no sentido de que, apesar da revogação do seu § 1°, a redação do *caput* do art. 76 expõe expressamente que a DRU incide apenas sobre a "arrecadação da União relativa às contribuições sociais", o que não estaria a prejudicar os repasses estaduais, em face da sua conjugação com as regras do inc. III do art. 159 da CRFB/88. Da decisão do eminente ministro, impõe-se ressaltar o seguinte:

> Embora promissor, o modelo cooperativo de repartição de rendas segundo o produto arrecadado (art. 157 a 159) logo mostrou alguns pontos de vulnerabilidade, sendo o principal deles a sua falta de conexão com a espécie tributária

das contribuições. Afinal, apenas a arrecadação obtida com impostos era partilhada entre os entes federados em geral. Como a instituição de contribuições, em geral, é prerrogativa de um dos entes federados – a União – a utilização intensiva dessa figura poderia acarretar uma indesejável concentração de recursos. Foi o que sucedeu no final do século passado e na primeira década dos anos 2000, quando a base impositiva formada por contribuições foi largamente expandida, sem contrapartida em termos de repartição para os entes subnacionais. Após muitas críticas a esse panorama de concentração de receitas sob o domínio da União – e ao resultado contraproducente que ele gerava, em termos de promoção da isonomia – veio à luz a Emenda Constituição 42/03, que pela primeira vez determinou que o produto de uma contribuição (a Contribuição de Intervenção no Domínio Econômico relativa às atividades de Importação ou Comercialização de Petróleo e seus Derivados, Gás Natural e seus Derivados e Álcool Combustível – CIDE) fosse objeto de compartilhamento, tal como acontece com os impostos. (...) A finalidade das EC's 42/03 e 44/04 é evidente: corrigir uma trajetória de polarização da arrecadação tributária, redistribuindo parte da receita obtida com a CIDE-combustíveis com os demais entes federados. (...) 3. A tese está aparentemente servida de razão. Como se sabe, a Desvinculação das Receitas da União – DRU, instituto que sucedeu o Fundo Social de Emergência (criado pela Emenda Constitucional de Revisão 4/94, nos arts. 71 e 72 do ADCT) e o Fundo de Estabilização Fiscal (criado por meio da EC 10/96), é um mecanismo financeiro cujo escopo está em neutralizar temporariamente a vinculação de parte da arrecadação tributária a suas finalidades originárias. Trata-se de uma estratégia normativa que tem angariado alguma crítica da doutrina, porque o seu objetivo – a desafetação de parte das receitas estatais – é visto por alguns como francamente incompatível com a identidade impositiva de certas espécies tributárias, como é o caso das contribuições. (...) Nada leva a crer, também, que a desarticulação promovida pela incidência da DRU tenha aptidão para redirecionar recursos primitivamente destinados a Estados e Distrito Federal – por força das Emendas Constitucionais 42/03 e 44/04 – novamente em direção ao erário federal. Isso não parece derivar diretamente da redação que o caput do art. 76 do ADCT teve ao longo do tempo (nas EC's 42/03; 56/07; 68/11; e 93/16), como também não parece ser consequência indireta extraível do texto que o § 1º do art. 76 do ADCT já ostentou. (...) Em todas essas redações, posteriores à previsão de rateio da CIDE-combustíveis, o caput do art. 76 do ADCT estabeleceu que diferentes percentuais da arrecadação deveriam ser desvinculados "de órgão, fundo ou despesa", sem jamais se referir à destinação federativa. A diferença está em que, até a EC 93/16, o art. 76 do ADCT continha uma norma auxiliar, hospedada no § 1º, que explicitava que a DRU não interferia com a base de cálculo das transferências intergovernamentais a Estados e Distrito Federal. Esta norma, contudo, desdobra conteúdo meramente expletivo. A sua supressão, pela EC 93/16, jamais poderia induzir a um raciocínio – tirado à contrário sensu – segundo o qual estaria autorizada a dedução da DRU do montante a ser transferido aos demais entes federados. (...) Aqui cumpre fazer uma observação importante: o atípico expediente da DRU até poderia acarretar a redução dos valores a serem transferidos por imposição constitucional aos entes subnacionais, desde que deixasse isso explícito em algum dispositivo de dignidade constitucional. Fato é, porém, que ao se referir à "arrecadação da União relativa...às contribuições de intervenção no domínio econômico", o caput do art. 76 do ADCT sequer insinua que, além da desafetação finalística, a DRU deva provocar consequências sobre a matriz constitucional de repartição de recursos. (...) 5. Em suma, a Desvinculação das Receitas da União – DRU é instituto vocacionado a desconectar temporariamente parte da receita arrecadada pelo Fisco do atendimento da programação originalmente prevista, em prol de um mínimo de flexibilidade orçamentária. Todavia, na ausência de comando constitucional explícito em sentido contrário, esse efeito disruptivo opera-se tão somente em relação à finalidade material dos recursos atingidos pela DRU, não repercutindo na destinação federativa que eles eventualmente venham a ter por força de regras de repartição. No caso da CIDE-combustíveis, é possível dizer, em etapa cognitiva antecipada, que a regra do art. 159, III, da CF não parece ser relativizada pelo enunciado do art. 76, caput, do ADCT, na redação conferida pela EC 93/16. Assim, ao determinar a dedução das parcelas referentes à DRU do montante a ser repartido com Estados e Distrito Federal, o comando veiculado na parte final do art. 1º-A da Lei 10.336/01 incorre em aparente contraste com o art. 159, III, da CF e, consequentemente, com o equilíbrio federativo que ele objetiva consolidar."

Até a data de conclusão deste trabalho, a decisão do saudoso ministro ainda produz efeitos; não tendo havido manifestação plenária quanto ao julgamento final da ADI em definitivo, sendo importante acompanhar de perto sua tramitação processual.

4. CONCLUSÕES

Doutrina e jurisprudência reconhecem que a evolução da DRU, ao longo das décadas, partindo de meados da década de 90, tem se desencadeado em companhia do rápido incremento da carga tributária federal justamente através das contribuições. A predileção do Governo Federal por essa espécie tributária decorre tanto da sua facilidade jurídica, pois tem menos amarras e formalismos; como do potencial arrecadatório, pois pode se agregar aos fatos tributáveis reservados privativamente às competências das unidades parciais (mormente o ISS e o ICMS), sem necessitar (em regra) partilhar sua arrecadação com nenhuma esfera.

A prodigalidade no uso das contribuições para elevar o superávit primário das contas públicas tem trazido consequências severas, pois cada aumento na arrecadação de contribuições sociais corresponde a novos aumentos de despesas obrigatórias, já que a maior parte dos recursos são vinculados e precisam se referir a gastos sociais. Esse círculo vicioso é chamado por Fernando Rezende *et al.*[64] de "efeito cremalheira", em analogia à engrenagem central das bicicletas (estratégias fiscais semelhantes são comumente conhecidas hoje por "pedaladas"). Forçoso concluir ainda que a utilização dessas contribuições como instrumento nitidamente arrecadatório e que se aderem aos impostos das unidades parciais, retira dos seus contribuintes locais uma importante capacidade contributiva que é carreada em direção da União, quando deveriam permanecer no âmbito das competências privativas originárias dos Estados e dos Municípios. O fenômeno tanto agride a economia local (retirando recursos que circulariam regionalmente) como impede a elevação da carga tributária das unidades parciais (pois a capacidade contributiva dos munícipes já foi exaurida, em parte, pelas contribuições federais). Essa desestabilização pode ter contribuído sensivelmente, ao longo das últimas décadas, ao quadro de grave asfixia e desequilíbrio fiscal das unidades federadas.

Apoiamos integralmente a ponderação trazida em artigo do Desembargador Federal Marcus Abraham,[65] ao pontuar que a DRU promove excessiva concentração de poder financeiro nas mãos da União e o consequente aumento progressivo da carga tributária das contribuições sociais (pelo efeito "cremalheira" ou "pedalada") trazendo reflexos graves ao pacto federativo e ao equilíbrio distributivo entre recursos e atribuições dos entes parciais.

A conduta do Governo Federal não pode ser inteiramente imputada como responsabilidade específica de determinada gestão ou alinhamento político, uma vez que a ferramenta atravessa décadas. Entretanto, é preciso registrar que a DRU atingiu sua culminância na atual gestão do

---

[64] ARAÚJO, Érika; OLIVEIRA, Fabrício; REZENDE, Fernando. *O dilema fiscal*: remendar ou reformar?. Rio de Janeiro: FGV, 2007.

[65] ABRAHAM, Marcus. *Prós e contras da Desvinculação das Receitas da União*. Disponível na Internet em: <https://www.jota.info/opiniao-e-analise/colunas/coluna-fiscal/coluna-fiscal-pros-e-contras-da-desvinculacao-das-receitas-da-uniao-dru-03032016 >. Acesso em 21 fev. 2018.

Presidente Michel Temer (iniciada com o afastamento da Ex-Presidente Dilma Rousseff por decisão do Senado Federal em 12/05/2016).[66] Esse substancial aprofundamento se expressa tanto na ampliação dos espectros objetivo e subjetivo, com o novo texto trazido pela Emenda Constitucional n° 93, de 8 de setembro de 2016; como na lamentável tentativa de subtrair repasses dos Estados (através da surpreendente retenção de parcelas da CIDE-Combustíveis). Essa atuação diametralmente oposta aos acordos firmados durante a tramitação no Congresso Nacional, contrariando inclusive às próprias manifestações oficiais emitidas na época de busca de apoio político, foi noticiada, perante o STF, pelas Procuradorias-Gerais dos Estados que aderiram ao objeto da ADI n° 5.628-AC.

Na gestão atual, torna-se, então, inegavelmente maior e mais consolidada. Parece-nos assim que essa conformação decorre, primeiramente, do comportamento contraditório da última gestão federal (que, como já exposto, desatendeu compromissos assumidos durante a tramitação das PECs n° 87/2015 e n° 4/2015); e posteriormente, da ausência de freios, seja pela omissão das unidades parciais em insistir no controle abstrato dessas normas, seja pelo aparente abrigo que tem dado o STF nesse tema. Ressalta-se, finalmente, que tais práticas são extremamente danosas ao Federalismo e, em médio e longo prazos, à própria estrutura orçamentária da União.

5. REFERÊNCIAS BIBLIOGRÁFICAS

ALEXANDRINO, Marcelo; PAULO, Vicente. *Direito Tributário na Constituição e no STF*. 9ª ed. rev., ampl. Rio de Janeiro: Impetus, 2005.

AMARO, Luciano. *Direito Tributário Brasileiro*. 19ª ed. São Paulo: Saraiva, 2013.

ABRAHAM, Marcus. *Curso de Direito Financeiro Brasileiro*. 4ª ed. rev., atual., amp. Rio de Janeiro: Forense. 2017.

_____. *Prós e contras da Desvinculação das Receitas da União*. Disponível em: <https://www.jota.info/opiniao-e-analise/colunas/coluna-fiscal/coluna-fiscal-pros-e-contras-da-desvinculacao-das-receitas-da-uniao-dru-03032016>.

---

[66] PORTAL G1. *Processo de impeachment é aberto, e Dilma é afastada por até 180 dias*. Rio de Janeiro, G1, 2016. Disponível em: <http://g1.globo.com/politica/processo-de-impeachment-de-dilma/noticia/2016/05/processo-de-impeachment-e-aberto-e-dilma-e-afastada-por-ate-180-dias.html>. Acesso em: 03 set. 2018.

ARAÚJO, Érika; OLIVEIRA, Fabrício; REZENDE, Fernando. *O dilema fiscal*: remendar ou reformar?. Rio de Janeiro: FGV, 2007.

BALEEIRO, Aliomar. *Direito Tributário Brasileiro*. 12ª ed. rev., ampl. Rio de Janeiro: Forense, 2013.

BRANCO, Paulo Gustavo Gonet; MENDES, Gilmar Ferreira. *Curso de Direito Constitucional*. 9ª ed. São Paulo: Saraiva, 2014.

BRASIL. Constituição (1988). *Constituição da República Federativa do Brasil*, 5 de out. 1998. Brasília: Senado Federal: Centro Gráfico, 1988.

____. Constituição (1988). *Emenda Constitucional de Revisão nº 1*, de 01 de março de 1994. Altera o Ato das Disposições Constitucionais Transitórias para incluir dispositivos sobre o Fundo Social de Emergência, e dá outras providências. Diário Oficial da União, Brasília, 2 de março de 1994.

____. Constituição (1988). *Emenda Constitucional nº 10*, de 04 de março de 1996. Altera os arts. 71 e 72 do Ato das Disposições Constitucionais Transitórias, introduzidos pela Emenda Constitucional de Revisão n.º 1, de 1994. Diário Oficial da União, Brasília, 7 de março de 1996.

____. Constituição (1988). *Emenda Constitucional nº 27*, de 21 de março de 2000. Acrescenta o art. 76 ao Ato das Disposições Constitucionais Transitórias, instituindo a desvinculação de arrecadação de impostos e contribuições sociais da União. Diário Oficial da União, Brasília, 22 de março de 2000.

____. Constituição (1988). *Emenda Constitucional nº 27*, Emenda Constitucional nº 42, de 19 de dezembro de 2003. Altera o Sistema Tributário Nacional e dá outras providências. Diário Oficial da União, Brasília, 31 de dez. 2003.

____. Constituição (1988). *Emenda Constitucional nº 56*, de 20 de dezembro de 2007. Prorroga o prazo previsto no caput do art. 76 do Ato das Disposições Constitucionais Transitórias e dá outras providências. Diário Oficial da União, Brasília, 21 de dez. 2007.

____. Constituição (1988). *Emenda Constitucional nº 68*, de 21 de dezembro de 2011. Altera o art. 76 do Ato das Disposições Constitucionais Transitórias. Diário Oficial da União, Brasília, 22 de dez. 2011.

____. Constituição (1988). *Emenda Constitucional nº 93*, de 08 de setembro de 2016. Altera o Ato das Disposições Constitucionais Transitórias para prorrogar a desvinculação de receitas da União e estabelecer a desvinculação de receitas dos Estados, Distrito Federal e Municípios. Diário Oficial da União, Brasília, 09 set. 2016.

____. Congresso. Câmara dos Deputados. *Proposta de Emenda à Constituição nº 87*, de 2015. Altera o art. 76 do Ato das Disposições Constitucionais Transitórias. Disponível em: < http://www.camara.gov.br/proposicoesWeb/fichadetramitacao?idProposicao=1567815>.

_____. Congresso. Câmara dos Deputados. *Proposta de Emenda à Constituição nº4, de 2015*. Altera o art. 76 do Ato das Disposições Constitucionais Transitórias. Disponível em: <http://www.camara.gov.br/proposicoesWeb/fichadetramitacao?idProposicao=946734>.

_____. *Lei Federal nº 5.172, de 25de outubro de 1966*. Dispõe sobre o Sistema Tributário Nacional e institui normas gerais de direito tributário aplicáveis à União, Estados e Municípios. Diário Oficial da União. 27 out. 1966.

_____. Governo envia ao Congresso PEC que prorroga DRU até 2023. *Ministério da Fazenda notícias*. Disponível em: <http://www.fazenda.gov.br/noticias/2015/julho/governo-envia-ao-congresso-pec-que-prorroga-dru-ate-2023>.

_____. DRU. *Senado Notícias*. Disponível em: <https://www12.senado.leg.br/noticias/entenda-o-assunto/dru >.

_____. Senado aprova proposta que prorroga a DRU até 2023. *Notícias do Senado*, Brasília. Publicado em 24/08/2016, atualizado em 25/08/2016. Disponível em: <https://www12.senado.leg.br/noticias/materias/2016/08/24/senado-aprova-proposta-que-prorroga-a-dru-ate-2023>.

_____. Proposta renova DRU até 2023 e amplia desvinculação para 30% da receita. *Câmara Notícias*. Publicado em: 08/07/2015 Disponível em: <http://www2.camara.leg.br/camaranoticias/noticias/ADMINISTRACAO-PUBLICA/491966-PROPOSTA-RENOVA-DRU-ATE-2023-E-AMPLIA-DESVINCULACAO-PARA-30-DA-RECEITA.html >.

_____. Supremo Tribunal Federal. Ação Direta de Inconstitucionalidade: *ADI 5628-MC*, Relator: Min. Teori Zavascki, Brasília, DF, 19 dez. 2016.

_____. Supremo Tribunal Federal. Ação Direta de Inconstitucionalidade: *ADI 875/DF*, Relator: Min. Gilmar Mendes, Brasília, DF, 30 abr. 2010. Disponível em: <http://redir.stf.jus.br/paginadorpub/paginador.jsp?docTP=AC&docID=610258>.

_____. Supremo Tribunal Federal – Recurso Extraordinário: *RE 111954 PR*, Relator: Min. OSCAR CORRÊA, Data de Julgamento: 01/06/1988, TRIBUNAL PLENO, Brasília, DF, Disponível em: <https://stf.jusbrasil.com.br/jurisprudencia/14675169/recurso-extraordinario-re-111954-pr/inteiro-teor-103071278?ref=juris-tabs>.

_____. Supremo Tribunal Federal – Agravo de Instrumento: *AI: 658576 RS*, Relator: Min. Ricardo Lewandowski, Primeira Turma, Brasília, DF, 27 nov. 2007. Disponível em: <https://stf.jusbrasil.com.br/jurisprudencia/14724684/agregno-agravo-de-instrumento-ai-658576-rs/inteiro-teor-103112076>.

_____. Supremo Tribunal Federal. Ação Direta de Inconstitucionalidade: *ADI 4048*. MC, Relator(a): Min. Gilmar Mendes, Tribunal Pleno, Brasília, DF 14 mai. 2008.

_____. Supremo Tribunal Federal. Ação Direta de Inconstitucionalidade: *ADI 4663*. MC-Ref. Relator(a): Min. Luiz Fux, Tribunal Pleno, Brasília, DF, 15 out. 2014.

_____. Supremo Tribunal Federal. Recurso Extraordinário: *RE 793564 AgR*, Relator(a): Min. Marco Aurélio, Primeira Turma, Brasília, DF, 12 ago. 2014.

_____. Supremo Tribunal Federal. Recurso Extraordinário: *RE 537610*, Relator(a): Min. Cezar Peluso, Segunda Turma, Brasília, DF, 01 dez. 2009.

BULOS, Uadi Lammêgo. *Curso de Direito Constitucional*. 8ª ed. São Paulo: Saraiva, 2014. p. 417.

CALDAS, Filipe Reis. *A inconstitucionalidade da desvinculação de receitas da União previstas no art. 76 do ADCT.* Disponível em: <https://jus.com.br/imprimir/45825/a-inconstitucionalidade-da-desvinculacao-de-receitas-da-uniao-previstas-no-art-76-do-adct>.

CARRAZZA, Roque Antônio. *Curso de direito constitucional tributário*. 19ª ed. rev., ampl. São Paulo: Malheiros, 2003.

CARVALHO, Paulo de Barros. *Curso de direito Tributário*. São Paulo: Saraiva, 1995.

HARADA, Kiyoshi. *Direito Financeiro e Tributário*. 22ª ed. rev., ampl. São Paulo: Atlas, 2013.

JARDIM, Eduardo Marcial Ferreira. *Manual de Direito Financeiro e Tributário*. 10ª ed. São Paulo: Saraiva, 2009.

MACHADO, Hugo de Brito. *Curso de Direito Tributário*. 20ª ed. São Paulo: Malheiros, 2002.

AS PRETENSÕES INCONSTITUCIONAIS DE A UNIÃO FEDERAL TRIBUTAR HERANÇAS, LEGADOS E DOAÇÕES (PL Nº 5.205/2016) E AS PROPOSTAS DE REFORMA DO ICD

CÉSAR CAÚLA[1]
PAULO ROSENBLATT[2]

> SUMÁRIO: *1. Introdução. 2. A matriz constitucional do ICD e do IR: imposto sobre o patrimônio e imposto sobre o acréscimo patrimonial oneroso. 3. O PL n. 5.205/2016 e as pretensões de a União de tributar heranças e doações versus proposta de nova resolução do Senado Federal aumentando a alíquota máxima do ICD. 4. As desvantagens de federalização da tributação das heranças e doações, e algumas sugestões para uma reforma tributária do ICD. 5. Conclusões. 6. Referências Bibliográficas.*

1. INTRODUÇÃO

Sob a alegada intenção de contribuir para a solução da crise político-econômica que afligiu o Brasil e se aprofundou nos últimos anos, surgiram inúmeras propostas de ajuste fiscal e de reforma tributária. Dentre as medidas propostas, estão a de "federalização" parcial do Imposto de Transmissão *Causa Mortis* e Doações de Quaisquer Bens e

---

[1] Procurador-Geral do Estado de Pernambuco desde 2015. Formado em Direito pela Faculdade de Direito do Recife (UFPE). Especialista em Direito Processual Civil pela UFPE e especialista em Direito Constitucional pela Faculdade de Direito de Lisboa. Procurador do Estado de Pernambuco desde 1995, tendo atuado como Chefe-Adjunto, Chefe da Procuradoria do Contencioso e Corregedor-Geral.

[2] PhD em Direito Tributário pelo *Institute of Advanced Legal Studies* (Universidade de Londres), Mestre em Direito pela Faculdade de Direito do Recife (UFPE). Professor de Direito Tributário na Universidade Católica de Pernambuco (Unicap). Procurador do Estado de Pernambuco desde 2005. Coordenador do Centro de Estudos Jurídicos da PGE-PE. Membro da *International Fiscal Association* – IFA e Co-relator Geral do Congresso de 2018 em Seul, Coréia do Sul. Advogado.

Direitos (a depender do Estado da Federação, a sigla pode ser ITCMD, ITCD ou ICD; esta última será a aqui utilizada, conforme empregada no Estado de Pernambuco, por exemplo), e a de tributar pelo imposto de renda as heranças e as doações, em alíquotas bastante superiores às aplicadas pelos Estados e em mais uma agressão ao combalido pacto federativo brasileiro.[3]

A Proposta de Emenda à Constituição número 96, de 2015 (PEC n° 96/2015),[4] de autoria do senador pernambucano Fernando Bezerra Coelho e outros, pretende conferir competência à União Federal para instituir um adicional ao ICD, para financiar a criação de um Fundo Nacional de Desenvolvimento Regional (FNDR).[5]

Essa PEC almeja, bem vistas as coisas, constitucionalizar a bitributação das transferências de patrimônio intergeracionais, federalizando em parte o tributo, ao criar um novo imposto, além dos 7 (sete) já assegurados privativamente à União Federal[6] (art. 153, incisos I a VII da Constituição Federal de 1988 – CRFB/88).

---

[3] PACHECO, Cristiano Scarpelli Aguiar. Evolução, Padrões e Tendências na Arrecadação do Imposto sobre Heranças e Doações. In: *Revista de Finanças Públicas, Tributação e Desenvolvimento*, v. 5, n. 5, 2017, p. 2.

[4] BRASIL. Congresso. Senado Federal – *Proposta de Emenda à Constituição n° 96, de 2015*. Disponível em: <http://www25.senado.leg.br/web/atividade/materias/-/materia/122230>. Acesso em: 05 dez. 2017.

[5] A PEC pretende incluir o art. 153-A no texto constitucional, com a seguinte redação:
Art. 153-A. A União poderá instituir adicional ao imposto previsto no inciso I do art. 155, a ser denominado Imposto sobre Grandes Heranças e Doações, de forma a tributar a transmissão *causa mortis* e doação, de bens e direitos de valor elevado.
§ 1° O produto da arrecadação do adicional de que trata o *caput* será destinado ao Fundo Nacional de Desenvolvimento Regional, para o financiamento da política de desenvolvimento regional.
§ 2° O adicional de que trata o *caput* terá alíquotas progressivas em função da base de cálculo, e sua alíquota máxima não poderá ser superior à mais elevada do imposto de renda da pessoa física.
§ 3° Não se aplica ao adicional de que trata o caput o disposto no inciso IV do § 1° do art. 155, e no inciso IV do art. 167.

[6] "A competência se diz privativa quando sua atribuição a uma pessoa jurídica de direito público exclui a possibilidade de que outro ente federal institua tributo sobre o mesmo fenômeno. Esta é a regra no ordenamento brasileiro: uma vez efetuada a repartição de competências, se uma pessoa jurídica de direito público pretender

A proposta procura também contornar os requisitos para o exercício da competência tributária residual federal na criação de novos impostos, consoante previstos no art. 154, inciso I, da Lei Fundamental da República, a saber, exigência de lei complementar, ausência de identidade com outros impostos discriminados na Constituição Federal e não-cumulatividade. Porque a crise não corresponde a um cenário de guerra, também não cabe invocar, para o efeito, a autorização excepcional da competência tributária de criação do imposto extraordinário de guerra previsto no art. 154, inciso II, da CRFB/88.

Já o Projeto de Lei nº 5.205/2016, do Poder Executivo, objeto central do presente artigo, tem a seguinte ementa: "[a]ltera os valores da tabela mensal do Imposto sobre a Renda da Pessoa Física, dispõe sobre a tributação das doações e heranças, [...]".[7] É dizer, aprovado esse PL, a União Federal passaria a também tributar as heranças, legados e doações pelo Imposto de Renda da Pessoa Física (IRPF), além do que já é tributado pelos Estados a título de ICD, revogando-se a suposta

---

instituir tributo sobre campo reservado a outro ente federal, haverá invasão de competência". Cf. SCHOUERI, Luís Eduardo. *Direito tributário*. 2ª ed. São Paulo: Saraiva, 2012, p. 222. Vide também: MACHADO, Hugo de Brito. *Curso de Direito Tributário*. 37ª ed. rev., atual. e ampl. São Paulo: Malheiros, 2016, p. 366.

[7] BRASIL. Congresso. *Câmara dos Deputados – Projeto de Lei 5205/2016*. Disponível em: <http://www.camara.gov.br/proposicoesWeb/prop_mostrarintegra;jsessionid=-2D795802D10D4B02DB563F1AE81359BB.proposicoesWeb1?codteor=1455770&-filename=Tramitacao-PL+5205/2016>. Acesso em: 05 dez. 2017.

isenção[8] prevista no artigo 6°, inciso XVI, da Lei número 7.713/88[9] e art. 39, XV, do Regulamento do Imposto de Renda (RIR/99).[10]

A ampliação da tributação da riqueza acumulada e transferida entre gerações por meio de heranças e doações (inclusive, as antecipações de legítima), no Brasil, é uma necessidade, quando se verifica a regressividade do sistema tributário nacional que privilegia a tributação do consumo[11] e, dessa forma, promove maiores desigualdades sociais pelo

---

8 "O art. 6°, XVI, da Lei número 7.713/88, ao se utilizar do termo "isenção", provoca dupla interpretação:

– para os que entendem que a competência para tributar herança e doação é tanto da União (IR) quanto dos Estados (ITCMD), trata-se de verdadeira "isenção" (do IR);

– para quem entende que a competência é exclusiva dos Estados, trata-se de hipótese de "não incidência em nível constitucional". Cf. CASSONE, Vittorio. Imposto de Renda sobre herança e doação. Art. 23 da Lei 9.532/97 e as correntes doutrinárias que se formaram. O art. 96 da Lei 8.383/91. A E.M. de 02.05.2016 que ajusta a tributação da doação e herança. *Revista Fórum de Direito Tributário* – RFDT, Belo Horizonte, ano 14, n. 82, jul./ago. 2016, p. 30.

9 Art. 6° Ficam isentos do imposto de renda os seguinte rendimentos percebidos por pessoas físicas: [...]

XVI - o valor dos bens adquiridos por doação ou herança;

10 Art. 39. Não entrarão no cômputo do rendimento bruto:

XV - o valor dos bens adquiridos por doação ou herança, observado o disposto no art. 119 (Lei n° 7.713, de 1988, art. 6°, inciso XVI, e Lei n° 9.532, de 10 de dezembro de 1997, art. 23 e parágrafos);

11 Os países em desenvolvimento têm por característica comum a ênfase da tributação sobre o consumo por vários fatores: a base da pirâmide socioeconômica é maior (maior número de contribuintes); a tributação apenas sobre a renda seria ineficiente por impossibilidade de inclusão na base tributária da maioria pobre da população; são tributos de mais fácil arrecadação (geralmente se utilizam de bases físicas e não contábeis e, portanto, exigem menos sofisticação da administração tributária); e porque há uma resistência da elite econômica à tributação sobre o patrimônio e a renda, ao mesmo tempo em que não há real preocupação com os efeitos de distorção econômicos. SANDFORD, Cedric. *Why tax systems differ.* Bath, Inglaterra: Fiscal Publications, 2000, p. 67-116.

Ademais, dentre as bases do "Consenso Tributário", forma pela qual ficou conhecida o "Consenso de Washington" na seara fiscal, uma das recomendações (*rectius*: condições para concessões de empréstimos) das instituições financeiras internacionais (Fundo Monetário Internacional, Banco Mundial etc.) foi a substituição de tarifas aduaneiras pela tributação do consumo doméstico, com a abertura dos mercados. Cf. AVI-YONAH, Reuven, e MARGALIOTH, Yoram. Taxation in developing countries:

oneração maior dos mais pobres.¹² A baixa tributação direta também estimula o acúmulo intergeracional excessivo de riqueza, assim como traz riscos à democracia, já que o poder econômico tende a caminhar paralelo ao poder político. O ideal seria a inversão gradual da tributação indireta pela direta, com redução de uma e ampliação de outra, e não supressão.¹³

A distribuição de renda é um imperativo constitucional, em virtude dos objetivos insculpidos no art. 1º, inciso I a III, da CRFB/88: solidariedade social, justiça e dignidade da pessoa humana. Na seara tributária, particularmente, o artigo 150, inciso II, da Carta da República, fixa como limitação ao poder de tributar a isonomia fiscal horizontal – igualdade de tratamento entre os contribuintes com capacidade econômica equivalente – e a isonomia fiscal vertical – a possibilidade de tributação não-proporcional, desde que as distinções sejam não-odiosas e justificadas pelos princípios da capacidade contributiva (art. 145, §1º, da CRFB/88), da progressividade e da seletividade (para tributos

---

some recent support and challenges to the conventional view. In *Virginia Tax Review*. 2007, p. 3; ROMERO, Maria José; RUIZ, Marta; SHARPE, Rachel. IFI tax policy in developing countries. *In* Actionaid, 2011, p. 3. BRAUNER, Yariv, e STEWART, Miranda. Introduction. *In*: BRAUNER, Yariv; STEWART, Miranda (eds). *Tax, Law and Development*. Cheltenham, Reino Unido: Edward Elgar Publishing, 2013, p. 4. EMRAN, M. Shahe; STIGLITZ, Joseph. On selective indirect tax reform in developing countries. *In*: *Journal of Public Economics*, n. 89, p. 599-623.

12 Embora sem acesso aos dados de concentração de renda no Brasil, por resistência da Receita Federal, sob a justificativa de que eles estariam protegidos por sigilo fiscal – essas informações estatísticas e não os dados pessoais dos contribuintes deveriam, sim, ser públicas, de modo a orientar as políticas fiscais –, Thomas Piketty, no seu *best-seller*, concluiu, por outros dados existentes, que o sistema tributário brasileiro é extremamente regressivo, porque os tributos diretos são relativamente baixos e os indiretos, altos, onerando a população mais pobre. A tributação sobre heranças, segundo ele, deveria aqui ser majorada. *O capital no século XXI*. Tradução de Mônica Baumgarten de Bolle. Rio de Janeiro: Intrínseca, 2014, p. 497 e ss. Estudo do Instituto de Pesquisa Econômica Aplicada – IPEA demonstra a regressividade de tributos indiretos, que atingem mais pesadamente os mais pobres, e a pouca progressividade dos diretos, que pesam menos sobre os mais ricos. Comunicado do IPEA nº 92, maio/2011. *Equidade fiscal no Brasil: impactos distributivos da tributação e do gasto Social*. Disponível em: <http://www.ipea.gov.br/portal/index.php?option=com_content&view=article&id=8499>. Acesso em: 05 dez. 2017.

13 MURPHY, Liam; NAGEL, Thomas. *O mito da propriedade*. Tradução de Marcelo Brandão Cimpolla. São Paulo: Martins Fontes, 2005, p. 177-93.

específicos), ou por fundamentos extrafiscais, como a função social da propriedade.[14]

Atualmente, a alíquota máxima autorizada pela Resolução n° 9/1992 do Senado Federal de 8% (oito por cento),[15] por atribuição do artigo 155, § 1°, inciso IV, da CRFB/88, muito inferior à alíquota máxima do IRPF de 27,5% (vinte e sete e meio por cento), não concretiza esses objetivos constitucionais. Ao contrário, é um fator de concentração de riquezas[16] e está em patamar muito inferior à maioria dos países ocidentais, mesmo os mais liberais:[17] [18]

> Em breve análise comparada, tem-se que a alíquota máxima do tributo sobre heranças é de 50% na Alemanha, 80% na Bélgica, 36,25% na Dinamarca, 34% na Espanha, 40% nos Estados Unidos da América, 60% na França, 55% no Japão e 40% no Reino Unido. Naturalmente, os dados acima são insuficientes para delinear a efetiva tributação de heranças nesses países, pois não abordam isenções, deduções, progressividade, entre outros aspectos importantes. De todo modo, corroboram a afirmação de que a tributação de heranças e doações no Brasil é bastante baixa.

---

14 BRASIL. Constituição (1988). *Constituição da República Federativa do Brasil*. 40ª ed. São Paulo: Saraiva, 2007.

15 BRASIL. Senado Federal. Resolução n° 9, de 1992. Estabelece alíquota máxima para o Imposto sobre Transmissão *Causa Mortis* e Doação, de que trata a alínea "a", inciso l, e § 1°, inciso IV, do art. 155 da Constituição Federal. *Diário Oficial da União* - Seção 1, Brasília, DF, 6 de maio de 1992.

16 RIBEIRO, Ricardo Lodi. Piketty e a Reforma Tributária Igualitária No Brasil. *In: Revista de Finanças Públicas, Tributação e Desenvolvimento*, v. 3, n. 3, 2015. Disponível em: <http://www.e-publicacoes.uerj.br/index.php/rfptd/issue/view/962>. Acesso em: 05 dez. 2017. RAUSCH, Aluízio Porcaro. O acúmulo intergeracional de riqueza e tributação de heranças e doações no Brasil. *In: Revista Jurídica da Presidência*. Brasília, v. 17, n. 113, out. 2015/jan. 2016, p. 566-7.

17 COLE, Alan. Estate and Inheritance Taxes around the World. In *Fiscal Fact* n. 458, Tax Foundation, mar. 2015. Disponível em: https://files.taxfoundation.org/legacy/docs/TaxFoundation_FF458.pdf>. Acesso em: 05 dez. 2017.

18 RAUSCH, Aluízio Porcaro. O acúmulo intergeracional de riqueza e tributação de heranças e doações no Brasil. *Revista Jurídica da Presidência*. Brasília, v. 17, n. 113, out. 2015/jan. 2016, p. 563.

Essas são as premissas que justificam propostas para a readequação do tratamento tributário das transmissões sucessórias para um padrão fiscal mais justo.[19] Com efeito, tais premissas podem também fundamentar uma revisão das alíquotas e reajuste da tabela do IRPF, e deveriam pautar a eliminação de isenções e benefícios fiscais distorcivos e economicamente ineficientes, como a isenção de lucros e dividendos distribuídos.

Porém, não se pode concluir, em absoluto, como um silogismo a partir dessas premissas, que a solução deva passar pela restrição da competência tributária dos Estados, desequilibrando ainda mais a partilha constitucional de rendas em favor da União Federal. Muito menos se pode, a esse título ou mesmo em razão das dificuldades econômico-financeiras ora experimentadas, admitir manobra ainda pior, que seria a invasão de um ente nas competências delineadas pelo legislador constituinte para outro membro da federação. A crise não é apenas federal, mas atinge Estados e Municípios de forma ainda mais acentuada, pela repartição desigual de receitas tributárias.

Não é a primeira vez que a União Federal expande ou busca alargar a sua competência tributária desde a promulgação da Constituição Federal. Isso se deu, v.g., por meio de emendas ao texto da Lei Maior – especialmente pela ampliação das contribuições sociais, cujo produto da arrecadação não exige a repartição entre as unidades federadas –, como também por meio de discutíveis leis federais que resultam em indesejáveis conflitos de competência tributária com os Estados e litígios com os contribuintes sujeitos à bitributação.

O presente artigo não cuidará da PEC 96/2015,[20] ainda que os autores considerem relevante a discussão do seu caráter inescondível de violação

---

19 Há várias teorias para justificar a proporcionalidade, progressividade e regressividade tributárias, todas falhas diante da impossibilidade de dimensionar moralmente os sacrifícios que devem ser suportados individualmente. UCKMAR, Victor. *Princípios Comuns de Direito Constitucional Tributário*. 2ª ed. Tradução de Marco Aurélio Greco. São Paulo: Malheiros, 1999, p. 79-86. TIPKE, Klaus; LANG, Joachim *et al*. *Direito tributário*. Tradução de Luiz Dória Furquim, Porto Alegre: Sérgio Antonio Fabris, 2008, p. 198-203. SCHOUERI, Luís Eduardo. *Direito tributário*. 4ª ed. São Paulo: Saraiva, 2016, p. 385-95.

20 O projeto se encontra na Comissão de Constituição e Justiça do Senado Federal e sua última movimentação data de outubro de 2016. Disponível em: <http://www25.senado.leg.br/web/atividade/materias/-/materia/122230>. Acesso em: 18 dez. 2017.

ao pacto federativo, cláusula pétrea constitucional, a teor do artigo 60, § 4º, inciso I, por força do alargamento indevido e assistemático da competência tributária federal em prejuízo dos Estados-membros.[21]

Com efeito, o objeto do presente estudo é a inconstitucionalidade do PL nº 5.205/2016[22] em decorrência da invasão da competência tributária estadual.[23]

Pretende-se contribuir para o debate por meio do delineamento do critério jurídico e econômico utilizado pelo legislador constituinte para a atribuição de competência e de sua limitação. É dizer, o presente trabalho busca, primeiro, enquadrar a hipótese de incidência de maneira a delimitar o campo de incidência do ICD em relação ao IRPF. Trata-se de um debate que remonta ao antigo imposto sobre o lucro imobiliário e, posteriormente, à introdução, pelo artigo 23 da Lei nº 9.532/1997 (que alterou o art. 7º da Lei nº 8.981/95), da tributação do ganho de capital na sucessão *causa mortis* e doação, inclusive em adiantamento de legítima, quando houver diferença positiva entre o valor declarado pelo *de cujus* ou doador e o constante na declaração anual de ajuste do herdeiro, legatário ou donatário.

---

21 Heleno Torres entende que o adicional pretendido pela PEC nº 96/2015 é "totalmente incompatível com o sistema tributário em vigor, pois implica violação ao pacto federativo (i); aos direitos e liberdades fundamentais dos contribuintes e ao princípio da segurança jurídica (ii); configura evidente bitributação (iii); e agride a garantia de vedação do confisco. Logo, a PEC não subsiste diante das hipóteses designadas no parágrafo 4º do artigo 60 da CF, quais sejam, o federalismo, direitos e garantias fundamentais. TORRES, Heleno. *Proposta de adicional de ITCMD da União é inconstitucional*. Disponível em: <http://www.conjur.com.br/2016-ago-31/proposta-adicional-itcmd-uniao-inconstitucional?imprimir=1>. Acesso em: 05 dez. 2017.

22 O PL aguarda deliberação na Comissão de Finanças e Tributação da Câmara dos Deputados desde maio de 2016. Disponível em: <http://www.camara.gov.br/proposicoesWeb/fichadetramitacao?idProposicao=2083686>.Z Acesso em: 18 dez. 2017.

23 O chefe do Centro de Estudos Tributários e Aduaneiros da Receita Federal, Claudemir Malaquias, negou a bitributação: "A base de incidência, apesar de economicamente ser a mesma, a gênese do tributo é diferente. Para os estados, é a transmissão, a circulação da riqueza, que também é compartilhada pelos municípios. Isso, sob o ponto de vista do IR, é outra coisa, pois refere-se ao acréscimo patrimonial. Pode ser cobrado. Não há o que se falar em dupla tributação ou em bitributação". Disponível em: <http://g1.globo.com/economia/noticia/2016/05/receita-federal-nega-que-ir-sobre-heranca-represente-bitributacao.html>. Acesso em: 05 dez. 2017.

Essa questão poderia ser contornada pela edição de uma lei complementar com normas gerais do ICD,[24] para definir seu fato gerador, base de cálculo e contribuinte, conforme comando do artigo 146, inciso III, alínea *a*, da CRFB/88, e também para dirimir conflitos de competência entre esses impostos, nos moldes do inciso I do art. 146 do texto constitucional. Porém, passados 30 (trinta) anos da promulgação da CRFB/88, continua-se a aguardar essa lei complementar indefinidamente.[25]

Longe de pretender criar um obstáculo à justiça fiscal por meio de um apropriado tratamento da tributação de heranças e doações, em consonância com o que é praticado em países menos desiguais que o Brasil, este artigo procura demonstrar que a solução apresentada pela União Federal é inadequada do ponto de vista de distribuição de renda e de conformação do pacto federativo. Ao contrário, consoante será exposto, trata-se de uma tentativa de aprofundamento do desequilíbrio do federalismo fiscal brasileiro em favor da União Federal.

Nesse contexto, defende-se, ao final do trabalho, o fortalecimento da competência impositiva dos Estados em relação ao ICD, com três medidas: (i) reforma constitucional para adequação desse imposto a parâmetros mais justos utilizados em outras nações; (ii) edição de lei complementar para tanto fixar as normas gerais desse imposto, como para dirimir os conflitos de competência tributária com o IRPF – ponto principal deste artigo –; e (iii) aprovação de nova resolução do Senado Federal, elevando as alíquotas máximas do ICD.

---

24 O Código Tributário Nacional – CTN, Lei nº 5.172, de 25 de outubro de 1966, tratou de um imposto anterior, incidente sobre a transmissão de bens imóveis e de direitos a eles relativos, e que foi totalmente ampliado e repartido entre Estados e Municípios pela Constituição Federal de 1988, que criou o ICD e o transmissão "inter vivos", a qualquer título, por ato oneroso, de bens imóveis, por natureza ou acessão física, e de direitos reais sobre imóveis, exceto os de garantia, bem como cessão de direitos a sua aquisição – ITBI.

25 Dado que o CTN trata de imposto diversos, existentes à época da sua edição, e em razão do disposto no art. 34, §§ 3º e 4º do Ato das Disposições Constitucionais Transitórias, e no art. 24 e parágrafos da CRFB/88, os Estados podem legislar de forma plena sobre o ICD. Porém, a ausência da lei complementar mantém uma situação de ausência de uniformidade entre os Estados e abre flanco para as investidas da União Federal sobre a competência privativa dos Estados.

2. A MATRIZ CONSTITUCIONAL DO ICD E DO IR: IMPOSTO SOBRE O PATRIMÔNIO E IMPOSTO SOBRE O ACRÉSCIMO PATRIMONIAL ONEROSO

Do ponto de vista fiscal, capital ou patrimônio são comumente utilizados como sinônimos. Eles representam um sinal exterior de riqueza que pode ser tributado tanto em relação à manutenção da propriedade (imposto sobre a propriedade predial territorial rural – ITR, imposto sobre grandes fortunas – IGF, imposto sobre a propriedade de veículos automotores – IPVA, imposto sobre a propriedade predial e territorial urbana – IPTU) ou quando da sua transferência (ICD, ITBI e imposto sobre o ganho de capital).

Em alguns países, tributa-se o primeiro grupo e não o segundo; em outros, há o inverso; e ainda há aqueles que não tributam a riqueza acumulada de forma alguma. Há países que possuem um imposto específico sobre ganhos de capital, enquanto outros o inserem no imposto de renda, como o Brasil.[26]

No sistema tributário brasileiro, essas realidades são repartidas, em termos de impostos, entre União Federal (ITR, IGF, IR sobre ganho de capital), Estados (ICD e IPVA) e Municípios (ITBI e IPTU). Embora o legislador tenha buscado fixar de forma exaustiva as competências, utilizando-se de bases econômicas, isso terminou por ensejar diversos conflitos federativos sobre os quais a própria CRFB/88 buscou dispor ou reservou à lei complementar a função de os dirimir (art. 146, inciso I).

O ICD tem por matriz constitucional a transmissão, por ato gratuito, de bens e direitos de qualquer natureza, decorrente de sucessão patrimonial entre pessoas naturais em virtude da morte do titular dos bens e direitos transmitidos, ou da doação em vida, inclusive em antecipação de legítima. Trata-se, pois, de um imposto sobre o capital acumulado e transferido, com acréscimo patrimonial em favor do receptor.[27] Por outro lado, ao ITBI, municipal, restou a tributação da transferência

---

26 SANDFORD, Cedric. *Why tax systems differ.* Bath, Inglaterra: Fiscal Publications, 2000, p. 94-116.

27 As classificações econômica e fiscal nem sempre coincidem, e um mesmo tributo pode ser classificado diferentemente a depender de quem é tributado e como se dá a incidência. SANDFORD, Cedric. *Why tax systems differ.* Bath, Inglaterra: Fiscal Publications, 2000, p. 67-116.

de bens imóveis e direitos reais a eles relativos (exceto os de garantia) por ato oneroso entre vivos.[28]

E o IRPF teve sua base alargada da "renda", entendida esta como o produto do capital, do trabalho ou da combinação de ambos (art. 153, inciso III, da CRFB/88 e art. 43, inciso I do CTN), para abarcar também os "proventos de qualquer natureza", compreendidos esses como os acréscimos patrimoniais não abrangidos no conceito de renda (art. 153, III, da CRFB/88 e art. 43, inciso II, do CTN).[29] Disso resulta que o imposto de renda tem por base econômica e por matriz constitucional o amplíssimo e disputado conceito de "acréscimo patrimonial".

A possibilidade de conflito de IR e ICD é verificável, em tese, em duas situações. A primeira. Na hipótese de se considerar que, para o herdeiro ou donatário, o patrimônio recebido a título de herança ou doação corresponda a um acréscimo patrimonial inserido no conceito de proventos de qualquer natureza e que, portanto, estaria sujeito tanto ao ICD (transmissão), quanto ao IRPF (acréscimo patrimonial). Isso aconteceria caso se admitisse que a CRFB/88 teria autorizado a bitributação desses mesmos fatos econômicos, o que não é o caso, consoante restará demonstrado adiante. E a segunda, *stricto sensu*, quando se considera o ganho de capital na transmissão gratuita, na hipótese de se configurar uma diferença positiva entre o valor declarado pelo *de cujus* ou doador e aquele registrado na declaração do herdeiro ou donatário. Desse modo, incidiria o ICD sobre o patrimônio transmitido, ao mesmo tempo em que o IRPF sobre o ganho de capital relacionado à mesma transmissão.

Perceba-se que há um único fato, isto é, a transmissão de um bem móvel, imóvel ou direito com o correspondente acréscimo patrimonial do herdeiro, legatário ou donatário. É verdade que a CEFB/88 autorizou, em algumas hipóteses, a incidência concomitante de 2 (dois) ou

---

[28] Sobre o ITBI, cf. ROSENBLATT, Paulo; PEREIRA, Juliana Studart. Alíquotas progressivas no imposto sobre a transmissão de bens imóveis: proposta de superação da súmula 656 do Supremo Tribunal Federal. *Revista de Informação Legislativa*: RIL, v. 54, nº 215, p. 195-212, jul./set. 2017. Disponível em: <http://www12.senado.leg.br/ril/edicoes/54/215/ril_v54_n215_p195>. Acesso em: 07 dez. 2017.

[29] BALEEIRO, Aliomar. *Direito tributário brasileiro*. Misabel Derzi (atual.), 12ª ed. Rio de Janeiro: Forense, 2013, p. 383-5. No mesmo sentido, ÁVILA, Humberto. *Conceito de renda e compensação de prejuízos fiscais*. 1ª ed. São Paulo: Malheiros, 2011, p. 32.

mais tributos, como é o caso, por exemplo, do imposto de importação, do IPI e do ICMS, quando da entrada de um produto estrangeiro no território nacional (ainda que por pessoa física, e mesmo que para uso e consumo). Noutros casos, porém, a incidência de um imposto exclui a dos demais, como ocorre com o ICMS e o ISS em operações mistas (prestação de serviço em que há entrega de mercadoria), ou do IOF e ICMS em relação ao ouro, a depender da sua finalidade (se ativo financeiro ou instrumento cambial, ou mercadoria).

Todavia, a CRFB/88 foi silente e deixou a dúvida acerca da possibilidade ou não de dupla incidência tributária por impostos em tantas outras situações. É mister indagar, portanto, para os fins deste estudo, se a CRFB/88 autorizou ou não a incidência concomitante e cumulativa do IRPF e do ICD nas transmissões *causa mortis* e doações. Trata-se de um ponto, há tempos, de profundo debate doutrinário e judicial, com repercussões no nosso federalismo fiscal.

O conceito de renda, na economia, inclui herança e doações, como ensinava Aliomar Baleeiro; porém, ainda segundo ele, "[a]s legislações acolhem o conceito de renda-acréscimo, mas excluem heranças e doações, sujeitas a impostos específicos [...]".[30] E em nota de atualização, Misabel Derzi[31] defende ainda que:

> A teoria, amplamente aceita na doutrina, não autoriza a tese equivocada de supor que qualquer acréscimo de valor – advindo de doação ou herança, por exemplo, que é simples capital transferido, e subtraído ao campo de competência federal – configure renda [...]. De fato, as aquisições por causa de morte e por meio de doação configuram espécie *sui generis* de acréscimos patrimoniais (embora provenientes de fonte estranha e não do próprio patrimônio da pessoa, como é o caso da renda). Sendo acréscimos ao patrimônio do beneficiado, não poderiam, também, configurar fato tributável por meio do imposto de renda (lucro, ganho de capital)? A Constituição Federal responde que não. Segundo o modelo de sistema tributário mais usual, como ocorre na Europa e nas Américas, elas autonomizaram essas formas de aquisição (por casos de morte e por meio de doação), criando, para isso, espécie independente que entregou à competência tributária do Estado. Efetivamente, nenhum dos países que adota modelo de sistema como o nosso admite submeter simultaneamente tais transmissões *causa mortis* e doações ao imposto de renda. A rigor, nesses modelos, o imposto sobre a transmissão por causa de morte e doação é

---

30 BALEEIRO, Aliomar. *Idem*, p. 384.
31 DERZI, Misabel. *In*: BALEEIRO, Aliomar. *Ibidem*, p. 363.

complementar ao imposto de renda. Daí a pessoalidade e a progressividade conferidas a ambos. Ao contrário, somente naqueles, em que inexiste como espécie independente o imposto de heranças e doações é que o imposto de renda alcança os ganhos de capital que as aquisições gratuitas representam.

Dessa exposição, percebe-se a ideia de que o caráter gratuito do acréscimo patrimonial no ICD é incompatível com a noção de renda como acréscimo patrimonial oneroso no IRPF.[32] O legislador, a toda evidência, não pretendeu criar uma bitributação, mas deixar as transmissões *causa mortis* e as decorrentes de doações sob a tributação privativa dos Estados e do Distrito Federal, excepcionando-as de impostos outros, como o IRPF.

Ao julgar o antigo imposto sobre lucro imobiliário, o Supremo Tribunal Federal decidiu que aquele "não abrange as aquisições havidas *causa-mortis*".[33] É verdade que a Corte, na época, não conheceu de questão constitucional, mas da interpretação legal acerca da inexistência de "custo de transmissão" utilizado na legislação questionada, que, por óbvio, não ocorre na transferência gratuita advinda da sucessão *causa mortis* ou doação. Porém, o referido julgado (tal como inúmeros outros que se repetiram nesse sentido) indica há tempos que a transmissão gratuita é diversa da onerosa para fins de configuração de ganho de capital.

Outro grave conflito de competência relacionado ao IRPF e ao ICD, que teve grande repercussão, muito tempo depois, ocorreu quando foi introduzida a tributação pelo ganho de capital dos bens e direitos transmitidos caso existente diferença positiva no valor declarado pelo receptor (herdeiro, legatário ou donatário) em relação ao constante na declaração do transmissor (de cujus ou doador).

A Lei nº 9.532/1997, com vigência a partir de 1º de janeiro de 1998, no seu art. 23, estabeleceu que "Na transferência de direito de propriedade por sucessão, nos casos de herança, legado ou por doação em adiantamento da legítima, os bens e direitos poderão ser avaliados a valor de mercado ou pelo valor constante da declaração de bens do

---

[32] RAUSCH, Aluízio Porcaro. O acúmulo intergeracional de riqueza e tributação de heranças e doações no Brasil. *Revista Jurídica da Presidência Brasília*, v. 17, n. 113, out. 2015/jan. 2016, p. 562.

[33] BRASIL. Superior Tribunal de Justiça. Recurso Extraordinário: *RE nº 29.701*, Relator(a): Min. Edgard Costa, Segunda Turma, julgado em 09/12/1955, DJ 12-07-1956 PP-08073 Ement Vol-00261-02 PP-00490 ADJ 11-03-1957 PP-00761.

de cujus ou do doador". E, no parágrafo 1º do mesmo art. 23, que: "Se a transferência for efetuada a valor de mercado, a diferença a maior entre esse e o valor pelo qual constavam da declaração de bens do de cujus ou do doador sujeitar-se-á à incidência de imposto de renda à alíquota de quinze por cento".[34]

É dizer, essa lei pretendeu ampliar a competência tributária da União Federal, ao fazer incidir o IRPF sobre o ganho de capital dos bens recebidos em herança, legado ou doações, correspondente à diferença positiva entre o custo de aquisição do bem e o seu valor de mercado, conforme informados, respectivamente, na declaração do *de cujus* ou do doador, e na do herdeiro, do legatário ou do donatário. Caberia ao receptor atualizar, na Declaração Anual de Ajuste, o valor dos bens e direitos transferidos, antecipando o IR sobre o ganho de capital, ou deixar para fazê-lo quando de eventual alienação desse patrimônio.

Sobre a impossibilidade de incidência do IRPF sobre o ganho de capital nas transmissões *causa mortis* e doações, Sacha Calmon[35] assim se manifestou:

> Na verdade não é a transmissão de quaisquer bens e direitos "causa mortis" o fato gerador do imposto estadual (ITCD) mas o acréscimo patrimonial, da transmissão decorrente, em favor dos beneficiados.
> O momento transmissivo marca, apenas, o aspecto temporal do fato gerador desse imposto. Tanto é assim que o Código Tributário Nacional (lei complementar da Constituição) dispõe: "nas transmissões causa mortis, ocorrem tantos fatos geradores distintos quantos sejam os herdeiros ou legatários. Ora, o imposto de renda tributa justamente os acréscimos patrimoniais decorrentes do trabalho, do capital ou da combinação de ambos bem como de outros proventos não compreendidos na definição acima, isto é, os ganhos de capital (venda do patrimônio com lucro, ganhos lotéricos, etc) menos os ganhos decorrentes de heranças e doações, que estes pertencem aos Estados-Membro da Federação. [...]
> A tributação de heranças e doações pertence ao Estado-membro, desde a Constituição e, consequentemente, a legislação infraconstitucional não pode decidir sobre o tema, interditado ao Congresso Nacional. A repartição constitucional de competências reservou aos Estados-membros o poder

---

34 BRASIL. Lei nº 9.532, de 10 de dezembro de 1997. Altera a legislação tributária federal e dá outras providências. *Diário Oficial da União*, Brasília, 11 dez. 1997.

35 COÊLHO, Sacha Calmon Navarro. Heranças, Doações e o Imposto de Renda. In: *Imposto de renda*: alterações fundamentais. ROCHA, Valdir de Oliveira (coord.). São Paulo: Dialética, 1998, v. 2, p. 215-223.

de tributar os acréscimos patrimoniais decorrentes de heranças e doações, alijando a União Federal. Dita tributação portanto, não entra no rol dos proventos tributáveis, ou melhor, não pode entrar.

E segundo Vittorio Cassone, diante da antinomia constitucional do IR *versus* ICD, deve-se seguir a regra de que a lei especial da tributação da herança e doação, do art. 155, inciso I, da CRFB/88, prevalece sobre a norma geral, do art. 153, inciso III da Lei Maior, "tendo em vista que a CF/88 outorgou de modo especial, porque especificou, a competência aos Estados sobre transmissão causa mortis e doação".[36]

De fato, o próprio STF entende que, nas transmissões *causa mortis*, a avaliação dos bens e direitos transmitidos deve ser contemporânea ao cálculo do ICD, consoante a antiga súmula nº 113: "o imposto de transmissão *causa mortis* é calculado sobre o valor dos bens na data da avaliação". Significa dizer que os bens e direitos devem ser tributados exclusivamente pelo ICD, com o valor final da transmissão aferido quando do lançamento por declaração (no inventário ou no registro da doação). Não haveria que se falar em ganho de capital de eventual diferença positiva do valor inicial e final, mas herança/doação contemporaneamente avaliada e tributada sobre a totalidade da riqueza transmitida em alíquotas mais adequadas aos imperativos constitucionais (consoante se discutirá mais adiante neste artigo).

Em sentido contrário,[37] pela constitucionalidade da lei, Luciano Amaro defende que o IRPF pode incidir tanto em relação ao ingresso patrimonial para o herdeiro, legatário ou donatário, como acréscimo patrimonial, como também no ganho de capital dessa mesma transmissão, porque a CRFB/88 teria outorgado competências não-excludentes e seu exercício simultâneo seria legítimo.[38]

Essa também é a posição de Roberto Quiroga Mosquera, segundo o qual "a cumulação de tributações é perfeitamente possível dentro do atual sistema constitucional tributário". Sob o fundamento que o

---

36 CASSONE, Vittorio. Imposto de Renda sobre herança e doação. Art. 23 da Lei 9.532/97 e as correntes doutrinárias que se formaram. O art. 96 da Lei 8.383/91. A E.M. de 02.05.2016 que ajusta a tributação da doação e herança. *Revista Fórum de Direito Tributário – RFDT*. Belo Horizonte, ano 14, n. 82, jul./ago. 2016, p. 46-47.

37 Para uma descrição detalhada das diferentes posições acerca da constitucionalidade do art. 23, § 1º da Lei nº 9.532/1997, vide CASSONE, Vittorio. *Idem*, p. 38-44.

patrimônio (por ele chamado de índice-padrão de tributação adotado pelo Texto Maior) pode ser compreendido nos sentidos estático e dinâmico, os valores recebidos a título de doações ou heranças poderiam ser tributados tanto a título de do ICD (transmissão gratuita) e de IRPF (acréscimo patrimonial do receptor em relação ao capital transmitido).[39]

O Tribunal Regional Federal da 1ª Região declarou a inconstitucionalidade do art. 23, § 1º da Lei n. 9.532/97, em virtude da flagrante invasão pela União Federal de competência constitucional dos Estados, consoante se verifica da ementa abaixo transcrita:[40]

> TRIBUTÁRIO - MANDADO DE SEGURANÇA - IMPOSTO DE RENDA - TRANSMISSÃO HEREDITÁRIA - INCONSTITUCIONALIDADE DO ART. 23, § 1º, DA Lei n. 9.532/97 (TRF1 INAMS 1998.38.00.027179-5).
> [...]
> 2. "A pretensão da União Federal de tributar, como se ganho de capital fosse, a diferença a maior encontrada entre o valor de mercado, lançado na declaração de bens do espólio adquirente, e o valor de aquisição constante na declaração de bens do falecido/transmitente, esbarra não apenas na dicção literal do artigo 155, I, da Constituição Federal, mas na própria ideologia do sistema que foi encampado pelo Legislador Constituinte de 1988, que, como já consignado, teve em mente considerar de forma autônoma e independente, para fins de tributação, a forma de transmissão de bens ou direitos em referência, decorrente de morte. Se o Imposto de Transmissão Causa Mortis e Doação é calculado tomando-se por base o valor atualizado dos bens - vale dizer, valor de mercado, obtido mediante avaliação - significa isso, noutros termos, que a tributação abrange o fato jurídico eleito pelo legislador ordinário da lei 9.532/97 como gerador do imposto de renda sobre ganho de capital, qual seja, a diferença a maior entre o valor de mercado e o valor de aquisição dos bens ou direitos. Ocorrência de "bi-tributação", na medida em que a real intenção que se identifica no âmbito do artigo 23 da lei 9.532/97 é efetivamente de tributar, a título de 'imposto de renda sobre ganhos de capital', a mesma situação fático-jurídica que enseja a incidência do Imposto de Transmissão Causa

---

38 AMARO, Luciano. O imposto de Renda nas Doações, Heranças e Legados. In: Imposto de renda: alterações fundamentais. ROCHA, Valdir de Oliveira (coord.). São Paulo: Dialética, 1998, v. 2, p. 105-112.

39 MOSQUERA, Roberto Quiroga. IR sobre Doações ou Heranças e a Lei n. 9.532/97. In: Imposto de renda: alterações fundamentais. ROCHA, Valdir de Oliveira (coord.). São Paulo: Dialética, 1998, v. 2, p. 203-212.

40 TRF1. APELAÇÃO 00323975920054013400, Rel. Desembargador Federal Luciano Tolentino Amaral, Sétima Turma, e-DJF1 de 11/04/2014, p. 638.

Mortis." (TRF1, INAMS 1998.38.00.027179-5/MG, Corte Especial, Rel. Des. CARLOS OLAVO, DJ 03.05.2007).
3. Agravo Retido de que não se conhece. Apelação não provida.

Ainda não há decisão do STF a respeito da (in)constitucionalidade do art. 23 da Lei nº 9.532/97, mas o Pretório Excelso já decidiu, em outra questão, que o IR apenas pode incidir nos acréscimos patrimoniais a título oneroso:[41]

> CONSTITUCIONAL. TRIBUTÁRIO. IMPOSTO DE RENDA. RENDA – CONCEITO. Lei n. 4.506, de 30.XI.64, art. 38, C.F./46, art. 15, IV; CF/67, art. 22, IV; EC 1/69, art. 21, IV. CTN, art. 43.
> I. – Rendas e proventos de qualquer natureza: o conceito implica reconhecer a existência de receita, lucro, proveito, ganho, acréscimo patrimonial que ocorrem mediante o ingresso ou o auferimento de algo, a título oneroso. C.F., 1946, art. 15, IV; CF/67, art. 22, IV; EC 1/69, art. 21, IV. CTN, art. 43.
> II. – Inconstitucionalidade do art. 38 da Lei 4.506/64, que institui adicional de 7% de imposto de renda sobre lucros distribuídos.
> III. – R.E. conhecido e provido.

Nesse caso, para manter a coerência de suas decisões, unidade do sistema e preservação do pacto federativo, cabe ao STF afastar qualquer iniciativa da União Federal que pretenda invadir a competência tributária dos Estados-membros quanto à tributação de heranças, legados e doações (como um todo ou mesmo em relação ao ganho de capital). Esse será também o caso se vier a ser aprovado o PL nº 5.205/2016 pelo Congresso Nacional.

3. O PL Nº 5.205/2016 E AS PRETENSÕES DE A UNIÃO DE TRIBUTAR HERANÇAS E DOAÇÕES *VERSUS* PROPOSTA DE NOVA RESOLUÇÃO DO SENADO FEDERAL AUMENTANDO A ALÍQUOTA MÁXIMA DO ICD

Além de a tributação como ganho de capital da diferença positiva entre o valor declarado pelo transmitente (*de cujus* ou doador) e o informado pelo receptor (herdeiro, legatário ou donatário), o Poder Executivo, pretendendo ampliar receita tributária pela invasão antifederativa de competência dos Estados, apresentou o PL nº 5.205/2016.

---

[41] SUPREMO TRIBUNAL FEDERAL. *RE 117.887/SP*, Pleno, Rel. Carlos Velloso, unânime, 11-02-1993, DJ 23-04-1993 p. 6923.

Este assim dispõe a respeito da tributação de heranças e doações pelo IRPF, tratando-as como casos de acréscimo patrimonial:[42]

> Art. 4º Os valores dos bens e direitos adquiridos por herança ou doação, por pessoa física residente no País, superiores aos limites de que tratam, respectivamente, as alíneas "a" e "b" do inciso XVI do caput do art. 6º da Lei nº 7.713, de 22 de dezembro de 1988, estarão sujeitos à incidência do imposto sobre a renda de acordo com as seguintes alíquotas:
> I - em relação as heranças e doações em adiantamento da legítima:
> a) quinze por cento sobre a parcela da transmissão que exceder a R$ 5.000.000,00 (cinco milhões de reais) e não ultrapassar a R$ 10.000.000,00 (dez milhões de reais);
> b) vinte por cento sobre a parcela da transmissão que exceder a R$ 10.000.000,00 (dez milhões de reais) e não ultrapassar a R$ 20.000.000,00 (vinte milhões de reais); e
> c) vinte e cinco por cento sobre a parcela da transmissão que exceder a R$ 20.000.000,00 (vinte milhões de reais);
> II - em relação às demais doações:
> a) quinze por cento sobre a parcela da transmissão que exceder a R$ 1.000.000,00 (um milhão de reais) e não ultrapassar a R$ 2.000.000,00 (dois milhões de reais);
> b) vinte por cento sobre a parcela da transmissão que exceder a R$ 2.000.000,00 (dois milhões de reais) e não ultrapassar a R$ 3.000.000,00 (três milhões de reais); e
> c) vinte e cinco por cento sobre a parcela da transmissão que exceder a R$ 3.000.000,00 (três milhões de reais).
> § 1º Os valores a que se refere o caput deverão ser considerados para cada dois anos- calendário subsequentes, por beneficiário de doação ou herança recebida.
> § 2º Na hipótese de haver transmissão de bens ou direitos, em dois anos-calendário subsequentes, para um mesmo beneficiário, o valor dos bens ou direitos recebidos por transmissão no segundo ano consecutivo deverá ser somado aos valores transmitidos nas operações relativas ao ano anterior, para fins de apuração do imposto na forma do caput, deduzindo-se o montante do imposto pago nas operações anteriores.
> § 3º Para fins do disposto no caput, deve ser considerado o valor de transmissão, de mercado ou histórico, informado na Declaração de Ajuste Anual - DAA, do de cujus ou do doador, exigida pela Secretaria da Receita Federal do Brasil do Ministério da Fazenda.

---

42 BRASIL. Congresso. Câmara dos Deputados – *Projeto de Lei 5205/2016*. Disponível em: <http://www.camara.gov.br/proposicoesWeb/prop_mostrarintegra;jsessionid=-2D795802D10D4B02DB563F1AE81359BB.proposicoesWeb1?codteor=1455770&-filename=Tramitacao-PL+5205/2016>. Acesso em: 05 dez. 2017.

§ 4º Para fins do valor de que trata este artigo, poderão ser descontadas:
I - as dívidas transmitidas com os bens, desde que a eles diretamente vinculadas; II - o imposto previsto no inciso I do caput do art. 155 da Constituição porventura recolhido; e se tiverem sido pagas pelo contribuinte, sem indenização.
III - as despesas com ação judicial necessárias ao seu recebimento, inclusive de advogados,
§ 5º No caso de títulos e valores mobiliários, o valor de aquisição a ser considerado será o de cotação de mercado, quando houver.
§ 6º O disposto neste artigo aplica-se também ao beneficiário não residente no País nas hipóteses de:
I - o bem estar aqui localizado;
II - o doador ser residente no País; ou
III - o de cujus ser residente no País à época do falecimento.
Art. 5º O imposto de que trata o art. 4º estará sujeito à tributação definitiva e deverá ser recolhido pelo beneficiário até o último dia útil do segundo mês subsequente ao da transmissão.
§ 1º O prazo de que trata o caput será até o último dia útil do ano-calendário subsequente ao da data da transmissão, na hipótese de, cumulativamente:
I - a transmissão ser de apenas um bem imóvel residencial, por beneficiário; e
II - o beneficiário não possuir nenhum outro bem imóvel residencial.
§ 2º Na hipótese do §1º, quando houver nova transmissão por parte do beneficiário, o imposto deverá ser recolhido até o último dia útil do segundo mês subsequente ao dessa transmissão.
§ 3º Na hipótese em que o beneficiário seja residente ou domiciliado no exterior, fica responsável pela retenção e pelo recolhimento do imposto de que trata o art. 4º:
I - o doador ou o inventariante; ou
II - o seu procurador no País, quando o doador for residente no exterior ou o espólio for processado no exterior.
Art. 6º Ficam isentos do imposto de que trata o art. 4º os valores dos bens e direitos adquiridos por herança ou doação se o seu beneficiário for o cônjuge ou o companheiro do doador.

Esse projeto de lei pretende, portanto, estabelecer a tributação definitiva pelo IRPF, com alíquotas progressivas que variam de 15 a 25% (quinze a vinte e cinco por cento), admitidas algumas deduções como a do valor pago de ICD aos Estados. Porém, note-se que, pelo PL, o IRPF apenas se aplicaria para transmissões em valores expressivos, *in casu*, heranças acima de R$ 5.000.000,00 (cinco milhões de Reais) e doações superiores a R$ 1.000.000,00 (um milhão).[43]

Veja-se a tabela proposta:

	Herança e doação em adiantamento da legítima	Demais doações
15%	R$ 5.000.000,00 – R$ 10.000.000,00	R$ 1.000.000,00 – R$ 2.000.000,00
20%	R$ 10.000.000,00 – R$ 20.000.000,00	R$ 2.000.000,00 – R$ 3.000.000,00
25%	Superiores a R$ 20.000.000,00	Superiores a R$ 3.000.000,00

Dessa forma, somados o IRPF e o ICD, a tributação das heranças e doações chegaria, caso aprovada essa proposta, e depois das deduções admitidas, em uma média geral de 8% (oito por cento) para a maioria das transmissões (ICD apenas), enquanto as maiores heranças e doações teriam alíquotas efetivas inferiores às praticadas nos países desenvolvidos.[44]

Essa proposta é equivocada sob qualquer ângulo. Primeiro, porque não soluciona o problema da baixa tributação direta sobre transmissões sucessórias, sendo ainda pouco progressiva. Segundo, porque aprofunda a crise federativa existente no país, com a centralização das receitas tributárias. E, terceiro, por uma questão de eficiência econômica, o adicional do IRPF deveria ser rechaçado, por também criar obrigações acessórias e custos adicionais aos contribuintes.

Para preservar o modelo federativo adotado no Brasil e exercer um relevante papel na redistribuição de renda e na equidade social, seria mais apropriado fortalecer e adequar a tributação das transmissões gratuitas, pelos Estados e pelo Distrito Federal.

Uma primeira medida de caráter simples seria autorizar os Estados a tributarem com a aplicação de alíquotas bem mais elevadas as heranças, legados e doações. Conforme dito acima, o art. 155, § 1º, inciso IV, da CRFB/88 determina que cabe ao Senado Federal, por meio de resolução, estabelecer a alíquota máxima do ICD pelos Estados, e essa, desde 1992, é de apenas 8% (oito por cento). E até pouco tempo

---

43 Não há qualquer justificativa na proposta para o patamar mínimo de tributação das doações ser tão inferior ao das heranças, desencorajando as antecipações de legítima.

44 Sobre as alíquotas nos Estados Unidos, Inglaterra e França, vide DERZI, Misabel. *In:* BALEEIRO, Aliomar. *Direito tributário brasileiro.* Misabel Derzi (atual.). 12ª ed., Rio de Janeiro: Forense, 2013, p. 345-359.

atrás, o STF não admitia alíquotas progressivas desse imposto, sendo que recentemente mudou de entendimento, com base no princípio da capacidade contributiva (art. 145, §1º da CF/88).[45] Disso resulta que a alíquota média praticada na maioria dos Estados é de 4% (quatro por cento), o que se debaterá adiante.

Nesse sentido, o Consórcio Nacional de Secretarias de Fazenda, Finanças, Receita e Tributação – CONSEFAZ do Conselho Nacional de Política Fazendária – CONFAZ aprovou o encaminhamento de minuta de resolução ao Senado Federal com a proposta de elevar a alíquota máxima do ICD de 8% (oito por cento) para 20% (vinte por cento), com o seguinte teor e justificativa:

> MINISTÉRIO DA FAZENDA - CONFAZ - CONSEFAZ
> Ofício Consefaz nº 11/15, Natal, 10 de setembro de 2015.
> Excelentíssimo Senhor Senador Renan Calheiros
> Presidente do Senado Federal, Brasília-DF.
> Assunto: Proposta de Resolução do Senado fixando a alíquota máxima do ITCMD.
> Vimos à presença de Vossa Excelência para, respeitosamente, encaminhar proposta de Resolução do Senado Federal, com fundamento no art. 155, § I, inciso IV da Constituição Federal, alterar a Resolução nº 9, que estabelece alíquota máxima para o Imposto sobre Transmissão "Causa Mortis" e Doação, de que trata a alínea "a", inciso I do caput do art. 155 da Constituição Federal, para fixar a alíquota máxima de 20% (vinte por cento).
> A fixação da alíquota máxima de 20% (vinte por cento) para o Imposto sobre Transmissão "Causa Mortis" e Doação pretende ampliar a prerrogativa dos estados e do Distrito Federal em aumentar a alíquota do imposto, considerando o atual quadro de dificuldades financeiras dos governos subnacionais, e, tendo em conta que uma tributação mais justa e que impacta menos as relações econômicas é aquela que é feita se sobretaxando os contribuintes mais aquinhoados, e portanto sujeitos aos impostos diretos, e não aumentando impostos que afetam a população como um todo, pobres e ricos, como ocorre com os indiretos, prática esta já comum nos países desenvolvidos.
> A matéria constou da pauta da 2a Reunião Extraordinária do Comitê de Secretárias de Fazenda, Finanças, Tributação e Receita — CONSEFAZ, realizada no dia 20 de agosto de 2015, em Brasília, Distrito Federal, ocasião

---

45 SUPREMO TRIBUNAL FEDERAL. *RE nº 562.045*, Relator(a): Min. Ricardo Lewandowski, Relator(a) p/ Acórdão: Min. Cármen Lúcia, Tribunal Pleno, julgado em 06/02/2013, Repercussão Geral - Mérito DJe-233 Divulg 26-11-2013 Public 27-11-2013 Ement Vol-02712-01 PP-00001.

em que por maioria, com a concordância dos Estados do Amazonas, Espírito Santo, Goiás, Maranhão, Mato Grosso, Mato Grosso do Sul, Minas Gerais, Pará, Paraíba, Paraná, Pernambuco, Piauí, Rondônia, Roraima, São Paulo, Sergipe, Tocantins e o Distrito Federal, foi aprovado o encaminhamento de minutas de projeto de Resolução, em anexo, solicitando a Vossa Excelência o apoio na sua apresentação, tramitação, em regime de urgência, e aprovação da referida proposta de Resolução do Senado, cuja implementação propiciará o incremento, assim como a recomposição das receitas tributárias das unidades da Federação.

Respeitosamente,

André Horta Melo, Coordenador do Consefaz

RESOLUÇÃO Nº......, DE . DE............... DE 2015

Altera a redação da Resolução do Senado nº 9/92 que estabelece alíquota máxima para o Imposto sobre Transmissão "Causa Mortis" e Doação, de que trata a alínea "a", inciso I do caput, e inciso IV do § 1º do art. 155 da Constituição Federal.

O SENADO FEDERAL resolve:

Art. 1º O art. 1º da Resolução do Senado nº 9, de 5 maio de 1992, passa a vigorar com a seguinte redação:

"Art. 1º A alíquota máxima do Imposto de que trata a alínea "a" do inciso I do caput do art. 155 da Constituição Federal será de vinte por cento, a partir de 1º de janeiro de 2016.

Justificativa

Esta proposta de Resolução objetiva, com fundamento no art. 155, § 1º, inciso IV da Constituição Federal, alterar a alíquota máxima do imposto sobre transmissão "causa mortis" e doação, de quaisquer bens ou direitos dos atuais 8% (oito por cento) para 20% (vinte por cento).

A fixação da alíquota máxima de 20% (vinte por cento) pretende ampliar a prerrogativa dos estados e do Distrito Federal em aumentar a alíquota do imposto, considerando o atual quadro de dificuldades financeiras dos governos subnacionais, e, tendo em conta que uma tributação mais justa e que impacta menos as relações econômicas é aquela que é feita se sobretaxando os contribuintes mais aquinhoados, e portanto sujeitos aos impostos diretos, e não aumentando impostos que afetam a população como um todo, pobres e ricos, como ocorre com os indiretos, prática esta já comum nos países desenvolvidos.

Destarte, muito mais simples do que aprovar uma lei criando bitributação e incentivando litígios judiciais, de contribuintes contra a União Federal, e dos Estados por meio de ações diretas de inconstitucionalidade – ADIns perante o STF, seria mais racional e justo o apoio do Poder Executivo federal à aprovação dessa resolução no Senado Federal.

Note-se que não se está sugerindo o confisco, que é vedado pelo artigo 150, inciso IV, do texto constitucional, tampouco propondo-se que se venha a abolir o direito de herança, uma garantia fundamental protegida como cláusula pétrea (art. 5º, inciso XXX; art. 60, § 4º, inciso IV, da CFRB/88), nem se almeja desestimular a poupança e incentivar o consumo como efeito econômico substitutivo, ou mesmo a fuga de capitais para o exterior.[46] Procura-se apenas ajustar o ICD aos valores perseguidos pelo art. 3º da Lei Maior, como a redução de desigualdades e a justiça fiscal, bem como assegurar recursos suficientes aos Estados e ao DF para cumprirem as suas competências constitucionais.

4. AS DESVANTAGENS DE FEDERALIZAÇÃO DA TRIBUTAÇÃO DAS HERANÇAS E DOAÇÕES, E ALGUMAS SUGESTÕES PARA UMA REFORMA TRIBUTÁRIA DO ICD

Além do problema da ausência da Lei Complementar que reduziria os pontos de atrito entre o ICD e IRPF, e do teto baixo para as alíquotas fixado pela Resolução nº 9/1992 do Senado Federal, a forma pela qual se apresenta o ICD causa sério desequilíbrio federativo e pode, até mesmo, incentivar uma guerra fiscal entre os Estados.

Primeiro, é que os Estados não arrecadam o ICD da mesma forma, haja vista diferenças significativas entre Estados ricos e pobres. Segundo, nem todos os Estados passaram a adotar as alíquotas progressivas, conforme autorizado pelo STF[47] (vide acima), ou sequer aplicam a

---

[46] Existe um grande debate entre liberais e socialistas em relação aos incentivos econômicos da tributação da riqueza. "Cada um dos modelos de otimização da tributação parte de pressupostos diferentes e cada um dos conjuntos de pressupostos é passível de contestação". O fato é que ambos os lados aceitam a tributação das heranças, os liberais por entender que elas desestimulam o esforço pessoal e são pouco meritocráticas, e os socialistas porque são consideradas uma das principais fontes de aumento de desigualdades sociais. MURPHY, Liam, e NAGEL, Thomas. *O mito da propriedade*. Tradução de Marcelo Brandão Cimpolla. São Paulo: Martins Fontes, 2005, p. 185. É curioso que países mais liberais possuam alíquotas mais elevada na tributação sobre heranças. A média da OCDE dos países ocidentais é de 33%. Cf. PACHECO, Cristiano Scarpelli Aguiar. Evolução, Padrões e Tendências na Arrecadação do Imposto sobre Heranças e Doações. *In: Revista de Finanças Públicas, Tributação e Desenvolvimento*, v. 5, nº 5, 2017, p. 14-16.

[47] Atualmente, apenas poucos preveem alíquotas progressivas, que são: BA, CE, GO, DF, MA, PE, PB, RN, RS, SC, SE, TO.

alíquota máxima permitida de 8% (oito por cento). Na verdade, como já dito acima, a alíquota média no Brasil é de 4% (quatro por cento).

O Estado de Pernambuco é um dos que possui alíquotas progressivas, mas é limitado pelo teto atualmente vigente, conforme tabela abaixo:[48]

Alíquotas do ICD – a partir de 1º de janeiro de 2016 (art. 8º)

Valor do quinhão ou da doação	Alíquota do ICD
até R$ 200.000,00	2%
acima de R$ 200.00,00 até R$ 300.000,00	4%
acima de R$ 300.00,00 até R$ 400.000,00	6%
acima de R$ 400.00,00	8%

Fonte: Lei nº 15.601, de 30 de setembro de 2015.

Surpreendentemente, o Estado de São Paulo, o mais rico do país, não aplica alíquotas progressivas, nem a alíquota máxima, e tampouco é o que mais arrecada ICD em proporção a outros impostos estaduais.[49]

Esses dados poderiam municiar os argumentos pela federalização do ICD, mas essa seria uma medida desvantajosa do ponto de vista político-administrativo. Sem contar o problema maior do pacto federativo, esse imposto tem uma vantagem para os Estados porque não é compartilhado com os municípios, e já existe uma estrutura administrativa consolidada para a apuração dos inventários (judiciais e extrajudiciais) e das doações.[50]

Além da recomendação de se aumentar a alíquota máxima do imposto, respeitada a vedação ao confisco (art. 150, inciso IV da CRFB/88), não seria desarrazoado realizar, por meio de emenda à Constituição, uma reforma do ICD, de modo a ajustá-lo a políticas reais de redistribuição de renda, de diminuição da concentração excessiva intergeracional de riquezas, e de reversão da regressividade e injustiça do sistema tributário brasileiro.

---

[48] PERNAMBUCO. Lei nº 15.601, de 30 de setembro de 2015. Modifica a Lei nº 13.974, de 16 de dezembro de 2009, que dispõe sobre a legislação tributária do Estado relativa ao Imposto sobre Transmissão "Causa Mortis" e Doação de Quaisquer Bens ou Direitos - ICD. *Diário Oficial do Estado*, Recife, 01.10.2015.

[49] PACHECO, *Idem*, p. 17-24.

[50] PACHECO, *Ibidem*, p. 3, 11-12.

Como sugestões para a reforma do artigo 155, § 1º da CRFB/88, alguns pontos poderiam fazer enorme diferença. Primeiro, a fixação de uma alíquota mínima, a ser estabelecida por meio de resolução do Senado Federal ou por lei complementar, que não poderia ser inferior à tributação da renda em tributação definitiva na fonte (comumente de 15%).

Em segundo lugar, a aplicação obrigatória no ICD do princípio da progressividade. Como no IRPF, seria adequado prever-se uma faixa de imunidade/isenção, para se proteger o mínimo existencial, em homenagem a um dos aspectos do princípio da capacidade contributiva (art. 145, § 1º da CF/88). Essa faixa de não-incidência também atenderia a um reclamo de praticabilidade e de eficiência, já que é pragmaticamente inviável e economicamente prejudicial estabelecer e manter todo o aparato administrativo e judicial necessário para fiscalizar e cobrar pequenas doações e heranças, sobretudo de bens que não se sujeitam a registro (dinheiro, obras de arte, joias etc.).

Além disso, entende-se muito razoável que os critérios para diferenciação de alíquotas não se restringissem ao valor transmitido, por uma relação de proporção direta entre a base de cálculo e as alíquotas. A tributação haveria de levar em consideração as eventuais diferenças de capacidade contributiva, a função social da propriedade e outros parâmetros de diferenciação utilizados por outros tributos, no atual sistema tributário.

Nessa linha de pensamento, por exemplo, mais apropriado seria que a legislação estabelecesse alíquotas distintas a depender do grau de parentesco, de acordo com o regime sucessório civil, como ocorre em inúmeros países. Assim, quanto mais afastado o grau de parentesco, maiores as alíquotas, como defende Aluízio Rausch[51] no trecho abaixo:

> A progressividade em razão do grau de parentesco é essencialmente diferente da progressividade em razão do valor transmitido. Esta última visa à sistematização da tributação de heranças e doações em razão da capacidade contributiva do de cujus ou do doador. Aquela, por outro lado, gradua a tributação em razão da afinidade entre os sujeitos envolvidos na relação obrigacional civil. De todo modo, havendo o STF declarado a progressividade do ITCMD em razão do valor transmitido, é pertinente o

---

[51] RAUSCH, Aluízio Porcaro. O acúmulo intergeracional de riqueza e tributação de heranças e doações no Brasil. *Revista Jurídica da Presidência Brasília*, v. 17, n. 113, out. 2015/jan. 2016, p. 571.

entendimento de que também seria legítima a progressividade em razão do parentesco, inclusive porque os Estados da Bahia e de Santa Catarina já a aplicam. Assim, da mesma maneira, simples alteração de legislação estadual e do Distrito Federal seria suficiente para a sua implementação.

Critério importante de progressividade, para realização do princípio constitucional da capacidade contributiva, seria o próprio patrimônio do herdeiro ou donatário. Quanto maior esse patrimônio, maior a alíquota aplicável ao patrimônio herdado ou doado. Se um dos objetivos do imposto é evitar o acúmulo exagerado de riqueza, a progressividade deve se dar de modo a aferir essa concentração nos dois lados.[52]

> Seguindo em mesma linha de raciocínio, verifica-se que deve também ser implementada tributação progressiva em razão do patrimônio do herdeiro anteriormente à sucessão. Tradicionalmente, a progressividade dos tributos leva em consideração apenas um dos polos da relação jurídica base, como por exemplo a tributação da renda, em que se considera tão somente a condição daquele que aufere a renda, sem qualquer contemplação da riqueza daquele que a paga. Isso é bastante aceitável quando se trata de um negócio jurídico oneroso, pois o dispêndio de energia física, tempo, comprometimento, recursos financeiros, etc., precede a aquisição, havendo nesta, portanto, mérito aferível. No entanto, as circunstâncias ontologicamente diversas do negócio jurídico gratuito exigem uma abordagem diferente. Como visto anteriormente, a transferência intergeracional de riqueza é uma das grandes responsáveis pela desigualdade econômica justamente porque otimiza o acúmulo excessivo de bens materiais independentemente do mérito do titular. O que se pretende combater não é a transferência intergeracional em si, mas o seu efeito negativo de acúmulo excessivo. Assim, caso o herdeiro seja titular de patrimônio próprio mais vasto, deve haver aplicação de alíquota mais alta; caso não disponha de muitos bens, aplica-se alíquota mais baixa.

Destarte, uma reforma constitucional tributária deveria fixar critérios obrigatórios de progressividade ao ICD.

Ao lado disso, caberia também perquirir a respeito de incentivos para desonerações de doações (em vida ou testamentárias) a entidades de educação, cultura, caridade, pesquisa científica, de proteção ao meio ambiente ou de saúde, fossem elas entidades públicas ou privadas sem fins lucrativos, estimulando o mecenato e a solidariedade social.

Uma imunidade para doações puramente maritais ou para as sucessões entre cônjuges (*de cujus* para o cônjuge supérstite) ou para filhos órfãos

---
52 RAUSCH, Idem, p. 570.

menores também seria uma medida razoável de proteção da família, ainda que sujeita a temperamentos e restrições. Exemplificativamente, essas regras poderiam se limitar apenas para os casos de herdeiros, legatários, cônjuges e donatários serem residentes no país, ou terem sua aplicação condicionada a um piso mínimo em relação ao valor do patrimônio transmitido mais o patrimônio do beneficiário da transmissão.

É também importante, conforme anteriormente anotado, que seja editada a lei complementar nacional especificamente relacionada a tal espécie de imposto.

Primeiro, para cumprir o desiderato do artigo 146, inciso I da CRFB/88, que é o de dirimir conflitos de competência tributária. Nesse caso, seria essencial para afastar de vez as indevidas e sucessivas tentativas de a União Federal invadir a competência tributária dos Estados em relação às heranças e doações, seja pelo ganho de capital, seja pelo estabelecimento de um adicional de IRPF.

Em segundo lugar, para fixar as normas gerais desse imposto discriminado na Constituição, relativas a fato gerador, a base de cálculo e aos contribuintes, como exige o art. 146, inciso III, *a*, do texto constitucional. A esse respeito, caberia estabelecer critérios mais adequados relacionados à aferição da base de cálculo do imposto, para se estabelecer o valor atual dos bens e direitos transferidos, e tentar reduzir a evasão, que é bastante significativa no concernente a tal imposto.[53]

E, terceiro, para o caso de a emenda constitucional sugerida atribuir a fixação das alíquotas mínimas e máximas do ICD à lei complementar e não à resolução do Senado Federal (que é o caso para o ISS).

Ainda, para tornar mais eficiente essa identificação do patrimônio dos contribuintes como prevê a parte final do artigo 145, § 1º, da CRFB/88, e na forma que será prevista a aferição da base de cálculo

---

53 Há uma série de garantias tributárias aplicáveis ao ICD. Para bens cuja transferência exige o registro, como imóveis e veículos, o CTN (art. 134, inciso II) já traz regras que atribuem responsabilidade tributária por transferência aos tabeliães, escrivães e serventuários, em caso de registro de bem sem o pagamento dos impostos de transmissão (ICD ou ITBI). Na forma do art. 192 do CTN, "nenhuma sentença de julgamento de partilha ou adjudicação será proferida sem prova da quitação de todos os tributos relativos aos bens do espólio, ou às suas rendas". E partilha extrajudicial, a Lei 11.441/2007 também exige a apresentação da prova de quitação dos tributos, sob pena de atribuição de responsabilidade tributária ao tabelião.

em tal lei complementar do ICD, incumbiria também aos Estados regulamentar a Lei Complementar n° 105/2001,[54] a qual admite a requisição, pela autoridade fiscal, de informações bancárias diretamente às instituições financeiras e sem a necessidade de determinação judicial. Isso porque, ao julgar constitucional essa mesma lei complementar, o plenário do STF decidiu o que segue: "Ressalva em relação aos Estados e Municípios, que somente poderão obter as informações de que trata o art. 6° da Lei Complementar n° 105/2001 quando a matéria estiver devidamente regulamentada, de maneira análoga ao Decreto federal n° 3.724/2001, de modo a resguardar as garantias processuais do contribuinte, na forma preconizada pela Lei n° 9.784/99, e o sigilo dos seus dados bancários".[55]

Com essas informações e mais aquelas obtidas por meio de convênio com a Receita Federal, consoante autorizado pelo artigo 198 do CTN, será possível melhor identificar os fatos geradores e tributá-los adequadamente, reduzindo-se as oportunidades de evasão.

E em último lugar, é importante cumprir o artigo 155, § 1°, inciso III, que estabelece que a competência do ICD será regulada por lei complementar: a) se o doador tiver domicílio ou residência no exterior; e b) se o *de cujus* possuía bens, era residente ou domiciliado ou teve o seu inventário processado no exterior. Portanto, com a crescente mobilidade de pessoas e bens, resultante do processo de globalização, é importante que sejam previstas regras para tributação das heranças e

---

54 BRASIL. Lei Complementar n° 105/2001, de 10 de janeiro de 2001. Dispõe sobre o sigilo das operações de instituições financeiras e dá outras providências. *Diário Oficial da União*, Brasília, 11 jan. 2001.

55 BRASIL. Supremo Tribunal Federal. Ação Direta de Inconstitucionalidade: *ADI n° 2.859*, Relator(a): Min. Dias Toffoli, Tribunal Pleno, julgado em 24/02/2016, Acórdão Eletrônico DJe-225 Divulg 20-10-2016 Public 21-10-2016. Ação Direta de Inconstitucionalidade: *ADI 2859*, Relator(a): Min. Dias Toffoli, Tribunal Pleno, julgado em 24/02/2016, Acórdão Eletrônico DJe-225 Divulg 20-10-2016 Public 21-10-2016. Ação Direta de Inconstitucionalidade: *ADI 2859*, Relator(a): Min. Dias Toffoli, Tribunal Pleno, julgado em 24/02/2016, Acórdão Eletrônico DJe-225 Divulg 20-10-2016 Public 21-10-2016. Ação Direta de Inconstitucionalidade: *ADI 2859*, Relator(a): Min. Dias Toffoli, Tribunal Pleno, julgado em 24/02/2016, Acórdão Eletrônico DJe-225 Divulg 20-10-2016 Public 21-10-2016. Recurso Extraordinário: *RE 601314*, Relator(a): Min. Edson Fachin, Tribunal Pleno, julgado em 24/02/2016, Acórdão Eletrônico Repercussão Geral - Mérito DJe-198 Divulg 15-09-2016 Public 16-09-2016. [Esses processos foram julgados em conjunto].

doações havidas no exterior em favor de residentes no Brasil, em bases universais, como já ocorre em relação ao IRPF (conforme artigo 43, §§ 1º e 2º, do Código Tributário Nacional, na redação dada pela Lei Complementar nº 104/2001), e respeitados os tratados para evitar a dupla tributação dos quais o Brasil é signatário.

5. CONCLUSÕES

O centralismo fiscal e legislativo no Brasil é desproporcional e irracional. A União Federal tem uma concentração de competências tributárias, além do poder normativo de reformar o texto constitucional, editar leis complementares com caráter nacional e veiculando normas gerais de direito tributário, bem como de formular as resoluções do Senado Federal para estabelecer limites ao poder de tributar dos entes subnacionais. Estados e Municípios vivem, sem qualquer exagero, à mercê da repartição constitucional obrigatória das receitas de impostos (mas não das contribuições sociais) e, pior, das remessas voluntárias decididas de acordo com o jogo político circunstancial.

Trata-se de um federalismo fragilizado e que ainda convive com uma tendência permanente de expansão de poderes federais em detrimento dos estaduais e municipais. O caso do presente artigo se insere nesse contexto de usurpação do poder de tributar dos Estados e do DF pela União Federal. Não se trata da primeira vez que esta se arvora a sujeitar heranças e doações ao IRPF.

A PEC nº 96/2015[56] e o PL nº 5.205/2016[57] são apenas os últimos exemplos em um histórico de tentativas que foram mais tímidas no passado, com a tributação transversal do acréscimo tributário originado da transmissão *causa mortis* e das doações do antigo imposto sobre o lucro imobiliário, e depois substituído pelo imposto de renda sobre o ganho de capital decorrente da diferença positiva entre os valores declarados pelo transmitente e pelo receptor na Declaração Anual de

---

[56] BRASIL. Congresso. Senado Federal – *Proposta de Emenda à Constituição nº 96, de 2015*. Disponível em: <http://www25.senado.leg.br/web/atividade/materias/-/materia/122230>. Acesso em: 05 dez. 2017.

[57] BRASIL. Congresso. Câmara dos Deputados – *Projeto de Lei 5205/2016*. Disponível em: <http://www.camara.gov.br/proposicoesWeb/prop_mostrarintegra;jsessionid=-2D795802D10D4B02DB563F1AE81359BB.proposicoesWeb1?codteor=1455770&filename=Tramitacao-PL+5205/2016>. Acesso em: 05 dez. 2017.

Ajuste do IRPF. A PL proposta prevê tributar diretamente as heranças e doações, como se, de um único fato da vida, decorressem dois fatos geradores simultâneos.

No presente artigo, apresentam-se as posições doutrinárias a favor e contra a possibilidade constitucional dessa bitributação. Defende-se, com respaldo em numerosos casos julgados pelo STF em situações análogas, que o acréscimo patrimonial do IRPF pressupõe uma transmissão onerosa, que exclui heranças e doações; ou que a CRFB/88, ao tratar de acréscimos patrimoniais, estabeleceu uma regra geral de tributação de renda, excetuando os proventos decorrentes de heranças e doações, exclusivamente passíveis de tributação pelos Estados-membros e pelo Distrito Federal.

Trata-se, portanto, de uma defesa intransigente e parcial dos direitos dos Estados e da repactuação do sistema federativo, de maneira a conferir autonomia fiscal aos entes subnacionais, sem submetê-los à eterna dependência financeira da União Federal.

Em todo o trabalho, não se olvida da injusta regressividade do sistema tributário brasileiro, fundado na oneração do consumo, e como este é perverso na concentração de capital. Observando-se os países mais liberais ou com tendências socialistas, estes coincidem ao promover uma tributação direta de renda, patrimônio, heranças e doações mais elevada, ainda que por justificativas distintas.

Este artigo defende a reformulação do ICD para ajustá-lo aos padrões internacionais dos países ocidentais mais desenvolvidos economicamente e também para promover os valores constitucionais de justiça fiscal, distribuição de renda e função social da propriedade, além dos princípios da isonomia vertical e horizontal, e a capacidade contributiva. Porém, não se admite que a solução passe pela federalização do ICD ou pela invasão da competência tributária estadual pela União Federal.

Ao contrário, neste texto, defende-se o fortalecimento dos Estados e reafirmação das suas competências tributárias. Daí porque se apoia na concepção de que o ICD deva ser reconfigurado em nível constitucional e infraconstitucional (lei complementar e resolução do Senado Federal), com cuidados para se evitar a substituição econômica da poupança pelo consumo ou a fuga de capitais para o exterior. As sugestões aqui tratadas podem ser assim resumidas:

i. emendar o art. 155, § 1º da CRFB/88 para:

a. fixar uma alíquota mínima do ICD, por resolução do Senado Federal ou através de lei complementar, que não poderia ser inferior ao IRRF no ganho de capital (tributação definitiva), de modo a diminuir a regressividade do sistema e evitar a guerra fiscal entre Estados;

b. estabelecer a aplicação obrigatória do princípio da progressividade do ICD, de acordo com pelo menos 3 (três) critérios:

1. valor transmitido, isto é, alíquotas maiores quanto maior for os quinhões, legados ou doações, de acordo com o princípio da capacidade contributiva;

2. grau de parentesco entre *de cujus*/doador e herdeiro/ donatário, de modo que as alíquotas sejam maiores quanto menor for a afinidade entre o transmitente e o receptor, de acordo com as regras de sucessão previstas no Código Civil; e

3. patrimônio total do receptor, herdeiro/donatário, de modo que quanto maior for a riqueza acumulada pelo beneficiário, maior será a alíquota aplicável, em razão da função social da propriedade, que é evitar o acúmulo passivo de capital intergeracional excessivo.

c. Imunidade/isenção para heranças e legados de pequeno valor (proteção ao mínimo existencial e praticabilidade da tributação) e para doações maritais ou para as sucessões entre cônjuges ou companheiros, ou para filhos órfãos menores (proteção à família), com exceções razoáveis quando os valores transmitidos ultrapassem determinado montante (a ser definido em resolução do Senado Federal ou em lei complementar) e ressalvada aos casos de residência dos herdeiros/ legatários no país;

d. Incentivos fiscais para transmissões gratuitas (em vida ou testamentária) a entidades filantrópicas, para estimular o mecenato e a solidariedade social, como prática já enraizada em tantos países de primeiro mundo, o que seria especialmente desejável em um país como o Brasil com enorme população carente e diante de tamanhas desigualdades sociais.

ii. aumentar a alíquota máxima do ICD por resolução do Senado Federal, em patamar igual ou até mais elevado do que o proposto no Ofício Consefaz n° 11/15.

iii. editar a lei complementar do ICD para as seguintes finalidades:

   a. dirimir conflitos de competência tributária, nos moldes do art. 146, inciso I, da CRFB/88, afastando-se as crescentes investidas da União Federal em tributar heranças e doações pelo IRPF (seja transversalmente pelo ganho de capital, seja de modo direto como um adicional ao ICD);

   b. fixar as normas gerais do ICD relativas a fato gerador, a base de cálculo e a contribuintes, como determinado no art. 146, III, a, da CRFB/88, sobretudo para estabelecer critérios adequados de avaliação dos bens e direitos, e reduzir a evasão fiscal;

   c. regular a forma pela qual serão tributadas as heranças e doações havidas no exterior se o doador tiver domicilio ou residência no exterior, ou se o *de cujus* possuía bens, era residente ou domiciliado ou teve o seu inventário processado no exterior, conforme preconiza o art. 155, § 1°, inciso III, da CRFB/88, respeitados os tratados internacionais para evitar a dupla tributação firmados pelo Brasil.

iv. normatizar em cada Estado os procedimentos de requisição de informações bancárias diretamente às instituições financeiras de que tratam os arts. 5° e 6° da Lei Complementar n° 105/2001, nos moldes da Lei n° 9.784/1999 e do Decreto federal n° 3.724/2001, resguardando-se as garantias processuais do contribuinte, e a preservação do sigilo dos seus dados, como decidiu o STF.

v. celebrar convênios entre a União Federal e os Estados para permitir a troca de informações fiscais oriundas das Declarações de IRPF, como autorizado pelo artigo 198 do CTN.

Essas medidas, ainda que isoladamente não sejam capazes de refundar o sistema tributário como um todo, ao menos, irão sinalizar à União Federal que a repactuação do pacto federativo exige que ela se abstenha de quaisquer iniciativas que pretendam reduzir as competências tributárias dos Estados. Ao contrário, tais recomendações fortaleceriam as competências tributárias dos Estados em patamares razoáveis para que esses entes subnacionais possam cumprir as atribuições administrativas que lhes foram outorgadas pelo legislador constituinte e as crescentes demandas sociais. Acima de tudo, é necessário ajustar o ICD para mitigar o modelo fiscal injusto e dos mais regressivos existentes no mundo hoje, e para contribuir para a efetiva redistribuição de renda.

6. REFERÊNCIAS BIBLIOGRÁFICAS

AMARO, Luciano. O imposto de Renda nas Doações, Heranças e Legados. *In*: *Imposto de renda*: alterações fundamentais. ROCHA, Valdir de Oliveira (coord.). São Paulo: Dialética, 1998, v. 2.

ÁVILA, Humberto. *Conceito de renda e compensação de prejuízos fiscais*. 1ª ed. São Paulo: Malheiros, 2011.

AVI-YONAH, Reuven, e MARGALIOTH, Yoram. Taxation in developing countries: some recent support and challenges to the conventional view. *Virginia Tax Review*, nº 1, 2007, p. 1-21.

BALEEIRO, Aliomar. *Direito tributário brasileiro*. Misabel Derzi (atual.). 12ª ed. Rio de Janeiro: Forense, 2013.

BRASIL. Congresso. Câmara dos Deputados – *Projeto de Lei 5205/2016*. Disponível em: <http://www.camara.gov.br/proposicoesWeb/prop_mostrarintegra;jsessionid=2D795802D10D4B02DB563F1AE81359BB.proposicoesWeb1?codteor=1455770&filename=Tramitacao-PL+5205/2016>.

_____. Congresso. Senado Federal – *Proposta de Emenda à Constituição nº 96, de 2015*. Disponível em: <http://www25.senado.leg.br/web/atividade/materias/-/materia/122230>.

_____. Constituição (1988). *Constituição da República Federativa do Brasil*. 40ª ed. São Paulo: Saraiva, 2007.

_____. Lei Complementar nº 105/2001, de 10 de janeiro de 2001. Dispõe sobre o sigilo das operações de instituições financeiras e dá outras providências. *Diário Oficial da União*, Brasília, 11 de jan. de 2001.

_____. Lei nº 9.532, de 10 de dezembro de 1997. Altera a legislação tributária federal e dá outras providências. *Diário Oficial da União*, Brasília, 11 de dez. de 1997.

_____. Senado Federal. Resolução nº 9, de 1992. Estabelece alíquota máxima para o Imposto sobre Transmissão Causa Mortis e Doação, de que trata a alínea "a", inciso I, e § 1º, inciso IV do art. 155 da Constituição Federal. *Diário Oficial da União* - Seção 1, Brasília, DF, 6 de maio de 1992.

_____. Superior Tribunal de Justiça. Recurso Extraordinário: *RE nº 29.701*, Relator(a): Min. EDGARD COSTA, Segunda Turma, Brasília, DF, 09 dez. 1955.

_____. Supremo Tribunal Federal. Recurso Extraordinário: *RE nº 117.887/SP*, Relator: Ministro Carlos Velloso, Tribunal Pleno, unânime, Brasília, DF, 11 fev. 1993.

_____. Supremo Tribunal Federal. Recurso Extraordinário: *RE nº 562.045*, Relator(a): Min. Ricardo Lewandowski, Relator(a) p/ Acórdão: Min. Cármen Lúcia, Tribunal Pleno, Repercussão Geral - Mérito Dje-233, Brasília, DF, 06 fev. 2013.

_____. Supremo Tribunal Federal. Ação Direta de Inconstitucionalidade: *ADI nº 2.859*, Relator(a): Min. Dias Toffoli, Tribunal Pleno, julgado em 24/02/2016, ACÓRDÃO ELETRÔNICO DJe-225 DIVULG 20-10-2016 PUBLIC 21-10-2016.

_____. Supremo Tribunal Federal. Recurso Extraordinário: *RE nº 601.314*, Relator(a): Min. Edson Fachin, Tribunal Pleno, Repercussão Geral - Mérito Dje-198, Brasília, DF, 24 fev. 2016.

_____. Tribunal Regional Federal da 1ª Região. *Apelação 00323975920054013400*, Rel. Desembargador Federal Luciano Tolentino Amaral, Sétima Turma, e-DJF1 de 11 abr. 2014.

BRAUNER, Yariv; STEWART, Miranda. Introduction. In: _____. (eds). *Tax, Law and Development*. Cheltenham, Reino Unido: Edward Elgar Publishing, 2013.

CASSONE, Vittorio. Imposto de Renda sobre herança e doação. Art. 23 da Lei 9.532/97 e as correntes doutrinárias que se formaram. O art. 96 da Lei 8.383/91. A E.M. de 02.05.2016 que ajusta a tributação da doação e herança. *Revista Fórum de Direito Tributário – RFDT*, Belo Horizonte, ano 14, nº 82, p. 23-97, jul./ago. 2016.

COÊLHO, Sacha Calmon Navarro. Heranças, Doações e o Imposto de Renda. In: ROCHA, Valdir de Oliveira (coord.). *Imposto de renda: alterações fundamentais*. São Paulo: Dialética, 1998, v. 2.

COLE, Alan. Estate and Inheritance Taxes around the World. In: *Fiscal Fact* n. 458, Tax Foundation, mar. 2015. Disponível em: <https://files.taxfoundation.org/legacy/docs/TaxFoundation_FF458.pdf>.

EMRAN, M. Shahe; STIGLITZ, Joseph. On selective indirect tax reform in developing countries. *Journal of Public Economics*, v. 89, nº4, 21 abr. 2005.

INSTITUTO DE PESQUISA ENCÔMICA APLICADA. Comunicado do IPEA nº 92, maio/2011. *Equidade fiscal no Brasil: impactos distributivos da tributação e do gasto Social*. Disponível em: <http://www.ipea.gov.br/portal/index.php?option=com_content&view=article&id=8499>.

MACHADO, Hugo de Brito. *Curso de Direito Tributário*. 37ª ed. rev., atual. e ampl. São Paulo: Malheiros, 2016, p. 366.

MOSQUERA, Roberto Quiroga. IR sobre Doações ou Heranças e a Lei n. 9.532/97. In: *Imposto de renda*: alterações fundamentais. ROCHA, Valdir de Oliveira (coord.). São Paulo: Dialética, 1998, v. 2.

MURPHY, Liam; NAGEL, Thomas. *O mito da propriedade*. Tradução de Marcelo Brandão Cimpolla. São Paulo: Martins Fontes, 2005.

PACHECO, Cristiano Scarpelli Aguiar. Evolução, Padrões e Tendências na Arrecadação do Imposto sobre Heranças e Doações. *In*: *Revista de Finanças Públicas, Tributação e Desenvolvimento*, v. 5, nº 5, 2017.

PIKETTY, Thomas. *O capital no século XXI*. Tradução de Mônica Baumgarten de Bolle. Rio de Janeiro: Intrínseca, 2014.

PERNAMBUCO. Lei nº 15.601, de 30 de setembro de 2015. Modifica a Lei nº 13.974, de 16 de dezembro de 2009, que dispõe sobre a legislação tributária do Estado relativa ao Imposto sobre Transmissão "Causa Mortis" e Doação de Quaisquer Bens ou Direitos - ICD. *Diário Oficial do Estado*, Recife, 01 de out. de 2015.

RAUSCH, Aluízio Porcaro. *O acúmulo intergeracional de riqueza e tributação de heranças e doações no Brasil*. Revista Jurídica da Presidência Brasília, v. 17, nº 113, out. 2015/jan. 2016.

RIBEIRO, Ricardo Lodi. Piketty e a Reforma Tributária Igualitária no Brasil. *In*: *Revista de Finanças Públicas, Tributação e Desenvolvimento*, v. 3, n. 3, 2015. Disponível em: <http://www.e-publicacoes.uerj.br/index.php/rfptd/issue/view/962>.

ROMERO, Maria José; RUIZ, Marta; SHARPE, Rachel. IFI tax policy in developing countries. *In*: *Actionaid*, 2011.

ROSENBLATT, Paulo; PEREIRA, Juliana Studart. *Alíquotas progressivas no imposto sobre a transmissão de bens imóveis: proposta de superação da súmula 656 do Supremo Tribunal Federal*. Revista de Informação Legislativa: RIL, v. 54, n. 215, p. 195-212, jul./set. 2017. Disponível em: <http://www12.senado.leg.br/ril/edicoes/54/215/ril_v54_n215_p195>.

SANDFORD, Cedric. *Why tax systems differ*. Bath, Inglaterra: Fiscal Publications, 2000.

SCHOUERI, Luís Eduardo. *Direito tributário*. 4ª ed. São Paulo: Saraiva, 2016.

TIPKE, Klaus; LANG, Joachim. *Direito tributário*. Tradução de Luiz Dória Furquim. Porto Alegre: Sérgio Antônio Fabris, 2008.

TÔRRES, Heleno Taveira. *Proposta de adicional de ITCMD da União é inconstitucional*. Disponível em: <http://www.conjur.com.br/2016-ago-31/proposta-adicional-itcmd-uniao-inconstitucional?imprimir=1>.

UCKMAR, Victor. *Princípios Comuns de Direito Constitucional Tributário*. 2ª ed. Tradução de Marco Aurélio Greco. São Paulo: Malheiros, 1999.

TRANSFERÊNCIAS CONSTITUCIONAIS E FEDERALISMO COOPERATIVO

CÉSAR CAÚLA[1]
LILIAN C. T. DE MIRANDA MANZI[2]

SUMÁRIO: *1. Introdução. 2. Alguns aspectos do desenvolvimento do federalismo cooperativo no Brasil. 3. A importância das transferências intergovernamentais como mecanismo de correção de desequilíbrios fiscais na federação. 4. Conclusões. 5. Referências Bibliográficas.*

1. INTRODUÇÃO

O presente artigo, não obstante situar-se no campo jurídico, abordará o tema "federalismo" a partir de duas perspectivas: uma política e outra econômica. A perspectiva política será analisada com o exame do federalismo cooperativo, já a ótica econômica será tratada quando do estudo das transferências constitucionais como mecanismo de equalização fiscal no âmbito do federalismo fiscal.

Apesar da inexistência de um modelo teórico único de federalismo, uma vez que tal fenômeno surge e se desenvolve de maneira peculiar em cada país, sendo correto afirmar que há tantos modelos de federa-

---

[1] Procurador-Geral do Estado de Pernambuco desde 2015. Procurador do Estado de Pernambuco desde 1995, havendo atuado como Chefe-Adjunto, Chefe da Procuradoria do Contencioso e Corregedor-Geral. Formado em Direito pela Faculdade de Direito do Recife (UFPE). Especialista em Direito Processual Civil pela UFPE (2000) e especialista em Direito Constitucional pela Faculdade de Direito de Lisboa (2008).

[2] Procuradora do Estado de Pernambuco. Formada em Direito pela Faculdade de Direito do Recife (UFPE), com Mestrado em Direito Tributário pela mesma instituição (2007) e Doutorado em Direito Econômico e Financeiro pela Universidade de São Paulo - USP (2014).

lismos quantos Estados Federais, politicamente o termo "federalismo" denota a distribuição de poder em vários níveis, contemplando um governo central e governos subnacionais.[3]

Obviamente, a forma como o poder é dividido entre as esferas de governo e a preponderância ou mesmo a intensidade do papel da esfera nacional no sistema como um todo revelará o grau de centralização de cada arranjo federativo.

Em arranjos federativos mais centralizados, haverá a predominância de poder do governo nacional, que desenvolverá o papel de entidade dominante, a partir da qual as políticas serão disseminadas, estando as localidades mais voltadas para a execução de políticas nacionais e tratamento de assuntos de interesse localizado.

Entre os dois extremos: Estados federais com forte poder central e Estados federais em que as localidades assumem importância ímpar e dispõem de amplos poderes e autonomias, há os modelos de Estados federais cooperativos, que reservam os assuntos de interesse nacional para partilha cooperativa do poder, significando que são erigidas competências comuns às localidades e ao governo nacional, que deverão, em conjunto, unir esforços para o cumprimento de objetivos comuns.

Tal sistemática difere do federalismo dual, termo a ser reservado para aquelas situações em que o governo federal e as localidades agem independentemente, sem a necessidade de aliar esforços e onde as esferas de poder não se sobrepõem.[4]

Nesse sentido, o federalismo cooperativo diz respeito ao relacionamento entre os níveis de poder e requer, por conseguinte, um alto grau de coordenação entre as esferas de governo, a fim de atingirem o objetivo nacional comum. Não se trata de tarefa fácil, pois envolve

---

[3] FISCHMAN, Robert L. *Cooperative Federalism and Natural Resources Law. Indiana Legal Studies Research Paper* No. 32. Indiana: *NYU Environmental Law Journal*, Vol. 14, p. 179, 2005. Disponível em: <https://ssrn.com/abstract=824385>. Acesso em: 12 mar. 2018.

[4] FISCHMAN, Robert L. *Cooperative Federalism and Natural Resources Law. Indiana Legal Studies Research Paper* No. 32. Indiana: *NYU Environmental Law Journal*, Vol. 14, p. 179, 2005. Disponível em: <https://ssrn.com/abstract=824385>. Acesso em: 12 mar. 2018.

coordenação de agentes autônomos e dependerá da repartição estratégica de competências e recursos.

Além desse desafio, o tratamento das questões vinculadas a políticas federativas num ambiente de cooperação necessitará que as instituições que presidem as relações fiscais estejam em contínua revisão e aperfeiçoamento.[5]

A Constituição brasileira de 1988 abraça o federalismo cooperativo ao determinar, em seus artigos 23 e 24, uma série de competências comuns e concorrentes entre os entes federados (União, Estados e Municípios), os quais devem colaborar entre si para a promoção de vários direitos e prestação de serviços públicos de interesse nacional.[6]

Obviamente, dada a heterogeneidade do meio social brasileiro, tanto em termos econômicos quanto sociais, o funcionamento do federalismo cooperativo no Brasil é complexo, exigindo o manejo de uma multiplicidade de fatores e agentes, a fim de garantir que cada ente federado possa cumprir, de modo autônomo, suas competências constitucionais.

Em um modelo federativo ideal, cada ente federado deve ter capacidade fiscal de arcar com suas atribuições e competências, logo, a repartição de deveres deve corresponder à repartição da renda necessária para realização dessas atribuições.

No entanto, é preciso observar que, em decorrência do próprio modelo federativo cooperativo, o qual implica a concentração de certas competências tributárias em poder do ente central (União), bem como da já mencionada desigualdade econômica e social existente entre os entes federados, a renda obtida por meio de exploração da competência tributária própria atribuída às localidades (Estados e Municípios) pode ser, ou pelo menos em muitas situações será, insuficiente, o que levará à necessidade de adoção de mecanismos corretivos.

---

[5] MAURO, Santos Silva. *Teoria do federalismo fiscal*: notas sobre as contribuições de Oates, Musgrave, Shah e Ter-Minassian. Revista Nova Economia de Belo Horizonte. Ed. janeiro-abril, 2005. p. 117.

[6] BRASIL. Constituição (1988). *Constituição da República Federativa do Brasil*. 40ª ed. São Paulo: Saraiva, 2007.

De fato, conforme bem observado por Mauro Santos Silva,[7] "O modelo tipo correspondência perfeita idealizado por Oates, pressupondo perfeita correlação entre preferências comunitárias, base tributária, capacidade de financiamento, perfeita distribuição de renda e eficiência tributária por comunidade, não dispõe de suporte empírico."

A prática efetiva de qualquer sistema federativo, por mais bem desenhado que venha a ser no plano normativo, sempre conviverá com falhas de previsão, imperfeições de aplicação dinâmica das disposições e dissonância com as necessidades sociais concretas. A correção disso (ou ao menos, em uma perspectiva menos otimista, a mitigação de suas consequências negativas) implica a adoção de mecanismos de transferências intergovernamentais de recursos.

Apesar de estarem presentes no sistema constitucional brasileiro ferramentas de equalização fiscal na modalidade de transferências obrigatórias de repartição de recursos tributários, transferências voluntárias e transferências condicionais, é preciso observar que, dadas a natureza dinâmica do federalismo e as mudanças ocorridas no próprio meio social, se faz necessária uma constante checagem do modelo, a fim de realizar os ajustes necessários e reparar eventuais desequilíbrios que possam ameaçar a autonomia dos entes federados e a própria natureza cooperativa proposta pelo federalismo brasileiro.

O presente artigo, sem a pretensão de esgotar o tema, examina o mecanismo de transferências previsto na constituição frente a algumas mudanças ocorridas nos meios jurídico, econômico e social, observando em que medida elas vêm alcançando as finalidades propostas no modelo de federalismo cooperativo implantado desde 1988, especialmente no que concerne à promoção da autonomia dos entes federados e na consecução do objetivo constitucional expresso de reduzir as desigualdades regionais.

A partir da análise realizada, o trabalho buscará contribuir para o debate dos atuais desafios enfrentados pela federação brasileira, sobretudo no que concerne à harmonização das atribuições e competências dos entes federados com os recursos a eles designados.

---

7 MAURO, Santos Silva. *Teoria do federalismo fiscal*: notas sobre as contribuições de Oates, Musgrave, Shah e Ter-Minassian. Revista Nova Economia de Belo Horizonte. Ed. janeiro-abril, 2005. p. 130.

2. ALGUNS ASPECTOS DO DESENVOLVIMENTO DO FEDERALISMO COOPERATIVO NO BRASIL

O modelo de federalismo cooperativo adotado a partir da Constituição de 1988 prevê uma série de competências comuns e concorrentes (artigos 23 e 24) a partir das quais as três esferas da federação (União, Estados e Municípios) devem atuar conjuntamente, promovendo ações e exercendo competência legislativa concorrente.[8]

Além das competências comuns e concorrentes, o federalismo cooperativo no Brasil, para além dos objetivos gerais, detém um objetivo especial, de redução das desigualdades regionais, nos termos do art. 3º da Constituição da República.

Nesse cenário, o federalismo cooperativo brasileiro de 1988 pretendeu criar uma rede de cooperação entre os níveis de governo, sendo que, no que tange às competências executivas, previstas no art. 23 da Constituição, previu-se a ação conjunta dos entes sem uma delimitação específica do papel de cada qual, o que tem sido feito de forma esparsa pela Constituição ou por meio de legislação federal, a depender da matéria tratada (saúde, educação, segurança etc.).

Segundo Schetino Tavares,[9] a cooperação prevista na constituição de 1988 implica "dois momentos de decisão: o primeiro, em nível federal, de forma centralizada, quando as medidas a serem adotadas são determinadas, uniformizando a ação de todos os poderes competentes; o segundo se dá em nível estadual ou municipal, de forma descentralizada, quando o ente federado adapta a decisão tomada em conjunto à sua realidade."

Observando o art. 23 da Constituição, que trata especificamente das competências comuns entre os entes federados, não há uma divisão estanque e clara de quais matérias ficarão a cargo de que entes, apenas há a referência de que "[l]eis complementares fixarão normas para a cooperação entre a União e os Estados, o Distrito Federal e os Municípios, tendo em vista o equilíbrio do desenvolvimento e do

---

8 BRASIL. Constituição (1988). *Constituição da República Federativa do Brasil*. 40ª ed. São Paulo: Saraiva, 2007.

9 SCHETTINO TAVARES, Alessandra. *O federalismo cooperativo no Brasil*: o perfil do Estado Brasileiro segundo a Constituição Federal de 1988. 2009. Disponível em: <http://bd.camara.gov.br>. Acesso em: 12 mar. 2018.

bem-estar em âmbito nacional."[10] Dessa observação, extrai-se que, desde a promulgação da Constituição, vem-se construindo toda uma prática de federalismo cooperativo no Brasil, sendo certo afirmar que o modelo não esteve, desde o seu início, detalhado.

Ao longo desses trinta anos de experiência constitucional, observa-se que a União vem desempenhando um papel de coordenação de questões de âmbito nacional, exercendo quase que plenamente sua competência legislativa para estabelecimento de normas gerais nos mais variados assuntos, além de estabelecer as bases e diretrizes para diversas políticas públicas de âmbito nacional.

No que tange à execução propriamente dita das políticas públicas sociais, deve-se registrar que, inicialmente, a Constituição aponta para um movimento de descentralização, o que privilegiou a atuação dos Municípios como centro de decisão local.

No entanto, com a primeira crise fiscal federal, houve forte corte de gasto por parte do governo central que, somada à diminuição da participação da União na execução de várias políticas públicas, pressionou a demanda por serviços no âmbito dos Municípios e Estados que, sem recursos suficientes, foram incentivados, por meio de transferências voluntárias, a aderir aos programas nacionais: [11]

> Diante desse quadro de fragmentação, a partir da segunda metade da década de 1990, o governo federal – em boa medida recuperado da crise anterior, com o fim da inflação – passou a implementar uma série de ações, com o objetivo de nacionalizar padrões de políticas públicas e aumentar a coordenação entre os entes federativos. A principal estratégia adotada foi a criação de condições atrativas, principalmente por meio de transferências intergovernamentais, para que estados e municípios passassem a aderir às diretrizes nacionais na implementação dessas políticas. Foi assim na área da educação com o FUNDEF (Fundo de Manutenção e Desenvolvimento do Ensino Fundamental e de Valorização do Magistério) e na área da saúde com a Norma Operacional Básica 01/96 cujos principais resultados, no início dos anos 2000, foram um avanço significativo no sentido da universalização do ensino fundamental e da atenção básica de saúde. Passados alguns anos, uma nova Norma Operacional Básica federal, agora no âmbito da assistência

---

10 BRASIL. Constituição (1988). *Constituição da República Federativa do Brasil*. 40ª ed. São Paulo: Saraiva, 2007.

11 FRANZESE, Cibele. *Federalismo Cooperativo no Brasil:* da Constituição de 1988 aos sistemas de políticas públicas. 2010. Disponível em: <https://bibliotecadigital.fgv.br/dspace/bitstream/handle/10438/8219/72060100752.pdf>. Acesso em: 12 mar. 2018

social, repete a mesma fórmula, promovendo um grande avanço no que se refere à universalização da assistência social básica, por meio da oferta de recursos a municípios que aderirem à política nacional de assistência social.

Apesar de haver ganhos do ponto de vista da uniformização nacional de políticas, o que contribui para o alcance de padrões nacionais de qualidade em diversos serviços públicos, induzindo, consequentemente, a redução das desigualdades regionais, deve-se observar com cautela o papel da União como coordenadora no federalismo cooperativo, a fim de não se degenerar em ente controlador, restringindo a agenda dos entes subnacionais e tolhendo sua autonomia.

Diante disso, é preciso compreender que, no federalismo cooperativo, deve necessariamente haver espaço para diálogo e deliberação entre as esferas de governo, as quais devem adotar mecanismos de ação conjunta horizontal e vertical. A Constituição traçou o mecanismo institucional para regulação dessas relações, que são as leis complementares previstas no parágrafo único do art. 23.[12]

Nesse contexto, assume papel de extrema importância a capacidade dos entes de realizarem acordos intergovernamentais para realização de ações conjuntas, "aplicação de programas e financiamentos compartilhados, pois as políticas tendem a ser conduzidas por meio da atuação de mais de um nível de governo, de forma interdependente e coordenada. Este mecanismo de negociação baseia-se em uma decisão voluntária de todos os entes da federação."[13]

No entanto, diante de uma situação de crise fiscal, existindo assimetrias entre as esferas de governo, abre-se espaço para desequilíbrios na estrutura federativa. Tal situação ocorreu logo após Plano Real (1994), quando a União pôde reaver sua capacidade tributária a partir da recomposição de sua base tributária, com a criação das contribuições sociais, não sujeitas à partilha constitucional com os demais entes federais. Naquele mesmo espaço histórico, porém, "[a]s volumosas dívidas dos estados e de alguns municípios, antes disfarçadas sob os altos índices inflacionários, se mostraram mais claramente. A situação

---

[12] BRASIL. Constituição (1988). *Constituição da República Federativa do Brasil.* 40ª ed. São Paulo: Saraiva, 2007.

[13] SCHETTINO TAVARES, Alessandra. *O Federalismo Cooperativo no Brasil*: o perfil do Estado Brasileiro segundo a Constituição Federal de 1988. 2009. P. 21. Disponível em: <http://bd.camara.gov.br>. Acesso 12 de mar. 2018.

dos estados piorou ainda mais no período posterior à estabilização monetária, devido às altas taxas de juros que compuseram a estratégia de estabilização do Plano Real."[14]

Assim, ao mesmo tempo em que se obteve fortalecimento da União como esfera coordenadora e disseminadora de políticas nacionais, mantendo-se uma série de restrições sobre possibilidades de endividamento por parte de Estados e Municípios e limitando-se, inclusive, os mecanismos de guerra fiscal (tais como renúncias imotivadas de receitas etc.), houve o indevido fortalecimento da capacidade de arrecadação da União por meio da criação de tributos (contribuições sociais) sobre os quais não recai a obrigação constitucional de partilha federativa. Em outras palavras, a aplicação das regras de redistribuição de recursos públicos concentrados na União implicou tanto consequências positivas como negativas.

A tabela abaixo demonstra o avanço da contribuição da carga tributária de cada nível de governo sobre o produto interno bruto, deixando claro que, enquanto a União expandiu suas receitas, respondendo por quase 76% do aumento, os Estados e Municípios mantiveram sua participação uniforme.[15]

Explicação do aumento da carga tributária por nível de governo

	1994	2002	Aumento	Responsabilidade pelo aumento
Carga tributária (%PIB)	23,3%	33,2%	9,9%	100%
União	15,3%	22,8%	7,5%	75,8%
Estados	6,9%	8,9%	2,0%	20,2%
Municípios	1,1%	1,5%	0,4%	4,0%

Fonte: Elaboração própria a partir de Alencar e Gobetti (2008).

---

14 FRANZESE, Cibele. *Federalismo Cooperativo no Brasil*: da Constituição de 1988 aos sistemas de políticas públicas. 2010. Disponível em: <https://bibliotecadigital.fgv.br/dspace/bitstream/handle/10438/8219/72060100752.pdf>. Acesso em: 12 mar. 2018

15 FRANZESE, Cibele. *Federalismo Cooperativo no Brasil*: da Constituição de 1988 aos sistemas de políticas públicas. 2010. Disponível em: <https://bibliotecadigital.fgv.br/dspace/bitstream/handle/10438/8219/72060100752.pdf>. Acesso em: 12 de mar. 2018.

Além desse avanço da carga tributária da União em detrimento dos Estados e Municípios, visto que se tratou de receita não partilhada, houve importante perda de arrecadação sofrida pelos Estados, com a desoneração das exportações de ICMS implementada pela Lei Kandir (Lei Complementar nº 87/1996)[16] e também a criação da Desvinculação de Receitas da União, por meio do Fundo Social de Emergência.

O quadro abaixo, elaborado por José Roberto Rodrigues Afonso em 2015 para a Comissão Especial destinada à análise e apresentação de propostas com relação à partilha de recursos públicos da União, dos Estados, dos Municípios e do Distrito Federal, mostra a evolução, ao longo do tempo, da divisão federativa da receita tributária. A partir da tabela, observa-se com clareza que a receita disponível aos Estados veio caindo significativamente, o que sugeriu o título da tabela: "Crise Federativa ou Estadual?":[17]

---

[16] BRASIL. Lei Complementar nº 87 de 13 de setembro de 1996. Dispõe sobre o imposto dos Estados e do Distrito Federal sobre operações relativas à circulação de mercadorias e sobre prestações de serviços de transporte interestadual e intermunicipal e de comunicação, e dá outras providências. *Diário Oficial da União*, Brasília, 16 set. 1996.

[17] AFONSO, José Roberto R. *Pacto Federativo*: Comissão especial destinada à análise e apresentação de propostas com relação à partilha de recursos públicos da União, dos Estados, dos Municípios e do Distrito Federal. Relatório 1/2015 CEPACTO. Apresentado em: 15 jul. 2015.

CRISE FEDERATIVA OU ESTADUAL?
Evolução da Divisão Federativa da Receita Tributária por Nível de Governo
(conceito contas nacionais)

Conceito	Central	Estatual	Local	Total	Central	Estatual	Local	Total
	Carga - % do PIB				Composição - % do Total			
ARRECADAÇÃO DIRETA								
1960	11,14	5,45	0,82	**17,41**	64,0	31,3	4,7	100,0
1970	17,33	7,95	0,70	**25,98**	66,7	30,6	2,7	100,0
1980	18,31	5,31	0,90	**24,52**	74,7	21,6	3,7	100,0
1990	19,29	8,52	0,97	**28,78**	67,0	29,6	3,4	100,0
2000	20,38	8,45	1,73	**30,56**	66,7	27,6	5,7	100,0
2010	22,35	8,81	2,07	**33,22**	67,3	26,5	6,2	100,0
2013	23,82	9,06	2,26	**35,14**	67,8	25,8	6,4	100,0
2014e	21,63	9,06	2,37	**33,05**	65,4	27,4	7,2	100,0
RECEITA DISPONÍVEL								
1960	10,37	5,94	1,11	**17,41**	59,5	34,1	6,4	100,0
1970	15,79	7,59	2,60	**25,98**	60,8	29,2	10,0	100,0
1980	16,71	5,70	2,10	**24,52**	68,2	23,3	8,6	100,0
1990	16,95	7,94	3,89	**28,78**	58,9	27,6	13,5	100,0
2000	17,07	8,16	5,33	**30,56**	55,9	26,7	17,5	100,0
2010	18,76	8,34	6,13	**33,22**	56,5	25,1	18,4	100,0
2013	20,17	8,09	6,88	**35,14**	57,4	23,0	19,6	100,0
2014e	17,86	8,19	7,01	**33,05**	54,0	24,8	21,2	100,0

Fonte: AFONSO, José Roberto Rodrigues. Pacto Federativo. P. 12. Disponível em: <http://www2.camara.leg.br/atividade--legislativa/comissoes/comissoes-temporarias/especiais/55a--legislatura/pacto-federativo/documentos/audiencias-publicas/JosRobertoAfonso.pdf>, acesso: 03 de novembro de 2018.

Metodologia das contas nacionais inclui impostos, taxas e contribuições, inclusive CPMF, FGTS e royalties, bem assim a dívida ativa.

Receita Disponível = arrecadação própria mais e/ou menos repartição constitucional de receitas tributárias e outros repasses compulsórios.

Houve a promessa de compensação federal pelas perdas estaduais, porém o valor estabelecido não foi dado como suficiente pelos Estados e ainda gera controvérsias anualmente, no período da aprovação do orçamento federal.[18]

Assim, identifica-se, ao longo da experiência federativa brasileira desde a promulgação da Constituição de 1988, uma migração da base tributária inicialmente estabelecida, que passou a ser dominada, em termos de valores brutos, pela União.

Para o aprofundamento das disfunções decorrentes disso, deve-se considerar que tal situação veio acompanhada de um aumento vertiginoso dos gastos públicos. O incremento das despesas relacionadas aos serviços e às prestações públicas tem sido contínuo, decorrendo não apenas do natural crescimento das necessidades sociais, mas também do contínuo processo de concretização das promessas constitucionais. A efetivação dos direitos, notadamente de direitos sociais, decorre de desenvolvimentos relacionados à noção de normatividade da Constituição e da criação legislativa, inclusive de origem federal.

Acontece que, em ambos os casos, a forte pressão sobre os gastos sociais que decorre do processo tem maior pertinência a serviços e prestações públicas executados diretamente por Estados e Municípios, que são os entes da federação mais aptos à realização de tal mister, já que o governo local conhece melhor e mais de perto as preferências dos seus cidadãos, sendo mais eficiente e eficaz na implementação e na execução de certas políticas. Ao mesmo tempo, essas mesmas prestações públicas podem ser demandadas, usufruídas e socialmente fiscalizadas com mais proximidade pelos seus beneficiários diretos,[19] acrescendo dificuldade para descontinuação, restrição ou racionamento.

Com isso, obviamente, os Estados e os Municípios passaram a depender mais e mais de transferências para o cumprimento cotidiano mesmo de suas competências mais básicas, que, como visto, também

---

18 MARCHESINI, Lucas; ZAIA, Cristiano. Estados cobram R$ 2,5 bilhões da União por repasse atrasado. *In*: *Jornal Valor Econômico*. Disponível em: <http://www.valor.com.br/brasil/3778938/estados-cobram-r-25-bilhoes-da-uniao-por-repasse-atrasado>. Acesso em: 10 fev. 2018.

19 OATES, Wallace E. Federalism and Government Finance. *In*: OATES, Wallace. *The economics of fiscal federalism and local finance*. The international library of critical writings in economic, 88. Cheltenham: Edward Elgar Publishing, 1998

passaram a ser, cada vez mais, guiadas por meio de programas com agendas e diretrizes nacionalmente estabelecidas.

Aliás, esse é outro ponto a considerar no cenário que este escrito pretende delinear. O exercício das competências legislativas atribuídas à União em muitas oportunidades estabelece, assegura e regula direitos cuja concretização material é reclamada dos entes subnacionais, sem que as normas nacionais prevejam transferências de recursos da União que sejam suficientes para o atendimento às respectivas demandas. É imperioso, nesse ponto, que as normas federais que prevejam prestações públicas, direitos e vantagens funcionais sejam elaboradas com a devida consideração da necessidade de se atribuir à União o aporte de recursos necessários ao compartilhamento dos custos a tanto relacionados.

Em trabalho realizado ainda em 1996, passados aproximadamente oito anos da promulgação da Constituição de 1988, Varsano[20] já afirmava que as políticas públicas seriam mais eficientemente operadas por Estados e Municípios, o que demandaria o aumento do volume de recursos a serem transferidos a tais entes da federação, uma vez que a execução é a etapa que exige maiores dispêndios:

> A concepção, formulação e execução de políticas sociais de boa qualidade requerem estreita cooperação entre os três níveis de governo, sem a qual não se poderão evitar, de um lado, duplicação de serviços e outras formas de desperdício e, de outro, o não-atendimento a parcelas da população. Em particular, a execução da maior parte dessas políticas terá que ser alocada aos governos locais ou estaduais. Como a execução é etapa que exige dispêndios muito superiores aos das demais fases, é razoável esperar que o montante de recursos disponíveis para as unidades subnacionais de governo cresça futuramente. Consequentemente, haverá uma tendência a que se faça futuramente uso mais intenso de transferências intergovernamentais bem como de competências partilhadas para arrecadar tributos, uma forma de divisão dos recursos públicos sem tradição na história de nosso sistema tributário, que a proposta de reforma recentemente enviada pelo Poder Executivo ao Congresso Nacional pretende nele inserir.

No entanto, como bem ilustrado pelo quadro elaborado por José Roberto Rodrigues Afonso, citado neste trabalho, o que tem havido ao longo do tempo é justamente o contrário: a diminuição da receita disponível aos Estados somada ao aumento da sua despesa.

---

20 VARSANO, Ricardo. *A Evolução do Sistema Tributário brasileiro ao longo do século*: anotações e reflexões para futuras reformas. Rio de Janeiro: IPEA, janeiro de 1996, p. 26-27.

Tal situação tem levado os Estados brasileiros à incapacidade de prover os serviços mais básicos à população. Um bom exemplo ocorre na área da segurança, em que os Estados possuem a atribuição mais onerosa, prestando a segurança pública direta, organizando e mantendo o policiamento ostensivo, pela polícia militar, e o policiamento civil por intermédio dos órgão técnicos de investigação dos crimes comuns.

Por consequência, os recursos de que os Estados dispõem para a área de segurança são limitadíssimos, estando concentrados no custeio das folhas de pessoal e dos inativos. Com isso, a maior parte dos investimentos em infraestrutura para a segurança são provenientes do Fundo Nacional de Segurança Pública.

O colapso dos Estados foi oficialmente reconhecido pela União no último dia 16 de fevereiro de 2018, com a publicação do Decreto nº 9.288/2018, que, em medida inédita após a promulgação da Constituição Federal de 1988, "decreta intervenção federal no Estado do Rio de Janeiro com o objetivo de pôr termo ao grave comprometimento da ordem pública".[21] Consoante observado no art. 34 da constituição, a figura da intervenção federal nos Estados e Distrito Federal é excepcional, só podendo ocorrer nas situações especificamente elencadas nos incisos I a VII do art. 34, dentre eles para "pôr termo a grave comprometimento da ordem pública".[22]

O caso do Rio de Janeiro não é isolado, sendo certo que o quadro de crise na segurança pública e em outras áreas já se alastra por vários Estados e é sem dúvida o sinal mais evidente da necessidade de revisão do pacto federativo, tanto no que tange ao compartilhamento mais eficiente das atribuições e competências entre os entes federados, quanto no tocante à repartição de recursos de modo a garantir o financiamento satisfatório das ações.

---

21 BRASIL. Decreto nº 9288, de 16 de fevereiro de 2018. Decreta intervenção federal no Estado do Rio de Janeiro com o objetivo de pôr termo ao grave comprometimento da ordem pública. *Diário Oficial da União*, Brasília, 16 de fev. de 2018.

22 BRASIL. Constituição (1988). *Constituição da República Federativa do Brasil*. 40 ed. São Paulo: Saraiva, 2007.

3. A IMPORTÂNCIA DAS TRANSFERÊNCIAS INTERGOVERNAMENTAIS COMO MECANISMO DE CORREÇÃO DE DESEQUILÍBRIOS FISCAIS NA FEDERAÇÃO

Esse cenário faz crescer em importância o papel das transferências fiscais intergovernamentais como mecanismos de equalização fiscal capazes de reduzir falhas e amenizar imperfeições próprias do sistema federativo.

Os principais fatores que o sistema de transferências intergovernamentais busca tratar são: a) externalidades, que seriam situações geradas a partir dos efeitos externos que o sistema econômico de uma jurisdição acarreta às demais; b) compensações, necessárias para redistribuir, entre todas as esferas da federação, aqueles tributos que, por questões de eficiência, precisam ser arrecadados por jurisdições com maior abrangência (União e Estados); c) redistribuição de renda, que se destina a amenizar as diferenças fiscais entre as unidades federativas, as quais são geradas pelo diferente grau de desenvolvimento, dimensão das bases tributárias, custos de produção e perfil da demanda por bens públicos.[23]

A importância de um sistema de transferências governamentais eficiente é ainda mais relevante no federalismo cooperativo, onde há o estabelecimento de competências comuns a todos os entes federados que, em conjunto, deverão se coordenar para o cumprimento dos mesmos objetivos.

Nesse sentido, a literatura econômica ligada ao estudo do federalismo fiscal aponta quatro elementos fundamentais para a boa coordenação dos sistemas federativos fiscais:[24]

a) Clareza na definição da destinação das receitas e responsabilização dos gastos governamentais;
b) Mecanismos de transferências com regras claras, estáveis e transparentes;
c) Incentivo ao esforço fiscal;
d) Fixação de regras limitadoras do endividamento dos governos central e subnacionais.

---

23 MAURO, Santos Silva. Teoria do federalismo fiscal: notas sobre as contribuições de Oates, Musgrave, Shah e Ter-Minassian. *Revista Nova Economia de Belo Horizonte*, edição janeiro-abril, 2005, p. 130.

24 MAURO, Santos Silva. Teoria do federalismo fiscal: notas sobre as contribuições de Oates, Musgrave, Shah e Ter-Minassian. *Revista Nova Economia de Belo Horizonte*, edição janeiro-abril, 2005, p. 133.

No que tange à "clareza na definição da destinação das receitas e responsabilização dos gastos governamentais", após o quadro apresentado no tópico anterior, verifica-se que o atual estágio do desenvolvimento do federalismo no Brasil demanda um maior investimento na transparência da relação "competências – responsabilidade – receitas", de modo a que sejam especificados, de maneira interligada e sistemática, de preferência no próprio texto constitucional:

a) a redefinição das ações e serviços que são deveres do Estado, com vistas ao cumprimento do vasto campo de direitos estabelecidos constitucionalmente;

b) a natureza da competência aliada àquela ação ou serviço específico (exclusiva, compartilhada ou concorrente);

c) a responsabilidade de cada ente federado na prestação de determinado serviço ou realização de ação;

d) a origem das receitas necessárias à realização de cada despesa ou serviço.

Em relação às regras relacionadas aos mecanismos de transferências, identifica-se que a modificação de aspectos nos meios econômico, social e jurídico, que alteraram o perfil da demanda por serviços públicos, a disponibilidade dos fatores econômicos e ainda a concentração de recursos em poder da União, impõem uma reanálise do sistema, a fim de corrigir e adequar as disponibilidades financeiras necessárias para que os governos subnacionais possam cumprir suas competências.

A sistemática das transferências voluntárias, como vem sendo experimentada no Brasil, a despeito de alguns importantes pontos positivos no campo da coordenação e da racionalização de esforços nacionais relativos a diversas políticas públicas, conforme antes referido, tem sido marcada por distorções graves, que resvalam já para o campo das perversões.

Ao fazer com que Estados e Municípios dependam diretamente de recursos federais de transferência "voluntária" para a execução de suas competências imediatas previamente estabelecidas (aqui sem sequer cogitar de investimentos, tampouco da inserção de programas e serviços novos), acrescentando a isso os detalhes, entre outros, de uma excessiva carga de discricionariedade na definição dos destinos dos recursos por parte da União, de uma insuficiente garantia de regularidade dos fluxos de transferência e de uma significativa unilateralidade na fixação de pressupostos, requisitos e valores passíveis de transferência, tem-se um cenário muito grave. As transferências voluntárias passam, com isso, a se apresentar como um mecanismo (perverso, insista-se) de pressão política, em um momento em que, à luz do dia, autoridades federais chegam a condicionar a liberação de financiamentos por bancos públicos a compromissos de alinhamento político em votações parlamentares.

Não se pode permitir que a prática das transferências voluntárias se converta em um comportamento que contrarie a transparência, a impessoalidade, a legalidade, o dever de fundamentação das decisões públicas e tantos outros parâmetros de regularidade da atuação estatal. Deve-se fazer com que o termo "voluntárias" não possa ser tido como sinônimo de "arbitrárias", "extorsivas", "desarrazoadas", "punitivas" ou "aleatórias". Não se nega que deva haver discricionariedade e alguma plasticidade na definição das transferências voluntárias, mas isso não contraria as ponderações anteriores.

Estudos empíricos[25] realizados com vistas a esclarecer os critérios utilizados para realização de transferências voluntárias aos entes subnacionais diagnosticaram a preponderância de razões políticas sobre razões de equidade, o que leva a uma tendência de manutenção e até aprofundamento das desigualdades regionais ao longo do tempo:[26]

> Os testes aqui realizados permitem ainda diagnosticar uma tendência à manutenção das desigualdades inter-regionais no Brasil, uma vez que tanto o nível como a evolução dos recursos transferidos aos estados parece ser definida muito mais pela força política destes do que por critérios de redução das desigualdades inter-regionais e de atendimento das necessidades das populações locais. De maneira complementar, os resultados das estimações estatísticas reportadas neste artigo reafirmam o importante papel desempenhado pelas leis que limitam os gastos com o funcionalismo no combate ao uso da máquina administrativa para fins eleitorais.

---

25 AMORIM NETO, Octavio; SIMONASSI, Andrei Gomes. Bases políticas das transferências intergovernamentais no Brasil (1985-2004). *Revista de Economia Política*. São Paulo, v. 33, nº 4, dez. 2013, p. 704-725. ARRETCHE, Marta. (2005). Quem gasta e quem taxa: a barganha federativa na federação brasileira. *In*: *Revista de Sociologia Política*, Curitiba, n. 24, 2005, p. 69-85.

26 AMORIM NETO, Octavio; SIMONASSI, Andrei Gomes. Bases políticas das transferências intergovernamentais no Brasil (1985-2004). *Revista de Economia Política*. São Paulo, v. 33, nº 4, dez. 2013, p. 704-725.

Tanto quanto possível é necessário, para por cobro a práticas antirrepublicanas e a excessos de pressão política prejudiciais em última *ratio* às populações locais, que o sistema contenha limites e conformações ao exercício de discricionariedade por parte da União. Assim, por exemplo, em face de determinado programa específico, convém que se assegure igual acesso aos recursos para todos os entes que atendam a pressupostos objetivos bem determinados, evitando-se favorecimentos ou alijamentos fundados estritamente em alinhamentos ou dissonâncias políticas. Também é necessário que se assegure a continuidade do fluxo de recursos com bases mais firmes e controláveis, de maneira a assegurar maior previsibilidade na execução dos contratos firmados pelos entes subnacionais, com utilização também de recursos advindos do caixa da União. A facilidade com que se veem contingenciamentos de recursos federais destinados a fundos de utilização nacional também é merecedora de reflexão e ajustes.

4. CONCLUSÕES

Segundo analisa Jorge de Miranda, "A coexistência de várias ordens jurídicas no interior de Estado federal não se presta a uma fácil explicação dogmática. Ela tem, contudo, de se procurar na relação entre a Constituição federal e as Constituições dos Estados federados; envolve supremacia, mas em termos de *supracoordenação*; e exige uma visão conjugada de normas e competências."

Ainda que não se possa falar de um modelo universal de federalismo cooperativo, é preciso aquiescer que este se assenta na relação de supremacia referida acima e estampada na Constituição federal e nas constituições do Estados federados, que pode ser traduzida em quatro princípios básicos: a) a Constituição federal e seus princípios básicos impõem-se às Constituições dos Estados federados (arts. 19 e 20 da CRFB/88); b) as Constituições dos Estados não podem contrariar a Constituição Federal, sob pena de ineficácia; c) os conflitos de competência devem ser dirimidos por órgãos federais jurisdicionais; d) o Estado federal pode adotar medidas coercitivas para impor seu Direito aos órgãos dos Estados federados; e) a comunicação e unidade inter-sistemática dos ordenamentos estaduais assentam no Direito federal (normas gerais).[27]

---

[27] MIRANDA, Jorge. *Teoria do Estado e da Constituição*. Coimbra: Coimbra, 2002, p. 453.

Por outro lado, "o poder constituinte federal tem como limite absoluto o respeito do conteúdo essencial das soberanias locais, cabendo à federação garantir o exercício efetivo da autoridade dos Estados federados".[28]

Diante disso, é urgente que as questões aqui levantadas sejam debatidas no âmbito da federação, a fim de que soluções sejam propostas com vistas à correção dos pontos de desequilíbrio já apontados. Nesse debate, devem ser necessariamente analisados aspectos técnicos de correção do sistema já implantado, mas, sobretudo, estabelecido um novo marco a partir do princípio de lealdade à Federação, a representar da ideia de que "cabe aos Entes federativos se comportar, ao exercer suas competências constitucionais, com lealdade aos demais entes".[29]

5. REFERÊNCIAS BIBLIOGRÁFICAS

AFONSO, José Roberto R. *Pacto Federativo*: Comissão especial destinada à análise e apresentação de propostas com relação à partilha de recursos públicos da União, dos Estados, dos Municípios e do Distrito Federal. Relatório 1/2015 CEPACTO. Apresentado em: 15 jul. 2015.

AMORIM NETO, Octavio; SIMONASSI, Andrei Gomes. *Bases políticas das transferências intergovernamentais no Brasil (1985-2004)*. Revista de Economia Política. São Paulo, v. 33, nº 4, dez. de 2013, p. 704-725.

ARRETCHE, Marta. Quem gasta e quem taxa: a barganha federativa na federação brasileira. *Revista de Sociologia Política*. n. 24, 2005, p.69-85.

BRASIL. Constituição (1988). *Constituição da República Federativa do Brasil*. 40ª ed. São Paulo: Saraiva, 2007.

BRASIL. Decreto nº 9.288, de 16 de fevereiro de 2018. Decreta intervenção federal no Estado do Rio de Janeiro com o objetivo de pôr termo ao grave comprometimento da ordem pública. *Diário Oficial da União*, Brasília, 16 de fev. de 2018.

BRASIL. Lei Complementar nº 87 de 13 de setembro de 1996. Dispõe sobre o imposto dos Estados e do Distrito Federal sobre operações relativas à circulação de mercadorias e sobre prestações de serviços de transporte interestadual e intermunicipal e de comunicação, e dá outras providências. *Diário Oficial da União*. Brasília, 16 set. 1996.

---

[28] MIRANDA, Jorge. *Teoria do Estado e da Constituição*. Coimbra: Coimbra, 2002, p. 453.

[29] HORBACH, Beatriz Bastide. *STF redescobre federalismo cooperativo* — notas sob a perspectiva alemã. Disponível em: https://www.conjur.com.br/2017-fev-11/stf-redescobre-federalismo-cooperativo-notas-visao-alema#author. Acesso em: 10 fev. 2018.

FISCHMAN, Robert L. *Cooperative Federalism and Natural Resources Law*. Articles by Maurer Faculty. (2005). Research Paper Number 32. Disponível em: <http://www.repository.law.indiana.edu/facpub/219>.

FRANZESE, Cibele. *Federalismo Cooperativo no Brasil*: da Constituição de 1988 aos sistemas de políticas públicas. 2010. Disponível em: <https://bibliotecadigital.fgv.br/dspace/bitstream/handle/10438/8219/72060100752.pdf>.

HORBACH, Beatriz Bastide. *STF redescobre federalismo cooperativo — notas sob a perspectiva alemã*. Disponível em: <https://www.conjur.com.br/2017-fev-11/stf-redescobre-federalismo-cooperativo-notas-visao-alema#author>.

MARCHESINI, Lucas; ZAIA, Cristiano. Estados cobram R$ 2,5 bilhões da União por repasse atrasado. *Jornal Valor Econômico*. Publicado em: 14 nov. 2014.

MIRANDA, Jorge. *Teoria do Estado e da Constituição*. Coimbra: Coimbra. 2002.

OATES, Wallace E. Federalism and Government Finance. *In*: OATES, Wallace. *The economics of fiscal federalism and local finance*. The international library of critical writings in economic, 88. Cheltenham: Edward Elgar Publishing, 1998.

MAURO, Santos Silva. Teoria do federalismo fiscal: notas sobre as contribuições de Oates, Musgrave, Shah e Ter-Minassian. *Revista Nova Economia de Belo Horizonte*. Ed. janeiro-abril, 2005.

SCHETTINO TAVARES, Alessandra. *O Federalismo Cooperativo no Brasil*: O Perfil do Estado Brasileiro segundo a Constituição Federal de 1988. 2009.

TER-MINASSIAN, Teresa. *In*: TER-MINASSIAN, Teresa (Org.). *Fiscal Federalism in Theory and Practice*. Washington: International Monetary Fund, 1997.

VARSANO, Ricardo. *A Evolução do sistema tributário brasileiro ao longo do século*: anotações e reflexões para futuras reformas. Rio de Janeiro: IPEA, 1996.

FEDERALISMO BRASILEIRO: ORIGENS HISTÓRICAS DA TENDÊNCIA CENTRALIZADORA

PAULO SÉRGIO ROSSO[1]

Tivemos União antes de ter estados, tivemos o todo antes das partes.

(Rui Barbosa)

SUMÁRIO: *1. Introdução. 2. Conceito de federação. 3. A adequação do modelo federalista ao caso brasileiro. 4. Origens centralizadoras e autoritárias da Administração Pública brasileira. 4.1 Período Imperial: Colonialismo, Monarquia e Escravidão. 4.2 Período Republicano: o federalismo apenas nominal. 5. Conclusões. 6. Referências Bibliográficas.*

1. INTRODUÇÃO

Prestes a completar 30 anos de vigência, a sempre atacada Constituição Brasileira de 1988 recebe críticas em torno da questão envolvendo o seu sistema Federativo. Contestável foi a opção de alçar os Municípios a entes componentes da Federação, assim como discutível foi a opção constitucional de atribuir à União preponderância legislativa e tributária em comparação aos minguados poderes atribuídos aos Estados-membros.

Há motivações históricas que conduziram à opção constitucional, muito embora deva-se reconhecer que nem sempre, na história brasileira, tal repartição teve esta característica.

Neste estudo, procurou-se compreender as raízes históricas que levam à característica centralizadora do nosso federalismo e buscou-se

---

[1] Procurador-Geral do Estado do Paraná, Mestre em Ciência Jurídica pela Universidade Estadual do Norte do Paraná.

identificar que tendências podem ser observáveis para o futuro, razão maior pela qual se estuda história.

Pretendeu-se, primeiramente, apontar nossa base colonial com todos os seus característicos que, em certa medida, marcam de maneira sensível a atual realidade social. Num segundo momento, o artigo tece considerações sobre as sucessivas constituições republicanas, demonstrando que o federalismo sempre esteve presente de uma forma ou outra em nosso ordenamento, mas, por outro lado, jamais foi aplicado ou entendido em sua plenitude, a tal ponto de alguns doutrinadores afirmarem que temos apenas um federalismo nominal e não de fato.

2. CONCEITO DE FEDERAÇÃO

A Constituição Federal brasileira é inaugurada pela questão federativa, dispondo, já em seu artigo 1º, que o Brasil constitui uma República Federativa "(...) formada pela União indissolúvel dos Estados e Municípios e do Distrito Federal (...)".[2] Trata-se, como é visto, de um princípio constitucional basilar sobre o qual o constituinte originário desejou fundar a relação jurídica entre os entes estatais, de tal maneira que tornou a forma federativa de Estado cláusula pétrea (art. 60, § 4º, inc. I da Constituição Federal).

Federação vem do latino *foedus, foedoris*, que significa aliança, pacto. Para Carrazza, Federação é uma associação, uma união institucional de Estados, que dá lugar a um novo Estado – Estado Federal – diverso dos que dele participam denominados Estados-membros. Estes abdicam de algumas prerrogativas em benefício da União, sendo a mais relevante delas a soberania.[3]

Há divergência doutrinária na conceituação do Estado Federal; Duguit vislumbra a existência de dois governos num mesmo território e a impossibilidade de alteração das competências de cada um deles sem a anuência de ambos. Hauriou afirmava que há, no federalismo, diversidade de leis com soberanias secundárias, sob uma soberania comum.

---

2 BRASIL. Constituição (1988). *Constituição da República Federativa do Brasil.* 1988. Disponível em:<https://www.senado.gov.br/atividade/const/con1988/CON1988_05.10.1988/art_148_.asp>. Acesso em: 12 fev. 2018.

3 CARRAZZA. Roque Antônio. *Curso de direito constitucional tributário.* 22ª ed. São Paulo: Malheiros, 2006, p. 126.

Para Jellinek, é da essência do Estado Federal a autonomia, outorgada pela Constituição às unidades federadas. Le Fur vê a existência da Federação quando as unidades federativas entram na formação da vontade do Estado. Kelsen distingue o Estado Federal dos demais pela existência de três ordens jurídicas: duas parciais (a União e as unidades federadas) e uma global, da Constituição que as determina, delimitando suas competências e encarregando seu cumprimento.[4]

A dificuldade de se conceituar com exatidão doutrinária o que vem a ser uma federação decorre do fato de que os Estados originadores desse sistema – aqui se destacando o modelo dos Estados Unidos – são os únicos que mantêm sem contestações sua estrutura federal, enquanto os mais recentes, como é o caso brasileiro, apresentam características próprias, modeladas nos sistemas originais, mas com desvios importantes em seus conceitos.[5]

Segundo Rafael Munhoz de Mello, a principal característica do federalismo é a existência de ordens jurídicas parciais dotadas de autonomia constitucional. E cita, além disso, a presença imprescindível dos seguintes elementos: a) constituição rígida; b) previsão de um órgão encarregado da fiscalização da constitucionalidade das leis; e c) repartição constitucional de competências estatais.[6]

Atualmente, além de Estados Unidos e Brasil, estão constituídos como federações a Argentina, Rússia, México, Canadá e Alemanha, além de muitos outros países. Anderson afirma que 40% da população mundial vive em federações, abrangendo todas as democracias com população superior a 100 milhões de habitantes.[7]

---

[4] *apud* CARRAZZA. Roque Antônio. *Curso de direito constitucional tributário*. 22ª ed. São Paulo: Malheiros, 2006, p. 124.

[5] BANDEIRA DE MELLO, Oswaldo Aranha. *Natureza jurídica do estado federal*. São Paulo: RT, 1937, p. 11.

[6] MELLO, Rafael Munhoz de. Aspectos essenciais do federalismo. *Revista de direito constitucional e internacional*. São Paulo: RT. Nº 41 out./dez. 2002, p. 133.

[7] ANDERSON, George. *Federalismo:* uma introdução. 1ª ed. Rio de Janeiro: FGV, 2009.

3. A ADEQUAÇÃO DO MODELO FEDERALISTA AO CASO BRASILEIRO

Os Estados-membros que compõem a Federação abdicam de sua pretensão à soberania em favor da União. Isso quer significar que os Estados submetem-se a um poder maior do qual decorre o seu próprio, aquele se enfeixando nas mãos do Estado central.

A soberania é inerente à própria natureza do Estado, como afirmado por Giorgio Del Vecchio.[8] Só o Estado é soberano. Daí decorre a conclusão natural de que os chamados Estados-membros brasileiros não possuem soberania, visto serem dependentes de uma Constituição aplicável a território mais amplo que os seus próprios:[9]

> Cada um dos Estados do Brasil, assim como cada Estado da grande República americana, assim como cantão da valente República suíça, tem assegurados o seu governo, a sua autonomia, os seus magistrados, a sua polícia, as suas fronteiras, as suas finanças, a sua administração, e tudo isto bem garantido com a sua bandeira. Estes Estados constituem verdadeiras nações, ligadas umas às outras pelo laço federal, e preparadas assim para todas as eventualidades que porventura possam surgir.

A inspiração do modelo brasileiro, sem sombra de dúvidas, é o modelo norte-americano, criado no ano de 1787 pela vontade das 13 (treze) colônias inglesas declaradas independentes em 1776. Modelos de federação, a norte-americana e a suíça nasceram de um contrato de aliança, feito entre Estados soberanos e independentes. Nasce uma federação que decorre das concessões feitas pelas autoridades locais em favor do poder central. Há que se considerar, porém, que o pensamento iluminista francês exerceu grande influência sobre o pensamento federalista norte-americano. Assim, o federalismo, de maneira institucionalizada, surgiu, de fato, nos EUA, mas o fundamento teórico pode ser considerado francês, especialmente oriundo do pensamento de Montesquieu.[10]

---

8 VECCHIO, Giorgio Del. *O Estado e suas fontes do Direito*. Belo Horizonte: Editora Líder, 2005.

9 LIMA, Sebastião de Magalhães. *O Federalismo*. Lisboa: Companhia Nacional Editora, 1898.

10 ARAÚJO, 2017.

Por óbvio, o Federalismo parece bastante adequado à situação brasileira em que o país possui amplo território, significativa similitude cultural, mas também a necessidade de se atribuir aos entes estatais autonomia administrativa, ressalvando-se a soberania ao ente nacional. Como afirmado por Anderson, o federalismo afigura-se como o sistema mais apropriado, especialmente em regimes democráticos, em países muito populosos e de grande extensão territorial, mas que apresentem características regionais diversificadas. No entanto, muito há a se criticar a maneira simplista com que foi implementada a federação brasileira, que ignorou o passado centralizador e reproduziu, de maneira possivelmente equivocada, o modelo norte-americano. A mesma crítica, aliás, poderia ser feita ao formato republicano de governo.[11]

Ao longo do Império, a questão da atribuição de maior autonomia às províncias sempre orientou-se pelo risco de fragmentação nacional ou de ampliação das desigualdades regionais que sempre se mostraram profundas e indesejáveis.

Quando sobrevém a República, a partir de 1889, a questão federativa passa a ser mais claramente definida pelas sucessivas constituições republicanas, sendo que, em razão dos longos períodos autoritários, as tendências centralizadoras preponderaram. Estranhamente, mesmo nos períodos democráticos, como pode ser considerado o atual, opta-se por uma cultura centralizadora, sendo que a Constituição de 1988 é particularmente limitadora dos poderes estaduais, talvez pretendendo possibilitar uma mais significativa repartição das riquezas nacionais e uma consequente redução das desigualdades regionais; ou talvez, como é a tese aqui defendida, tenha sido inspirada por nosso longo e marcante passado autoritário e centralizador. Obviamente, centralização não implica, necessariamente, em autoritarismo, mas no passado brasileiro estes conceitos parecem caminhar juntos.

---

11 ANDERSON, George. *Federalismo:* uma introdução. 1ª ed. Rio de Janeiro: FGV, 2009.

4. ORIGENS CENTRALIZADORAS E AUTORITÁRIAS DA ADMINISTRAÇÃO PÚBLICA BRASILEIRA

4.1. PERÍODO IMPERIAL: COLONIALISMO, MONARQUIA E ESCRAVIDÃO

Bastante conhecida é a análise que explica nossas tendências centralizadoras, buscando-a na forma como se originou a nação. O Brasil primeiro existe como ente unificado, terra pertencente à Coroa portuguesa, surgindo, posteriormente, as capitanias hereditárias, as províncias e os hoje Estados-membros. De fato, nasce a federação de maneira centrípeta, primeiro como ente uno e que, por opções administrativas, foi sendo fracionado, sempre sob a concordância e administração do poder central. Como ensina Reverbel:[12]

> Assim, se a concepção do constituinte federal inclinar-se pelo fortalecimento do poder central em detrimento do poder local, estaremos diante de um federalismo centrípeto, pois os poderes, encargos e competências tendem a ficar mais nas mãos da União do que nas mãos dos Estados, ou mesmo dos Municípios. Ao passo que se a concepção tender à preservação do poder local em detrimento do poder central, estaremos diante de um federalismo centrífugo, pois os poderes, encargos e competências tendem a ficar mais nas mãos dos Estados-membros ou Municípios, do que nas mãos da União.

As origens ideológicas encontram-se situadas na própria gênese do estado brasileiro, em especial, nas características de sua fundação. Não há dúvidas de que a monarquia foi um passo importante para a formalização do Estado liberal, ainda que vinculado a uma sociedade escravocrata.[13] Este passado certamente imprimiu características marcantes em nossa cultura jurídica e política, de tal forma que certas visões ideológicas, impregnadas na Constituição, têm sua origem em remotas épocas:[14]

---

[12] REVERBEL, Carlos Eduardo Didier. *O federalismo numa visão tridimensional do direito*. Porto Alegre: Livraria do Advogado Editora, 2012.

[13] BONAVIDES, Paulo. *Curso de direito constitucional*. 19ª ed. São Paulo: Malheiros, 2006, p.364.

[14] RANGEL, Leonardo Carvalho. O federalismo brasileiro na Constituição de 1988. *Revista Síntese: Direito Administrativo*. São Paulo: IOB, jan./2016, p. 73-97, nº 121, p. 83.

Durante o período monárquico, que, em sua maior parcela, esteve sob a égide da Constituição outorgada no ano de 1824, o país vivenciou uma estrutura unitária, em que não se admitia a existência de ordens jurídicas parcelares autônomas, na medida em que os representantes máximos dos governos provinciais eram diretamente escolhidos pelo Imperador, a quem era reservado o poder de removê-los, quando bem entendesse, nos termos do Art. 165 da Constituição Imperial.

A sociedade brasileira está indelevelmente marcada pelo Colonialismo, pela Monarquia e pelo regime escravagista. Considerando que desde o seu descobrimento, em 1500, o país tenha 518 anos, verifica-se que 322 anos foram de colônia (62%), 389 de monarquia (75%) e 388 de regime escravagista (75%). Poder-se-ia fazer o mesmo exercício sobre a questão dos regimes autoritários – o que ensejaria discussões maiores sobre determinados períodos – e se veria que em limitadíssimos períodos o país viveu sob regimes democráticos. Tal exercício, embora simplório, está a indicar que o país, inevitavelmente, apresentará característicos autoritários e centralizadores. Numa visão otimista, pode-se até considerar surpreendentes os avanços vivenciados nas últimas décadas, quando a nação parece ter chegado ao ponto de uma democracia relativamente sólida, muito embora marcada pela instabilidade do regime presidencialista, bem como pela marcante desigualdade social.

Em sua primeira divisão administrativa, o país foi dividido em capitanias hereditárias, concedidas pelo reino português a fidalgos dispostos ao cultivo de terras inóspitas e distantes da colônia. Tais capitanias organizavam-se de forma desconexa e desorganizada, evidenciando-se até mesmo um caráter municipalista, já que existiam câmaras de vereadores para sua organização, mas seus costumes variavam de acordo com a vontade dos senhores das terras.[15] Notava-se, desde já, características marcadamente personalistas que tal sistemática encerra, delegando de maneira pessoal a determinados beneficiários as faixas de terra, sendo que tais responsáveis detinham direitos hereditários, sob clara inspiração monárquica.

Saltando muitos anos à frente, quando as capitanias já haviam se convolado em províncias, remanesceu a sensação de propriedade das terras aos dirigentes regionais designados ao longo dos anos pelo reino

---

15 MELO, Milena Petters; SCHULTZE, Felipe Gabriel. *O federalismo do sistema constitucional brasileiro*. Disponível em: <http://www.egov.ufsc.br/portal/sites/default/files/federalismo.pdf>. Acesso em: 13 fev. 2018.

português. O aspecto de sensação de apropriação do Estado por parte das elites políticas pode, em certa medida, ter derivado dessa primeira sistemática, além, é claro, da própria herança monarquista, mas esta questão refoge ao presente estudo.

É fato conhecido que antes da vinda da família real ao Brasil, o grau de liberdade atribuído à Colônia era baixíssimo, subsistindo uma cultura de dominação e exploração, diferente do que ocorreu na relação das colônias norte-americanas com a metrópole inglesa.

A centralização, na época colonial, imposta pela Coroa portuguesa, tinha, obviamente, fundo estratégico, não se permitindo a circulação de ideias que certamente desaguariam em maiores iniciativas separatistas. Com a vinda da família real e a independência em 1822, manteve-se um regime monárquico e, portanto, centralizador, o que pareceu adequado diante da enorme tendência de fragmentação do país, risco visível em razão dos exemplos vindos da América Espanhola. Já a essa época, surge fortemente a concepção federativa, ocasionando embates e períodos de maior ou menor autonomia às províncias.

Independentemente das questões coloniais, a própria monarquia portuguesa detinha características marcadamente centralizadoras, mais profundas até do que outras monarquias europeias, havendo uma forte relação entre o Príncipe e a Igreja Católica.

O país desenvolveu-se por séculos baseado na mão de obra escrava, inicialmente por meio do indígena e, após, pela escravidão dos povos oriundos da África. Enorme contingente de pessoas foram sequestradas no continente africano e trazidas ao Brasil, durante centenas de anos, ocasionando uma grande população de raça negra. Ao longo do tempo, especialmente quando se fortalece o pensamento da abolição da escravatura, a classe dominante passa a temer uma eventual revolta por parte dos escravos, razão pela qual iniciativas descentralizadoras ou mesmo de cunho democrático sempre foram vistas com temor pela classe dominante. No período Imperial, firmou-se uma aliança informal entre a monarquia e as elites, dando ensejo ao surgimento do "coronelismo" que, ainda hoje, não foi de todo superado.[16]

---

16 ANDRADE, Priscilla Lopes; SANTOS, Ronaldo Alencar dos. *A evolução histórica do federalismo brasileiro*: uma análise histórico-sociológica a partir das Constituições Federais. Disponível em: <http://www.publicadireito.com.br/artigos/?cod=a424e-d4bd3a7d6ae>. Acesso em: 15 fev. 2018.

Pela primeira constituição brasileira, de 1824, as províncias existiam muito mais como unidades administrativas constituídas pelo poder central do que propriamente como entidades com algum poderio político. A constituição imperial afastava expressamente a possibilidade de se constituir uma federação, vedando-a logo no primeiro artigo: "Art. 1. O IMPERIO do Brazil é a associação Política de todos os Cidadãos Brazileiros. Elles formam uma Nação livre, e independente, que não admitte com qualquer outra laço algum de união, ou federação, que se opponha á sua Independencia."[17]

A interpretação de Reverbel[18] ao texto da Constituição de 1824 é que a vedação do texto constitucional é de laço ou união do Brasil com outra nação, resultando em quebra da independência. O artigo admitiria, porém, a organização interna em federação. O mesmo doutrinador vê, mesmo na época do Império, a existência de "uma realidade federalista sem o nome", que se verifica a partir do Ato Adicional de 1834, que levou à descentralização de boa parte das competências do poder central, em favor das províncias do Império.

Na prática, e pela enorme extensão territorial, os naturais poderes das províncias nunca poderiam ser desprezados, o que se refletiu, inclusive, em diversos movimentos separatistas que acabaram esmagados pelo poderio central.

Os característicos dessa época não poderiam ser – como de fato não foram – apagados da cultura e da memória brasileira, tampouco do seu ideal de Estado; e o advento da República não afastou de plano a tendência centralizadora que nutriu os sucessivos governos.

4.2. PERÍODO REPUBLICANO: O FEDERALISMO APENAS NOMINAL

No Brasil, sempre estiveram associadas as aspirações republicanas e federalistas. Com o advento da República pretendeu-se instaurar o sistema federalista, mas os interesses regionais oligárquicos pendiam

---

17 BRASIL. Constituição (1824). *Constituição Política do Império do Brazil*. Rio de Janeiro, 1824. Disponível em: <http://www.planalto.gov.br/ccivil_03/Constituicao/Constitui%C3%A7ao24.htm>. Acesso em: 26 abril 2018.

18 REVERBEL, Carlos Eduardo Didier. *O federalismo numa visão tridimensional do direito*. Porto Alegre: Livraria do Advogado Editora, 2012.

pela centralização como maneira de preservar seus interesses.[19] A ementa do primeiro decreto republicano, o número 1 de 15/11/1889, apresentava o seguinte texto: "Proclama provisoriamente e decreta como forma de governo da Nação Brasileira a República Federativa, e estabelece as normas pelas quais se devem reger os Estados Federais"[20] A primeira constituição republicana, de 1891, implementou de maneira oficial o sistema federalista, inspirado sem maiores cuidados – assim como ocorreu com a própria República – no modelo norte-americano. Pela Constituição de 1891, o Estado "possuía a plenitude formal das instituições liberais, em alguns aspectos deveras relevantes, trasladadas literalmente da Constituição americana, debaixo da influência de Rui Barbosa, um jurista confessadamente admirador da organização política dos Estados Unidos."[21]

O início da República foi marcado por constantes conflitos entre o poder central e o regional. Nos primeiros anos, foram comuns o uso da censura como mecanismo de controle, ou mesmo da pura força, de maneira a se garantir o *status* de domínio do poder central. São objetos de considerações de historiadores a forma ditatorial com que Floriano Peixoto conduziu a administração central.

Durante o governo de Campos Sales[22] visando contentar as oligarquias, institui-se a chamada "política dos governadores" que se baseou na transferência do controle sobre os resultados eleitorais para os governadores, garantindo-lhes o monopólio do poder político nos seus Estados. Este acordo ocasionou uma trégua de mais de duas décadas nas disputas entre o governo federal e os Estados. A chamada "política dos Governadores" constituiu-se num "acordo com os governos estaduais, comprometendo-se a respeitar o poder das oligarquias locais

---

19 LOPREATO, Francisco Luiz Cazeiro. *O colapso das finanças estaduais e a crise da federação*. São Paulo: Fundação Editora da UNESP, 2002.

20 BRASIL. *Decreto nº 1 de 15/11/1889*. Disponível em: <http://www.planalto.gov.br/ccivil_03/decreto/1851-1899/D0001.htm>. Acesso em: 12 fev. 2018.

21 BONAVIDES, Paulo. *Curso de direito constitucional*. 19ª ed. São Paulo: Malheiros, 2006, p. 364-365.

22 Campos Sales, 1898-1902.

desde que as mesmas lhe garantissem apoio incondicional nas grandes questões legislativas".[23]

Na "República Velha", grassa o coronelismo, o clientelismo, e a fraude eleitoral, de maneira idêntica ou talvez mais grave do que ocorria no passado Imperial.

Em 1926, a Constituição sofre significativa reforma, obtendo maior enfeixamento de poderes nas mãos da presidência da República:[24]

> A Constituição republicana de 1891 recebeu uma única revisão, aquela promulgada em 1926. Veio ela porém com bastante atraso, não preenchendo as finalidades previstas nem impedindo que a Primeira República (1891-1930) se desmoronasse, por efeito da desmoralização oligárquica dos poderes.

Pode-se dizer que o federalismo fracassou em seu primeiro período republicano, o que foi analisado por Afonso Arinos:[25]

> Tinha fracassado o federalismo sob duas formas: a primeira pelos exageros oligárquicos da "política dos governadores" e a segunda pela extrema centralização iniciada nos governos de Deodoro e Floriano, restaurado pelo governo Hermes, e que depois foi regra geral, com a exceção relativa dos chamados grandes Estados, Minas Gerais, São Paulo e Rio Grande do Sul.

Esta situação somente estancou com o golpe de Estado que elevou Getúlio Vargas à presidência, em 1930, fruto de um conflito interno ocorrido dentro das próprias oligarquias dominantes:[26]

> Em 1930, ano da pseudo-Revolução Liberal – liberal apenas porque tinha como aspiração suprema sanear o sistema representativo adulterado pelos vícios da corrupção eleitoral e estabelecer tanto quanto possível a autenticidade do processo eletivo – e 16 de julho de 1934, data da promulgação da segunda Constituição republicana, decorreram quatro anos de interregno ditatorial, sob a égide de um Governo Provisório. Esse Governo se viu, porém, contestado em 1932 pela "revolução constitucionalista" deflagrada em São Paulo, e logo a seguir sufocada com o emprego das armas e a prevalência do Poder Central.

---

23 RICCI, Paolo; ZULINI, Jaqueline Porto *apud* ARAÚJO, 2017.

24 BONAVIDES, Paulo. *Curso de direito constitucional*. 19ª ed. São Paulo: Malheiros, 2006, p. 365.

25 FRANCO, Afonso Arinos de Melo. *Direito constitucional:* teoria da Constituição; as constituições do Brasil. Rio de Janeiro: Forense, 1976, p. 87.

26 BONAVIDES, Paulo. *Curso de direito constitucional*. 19ª ed. São Paulo: Malheiros, 2006, p. 366.

A Constituição de 1934 pretendeu reavivar o ideal federalista que havia se esfacelado pela "política dos Governadores", mas pouco tempo após, com o advento da ditadura Vargas, a partir de 1937, a ideia federalista foi praticamente abolida, o que foi simbolizado pelo ato público de queima das bandeiras dos vinte Estados:[27]

> Menos de um mês após a implantação do Estado Novo, Vargas mandou realizar a cerimônia de queima das bandeiras estaduais, que teve lugar na Esplanada do Russel no Rio de Janeiro, para simultaneamente comemorar a Festa da Bandeira (cuja celebração tinha sido adiada) e render homenagem às vítimas da "Intentona Comunista" de 1935. Nesta cerimônia, que marca a nível simbólico uma maior unificação da país e um enfraquecimento do poder regional e estadual, foram hasteadas vinte e uma bandeiras nacionais em substituição às vinte e uma bandeiras estaduais que foram incineradas numa grande pira erguida no meio da praça (...).
> A queima das bandeiras estaduais demonstra uma política nacional nitidamente contrária aos preceitos federalistas. Era um pensamento unitarista, de ter o Brasil como uma só nação e não considerar os Estados como figuras importantes na formação da vontade nacional e no desenvolvimento do país. Foi assim durante o Estado Novo, período que selou 8 anos de pausa na história federalista brasileira.

Os Estados-membros, neste período, possivelmente detinham menos poderes dos que as províncias do tempo de Império como, aliás, seria natural a um regime ditatorial. Vargas fortaleceu o pensamento de que caberia ao poder central promover o desenvolvimento nacional, não admitindo os balizamentos que seriam impostos pela Constituição de 1934, em razão do pensamento federalista.

No Estado Novo, a partir de 1937, a Constituição de 1934 tornou-se inviabilizada em suas pretensões federalistas, surgindo um regime ditatorial que via com extrema antipatia o fortalecimento do poder regional. "(...) A verdade é que o Brasil foi uma espécie de Império unitário, de novembro de 1937 a fevereiro de 1945, quando, graças à vitória da democracia contra o nazismo, começou a esboroar-se a ditadura brasileira."[28]

---

27 ARAÚJO, 2017.

28 FRANCO, Afonso Arinos de Melo. *Algumas instituições políticas no Brasil e nos Estados Unidos*. Rio de Janeiro: Forense, 1975, p. 62.

Com a redemocratização de 1945, findo o Estado novo, restaurou-se o sistema federativo, mas a burocracia federal já havia mudado de maneira irretornável; o federalismo viu-se capturado pela maior capacidade decisória da burocracia federal, pela influência das forças armadas sobre o sistema político e o surgimento de uma mentalidade nacionalista que leva, invariavelmente, ao enfeixamento de poderes nas mãos do sistema central.

Ainda assim, pode-se afirmar que a Constituição de 1946 retomou a ideia da estrutura cooperativa da Federação. Segundo Temer,[29] a Constituição de 1946 representou com precisão a realidade, podendo se afirmar que no plano histórico-constitucional a federação foi restabelecida pela constituinte daquele ano.

Lamentavelmente, o regime democrático entra em crise, especialmente, pelo embate entre ideologias socialistas e capitalistas, de maneira que não se fez possível a continuidade do regime previsto pela Constituição de 1946.

Com a revolução de 1964, vê-se novo retorno à centralização. Segundo Abruccio,[30] este modelo foi montado sobre três pilares: o financeiro, que centralizou as receitas no poder federal; o administrativo, através da centralização do planejamento desenvolvimentista; e o político, através do controle fático sobre as eleições municipais. Aliás, os pleitos estaduais diretos para eleição de governadores só retornariam em 1982, o que reacendeu timidamente a ideia de concessão maior aos poderes dos Estados-membros.

O período militar foi marcado por um federalismo apenas de cunho nominal, já que o presidente detinha amplos poderes para intervir sobre os Estados e Municípios.

Findo o período militar, ao escrever a Constituição de 1988, o constituinte pareceu conceber uma Federação ainda moldada pela mentalidade centralista.

---

29 TEMER, Michel. *Elementos de direito constitucional*. São Paulo: Malheiros, 2002, p. 72.

30 ABRUCCIO, Fernando Luiz. *Os barões da federação*. São Paulo: Editora Hucitec, 1998.

Muito embora a Constituição de 1988 tenha alçado os Municípios à condição de entes integrantes da Federação, o que se constituiu em novidade, a realidade é que a definição de Federação restou muito mais restrita ao aspecto nominal do que propriamente à realidade fática. O rol de competências da União (arts. 21 e 22) é bastante extenso, cabendo aos Estados uma limitada competência para criação legislativa, mas um pesado fardo de incumbências constitucionais.

O que teria levado o constituinte a optar por uma sistemática centralizadora? Possivelmente, pesou a crença de que um poder centralizado forte seria adequado para arrostar as enormes desigualdades regionais que sempre se constituíram num dos mais graves problemas vivenciados pelo país, assim como a expectativa política de uma eleição direta – a qual se realizou no ano seguinte à promulgação – que permitiria ao presidente eleito pelo voto direto poder efetivar as mudanças requeridas pelo povo. Trata-se, por óbvio, de uma situação típica do momento, mas que por certo serviu para influir no pensamento e no ânimo dos constituintes. Situação, aliás, absolutamente normal, posto que, muito embora uma Constituição seja talhada com intentos de eternidade, é inevitável que aspectos típicos de dado momento histórico a influenciem de maneira mais direta.[31]

> O Brasil busca, portanto, uma uniformidade legislativa, buscando ter o máximo possível de leis "comuns a todos", evitando que os Estados legislem, por exemplo, sobre crimes (direito penal), o que poderia ocasionar condutas que em um Estado fossem criminosas e em outro não. Ou ainda sobre direito do trabalho, fazendo com que cada estado regesse relações trabalhistas de uma forma.

Entretanto, em muitos aspectos as opções do constituinte de 1988 mostrou-se problemática, agora que os Estados são demandados a cumprir relevantes missões constitucionais como a segurança pública, a educação básica e média, a saúde, muitas vezes recebendo imposições de destinações de recursos em percentuais mínimos obrigatórios, como ocorre no caso da saúde e da educação. Com o enfeixamento nas mãos da União da possibilidade de criar contribuições sociais sem necessidade de repartição das receitas com os Estados, estes veem-se politicamente dependentes da boa vontade política do poder central, situação que ocasiona comportamentos políticos inesperados pela Constituição, já que a conta parece nunca fechar.

---

31 ARAÚJO, 2017.

Constata-se que em dois momentos na história republicana houve um simultâneo enfraquecimento dos princípios federativos e das garantias democráticas: no regime do Estado Novo e no período militar. Por outro aspecto, todas as Constituições – com exceção da autoritária de 1937 – impuseram a "cláusula pétrea" à forma federalista de organização,[32] o que bem demonstra a importância da questão constitucional, talvez uma herança das discussões travadas ao final do Império acerca da questão federalismo *versus* unitarismo e monarquia *versus* república.

5. CONCLUSÕES

Considerando o longo passado centralizador e autoritário do Estado brasileiro, pode-se considerar até certo ponto natural a conformação imposta pela Constituição ao relacionamento entre os Estados-membros e a União. As características do Federalismo brasileiro – que só pode ser assim chamado se aceitarmos a existência de uma federação centralista – precisa ser em breve revisado pelo bem da população, mas, principalmente, pela continuidade da atual relação entre Estados. Centralização não significa, necessariamente, autoritarismo, mas, no caso do Brasil, vê-se que a centralização está quase sempre relacionada aos regimes ditatoriais.

Muito embora a questão do federalismo não esteja, atualmente, no centro do debate político, parece difícil imaginar-se sucesso no formato constitucional atual sem que alguns acertos fundamentais sejam feitos na relação entre Estados e União.

Por certo, a questão da repartição das receitas oriundas de tributos há de ser reconsiderada, bem como a questão atinente às missões constitucionais impostas aos Estados. Em verdade, os anseios de revisão do pacto federativo apresentam um componente essencialmente fiscal. Há um desequilíbrio entre competências e autonomia. E quando um ente depende financeiramente de outro, tende a depender também politicamente.

---

[32] FRANCO, Afonso Arinos de Melo. *Direito constitucional:* teoria da Constituição; as constituições do Brasil. Rio de Janeiro: Forense, 1976, p. 131.

Temos, hoje, uma situação que Reverbel[33] chama de "nome sem realidade" porquanto se do texto constitucional abstrairmos o nominalismo existente, chegaremos à conclusão de que estamos mais tendentes a um Estado Unitário Centralizado, ou, quando muito, a um Estado Unitário com pouca descentralização em favor do poder local, mas não uma forma efetivamente federativa.

De fato, a Constituição reserva acanhado rol de competências aos Estados, atribuindo praticamente todas à União e aos Municípios, remanescendo as não vedadas pela própria Constituição de 1988. Afora a competência para instituir seus impostos (art. 155) e a exploração do gás canalizado (art. 24, § 2º) nada mais é de competência dos Estados. Vemos que, embora essa seja uma característica com fundo histórico, tanto formal em razão de nossas constituições passadas, quanto pelo aspecto material, de uma tendência centralizadora decorrente de correntes autoritárias, trata-se de uma situação indesejada, em especial, pelo anseio de melhoria da eficiência administrativa e aperfeiçoamento democrático.

O país precisa reconhecer suas tendências centralizadoras que, inevitavelmente, estão arraigadas à sua concepção de Governo e Estado. Ao reconhecer seu marcante passado autoritário-centralizador, derivado da escravidão, da monarquia, do colonialismo e dos vários períodos ditatoriais, poderá combater com mais racionalidade seus males e avançar para patamares mais elevados de cidadania e participação democrática.

No longo prazo, a insatisfação ocasionada pela defeituosa aplicação do Federalismo brasileiro poderá resultar em maiores instabilidades políticas e até mesmo movimentos de insatisfação com o poder central. Este último risco, por ora, parece bastante improvável, mas ao longo das décadas pode facilmente renascer, trazendo à República novos problemas que podem vir se somar aos já bastante numerosos da atualidade.

---

[33] REVERBEL, Carlos Eduardo Didier. *O federalismo numa visão tridimensional do direito*. Porto Alegre: Livraria do Advogado Editora, 2012.

6. REFERÊNCIAS BIBLIOGRÁFICAS

ABRUCCIO, Fernando Luiz. *Os barões da federação*. São Paulo: Editora Hucitec, 1998.

ANDERSON, George. *Federalismo:* uma introdução. 1ª ed. Rio de Janeiro: FGV, 2009, e-book.

BANDEIRA DE MELLO, Oswaldo Aranha. *Natureza jurídica do estado federal*. São Paulo: RT, 1937.

BONAVIDES, Paulo. *Curso de direito constitucional*. 19ª ed. São Paulo: Malheiros, 2006.

BRASIL. *Constituição Federal de 1988*. Disponível em: <http://www.planalto.gov.br/ccivil_03/Constituicao/Constituicao.htm>.

_____. *Constituição federal de 1824*. Disponível em: <http://www.planalto.gov.br/ccivil_03/Constituicao/Constituicao24.htm>.

_____. *Decreto nº 1 de 15/11/1889*. Disponível em: <http://www.planalto.gov.br/ccivil_03/decreto/1851-1899/D0001.htm>.

CARRAZZA. Roque Antônio. *Curso de direito constitucional tributário*. 22ª ed. São Paulo: Malheiros, 2006.

FRANCO, Afonso Arinos de Melo. *Algumas instituições políticas no Brasil e nos Estados Unidos*. Rio de Janeiro: Forense, 1975.

_____. *Direito constitucional:* teoria da Constituição; as constituições do Brasil. Rio de Janeiro: Forense, 1976.

LIMA, Sebastião de Magalhães. *O Federalismo*. Lisboa: Companhia Nacional Editora, 1898, e-book.

LOPREATO, Francisco Luiz Cazeiro. *O colapso das finanças estaduais e a crise da federação*. São Paulo: Fundação Editora da UNESP, 2002, e-book.

MELO, Milena Petters; SCHULTZE, Felipe Gabriel. *O federalismo do sistema constitucional brasileiro*. Disponível em: <http://www.egov.ufsc.br/portal/sites/default/files/federalismo.pdf>.

MELLO, Rafael Munhoz de. Aspectos essenciais do federalismo. In: *Revista de direito constitucional e internacional*. São Paulo: RT. Nº 41, p. 125-155, out./dez. 2002.

RANGEL, Leonardo Carvalho. O federalismo brasileiro na Constituição de 1988. In: *Revista Síntese: Direito Administrativo*. São Paulo: IOB. Nº 121, jan./2016, p. 73-97.

REVERBEL, Carlos Eduardo Didier. *O federalismo numa visão tridimensional do direito*. Porto Alegre: Livraria do Advogado Editora, 2012, e-book.

SANTOS, Ronaldo Alencar dos. ANDRADE, Priscilla Lopes. *A evolução histórica do federalismo brasileiro:* uma análise histórico-sociológica a partir das Constituições Federais. Disponível em: <http://www.publicadireito.com.br/artigos/?cod=a424ed4bd3a7d6ae>.

TEMER, Michel. *Elementos de direito constitucional*. São Paulo: Malheiros, 2002.

ESTADOS-MEMBROS

ELIVAL DA SILVA RAMOS[1]

SUMÁRIO: *1. Introdução. 2. Autonomia estadual. 3. Limites constitucionais à autonomia estadual. 4. Constituições estaduais. 5. Controle de constitucionalidade estadual. 6. Competências legislativas dos Estados. 7. Autogoverno. 8. Autonomia administrativa. 9. Autonomia financeira. 10. Criação, modificação e extinção de Estados. 11. Conclusões. 12. Referências Bibliográficas.*

1. INTRODUÇÃO

A expressão "Estado-membro" nos remete diretamente a duas instituições jurídicas, a confederação de Estados e o Estado federal.

Aquela (a confederação de Estados) é apontada como o antecedente próximo do Estado de tipo federativo, em razão dos eventos históricos que assinalaram o nascimento do primeiro Estado federal, os Estados Unidos da América, ao ensejo da entrada em vigor da Constituição de 17 de setembro de 1787.[2]

Com efeito, após a declaração formal de independência das Treze Colônias em relação à Grã-Bretanha, em 4 de julho de 1776, buscaram elas manter-se em regime de cooperação para enfrentar o inimigo comum, tendo, para tanto, celebrado um tratado, conhecido como Artigos da Confederação, concluído em 1º de março de 1781. Esse acordo de vontades, como é sabido, consubstanciou um tratado entre

---

[1] Procurador-Geral do Estado de São Paulo. Professor Titular da Faculdade de Direito da Universidade de São Paulo, onde obteve os títulos de Mestre, Doutor e Livre-Docente em Direito Constitucional.

[2] Considera-se que a Constituição dos Estados Unidos da América entrou em vigor no dia 4 de março de 1789, quando, efetivamente, começaram a operar as instituições governamentais moldadas pela nova Constituição.

Estados soberanos, institucionalizando não um novo Estado e sim mera união de Estados, cada qual preservando a sua condição de pessoa jurídica soberana de direito internacional.[3] Essa afirmação vem corroborada pelo que dispôs o artigo II do referido tratado, segundo o qual, "cada Estado conserva sua soberania, liberdade e independência, assim como todo seu poder, jurisdição e direito não delegados expressamente por esta Confederação aos Estados Unidos quando atuem por meio de seu Congresso".

A consequência imediata do caráter contratual do ato fundante da confederação de Estados era a possibilidade de qualquer um deles romper o vínculo confederativo, denunciando o tratado e afastando, pois, as suas disposições.

As partes de uma confederação de Estados permanecem sendo Estados propriamente ditos, razão de ser da expressão "Estados-membros" (da confederação).

Conforme atestam os primeiros artigos de *O Federalista*,[4] a erosão iminente da união estabelecida entre as antigas Treze Colônias foi o que levou os *founding fathers* a propor, na Convenção de Filadélfia de 1787, a evolução do regime jurídico confederativo para o de um vínculo mais sólido entre os Estados-membros, que passariam a ser regidos em sua atuação não mais por um tratado internacional e sim por uma autêntica Constituição,[5] ato normativo de direito interno.

Os Estados confederados abdicaram, ainda que voluntariamente, por meio do penoso procedimento de ratificação da Constituição, de sua soberania, daquilo que se poderia intitular de *competência da*

---

[3] Como observa Charles Durand, a propósito dos Estados confederados, pode-se dizer que seguiram sendo Estados, ao passo que a confederação não era um Estado, "senão um agrupamento de Estados, um agrupamento de direito internacional" (El Estado federal en el derecho positivo. In: BERGER, Gaston. *Federalismo y federalismo europeo*. Tradução de Raúl Morodo. Madri: Tecnos, 1965, p. 178).

[4] Denominação atribuída aos artigos que Hamilton, Madison e Jay fizeram publicar na imprensa da Cidade de Nova Iorque entre outubro de 1787 e maio de 1788, em defesa da ratificação da Constituição aprovada pelos convencionais de Filadélfia.

[5] Sobre o assunto, veja-se o texto: BASTOS, Romeu Costa Ribeiro; ROCHA, Maria Elizabeth Guimarães Teixeira. Da confederação à federação: a trajetória da fundação dos Estados Unidos da América. In: RAMOS, Dircêo Torrecillas. *O federalista atual*: teoria do federalismo. Belo Horizonte: Arraes, 2013, p. 46-59.

competência,[6] passando a integrar um único Estado soberano, então denominado de Estados Unidos da América.

Deixaram, a bem de ver, de ser Estados, no sentido próprio do termo. Porém, como evocação da soberania passada de que dispunham, permaneceu a expressão "Estados-membros" para designar as unidades políticas integradas ao novo tipo de Estado então gerado, o denominado Estado federal.

As confederações de Estados, que surgiram na Antiguidade, persistindo até meados do século XIX,[7] foram superadas por modelos institucionais mais adequados aos objetivos colimados. Na esfera internacional, foram sucedidas pelas organizações internacionais, pessoas jurídicas de direito internacional, dotadas de estrutura governativa própria. No âmbito interno, pelo Estado federal, associação indissolúvel entre coletividades nacionais e as coletividades parciais que as integram, sendo asseguradas a todas elas autonomia política, administrativa e financeira.

Portanto, sob o prisma conceitual, Estados-membros são entidades que compõem, estruturalmente, um único Estado soberano, denominado Estado federal ou Federação, sendo dotados de personalidade jurídica de direito interno, porém não de direito internacional, prerrogativa exclusiva do Estado visto em sua unidade.[8]

Os Estados do tipo federativo são Estados que não se limitam a descentralizar competências administrativas (o que existe em qualquer modelo de Estado, em maior ou menor grau), promovendo autêntica descentralização política, o que, como bem sublinha Raul Machado

---

6 Na explanação abalizada de Durand, o Estado soberano "é competente para fixar os limites de sua própria competência" (El Estado federal en el derecho positivo. *In*: BERGER, Gaston. *Federalismo y federalismo europeo*. Tradução de Raúl Morodo. Madri: Tecnos, 1965, p. 177).

7 Assim, em pleno século XIX, a união de Estados, formalizada em modelo confederativo, existiu na Suíça (até 1848) e na Alemanha (até 1866).

8 Veja-se, nesse sentido, o artigo: OLIVEIRA, Ricardo Victalino de. As relações exteriores das unidades federadas à luz do Direito Internacional e do Direito Constitucional. *In*: RAMOS, Dircêo Torrecillas. *O federalista atual*: teoria do federalismo. Belo Horizonte: Arraes, 2013, p. 144, invocando o disposto no art. 2º da Convenção de Montevidéu, de 1933, sobre os direitos e deveres dos Estados, *in verbis*: "O Estado federal constitui uma só pessoa ante o Direito Internacional."

Horta, implica, necessariamente, em poder normativo.[9] Ou seja, no Estado federal não há um único centro emissor de normas jurídicas e sim vários, correspondendo aos governos das entidades federadas.

Vale observar que a descentralização política não é atributo exclusivo do Estado federal, estando presente também no Estado unitário, politicamente descentralizado, e no Estado dito regional.

A diferença entre o Estado federal e as demais modalidades de Estado politicamente descentralizado reside em algumas características peculiares àquele, muito embora se reconheça alguma fragilidade nos critérios de distinção usualmente adotados.[10]

Assim é que somente na Federação, as coletividades regionais (Estados-membros) participam do governo nacional, notadamente no plano da elaboração legislativa, por meio de um órgão do Poder Legislativo central destinado à sua representação.[11] Todavia, como adverte Ferreira Filho, "hoje, na maioria dos Estados federais, os senadores estão presos a partidos e não propriamente aos Estados em que se elegem".[12]

Os Estados-membros de uma Federação, ademais, gozam do poder de auto-organização, por meio do qual estão aptos a estabelecer as normas básicas de sua estrutura governativa, o que implica na existência de um Poder Constituinte estadual,[13] ao menos se da expressão se

---

9 Conforme ensinava o mais acurado de nossos cultores do federalismo, "autonomia provém, etimologicamente, de *nomos* e designa, tecnicamente, a edição de normas próprias, que vão organizar e constituir determinado ordenamento jurídico". HORTA, Raul Machado. Autonomia do Estado no Direito Constitucional brasileiro. In: ____. *Direito Constitucional*, 5ª ed., atual. Juliana Campos Horta. Belo Horizonte: Del Rey, 2010, p. 331.

10 É o que aponta, dentre outros autores, Manoel Gonçalves Ferreira Filho, em seu renomado *Curso de Direito Constitucional*. 35ª ed. São Paulo: Saraiva, p. 54.

11 Trata-se do Senado, na nomenclatura da Constituição estadunidense, ou do Senado Federal, na nomenclatura da Constituição brasileira em vigor. Em outras Federações, adotam-se outras designações (p. ex., Conselho Federal, na Alemanha).

12 FILHO, Manoel Gonçalves Ferreira. *Op. cit.*, p. 54.

13 No que concerne ao tema, indispensável a leitura da monografia de FERRAZ, Anna Cândida da Cunha. *Poder Constituinte do Estado-membro*. São Paulo: Revista dos Tribunais, 1979. A referida autora registra a existência de controvérsia doutrinária sobre a natureza do poder de auto-organização dos Estados-membros, posicionando-se de forma convincente a favor da existência de um Poder Constituinte, conquanto inconfundível com o Poder Constituinte dito originário, emanação direta da soberania estatal. Veja-se, especialmente, p. 58-65.

inferir a capacidade de editar normas de porte constitucional, mediante procedimento distinto daquele adotado para a edição de normas ordinárias. O poder de auto-organização, por conseguinte, aparece associado à adoção de Constituição rígida para estruturar o Estado federal, descentralizando-se o poder normativo atinente às normas básicas das unidades regionais, também estampadas em documentos constitucionais dotados de rigidez.

Nos Estados unitários politicamente descentralizados as coletividades regionais são organizadas por meio de lei ordinária, de competência da coletividade central, ao passo que nos Estados regionais as normas que estruturam o governo das Regiões ou constam da Constituição nacional ou são objeto de estatutos, uniformes ou não, de competência do Parlamento nacional. De todo modo, a incidência de princípios e regras variados, limitadores do poder de auto-organização dos Estados-membros, pode conduzir ao amesquinhamento dessa potestade, atenuando, sobremodo, também essa nota diferenciadora.[14]

Não obstante a atenuação das diferenças entre os diversos modelos de Estado politicamente descentralizado, é certo que a distinção entre o Estado unitário politicamente descentralizado e o Estado federal permanece bastante nítida em um aspecto de nuclear importância: a sede jurídico-normativa da descentralização (política). No caso do Estado federal, a descentralização política é promovida pela Constituição que o organiza, Constituição essa necessariamente dotada de rigidez, para que não possa o legislador ordinário eliminá-la ou alterar a sua formulação. Ao contrário, no Estado unitário politicamente descentralizado a autonomia política das entidades regionais é objeto de legislação emanada do governo central, que pode reduzi-la, ampliá-la ou até mesmo eliminá-la.[15]

---

14 A observação arguta, mais uma vez, é de Ferreira Filho: *op. cit.*, p. 54.

15 É essa a lição conspícua dos autores clássicos, como Charles Durand: "No Estado unitário descentralizado basta a lei ordinária para fixar e modificar o regime jurídico das coletividades internas. No Estado federal essa função incumbe não à lei ordinária, senão a uma Constituição rígida, vale dizer, não intangível, porém mais difícil de se modificar do que a lei ordinária." (Estado federal en el derecho positivo. *In*: BERGER, Gaston. *Federalismo y federalismo europeo*. Tradução de Raúl Morodo. Madri: Tecnos, 1965, p. 180, com tradução livre para o português do texto em espanhol).

No que concerne aos Estados regionais, a nota diferenciadora sofre alguma atenuação, porquanto também estes são Estados em que a descentralização política se opera por força de disposições constitucionais qualificadas pela rigidez. Sucede, porém, que não são essas normas cláusulas pétreas, isto é, não são imunes à reforma constitucional. De outra parte, nos Estados federais não apenas a descentralização política representa uma decisão do Poder soberano, juridicamente denominado de Poder Constituinte originário, incorporando-se ao ato jurídico fundante, que é a Constituição (federal). A descentralização e a autonomia política das coletividades regionais que dela decorre são imunizadas em relação ao próprio Poder Constituinte de revisão, integrando o núcleo intangível da Constituição.[16]

Nesse ponto, é possível compreender toda a carga de significado da expressão "Estado-membro", que qualifica as entidades regionais de um Estado do tipo federal. As coletividades regionais dos Estados unitários politicamente descentralizados e dos Estados regionais não são consideradas partes indispensáveis da estrutura do aparato estatal, podendo, no limite, serem destituídas de sua autonomia política ou até mesmo eliminadas. Nas Federações, os Estados-membros são peças indispensáveis do arranjo institucional federativo, o que justifica a expressão de largo uso. São eles, de fato e de direito, *membros* da Federação, compondo união indissolúvel com a coletividade central e, eventualmente, com unidades menores, de perfil comunitário.[17]

---

16 Na senda de todas as nossas Cartas republicanas, a Constituição de 1988 estatuiu que não pode ser sequer "objeto de deliberação a proposta de emenda tendente a abolir (...) a forma federativa de Estado" (BRASIL. Constituição (1988). *Constituição da República Federativa do Brasil*, art. 60, § 4º, inc. I).

17 Sirva de exemplo, mais uma vez, a Constituição do Brasil, que assim prescreve: "Art. 18. A organização político-administrativa da República Federativa do Brasil compreende a União, os Estados, o Distrito Federal e os Municípios, todos autônomos, nos termos desta Constituição." Note-se que apenas na Carta de 5 de outubro de 1988 os Municípios foram declarados parte integrante da associação federativa, não sendo comum nos Estados federais, até mesmo pelos eventos históricos já invocados, tal deferência às coletividades locais.

2. AUTONOMIA ESTADUAL

Como já assentado, os Estados-membros de uma Federação não gozam de soberania, atributo exclusivo desta, que se manifesta, no plano internacional, pela unidade personativa e pelos princípios da independência nacional e da autodeterminação dos povos,[18] e, no plano interno, pelo poder normativo supremo, representado pelo Poder Constituinte originário e sua obra máxima, a Constituição Federal. Por constituir emanação da soberania estatal, não está o Poder Constituinte originário subordinado a nenhum outro, sendo *juridicamente* ilimitado. Essa característica do Poder Constituinte (originário) precisa ser bem compreendida, pois não é incompatível com as crescentes constrições a que os Estados, voluntariamente, se submetem na esfera internacional e que decorrem da necessidade de conviverem, harmonicamente, com outros Estados e com entidades interestatais, bem como de viabilizarem a regulação de atividades de pessoas, físicas e jurídicas, de natureza privada, que se projetam para além de suas fronteiras.[19] De igual modo, no plano interno, se é certo que, sob o prisma exclusivamente jurídico, todas as possibilidades estão abertas à regulação de nível constitucional, não se pode afirmar o mesmo sob o prisma da efetividade político-social.

---

18 Ambos os princípios foram arrolados pela Constituição de 1988, enquanto diretrizes para atuação do Estado brasileiro na esfera internacional: cf. art. 4º, I e III.

19 As relações entre o fenômeno da globalização e suas múltiplas dimensões e a estratégia de criação de blocos regionais para o eficaz enfrentamento de seus desafios foram muito bem exploradas por Enrique Ricardo Lewandowski, na monografia *Globalização, regionalização e soberania*. São Paulo: Juarez de Oliveira, 2004. À guisa de conclusão, assinalou o Professor Titular de Teoria Geral do Estado da Faculdade de Direito da Universidade de São Paulo que, não obstante a crescente integração entre os Estados no plano internacional, "mantém-se ainda intacto o padrão westfaliano de relacionamento horizontal entre os Estados, enquanto modelo fundado na soberania" (*op. cit.*, p. 301). Em outra passagem, explicita: "As mudanças trazidas pela globalização, portanto, não tiveram o condão de abalar os fundamentos da soberania. No plano interno, o soberano continua dispondo da decisão final sobre todas as competências, ao passo que, na esfera externa, segue mantendo a independência que lhe possibilita assumir ou não determinadas obrigações." *Op. cit.*, p. 300.

A potestade própria de entidades intrafederativas é a *autonomia*, inconfundível com a soberania. Nesse ponto, inexcedível a lição de Sampaio Dória:[20]

> *Autonomia política é o poder, em certos agrupamentos de indivíduos, de constituir os órgãos de seu governo, dentro de normas que um poder mais alto lhes haja ditado.* O poder que dita, o poder supremo, aquele acima do qual não haja outro, é a soberania. Só esta determina a si mesma os limites de sua competência. A autonomia não. A autonomia atua dentro de limites que a soberania lhe tenha prescrito.

A autonomia reconhecida a toda e qualquer entidade federada há que compreender, necessariamente, a capacidade de legislar, ou seja, de editar normas gerais e abstratas de nível primário, isto é, situadas logo abaixo do nível constitucional.[21]

De outra parte, é cediço que a autonomia se desdobra nos planos político, administrativo e financeiro, razão de se falar em autonomia política, administrativa e financeira da União, dos Estados (membros) e dos Municípios.

Pois bem, a autonomia política é a que se associa, propriamente, ao poder normativo. Todavia, no que concerne aos Estados-membros, como já se viu, esse poder normativo se manifesta não apenas no nível infraconstitucional primário, mas, também, na seara constitucional, expressando a denominada capacidade de auto-organização ou de estabelecer suas instituições básicas por meio de Constituição dotada de rigidez, conquanto subordinada à Constituição do Estado federal.

Porém, não se esgota a autonomia política estadual na auto-organização e na autolegislação, compreendendo, outrossim, o poder de escolha ou de investidura dos próprios governantes no âmbito territorial, pessoal e jurídico da unidade federada, observadas as normas constitucionais (federais e estaduais) pertinentes.[22]

---

[20] DÓRIA, Antônio de Sampaio. *Direito Constitucional*. 5ª ed. São Paulo: Max Limonad, 1962, v. 1, t. 2, p. 478.

[21] Veja-se a nota de rodapé nº 9, que invoca excerto doutrinário de Machado Horta.

[22] Antônio de Sampaio Dória dá grande destaque a esse aspecto da autonomia política regional e local, ao prelecionar que "a eleição do chefe do executivo e dos legisladores, nas províncias e nos municípios, pelas respectivas populações, em vez de suas designações pelo governo central, é o primeiro passo da autonomia política" (*op. cit.*, v. 1, t. 2, p. 478).

José Afonso da Silva, ao tecer comentários sobre a autonomia política dos Estados, agrupa as três facetas já mencionadas, conectando-as aos seus fundamentos diretos no texto da Constituição Federal brasileira:[23]

> A *capacidade de auto-organização e de auto-legislação* está consagrada na cabeça do art. 25, segundo o qual os *Estados organizam-se e regem-se pelas Constituições e leis que adotarem, observados os princípios desta Constituição*. A *capacidade de autogoverno* encontra seu fundamento explícito nos arts. 27, 28 e 125, ao disporem sobre os princípios de organização dos poderes estaduais, respectivamente: *Poder Legislativo*, que se expressa por Assembleias Legislativas; *Poder Executivo*, exercido pelo Governador; e *Poder Judiciário*, que repousa no Tribunal de Justiça e outros tribunais e juízes.

A mais básica das funções estatais associadas às competências autonômicas é a administrativa. Em face da amplitude e da essencialidade dessa função de Estado, constata-se que mesmo em Estados unitários, de pequena extensão territorial, está presente, em alguma medida, a descentralização administrativa, conquanto inteiramente ausente a descentralização política.

Nos Estados federais, em que a descentralização política alcança o seu mais elevado grau, as entidades federadas dispõem, por conseguinte, para além da autonomia política consectária da forma de Estado adotada, de autonomia administrativa.

Se administrar é aplicar a lei de ofício,[24] ao se reconhecer capacidade legislativa própria a um ente federado, estar-se-á, *ipso facto*, dotando-o do poder de executar a legislação por ele elaborada. Não se pense, contudo, que a autoadministração estadual importa unicamente na aplicação de leis estaduais. Primeiro, porque o emprego da técnica de repartição vertical da competência legislativa[25] leva a Administração Estadual a, forçosamente, aplicar as normas gerais editadas pela União, que se somam às normas suplementares estaduais para compor a disciplina da matéria na circunscrição do Estado-membro. Segundo, porque

---

23 SILVA, José Afonso da. *Curso de Direito Constitucional positivo*. 39ª ed. São Paulo: Malheiros, 2016, p. 617-618.

24 Frase célebre de Miguel Seabra Fagundes, em sua obra seminal *O Controle dos atos administrativos pelo Poder Judiciário*. 5ª ed. Rio de Janeiro: Forense, 1979, p. 4-5.

25 Sobre a distinção entre as técnicas horizontal e vertical de discriminação da competência legislativa no Estado federal, veja-se Manoel Gonçalves Ferreira Filho, *op. cit.*, p. 55.

nem sempre as competências administrativas que a Constituição defere aos Estados dizem respeito a matérias cuja disciplina legislativa também lhes cabe.[26]

O que vale sublinhar é que a autonomia estadual também abarca a potestade de organizar aparato administrativo próprio, de modo a viabilizar o exercício de atividades administrativas de competência regional, abrangendo prestação de serviços públicos, exercício de poder de polícia, atividades de fomento, etc.

Por último, há que se destacar a dimensão financeira da autonomia estadual, aspecto fundamental e que descortina a complexidade da discriminação de rendas em Estados compostos, como são os Estados federais. Afinal, de um lado há que se assegurar às entidades regionais e locais recursos suficientes para o exercício de suas competências administrativas; e, de outro, não se pode ignorar a relação umbilical entre política fiscal e desenvolvimento econômico,[27] que deve ser harmônico, permitindo que o conjunto do País dele se beneficie.[28]

---

26 O exemplo mais notório se dá no campo da aplicação da lei penal. A legislação penal é de competência privativa da União (art. 22, inc. I, da CRFB/88), porém, às polícias civis estaduais, "dirigidas por delegados de polícia de carreira, incumbem, ressalvada a competência da União, as funções de polícia judiciária e a apuração de infrações penais, exceto as militares" (art. 144, § 4º, da CRFB/88). Outro exemplo pode ser encontrado em sede de legislação de trânsito, que, igualmente, é da exclusiva alçada da União (art. 22, inc. XI, da CF). Não obstante a competência legislativa federal plena na matéria, o Constituinte de 88 atribuiu aos Estados, ao Distrito Federal e aos Municípios competência (administrativa comum) para "estabelecer e implantar política de educação para a segurança do trânsito" (art. 23, inc. XII).

27 A Constituição de 88, ao mesmo tempo em que consagra o desenvolvimento econômico como objetivo fundamental da República Federativa do Brasil, prescreve a necessidade de se assegurar a redução das desigualdades sociais e regionais (art. 3º, incs. II e III).

28 Nesse sentido, as observações de Oswaldo Trigueiro, em seu *Direito constitucional estadual*. Rio de Janeiro: Forense, 1980, p. 225: "A distribuição das rendas públicas entre a União Federal e os Estados-membros, que a compõem, apresenta-se como um dos problemas mais árduos da ciência política do nosso tempo. Essa distribuição é considerada indispensável, para evitar conflitos prejudiciais ao desenvolvimento integrado do país e das coletividades políticas em que ele se divide. É evidente que, nos Estados unitários, o problema é inexistente ou, pelo menos, de solução singela. (...) Nos Estados compostos, porém, o problema é fundamental, porque dele depende a efetiva autonomia e até a sobrevivência das coletividades menores."

Nessa ordem de ideias, os atos fundantes das Federações (Constituições Federais) ocupam-se de assegurar aos entes federados recursos financeiros indispensáveis ao pleno florescer de sua autonomia e o fazem por meio da chamada discriminação de rendas. Como ensina Ferreira Filho, sob o prisma da autonomia dos entes regionais e locais, a técnica de rateio que pontifica é a distribuição horizontal das receitas tributárias, a qual, todavia, pode gerar efeitos perversos no plano do desenvolvimento harmônico e integrado do País, razão de ser da criação do sistema de quotas de participação.[29]

Os fundos de participação e as transferências tributárias diretas constituem técnicas de distribuição de receitas em sintonia com o modelo de federalismo cooperativo ou de equilíbrio, implantado entre nós a partir da Constituição de 34, superando o anterior modelo de federalismo clássico ou dualista.[30]

3. LIMITES CONSTITUCIONAIS À AUTONOMIA ESTADUAL

Do próprio conceito de autonomia estadual se deduz a existência de limites ao seu efetivo exercício pelas unidades federadas. A bem de ver, esses limites, fincados na Constituição Federal, auxiliam na conformação da potestade autonômica dos Estados-membros. Em outras palavras, a autonomia, como todo e qualquer instituto jurídico-constitucional, não existe como fórmula abstrata, sendo conferida aos Estados (e também ao Distrito Federal e aos Municípios) por decisão soberana do Poder Constituinte, no bojo da Constituição Federal, que lhe atribui sentido e conteúdo.[31]

---

[29] FILHO, Manoel Gonçalves Ferreira. *Curso de Direito Constitucional*. 35ª ed. São Paulo: Saraiva, p. 55-56.

[30] Para uma sintética visão acerca dos modelos ou tipos de federalismo, veja-se Manoel Gonçalves Ferreira Filho, *op. cit.*, p. 56-57. A correlação entre os mecanismos de fundos de participação e a concepção de federalismo de equilíbrio ou cooperativo foi bem apontada por Raul Machado Horta no artigo: Tendências atuais da federação brasileira. In: _____. *Direito Constitucional*. 5ª ed., atual. Juliana Campos Horta. Belo Horizonte: Del Rey, 2010, p. 426-428.

[31] O silogismo é o seguinte: o Estado federal pressupõe a existência de unidades parciais (correspondentes às porções de competência territorial que manejam) dotadas de autonomia, nos termos e limites estabelecidos pelo ato normativo fundante da Federação, que é a Constituição (Federal). Logo, a autonomia é um poder que decorre da Constituição, nela encontrando seus limites conformativos. A

Os limites que a Constituição antepõe à autonomia estadual abarcam, como não poderia deixar de ser, todas as suas facetas. No entanto, como a auto-organização é a mais abrangente delas, traduzindo em normas constitucionais locais a autonomia legislativa, administrativa e financeira de que dispõem os Estados-membros, pode-se examinar o tema sob a ótica das limitações que a Constituição Federal impõe à auto-organização dos Estados. Importa salientar que esse é o rumo pelo qual tem enveredado a doutrina brasileira.

Não é o caso de se fazer um longo e pouco produtivo inventário das diferentes classificações doutrinárias que circulam a propósito das normas constitucionais limitativas da autonomia organizatória dos Estados-membros.

Por sua estrutura lógica e ao mesmo tempo singela, adota-se a classificação dessas normas em limites *sensíveis* e *estabelecidos*.[32]

Os primeiros são aqueles elencados no artigo 34, inciso VII, alíneas de *a* a *e* da Constituição Federal brasileira e que apresentam como nota característica o fato de autorizarem a decretação de intervenção federal no caso de serem violados pelos Estados ao editarem as respectivas Constituições e subsequentes atos de revisão. O menoscabo a essas normas limitadoras põe em risco a ordem constitucional idealizada pelo Poder Constituinte originário, em seus aspectos nucleares (ou sensí-

---

fórmula está estampada no art. 18, *caput*, da Constituição de 1988, segundo a qual "a organização político-administrativa da República Federativa do Brasil compreende a União, os Estados, o Distrito Federal e os Municípios, todos autônomos, nos termos desta Constituição".

[32] A classificação binária ora adotada é prestigiada, dentre outros, por José Afonso da Silva, notório estudioso da matéria, para quem "(...) os princípios, que circunscrevem a atuação do Constituinte Estadual, podem ser considerados em dois grupos: *(a) os princípios constitucionais sensíveis; (b) os princípios constitucionais estabelecidos.*" Veja-se: *Curso de Direito Constitucional positivo*. 39ª ed. São Paulo, Malheiros, 2016, p. 620. Registre-se, apenas, que a expressão "princípios" não se mostra adequada à atual compreensão das normas constitucionais, subdivididas em princípios e regras, porquanto muitas das limitações impostas pela Carta Magna à auto-organização dos Estados consubstanciam regras e não verdadeiros princípios. No tocante à distinção, quantitativa e qualitativa, entre princípios e regras, reporto-me à obra de minha autoria: RAMOS, Elival da Silva. *Ativismo judicial*: parâmetros dogmáticos. 2ª ed. São Paulo: Saraiva, 2015, p. 166-168 e 183-190.

veis),³³ razão pela qual autorizam a compressão da autonomia do Estado infrator, ainda que possa satisfazer ao restabelecimento da normalidade institucional a simples edição de decreto suspensivo da execução da(s) disposição(ões) discrepantes pelo Presidente da República.³⁴

Já os limites constitucionais estabelecidos são aquelas normas (princípios ou regras), explícitas ou implícitas, que impõem restrições à auto-organização dos Estados-membros, sem chegar ao ponto de sujeitá-los, em caso de descumprimento, à intervenção federal.

Bastante sugestiva a proposta de distribuição dessas limitações em três grupos formulada por Raul Machado Horta, em trabalho que se tornou clássico. Na concepção do constitucionalista mineiro, ora revisitada, os limites estabelecidos corresponderiam a normas de preordenação, a normas de competência e a princípios constitucionais de abrangência federativa.³⁵

As normas de preordenação, como bem revela a terminologia adotada, procuram se antecipar à manifestação do Poder Constituinte derivado estadual, estabelecendo na própria Constituição da República os pilares da organização dos Estados-membros. Desse teor, são as normas dos artigos 27, 28 e 125 da Constituição de 5 de outubro de 1988, que delineiam, desde logo e respectivamente, os Poderes Legislativo, Executivo e Judiciário dos Estados.

As normas que discriminam as competências legislativas, administrativas ou jurisdicionais das unidades federadas (União, Estados, Distrito

---

33 Com efeito, o exame do rol do inciso VII, do art. 34, da CRFB/88 descortina a proteção dos princípios democrático (abrangida a forma republicana de governo, a prestação de contas na Administração Pública, o sistema representativo e o sistema de direitos da pessoa humana) e federativo, bem como a salvaguarda das vinculações de receita que visam dar efetividade às políticas de educação e saúde.

34 BRASIL. Constituição (1988). *Constituição da República Federativa do Brasil*, art. 36, § 3º.

35 A rigor, Raul Machado Horta, no célebre artigo intitulado "O Estado-membro na Constituição Federal brasileira", alude a 4 (quatro) categorias de normas limitativas da auto-organização estadual, distinguindo duas modalidades de normas principiológicas ("princípios desta Constituição" e "princípios constitucionais"), que aqui foram reunidos em uma única categoria: princípios constitucionais de abrangência federativa. In: ____. *Direito Constitucional*. 5ª ed., atual. Juliana Campos Horta. Belo Horizonte: Del Rey, 2010, p. 300-303.

Federal e Municípios), por outro lado, consubstanciam autênticas limitações constitucionais implícitas à autonomia dessas entidades.[36]

Finalmente, explorando a ideia de que a Constituição Federal não é uma lei da União e sim o corpo normativo que estrutura o Estado federal em seu perfil unitário e, simultaneamente, plural, temos os princípios constitucionais que se voltam, expressamente ou não, para todas as unidades da Federação.

As disposições do artigo 37 da Constituição de 88, por exemplo, deitam as bases organizativas da Administração Pública, direta e indireta, da União, dos Estados, do Distrito Federal e dos Municípios, consoante expressa dicção do seu *caput*. De igual natureza, as normas que configuram as limitações constitucionais do poder de tributar, expressamente, dirigidas aos três níveis federativos.[37]

Todavia, nem todos os princípios constitucionais de dimensão federativa são normas explícitas. O princípio da separação dos Poderes, revelado no preceito do artigo 2º da Constituição brasileira, impõe-se, inequivocamente, mesmo à mingua de texto expresso, ao conjunto das entidades federadas, na medida em que o Poder Constituinte originário o inseriu no núcleo irreformável da Constituição, o que denota a sua abrangência máxima.

4. CONSTITUIÇÕES ESTADUAIS

O poder de auto-organização dos Estados-membros dá ensejo à elaboração de Constituições Estaduais, atos normativos que fixam as bases da governança regional.

Ao contrário da Constituição da República, manifestação do poder soberano que se reconhece, com exclusividade, no âmbito interno, ao Estado Federal, as Constituições Estaduais refletem a autonomia

---

[36] Vem bem a propósito, a lição de José Afonso da Silva: "Quando a Constituição, por exemplo, arrola no art. 21 a matéria de estrita competência da União, *implicitamente* veda ao Constituinte Estadual cuidar dela; assim, igualmente, quando dá à União competência privativa para legislar sobre a matéria relacionada no art. 22." Cf. SILVA, José Afonso da. *Curso de Direito Constitucional positivo*. 39ª ed. São Paulo: Malheiros, 2016, p. 623-624.

[37] BRASIL. Constituição (1988). *Constituição da República Federativa do Brasil*, art. 150.

política das unidades federadas, estando sujeitas às restrições impostas pela Lei Maior desde o seu nascedouro.[38]

Não deixam de consubstanciar, entretanto, atos normativos de natureza constitucional, quer quanto à matéria, quer quanto à forma.

Quanto à matéria, porque estabelecem as bases da organização dos Estados-membros, observados os princípios e regras limitativos.

Quanto à forma, porque apresentam as duas notas características da constitucionalidade formal: a organicidade (ou documentalidade) e a rigidez.

De fato, as Constituições editadas pelos Estados-membros compõem um todo ordenado de regras e princípios fundamentais (em nível regional), compendiados em um ato normativo de expressão formal unitária, ou seja, um autêntico código constitucional estadual. De outra banda, essas Constituições estão hierarquicamente situadas no ápice do ordenamento jurídico estadual, não sendo passíveis de alteração senão por meio do procedimento especial de emenda ou reforma, disciplinado por elas próprias.[39]

---

38 O tema aqui diz respeito aos limites ao Poder Constituinte derivado decorrente dos Estados-membros, na terminologia consagrada entre nós a partir dos ensinamentos de Manoel Gonçalves Ferreira Filho. Conforme assinala o mestre, há duas espécies de Poder Constituinte derivado, partindo-se do pressuposto, já aceito anteriormente, de que se deve atribuir a condição de Poder Constituinte ao poder de editar normas material e formalmente constitucionais, ainda que subalternas. E arremata: "Uma é o poder de revisão. Trata-se do poder, previsto pela Constituição, para alterá-la, adaptando-a a novos tempos e novas exigências. Outra é o Poder Constituinte dos Estados-Membros de um Estado federal. O chamado Poder Constituinte decorrente. Este deriva também do originário mas não se destina a rever sua obra e sim a institucionalizar coletividades, com caráter de estados, que a Constituição preveja." FILHO, Manoel Gonçalves Ferreira. *Curso de Direito Constitucional*. 35ª ed. São Paulo: Saraiva, p. 28. Pois bem, esse Poder Constituinte decorrente institucionalizador deve observar os limites e condições que a Constituição do Estado federal prescreve para sua manifestação fundante. Obedece a essa ordem de ideias o disposto, por exemplo, no art. 11 do ADCT da Constituição de 88 (limitação temporal).

39 Para um estudo abrangente da matéria atinente ao Poder Constituinte decorrente dos Estados-membros, em suas duas modalidades (inicial e de revisão), descortinando um amplo panorama das limitações que a elas se impõem no plano do Direito Comparado, invoque-se, ainda uma vez, a monografia: FERRAZ, Anna Cândida da Cunha. *Poder Constituinte do Estado-membro*. São Paulo: Revista dos Tribunais, 1979.

5. CONTROLE DE CONSTITUCIONALIDADE ESTADUAL

Conforme se demonstrou em outra passagem, a supremacia hierárquica da Constituição está diretamente associada à supremacia política do Poder que a elabora. Na medida em que o Poder Constituinte originário emana da fonte soberana que dá nascimento ao Estado federal, é mais do que compreensível que a sua produção normativa seja igualmente incontrastável. Dessa supremacia hierárquico-formal, decorre a característica da rigidez das normas constitucionais, inalteráveis pela legislação oriunda dos Poderes constituídos.[40]

Ora, a opção do Poder Constituinte originário pela forma federativa de Estado está associada à atribuição aos Estados-membros que integram a Federação de um Poder Constituinte secundário ou de segundo grau, utilizado para institucionalizar as respectivas bases governativas em termos relativamente estáveis. Essa estabilidade relativa da formatação jurídica das coletividades regionais, reflexo da rigidez também reconhecida às Constituições Estaduais, é bem menos pujante do que a do Estado federal em si.

Com efeito, as normas constitucionais estaduais são passíveis de derrogação por duas vias: a da revisão por meio dos procedimentos previstos na Constituição local e a da revisão do próprio texto da Constituição Federal, que venha a trazer incompatibilidade com as normas até então vigentes na esfera estadual.

De toda sorte, as Constituições Estaduais gozam, inquestionavelmente, do atributo da rigidez, situando-se no ápice da ordem jurídica regional, uma vez elaboradas pela potestade mais elevada nesse plano, que é Poder Constituinte decorrente inicial dos Estados-membros, submetido apenas à soberania do Estado federal e de sua obra jurídica, a Constituição (Federal).

---

40 Vejam-se as considerações que fiz sobre o tema na obra: RAMOS, Elival da Silva. *Controle de constitucionalidade no Brasil*: perspectivas de evolução. São Paulo: Saraiva, 2010, p. 41-45. Conforme assinalei nesse estudo, "o princípio da supremacia hierárquica das normas constitucionais, mesmo que, no plano da normogênese, apareça simultaneamente às normas impositivas da rigidez constitucional, ostenta precedência lógica (a exigência de que a alteração da Constituição se faça de modo solene provém da supremacia formal e não o contrário) e cronológica (tendo em vista o processo constituinte) em relação ao princípio da rigidez".

Resta, nesse ponto, explorar, na esfera federativa regional, a segunda implicação da supremacia hierárquico-formal das Constituições Estaduais, que é o controle de constitucionalidade estadual.

De nada adiantaria afirmar a intangibilidade das Constituições dos Estados em face da produção legislativa dos Poderes constituídos locais[41] se inexistisse um mecanismo preordenado a coibir as situações de inobservância de suas disposições pelos Poderes subalternos. Esse mecanismo consiste, precisamente, no controle de constitucionalidade, conjunto de procedimentos por meio dos quais se assegura a efetividade da sanção de invalidade imposta aos atos contraventores da Constituição, seja ela Federal ou Estadual.[42]

De todo o exposto, resulta evidenciada a necessidade de existir um sistema de controle de constitucionalidade estadual, o que também é a prática dos Estados federais da atualidade.

Esse sistema de controle pode ser modelado de maneira bastante diversificada, valendo-se o Constituinte Estadual do arsenal de técnicas de fiscalização disponíveis. Assim, observadas as prescrições da Constituição Federal, é possível um controle de constitucionalidade estadual de natureza política ou jurisdicional, preventivo ou repressivo, concentrado ou difuso, principal ou incidental, abstrato ou concreto, objetivo ou subjetivo. Por seu turno, as decisões de controle podem ostentar eficácia subjetiva *inter partes* ou *erga omnes*. No tocante à projeção temporal, podem apresentar cunho meramente declarativo, com aparência de retroatividade, ou natureza desconstitutiva negativa, com modulação de sua eficácia temporal.[43]

---

41 Importa observar que, no caso da Federação tripartite brasileira, também as normas constantes das Leis Orgânicas dos Municípios (de natureza constitucional) e da legislação ordinária comunal podem conflitar, em algumas situações, com as Constituições dos respectivos Estados, *ex vi* do disposto no art. 29, *caput*, da Constituição Federal.

42 Cabe aqui ter presente as relações que se estabelecem entre os conceitos de vício, sanção e controle de constitucionalidade. Cf. o meu livro: RAMOS, Elival da Silva. *Controle de constitucionalidade no Brasil*: perspectivas de evolução. São Paulo: Saraiva, 2010, p. 47-53.

43 Acerca das classificações das técnicas de controle e das decisões a elas associadas, veja-se o meu citado trabalho RAMOS, Elival da Silva. *Controle de constitucionalidade no Brasil*: perspectivas de evolução. São Paulo: Saraiva, 2010, p. 53-90.

No âmbito do Estado federal brasileiro, sempre se reconheceu a existência de sistemas de controle direcionados à proteção das Constituições Estaduais. Assim é que, no processo legislativo estadual, sempre se praticou o controle político preventivo, por meio dos institutos do veto governamental e dos pareceres das Comissões de Constituição e Justiça das Assembleias Legislativas.

Em relação ao controle jurisdicional repressivo, espinha dorsal do sistema de controle brasileiro em ambos os níveis de organização do Poder Judiciário (federal e estadual), jamais se questionou a existência do controle difuso e incidental, manejado por todo e qualquer órgão, monocrático ou colegiado, da Justiça Estadual. Afinal, as notas características da difusão da competência de controle (todo e qualquer órgão judiciário a detém, nos limites de sua competência processual) e da incidentalidade (resolução do conflito lei *versus* Constituição enquanto questão prejudicial à apreciação do pedido) acompanham o exercício da jurisdição ordinária, ressalvados os ordenamentos em que a fiscalização de constitucionalidade é deferida a uma jurisdição especializada (sistema europeu ou kelseniano).[44]

Em face das evidentes implicações no tocante ao arranjo institucional resultante da separação dos Poderes, o controle principal ou abstrato[45] exige previsão constitucional expressa, o que alimentou acesa polêmica entre nós acerca da possibilidade ou não de as Constituições Estaduais contemplarem essa modalidade de fiscalização de constitucionalidade.

A Constituição Federal em vigor pôs fim à controvérsia, estatuindo, em disposição expressa, que "cabe aos Estados a instituição de representação de inconstitucionalidade de leis ou atos normativos estaduais ou municipais em face da Constituição Estadual, vedada a atribuição da legitimação para agir a um único órgão".[46]

---

[44] Nesse sentido as considerações que fiz no *Controle de constitucionalidade no Brasil. Op. cit.*, p. 342.

[45] Conforme deixei consignado no *Controle de constitucionalidade. Op. cit.*, p. 78, "o controle principal, isto é, desenvolvido por meio de processos constitucionais de controle, intitulados de ações diretas, adquire, em geral, feições abstratas". Mas, ressalvei que "excepcionalmente, podem-se encontrar ações diretas de inconstitucionalidade cuja configuração leve em conta a situação pessoal, de direito material, afetada pelo ato legislativo impugnado", como é o caso do recurso constitucional (*verfassungsbeschwerde*) alemão.

A rigor, o controle abstrato estadual se ocupa, unicamente, do confronto entre leis ou atos normativos estaduais (ou municipais) e normas autônomas da Constituição Estadual, tanto as que não encontram paradigma na Constituição Federal, quanto as que consubstanciam normas de reprodução facultativa (normas de imitação). Todavia, a jurisprudência do Supremo Tribunal Federal, sob severa crítica doutrinária, alargou o âmbito do controle abstrato estadual, ao admitir que a alegação de inconstitucionalidade tenha como parâmetro normas de reprodução obrigatória de preceitos da Constituição da República.[47] Não se admitiu, contudo, que leis ou atos normativos municipais possam ser confrontados diretamente com a Constituição Federal por meio de ações diretas de nível estadual, julgadas pelos Tribunais de Justiça dos Estados.[48]

6. COMPETÊNCIAS LEGISLATIVAS DOS ESTADOS

Não se afigura exagerada a afirmação de que o cerne da autonomia reconhecida aos Estados-membros de uma Federação está na capacidade de que desfrutam de editar atos normativos de nível constitucional (auto-organização) e de nível primário, considerado o escalonamento normativo regional (autolegislação).

---

46 A expressão "representação de inconstitucionalidade" foi a utilizada pelo legislador constituinte brasileiro, desde a promulgação da EC nº 16, de 1965, à Constituição de 1946, para se referir às ações diretas genéricas de inconstitucionalidade, que instrumentalizam controle principal. Dada a ambiguidade do vocábulo "representação", rompeu o Constituinte de 88 com essa tradição em nível federal (art. 102, I, *a*), não tendo os trabalhos de sistematização ajustado o texto do art. 125, § 2º.

47 Essa orientação do Pretório Excelso foi cristalizada no julgamento da Reclamação nº 383-SP, atuando como Relator o Min. Moreira Alves.

48 A título de exemplo, invoque-se o acórdão proferido pelo STF na ADI nº 347-0/SP, em que a Suprema Corte declarou a inconstitucionalidade da expressão "Federal", que constava da redação originária do art. 74, inc. XI, da Constituição paulista, *in verbis*: "Artigo 74 – Compete ao Tribunal de Justiça, além das atribuições previstas nesta Constituição, processar e julgar originariamente: (...) XI – a representação de inconstitucionalidade de lei ou ato normativo municipal, contestados em face da Constituição *Federal*."

Delimitado o espaço de atuação do Poder Constituinte estadual e examinadas as decorrências de sua manifestação, cabe, agora, deitar o foco sobre as técnicas que o constitucionalismo tem empregado para discriminar a competência legislativa das entidades que integram um Estado do tipo federal.[49]

Com a autoridade de especialista na matéria, Fernanda Dias Menezes de Almeida sublinha que "o primeiro modelo, típico do federalismo clássico, vem da Constituição dos Estados Unidos, que adotou a técnica de especificar os poderes da União, deixando para os Estados todos os demais poderes que não atribuiu à autoridade federal e nem vedou às autoridades estaduais".[50]

Essa forma de repartição de competências, notadamente as de cunho legislativo, foi seguida por inúmeras Constituições, incluindo as brasileiras do período republicano.[51] Corresponde à técnica de repartição horizontal, assim denominada "porque separa competências como se separasse setores no horizonte governamental", tendo vicejado no federalismo de padrão dualista, na medida em que assegura às diferentes esferas da Federação competências privativas ou reservadas.[52]

---

49 Cuida-se de matéria constitucional por sua natureza, na lição de Raul Machado Horta, seguindo doutrina sedimentada, que remonta ao pensamento kelseniano: "Sendo a repartição de competência o instrumento de atribuição a cada ordenamento de sua matéria própria, a preservação desse processo no tempo e a realização de sua própria finalidade de técnica aplacadora de conflitos, impõem a localização da repartição de competências no documento fundamental da organização federal. (...) A relação entre Constituição Federal e repartição de competências é uma relação causal, de modo que, havendo Constituição Federal, haverá, necessariamente, a repartição de competências dentro do próprio documento de fundação jurídica do Estado Federal." Cf. Repartição de competências na Constituição Federal de 1988. *In*: HORTA, Raul Machado. *Direito Constitucional*. 5ª ed., atual. Juliana Campos Horta. Belo Horizonte: Del Rey, 2010, p. 310.

50 *Competências na Constituição de 1988*. 4ª ed. São Paulo: Atlas, 2007, p. 32.

51 A Constituição de 1988, fiel à tradição republicana, prescreveu em seu art. 25, § 1º, que "são reservadas aos Estados as competências que não lhes sejam vedadas por esta Constituição". Conforme já salientado, no tópico sobre os limites da autonomia estadual, a atribuição de determinadas competências à União ou aos Municípios importa, *ipso facto*, no impedimento dos Estados de seu exercício.

52 Veja-se: FILHO, Manoel Gonçalves Ferreira. *Curso de Direito Constitucional*. 35ª ed. São Paulo: Saraiva, p. 55-57.

A evolução das democracias liberais para democracias sociais impactou, no plano do Estado federal, o modelo de discriminação de competências legislativas, passando a coexistir a técnica de atribuição de poderes reservados ou exclusivos com outra inteiramente diversa, que pressupõe a cooperação entre as unidades federadas, na medida em que concorrem na disciplina de determinado assunto. Nessa última hipótese, como não poderia deixar de ser, cabe à Constituição estabelecer como se deve dar a contribuição de cada qual. Essa técnica foi alcunhada pela doutrina de vertical, "porque separa em níveis diferentes o poder de dispor sobre determinada matéria", o que "favorece a coordenação no tratamento de uma questão por parte de diversos entes federativos".[53]

O objetivo de assegurar aos entes federativos, notadamente os Estados-membros, maior autonomia, por meio da atribuição de competências legislativas privativas, foi, por conseguinte, revisitado sob o influxo do constitucionalismo social-democrático, passando inúmeras matérias a comportar concorrência legiferante. A percepção que passou a acompanhar o Estado federal é a de que a autonomia das unidades federadas não pode se sobrepor à eficiência econômico-social do arranjo federativo, havendo que se encontrar um justo equilíbrio entre ambos os objetivos.

A Constituição brasileira de 1988 se enquadra, à perfeição, no padrão do federalismo de cooperação, de matiz social-democrático.

No que concerne à capacidade legislativa, foram discriminadas as competências da União (art. 22) e, ainda que por meio de cláusula geral, a dos Municípios (art. 30, inciso I), cabendo aos Estados-membros a legislação remanescente, salvo se a matéria for objeto de legislação concorrente.

De outra parte, após arrolar as matérias de legislação concorrente da União, dos Estados e do Distrito Federal[54], cuidou o Constituinte de 88 de delimitar a contribuição de cada nível federativo na disciplina desses núcleos temáticos.

---

53 Cf. FILHO, Manoel Gonçalves Ferreira, *op. cit.*, p. 55.

54 Na verdade, também os Municípios participam da elaboração da legislação concorrente, ainda que não tenham sido mencionados no dispositivo-matriz da competência legislativa concorrente, o art. 24 da CRFB/88. A essa conclusão se chega por meio do elemento sistemático, tendo presente o disposto no art. 30, inc. II, da Lei Maior, segundo o qual compete às Municipalidades "suplementar a legislação federal e a estadual no que couber".

Destarte, coube à União o estabelecimento das normas gerais (art. 24, § 1º, da CRFB/88), o que não significa que possa o Congresso Nacional exaurir o tratamento normativo desses temas. A competência legislativa da União encerra um poder, mas, também, uma limitação, não podendo desbordar do âmbito das normas gerais, ainda que isso não seja passível de aferição precisa, razão de aflorarem inúmeros conflitos federativos, tendo tal indefinição como pano de fundo.

As normas gerais federais em matéria de legislação concorrente devem ser complementadas por normas editadas pela própria União, pelos Estados-membros (Distrito Federal) e pelos Municípios, se predominar o interesse local no tratamento da matéria.[55] Na hipótese, cada vez mais remota, na medida em que os anos de vigência da Constituição avançam, de inexistência de lei federal sobre normas gerais, compete aos Estados (e Municípios) o exercício de competência legislativa plena na matéria, com a ressalva de que a superveniência de lei federal sobre normas gerais afasta[56] a eficácia da legislação dita supletiva estadual (ou municipal).

Não se pode deixar de anotar que as técnicas de discriminação da competência legislativa coexistem com a realidade histórico-cultural de cada Federação, o que explica o fato de o emprego da mesma técnica apresentar resultados tão discrepantes.

No Brasil e nos Estados Unidos da América, a Constituição "limitou" a capacidade legislativa da União aos poderes enumerados, no intuito de reservar aos Estados-membros considerável parcela da competência legiferante. Todavia, o caráter centrífugo de nosso federalismo, em que um Estado unitário foi sucedido por um Estado federal, e a cultura centralizadora, remanescente do período colonial, certamente explicam a abrangência descomunal do elenco de competências privativas da

---

55 Essa a leitura correta do § 2º do art. 24 da Constituição de 88, porquanto também a União e os Municípios exercem competência legislativa suplementar, e não apenas os Estados.

56 A dicção do § 4º, do art. 24, da CRFB/88 é no sentido de que tal superveniência "suspende" a eficácia da legislação supletiva. Todavia, a interpretação teleológico-sistemática do dispositivo aponta para a revogação dessa legislação, sob pena de se admitir a repristinação normativa, fenômeno verberado pela melhor doutrina e pela própria diretriz do art. 2º, § 3º, da Lei de Introdução às Normas do Direito Brasileiro (Decreto-lei n. 4.657/42).

União (art. 22). Essa cultura de desconfiança em relação à descentralização legislativa, por outro lado, tem influenciado o Poder Judiciário, notadamente o Supremo Tribunal Federal, na exegese dos dispositivos que regulam a competência concorrente, franqueando à União o abuso do poder de editar normas gerais.

Em suma, a despeito da utilização de técnicas de repartição similares, ao menos no âmbito das matérias de competência legislativa privativa, o que se verifica é a reduzida importância da legislação estadual no Brasil, comparativamente ao que sucede nos Estados Unidos, em que a federação emergiu por agregação, em movimento centrípeto.

A compreensão de que o rol de matérias de competência legislativa privativa da União é extenso demais parece ter sido também a do Legislador Constituinte, o que o levou a admitir que lei complementar autorize "os Estados a legislar sobre questões específicas das matérias relacionadas" no sobredito artigo 22. A despeito de se abrir um flanco à descentralização legislativa, não se deve esperar que o dispositivo venha a alterar o cenário atual, de amesquinhamento da competência legislativa dos Estados-membros.[57]

7. AUTOGOVERNO

A faculdade de autogoverno reconhecida aos Estados-membros e que integra, como visto, a sua esfera de autonomia política, não demanda considerações mais alongadas.

No plano dos Poderes de representação política (Legislativo e Executivo), trata-se da eleição dos governantes (Deputados e Governadores) pelo eleitorado com domicílio eleitoral no Estado.

---

[57] Esse é o entendimento de Fernanda Dias Menezes de Almeida, ao assinalar que "nada indica que os Estados devam esperar muito da regra do parágrafo único do artigo 22". Primeiro, porque se trata de "mera faculdade aberta ao legislador federal, que dela, se quiser, poderá nem fazer uso". Segundo, porque a delegação de competência depende da aprovação de lei complementar, aprovada pela maioria absoluta dos integrantes da Câmara dos Deputados e do Senado Federal (art. 69 da CF). Finalmente, porque se, "por um lado, quaisquer das matérias de competência privativa da União são delegáveis, nunca será possível delegar a regulação integral de toda uma matéria", mas unicamente a regulação de "questões específicas" das matérias dos incisos do art. 22. Cf. ALMEIDA, Fernanda Menezes Dias de. *Competências na Constituição de 1988*. 4ª ed. São Paulo: Atlas, 2007, p. 90-93.

Em Estados federais de tendência descentralizadora, esse autogoverno se reforça com a possibilidade do estabelecimento de regras próprias para as eleições estaduais, bem como para a disciplina do exercício do mandato.

Não é o caso da Federação brasileira, em que o critério para o cálculo do número de Deputados Estaduais foi fixado pela Constituição Federal (art. 27, *caput*), assim como a duração da legislatura (art. 27, § 1º), tendo ainda sido estendidas a esses parlamentares as regras da Constituição (Federal) sobre "sistema eleitoral, inviolabilidade, imunidades, remuneração, perda de mandato, licença, impedimentos e incorporação às Forças Armadas" (art. 27, § 1º).

De igual modo, o procedimento para eleição dos Governadores e Vice-Governadores dos Estados foi delineado pela Constituição Federal (art. 28, *caput*), tomando como paradigma o procedimento de investidura do Presidente e do Vice-Presidente da República.

No que se refere ao Poder Judiciário, a prerrogativa do autogoverno importa na eleição dos órgãos diretivos dos tribunais estaduais pelos seus próprios integrantes.

A Constituição de 1988 consagrou, expressamente, essa projeção da autonomia estadual, incluindo-a no elenco de garantias institucionais do Poder Judiciário.[58] É certo, contudo, que, de modo similar ao que ocorre com a escolha dos representantes políticos na esfera estadual, esse predicamento sofre as constrições decorrentes de normas de organização judiciária veiculadas pela Constituição Federal (arts. 93, 94 e 125) e por lei complementar federal intitulada de Estatuto da Magistratura.[59]

---

[58] Preceitua o art. 96, inc. I, alínea *a*, da CF, que "compete privativamente aos tribunais (*em geral*) eleger seus órgãos diretivos (...)".

[59] O Estatuto da Magistratura desdobra as regras e princípios do art. 93, tendo a iniciativa do respectivo projeto de lei complementar sido adstrita ao Supremo Tribunal Federal, com exclusividade, o que não se mostrou salutar, haja vista a demora injustificável no encaminhamento ao Congresso Nacional de projeto de lei que propicie a renovação do Estatuto atual, em vigor desde 1979.

8. AUTONOMIA ADMINISTRATIVA

Pelas razões expostas no item 2, talvez a autonomia administrativa seja a mais ampla expressão da autonomia estadual ou, ao menos, a sua face mais visível.

A fórmula de rateio das competências administrativas em Estados federais costuma ser a mesma da discriminação de competências legislativas.

Assentada essa premissa, sob o influxo do federalismo clássico ou dualista, são reservadas aos Estados-membros todas as competências administrativas que não foram deferidas com exclusividade à União (ou aos Municípios).

Vale ressaltar, ainda uma vez, que o elenco de competências legislativas privativas da União não corresponde com precisão ao elenco de suas competências administrativas exclusivas. Tanto é assim, que a Constituição brasileira de 88 se viu na contingência de compor dois conjuntos distintos: no artigo 21 tratou das competências administrativas privativas da União e no artigo 22 de suas competências legislativas privativas, sendo certo que o primeiro não é mero reflexo do segundo.

Como já anotado,[60] por vezes, os Estados executam prescrições normativas de competência exclusiva da União, o que lhes assegura uma atuação administrativa mais abrangente do que a legislativa.

Sob a influência do federalismo cooperativo, passaram as Constituições a consagrar o compartilhamento da competência administrativa entre os entes federados, algo que tem se mostrado um pouco menos problemático do que o exercício da competência legislativa concorrente.

A Constituição Federal em vigor cuidou da matéria em seu artigo 23, que declara de competência comum da União, dos Estados, do Distrito Federal e dos Municípios as atividades administrativas arroladas em seus incisos, nem sempre correspondentes ao elenco de competências legislativas concorrentes do artigo 24.

No intuito de se buscar a racionalidade na atuação administrativa comum das unidades federadas, estipulou o Constituinte que "leis complementares fixarão normas para a cooperação entre a União e os

---

60 Item 2, nota de rodapé 26.

Estados, o Distrito Federal e os Municípios, tendo em vista o equilíbrio do desenvolvimento e do bem-estar em âmbito nacional". Essas normas não poderão implicar na subtração da competência administrativa das entidades territorialmente menores, assegurada nos incisos do artigo 23. O que deve ser objeto das leis complementares mencionadas são os mecanismos de estímulo à cooperação entre as diversas esferas federativas, o que, invariavelmente, importará em delegação de competências administrativas da União para os Estados (Distrito Federal) e Municípios.[61] Esse viés interpretativo é ratificado pelo disposto no artigo 241 da Constituição, segundo o qual "a União, os Estados, o Distrito Federal e os Municípios disciplinarão por meio de lei os consórcios públicos e os convênios de cooperação entre os entes federados, autorizando a gestão associada de serviços públicos, bem como a transferência total ou parcial de encargos, serviços, pessoal e bens essenciais à continuidade dos serviços transferidos".

9. AUTONOMIA FINANCEIRA

A Constituição de 5 de outubro de 1988, atenta à necessidade de assegurar aos Estados-membros da Federação brasileira recursos financeiros suficientes para o suporte de suas múltiplas atividades, notadamente no plano administrativo, cuidou de lhes deferir, privativamente, a instituição de certos impostos, incidentes sobre: os atos de transmissão *causa mortis* e doação, de quaisquer bens ou direitos; as operações relativas à circulação de mercadorias e as prestações de serviços de transporte interestadual e intermunicipal e de comunicação; a propriedade de veículos automotores.[62] Além desses impostos, os Estados detêm a competência privativa para instituir as taxas correspondentes ao exercício do poder de polícia estadual ou à utilização, efetiva ou potencial, de serviços públicos específicos e divisíveis por eles prestados ou postos à disposição dos contribuintes. O mesmo se

---

61 Nesse sentido, há um certo paralelo entre os parágrafos únicos dos arts. 22 e 23 da CRFB/88.

62 A instituição desses impostos também foi atribuída ao Distrito Federal, entidade essa cuja autonomia muito se aproxima daquela assegurada aos Estados pela Carta de 88. No entanto, no que tange à discriminação de rendas, o Distrito Federal cumula os impostos estaduais com aqueles da competência dos Municípios (art. 147 da CRFB/88), inexistentes em seu território.

diga em relação à instituição de contribuições de melhoria referentes a obras públicas de sua responsabilidade.[63]

Como já assinalado,[64] a Constituição brasileira em vigor, inspirada no federalismo cooperativo, complementou o quadro de receitas tributárias privativas dos entes estaduais com receitas, por assim dizer, concorrentes, carreadas ao Fundo de Participação dos Estados,[65] apropriadas pelos Estados enquanto instância arrecadadora[66] ou arrecadadas e transferidas diretamente pela União.[67]

Sob o império de Constituições analíticas, o exercício da autonomia financeira estadual sofre as limitações impostas pelas normas constitucionais que estruturam o sistema tributário nacional.[68] No caso brasileiro, também devem os Estados observar as normas gerais de tributação editadas pela União, com fulcro no permissivo do artigo 147, inciso III, alíneas de *a* a *d*, da Constituição Federal, e as normas editadas pelo Senado Federal sobre endividamento e operações de crédito.[69]

Contudo, o que se afigura mais nefasto à efetividade desse predicado autonômico pelos Estados é a atribuição de receitas próprias, privativas ou compartilhadas, que, totalizadas, não permitem às entidades regio-

---

63 BRASIL. Constituição (1988). *Constituição da República Federativa do Brasil*, art. 145, II e III.

64 Conforme item '2', "Autonomia Estadual", *retro*.

65 De acordo com o disposto no art. 159, inc. I, da CRFB/88, 21,5% (vinte e um inteiros e cinco décimos por cento) do produto da arrecadação do IR pela União devem ser destinados ao Fundo de Participação dos Estados e do DF.

66 É o caso do produto da arrecadação do IR, incidente na fonte, sobre rendimentos pagos, a qualquer título, pelos Estados e por suas autarquias e fundações (art. 157, I, da CRFB/88).

67 Nesse sentido, 10% (dez por cento) da arrecadação do imposto sobre produtos industrializados – IPI é entregue aos Estados e ao DF, proporcionalmente ao valor das respectivas exportações desses produtos, sendo também a eles entregues 29% (vinte e nove por cento) da arrecadação da contribuição de intervenção no domínio econômico, prevista no art. 177, § 4º, da CRFB/88 (relativa às atividades de importação e comercialização de petróleo e seus derivados, gás natural e seus derivados e álcool combustível).

68 No caso do Brasil, ganham destaque as limitações ao poder de tributar dos arts. 150 e 152 da CRFB/88.

69 O Senado regula a matéria por meio de resoluções, fundadas no art. 52, incs. V, VI, VII e IX, da CRFB/88.

nais o pleno cumprimento de sua missão constitucional, especialmente no que concerne às atividades administrativas de fomento, exercício do poder de polícia e prestação de serviços públicos.

A despeito da elevada carga tributária que incide sobre o contribuinte brasileiro, é bastante disseminada a sensação de que as receitas não foram rateadas de forma equânime pelo Constituinte, o que se revela quer pela quantidade de tributos privativos da União, quer pelo seu potencial arrecadatório.[70]

Trata-se de problema que tem contribuído para a fragilidade do arranjo federativo brasileiro, ao lado dos fatores histórico-culturais já mencionados, e que mereceu palavras candentes de Oswaldo Trigueiro: "[t]alvez em nenhuma Federação os Estados-membros sofram maior penúria de recursos tributários próprios. Esta peculiaridade acentua o artificialismo do nosso regime federal, cuja autonomia se caracteriza hoje por sua extrema debilidade."[71]

Nos últimos anos, a insuficiência de recursos estaduais próprios tem se agravado por culpa das próprias unidades federadas, que movidas por um discurso pseudo-desenvolvimentista demagógico e irresponsável, não se pejam em descumprir mandamento constitucional expresso, segundo o qual depende de deliberação colegiada dos Estados e do Distrito Federal a concessão e a revogação de isenções, incentivos e benefícios fiscais no âmbito do ICMS, procedimento deliberativo esse que se manteve, provisoriamente, regulado pela Lei Complementar Federal nº 24, de 7 de janeiro de 1975.[72] A multiplicação de leis e decretos estaduais, de formato variado, concessivos de benefícios fiscais ao arrepio da Constituição, registre-se, não teria ocorrido sem a falta de energia do Supremo Tribunal Federal em lidar com essa predatória "guerra fiscal", tão perniciosa à autonomia financeira dos Estados-membros.[73]

---

[70] Dos três impostos que mais arrecadam no País, dois são de competência exclusiva da União (IR e IPI), que, ademais, pode, por meio de lei complementar, instituir impostos residuais (art. 154, I, da CRFB/88), bem como instituir empréstimos compulsórios (art. 148 da CRFB/88). Isso sem mencionar que boa parte da arrecadação federal advém da cobrança de contribuições sociais de intervenção no domínio econômico (art. 149, *caput*, da CRFB/88), cujo produto, em geral, não é compartilhado com os Estados e os Municípios.

[71] TRIGUEIRO, Oswaldo. *Direito constitucional estadual*. Rio de Janeiro: Forense, 1980, p. 237.

[72] Cf. art. 155, § 2º, inc. XII, alínea g, da CRFB/88 e art. 34, § 8º, do ADCT.

10. CRIAÇÃO, MODIFICAÇÃO E EXTINÇÃO DE ESTADOS

Na medida em que os Estados-membros constituem pilares do edifício federativo, a criação e a extinção de Estados, bem como a mera alteração de sua configuração territorial e populacional, devem receber disciplina constitucional específica, sob pena de restarem inviabilizadas.[74]

A Constituição de 1988 disciplinou a matéria em seu artigo 18, § 3º, que estabelece, *in verbis*:

> Os Estados podem incorporar-se entre si, subdividir-se ou desmembrar-se para se anexarem a outros, ou formarem novos Estados ou Territórios Federais, mediante aprovação da população diretamente interessada, através de plebiscito, e do Congresso Nacional, por lei complementar.

Não se trata, ao contrário do que possa parecer, de dispositivo de simples interpretação.

Em primeiro lugar, "incorporar-se entre si" se afigura como algo incompreensível, à primeira vista, pois, como bem observa José Afonso da Silva, "não há propriamente incorporação *entre si*, incorporação *entre dois*; há incorporação *de um a outro*".[75]

Com a expressão "incorporar-se entre si", o Constituinte de 88, na verdade, aludiu a dois procedimentos distintos: a *incorporação propriamente dita*, em que um Estado é absorvido inteiramente por outro, deixando de existir (extinção de um Estado e ampliação territorial e populacional de outro); e a *fusão*, em que um ou mais Estados se aglutinam, deixando de existir para darem nascimento a nova unidade federada.[76]

---

[73] É difícil aquilatar se o caso é de incapacidade ou "falta de vontade política" do STF, porém, o certo é que a rápida concessão de liminares nas inúmeras ações diretas de inconstitucionalidade propostas, tendo por objeto atos normativos promotores de "guerra fiscal", certamente teria coibido a prática.

[74] Em atenção a esse ponto, nas palavras de Raul Machado Horta, "as Constituições Federais Brasileiras sempre dispensaram especial atenção à criação de novos Estados, tornando inequívoca a possibilidade de alteração na estrutura territorial do Estado Federal". Cf. O Estado-membro na Constituição Federal brasileira. In: ____. *Direito Constitucional*. 5ª ed., atual. Juliana Campos Horta. Belo Horizonte: Del Rey, 2010, p. 293.

[75] SILVA, José Afonso da. *Curso de Direito Constitucional positivo*. 39ª ed. São Paulo: Malheiros, 2016, p. 477.

[76] No mesmo sentido a doutrina de José Afonso da Silva, *op. cit.*, p. 477.

A subdivisão de Estados opera em sentido inverso ao da fusão, havendo a extinção de um deles para proporcionar o nascimento de dois ou mais novos e diferentes Estados.

Já o desmembramento de Estados-membros foi assim descortinado por José Afonso da Silva:[77]

> *Desmembramento* é processo diverso da subdivisão. *Desmembrar* é separar uma ou mais partes de um todo, sem perda da identidade do ente primitivo. Desmembramento de Estado, portanto, quer dizer separação de parte dele, sem que ele deixe de ser o mesmo Estado. Continua com sua personalidade primitiva, apenas desfalcado do pedaço de seu território e população separados. A parte desmembrada poderá constituir novo Estado, ou anexar-se a outro, ou formar Território Federal.

Portanto, os procedimentos referidos no § 3º do artigo 18 da Constituição importam ora em extinção sem criação (incorporação), ora em criação e extinção simultâneas (fusão e subdivisão), ora em criação sem extinção (desmembramento para criar novo Estado), ora em alteração estrutural sem criação ou extinção (desmembramento para anexação da parte destacada a Estado já existente).

Mais nebulosa ainda é a condição imposta pelo Constituinte para o conjunto dessas modalidades de criação, extinção e modificação de Estados, consistente na "aprovação da população diretamente interessada, através de plebiscito".

Na hipótese de incorporação (propriamente dita), há que se contar com a aprovação das populações do Estado a ser incorporado e do Estado incorporador; na fusão, a população de cada um dos Estados a serem fundidos também deve se manifestar favoravelmente; de igual modo, na subdivisão, a população do Estado que pretende se subdividir deve aprovar a operação.

A incerteza avulta em relação ao desmembramento de parcela do território e da população de um Estado, para anexação a outro ou para formação de um novo, havendo acesa controvérsia sobre a necessidade de se obter a anuência da população total do Estado a ser desmembrado ou apenas da parte do território que pretende se separar.[78]

O Supremo Tribunal Federal teve a oportunidade de apreciar a questão, ao ensejo do julgamento da ADI nº 2.650/DF, em que, pela unanimidade de seus membros, declarou a constitucionalidade do

---

77 *Op. cit.*, p. 478.

disposto no artigo 7º da Lei Federal nº 9.709, de 18 de novembro de 1998, que regulamenta o exercício direto do poder pelo povo (eleitorado) mediante plebiscito, referendo ou iniciativa popular.

Com efeito, no tocante ao tema em discussão, assim dispôs o legislador infraconstitucional:

> Art. 7º Nas consultas plebiscitárias previstas nos arts. 4º (*incorporação, fusão, subdivisão ou desmembramento de Estados*) e 5º (*incorporação, fusão, subdivisão ou desmembramento de Municípios*) entende-se por população diretamente interessada tanto a do território que se pretende desmembrar, quanto a do que sofrerá desmembramento; em caso de fusão ou anexação, tanto a população da área que se quer anexar quanto a da que receberá o acréscimo; e a vontade popular se aferirá pelo percentual que se manifestar em relação ao total da população consultada.

Andou bem, a meu juízo, o Pretório Excelso, porquanto não faz sentido atribuir primazia à população da parcela territorial de um Estado que pretende dele se desmembrar, em relação ao restante da população desse mesmo Estado, obviamente também diretamente interessada na delicada decisão. Não se deve fazer aqui paralelo com a situação dos enclaves nacionais de certos Estados soberanos, com pretensões separatistas, fenômeno esse, ademais, regido pelas injunções da política internacional e não do direito das gentes propriamente dito. Isso sem falar nas consequências desastrosas da diretriz pró autonomia das partes, que redundaria na fragmentação exacerbada da divisão regional do Estado brasileiro.[79]

---

[78] José Afonso da Silva, em seu festejado *Curso de Direito Constitucional positivo* (*op. cit.*, p. 478), posiciona-se de forma incisiva em favor da segunda hipótese: "População *diretamente* interessada, no caso, é a da parte desmembranda, é a da parte que quer separar-se." O restante da população do Estado a ser desmembrado, nessa linha de raciocínio, seria apenas *indiretamente* interessada.

[79] Merecem transcrição os itens de 1 a 4 da ementa do v. acórdão então proferido pelo STF (j. 24-8-2011), sob a condução do eminente relator, Ministro Dias Toffoli: "1. Após a alteração promovida pela EC 15/96, a Constituição explicitou o alcance do âmbito de consulta para o caso de reformulação territorial de municípios e, portanto, o significado da expressão *populações diretamente interessadas*, contida na redação originária do § 4º do art. 18 da Constituição, no sentido de ser necessária a consulta a toda a população afetada pela modificação territorial, o que, no caso de desmembramento, deve envolver tanto a população do território a ser desmembrado, quanto a do território remanescente. Esse sempre foi o real sentido da exigência constitucional - a nova redação conferida pela emenda, do mesmo modo que o art. 7º da Lei 9.709/98, apenas tomou explícito um conteúdo

Após a aprovação da população diretamente interessada, devem se manifestar as Assembleias Legislativas dos Estados afetados pela operação.[80] Em sintonia com a Constituição Federal, a Lei nº 9.709/98

---

já presente na norma originária. 2. A utilização de termos distintos para as hipóteses de desmembramento de estados-membros e de municípios não pode resultar na conclusão de que cada um teria um significado diverso, sob pena de se admitir maior facilidade para o desmembramento de um estado do que para o desmembramento de um município. Esse problema hermenêutico deve ser evitado por intermédio de interpretação que dê a mesma solução para ambos os casos, sob pena de, caso contrário, se ferir, inclusive, a isonomia entre os entes da federação. O presente caso exige, para além de uma interpretação gramatical, uma interpretação sistemática da Constituição, tal que se leve em conta a sua integralidade e a sua harmonia, sempre em busca da máxima da unidade constitucional, de modo que a interpretação das normas constitucionais seja realizada de maneira a evitar contradições entre elas. Esse objetivo será alcançado mediante interpretação que extraia do termo *população diretamente interessada* o significado de que, para a hipótese de desmembramento, deve ser consultada, mediante plebiscito, toda a população do estado membro ou do município, e não apenas a população da área a ser desmembrada. 3. A realização de plebiscito abrangendo toda a população do ente a ser desmembrado não fere os princípios da soberania popular e da cidadania. O que parece afrontá-los é a própria vedação à realização do plebiscito na área como um todo. Negar à população do território remanescente o direito de participar da decisão de desmembramento de seu estado restringe esse direito a apenas alguns cidadãos, em detrimento do princípio da isonomia, pilar de um Estado Democrático de Direito. 4. Sendo o desmembramento uma divisão territorial, uma separação, com o desfalque de parte do território e de parte da sua população, não há como excluir da consulta plebiscitária os interesses da população da área remanescente, população essa que também será inevitavelmente afetada. O desmembramento dos entes federativos, além de reduzir seu espaço territorial e sua população, pode resultar, ainda, na cisão da unidade sociocultural, econômica e financeira do Estado, razão pela qual a vontade da população do território remanescente não deve ser desconsiderada, nem deve ser essa população rotulada como indiretamente interessada. Indiretamente interessada - e, por isso, consultada apenas indiretamente, via seus representantes eleitos no Congresso Nacional - é a população dos demais estados da Federação, uma vez que a redefinição territorial de determinado estado-membro interessa não apenas ao respectivo ente federativo, mas a todo o Estado Federal." (ADI 2650, Relator(a): Min. DIAS TOFFOLI, Tribunal Pleno, julgado em 24/08/2011, DJe-218 DIVULG 16-11-2011 PUBLIC 17-11-2011 EMENT VOL-02627-01 PP-00001 RTJ VOL-00220-01 PP-00089 RT v. 101, n. 916, 2012, p. 465-508).

80 Reza o art. 48, inc. VI, da CRFB/88, que compete ao Congresso Nacional, com a sanção do Presidente da República, dispor sobre "incorporação, subdivisão ou desmembramento de áreas de Territórios ou Estados, ouvidas as respectivas Assembleias Legislativas".

atribuiu a essa manifestação caráter meramente opinativo (não vinculativo), fornecendo "ao Congresso Nacional os detalhamentos técnicos concernentes aos aspectos administrativos, financeiros, sociais, econômicos da área geopolítica afetada", cabendo-lhe, consequentemente, ao votar o projeto de lei complementar de incorporação, fusão, subdivisão ou desmembramento, tomar "em conta as informações técnicas a que se refere o parágrafo anterior".[81]

Finalmente, aperfeiçoa-se a operação de alteração da estrutura regional brasileira por meio de lei complementar, aprovada pelas duas Casas do Congresso Nacional e sancionada pelo Presidente da República.

11. CONCLUSÕES

Ao longo do século XX, o federalismo enfrentou dificuldades advindas de tendências centralizadoras de diferentes matizes.

Por se cuidar de poderoso antídoto ao abuso de poder,[82] a fórmula federalista foi duramente golpeada nos Estados em que a própria democracia feneceu, como sucedeu, entre nós, no período do Estado Novo, sob a égide da Constituição de 1937.[83]

---

[81] Art. 4°, §§ 3° e 4°, da Lei Federal n° 9.709/98.

[82] Dentre os principais instrumentos de limitação do poder que o Direito Constitucional produziu em dois séculos de existência há que se mencionar, além da própria Constituição e do controle de constitucionalidade, a separação dos Poderes, as liberdades públicas e a forma federativa de Estado.

[83] Como bem exposto por Raul Machado Horta, a despeito da modelagem federalista adotada na Carta de 37, tratava-se de um federalismo nominal, logo suplantado por normas infraconstitucionais de cunho unitarista: "O federalismo nominal da Carta de 1937 nem sequer durou no texto constitucional, pois, na realidade, dali desapareceu em virtude de singular processo de desconstitucionalização. A lei ordinária substituiu a estrutura federal nominal pela estrutura legal do Estado unitário. A rigidez da Carta curvou-se ao voluntarismo dos decretos-leis e o texto constitucional adquiriu flexibilidade no contato dominador da vontade legislativa monopolizada pelo Presidente da República. A mudança da Carta ocorreu também no domínio do precário federalismo nominal. O instrumento dessa transformação foi o Decreto-Lei n° 1.202, de 8 de abril de 1939, que dispunha sobre a administração dos Estados e dos Municípios." Cf. Autonomia do Estado no Direito Constitucional brasileiro. *In*: HORTA, Raul Machado. *Direito Constitucional*. 5ª ed., atual. Juliana Campos Horta. Belo Horizonte: Del Rey, 2010, p. 395.

Porém, mesmo nos Estados que se mantiveram fiéis à democracia e suas instituições, a demanda por maior intervenção estatal, que acompanhou a superação do Estado liberal pelo Estado social-democrático, redundou no recrudescimento da centralização político-administrativa, resultando na substituição do federalismo dual pelo federalismo cooperativo.

Os Estados federais dessa nova cepa buscaram equilibrar a autonomia das entidades territoriais menores, essencial para a limitação do poder do governo central, com a eficiência na alocação de recursos e prestação de serviços públicos, sem o que não se empresta efetividade aos direitos sociais, nem se alcança um desenvolvimento econômico regionalmente equilibrado.[84]

A despeito da complexidade que a evolução do sistema político democrático impôs ao arranjo federativo, não se vislumbra o abandono de seus princípios básicos, dentre os quais avulta a exigência de se assegurar autonomia política, administrativa e financeira aos Estados-membros da Federação.

Em suma, enquanto permanecer vivo o ideal democrático, a forma federativa de Estado continuará a despertar forte interesse, quer pela limitação espacial do poder que encerra, quer pela maior eficiência governativa que proporciona.

No Brasil, o Estado federal, a par do desafio de conciliar autonomia estadual com desenvolvimento integrado, terá que superar o constatável enraizamento superficial na cultura política, fruto da história de nossas instituições.

---

[84] Autores clássicos, como Charles Durand, chegaram mesmo a divisar no federalismo cooperativo, então denominado de neofederalismo, o ocaso do Estado politicamente descentralizado: "Tudo isso se relaciona, evidentemente, com uma decadência do interesse das populações pela autonomia do Estado membro. (...) Ao federalismo qualificado de *dualista* se quis opor o neofederalismo, no qual os Estados membros não teriam praticamente mais do que o legislador federal lhes quisera deixar. Porém, então não se rechaça o federalismo para se deslizar, na verdade, rumo à noção de descentralização administrativa?". Cf. El Estado federal en el derecho positivo. *In*: BERGER, Gaston. *Federalismo y federalismo europeo*. Tradução de Raúl Morodo. Madri: Tecnos, 1965, p. 212-3, com tradução livre de minha responsabilidade.

Não se nega que a Constituição de 1988 tenha tentado reavivar o Estado federal brasileiro, eclipsado pela centralização política incontrastável promovida pelo regime autoritário burocrático-militar.[85] Contudo, os resultados obtidos após quase trinta anos de vigência ficaram aquém da profissão de fé federalista, insculpida nos seus artigos 1º, caput, e 60, § 4º, inciso I.

Nos limites destas breves considerações sobre os Estados-membros, sua natureza e competência, não se pode fazer mais do que indicar alternativas promissoras no sentido de reforçar as bases, não apenas jurídicas, mas socioculturais, da Federação brasileira.

Caberia, de início, fazer uma criteriosa revisão do amplo elenco de matérias de competência legislativa privativa da União, de modo a deslocar algumas delas, senão para o campo da competência reservada estadual, ao menos para o da competência legislativa concorrente. Nesse sentido, o permissivo do parágrafo único do artigo 22 da Constituição poderá abrir espaço para algum experimentalismo institucional que, depois, se positiva a iniciativa, venha a se consolidar por meio do mecanismo de reforma.

No tocante à legislação concorrente, fonte da qual emanam inúmeros conflitos federativos, é preciso dar contornos um pouco menos fluidos à competência da União para estabelecer normas gerais sobre as matérias de disciplina verticalizada. Não é tarefa simples, mas também não é algo inviável, inserir no texto constitucional uma fórmula minimamente satisfatória a esse propósito.

---

85 Por todos, invoque-se o testemunho invulgar de Raul Machado Horta: "A *Constituição Federal de 1988* promoveu a reconstrução do federalismo brasileiro, estabelecendo a relação entre a Federação e os princípios e regras que individualizam essa forma de Estado no conjunto das formas políticas. (...) O federalismo constitucional de 1988 exprime uma tendência de equilíbrio na atribuição de poderes e competências à União e aos Estados. Afastou-se das soluções centralizadoras de 1967 e retomou, com mais vigor, soluções que despontaram na Constituição de 1946, para oferecer mecanismos compensatórios, em condições de assegurar o convívio entre os poderes nacionais-federais da União e os poderes estaduais-autônomos das unidades federadas. As bases do federalismo de equilíbrio estão lançadas na Constituição de 1988." Cf. Autonomia do Estado no Direito Constitucional brasileiro. *In*: HORTA, Raul Machado. *Direito Constitucional*. 5ª ed., atual. Juliana Campos Horta. Belo Horizonte: Del Rey, 2010, p. 413-416.

Em relação às competências administrativas, os caminhos da delegação e da cooperação entre os diversos níveis federativos já estão abertos, bastando neles perseverar.

É certo que a Constituição de 88 procurou reduzir as limitações à auto-organização dos Estados. Entretanto, a prática pós-88 revela que ainda há muito a ser eliminado. Apenas a título exemplificativo, não se afigura defensável, à luz dos princípios federalistas, o nível de padronização imposto pela Constituição da República ao disciplinar o regime jurídico dos servidores e agentes públicos dos três níveis de governo, notadamente em matéria remuneratória.[86]

A indispensável revisão na discriminação de rendas, quiçá ao ensejo da anunciada e sempre adiada reforma do sistema tributário nacional, deverá ampliar a descentralização de recursos financeiros, sob pena de se tornar ainda mais aguda a crise fiscal de Estados e Municípios, sempre sem se descurar das regras de boa-governança e do princípio da responsabilidade fiscal.[87]

Por último, ainda que não se vislumbre a oportunidade imediata para a atribuição assimétrica de competências aos Estados-membros, não resta dúvida de que no horizonte de nossa experiência federativa haveremos de passar por esse debate,[88] do mesmo modo que o avanço da democracia brasileira precisa ajustar contas com a representação

---

86 O propósito, aparentemente louvável, de evitar abusos estipendiários revela, de modo indisfarçável, a desconfiança no exercício da cidadania em nível local e regional.

87 Pode-se extrair o princípio da responsabilidade fiscal, aplicável às três esferas da Federação, do disposto no *caput* e parágrafos do art. 169 da CRFB/88.

88 Ao dissertar sobre o federalismo assimétrico e seus objetivos, assim se manifestou Ricardo Victalino de Oliveira: "Em verdade, o federalismo assimétrico pode ser compreendido como um esforço voltado a explicar e a informar os sistemas de descentralização política adotado por Estados que buscam construir um modelo alternativo e juridicamente viável de articulação do poder. São múltiplos os fatores que podem chamar a assimetria para o texto constitucional estruturante da Federação, mas o certo é que os mecanismos dela derivados sempre irão objetivar a pacificação institucional por meio da diferenciação racionalmente controlada do exercício das competências materiais e legislativas titularizadas pelas partes federadas. E essas desigualdades jurídicas plasmadas nos dispositivos constitucionais tendem a converter-se em habilidoso e eficiente meio de assegurar a convivência pacífica e ordenada entre realidades dissonantes e, não raro, hostis entre si." Excerto extraído da obra *Federalismo assimétrico brasileiro*. Belo Horizonte: Arraes, 2012, p. 30.

desproporcional das populações dos Estados, consagrada pela execrável fórmula do § 1º, do artigo 45, da Constituição.

A revitalização do Estado federal brasileiro e, em consequência, das entidades regionais que o integram, muito depende da consciência cidadã no tocante à adequação da descentralização político-administrativa à nossa realidade. Essa consciência em favor das virtudes do federalismo há que se refletir na representação política, no Congresso e na Presidência da República, instigados, certamente, pelos governos estaduais.

Mas há um ator que poderá ser decisivo nesse descortinar de expectativas autonômicas: o Supremo Tribunal Federal. Que a nossa Suprema Corte revisite com vigor e humildade sua jurisprudência hostil à descentralização política, com o que se mostrará à altura do papel institucional que o Constituinte de 88 lhe reservou, enquanto Corte Constitucional e, portanto, associada ao Estado brasileiro em sua unidade, pouco importando que sua manutenção seja assegurada pelos cofres da União.

12. REFERÊNCIAS BIBLIOGRÁFICAS

ALMEIDA, Fernanda Dias Menezes de. *Competências na Constituição de 1988*. 4ª ed. São Paulo: Atlas, 2007.

ESTADOS UNIDOS. Constituição (1789). *Constituição dos Estados Unidos da América*. Washington, D.C, 1789.

BRASIL. Constituição (1946). Emenda constitucional nº 16, de 26 de novembro de 1965. Altera dispositivos constitucionais referentes ao Poder Judiciário. *Diário Oficial da União*, Brasília, 6 de dez. de 1965.

_____. Constituição (1988). *Constituição da República Federativa do Brasil*. Brasília, DF: Senado Federal: Centro Gráfico, 1988.

_____. Decreto-Lei nº 1.202, de 8 de abril de 1939. Dispõe sobre a administração dos Estados e dos Municípios. *Diário Oficial da União*, Rio de Janeiro, 10/4/1939. Disponível em: <http://www2.camara.leg.br/legin/fed/declei/1930-1939/decreto-lei-1202-8-abril-1939-349366-publicacaooriginal-1-pe.html>.

_____. Lei nº 9.709 de 18 de novembro de 1998. Regulamenta a execução do disposto nos incisos I, II e III do art. 14 da Constituição Federal. *Diário Oficial da União*, Brasília, 18 de novembro de 1998.

_____. *Lei nº 9.709, de 18 de Novembro de 1998*. Regulamenta a execução do disposto nos incisos I, II e III do art. 14 da Constituição Federal. Brasília, DF, novembro de 1998.

DÓRIA, Antônio de Sampaio. *Direito Constitucional*. 5ª ed. São Paulo: Max Limonad, 1962, v. 1, t. 2.

DURAND, Charles. El Estado federal en el derecho positivo. *In*: BERGER, Gaston. *Federalismo y federalismo europeo*. Tradução de Raúl Morodo. Madri: Tecnos, 1965.

FAGUNDES, Miguel Seabra. *O Controle dos atos administrativos pelo Poder Judiciário*. 5ª ed. Rio de Janeiro: Forense, 1979.

FERRAZ, Anna Cândida da Cunha. *Poder Constituinte do Estado-membro*. São Paulo: Revista dos Tribunais, 1979.

FILHO, Manoel Gonçalves Ferreira. *Curso de Direito Constitucional*. 35ª ed. São Paulo: Saraiva.

HORTA, Raul Machado. Autonomia do Estado no Direito Constitucional brasileiro. *In*: _____. *Direito Constitucional*. 5ª ed., atual. Juliana Campos Horta. Belo Horizonte: Del Rey, 2010.

_____. O Estado-membro na Constituição Federal brasileira. *In*: _____. *Direito Constitucional*. 5ª ed., atual. Juliana Campos Horta. Belo Horizonte: Del Rey, 2010.

_____. Repartição de competências na Constituição Federal de 1988. *In*: _____. *Direito Constitucional*. 5ª ed., atual. Juliana Campos Horta. Belo Horizonte: Del Rey, 2010.

_____. Autonomia do Estado no Direito Constitucional brasileiro. *In*: _____. *Direito Constitucional*. 5ª ed., atual. Juliana Campos Horta. Belo Horizonte: Del Rey, 2010.

_____. Tendências atuais da federação brasileira. *In*: _____. *Direito Constitucional*. 5ª ed., atual. Juliana Campos Horta. Belo Horizonte: Del Rey, 2010.

LEWANDOWSKI, Enrique Ricardo. *Globalização, regionalização e soberania*. São Paulo: Juarez de Oliveira, 2004.

OLIVEIRA, Ricardo Victalino de. As relações exteriores das unidades federadas à luz do Direito Internacional e do Direito Constitucional. *In*: RAMOS, Dircêo Torrecillas. *O federalista atual:* teoria do federalismo. Belo Horizonte: Arraes, 2013.

OLIVEIRA, Ricardo Victalino de. *Federalismo assimétrico brasileiro*. Belo Horizonte Arraes, 2012.

RAMOS, Elival da Silva. *Ativismo judicial*: parâmetros dogmáticos. 2ª ed. São Paulo: Saraiva, 2015.

_____. *Controle de constitucionalidade no Brasil*: perspectivas de evolução. São Paulo: Saraiva, 2010.

BASTOS, Romeu Costa Ribeiro; ROCHA, Maria Elizabeth Guimarães Teixeira. Da confederação à federação: a trajetória da fundação dos Estados Unidos da América. *In*: RAMOS, Dircêo Torrecillas. *O federalista atual*: teoria do federalismo. Belo Horizonte: Arraes, 2013.

SILVA, José Afonso da. *Curso de Direito Constitucional positivo*. 39ª ed. São Paulo: Malheiros, 2016.

TRIGUEIRO, Oswaldo. *Direito constitucional estadual*. Rio de Janeiro: Forense, 1980.

O FEDERALISMO ALEMÃO EM UMA PERSPECTIVA COMPARADA COM O FEDERALISMO BRASILEIRO: A CONSTRIBUIÇÃO DO PRINCÍPIO DA LEALDADE FEDERATIVA PARA A PRESERVAÇÃO E O DESENVOLVIMENTO DA FEDERAÇÃO NO BRASIL

EUZÉBIO FERNANDO RUSCHEL[1]
ERNESTO JOSÉ TONIOLO[2]

> SUMÁRIO: 1. Introdução. 2. A importância do federalismo alemão como objeto de estudo para o direito comparado. 3. Algumas peculiaridades estruturais do federalismo na Alemanha. 4. A distribuição da competência legislativa e administrativa. 5. O modelo de federalismo cooperativo alemão em contraste com o brasileiro. 6. O princípio da lealdade federativa ou princípio do comportamento amigável à federação (Bundestreue ou Grundsatz des bundesfreundlichen Verhaltens) como instituto aplicável ao direito brasileiro. 7. Conclusões. 8. Referências Bibliográficas.

1. INTRODUÇÃO

O aprofundamento da crise na economia brasileira, com a consequente diminuição na arrecadação de tributos, insuficientes para custear o aparato estatal, e os crescentes gastos com a prestação de serviços que a Constituição Federal de 1988 atribuiu aos Estados e aos Municípios, resultaram no agravamento dos déficits orçamentários destes entes federados. O grande número de Estados à beira do total colapso financeiro coloca o tema da federação no centro dos debates jurídicos e políticos da República. Diante desse cenário de difícil solução, muitos

---

[1] Procurador-Geral do Estado do Rio Grande do Sul.

[2] Procurador do Estado do Rio Grande do Sul. Mestre em Direito pela Universidade Federal do Rio Grande do Sul.

Governadores recorreram ao Supremo Tribunal Federal, vendo-se obrigados a judicializar as relações federativas, em especial aquelas mantidas com a União Federal.

A elaboração de uma obra dedicada ao estudo do federalismo no Brasil, pelos mais diversos prismas, com textos escritos pelos Procuradores-Gerais dos Estados e do Distrito Federal, apresenta-se mais do que oportuna, demonstrando a necessidade de soluções legislativas e jurisdicionais que preservem e desenvolvam a federação.

À Procuradoria-Geral do Estado do Rio Grande do Sul coube a tarefa de trazer alguns elementos relevantes da experiência da federação alemã, em uma perspectiva comparada com o direito brasileiro. Não pretendemos esgotar a análise das vastas peculiaridades do federalismo da Alemanha. Pretendemos, antes, apresentar uma breve exposição que conduzirá ao estudo de dois institutos que podem prestar valioso auxílio para solução de alguns dos nossos principais problemas federativos. Trata-se do modelo de federalismo cooperativo alemão e, em especial, do princípio da lealdade federativa ou princípio do comportamento amigável à federação (*Bundestreue* ou *Grundsatz des bundesfreundlichen Verhaltens*). Ainda pouco conhecido no Brasil, o princípio da lealdade federativa impõe à União (*Bund*) e aos Estados-membros (*Länder*) o dever de considerarem os interesses recíprocos, ainda que exerçam parcela de sua autonomia constitucional ao legislarem ou praticarem atos administrativos.

2. A IMPORTÂNCIA DO FEDERALISMO ALEMÃO COMO OBJETO DE ESTUDO PARA O DIREITO COMPARADO

Conquanto inicialmente o federalismo norte-americano tenha servido como modelo para a construção da federação brasileira, outros ordenamentos jurídicos também exercem forte influência na nossa legislação, na jurisprudência e na doutrina. A influência do direito alemão no Brasil não se restringe às diversas codificações que encontraram inspiração nos diplomas legislativos germânicos. Nosso direito constitucional encontra-se impregnado de institutos de natureza tipicamente alemã. O maior exemplo dessa marca pode ser verificado no próprio texto da Constituição Federal de 1988, que introduziu o conceito de direito fundamental como categoria jurídica de dimensão normativa diferenciada (art. 5°, § 2°, CRFB/1988)³. A jurisprudência do Supremo Tribunal Federal também recorre constantemente às construções doutrinárias e jurisprudências da Alemanha, a exemplo da aplicação do postulado da proporcionalidade e da modulação de efeitos na declaração de inconstitucionalidade, dentre muitos outros casos que poderiam ser enumerados. Até mesmo o princípio da proteção da confiança legítima (*Vertrauensschutz*), figura típica germânica construída pela doutrina e materializada em julgamentos do Tribunal Constitucional da Alemanha (*Bundesverfassungsgericht*) – como decorrência do Estado de Direito, do princípio da legalidade e do princípio da segurança jurídica – recebeu grande acolhida na jurisprudência do Supremo Tribunal Federal, bem como na doutrina de nosso país.⁴

---

3 BRASIL. Constituição (1988). *Constituição da República Federativa do Brasil*. 40ª ed. São Paulo: Saraiva, 2007.

4 O princípio da proteção da confiança é assim conceituado por Humberto Ávila: "o chamado princípio da proteção da confiança serve de instrumento de defesa de interesses individuais nos casos em que o particular, não sendo protegido pelo direito adquirido ou pelo ato jurídico perfeito, em qualquer âmbito, inclusive no tributário, exerce a sua liberdade, em maior ou menor medida, confiando na validade (ou na aparência de validade) de um conhecido ato normativo geral ou individual e, posteriormente, tem a sua confiança frustrada pela descontinuidade da sua vigência ou dos seus efeitos, quer por simples mudança, quer por revogação ou anulação, quer, ainda, por declaração da sua invalidade" (ver: ÁVILA, Humberto Bergmann. *Segurança jurídica – entre permanência, mudança e realização no Direito Tributário*. 2ª ed., São Paulo: Malheiros, 2012, p. 366). Almiro do Couto e Silva, ao discorrer acerca dos princípios da segurança jurídica e da proteção da confiança no Direito Público brasileiro, considera-os "(...) elementos conservadores inseridos na ordem jurídica, destinados à manutenção do *status quo* e a evitar que as pessoas sejam surpreendidas por modificações no Direito Positivo ou na conduta do Estado, mesmo quando manifestadas em atos ilegais, que possam ferir os interesses dos administrados ou frustrar-lhes as expectativas". Ver: SILVA, Almiro do Couto e. O princípio da segurança jurídica (proteção à confiança) no Direito Público brasileiro e o direito da Administração Pública de anular seus próprios atos administrativos: o prazo decadencial do art. 54 da Lei de Processo Administrativo da União (*Lei nº 9.784/99*). *Revista de Direito Administrativo*. V. 237, jul./set. 2004, p. 275-276. Ao analisar a jurisprudência do Tribunal Constitucional Federal alemão (*Bundesverfassungsgericht*), Konrad Hesse destaca a conexão essencial do Estado de Direito com o mandamento de proteção da confiança, o princípio da proporcionalidade e o direito a um "processo justo". Como desdobramentos do Estado Constitucional, essas normas também possuiriam hierarquia constitucional. Ver: HESSE, Konrad. *Elementos de Direito Constitucional da República Federal da Alemanha*. Tradução de Luiz Afonso Heck. Porto Alegre: Sérgio Fabris, 1998, p.

O estudo comparativo crítico do federalismo alemão pode prestar importantes contribuições ao desenvolvimento do modelo brasileiro de federação, não apenas inspirando projetos de reformas constitucionais, mas, principalmente, demonstrando o papel da Corte Constitucional em interpretações voltadas precipuamente a preservar e realizar a federação. Se ao Supremo Tribunal Federal compete desenvolver os direitos fundamentais (tarefa que não se limita à mera interpretação),[5] inexiste razão para compreender-se que esse papel mais ativo não se estenda ao princípio federativo. De certa forma, o exercício dessa função criativa em defesa da federação já pode ser constatado em alguns julgados do Supremo Tribunal Federal, que serão analisados ao final do nosso estudo.[6]

158-159. Ademais, deve ser ressaltada a tendência atual de compreender a segurança jurídica como valor informativo do princípio da legalidade, superando a ideia do antagonismo. A proteção da confiança seria um dos princípios implícitos do Estado de Direito (ver: MAURER, Hartmut. *Allgemeines Verwaltungsrecht*. 14ª ed. München: Verlag C. H. Beck, 2002, p. 291-292). Ademais, conforme Judith Martins-Costa, a confiança representaria fator essencial à realização da justiça material: "A confiança dos cidadãos é constituinte do Estado de Direito, que é, fundamentalmente, estado de confiança. Seria mesmo impensável uma ordem jurídica na qual não se confie ou que não viabilize, por meio de seus órgãos estatais, o indispensável estado de confiança. A confiança é, pois, fator essencial à realização da justiça material, mister maior do Estado de Direito" (MARTINS-COSTA. Judith. Almiro do Couto e Silva e a Re-significação do Princípio da Segurança Jurídica na Relação entre o Estado e os Cidadãos. *In:* ÁVILA, Humberto (org.). *Fundamentos do Estado de Direito*: estudos em homenagem ao Professor Almiro do Couto e Silva. São Paulo: Malheiros, 2005).

5 Dissertando acerca do recurso constitucional alemão (*Verfassungsbeschwerde*) e do papel do Tribunal Constitucional Federal, assim discorre Luís Afonso Heck: "Uma perquirição referente à Jurisdição Constitucional alemã revela que o recurso constitucional não é apenas um de seus elementos essenciais, mas, simultaneamente, a sua própria medula, que viabiliza os direitos fundamentais. A tarefa do tribunal constitucional federal centra-se na proteção dos direitos fundamentais, os quais tem no mencionado recurso a sua expressão jurídica. Por meio dele constituiu-se não somente um instrumento processual que possibilita a qualquer pessoa figurar como guarda da Lei Fundamental, formulou-se um instituto jurídico do qual dimana um efeito educador aos titulares do poder estatal, levando-os a agir dentro dos limites normativos. O recurso constitucional apresenta-se, assim, como coroamento da ideia de Estado de Direito" (HECK, Luís Afonso. O recurso constitucional na sistemática jurisdicional-constitucional alemã. *Revista de Informação Legislativa*. Nº 31, 1994, p. 115-133).

A importância do federalismo alemão encontra suficiente comprovação tomando-se dois exemplos: (1) *o princípio da lealdade federativa ou princípio do comportamento amigável à federação* (*Bundestreue ou Grundsatz des bundesfreundlichen Verhaltens*), figura existente no direito alemão para prevenir e solucionar conflitos federativos que envolvam o exercício de competência legislativa ou administrativa;[7] e (2) o federalismo cooperativo alemão, com numerosos instrumentos que contemplam não apenas o auxílio financeiro da União aos Estados para que o serviço público possa ser prestado à população de modo uniforme, mas também uma série de instrumentos que viabilizam o diálogo federativo.

3. ALGUMAS PECULIARIDADES ESTRUTURAIS DO FEDERALISMO NA ALEMANHA

Embora decorra de evolução histórica marcada por diversas tentativas frustradas de formar uma federação,[8] a Alemanha pode ser considerada um Estado federativo – conforme a concepção contemporânea –, desde 1871. Excetua-se, é claro, o período transcorrido durante o nacional-socialismo. O modelo atual da federação alemã, embora tenha sido alterado ao longo do tempo, já se encontrava muito bem definido na Lei Fundamental (*Grundgesetz*) de 1948, que exerceu significativa influência na elaboração do texto da Constituição Federal de 1988.

À semelhança do que ocorre com a nossa Constituição Federal, a Lei Fundamental da Alemanha (*GG*) afirma a escolha da forma federativa para constituição do Estado no seu próprio título, princípio reiterado no respectivo preâmbulo, ao enunciar que os Estados-membros

---

6 BRASIL. Supremo Tribunal Federal: Ação Direta de Inconstitucionalidade *ADI nº 4.060*, Relator (a): Min. Luiz Fux, Tribunal Pleno, Brasília, DF, 25 fev. 2015; Ação Direta de Inconstitucionalidade: *ADI nº 3.470/RJ*, Rel. Min. Rosa Weber, Brasília, DF, 29 nov.2017, acórdão ainda não publicado.

7 A esse respeito ver: BAUER, Hartmut. *Die Bundestreue:* Zugleich ein Beitrag zur Dogmatik des Bundesstaatsrechts und zur Rechtsverhältnislehre. Tübingen: Mohr (Paul Siebeck), 1992. Na jurisprudência do Tribunal Constitucional da Alemanha, ver: BVerfGE 1,299 (315).

8 Para alguns doutrinadores a origem da federação alemã já estaria traçada no Império Romano-Germânico (ver: KORIOTH, Stefan; SCHLAICH, Klaus. *Das Bundesverfassungsgericht: Stellung, Verfahren, Entscheidungen*. 7ª ed. Munique: C. H. Beck, 2007, p. 67-68).

(*Bundesländer*), com sua autodeterminação, livremente criam a unidade alemã.[9]

A forma federativa de Estado é explicitamente reafirmada no art. 20 da Lei Fundamental de 1949, correspondendo ao art. 1º da Constituição Federal de 1988.[10] Também na Alemanha considera-se a federação como cláusula constitucional pétrea, vedando-se qualquer tentativa de eliminá-la por emenda à Lei Fundamental (art. 79, 3, *GG*). Embora a Constituição Federal de 1988 limite-se a vedar a apreciação de proposta de emenda "tendente a abolir a forma federativa de Estado" (art. 60, § 4º, I, CRFB/88),[11] a Lei Fundamental da Alemanha (*GG*) contém proibitivo mais abrangente, pois, além disso, veda a apreciação de qualquer emenda que altere a divisão da federação em Estados (*Länder*) ou afete a participação dos entes federados no processo legislativo.[12] Conclui-se, portanto, que o texto da Lei Fundamental da Alemanha (*GG*) expressa nível de proteção mais amplo ao princípio federativo, quando comparado à Constituição Federal de 1988. A acentuada preocupação da Lei Fundamental da Alemanha (*GG*) com a propositura de emendas que possam afetar o funcionamento da federação é facilmente compreendida situando-se a formação do Estado alemão na história. Merecem especial destaque as diversas tentativas frustradas de formar a federação, a exemplo da Constituição de Frankfurt de 1849.[13]

---

9 *"Die Deutschen in den Ländern Baden-Württemberg, Bayern, Berlin, Brandenburg, Bremen, Hamburg, Hessen, Mecklenburg-Vorpommern, Niedersachsen, Nordrhein-Westfalen, Rheinland-Pfalz, Saarland, Sachsen, Sachsen-Anhalt, Schleswig-Holstein und Thüringen haben in freier Selbstbestimmung die Einheit und Freiheit Deutschlands vollendet. Damit gilt dieses Grundgesetz für das gesamte Deutsche Volk"*.

10 BRASIL. Constituição (1988) *Constituição da República Federativa do Brasil*.40ª ed. São Paulo: Saraiva, 2007.

11 BRASIL. Constituição (1988). *Constituição da República Federativa do Brasil*.40ª ed. São Paulo: Saraiva, 2007.

12 *"Eine Änderung dieses Grundgesetzes, durch welche die Gliederung des Bundes in Länder, die grundsätzliche Mitwirkung der Länder bei der Gesetzgebung oder die in den Artikeln 1 und 20 niedergelegten Grundsätze berührt werden, ist unzulässig"* (art. 79, 3, *GG*).

13 Um estudo histórico aprofundado a respeito da federação alemã, escrito em língua inglesa, pode ser encontrado na obra de Arthur Gunlicks, na qual são apontadas relevantes diferenças conceituais entre a federação norte-americana e o modelo alemão. Ver: GUNLICKS, Arthur. *The Länder and German federalism*. Manchester: Manchester University Press, 2003.

Todavia, com a unificação ocorrida em 1990, a República Federal da Alemanha passou a ser integrada por 16 (dezesseis) Estados-membros (*Bundesländer*).

Quanto aos Municípios, embora gozem de grande autonomia administrativa, não são considerados membros da federação, que na Alemanha estrutura-se apenas em duas esferas: os Estados (*Bundesländer*) e a União (*Bund*).[14] Trata-se de diferença estrutural marcante quando consideramos que a Constituição Federal de 1988 elevou os Municípios à condição de entes integrantes da federação (Art. 1º, CRFB/88).

---

14 A respeito da inserção dos municípios no Estado alemão, assim discorre Thiago Marrara: "Como os municípios alemães não são verdadeiros entes federativos, mas meras entidades da administração indireta, compete primariamente ao legislador estadual decidir sobre a matéria municipal. As fronteiras municipais, atividades administrativas que devem ser executadas no nível local e diversos assuntos a respeito de finanças municipais são definidos, por consequência, no nível estadual. De fato, não faria sentido dentro de um sistema federalista dual inserir inúmeras normas sobre organização municipal na Constituição federal. Pelo fato de o direito municipal constituir matéria estadual, exclui-se *a priori* qualquer influência direta da União sobre os municípios sob pena de inconstitucionalidade. Aliás, tal vedação foi expressamente declarada na LF após a reforma federal de 2006. Em nenhuma hipótese pode a União transferir matérias administrativas de sua competência executiva própria ou mesmo matérias administrativas transferíveis aos estados diretamente para os municípios. As tarefas administrativas podem ser tão-somente delegadas aos estados, os quais decidirão posteriormente se as executarão em nível estadual ou as transferirão para os entes administrativos menores, a saber, para as microrregiões e os municípios. Um dos pouquíssimos dispositivos constitucionais referentes à organização municipal alemã, mas certamente o mais importante, é o art. 28 I e II da LF. Tal dispositivo reconhece expressamente a existência de municípios e sua autonomia administrativa (*Selbstverwaltung*). Ele ainda assegura o direito de a população eleger representantes políticos municipais com base em normas estabelecidas para a composição do Legislativo federal. Entretanto, tal dispositivo não contém normas acerca da organização do Poder Executivo local, assunto que recai no âmbito de competência do legislador. Desse preceito constitucional não decorre, contudo, uma vedação de fusão ou de extinção de alguns municípios por ato dos estados. No entanto, parte da doutrina defende que tal poder seja restringido, ou melhor, condicionado à existência de um interesse público comprovado e ao consentimento da população local. Seguindo o mesmo posicionamento, a Corte Constitucional alemã já chegou a anular diversas medidas do gênero, seja por falta da oitiva dos municípios, seja pela ausência de um interesse público preponderante àqueles favoráveis à manutenção do ente local. Ver: MARRARA, Thiago. Do modelo municipal alemão aos problemas municipais brasileiros. *Revista Brasileira de Direito Municipal*. Belo Horizonte, v. 9, nº 27, jan./mar. 2008, p. 33-52.

4. A DISTRIBUIÇÃO DA COMPETÊNCIA LEGISLATIVA E ADMINISTRATIVA

A descentralização, em especial da atividade administrativa, constitui tendência histórica do federalismo brasileiro. Entretanto, notam-se ao longo da história alguns movimentos claramente centralizadores, como demonstra a Constituição Federal de 1967/1969, ao retirar poderes dos Estados-membros, concentrando-os na União, além de fortalecer a figura do chefe do Poder Executivo Federal. Já a Constituição Federal de 1988 promove novo movimento de descentralização, adicionando alguns elementos que apontam no sentido de estabelecer uma federação cooperativa, embora muito limitados quando comparados à Lei Fundamental da Alemanha (GG).

Já o federalismo alemão evolui de forma muito distinta, embora seu formato atual confira grande autonomia aos Estados-membros (*Bundesländer*). Ao longo do tempo, os Estados-membros e as cidades autônomas, governados pela nobreza, associam-se para formar uma Alemanha pautada por objetivos comuns, abrindo mão de sua soberania.[15] Daí a peculiar figura do Conselho Federal (*Bundesrat*), integrado pelos Governadores e outros membros, sem mandato, para representar os interesses dos Estados-membros no processo legislativo (art. 51, *GG*) com amplo poder de veto às propostas de lei. Em sua formação, o Conselho Federal (*Bundesrat*) consistia em espaço institucional de representação dos interesses dos soberanos regionais. Deixaremos de analisar a interessante instituição do *Bundesrat*, muitas vezes equiparada (de forma equivocada) ao nosso Senado Federal, pois o tema será tratado em outro escrito da obra coletiva.[16]

Saliente-se que na Alemanha as competências legislativas foram concentradas na União, atribuindo-se aos Estados-membros (*Bundesländer*) a

---

15 "*The new "Constitution of the North German Federation" then went into effect on 1 July 1867. The states and their princes were represented in the Bundesrat, which was the "carrier" of sovereignty in the Federation rather than the individual states; however, law enforcement, religion, and education were retained by the states*" (GUNLICKS, Arthur. *The Länder and German federalism*. Manchester: Manchester University Press, 2003, p. 25).

16 A respeito da história e do funcionamento do *Bundesrat* consultar o site oficial do governo alemão. Disponível em: <https://www.bundesrat.de/DE/bundesrat/verteilung/verteilung-node.html>.

maior parte da atividade de execução dos serviços públicos e das leis, inclusive das leis federais. Disso não resulta uma desarmoniosa hegemonia da União sobre os demais entes nas relações federativas, como ocorre no Brasil, pois os Estados-membros preservam e contemplam seus interesses também por meio da função exercida pelo Conselho Federal (*Bundesrat*) e, principalmente, em razão da existência de abundantes mecanismos e instrumentos que integram o federalismo cooperativo alemão.

5. O MODELO DE FEDERALISMO COOPERATIVO ALEMÃO EM CONTRASTE COM O BRASILEIRO

A característica mais marcante do federalismo alemão consiste, justamente, na adoção do modelo cooperativo, que, embora venha inspirando reformas na nossa Constituição Federal e até algumas alterações na jurisprudência da Suprema Corte, muito se diferencia da cooperação entre os entes federados prevista na Constituição Federal de 1988.

Na Alemanha, o federalismo cooperativo concretiza-se por meio de numerosos instrumentos, principiando pela adequada distribuição das receitas arrecadadas pela União com os Estados-membros, bem como pela previsão de repasses horizontais entre os Estados (*Bundesländer*).[17]

Com a centralização do poder de tributar na União e em virtude da existência de grandes disparidades econômicas regionais, a Alemanha erigiu um modelo de federalismo fiscal verdadeiramente cooperativo. Competindo aos Estados-membros e aos Municípios a atribuição de executar a maior parte dos serviços públicos, a Lei Fundamental estabelece mecanismos de transferências financeiras, assegurando que os serviços sejam prestados de maneira uniforme à população. Os mecanismos de compensações financeiras, embora já encontrem suas bases na Lei Fundamental de 1949, foram reforçados por reformas, em especial por aquela ocorrida em 1969.

Deve ser ressaltado, contudo, que os instrumentos que viabilizam e concretizam o federalismo cooperativo na Alemanha não se limitam ao repasse de recursos financeiros, embora esse aspecto represente o elemento central para o sucesso do modelo alemão, ainda mais quando

---

17 Ver: DEVILLERS, Bertus, *Intergovernmental Relations:* Bundestreue and the Duty to Cooperate from a German Perspective. SA Public Law, 1994, v. 13, p. 430-437.

observado pela ótica do jurista brasileiro, acostumado às distorções promovidas pela União, a exemplo da ampliação da tributação por meio das contribuições sociais, em detrimento do aumento no imposto sobre produtos industrializados.

A Lei Fundamental da Alemanha (*GG*) também contempla a existência de espaços institucionais para reuniões e conferências, transferência/delegação de competência, bem como a celebração de acordos administrativos e contratos de cooperação entre os entes federados. Trata-se do dever de cooperação política e, sobretudo, de processos que permitem a tomada de decisões conjuntas. Daí a grande diferença em relação à cooperação federativa existente no Brasil, que se limita ao estabelecimento constitucional de um dever de cooperação para redução das desigualdades sociais e regionais, bem como na descentralização de algumas políticas públicas (educação, saúde e segurança pública). Não ignoramos, todavia, que a Emenda Constitucional nº 53, de 2006,[18] buscou reforçar o modelo de federalismo cooperativo no Brasil, especialmente ao introduzir um parágrafo único no art. 23 ([p]*arágrafo único. Leis complementares fixarão normas para a cooperação entre a União e os Estados, o Distrito Federal e os Municípios, tendo em vista o equilíbrio do desenvolvimento e do bem-estar em âmbito nacional*).[19] Faltam, no entanto, mecanismos mais efetivos que viabilizem a evolução na direção de um modelo de federalismo cooperativo adaptado às necessidades do Brasil.

A previsão do federalismo cooperativo, contida na Lei Fundamental de 1949, restou fortalecida após a implementação de reformas constitucionais, como a ocorrida em 1969, que introduziu os principais instrumentos que permitem a concretização do federalismo cooperativo alemão, incluindo o auxílio financeiro da União (*Bund*) aos Estados-membros (*Bundesländer*), bem como o compartilhamento das denominadas tarefas comuns.

Deve-se ressalvar, contudo, que o fortalecimento do federalismo cooperativo não decorre exclusivamente das importantes reformas introduzidas na Lei Fundamental de 1949. Também o Tribunal

---

[18] BRASIL. Emenda Constitucional nº 53/2006. Dá nova redação aos arts. 7º, 23, 30, 206, 208, 211 e 212 da Constituição Federal e ao art. 60 do Ato das Disposições Constitucionais Transitórias. *Diário Oficial da União*. 20 de dez. de 2006.

[19] BRASIL. Constituição (1988). *Constituição da República Federativa do Brasil*. 40ª ed. São Paulo: Saraiva, 2007.

Constitucional da Alemanha (*Bundesverfassungsgericht*) vem exercendo com protagonismo seu papel para consolidação do federalismo cooperativo, analisando e aplicando complexas teses doutrinárias a respeito da federação e das relações federativas. A seguir, analisaremos a evolução jurisprudencial que permitiu consagrar na Alemanha a figura do princípio da lealdade federativa ou princípio do comportamento amigável à federação (*Bundestreue* ou *Grundsatz des bundesfreundlichen Verhaltens*), muito utilizado para solucionar conflitos federativos, especialmente aqueles que envolvam a repartição de competência (legislativa ou executiva),[20] construção que poderia ser muito adequada ao Brasil.

6. O PRINCÍPIO DA LEALDADE FEDERATIVA OU PRINCÍPIO DO COMPORTAMENTO AMIGÁVEL À FEDERAÇÃO (*BUNDESTREUE* OU *GRUNDSATZ DES BUNDESFREUNDLICHEN VERHALTENS*) COMO INSTITUTO APLICÁVEL AO DIREITO BRASILEIRO

O princípio da lealdade federativa ou princípio do comportamento amigável à federação (*Bundestreue* ou *Grundsatz des bundesfreundlichen Verhaltens*) é geralmente associado ao federalismo cooperativo (este contraposto ao modelo do federalismo dual dos Estados Unidos da América). Todavia, o dever de exercer as competências constitucionais com lealdade e boa-fé é pressuposto do conceito essencial de federação. O princípio da lealdade federativa não decorre do traço cooperativo de uma federação, pois representa pressuposto para a própria existência da federação e, ainda mais, do federalismo cooperativo. Portanto, não há falar em cooperação quando a União ou os Estados-membros, ao exercerem suas parcelas constitucionais de competência, beneficiam-se legislando em prejuízo dos demais entes federados. Daí a razão pela qual a construção do princípio da lealdade federativa origina-se na Alemanha já com a Constituição de 1871, embora o instituto alcance sua maturidade e a definição plena do seu conteúdo com a Lei Fundamental de 1949 (*GG*), passando a ser associado ao federalismo cooperativo. Após a promulgação da Lei Fundamental da Alemanha (*GG*), somada às

---

[20] A esse respeito ver: *Die Bundestreue:* Zugleich ein Beitrag zur Dogmatik des Bundesstaatsrechts und zur Rechtsverhältnislehre. Tübingen: Mohr (Paul Siebeck), 1992. Na jurisprudência do Tribunal Constitucional Alemão, ver: BVerfGE 1,299 (315).

posteriores emendas que fortaleceram a cooperação horizontal e vertical entre os entes federados, a jurisprudência do Tribunal Constitucional da Alemanha (*Bundesverfassungsgericht*) passou a compreender que o princípio da lealdade federativa é imanente à própria essência conceitual da federação alemã. O *Bundesverfassungsgericht* paulatinamente evoluiu seu entendimento para conferir concretude ao significado do princípio da lealdade federativa (*Bundestreue*), compreendido como um princípio constitucional regulatório implícito, destinado à manutenção do equilíbrio das relações entre o governo federal e os Estados-membros, bem como entre estes últimos. Também pode ser compreendido como princípio indutor do respeito aos valores centrais do federalismo.

Na Alemanha, o princípio constitucional da lealdade federativa rege as relações entre os entes federados. Tanto o governo federal quanto os Estados-membros são obrigados a "cooperar de acordo com a natureza do pacto federativo constitucional e, por conseguinte, contribuir para sua consolidação e preservação dos melhores interesses da Federação e de seus integrantes".[21]

A lealdade federativa (*Bundestreue*) atribui ao governo central bem como aos Estados-membros o dever de considerarem os interesses recíprocos ao legislarem ou praticarem atos administrativos, ainda que no exercício de suas competências constitucionais. Esse mandamento limitaria a possibilidade de a União (*Bund*) legislar contra os interesses dos Estados-membros (*Bundesländer*), bem como destes legislarem em desfavor da União ou, ainda, dos Estados-membros legislarem em prejuízo dos demais. Disso também decorre a necessidade dos governos dos entes federados trabalharem em cooperação e com boa-fé, auxiliarem-se mutuamente, além de consultarem os interessados quanto às questões de maior relevância. Ainda, o dever de lealdade federativa (*Bundestreue*) é compreendido por alguns doutrinadores como desdobramento do princípio da boa-fé objetiva, aplicável às relações na federação.

---

21 "(...) *dem Wesen des sie verbindenden verfassungsrechtlichen "Bündnisses" entsprechend zusammenzuwirken und zu seiner Festigung und zur Wahrung der wohlverstandenen Belange des Bundes und der Glieder beizutragen*" (BVerfGE 1, 299 (315), BVerfGE, 6, 309 (361); BverfGE 31, 314 (335)). Ver também: DETJEN, Joachim. *Die Werteordnung des Grundgesetzes*. Wiesbaden: VS Verlag, 2009, p. 339-340.

A construção jurisprudencial empreendida pelo Tribunal Constitucional da Alemanha ao longo do tempo, extraindo o princípio da lealdade federativa ou princípio do comportamento amigável à federação (*Bundestreue ou Grundsatz des bundesfreundlichen Verhaltens*) do núcleo essencial do conceito de federalismo e, ainda mais, do federalismo cooperativo, amolda-se, a nosso ver, ao ordenamento constitucional brasileiro. Ademais, a concepção do dever de lealdade federativa como desdobramento do princípio da boa-fé objetiva reforçar a presunção de que aquele princípio (*Bundestreue*) também estaria implícito no nosso ordenamento jurídico.

Assim, se o princípio da lealdade federativa (dever de comportamento amigável à federação) pode ser facilmente deduzido do núcleo essencial do conceito de federação – sobretudo quando constitucionalizado o dever de cooperação entre os entes federados – e se, novamente, encontra seus fundamentos no princípio da boa-fé objetiva, cabe ao Supremo Tribunal Federal aplicá-lo. Trata-se de importante instrumento que permite solucionar uma grande parcela dos crescentes conflitos federativos submetidos àquela Corte Constitucional.[22]

Recentemente, a jurisprudência do Supremo Tribunal Federal vem afirmando a necessidade da Corte exercer um papel mais ativo na realização e concretização do conteúdo do princípio federativo. Essa tendência pode ser verificada, por exemplo, no julgamento da ADI nº 4.060 (Relator: Min. Luiz Fux, Tribunal Pleno, julgado em 25/02/2015), que contextualizou a competência privativa da União para legislar sobre normas gerais de ensino, como uma necessidade decorrente da concepção axiológica e pluralista do federalismo.[23]

---

[22] A respeito da função do Supremo Tribunal Federal no desenvolvimento dos direitos fundamentais e princípios em geral ver também: TONIOLO, Ernesto José. *A proibição da reformatio in peius no processo civil*. De acordo com o novo CPC. Porto Alegre: Livraria do Advogado, 2016, p. 189.

[23] AÇÃO DIRETA DE INCONSTITUCIONALIDADE. DIREITO CONSTITUCIONAL. PARTILHA DE COMPETÊNCIA LEGISLATIVA CONCORRENTE EM MATÉRIA DE EDUCAÇÃO (CRFB, ART. 24, IX). LEI ESTADUAL DE SANTA CATARINA QUE FIXA NÚMERO MÁXIMO DE ALUNOS EM SALA DE AULA. QUESTÃO PRELIMINAR REJEITADA. IMPUGNAÇÃO FUNDADA EM OFENSA DIRETA À CONSTITUIÇÃO. CONHECIMENTO DO PEDIDO. AUSÊNCIA DE USURPAÇÃO DE COMPETÊNCIA DA UNIÃO EM MATÉRIA DE NORMAS GERAIS. COMPREENSÃO AXIOLÓGICA E PLURALISTA DO FEDERALISMO BRASILEIRO (CRFB, ART. 1º, V). NECESSIDADE DE PRESTIGIAR INICIATIVAS NORMATIVAS REGIONAIS E LOCAIS SEMPRE QUE NÃO HOUVER

Ainda mais relevante é a decisão que declarou constitucional a legislação de alguns Estados que vedavam a comercialização de produtos compostos por amianto, superando, embora com grande divergência, posicionamento consolidado no âmbito do Supremo Tribunal Federal ao longo de décadas (ADI nº 3.470/RJ, Rel. Min. Rosa Weber, julgamento em 29/11/2017, acórdão ainda não publicado).

Finalmente, merece particular destaque a necessidade de o Supremo Tribunal Federal solucionar a grave crise federativa decorrente da ausência de compensação aos Estados prejudicados pela desoneração das exportações de produtos primários e semielaborados, política

EXPRESSA E CATEGÓRICA INTERDIÇÃO CONSTITUCIONAL. EXERCÍCIO REGULAR DA COMPETÊNCIA LEGISLATIVA PELO ESTADO DE SANTA CATARINA AO DETALHAR A PREVISÃO CONTIDA NO ARTIGO 25 DA LEI Nº 9.394/94 (LEI DE DIRETRIZES E BASES DA EDUCAÇÃO NACIONAL). PEDIDO JULGADO IMPROCEDENTE. 1. O princípio federativo brasileiro reclama, na sua ótica contemporânea, o abandono de qualquer leitura excessivamente inflacionada das competências normativas da União (sejam privativas, sejam concorrentes), bem como a descoberta de novas searas normativas que possam ser trilhadas pelos Estados, Municípios e pelo Distrito Federal, tudo isso em conformidade com o pluralismo político, um dos fundamentos da República Federativa do Brasil (CRFB, art. 1º, V) 2. A invasão da competência legislativa da União invocada no caso *sub judice* envolve, diretamente, a confrontação da lei atacada com a Constituição (CRFB, art. 24, IX e parágrafos), não havendo que se falar nessas hipóteses em ofensa reflexa à Lei Maior. Precedentes do STF: ADI nº 2.903, rel. Min. Celso de Mello, DJe-177 de 19-09-2008; ADI nº 4.423, rel. Min. Dias Toffoli, DJe-225 de 14-11-2014; ADI nº 3.645, rel. Min. Ellen Gracie, DJ de 01-09-2006. 3. A *prospective overruling*, antídoto ao engessamento do pensamento jurídico, revela oportuno ao Supremo Tribunal Federal rever sua postura *prima facie* em casos de litígios constitucionais em matéria de competência legislativa, para que passe a prestigiar, como regra geral, as iniciativas regionais e locais, a menos que ofendam norma expressa e inequívoca da Constituição de 1988. 4. A competência legislativa do Estado-membro para dispor sobre educação e ensino (CRFB, art. 24, IX) autoriza a fixação, por lei local, do número máximo de alunos em sala de aula, no afã de viabilizar o adequado aproveitamento dos estudantes. 5. O limite máximo de alunos em sala de aula não ostenta natureza de norma geral, uma vez que dependente das circunstâncias peculiares a cada ente da federação, tais como o número de escola colocadas à disposição da comunidade, a oferta de vagas para o ensino, o quantitativo de crianças em idade escolar para o nível fundamental e médio, o número de professores em oferta na região, além de aspectos ligados ao desenvolvimento tecnológico nas áreas de educação e ensino. 6. Pedido de declaração de inconstitucionalidade julgado improcedente. (ADI nº 4.060, Relator: Min. Luiz Fux, Tribunal Pleno, julgado em 25/02/2015, ACÓRDÃO ELETRÔNICO DJe-081 DIVULG 30-04-2015 PUBLIC 04-05-2015).

implementada em benefício da federação visando à estabilidade cambial. O descumprimento pela União do dever de legislar, estabelecendo requisitos que permitam, minimamente, a compensação financeira aos Estados prejudicados, levou o Supremo Tribunal Federal a declarar a mora legislativa e determinar que, não solucionada a omissão no prazo de um ano, caberia ao Tribunal de Contas da União arbitrar as compensações devidas, em observância aos parâmetros estabelecidos no art. 91 do Ato das Disposições Constitucionais Transitórias (ADCT). Trata-se de caricata e evidente ofensa ao princípio da lealdade federativa ou princípio do comportamento amigável à federação (*Bundestreue* ou *Grundsatz des bundesfreundlichen Verhaltens*), também implícito no texto da nossa Constituição Federal. Ao descumprir o compromisso – assumido em pacto político e imposto pelo art. 91 do ADCT – de compensar financeiramente os Estados prejudicados pelo esforço na ampliação das exportações, a União viola o princípio da lealdade federativa. Além de prejudicar integrantes da federação, o (não) agir da União lhe permite obter grande e injusta vantagem financeira decorrente da ausência de repasse desses recursos aos Estados prejudicados pela desoneração por mais de uma década. Esse comportamento desleal, não admitido nem mesmo no âmbito das relações privadas, viola o núcleo essencial do princípio federativo (cláusula constitucional pétrea) e desautoriza cogitar-se da existência de requisitos mínimos que indiquem adoção do modelo de federalismo cooperativo pelo Brasil.

7. CONCLUSÕES

Embora o modelo federativo alemão possua significativas diferenças estruturais e históricas quando comparado àquele existente no Brasil, a Constituição Federal de 1988 aproximou-se do modelo alemão, prevendo, inclusive, diretrizes de cooperação entre os entes federados. A aguda judicialização de importantes conflitos nas relações federativas demonstra que o Supremo Tribunal Federal necessita desempenhar um papel de maior protagonismo na preservação e no desenvolvimento do princípio federativo, à semelhança do que ocorreu com a evolução na jurisprudência do Tribunal Constitucional Alemão. Ao afirmar o princípio da lealdade federativa ou princípio do comportamento amigável à federação (*Bundestreue ou Grundsatz des bundesfreundlichen Verhaltens*) como norma implícita no texto constitucional, o Tribunal Constitucional da Alemanha (*Bundesverfassungsgericht*) adotou importante parâmetro para solução e prevenção de conflitos. O princípio federativo exige que os entes integrantes da federação considerem os interesses recíprocos ao legislarem ou praticarem atos administrativos. As competências constitucionais atribuídas aos integrantes de uma federação não podem ser exercidas em prejuízo dos demais entes federados, pois a conduta leal no exercício de poderes e de competências integra o núcleo essencial do próprio conceito de federação. A deslealdade federativa torna-se ainda mais grave em situações nas quais um ente federado legisla para obter vantagem em prejuízo dos demais. Até mesmo no âmbito do direito privado, a Corte Suprema há muito incorporou as figuras do abuso no exercício de direitos e da proibição de comportamento contraditório ou desleal. A harmonia e a própria existência da federação pressupõem que as competências constitucionais sejam exercidas com lealdade e boa-fé por seus integrantes.

Portanto, o princípio da lealdade federativa ou princípio do comportamento amigável à federação (*Bundestreue ou Grundsatz des bundesfreundlichen Verhaltens*) também se encontra implícito na Constituição Federal de 1988. Trata-se de norma principal que poderia representar importante parâmetro para o controle do exercício de competências constitucionais, auxiliando na solução e na prevenção de numerosos conflitos federativos, a exemplo da guerra fiscal, da ampliação das contribuições sociais em detrimento do imposto sobre produtos industrializados, bem como da ausência de lei fixando parâmetros para indenização dos Estados prejudicados pela desoneração das exportações de produtos primários ou semielaborados.

8. REFERÊNCIAS BIBLIOGRÁFICAS

ALEMANHA. *Constituição da República de 1949*. Disponível em: <https://www.bundestag.de/parlament/aufgaben/rechtsgrundlagen/grundgesetz/grundgesetz/197094>.

ÁVILA, Humberto Bergmann. *Segurança jurídica – entre permanência, mudança e realização no Direito Tributário*. 2ª ed. São Paulo: Malheiros, 2012.

BAUER, Hartmut. *Die Bundestreue:* Zugleich ein Beitrag zur Dogmatik des Bundesstaatsrechts und zur Rechtsverhältnislehre. Tübingen: Mohr (Paul Siebeck), 1992.

BRASIL. Constituição (1988). *Constituição da República Federativa do Brasil*. 40ª ed. São Paulo: Saraiva, 2007.

_____. Emenda Constitucional nº 53/2006. Dá nova redação aos arts. 7º, 23, 30, 206, 208, 211 e 212 da Constituição Federal e ao art. 60 do Ato das Disposições Constitucionais Transitórias. *Diário Oficial da União*. 20 dez. 2006.

BUNDESRAT. *Zusammensetzung des Bundesrates*. Disponível em: <https://www.bundesrat.de/DE/bundesrat/verteilung/verteilung-node.html>.

DETJEN, Joachim *Die Werteordnung des Grundgesetzes*. Wiesbaden: VS Verlag, 2009.

DEVILLERS, Bertus. *Intergovernmental Relations:* Bundestreue and the Duty to Cooperate from a German Perspective. SA Public Law, 1994, v. 13.

GUNLICKS, Arthur. *The Länder and German federalism*. Manchester: Manchester University Press, 2003.

HECK, Luis Afonso. O recurso constitucional na sistemática jurisdicional-constitucional alemã. *Revista de Informação Legislativa*. Nº 31, 1994, p. 115-133.

HESSE, Konrad. *Elementos de Direito Constitucional da República Federal da Alemanha*. Tradução de Luiz Afonso Heck. Porto Alegre: Sérgio Fabris, 1998.

MARRARA, Thiago. Do modelo municipal alemão aos problemas municipais brasileiros. *Revista Brasileira de Direito Municipal*. Belo Horizonte, v. 9, n. 27, p. 33-52, jan./mar. 2008.

MARTINS-COSTA. Judith, Almiro do Couto e Silva e a Re-significação do Princípio da Segurança Jurídica na Relação entre o Estado e os Cidadãos. In: ÁVILA, Humberto (org.). *Fundamentos do Estado de Direito*: estudos em homenagem ao Professor Almiro do Couto e Silva. São Paulo: Malheiros, 2005.

MAURER, Hartmut. *Allgemeines Verwaltungsrecht*. 14ª ed. München: Verlag C. H. Beck, 2002.

KORIOTH, Stefan; SCHLAICH, Klaus. *Das Bundesverfassungsgericht*: Stellung, Verfahren, Entscheidungen. 7ª ed. Munique: C. H. Beck, 2007.

SILVA, Almiro do Couto e. O princípio da segurança jurídica (proteção à confiança) no Direito Público brasileiro e o direito da Administração Pública de anular seus próprios atos administrativos: o prazo decadencial do art. 54 da Lei de Processo Administrativo da União (Lei nº 9.784/99). *In: Revista de Direito Administrativo*. v. 237, p. 275-276, jul./set. 2004.

TONIOLO, Ernesto José. *A proibição da reformatio in peius no processo civil*. De acordo com o novo CPC. Porto Alegre: Livraria do Advogado, 2016.

SEGURANÇA PÚBLICA E O PACTO FEDERATIVO: REPARTIÇÃO DE COMPETÊNCIAS E POSSIBILIDADE DE INTERVENÇÃO FEDERAL NA SEGURANÇA

FRANCISCO WILKIE REBOUÇAS CHAGAS JÚNIOR[1]
CARLOS FREDERICO BRAGA MARTINS[2]
RODRIGO TAVARES DE ABREU LIMA[3]

SUMÁRIO: *1. Introdução: A Evolução no tratamento da Segurança Pública no ordenamento brasileiro. 2. A Segurança Pública na Constituição Federal de 1988. 3. A execução deficiente das competências federais relacionadas à Segurança e a sobrecarga dos Estados. 4. Das causas da prestação deficiente do serviço de Segurança Pública pelos Estados-Membros. 5. Da Intervenção Federal na Segurança Pública. Caso do Estado do Rio de Janeiro. Breve Análise Crítica. 6. Das sugestões para melhorias da prestação do Serviço de Segurança Pública dentro de um contexto de federalismo de cooperação. 7. Referências Bibliográficas.*

1. INTRODUÇÃO: A EVOLUÇÃO NO TRATAMENTO DA SEGURANÇA PÚBLICA NO ORDENAMENTO BRASILEIRO

As primeiras instituições responsáveis pela segurança pública no território nacional surgiram antes mesmo de o Brasil deixar de ser colônia do Reino português.

Em 1808, foi criada a Intendência-Geral de Polícia da Corte, cujas atribuições consistiam, entre outras, na investigação dos crimes e

---

[1] Procurador-Geral do Estado do Rio Grande do Norte e Presidente do Colégio Nacional de Procuradores-Gerais dos Estados e do Distrito Federal.

[2] Procurador do Estado do Rio Grande do Norte. Pós-Graduado em Direito Constitucional pela Universidade Anhaguera-Uniderp.

[3] Procurador do Estado do Rio Grande do Norte. Pós-Graduado em Direito, Estado e Constituição pela FACIPLAC.

captura dos criminosos, principalmente escravos fugidos. Já em 1809, surgiu a Guarda Real, instituição organizada militarmente, que possuía amplos poderes para manter a ordem na colônia.

Referidas instituições precederam, respectivamente, as atuais polícias civis e militares, **sendo relevante perceber, para os fins deste trabalho, que ambos os órgãos eram inicialmente vinculados ao poder central.**

A independência do Estado brasileiro e a edição da Constituição do Império de 1824 não trouxeram grandes mudanças ao tratamento da segurança pública no Brasil, tendo em vista que a Carta imperial não dispôs diretamente sobre o tema, prevendo apenas de forma genérica um capítulo sobre a "força militar", voltada a *"sustentar a independência e integridade do Império"*.[4]

Com a proclamação da República, contudo, o cenário mudou radicalmente.

Apesar de a Constituição de 1891 não especificar os órgãos que responderiam diretamente pela segurança pública, seu texto menciona o termo "polícia" em diversos pontos, os quais indicam o formato de repartição de competências entre os entes federados na área da segurança pública, idealizado pela nova ordem constitucional.

Com efeito, ao tratar das atribuições do Congresso Nacional, a Constituição da República dos Estados Unidos do Brasil, promulgada em 24 de fevereiro de 1891, estabelece (art. 34, inciso 30°) sua competência privativa para *"legislar sobre a organização municipal do Distrito Federal bem como sobre a polícia, o ensino superior e os demais serviços que na capital forem reservados para o Governo da União."*[5]

Uma interpretação *a contrario sensu* do referido dispositivo demonstra que, não se tratando do Distrito Federal, o serviço de polícia no restante do território brasileiro seria exercido pelo Governo dos Estados. Contribui para essa conclusão o disposto no art. 60 da mesma Magna

---

4 BRASIL. Constituição (1824). *Constituição Política do Império do Brazil*, art. 145 - Todos os Brazileiros são obrigados a pegar em armas, para sustentar a Independência, e integridade do Império, e defende-lo dos seus inimigos externos, ou internos.

5 BRASIL. Constituição (1891). *Constituição da República dos Estados Unidos do Brasil*, art. 34 - Compete privativamente ao Congresso Nacional: (...) 30. Legislar sobre a organização municipal do Distrito Federal, bem como sobre a policia, o ensino superior e os demais serviços que na Capital forem reservados para o Governo da União;

Carta, que determina a obrigação de a *"polícia local"* prestar auxílio *"aos Juízes ou Tribunais Federais"* quando invocado para a execução das *"sentenças e ordens da magistratura federal"*.[6]

Percebe-se, portanto, que os alicerces da atual repartição de competências na área da segurança pública foram fixados já no momento do surgimento da forma federativa de Estado, ocasião em que se optou por outorgar maior responsabilidade pela manutenção da segurança aos Estados federados e às instituições de segurança estaduais, reservando-se à União apenas determinadas competências de defesa nacional e de processamento de crimes de ordem federal.

Esse cenário de repartição de competências na área de segurança foi mantido por todas as constituições republicanas, variando apenas quanto ao maior ou menor grau de **vinculação finalística** dos órgãos estaduais de segurança ao governo federal, a depender do grau de enrijecimento dos diferentes regimes que vigeram no século XX.

Tal repartição de competências ficou ainda mais clara com o advento da Constituição Federal de 1967, que, pela primeira vez, institucionalizou o principal órgão de segurança pública federal – polícia federal –, com competências específicas, relegando às instituições estaduais a competência residual. Veja-se:[7]

> Art 8º - Compete à União:
> [...]
> **VII - organizar e manter a polícia federal com a finalidade de prover:**
> a) os serviços de **polícia marítima, aérea e de fronteiras**;
> b) a **repressão ao tráfico de entorpecentes**;
> c) a **apuração de infrações penais contra** a segurança nacional, a ordem política e social, ou em detrimento de bens, serviços e interesses da União, assim como de outras infrações cuja prática tenha repercussão interestadual e exija repressão uniforme, segundo se dispuser em lei;
> d) a censura de diversões públicas;
> [...]
> Art 13 - **Os Estados se organizam e se regem pelas Constituições e pelas leis que adotarem**, respeitados, dentre outros princípios estabelecidos nesta Constituição, os seguintes:

---

6 BRASIL. Constituição (1891). *Constituição da República dos Estados Unidos do Brasil*, art. 60 - Aos juizes e Tribunaes Federaes: processar e julgar: (...) § 4º As sentenças e ordens da magistratura federal são executadas por officiaes judiciarios da União, aos quaes a policia local é obrigada a prestar auxilio, quando invocado por elles

7 BRASIL, Constituição (1967). *Constituição da República Federativa do Brasil de 1967*, Art. 8º, VII, a, b, c, d, Art.13, § 4º. Art. 146 II, d. Brasília, DF, 1967.

[...]
§ 4º - **As polícias militares, instituídas para a manutenção da ordem e segurança interna nos Estados**, nos Territórios e no Distrito Federal, e os corpos de bombeiros militares são considerados forças auxiliares reserva do Exército, não podendo os respectivos integrantes perceber retribuição superior à fixada para o correspondente posto ou graduação do Exército, absorvidas por ocasião dos futuros aumentos, as diferenças a mais, acaso existentes.
[...]
Art 146 - São também inelegíveis:
[...]
II - para Governador e Vice-Governador:
[...]
d) em cada Estado, até seis meses depois de cessadas definitivamente as suas funções **os Comandantes de** Região, Zona Aérea, Distrito Naval, **Guarnição Militar e Policia Militar**, Secretários de Estado, Chefes dos Gabinetes Civil e Militar de Governador, **Chefes de Polícia**, Prefeitos Municipais, magistrados federais e estaduais, Chefes do Ministério Público, Presidentes, Superintendentes e Diretores de bancos, da União, dos Estados ou dos Municípios, sociedades de economia mista, autarquias e empresas públicas estaduais, assim como dirigentes de órgãos e de serviços da União ou de Estado, qualquer que seja a natureza jurídica de sua organização, que executem obras ou apliquem recursos públicos; **(sem destaques no original)**

Percebe-se, portanto, que as atribuições de manutenção da ordem pública e de investigação criminal foram conferidas, de forma principal, às polícias militares e civis estaduais, respectivamente, cabendo aos órgãos federais de segurança a atuação apenas em hipóteses específicas taxativamente previstas.

2. A SEGURANÇA PÚBLICA NA CONSTITUIÇÃO FEDERAL DE 1988

A Constituição da República promulgada em 5 de outubro de 1988 foi a primeira Carta a dedicar um capítulo específico à sistematização da Segurança Pública. Por sua relevância, transcreve-se o teor do art. 144 da Constituição:[8]

---

8 BRASIL, Constituição (1988). *Constituição da República Federativa do Brasil de 1988*, Art. 144. Brasília, DF, 1988.

CAPÍTULO III
DA SEGURANÇA PÚBLICA

Art. 144. **A segurança pública**, dever do Estado, direito e responsabilidade de todos, **é exercida para a preservação da ordem pública e da incolumidade das pessoas e do patrimônio, através dos seguintes órgãos**:
I - polícia federal;
II - polícia rodoviária federal;
III - polícia ferroviária federal;
IV - polícias civis;
V - polícias militares e corpos de bombeiros militares.

§ 1º **A polícia federal, instituída por lei como órgão permanente, organizado e mantido pela União e estruturado em carreira, destina-se a**: (Redação dada pela Emenda Constitucional nº 19, de 1998)
I - apurar infrações penais contra a ordem política e social ou em detrimento de bens, serviços e interesses da União ou de suas entidades autárquicas e empresas públicas, assim como outras **infrações cuja prática tenha repercussão interestadual ou internacional e exija repressão uniforme**, segundo se dispuser em lei;
II - **prevenir e reprimir o tráfico ilícito de entorpecentes e drogas afins, o contrabando e o descaminho**, sem prejuízo da ação fazendária e de outros órgãos públicos nas respectivas áreas de competência;
III - **exercer as funções de polícia marítima, aeroportuária e de fronteiras**; (Redação dada pela Emenda Constitucional nº 19, de 1998)
IV - **exercer, com exclusividade, as funções de polícia judiciária da União.**

§ 2º **A polícia rodoviária federal**, órgão permanente, organizado e mantido pela União e estruturado em carreira, **destina-se, na forma da lei, ao patrulhamento ostensivo das rodovias federais**. (Redação dada pela Emenda Constitucional nº 19, de 1998)

§ 3º **A polícia ferroviária federal**, órgão permanente, organizado e mantido pela União e estruturado em carreira, **destina-se, na forma da lei, ao patrulhamento ostensivo das ferrovias federais**. (Redação dada pela Emenda Constitucional nº 19, de 1998)

§ 4º **Às polícias civis, dirigidas por delegados de polícia de carreira, incumbem, ressalvada a competência da União, as funções de polícia judiciária e a apuração de infrações penais, exceto as militares.**

§ 5º **Às polícias militares cabem a polícia ostensiva e a preservação da ordem pública; aos corpos de bombeiros militares, além das atribuições definidas em lei, incumbe a execução de atividades de defesa civil.**

§ 6º **As polícias militares e corpos de bombeiros militares, forças auxiliares e reserva do Exército, subordinam-se, juntamente com as polícias civis, aos Governadores dos Estados, do Distrito Federal e dos Territórios.**

§ 7º A lei disciplinará a organização e o funcionamento dos órgãos responsáveis pela segurança pública, de maneira a garantir a eficiência de suas atividades.
§ 8º Os Municípios poderão constituir guardas municipais destinadas à proteção de seus bens, serviços e instalações, conforme dispuser a lei.
§ 9º A remuneração dos servidores policiais integrantes dos órgãos relacionados neste artigo será fixada na forma do § 4º do art. 39. (Incluído pela Emenda Constitucional nº 19, de 1998)
§ 10. A segurança viária, exercida para a preservação da ordem pública e da incolumidade das pessoas e do seu patrimônio nas vias públicas: (Incluído pela Emenda Constitucional nº 82, de 2014)
I - compreende a educação, engenharia e fiscalização de trânsito, além de outras atividades previstas em lei, que assegurem ao cidadão o direito à mobilidade urbana eficiente; e (Incluído pela Emenda Constitucional nº 82, de 2014)
II - compete, no âmbito dos Estados, do Distrito Federal e dos Municípios, aos respectivos órgãos ou entidades executivos e seus agentes de trânsito, estruturados em Carreira, na forma da lei. (Incluído pela Emenda Constitucional nº 82, de 2014) **(sem destaques no original)**

Dividindo as funções de segurança pública entre as atividades de polícia ostensiva e polícia judiciária, Marcelo Novelino comenta com maestria a repartição de competências na área idealizada pela Constituição cidadã. Veja-se:[9]

> A polícia ostensiva é aquela que age preventivamente, de modo a preservar a manutenção da ordem pública, inibindo a prática de atividades criminosas. Na esfera federal, o seu exercício é atribuído aos seguintes órgãos de caráter permanente, organizados e mantidos pela União:
> I – *polícia federal*: exerce as funções de polícia marítima, aeroportuária e de fronteiras, além de prevenir e reprimir o tráfico ilícito de entorpecentes e drogas afins, o contrabando e o descaminho, sem prejuízo da ação fazendária e de outros órgãos públicos nas respectivas áreas de competência (CRFB/88, art. 144, § 1º, II e III);
> II – *polícia rodoviária federal*: destina-se ao patrulhamento ostensivo das rodovias federais (CRFB/88, art. 144, § 2º);
> III – *polícia ferroviária federal*: destina-se ao patrulhamento ostensivo das ferrovias federais (CRFB/88, art. 144, § 3º);
> No âmbito estadual, a polícia ostensiva e a preservação da ordem pública cabem à **polícia militar**. Aos **corpos de bombeiros militares** são incumbidas as atividades de defesa civil. (...) A polícia judiciária atua repressivamente, isto é, após a ocorrência da prática criminosa, visando à apuração de sua materialidade e autoria.

---

9 NOVELINO, Marcelo. *Curso de Direito Constitucional*. 11ª ed. Salvador: Editora Juspodivm, 2016.

As funções de polícia judiciária da União são exercidas, com exclusividade, pela *polícia federal*, cabendo-lhe a apuração de infrações penais contra a ordem política e social ou detrimento de bens, serviços e interesses da União ou de suas entidades autárquicas ou empresas públicas, assim como outras infrações cuja prática tenha repercussão interestadual ou internacional e exija repressão uniforme, segundo dispuser a lei (CRFB/88, art. 144, § 1º, I e IV).

Com exceção das hipóteses acima e das infrações penais militares, as funções de polícia judiciária e a apuração de infrações penais são atribuídas às polícias civis, dirigidas por delegados de carreira (CRFB/88, art. 144, § 4º).

Embora uma leitura apressada do quadro constitucional possa sugerir uma adequada distribuição de atribuições, na área da segurança pública, entre as unidades federadas, a detida análise do tema demonstra o efetivo desequilíbrio nessa repartição, a sobrecarregar as estruturas estaduais em benefício do aparato de segurança federal.

Com efeito, o primeiro aspecto a apontar para esse desequilíbrio é a forma distribuição de competências, que, conforme explicado acima, afeta para a União apenas o desempenho de funções específicas, enquanto aos Estados outorga o exercício da competência residual tanto das funções de polícia ostensiva quanto das funções de polícia judiciária.

A consequência direta dessa excessiva concentração de atribuições na área de segurança pelos entes estaduais é a hipertrofia do quadro de pessoal respectivo. Pesquisa realizada pelo Instituto Brasileiro de Geografia e Estatística (IBGE) apurou, com dados de 2013, que os Estados brasileiros possuíam, juntos, um efetivo policial militar de 425.248 militares e um efetivo policial civil de 117.642 funcionários, totalizando 542.872 agentes públicos estaduais de segurança, sem computar os integrantes dos corpos de bombeiros.

No mesmo ano, Relatório Consolidado de Gestão do Departamento de Polícia Federal, maior órgão de segurança pública da União e detentor do maior efetivo federal na área, informou que a Polícia Federal contava com apenas 14.517 servidores, montante menor até mesmo que o quadro de policiais civis do Estado de São Paulo e que o quadro de policiais militares de vários estados da Federação.

Visando minimizar os efeitos deletérios desse desequilíbrio, a União chegou a desenvolver programa de cooperação federativa denominado **Força Nacional de Segurança Pública**, voltado à atuação em atividades de policiamento ostensivo, destinadas à preservação da ordem pública e da incolumidade das pessoas e do patrimônio, atuando somente mediante solicitação expressa dos Governadores dos Estados ou do Distrito Federal.

Não obstante a experiência positiva da utilização da Força Nacional de Segurança Pública no enfrentamento de crises pontuais, tal instrumento passa ao largo de uma solução definitiva para a questão, a qual não prescinde da revisão da repartição constitucional de competências na área da segurança pública ou mesmo da previsão de formas de compensação entre os entes federados pela execução deficiente de suas respectivas atribuições, conforme se detalhará a seguir.

3. A EXECUÇÃO DEFICIENTE DAS COMPETÊNCIAS FEDERAIS RELACIONADAS À SEGURANÇA E A SOBRECARGA DOS ESTADOS

É fato público e notório que o principal desafio a dificultar a prestação eficiente do serviço de segurança pública diz respeito ao crime organizado atuante no tráfico ilícito de entorpecentes, drogas afins e de armas.

Com efeito, o Levantamento Nacional de Informações Penitenciárias, produzido Departamento Penitenciário Nacional, órgão vinculado ao Ministério da Justiça e Segurança Pública, aponta que, em 2016, quase um terço dos presos brasileiros (176.691 de um total de 620.583 incidências penais) haviam sido condenados ou aguardavam julgamento por crimes previstos na Lei de Drogas (tráfico de drogas, associação para o tráfico de drogas ou tráfico internacional de drogas).[10]

Simultaneamente a isso, é igualmente preocupante o crescimento exponencial do número de homicídios, os quais, em sua esmagadora maioria, também estão relacionados à venda ou ao consumo de entorpecentes.

Tais números, em um primeiro momento, contrastam com o fato de o Brasil não ser um país produtor de entorpecentes ou drogas afins. No entanto, apesar dessa adversidade natural, tais substâncias ingressam

---

[10] MINISTÉRIO DA JUSTIÇA E SEGURANÇA PÚBLICA, Departamento Penitenciário Nacional (DEPEN). *Levantamento Nacional de Informações Penitenciárias - Atualização - Junho de 2016*. Brasília, DEPEN, 2017.

no País oriundas, em sua maioria, das nações vizinhas da América do Sul, sendo comercializadas internamente por integrantes do crime organizado, que utilizam os recursos do tráfico para financiar suas atividades criminosas.

Não é difícil concluir, portanto, que uma atuação estatal eficiente para impedir o ingresso dessas substâncias ilícitas em território brasileiro enfraqueceria sobremaneira as organizações criminosas responsáveis pelos números alarmantes de criminalidade violenta, relacionada, como visto, aos delitos de homicídio e de tráfico.

Nesse ponto, é imperioso destacar que o Ente Federal constitucionalmente incumbido da prevenção do tráfico internacional é exatamente a União, a qual, por meio da Polícia Federal, **deverá exercer as funções de polícia de fronteiras, além de prevenir e reprimir o tráfico ilícito de entorpecentes e drogas afins**, conforme expressamente previsto na Carta Maior, no art. 144, § 1º, incisos II e III. [11]

Contudo, é igualmente inegável que a mesma União vem exercendo de forma deficiente tais competências, gerando com isso evidente prejuízo aos Estados, que estão cada vez mais sobrecarregados no combate diário ao tráfico interno de drogas e homicídios levados a efeito por organizações criminosas financiadas diretamente pela comercialização dessas substâncias oriundas do exterior.

Tal sobrecarga, é sem dúvida, um dos fatores estruturantes responsáveis pela atual deficiência na prestação do serviço de segurança pública pelos Estados, senão vejamos.

4. DAS CAUSAS DA PRESTAÇÃO DEFICIENTE DO SERVIÇO DE SEGURANÇA PÚBLICA PELOS ESTADOS-MEMBROS

Consoante demonstrado ao longo deste estudo, a Constituição Federal de 1988 elegeu o formato da competência concorrente para a gestão de políticas públicas de segurança pública, de forma que, *a priori*, todos os entes federativos estão autorizados a implementar programas nesta

---

11 BRASIL, Constituição (1988). *Constituição da República Federativa do Brasil de 1988*. Brasília, DF, 1988.

Art. 144, (...) § 1º, (...) II - prevenir e reprimir o tráfico ilícito de entorpecentes e drogas afins, o contrabando e o descaminho, sem prejuízo da ação fazendária e de outros órgãos públicos nas respectivas áreas de competência;

III - exercer as funções de polícia marítima, aeroportuária e de fronteiras;

área, embora, na ausência de regulamentação dos artigos 23 e 144, § 7º, da Carta Magna, não haja a definição precisa das atribuições exatas de cada um nesse mister.[12]

Esse vácuo constitucional é especialmente prejudicial aos Estados-membros, atores centrais na implementação de políticas públicas de segurança pública, ao passo que implica na sobrecarga de suas atribuições, em decorrência da transferência de responsabilidades que deveriam estar a cargo da União. Os resultados danosos dessa dinâmica atual são claramente observados na ineficiência dos serviços de segurança pública que são prestados, de forma geral, pelos entes subnacionais.

Não obstante os reflexos odiosos da precária participação federal na questão da segurança pública, a prestação deficiente de tal serviço público pelos Estados-membros é associada no atual contexto federativo a outros dois importantes fatores, a saber: a) a notória ausência de recursos estaduais para custear as atividades de segurança pública de sua responsabilidade; b) o desarranjo institucional entre as forças de segurança pública existentes, a impedir a atuação eficiente e coordenada dos diversos órgãos nas diversas esferas da federação.

Quanto ao primeiro fator, pode-se afirmar que o financiamento dos entes federados é um ponto indissociável do debate sobre os atuais problemas na prestação do serviço de segurança pública. Verifica-se que na divisão de tarefas traçadas em seu artigo 144, a Constituição Federal de 1988 concentrou a maior parte das atribuições nos Estados-membros, a eles cabendo, por meio das polícias militar e civil, as funções de policiamento ostensivo e de polícia judiciária.

Essa concentração de atribuições reflete, consequentemente, nos gastos realizados com políticas públicas de segurança pública. Cite-se, por exemplo, o ano de 2016, no qual os Estados da Federação foram responsáveis por cerca de 82% das despesas realizadas a esse título, consoante demonstra a tabela abaixo, extraída do Anuário Brasileiro de Segurança Pública – 2017:

---

12 BRASIL, Constituição (1988). *Constituição da República Federativa do Brasil de 1988*, Art. 144, §4º. Brasília, DF, 1988.

Despesas realizadas com a Função Segurança Pública

União e Unidades da Federação	Total 2015	Total 2016	Variação (%)
Total	83.405.835.299,80	81.238.345.301,14	-2,6
União	9.825.615.726,58	8.816.086.000,00	-10,3
Municípios	5.092.450.235,98	5.121.858.046,46	0,6
Unidades da Federação	68.487.769.337,23	67.300.401.254,68	-1,7
Acre	465.904.433,80	434.212.716,43	-6,80
Alagoas	1.150.257.816,32	1.042.247.691,62	-9,39
Amapá	506.276.420,90	413.996.095,78	-18,23
Amazonas	1.478.475.012,28	1.397.686.340,16	-5,46
Bahia	4.042.532.738,75	4.146.369.775,28	2,57
Ceará	1.970.582.750,45	1.905.974.282,14	-3,28
Distrito Federal	733.039.451,20	707.449.594,32	-3,49
Espírito Santo	1.354.342.930,39	1.309.865.730,59	-3,28
Goiás	3.245.705.570,43	3.010.021.306,78	-7,26
Maranhão	1.252.381.202,56	1.387.878.993,77	10,82
Mato Grosso	1.557.900.712,14	1.816.460.557,67	16,60
Mato Grosso do Sul	1.168.333.047,44	1.271.214.451,66	8,81
Minas Gerais	9.116.150.434,87	8.884.478.917,77	-2,54
Pará	2.310.412.434,62	2.222.509.888,57	-3,80
Paraíba	991.473.635,52	1.120.783.116,59	13,04
Paraná	3.579.907.282,87	3.813.339.078,16	6,52
Pernambuco	2.320.077.172,56	2.314.708.998,81	-0,23
Piauí	248.617.425,77	700.640.319,99	181,81
Rio de Janeiro	9.449.949.910,64	9.159.795.913,11	-3,07
Rio Grande do Norte	870.700.206,96	1.058.461.843,27	21,56
Rio Grande do Sul	3.324.957.065,99	3.336.101.111,75	0,34
Rondônia	1.051.630.960,23	761.995.964,92	-27,54
Roraima	325.296.535,10	356.172.659,48	9,49
Santa Catarina	2.184.795.319,31	2.181.467.306,36	-0,15
São Paulo	12.246.623.829,56	10.994.457.386,17	-10,22
Sergipe	852.610.300,55	820.592.198,04	-3,76
Tocantins	688.834.736,02	731.519.015,49	6,20

Em R$ constantes de 2016

Fonte: Anuário Brasileiro de Segurança Pública. Gastos com Segurança Pública. São Paulo: Fórum Brasileiro de Segurança Pública. Ano 11, 2017. p. 69 (adaptado)

Salta aos olhos, aliás, a desarrazoada desproporção entre os gastos realizados pelas Unidades da Federação com segurança pública e aqueles de igual natureza efetivados pela União, mormente se considerada a capacidade financeira infinitamente superior do ente federal.

Verifica-se, assim, que, ao arrepio do ideal de federalismo cooperativo, o ônus de custear a segurança pública brasileira recai preponderantemente sobre o Estados-membros, aos quais, não bastante, a Constituição Federal ainda atribuiu competência administrativa residual (artigo 25, § 1º),[13] impondo-lhes a assunção de outras obrigações de toda sorte (saúde, educação, moradia, dentre outros), onerando-os, consequentemente, com os custos decorrentes de tais atribuições.

Ademais, é de elementar inferência o fato de que uma das raízes do atual problema do déficit previdenciário enfrentado por grande parte dos Estados da Federação está nas aposentadorias especiais concedidas aos policiais, cujas contratações, conforme já frisado, estão concentradas nos Estados.

Para se ter ideia, segundo estudo do Instituto de Pesquisa Econômica Aplicada (IPEA), quando se avalia o quadro de funcionários dos Estados e do Distrito Federal, 51% dos servidores têm direito a aposentadorias especiais.[14]

Na referida lista dos aposentados precoces estão os policiais militares, que somam 15%; seguidos dos policiais civis, 5%. Nesse estudo, a categoria que mais chama a atenção é a dos PMs: 96%, na média, se aposentam antes dos 50 anos. Entre os policiais civis, essa parcela cai para 75%.

O estudo em questão mostra ainda que há uma relação entre a aposentadoria precoce e a conta previdenciária no vermelho. Os quatro Estados com os maiores déficits previdenciários estão entre os que têm número

---

[13] BRASIL. Constituição (1988). *Constituição da República Federativa do Brasil*. Art. 25. Os Estados organizam-se e regem-se pelas Constituições e leis que adotarem, observados os princípios desta Constituição.
§ 1º São reservadas aos Estados as competências que não lhes sejam vedadas por esta Constituição.

[14] Instituto de Pesquisa Econômica Aplicada (Ipea). Carta de Conjuntura. Ed. Jan.- Mar. 2017. p. 123-153. Disponível em: < http://www.ipea.gov.br/portal/images/stories/PDFs/conjuntura/180625_carta_de_conjuntura_n34.pdf>. Acesso em: 03 set. 2018.

de servidores com direito a aposentadoria especial acima da média nacional. No Rio, 57,7% dos servidores têm direito a aposentadoria especial. Em Minas Gerais, 59,7%. Em São Paulo, são 60,4% do efetivo. Já no Rio Grande do Sul, 61,2% do total.

Ocorre que, em contrapartida ao panorama apresentado e à imposição de tamanhas despesas, o Constituinte não conferiu às Unidades Federadas fontes de arrecadação próprias que lhes assegurassem o exercício real de sua autonomia federativa. Ao revés, os entes subnacionais são dependentes das transferências constitucionais de parcela dos tributos federais, cuja arrecadação sujeita-se às intempéries produzidas no âmbito do Governo Federal, sobre as quais não há qualquer controle por parte dos Governos Estaduais.

Essa submissão econômica e financeira dos Estados e Municípios em relação à União, a propósito, não condiz com os mais elementares traços do pensamento federalista, sendo um dos motivos centrais do pleito de revisão do atual pacto federativo, com o resgate da autonomia dos entes subnacionais por meio da modificação nos mecanismos de repartição de receitas entre os três níveis da Federação, considerando-se o leque de competências administrativas previstas no bojo do texto constitucional.

No atual contexto, todavia, os Governos Estaduais tornam-se meros gestores de folhas de pagamento de suas forças de segurança, haja vista que seus recursos próprios, acrescidos das transferências constitucionais, são inteiramente consumidos pelas respectivas despesas com pessoal do setor.

Exauridos de sua capacidade própria de investimento, os entes estaduais veem-se obrigados a recorrer às transferências federais de recursos, por meio de Convênios, a fim de viabilizar a aquisição de equipamentos, treinamento, formação de policiais, implantação de projetos de inteligência e informação criminal.

Ao contrário, porém, do que ocorre nas áreas de saúde e educação, não há vinculação constitucional de receitas para a segurança pública, de forma que o fomento de ações nesta área tem ocorrido principalmente por transferências federais custeadas através do Fundo Nacional de Segurança Pública (FNSP) e do Programa Nacional de Segurança com Cidadania (Pronasci), ambos geridos pelo Ministério da Justiça e abastecidos a partir de dotações contidas no Orçamento Geral da União.

Em que pese a relevância de tais recursos para os investimentos estaduais em segurança pública, dados do IPEA demonstram que a execução orçamentária do Fundo Nacional de Segurança Pública, por exemplo, vem sendo paulatinamente esvaziada, atingindo, em 2015, apenas R$ 377 milhões, em uma redução de 48% ante os valores executados em 2002, consoante ilustra o seguinte gráfico:[15]

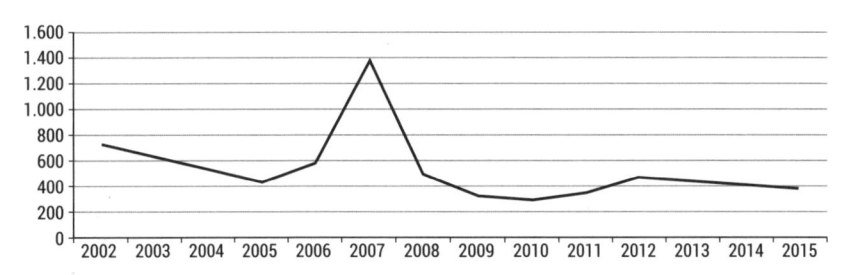

Execução orçamentária do FNSP (Em R$ milhnoes constantes de 2015)

```
1.600
1.400
1.200
1.000
  800
  600
  400
  200
    0
     2002 2003 2004 2005 2006 2007 2008 2009 2010 2011 2012 2013 2014 2015
```

Fonte: Instituto de Pesquisa Econômica Aplicada - IPEA

Uma justificativa possível para tal redução, ainda segundo o IPEA, diz respeito à crescente priorização de gastos federais com a Força Nacional de Segurança Pública, que consumiu, também em 2015, cerca de R$ 162 milhões dos cofres da União. Tais informações, em conjunto, demonstram a grave distorção existente em nossa Federação, na qual a capacidade de investimento dos Estados-membros em políticas de segurança pública está condicionada ao juízo de conveniência da União na utilização das verbas federais.

Nessa esteira, com a recente opção política de priorizar recursos federais para o custeio da Força Nacional em detrimento da alocação de verba nos mecanismos atuais de transferências de recursos (FNSP e Pronasci), os entes estaduais viram reduzidas suas capacidades de implementar melhorias em suas forças de segurança, o que trouxe reflexos nefastos às populações locais, com a escalada nos índices de violência e criminalidade, despertando na sociedade a sensação de

---

[15] BUENO, Samira. O Papel da União no Financiamento das Políticas de Segurança Pública. Instituto de Pesquisa Econômica Aplicada (Ipea). *Boletim de Análise Político-Institucional*, n. 11. Jan.-Jun. 2017, p. 61-67. Disponível em: <http://repositorio.ipea.gov.br/bitstream/11058/8076/1/BAPI_n11_Papel.pdf>. Acesso em: 03 set. 2018.

insegurança e caos público, colocando em questionamento a própria capacidade das instituições.

Além dos parcos recursos que os Estados-membros possuem para gestão de políticas públicas de segurança pública, um segundo fator relacionado ao atual contexto federativo tem grande influência sobre a prestação deficiente do serviço público em comento: o desarranjo institucional entre as forças de segurança pública existentes.

A ausência de regulamentação da competência administrativa concorrente para a execução de políticas públicas de segurança pública, bem como a inexistência de definição clara sobre as funções e o relacionamento das polícias federais e estaduais, e mesmo das polícias civis e militares, acarreta a sobreposição de funções entre os referidos órgãos, com a coexistência de diversos ordenamentos para solução de problemas similares de segurança, enquanto, ao mesmo tempo, ocasiona situações de fricções entre as instituições, em uma lógica de competição por atribuições e recursos escassos, a qual repele qualquer ambiente de colaboração entre as agências.

À exceção feita à própria Força Nacional de Segurança Pública, programa de cooperação criado pelo governo federal que mobiliza profissionais de segurança pública dos Estados, cuja atuação é meramente episódica, são raras as experiências bem sucedidas de parcerias entre os entes da federação, com intuito de celebrarem políticas voltadas à execução de ações cooperadas no campo da segurança.

Essa debilidade na atuação conjunta das forças de segurança pública, vale dizer, deve-se em muito à baixa capacidade de indução e coordenação do Governo Federal, a quem compete a criação de mecanismos que incentivem tal cooperação.

Não obstante, é preciso reconhecer o pouco empenho na implementação de programas de cooperação em nível horizontal, entre distintos Estados da Federação, ante a necessidade de fazer frente a crimes que não respeitam as fronteiras estaduais. A atuação isolada das agências de segurança pública, nesse contexto, milita contra o princípio constitucional da eficiência, pois despreza os resultados positivos advindos do compartilhamento de informações e de estratégias, além da articulação conjunta entre as distintas organizações.

Como decorrência desse quadro caótico, que reúne escassez de recursos e inefetividade da atuação das instituições públicas, o Estado brasileiro não consegue apresentar uma resposta satisfatória à sociedade no combate à criminalidade, como demonstram, de forma crua, as estatísticas criminais, a exemplo das 61.283 mortes violentas intencionais ocorridas em 2016, maior número já registrado no país. A sociedade, então, exige a adoção de medidas drásticas.

5. DA INTERVENÇÃO FEDERAL NA SEGURANÇA PÚBLICA. CASO DO ESTADO DO RIO DE JANEIRO. BREVE ANÁLISE CRÍTICA

Dado o agravamento da situação da segurança pública no Estado do Rio de Janeiro e considerando a incapacidade do respectivo Governo estadual em gerir políticas públicas eficazes no combate à criminalidade, ante o esgotamento fiscal da referida unidade federada, o Presidente da República decretou, em 16 de fevereiro de 2018, a intervenção federal na área de segurança pública do referido Estado, até 31 de dezembro de 2018, com o objetivo de pôr termo a grave comprometimento da ordem pública, nomeando interventor militar responsável pelo exercício do controle operacional de todos os órgãos estaduais da área.

Trata-se da primeira intervenção decretada desde a promulgação da Constituição Federal de 1988.

A bem da verdade, a crise da segurança pública que acomete o Estado do Rio de Janeiro, ao menos em números, não difere daquela que assola outros Estados da federação. Respeitadas as peculiaridades locais e guardadas as devidas proporções, a situação fluminense de inoperância das forças locais de segurança reproduz-se em outros entes estaduais, o que torna necessária a reflexão sobre a adequação da intervenção federal, medida absolutamente excepcional, como remédio para uma crise que espalha por todas as regiões do país.

Como se sabe, o Estado Brasileiro adota o modelo federativo, de forma a fundar-se na coexistência de múltiplas esferas de governo, detentoras de autonomia política e capacidade de auto-organização, que integram-se a um ente central (União), a quem abdicam de sua soberania em prol da unidade do Estado Federal (artigos 1º[16] e 18º[17] da Constituição Federal).

Em contrapartida à autonomia concedida aos entes federados, o texto constitucional traz instrumentos que zelam por tal unidade da federação, dentre os quais cumpre mencionar, neste ponto, a intervenção federal, prevista nos artigos 34 e seguintes da Constituição Federal de 1988.

A intervenção federal, em termos práticos, importa na suspensão temporária da autonomia do Estado-membro em favor da União, nos limites definidos no respectivo decreto interventivo, tratando-se, segundo o Supremo Tribunal Federal, de medida "extrema e excepcional, tendente a repor estado de coisas desestruturado por atos atentatórios à ordem definida por princípios constitucionais de extrema relevância".[18]

---

16 "Art. 1º A República Federativa do Brasil, formada pela união indissolúvel dos Estados e Municípios e do Distrito Federal, constitui-se em Estado Democrático de Direito e tem como fundamentos: I - a soberania; II - a cidadania; III - a dignidade da pessoa humana; IV - os valores sociais do trabalho e da livre iniciativa; V - o pluralismo político. Parágrafo único. Todo o poder emana do povo, que o exerce por meio de representantes eleitos ou diretamente, nos termos desta Constituição." BRASIL. Constituição (1988). BRASIL. Constituição (1988). *Constituição da República Federativa do Brasil*. Brasília, DF: Senado Federal: Centro Gráfico, 1988.

17 "Art. 18. A organização político-administrativa da República Federativa do Brasil compreende a União, os Estados, o Distrito Federal e os Municípios, todos autônomos, nos termos desta Constituição. § 1º Brasília é a Capital Federal. § 2º Os Territórios Federais integram a União, e sua criação, transformação em Estado ou reintegração ao Estado de origem serão reguladas em lei complementar. § 3º Os Estados podem incorporar-se entre si, subdividir-se ou desmembrar-se para se anexarem a outros, ou formarem novos Estados ou Territórios Federais, mediante aprovação da população diretamente interessada, através de plebiscito, e do Congresso Nacional, por lei complementar. § 4º A criação, a incorporação, a fusão e o desmembramento de Municípios, far-se-ão por lei estadual, dentro do período determinado por Lei Complementar Federal, e dependerão de consulta prévia, mediante plebiscito, às populações dos Municípios envolvidos, após divulgação dos Estudos de Viabilidade Municipal, apresentados e publicados na forma da lei. (Redação dada pela Emenda Constitucional nº 15, de 1996)". BRASIL. Constituição (1988). *Constituição da República Federativa do Brasil*. Brasília, DF: Senado Federal: Centro Gráfico, 1988.

18 BRASIL. Supremo Tribunal Federal. *Intervenção Federal nº 5.179*. Relator: Ministro Gilmar Mendes. Diário de Justiça Eletrônico, Brasília, 30 de junho de 2010. Disponível em: <http://redir.stf.jus.br/paginadorpub/paginador.jsp?docTP=AC&docID=615161>. Acesso em: 25 abr. 2018.

Em que pese o grave comprometimento da ordem pública decorrente do caos na segurança pública ser uma hipótese autorizadora da intervenção federal (artigo 34, III, da Constituição Federal),[19] não parece que tal medida extrema, da forma como decretada no caso concreto, seja apta a "repor o estado de coisas" na área da segurança pública no Estado do Rio de Janeiro, não atendendo, assim, sua excepcionalíssima finalidade constitucional.

Aliás, neste ponto, cabe uma crítica ao ato interventivo. Consoante exposto nos tópicos anteriores, a União tem grande parcela de responsabilidade pela crise na segurança pública que ora experimentam os Estados da federação. Quer pela atuação ineficiente em sua esfera de atribuições, a transferir responsabilidades aos entes estaduais, quer por sua baixa capacidade de coordenação de ações cooperadas no campo da segurança ou, ainda, pela grande concentração de recursos em suas mãos, a tornar os entes subnacionais incapazes de gerir, de forma autônoma, suas políticas de segurança pública.

Em face de tal compartilhamento de responsabilidades, soa, no mínimo, desarrazoado que a solução encontrada pelo ente federal seja a drástica supressão da autonomia estadual na área da segurança pública, desconsiderando a legitimidade democrática do Governo Estadual.

Ademais, a própria efetividade da intervenção federal, da forma em que modelada, está posta em xeque. A utilização das Forças Armadas, instituição responsável pela defesa nacional, traz um viés autoritário à medida, antipático à sociedade, mormente se consideradas as sequelas decorrentes do Regime Militar predecessor da nova Ordem Constitucional instaurada a partir de 1988.

A respeito das Forças Armadas, ainda, cumpre relembrar que o uso de militares do Exército, da Marinha e da Aeronáutica para exercer atividades de policiamento ostensivo, próprias da Polícia Militar, não condiz com as atribuições previstas na Constituição Federal e na Lei Complementar Federal nº 97/1999.[20] A falta de treinamento desses

---

19 BRASIL. Constituição (1988). *Constituição da República Federativa do Brasil*, art. 34, (...) III - pôr termo a grave comprometimento da ordem pública.

20 BRASIL. Lei Complementar nº 97, de 9 de junho de 1999. Dispõe sobre as normas gerais para a organização, o preparo e o emprego das Forças Armadas. *Diário Oficial da União*, Brasília, 10 de jun. de 1999.

militares para tarefas de patrulhamento urbano, por exemplo, pode ser associada à baixa efetividade das diversas missões de Garantia da Lei e da Ordem (GLO) realizadas pelas Forças Armadas no Estado do Rio de Janeiro nos últimos anos.

Outro ponto a ser questionado diz respeito ao prazo previsto para a intervenção federal: até 31 de dezembro de 2018. Dado o caráter traumático dessa medida excepcional, seria recomendável a sua limitação ao tempo mínimo necessário para a superação do grave comprometimento da ordem pública e o restabelecimento da estabilidade institucional, de forma que o longo interregno previsto no decreto interventivo milita contra a própria adequação da intervenção federal. Aliás, não havendo alterações estruturais na gestão da segurança pública no Estado do Rio de Janeiro, não há qualquer garantia de que, com o fim da longa intervenção federal, os problemas que ocasionaram o caos social estejam sanados e não tornem a ocorrer.

Por fim, cumpre ressaltar que a existência de resultados positivos da intervenção federal em exame depende, inexoravelmente, do aporte de vultosos recursos federais no Estado do Rio de Janeiro. Frente a essa premissa, impossível não se questionar a justeza da partilha de recursos em nossa Federação, na medida em que contribuintes de todo o país, vivendo em similar situação de insegurança, serão onerados para assegurar um tratamento financeiro diferenciado concedido pela União a determinada Unidade Federada.

De qualquer forma, é imperioso reconhecer que a intervenção federal na segurança pública no Estado do Rio de Janeiro ainda está em seu curso inicial, de forma que não parece prudente analisar a efetividade de tal medida drástica com base em seus resultados meramente provisórios. Entretanto, é possível afirmar, desde já, que não se mostra promissora a repetição desta solução para casos similares experimentados em outras unidades da federação, sendo indispensável repensar o atual arranjo federativo, de forma a propor alternativas para que sejam harmônicas com o espírito cooperativo de organização político-administrativa previsto em nossa Constituição Federal.

6. DAS SUGESTÕES PARA MELHORIAS DA PRESTAÇÃO DO SERVIÇO DE SEGURANÇA PÚBLICA DENTRO DE UM CONTEXTO DE FEDERALISMO DE COOPERAÇÃO

Dentro de um contexto de federalismo de cooperação, na forma idealizada pelo Constituinte Originário, é possível apresentar sugestões que possam resultar em melhorias na prestação do serviço de segurança pública pelos entes federados, em especial pelos Estados-membros, atores centrais na implementação de políticas públicas nesta área.

Em termos ideais, a revisão do pacto federativo, com o resgate da autonomia dos entes subnacionais mediante a redução da concentração de recursos nas mãos da União, tende a ser o caminho mais benéfico aos entes subnacionais, viabilizando, enfim, o exercício efetivo de sua capacidade de autogoverno, com efeitos positivos nas políticas estaduais de segurança pública. Trata-se, entretanto, de tema complexo, dependente da conscientização e mobilização geral dos atores políticos, a se operacionalizar mediante profunda reforma constitucional, a qual, em curto prazo, não se mostra viável.

Há, todavia, soluções possíveis, na medida em que já propostas e em apreciação no Poder Legislativo. Caso aprovadas, repercutirão positivamente sobre os fatores que, hoje, dificultam a prestação eficiente do serviço de segurança pública.

Em relação à ausência de recursos dos Estados-membros para custear o serviço de segurança pública, bem como à consequente dependência do juízo político de conveniência da União para viabilizar investimentos estaduais na área, surge como alternativa viável a criação do Fundo Nacional de Desenvolvimento da Segurança Pública (FNDSP), veiculada mediante Proposta de Emenda Constitucional (PEC nº 24/2012),[21] recentemente aprovada pelo Senado Federal e encaminhada à apreciação da Câmara dos Deputados.

---

21 BRASIL. Congresso. Câmara dos Deputados. *Proposta de Emenda à Constituição nº 24, de 2012*. Institui o Fundo Nacional de Desenvolvimento da Segurança Pública. Disponível em: <https://www25.senado.leg.br/web/atividade/materias/-/materia/105470/pdf>. Acesso em: 11 jul. 2018.

Dentre os méritos da referida PEC, destaca-se a alteração do artigo 167, IV, da Constituição Federal,[22] visando permitir a vinculação de receita de impostos para o mencionado Fundo, de forma idêntica ao que já ocorre nas áreas de educação e de saúde.

Tal previsão assegura não somente o incremento de recursos a serem destinados à segurança pública, mas também garante que o ingresso de receitas ocorra de forma regular, não passível de contingenciamento, de maneira a reduzir a ingerência política da União sobre a capacidade de investimento dos Estados-membros em melhorias nas suas forças de segurança pública.

Além disso, a mencionada PEC estipula que a legislação complementar, ao dispor sobre os critérios de distribuição de recursos entre as Unidades Federadas, deve observar aspectos atinentes aos indicadores de violência em cada local, ao percentual de alunos matriculados na educação básica, ao nível de aparelhamento e remuneração das forças de segurança pública locais, de modo a destinar mais recursos às unidades que melhor remunerem seus profissionais.

Dessa forma, além de prestigiar a equidade nos repasses mediante o FNDSP, referida disposição institui agenda positiva, tanto na área de educação pública, quanto na valorização dos integrantes das forças de segurança pública, com efeitos benéficos para a sociedade a médio e a longo prazo.

No tocante à ausência de coordenação entre os entes federados e suas agências de segurança pública, outra proposta legislativa, o PL 3.734/2012,[23] em análise na Câmara dos Deputados, presta-se a solu-

---

22 BRASIL. Constituição (1988). *Constituição da República Federativa do Brasil*, art. 167, (...) IV - a vinculação de receita de impostos a órgão, fundo ou despesa, ressalvadas a repartição do produto da arrecadação dos impostos a que se referem os arts. 158 e 159, a destinação de recursos para as ações e serviços públicos de saúde, para manutenção e desenvolvimento do ensino e para realização de atividades da administração tributária, como determinado, respectivamente, pelos arts. 198, § 2º, 212 e 37, XXII, e a prestação de garantias às operações de crédito por antecipação de receita, previstas no art. 165, § 8º, bem como o disposto no § 4º deste artigo; (Redação dada pela Emenda Constitucional nº 42, de 19.12.2003)

23 BRASIL. Congresso. Câmara dos Deputados – *Projeto de Lei 3.734/2012*. Disciplina a organização e o funcionamento dos órgãos responsáveis pela segurança pública, nos termos do § 7º do art. 144 da Constituição, institui o Sistema Único de Segurança Pública - SUSP, dispõe sobre a segurança cidadã, e dá outras providências. Disponível em: <http://www.camara.gov.br/proposicoesWeb/prop_mostrarintegra?codteor=984833&filename=PL+3734/2012>. Acesso em: 11 jul. 2018.

cionar a questão, regulamentando, enfim, o § 7º do artigo 144 da Constituição Federal,[24] instituindo o Sistema Único de Segurança Pública – SUSP.[25]

Preenchendo o vácuo legislativo existente, a proposta detalha a forma de relacionamento entre as diversas forças de segurança elencadas no artigo 144 da Constituição Federal, impondo o dever de coordenação entre elas.

Além de determinar a simplificação de procedimentos, com a padronização de registros e compartilhamento de bancos de dados, o PL em comento determina o intercâmbio de conhecimentos entre os órgãos de segurança pública e a realização de operações combinadas e planejadas, tanto de natureza ostensiva quanto de inteligência, estipulando metas a serem alcançadas, prestando reverência, assim, ao princípio da eficiência, até então esquecido na seara da segurança pública.

Outra novidade positiva advinda do PL nº 3.734/2012 diz respeito à inclusão dos Municípios dentre os responsáveis pela garantia da segurança pública. Apesar da previsão constitucional das Guardas Municipais no artigo 144 da Constituição Federal, a inexistência de regulamentação acerca das atribuições de cada força de segurança sempre foi utilizada como respaldo para certa omissão dos entes municipais na assunção de responsabilidades na área.[26]

---

24 BRASIL. Constituição (1988). *Constituição da República Federativa do Brasil*, art. 144, § 7º A lei disciplinará a organização e o funcionamento dos órgãos responsáveis pela segurança pública, de maneira a garantir a eficiência de suas atividades.

25 *Nota do organizador*: o Sistema Único de Segurança Pública (Susp) foi instituído pela Lei Federal nº 16.675, promulgada em 11 de junho de 2018. Nela encontram-se disposições acerca da organização e do funcionamento dos órgãos de Segurança Pública, além de conferir à União a competência para estabelecer a Política Nacional de Segurança Pública e Defesa Social (PNSPDS), destinando aos Estados, Distrito Federal e Municípios a obrigação de observar os padrões determinados pela União. Nesse sentido, é mais uma vez notório a lesão provocada ao pacto federativo brasileiro, com imposições *top-down* realizadas pela tecnoburocracia da União, sem a participação dos demais entes federativos no processo decisório de políticas que afetarão a todos.

26 *Nota do organizador*: O PL nº 3.734/2012 foi parcialmente vetado e convertido na Lei nº 13.675, de 11 de junho de 2018. Ficou expressamente consignado no texto da Lei a participação dos Guardas Municipais como integrantes operacionais do SUSP, designando a estes agentes o poder-dever de intercâmbio de informações e de conhecimentos com as demais forças de segurança pública.

A proposta legislativa em comento, por sua vez, não se limita a regulamentar as atividades das Guardas Municipais, estipulando seu dever de colaboração em atividades suplementares de prevenção, mas prevê, também, a criação de Conselhos de Segurança Municipais, responsáveis pelo planejamento de ações de segurança pública no âmbito municipal, bem como de Gabinetes de Gestão Integrada Municipais, a quem incumbe implementar as políticas estabelecidas pelos respectivos Conselhos de Segurança. Trata-se de inovação salutar, decorrente do reconhecimento da importância dos entes municipais no combate à criminalidade e consentânea com o *caput* do artigo 144 da Constituição Federal, o qual impõe a todos a responsabilidade pela segurança pública em nosso país.

A aprovação de ambas as propostas acima descritas, harmônicas com o ideal do federalismo de cooperação, presta-se a corrigir distorções no atual modelo federativo, permitindo, acredita-se, o incremento na qualidade dos serviços prestados pelas Unidades da Federação, viabilizando modificações estruturais aptas a construir bases sólidas e sustentáveis para o desenvolvimento de uma nova realidade na gestão de políticas públicas de segurança pública pelos Estados Membros, de modo que experiências como a presente intervenção federal na segurança pública do Estado do Rio de Janeiro, tão traumáticas ao ideal de federalismo, não sejam necessárias no futuro.

7. REFERÊNCIAS BIBLIOGRÁFICAS

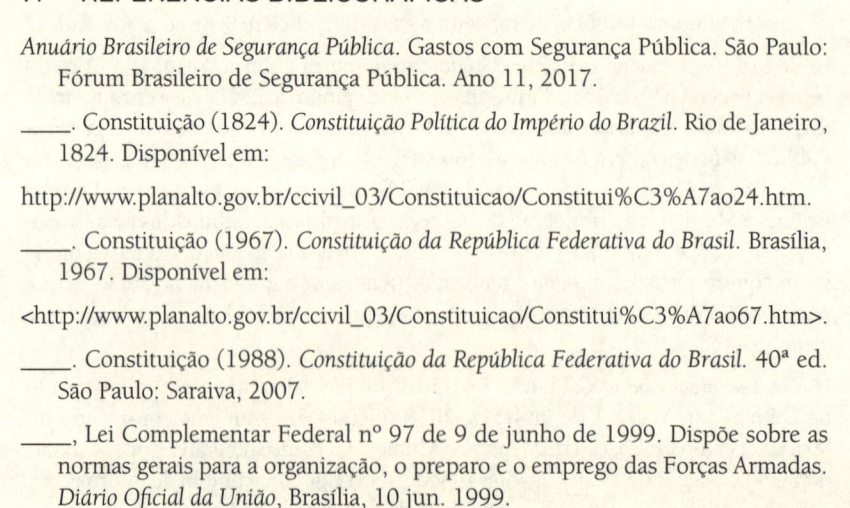

Anuário Brasileiro de Segurança Pública. Gastos com Segurança Pública. São Paulo: Fórum Brasileiro de Segurança Pública. Ano 11, 2017.

____. Constituição (1824). *Constituição Política do Império do Brazil*. Rio de Janeiro, 1824. Disponível em:

http://www.planalto.gov.br/ccivil_03/Constituicao/Constitui%C3%A7ao24.htm.

____. Constituição (1967). *Constituição da República Federativa do Brasil*. Brasília, 1967. Disponível em:

<http://www.planalto.gov.br/ccivil_03/Constituicao/Constitui%C3%A7ao67.htm>.

____. Constituição (1988). *Constituição da República Federativa do Brasil*. 40ª ed. São Paulo: Saraiva, 2007.

____, Lei Complementar Federal nº 97 de 9 de junho de 1999. Dispõe sobre as normas gerais para a organização, o preparo e o emprego das Forças Armadas. *Diário Oficial da União*, Brasília, 10 jun. 1999.

_____. Congresso. Câmara dos Deputados – *Projeto de Lei 3734/2012*. Disciplina a organização e o funcionamento dos órgãos responsáveis pela segurança pública, nos termos do § 7º do art. 144 da Constituição, institui o Sistema Único de Segurança Pública - SUSP, dispõe sobre a segurança cidadã, e dá outras providências. Disponível em: <http://www.camara.gov.br/proposicoesWeb/prop_mostrarintegra?codteor=984833&filename=PL+3734/2012 >.

_____. Congresso. Câmara dos Deputados. *Proposta de Emenda à Constituição nº 24, de 2012*. Institui o Fundo Nacional de Desenvolvimento da Segurança Pública. Disponível em: <https://www25.senado.leg.br/web/atividade/materias/-/materia/105470/pdf>.

_____. Supremo Tribunal Federal. *Intervenção Federal nº 5.179*. Relator: Ministro Gilmar Mendes. Diário de Justiça Eletrônico, Brasília, 30 de junho de 2010. Disponível em: <http://redir.stf.jus.br/paginadorpub/paginador.jsp?docTP=AC&docID=615161>.

_____. *Proposta de Emenda à Constituição nº 24, de 2012*. Institui o Fundo Nacional de Desenvolvimento da Segurança Pública. Disponível em: <https://www25.senado.leg.br/web/atividade/materias/-/materia/105470>.

BUENO, Samira. O Papel da União no Financiamento das Políticas de Segurança Pública. Instituto de Pesquisa Econômica Aplicada (Ipea). *Boletim de Análise Político-Institucional*, n. 11. Jan.-Jun. 2017, p. 61-67.

DEPARTAMENTO PENITENCIÁRIO NACIONAL. *Levantamento Nacional de Informações Penitenciárias 2016*. Disponível em: <http://depen.gov.br/DEPEN/noticias-1/noticias/infopen-levantamento-nacional-de-informacoes-penitenciarias-2016/relatorio_2016_22111.pdf>.

FÓRUM BRASILEIRO DE SEGURANÇA PÚBLICA. *Anuário Brasileiro de Segurança Pública*. São Paulo, 2017. Disponível em: <http://www.forumseguranca.org.br/wp-content/uploads/2017/12/ANUARIO_11_2017.pdf>.

IBGE - Instituto Brasileiro de Geografia e Estatística. *Perfil dos Estados e dos Municípios Brasileiros 2014*. Disponível em: <http://cgp.cfa.org.br/ibge-divulga-perfil-dos--estados-e-dos-municipios-brasileiros-estadic-munic-2014/>.

INSTITUTO DE PESQUISA ECONÔMICA APLICADA (Ipea) apud Congresso em Foco. *No Brasil, 51% dos servidores estaduais têm direito a aposentadorias especiais*. Publicado e atualizado em 02 abr. 2017. Disponível em: <http://congressoemfoco.uol.com.br/noticias/no-brasil-51-de-servidores-estaduais-tem-direito-a-aposentadorias-especiais/>.

NOVELINO, Marcelo. *Curso de Direito Constitucional*. 11ª ed. Salvador: Editora Juspodivm 2016.

PODER EXECUTIVO. *Projeto de Lei n° 3734, de 2012*. Disciplina a organização e o funcionamento dos órgãos responsáveis pela segurança pública, nos termos do § 7° do art. 144 da Constituição, institui o Sistema Único de Segurança Pública - SUSP, dispõe sobre a segurança cidadã, e dá outras providências. Disponível em: <http://www.camara.gov.br/proposicoesWeb/fichadetramitacao?idProposicao=542102>.

SERVIÇO PÚBLICO FEDERAL - MJ - Departamento de Polícia Federal. *Relatório consolidado de gestão do Departamento de Polícia Federal*. Brasília, DF, 2015. Disponível em: <file:///C:/Users/m17650584/Downloads/relatorio_de_gestao_consolidado_2014.pdf>.

FEDERALISMO FISCAL, REPARTIÇÃO DE RECEITAS TRIBUTÁRIAS, CONTRIBUIÇÕES ESPECIAIS E DRU: APONTANDO UMA SOLUÇÃO DEMOCRÁTICA QUE RESULTE NA AMENIZAÇÃO DA CRISE POLÍTICO-FISCAL DOS ESTADOS-MEMBROS E DO DISTRITO FEDERAL

ANA CAROLINA DE CARVALHO NEVES[1]
PAULO CÉSAR DE CARVALHO GOMES JÚNIOR[2]

SUMÁRIO: *1. Introdução. 2. Da forma federativa de estado. 3. Da autonomia financeira dos entes federados. Estratégias para garanti-la. 4. Das funções da repartição constitucional das receitas tributárias. Da sua diferença das transferências voluntárias. 5. Não partilha do produto da desvinculação de receitas de contribuições: violação ao pacto federativo. 6. Conformação da desvinculação de receitas de contribuições com a forma federativa de Estado. 7. Supremo Tribunal Federal e seu papel de guardião da federação. 8. Conclusões. 9. Referências Bibliográficas.*

1. INTRODUÇÃO

O objetivo do presente trabalho é defender a necessidade de se respeitar a autonomia financeira dos Estados-membros e do Distrito Federal, reiteradamente lesada pela União, o que os tem empurrado para a crise político-fiscal. Inicialmente, mostram-se as razões que levaram o constituinte a eleger a forma federativa, dando-lhe importância acentuada. Descreve-se, então, de maneira básica, em que consistem tal forma de Estado e as diferentes autonomias que ela confere aos entes subnacionais. Detalha-se a autonomia financeira, indicando-se as três

---

[1] Procuradora do Estado de Santa Catarina (61 99998-5854; anacarolina@pge.sc.gov.br).

[2] Procurador do Estado da Bahia (71-99345-5569; paulocesargjr@hotmail.com).

estratégias adotadas pelo constituinte para garanti-la. Ressalta-se a importância da repartição constitucional do produto da arrecadação tributária. Em seguida, delineia-se o *modus operandi* utilizado pela União para driblar a repartição. Após, apresenta-se uma solução democrática extraída da Constituição que contrabalanceia a atividade da União, sem impedir que ela realize seus interesses, e que convoca a atuação da advocacia pública. Ademais, antes da conclusão, comenta-se a jurisprudência do STF pertinente a questões afins, mas que não enfrenta a proposta dada por este texto.

2. DA FORMA FEDERATIVA DE ESTADO

A Constituição de 1988 não só adotou para o Estado brasileiro a forma federativa, como a submeteu a cláusula pétrea, a primeira do rol do art. 60, § 4º,[3] impossibilitando a edição e até mesmo meras proposições de emendas tendentes a aboli-la. Assim, alçou-a à condição de elemento essencial da sua identidade,[4] o que implica dizer que a eventual adoção de forma de Estado distinta significaria uma nova Constituição: a Constituição de 1988 é Federal.

A opção por essa forma e a importância que se deu a ela não foram sem motivo. Razões históricas e funcionais as justificam. Diferentemente do que superficialmente se acredita, a adoção da federação no país não foi por mera imitação do modelo estadunidense.[5]

Bem pensadas as coisas, Luana de Oliveira Andrade[6] afirma que "o Brasil, pelas suas próprias condições geográficas, tem vocação histórica para o federalismo. O país caracteriza-se por uma imensa área

---

[3] BRASIL, Constituição (1988). *Constituição da República Federativa do Brasil de 1988*, art. 60, (...) § 4º. Não será objeto de deliberação a proposta de emenda tendente a abolir: I - a forma federativa de Estado; (...)

[4] SARMENTO, Daniel; SOUZA NETO, Cláudio Pereira de. *Direito constitucional*: teoria, história e métodos de trabalho. Belo Horizonte: 2012, Fórum (*e-book*).

[5] AFONSO, José Roberto; REZENDE, Fernando. *A federação brasileira*: fatos, desafios e perspectivas. 2002. Disponível em: <https://www.researchgate.net/publication/267820480_A_Federacao_Brasileira_Fatos_desafios_e_perspectiva>. Acesso em: 06 jul. 2017.

[6] ANDRADE, Luana de Oliveira. *A Repartição das Receitas Tributárias*. 2010, p. 6. Disponível em: <http://www.emerj.tjrj.jus.br/paginas/trabalhos_conclusao/1semestre2010/trabalhos_12010/luanaandrade.pdf>. Acesso em: 06 jul. 2017.

territorial contígua", o que nunca pareceu combinar harmonicamente com a unitariedade de sua forma, consideradas as suas circunstâncias históricas. Conforme lecionam Rezende e Afonso,[7] desde o início e durante boa parte do desenrolar de sua história, a unidade do estado brasileiro esteve ameaçada por movimentos separatistas. No período colonial, as relações entre as províncias brasileiras praticamente não existiam, não apenas por razões de distância e falta de meios de comunicação, mas também por ausência de motivos econômicos para o intercâmbio, o que fazia com que a erupção dos movimentos separatistas não pudesse ser vista com surpresa. Não havia coincidência de interesses que justificasse a unitariedade.

Demais disso, segundo os autores, o impulso separatista teria sido alimentado por uma correlação que se estabelecia entre liberalismo e descentralização, atribuindo ao conservadorismo o desejo de reforçar o poder central. Isso fez com que o nascimento da República tenha sido visto como uma vitória do liberalismo. A Constituição republicana de 1891 acolhia as ideias de descentralização e autonomia federal.[8]

Todavia, os primeiros anos da República também foram palco de tumultos políticos e reações contra o novo regime, incluindo seu aspecto federativo. Os militares, que desempenharam um papel decisivo na derrubada do Império, logo se manifestaram contra os interesses liberais, dando margem a novas insurreições, que foram reprimidas com violência pelo marechal Floriano Peixoto. A unidade da federação do país deixou de ser motivo de preocupação no início do século XX. A partir de então, para Rezende e Afonso,[9] as revoltas tiveram mais a ver com centralização ou descentralização, apoiadas por interesses regionais, que ainda dominam o debate sobre a natureza do federalismo brasileiro.

---

[7] AFONSO, José Roberto; REZENDE, Fernando. *A federação brasileira*: fatos, desafios e perspectivas. 2002. Disponível em: <https://www.researchgate.net/publication/267820480_A_Federacao_Brasileira_Fatos_desafios_e_perspectiva>. Acesso em: 06 jul. 2017.

[8] BRASIL. Constituição (1891). *Constituição da República dos Estados Unidos do Brasil*. Rio de Janeiro, 1891. Disponível em <http://www.planalto.gov.br/ccivil_03/Constituicao/Constitui%C3%A7ao91.htm>, acesso em: 06 de junho de 2018.

[9] AFONSO, José Roberto; REZENDE, Fernando. *A federação brasileira*: fatos, desafios e perspectivas. 2002. Disponível em: <https://www.researchgate.net/publication/267820480_A_Federacao_Brasileira_Fatos_desafios_e_perspectiva>. Acesso em: 06 jul. 2017.

Até então, a Constituição de 1988 representa o pico dos processos de descentralização territorial do poder no país. Embora a forma federativa já se encontrasse em quase todas as constituições anteriores, a CRFB/88, em muito fruto de um movimento pela descentralização composto na transição para a democracia no início dos anos 80,[10] foi a primeira a demonstrar a intenção verdadeira de conferir autonomia aos entes subnacionais, apesar de não ter se livrado por completo do ranço histórico de concentrar poderes nas mãos da União. Vale, porém, a lição de Hugo de Brito Machado,[11] no sentido de que, "[d]esde que entrou em vigor (...) a Constituição de 1988 vem sendo objeto de emendas que implicaram verdadeiro retrocesso, de sorte que, praticamente, voltamos a ser um Estado Unitário, tamanha é a concentração do poder de tributar em mãos da União".

Não bastassem as justificativas históricas, a descentralização federativa desempenha importantes funções.[12] A Federação é a pluralidade na unidade. Ao repartir o poder no plano espacial, ela permite a unidade nacional sem que haja concentração extrema de poder no ente central, o que poderia favorecer o autoritarismo. As decisões são, ou devem ser, tomadas por meio de canais de diálogos entre os entes federados. É a lógica do poder limitando poder, de Montesquieu. Ela aproxima o poder político de seus destinatários, possibilitando que o povo tenha mais participação nas atividades públicas e sobre elas exerça maior controle. Fomenta o pluralismo e a diversidade, ao preservar espaços para o poder local, que tende a ser mais receptivo às peculiaridades das populações, o que robustece a democracia. Permite que as tarefas sejam distribuídas de acordo com a aptidão de cada nível de governo para

---

10 AFONSO, José Roberto; REZENDE, Fernando. *A federação brasileira*: fatos, desafios e perspectivas. 2002. Disponível em: <https://www.researchgate.net/publication/267820480_A_Federacao_Brasileira_Fatos_desafios_e_perspectiva>. Acesso em: 06 jul. 2017.

11 MACHADO, Hugo de Brito. *Curso de Direito Tributário*. São Paulo: Malheiros, 2008, p. 25.

12 CORREIA NETO, Celso de Barros. Repartição das Receitas Tributárias e Transferências Intergovernamentais. *In*: BRAGA, Carlos Eduardo Faraco; CONTI, José Mauricio; SCAFF, Fernando Facury (Org.). *Federalismo Fiscal e Questões Contemporâneas*. Florianópolis: Conceito, 2010. Cf. também: SARMENTO, Daniel; SOUZA NETO, Cláudio Pereira de. *Direito constitucional*: teoria, história e métodos de trabalho. Belo Horizonte: 2012, Fórum (*e-book*).

realizá-las, considerando especialmente a eficiência e a economicidade na sua prestação. Algumas tarefas são exercidas com maior eficiência pelo governo central, outras, pelos governos regionais ou locais. Por visar nivelar os serviços públicos à disposição de cada cidadão, não importando onde eles estejam fisicamente,[13] tem, naturalmente, função isonômica e, também, democrática: sem tais serviços, as pessoas não terão as condições materiais necessárias para a devida participação na deliberação democrática.

A forma federativa de Estado, portanto, é arranjo institucional desenhado em função das pessoas. Em última análise, pode-se dizer que o seu objetivo é facilitar a promoção da dignidade humana.

O elemento central do arranjo é a distribuição espacial de competências próprias, hauridas diretamente de uma constituição, entre, ao menos, dois níveis distintos de governo, de maneira a lhes garantir autonomia.

Celso de Barros Correia Neto[14] ensina que "[u]ma noção preliminar de autonomia a relaciona com a faculdade de governar-se a si mesmo, isto é, reger-se por suas próprias regras e administrar seus próprios interesses. Noção, até certo ponto, oposta à de subordinação: há autonomia porque não há hierarquia dos entes entre si". Ensina, ainda, que a autonomia dos entes federados pode ser decomposta basicamente em três: administrativa, a possibilidade de se auto-organizar no que concerne a sua estrutura interna; política, a possibilidade de atuar com independência ao legislar sobre assuntos de competência própria; e financeira, que se desdobraria no (i) desempenho de atividade financeira (arrecadação, gestão e gasto) livre da interferência dos demais entes federados e (ii) na possibilidade de dispor de recursos próprios e suficientes para fazer frente às competências impostas pelo texto

---

13 DELFIM NETTO, Antônio apud UCHÔA FILHO, Sérgio Papini de Mendonça. Repartição das Receitas Tributárias e Transferências Intergovernamentais. *In*: BRAGA, Carlos Eduardo Faraco; CONTI, José Mauricio; SCAFF, Fernando Facury (Org.). *Federalismo Fiscal e Questões Contemporâneas*. Florianópolis: Conceito, 2010, p. 217-242.

14 CORREIA NETO, Celso de Barros. Repartição das Receitas Tributárias e Transferências Intergovernamentais. *In*: BRAGA, Carlos Eduardo Faraco; CONTI, José Mauricio; SCAFF, Fernando Facury (Org.). *Federalismo Fiscal e Questões Contemporâneas*. Florianópolis: Conceito, 2010, p. 200.

constitucional – próprios porque o ente deve poder se manter, sem depender da boa vontade dos outros, e suficientes porque não pode haver desproporção entre os recursos e as competências.[15]

É bem de ver que, em que pese todas as autonomias serem concedidas diretamente pela Constituição aos entes federados, a autonomia financeira (especialmente o segundo dos desdobramentos acima apresentados) é pressuposto das demais. Sem ela toda outorga de competência se torna letra morta, o que esvazia as demais autonomias e, por conseguinte, a própria forma federativa de Estado.

Nesse sentido é a lição de Almeida:[16]

> Resta ponderar, por fim, que atribuir competências significa conferir poderes, mas também deveres, para cujo cumprimento é imprescindível a existência de recurso financeiros suficientes. Como adverte DALMO DE ABREU DALLARI, caso não haja equilibro entre encargos e rendas 'ou a administração não consegue agir com eficiência, e necessidades fundamentais do povo deixam de ser atendidas ou recebem um atendimento insuficiente; ou o órgão encarregado solicita recursos de outra fonte, criando-se uma dependência financeira que acarreta, fatalmente, a dependência política'. (...)
> Na verdade, a existência de rendas suficientes é que vivifica a autonomia dos entes federados e os habilita a desempenhar suas competências.
> Não é outra a razão por que, em todos os estudos pertinentes, se enfatiza a importância de uma equilibrada distribuição de rendas, mormente de receitas tributárias, que não desnature o federalismo, pela sujeição econômica dos estados-membros e o Distrito Federal à União (inverte-se, nos tempos presentes, os termos da questão), com a concentração generalizada do poder financeiro do governo central em detrimento dos governos estaduais. (...)
> Ora, esvaziar a autonomia estadual é esvaziar a Federação. Isto porque, por mais que o federalismo comporte adaptações – e a maleabilidade característica do estado federal talvez seja uma de suas maiores virtudes, causa de aceitação à volta do mundo em países muito diferenciados entre si – não pode ele sobreviver onde se abdique da autonomia das unidades federadas, autonomia que se inclui no núcleo irredutível de princípios cardeais inerentes ao sistema.

---

15 CORREIA NETO, Celso de Barros. Repartição das Receitas Tributárias e Transferências Intergovernamentais. *In*: BRAGA, Carlos Eduardo Faraco; CONTI, José Mauricio; SCAFF, Fernando Facury (Org.). *Federalismo Fiscal e Questões Contemporâneas*. Florianópolis: Conceito, 2010, p. 200.

16 ALMEIDA, Fernanda Dias Menezes. *Competências na Constituição de 1988*. São Paulo: Atlas, 1991, p. 33-34.

O exercício das competências depende de dinheiro. Quem não o tem, depende dos outros para exercê-las. Não tem, portanto, autonomia. Vale aqui a lição que os pais dão a seus filhos: "Quando você puder pagar as suas contas, você manda em seu nariz; enquanto isso, mando eu" (informação verbal).

3. DA AUTONOMIA FINANCEIRA DOS ENTES FEDERADOS. ESTRATÉGIAS PARA GARANTI-LA

O Brasil, como a maioria dos Estados modernos, adota o tributo como principal meio de financiamento, ficando a exploração do patrimônio público relegada a um segundo plano no cumprimento dessa função.[17] O Estado é fiscal. Assim, na federação brasileira, ser ente federado autônomo significa auferir rendas tributárias próprias e suficientes para o exercício das competências conferidas constitucionalmente.

De acordo com Celso de Barros Correia Neto,[18] a Constituição de 1988 se valeu basicamente de três estratégias de divisão das rendas tributárias: (i) distribuição ou divisão de competências tributárias; (ii) centralização de competência e distribuição de capacidade tributária ativa; e (iii) divisão do produto da arrecadação.

Na divisão de competências tributárias, aloca-se entre os diferentes entes federados a aptidão para instituir tributos sobre determinadas bases, excepcionando a proibição abrangente de os criá-los. É dizer, os entes apenas podem instituir tributos que incidam sobre as bases a que correspondem as competências que lhe foram distribuídas. Pudessem eles instituir tributos sobre todos os fatos econômicos, não haveria divisão alguma.[19]

Não há ente federado brasileiro sem competência para instituir tributos.

---

17 CORREIA NETO, Celso de Barros. Repartição das Receitas Tributárias e Transferências Intergovernamentais. *In*: BRAGA, Carlos Eduardo Faraco; CONTI, José Mauricio; SCAFF, Fernando Facury (Org.). *Federalismo Fiscal e Questões Contemporâneas*. Florianópolis: Conceito, 2010.

18 *Ibid.*

19 *Ibid.*

Os tributos contraprestacionais por excelência, as taxas e contribuições de melhoria, são distribuídos a todos eles. Isso leva alguns autores a afirmarem que a competência para a instituição é concorrente. Mas Hugo de Brito Machado Segundo[20] ensina que a afirmação é incorreta. Em verdade, a competência para tais tributos seria privativa do ente que realizou a atividade que lhes rendeu ensejo. Assim, seria discriminada, indiretamente, nos dispositivos da Constituição que cuidam das competências materiais: para prestarem serviços públicos, exercerem o poder de polícia ou executarem obras públicas. Confirmando o ponto, o Supremo tem decidido que a competência para a instituição e cobrança de taxa depende de a entidade ter competência para o exercício da atividade que constitua o fato gerador (RE nº 100.033).[21]

Os impostos, por sua vez, são os tributos não contraprestacionais por natureza. Os seus fatos geradores são situações de fato praticadas pelo contribuinte, que não têm qualquer relação com atividade prestada pelo poder público. Assim, a competência para a instituição deles não pode ser logicamente deduzida das competências materiais dos entes políticos. Hugo de Brito Machado Segundo[22] afirma que é por isso que as bases que permitem a sua instituição devem ser discriminadas nos dispositivos específicos que distribuam as competências tributárias.

Há razões lógicas que justificam a outorga de uma dada base para um ou para outro ente. E muitas delas conduzem à concentração da competência no ente central.

Uma delas, a mobilidade da base tributária. Nos tributos incidentes sobre bases móveis (tais como renda, consumo e patrimônio móvel), se a cobrança ficar a cargo das municipalidades, por exemplo, os contribuintes tendem a se deslocar para outras localidades de modo a obter uma menor tributação. Nesses casos, convém que os tributos sejam da competência do ente central, embora no Brasil o imposto do consumo

---

20 MACHADO SEGUNDO, Hugo de Brito. *Contribuições e Federalismo*. São Paulo: Dialética, 2005.

21 BRASIL. Supremo Tribunal Federal. Recurso Extraordinário: *RE nº 100.033*, Relator(a): Min. Francisco Rezek, Tribunal Pleno, julgado em 21/09/1983, DJ 27-10-1983 PP-16702 EMENT VOL-01314-03 PP-00612 RTJ VOL-00107-03 PP-01295.

22 MACHADO SEGUNDO, Hugo de Brito. *Contribuições e Federalismo*. São Paulo: Dialética, 2005.

seja da competência dos Estados-membros e do Distrito Federal. Outra é a distribuição das manifestações de riqueza pelo território nacional. Se houver uma distribuição desigual, os tributos devem ser de competência do ente central, para que não acentuem as disparidades regionais. Uma terceira é a facilidade de administração ou economia de escala na cobrança do tributo. Quanto maior a economia de escala envolvida na cobrança de um determinado tributo, mais convém que seja mantido no nível nacional. Mais uma é a sensibilidade às alterações no nível de crescimento da economia. Devem ser atribuídos ao governo central tributos que tenham uma elevada elasticidade-renda. Essa atribuição confere ao governo central instrumentos de estabilização e protege os orçamentos locais das variações cíclicas da economia. Por fim, há consenso de que os tributos sobre o comércio exterior devem ser atribuídos ao governo central.[23]

O Brasil não foge à regra. Aqui, também há concentração das competências para instituição de impostos no ente central. A União recebeu a competência para instituição de 7 (sete) impostos, afora as competências residual e extraordinária. Hugo de Brito Machado Segundo[24] explica quais o foram e porque o foram.

Os de importação (II) e de exportação (IE) foram entregues à União por serem instrumentos de controle do comércio exterior, da balança comercial e do mercado interno. O imposto sobre operações de crédito, câmbio e seguros (IOF) por ser meio para a intervenção no mercado financeiro. O imposto sobre a propriedade territorial rural (ITR) por permitir que se estimule o aproveitamento da produtividade da terra e a realização da reforma agrária. Todas essas atividades de competência da União. O imposto sobre a renda (IR) lhe foi atribuído pela maior facilidade de administração e arrecadação. Não há como, ou pelo menos é muito difícil, se vincular a renda ao território de um único estado-membro. A descentralização geraria muitos conflitos, em virtude da impossibilidade prática de se determinar para quem

---

[23] GOMES, Emerson César da Silva. Fundamentos das transferências intergovernamentais. *Revista Direito Público*, v. 6, nº 27, 2009. Disponível em: <https://www.portaldeperiodicos.idp.edu.br/direitopublico/article/view/1565>. Acesso em: 06 jul. 2017.

[24] MACHADO SEGUNDO, Hugo de Brito. *Contribuições e Federalismo*. São Paulo: Dialética, 2005.

o imposto seria devido. O imposto sobre produtos industrializados (IPI) porque alguns Estados-membros e o Distrito Federal são muito industrializados e outros praticamente não têm indústria. Assim, atribuir-lhes a competência significaria o robustecimento demasiado das desigualdades federativas. O IR e o IPI são também os impostos federais de maior arrecadação. Por isso, conforme se verá, não só se outorgou a competência deles para a União, como se determinou a repartição de suas receitas entre os diferentes entes federados, com o desiderato de lhes garantir autonomia e de dar cumprimento ao objetivo fundamental de reduzir as desigualdades regionais, insculpido no inciso III do art. 3º da CRFB/88.[25] Existe, por fim, o imposto sobre grandes fortunas (IGF), que nunca chegou a ser instituído.

Para se mencionar todas as espécies tributárias da classificação pentapartida, há, ainda, as competências relativas aos empréstimos compulsórios e às contribuições.

Conforme o art. 148 da Constituição Federal de 1988,[26] os empréstimos compulsórios cabem apenas à União, em virtude do destino a que se vinculam: o atendimento de despesas extraordinárias, decorrentes de calamidade pública, de guerra externa ou sua iminência, ou investimentos públicos de caráter urgente e de relevante interesse nacional.

E a competência para a instituição das contribuições também foi outorgada quase que exclusivamente à União. Foram ressalvadas apenas as contribuições de custeio dos regimes previdenciários próprios dos demais entes federados.

Na segunda estratégia da divisão das rendas tributárias, da centralização de competência e da distribuição de capacidade tributária ativa, há a separação entre as tarefas de instituir e de cobrar o tributo. Um ente institui, e outro o cobra. No atual cenário, a União institui e os entes regionais ou locais o cobram. É algo excepcional, já que a tradição é de o ente instituidor ser também o cobrador. Há exemplo

---

25 BRASIL, Constituição (1988). *Constituição da República Federativa do Brasil de 1988*, Art. 3, inciso III. Brasília, DF, 1988.

26 BRASIL, Constituição (1988). *Constituição da República Federativa do Brasil de 1988*, Art. 148. Brasília, DF, 1988.

no art. 158, II, da CRFB/88,[27] com a possibilidade de o Município optar por cobrar o ITR, imposto instituído pela União, e, assim, ficar com a totalidade das receitas tributárias decorrentes da propriedade situada em seu território.[28]

Há quem diga que a autonomia financeira deveria se centrar unicamente nessas duas primeiras estratégias ou apenas na primeira. Sacha Calmon Navarro Coêlho[29] afirma que a única forma de se assegurar a independência político-administrativa às entidades da Federação é reformular a discriminação constitucional das competências tributárias. Para o autor, uma distribuição equitativa das competências poderia tornar desnecessário o mecanismo de repartição de receita ou divisão do produto da arrecadação, não garantidor de fato de autonomia aos entes federados, por sujeitá-los, de certo modo, à União, que, não raro, abusaria de sua posição. Mas, embora a crítica seja verdadeira, conforme se verá mais abaixo, o autor não se atenta para as importantes funções desempenhadas pelo indigitado mecanismo, que o tornam verdadeiro alicerce do pacto federativo.

Como adverte Antônio Delfim Netto,[30] é verdade que a situação ideal é aquela em que as incumbências dos entes nacionais possam ser integralmente financiadas com recursos extraídos da própria comunidade por meio do exercício de suas competências tributárias. Mas, no mundo real, isso é quase impossível de se alcançar. Há acentuadas disparidades com respeito à distribuição espacial da produção e da renda. Ademais, conforme já se viu, há razões técnicas que recomendam

---

27 BRASIL, Constituição (1988). *Constituição da República Federativa do Brasil de 1988*, Art. 158, II. Brasília, DF, 1988.

28 CORREIA NETO, Celso de Barros. Repartição das Receitas Tributárias e Transferências Intergovernamentais. *In*: BRAGA, Carlos Eduardo Faraco; CONTI, José Mauricio; SCAFF, Fernando Facury (Org.). *Federalismo Fiscal e Questões Contemporâneas*. Florianópolis: Conceito, 2010.

29 COÊLHO, Sacha Calmon Navarro *apud* ANDRADE, Luana de Oliveira. *A Repartição das Receitas Tributárias*. 2010. Disponível em: <http://www.emerj.tjrj.jus.br/paginas/trabalhos_conclusao/1semestre2010/trabalhos_12010/luanaandrade.pdf. >. Acesso em: 06 jul. 2017.

30 DELFIM NETTO, Antônio *apud* UCHÔA FILHO, Sérgio Papini de Mendonça. Repartição das Receitas Tributárias e Transferências Intergovernamentais. *In*: BRAGA, Carlos Eduardo Faraco; CONTI, José Mauricio; SCAFF, Fernando Facury (Org.). *Federalismo Fiscal e Questões Contemporâneas*. Florianópolis: Conceito, 2010.

uma considerável centralização da arrecadação tributária. A passagem de tributos da competência da União para os entes subnacionais resultaria no agravamento das disparidades entre eles, beneficiando muito poucos, especialmente os mais bem estruturados e situados em áreas prósperas e industrializadas.[31]

Aí que entra em cena a repartição do produto da arrecadação das receitas tributárias, o terceiro dos mecanismos de divisão de rendas, consistente num instituto pelo qual entes diversos dos que detêm a competência tributária participam das receitas do tributo. É, portanto, uma partilha do produto da arrecadação, e não da competência. Divide-se o resultado, não a fonte. Pode-se dizer que é uma divisão de rendas de segundo nível, pois pressupõe a distribuição de competências tributárias para repartir as receitas que decorram de seu exercício.[32]

No cenário jurídico brasileiro atual, a repartição sempre se dá "de cima para baixo". Da União para Estados-membros, Distrito Federal e Municípios, e dos Estados-membros e do Distrito Federal para os Municípios. Não há o caminho contrário. Todavia, nada impede que o direito positivo o preveja, desde que, é claro, seja preservada a harmonia federativa.

José Maurício Conti[33] divide a repartição em duas: direta e indireta. Na direta, parcela da receita arrecadada de um tributo da competência de uma unidade federativa deve ser entregue a outra. Como exemplo, o disposto no art. 158, III, da CRFB/1988,[34] que estabelece que cinquenta por cento da arrecadação do Imposto Territorial Rural (ITR) deve ser

---

31 ANDRADE, Luana de Oliveira. *A Repartição das Receitas Tributárias*. 2010, p. 6. Disponível em: <http://www.emerj.tjrj.jus.br/paginas/trabalhos_conclusao/1semestre2010/trabalhos_12010/luanaandrade.pdf>. Acesso em: 06 jul. 2017.

32 CORREIA NETO, Celso de Barros. Repartição das Receitas Tributárias e Transferências Intergovernamentais. *In*: BRAGA, Carlos Eduardo Faraco; CONTI, José Maurício; SCAFF, Fernando Facury (Org.). *Federalismo Fiscal e Questões Contemporâneas*. Florianópolis: Conceito, 2010.

33 CONTI, José Maurício *apud* GOMES, Emerson César da Silva. Fundamentos das transferências intergovernamentais. *Revista Direito Público*, v. 6, nº 27, 2009. Disponível em: <https://www.portaldeperiodicos.idp.edu.br/direitopublico/article/view/1565>, acesso em: 07 de julho de 2017.

34 BRASIL, Constituição (1988). *Constituição da República Federativa do Brasil de 1988*, Art. 158, III. Brasília, DF, 1988.

repassado pela União aos Municípios onde o imóvel se localiza (situação que, como visto acima, pode ser modificada caso o Município opte por cobrar o ITR, ficando com 100% da receita). Na indireta, parcelas da receita arrecadada de um ou mais tributos da competência de um dado ente são destinadas à formação de fundos, cujos valores serão distribuídos aos entes federados beneficiários segundo critérios preestabelecidos. Os fundos constituem "um conjunto de recursos utilizados como instrumento de distribuição de riqueza, cujas fontes de receita lhe são destinadas para uma finalidade determinada ou para serem redistribuídas segundo critérios preestabelecidos".[35]

Vejamos as importantes funções desempenhadas pela repartição.

4. DAS FUNÇÕES DA REPARTIÇÃO CONSTITUCIONAL DAS RECEITAS TRIBUTÁRIAS. DA SUA DIFERENÇA DAS TRANSFERÊNCIAS VOLUNTÁRIAS

Uma de suas principais funções é a de reduzir o desequilíbrio fiscal, causado pela desproporção entre as tarefas constitucionalmente impostas aos entes subnacionais e os recursos tributários a serem auferidos do exercício de suas competências tributárias. É dizer, há desproporção entre competências materiais e competências tributárias. Como afirmado acima, há diversas razões que justificam que determinadas competências materiais sejam descentralizadas, como o pluralismo e a eficiência. E há igualmente muitas razões que justificam uma tendência na centralização da competência tributária, especialmente quanto aos impostos. Isso, naturalmente, faz com que os entes subnacionais necessitem de outras fontes de recursos próprios, para que sejam efetivamente autônomos e possam prover níveis adequados de serviços públicos.[36]

---

35 CONTI, José Mauricio *apud* GOMES, Emerson César da Silva. Fundamentos das transferências intergovernamentais. *Revista Direito Público*, v. 6, nº 27, 2009. Disponível em: <https://www.portaldeperiodicos.idp.edu.br/direitopublico/article/view/1565>. Acesso em: 06 jul. 2017, p. 5.

36 GOMES, Emerson César da Silva. Fundamentos das transferências intergovernamentais. *Revista Direito Público*, v. 6, nº 27, 2009. Disponível em: <https://www.portaldeperiodicos.idp.edu.br/direitopublico/article/view/1565>. Acesso em: 06 jul. 2017.

Emerson César da Silva Gomes[37] afirma que a repartição promove também a equalização inter-regional, função de grande relevância em Estados com grande extensão territorial e com acentuadas disparidades regionais, como o Brasil. Ela permite que entes com baixa capacidade fiscal e frágil estrutura participem da arrecadação de tributos gerados em territórios mais prósperos, o que nivela os serviços públicos à disposição de cada cidadão independentemente de onde eles estejam,[38] assegurando autonomia àqueles entes e realizando democracia e isonomia. Ensina José Maurício Conti:[39]

> Nada mais razoável, na busca do caminho que leve à Justiça Social, do que reconhecer ser aplicável esta noção da igualdade não apenas aos indivíduos como tais, considerados isoladamente, mas também às comunidades na qual vivem [...] O princípio da igualdade deve, por conseguinte, ser aplicado à organização do Estado na forma federativa, o que nos leva à conclusão de que deve ser estendido aos componentes da Federação, a fim de que possa vir a atingir sua meta final, que é o cidadão. Logo, é fundamental que o Estado se organize da forma a manter a equidade entre seus membros, o que importa na adoção de uma série de medidas redistributivas.

Há, ainda, outra função. A repartição pode ser usada como mecanismo compensatório, destinado a evitar o impacto negativo de mudanças operadas no sistema tributário na arrecadação dos governos subnacionais. Carlos Cavalcanti, Sérgio Prado e Waldemir Quadros[40] trazem

---

37 GOMES, Emerson César da Silva. Fundamentos das transferências intergovernamentais. *Revista Direito Público*, v. 6, nº 27, 2009. Disponível em: <https://www.portaldeperiodicos.idp.edu.br/direitopublico/article/view/1565>. Acesso em: 06 jul. 2017.

38 DELFIM NETTO, Antônio *apud* UCHÔA FILHO, Sérgio Papini de Mendonça. Repartição das Receitas Tributárias e Transferências Intergovernamentais. *In*: BRAGA, Carlos Eduardo Faraco; CONTI, José Mauricio; SCAFF, Fernando Facury (Org.). *Federalismo Fiscal e Questões Contemporâneas*. Florianópolis: Conceito, 2010.

39 GOMES, Emerson César da Silva. Fundamentos das transferências intergovernamentais. *Revista Direito Público*, v. 6, nº 27, 2009. Disponível em: <https://www.portaldeperiodicos.idp.edu.br/direitopublico/article/view/1565>. Acesso em: 06 jul. 2017, p. 13.

40 CAVALCANTI, Carlos; PRADO, Sérgio; QUADROS, Waldemir *apud* GOMES, Emerson César da Silva. Fundamentos das transferências intergovernamentais. *Revista Direito Público*, v. 6, nº 27, 2009. Disponível em: <https://www.portaldeperiodicos.idp.edu.br/direitopublico/article/view/1565>. Acesso em: 06 jul. 2017. p. 13.

o exemplo do Fundo de Compensação pela Exportação de Produtos Industrializados, instituído pela Constituição de 1988 (art. 159, II).[41]

Vale registrar que a repartição constitucional de receitas não se confunde com as transferências legais ou voluntárias, embora estas também desempenhem importantes tarefas na cooperação federativa, como o fomento de comportamentos desejados.

Isso porque, nas transferências legais ou voluntárias, o ente transferidor, normalmente o ente central, tem no primeiro momento disposição sobre os recursos transferidos, que apenas depois passam a pertencer ao ente receptor, o que o coloca em posição de acentuada dependência do primeiro. Nas transferências, portanto, os recursos não são próprios do ente subnacional. Assim, não lhe garantem autonomia.[42]

Na repartição, os recursos entram nos cofres do Estado brasileiro imediatamente como pertencentes aos entes subnacionais receptores. A União os registra meramente para fins contábeis, mas jamais adquire a propriedade deles. Didaticamente, pode-se dizer que a União chega a ter a detenção ou, no máximo, a posse dos recursos, não a propriedade. Assim, ela é obrigada a entregá-los aos entes subnacionais. Entrega que não se confunde com transferência, justamente porque esta implicaria transmissão de propriedade, de acordo com Celso de Barros Correia Neto.[43] É por isso que os recursos obtidos pelos entes subnacionais na repartição são considerados próprios e, desse modo, garantidores de autonomia.

Vê-se, portanto, que, dada a relevância de suas funções, o sistema constitucional de repartição de receitas tributárias se insere no núcleo duro da Constituição. Ele é um dos principais responsáveis por manter a autonomia dos entes subnacionais e, assim, o pacto federativo. É

---

41 BRASIL, Constituição (1988). *Constituição da República Federativa do Brasil de 1988*, Art. 159, II. Brasília, DF, 1988.

42 CORREIA NETO, Celso de Barros. Repartição das Receitas Tributárias e Transferências Intergovernamentais. *In*: BRAGA, Carlos Eduardo Faraco; CONTI, José Mauricio; SCAFF, Fernando Facury (Org.). *Federalismo Fiscal e Questões Contemporâneas*. Florianópolis: Conceito, 2010.

43 CORREIA NETO, Celso de Barros. Repartição das Receitas Tributárias e Transferências Intergovernamentais. *In*: BRAGA, Carlos Eduardo Faraco; CONTI, José Mauricio; SCAFF, Fernando Facury (Org.). *Federalismo Fiscal e Questões Contemporâneas*. Florianópolis: Conceito, 2010.

também um dos responsáveis pela isonomia na satisfação das necessidades dos cidadãos espalhados pelo território brasileiro, o que contribui para a difusão das condições materiais de deliberação democrática. Em última análise, contribui para a dignidade humana.

Portanto, qualquer medida que diminua esse sistema tendendo a esvaziá-lo, seja por ser desproporcional, seja por não estar acompanhada de outra que imediatamente a contrabalance, o que interessa a este artigo, deve ser reputada lesiva à Constituição, ainda que veiculada por emenda constitucional. Noção que se avulta no presente momento, considerada a crise por qual passam os Estados-membros e o Distrito Federal brasileiros. A melhor solução constitucional, porém, pode não ser a aniquilação de uma medida tal, mas a extração da devida compensação do próprio texto constitucional. Nesse caso, é possível que se entenda que há inconstitucionalidade na omissão de não se ter definido, de logo, a compensação à medida, não propriamente na medida.

5. NÃO PARTILHA DO PRODUTO DA DESVINCULAÇÃO DE RECEITAS DE CONTRIBUIÇÕES: VIOLAÇÃO AO PACTO FEDERATIVO

De acordo com o entendimento dominante, respaldado pela jurisprudência do Supremo Tribunal Federal, o ordenamento jurídico brasileiro adotou a teoria da pentapartição para fins de classificação dos tributos, que admite como espécies tributárias as taxas, as contribuições de melhoria, os impostos, os empréstimos compulsórios e as contribuições especiais. As contribuições especiais, por sua vez, dividem-se em contribuições sociais, contribuição de intervenção no domínio econômico, contribuições corporativas e contribuição para o custeio do serviço de iluminação pública.[44]

A partir dessa classificação e com o escopo de dar alicerces robustos à forma federativa de Estado, em especial à autonomia fiscal dos entes periféricos, o constituinte originário indicou as regras para o sistema de repartição das receitas tributárias. Os impostos assumiram o protagonismo do sistema.

---

[44] ALEXANDRE, Ricardo. *Direito Tributário Esquematizado*. Revista e atual. Rio de Janeiro: Forense; São Paulo: Método, 2011, p. 286-287.

Eles se amoldavam perfeitamente ao espírito da repartição de receitas arrecadadas pelos seguintes fundamentos: i) são tributos não vinculados à atividade estatal, o que significa dizer que é desnecessária uma atividade específica do Estado em favor do sujeito passivo para legitimação de sua cobrança;[45] ii) são tributos de arrecadação não vinculada, conforme dispõe o art. 167, IV, da CRFB/88,[46] a tradução do princípio da não afetação da receita.[47] Desse modo, os valores arrecadados com os impostos, salvo as exceções constitucionais, não são vinculados a qualquer órgão, fundo ou despesa.

Os impostos federais de maior arrecadação, o IR e o IPI, foram objeto de repartição. Ademais, a preocupação do constituinte originário com a necessidade de respeito a autonomia fiscal dos entes periféricos, fundada em razões históricas, foi tanta que alcançou a eventual criação de impostos residuais pela União. Determinou-se a repartição com os Estados-membros e o Distrito Federal de 20% dos recursos dela obtidos.

É certo, no entanto, que as receitas de alguns impostos federais não estão sujeitas à repartição, mas há razões específicas para tanto. Por exemplo, a doutrina ensina que, em relação aos impostos de importação e exportação, a explicação residiu na natureza constitucional regulatória, e não arrecadatória dessas espécies tributárias. Quanto ao imposto extraordinário de guerra, a não repartição decorreu da óbvia razão de que o produto de sua arrecadação visa salvaguardar a República Federativa do Brasil em momento de máxima tensão internacional.

Bem pensadas as coisas, as mesmas razões que justificaram a inserção das receitas dos impostos no núcleo do sistema de repartição, conduziram o constituinte a afastar as das demais espécies tributárias. Decerto, o constituinte não estava vinculado a essas razões, tanto que, vez ou outra, ele ou o seu reformador as excepcionaram. Mas não se pode negar que elas pautaram o seu trabalho.

---

45 MACHADO, Hugo de Brito. *Curso de Direito Tributário*. São Paulo: Malheiros, 2008.

46 BRASIL, Constituição (1988). *Constituição da República Federativa do Brasil de 1988*, Art. 167, IV. Brasília, DF, 1988.

47 ALEXANDRE, Ricardo. *Direito Tributário Esquematizado*. Revista e atual. Rio de Janeiro: Forense; São Paulo: Método, 2011, p. 286-287.

Assim, não se determinou a repartição da receita dos tributos retributivos, as taxas e contribuições de melhoria.[48] Elas são uma contraprestação a uma atividade estatal específica em favor do contribuinte. A lógica, então, é que a receita tributária fique com o ente prestador da atividade, embora o produto da arrecadação, em regra, não seja vinculado ao financiamento da atividade fato gerador.

Não há também repartição das receitas do empréstimo compulsório e das contribuições especiais, por terem arrecadação vinculada a finalidade precisa. Se o tributo é instituído para que o ente que o titulariza destine os recursos a uma dada finalidade, não haveria razão para a receita ser repartida. Há, ainda, outros fundamentos que justificaram a não repartição dos empréstimos compulsórios e de espécies das contribuições especiais.

O produto da arrecadação dos empréstimos compulsórios não é propriamente de receitas, mas de ingressos restituíveis. E as hipóteses em que eles podem ser instituídos são bastante limitadas, não tendo ocorrido após a Constituição de 1988.

As contribuições de seguridade não faziam parte do orçamento fiscal da União (art. 165, §5, I e III, CRFB/88),[49] pelo que se entendia que não serviriam à partilha.[50] As contribuições de intervenção no domínio econômico são marcadas, conforme Machado Segundo,[51] pela excepcionalidade, assim como os empréstimos compulsórios, talvez um pouco menos, e são dotadas de caráter regulatório, não arrecadatório. Seja dito de passagem que a exceção constitucional de repartição da CIDE-combustível não foi prevista pelo constituinte originário, mas trazida pela Emenda Constitucional nº 42/2003, que determinou a divisão dos seus recursos com os entes parcelares. Hugo de Brito Machado Segundo[52] ainda afirma que a não partilha dos

---

48 ALEXANDRE, Ricardo. *Direito Tributário Esquematizado*. Revista e atual. Rio de Janeiro: Forense; São Paulo: Método, 2011, p. 286-287.

49 BRASIL, Constituição (1988). *Constituição da República Federativa do Brasil de 1988*, Art. 165, §5, I, III .Brasília, DF, 1988.

50 MACHADO SEGUNDO, Hugo de Brito. *Contribuições e Federalismo*. São Paulo: Dialética, 2005.

51 *Ibid*.

52 *Ibid*.

recursos oriundos das contribuições sociais restantes, por seu turno, não teria o condão de desequilibrar a repartição de receitas pelo seu baixo volume arrecadatório.

A priori, o equilíbrio fiscal entre os entes federados, desejado pelo constituinte originário, não foi abalado pelo fato de tais tributos não terem sido repartidos. Sobretudo porque os tributos federais que mais geravam recursos, o imposto de renda e o imposto sobre os produtos industrializados, o foram.[53] Além disso, criou-se mecanismo para evitar dribles ao sistema da repartição, a imposição da partilha das receitas dos impostos residuais.

O constituinte, porém, não contava com a astúcia da União, que tem optado por incrementar sua arrecadação tributária pela criação e pelo aumento das contribuições especiais, em vez de o fazer pelos impostos. Em verdade, a sua lógica não é muita complexa: impostos, em regra, exigem repartição; contribuições, não.

Há dados que indicam o crescimento alarmante das receitas das contribuições e a redução da dos impostos que ensejam a repartição de receitas.

O imposto de renda da pessoa jurídica teve suas alíquotas reduzidas. Primeiro, de 35% para 30%, e essa redução foi acompanhada de uma ultrajante coincidência: a instituição da Contribuição Social sobre o Lucro das Pessoas Jurídicas. Tudo disposto na mesma lei, a de nº 7.689/88. Posteriormente, a alíquota chegou a 25%, e já caiu para 15%.[54] Ou seja, desde a promulgação da Constituição, houve redução de quase 60% da alíquota de tal imposto.

De acordo com Machado Segundo[55] a manobra arrecadatória da União também se mostrou presente no âmbito do imposto sobre produtos industrializados (IPI), tendo em vista a sua ardilosa troca por contribuições, como se deu, por exemplo, com a redução do IPI de automóveis com o paralelo aumento da contribuição para financiamento da seguridade social (COFINS).

---

53 Ibid.
54 Ibid.
55 Ibid.

Há a partilha das receitas da CIDE-combustível, instituída em decorrência de uma reação dos Estados à colossal avalanche de contribuições.[56]

Ademais, para acrescentar ao rol de evidências que apontam ao propósito violador do equilíbrio da repartição de receitas, a União ainda não se interessou em exercer a competência para instituição do partilhável imposto residual.

Todavia, *nem tudo são flores*. Para a União, as contribuições possuem um inconveniente, a vinculação de suas receitas às finalidades constitucionais que ensejaram sua instituição, conforme se extrai do art. 149, da CRFB/88.[57] "As contribuições qualificam-se pela finalidade que devem alcançar",[58] ou seja, as contribuições são "um meio, ou instrumento, através do qual o Estado deve tentar atingir certas finalidades".[59]

A história acusa que as contribuições nasceram a partir da percepção da insuficiência do Estado liberal. O propósito foi o de fomentar ações positivas do Estado. Elas surgiram para conviver com os impostos, que reinavam sozinhos num contexto social em que não havia preocupações com o destino do produto da arrecadação. Foram criadas visando à implementação dos direitos fundamentais de segunda e terceira gerações. E, assim, a característica mais relevante que distingue a contribuição das demais espécies tributárias, especialmente dos impostos, é justamente a necessária destinação constitucional do produto da sua arrecadação.

A União não se mostrou totalmente satisfeita com esse ônus do seu instrumento de satisfação da sanha arrecadatória. Por isso, nos idos

---

56 *Ibid.*

57 "Art. 149. Compete exclusivamente à União instituir contribuições sociais, de intervenção no domínio econômico e de interesse das categorias profissionais ou econômicas, como instrumento de sua atuação nas respectivas áreas, observado o disposto nos arts. 146, III, e 150, I e III, e sem prejuízo do previsto no art. 195, § 6º, relativamente às contribuições a que alude o dispositivo". BRASIL. Constituição (1988). *Constituição da República Federativa do Brasil*. Brasília, DF: Senado Federal: Centro Gráfico, 1988.

58 CARRAZA, Roque Antônio apud MACHADO SEGUNDO, Hugo de Brito. *Contribuições e Federalismo*. São Paulo: Dialética, 2005, p. 84.

59 MACHADO SEGUNDO, Hugo de Brito. *Contribuições e Federalismo*. São Paulo: Dialética, 2005, p. 84.

de 1994, quando da adoção do Plano Real, criou, por meio de emenda constitucional de revisão (ECR nº 1/1994), mecanismo que permitia a desafetação de parte de suas receitas tributárias, inclusive das contribuições. Em verdade, atualmente mais de 98% dos recursos por ela desvinculados provêm das contribuições. Tem-se que "[a] expectativa é que a medida libere R$ 117,7 bilhões para uso do Executivo apenas em 2016, sendo R$ 110,9 bilhões de contribuições sociais, R$ 4,6 bilhões da Cide e R$ 2,2 bilhões de taxas".[60]

Inicialmente conhecido como Fundo Social de Emergência e Fundo de Estabilização Fiscal, hoje ele é chamado de Desvinculação de Receitas da União, ou DRU. Quando de sua implantação, dizia-se que ele seria transitório, mas a verdade é que tem sido prorrogado incansavelmente, com pequenas alterações. Por ora, ele já foi prorrogado para até o ano de 2023, por força de EC nº 93/2016.[61]

Para Fernando Álvaro Correia Dias,[62] a União justifica a DRU na promoção da estabilidade econômica, na elasticidade da gestão orçamentária e na consecução do ajuste fiscal. Não se nega a importância de tais finalidades, mas a desvinculação inegavelmente constrói caminho para uma acentuada centralização das receitas tributárias na União, que, se não contrabalançada, pode fragilizar o arranjo federativo constitucional. Alguma solução tem que ser construída no sentido da otimização dos interesses conflitantes. A questão, porém, é complexa.

---

60 BRASIL. Promulgada emenda que promove desvinculação das receitas. *Senado Notícias*. Publicado em 08 set. 2016, atualizado em 29 set. 2016. Disponível em: <http://www12.senado.leg.br/noticias/materias/2016/09/08/promulgada-emenda-que-prorroga-desvinculacao-de-receitas.>. Acesso em: 08 jul. 2017.

61 BRASIL, Constituição (1988). *Constituição da República Federativa do Brasil de 1988*, Art. 76. São desvinculados de órgão, fundo ou despesa, até 31 de dezembro de 2023, 30% (trinta por cento) da arrecadação da União relativa às contribuições sociais, sem prejuízo do pagamento das despesas do Regime Geral da Previdência Social, às contribuições de intervenção no domínio econômico e às taxas, já instituídas ou que vierem a ser criadas até a referida data. § 1º (revogado) § 2º Excetua-se da desvinculação de que trata o *caput* a arrecadação da contribuição social do salário-educação a que se refere o § 5º do art. 212 da Constituição Federal. § 3º (Revogado).

62 DIAS, Fernando Álvaro Correia. *Desvinculação de receitas da União, ainda necessária?* Núcleo de Estudos e Pesquisas do Senado. Edição out. Brasília, 2011. Disponível em: <https://www12.senado.leg.br/publicacoes/estudos-legislativos/tipos-de-estudos/textos-para-discussao/td-103-desvinculacao-de-receitas-da-uniao-ainda-necessaria>. Acesso em: 08 jul. 2017.

Há quem não vislumbre problema algum, ao simples argumento de que a vinculação da destinação do produto das contribuições para certas finalidades não é cláusula pétrea, podendo ser modificada por emenda constitucional. Argumenta-se, ainda, que a marca distintiva das contribuições, a destinação de recursos para determinada finalidade, foi mantida predominantemente.

Com o devido respeito, a análise não se atenta para o todo. Provavelmente porque os ataques feitos pela União, por serem paulatinos e travestidos de uma falsa legalidade, não são de fácil percepção. A doutrina vem advertindo:[63]

> Note-se a evolução dos fatos. Primeiro, a União cria contribuições que não se submetem a algumas limitações constitucionais, em regra não têm âmbito constitucional de incidência definido nem são partilhadas com os demais entes federados. E o faz à saciedade. Tudo, porém, estaria justificada porque seriam atendidas "finalidades sociais e coletivas", às quais não se poderiam opor princípios constitucionais fruto de um "liberalismo egoísta" e, por isso mesmo, "aplicável apenas aos impostos". Depois, porém, diante do expressivo montante arrecadado, "desvincula-se" a receita correspondente, dando-lhe destino que poderia ser obtido com o produto dos impostos em geral. O nome "contribuição, enfim, serve apenas de biombo, criando-se uma situação que nem Maquiavel poderia imaginar: os fins, a rigor, passam a se justificar por si mesmos, numa inominável petição de princípios.

A conjugação da DRU com a concentração da arrecadação tributária federal nas contribuições, sem a instituição de instrumento de contrabalanço, representa verdadeiro drible ao sistema constitucional de repartição de receitas, comprometendo a autonomia dos Estados-membros e do Distrito Federal de maneira a empurrá-los para uma crise político-fiscal irremediável.

A União simplesmente alega que está exercendo os seus direitos de instituir contribuições, de instigar a edição de emendas e de atingir os importantes objetivos acima aludidos, mas, se isso é verdade, é verdade também que os direitos estão sendo exercidos de maneira abusiva, de maneira a prejudicar a autonomia fiscal dos Estados-membros e do Distrito Federal. "O abuso de direito consiste no uso imoderado do direito subjetivo, de modo a causar dano a outrem. Em princípio,

---

[63] MACHADO SEGUNDO, Hugo de Brito. *Contribuições e Federalismo*. São Paulo: Dialética, 2005, p. 163.

aquele que age dentre do seu direito a ninguém prejudica (*neminem laedit qui jure suo utitur*)."[64]

A situação da federação brasileira é bem representada em trecho do poema "No caminho com Maiakóvski", de Eduardo Alves da Costa[65]:

> [...] Na primeira noite eles se aproximam
> e roubam uma flor
> do nosso jardim.
> E não dizemos nada.
> Na segunda noite, já não se escondem;
> pisam as flores,
> matam nosso cão,
> e não dizemos nada.
> Até que um dia,
> o mais frágil deles
> entra sozinho em nossa casa,
> rouba-nos a luz, e,
> conhecendo nosso medo,
> arranca-nos a voz da garganta.
> E já não podemos dizer nada.

6. CONFORMAÇÃO DA DESVINCULAÇÃO DE RECEITAS DE CONTRIBUIÇÕES COM A FORMA FEDERATIVA DE ESTADO

A solução que se propõe é a repartição com os Estados-membros e o Distrito Federal das receitas desvinculadas das contribuições. Ela repousa no próprio sistema de repartição de receitas tributárias estruturado pelo poder constituinte originário.

O constituinte estava atento à tendência histórica brasileira de centralização de recursos no poder central,[66] que poderia dar ensejos a dribles no sistema de repartição de receitas. Por isso, ao planejá-lo, estabeleceu a repartição da receita de eventuais novos tributos não

---

64 AMARAL, Francisco *apud* OLIVEIRA, Dinalva Souza de. *Natureza jurídica do abuso de direito à luz do Código Civil de 2.002*. Disponível em: <http://www.ambito-juridico.com.br/site/?n_link=revista_artigos_leitura&artigo_id=13690>. Acesso em: 06 jul. 2017.

65 COSTA, Eduardo Alves da. *No caminho de Maiakóvski*. São Paulo: Geração, Ed. 1, 2003.

66 MACHADO SEGUNDO, Hugo de Brito. *Contribuições e Federalismo*. São Paulo: Dialética, 2005.

contraprestacionais de arrecadação desvinculada a serem criados. É dizer, ao conferir à União a competência residual lhe autorizando a instituição de novos impostos, o constituinte cuidou de repartir 20% do produto da arrecadação com os Estados-membros e o Distrito Federal.[67]

Como *ubi eadem ratio ibi idem jus*, a solução é a repartição de 20% das receitas desvinculadas das contribuições com os Estados-membros e o Distrito Federal. Deve-se repartir 20% dos 30% desvinculados. Decerto, o constituinte apenas previu expressamente a repartição das receitas arrecadadas pelos impostos residuais, não pelas contribuições. Mas, assim como a dos impostos residuais, as receitas desvinculadas das contribuições pela DRU são também novas receitas tributárias federais desvinculadas, não expressamente consignadas no texto do constituinte de 1988. E, para tais receitas, a determinação constitucional foi no sentido da repartição. Só assim se garante o pacto federativo desejado pelo constituinte.

Exigir que a previsão específica relativa ao rateio das receitas desvinculadas das contribuições constasse do texto do constituinte de 1988 seria a demanda de um exercício de vidência. Como ele poderia imaginar tamanha criatividade do poder central em inventar subterfúgios para inchar seus cofres em plena contrariedade ao sistema de repartição? Ademais, é bem de ver que, em 1988, o montante das receitas das contribuições não era suficiente para abalar a harmonia da repartição de receitas dos entes federados.[68]

Registre-se que não se está a dizer que a desvinculação das receitas das contribuições altera a natureza jurídica do tributo para a de impostos na parte desvinculada. Noutros termos, não se diz que há uma mutação parcial da contribuição em imposto. Isso poderia gerar outras implicações. O que se diz apenas é que as receitas delas que forem desvin-

---

[67] É bem de ver que essa regra é um dos pontos mais sensíveis do equilíbrio federativo fiscal. Primeiro, porque faz com que a arrecadação do Estado aumente proporcionalmente à hipertrofia da arrecadação da União. Segundo, porque afasta a possibilidade de instituição de impostos residuais com fato gerador ou base de cálculo próprios dos discriminados na Lei Maior, evitando-se a tributação concorrente, o que culminaria em certa medida na redução da prática dos fatos tributados pelos contribuintes, reduzindo a arrecadação dos entes periféricos (MACHADO SEGUNDO, Hugo de Brito. *Contribuições e Federalismo*. São Paulo: 2005, Dialética, p. 59).

[68] MACHADO SEGUNDO, Hugo de Brito. *Contribuições e Federalismo*. São Paulo: Dialética, 2005.

culadas devem ser repartidas. E nada impede isso: ao revés, a ordem constitucional assim impõe. Não se exige como pressuposto para a repartição o fato de as receitas decorrerem de impostos. Como se sabe, aliás, o que vai ocorrer com o produto da arrecadação não importa ao direito tributário, mas ao direito financeiro.

O objetivo da repartição é garantir a harmonia federativa, e ele deve ser realizado, estejamos falando de impostos ou não. Se o constituinte derivado entendesse por desvincular a totalidade ou quase das receitas das contribuições e, paralelamente, o poder central aumentasse a arrecadação das contribuições e reduzisse à insignificância a arrecadação dos impostos partilháveis, o que restaria da federação? Certamente, um conjunto de fatos tal, que só difere do já existente em sua robustez, reclamaria medida ainda mais drástica do que a repartição de 20% das receitas desvinculadas das contribuições.

A solução tem que ser tomada imediatamente. Não se pode esperar o dia em que *a voz da garganta nos é arrancada*.

7. SUPREMO TRIBUNAL FEDERAL E SEU PAPEL DE GUARDIÃO DA FEDERAÇÃO

Não se ignora que, por meio de recursos extraordinário, ora decorrentes de conflitos entre os Municípios e a União, ora entre esta e sociedades empresárias, a questão da DRU chegou ao STF, e que a jurisprudência se formou no sentido de sua constitucionalidade.

Em pelo menos um julgado, a turma, utilizando-se de argumento acima referido e rebatido, assinalou que a "norma que determina a vinculação da destinação do produto da arrecadação das contribuições sociais não assume caráter de cláusula pétrea, uma vez não contemplada pelo art. 60, § 4º, da Constituição Federal".[69]

Em outro julgado, o município recorrente sustentou que a desvinculação de parte da receita da arrecadação da Contribuição Social Sobre o Lucro Líquido (CSLL) a fez adquirir feição de imposto na parcela que foi desvinculada, pretendendo, diante disso, a repartição

---

[69] BRASIL. Supremo Tribunal Federal. *RE nº 537.610*, Relator(a): Min. Cezar Peluso, Segunda turma, julgado em 01/12/2009, DJe-237 DIVULG 17-12-2009 PUBLIC 18-12-2009 EMENT VOL-02387-09 PP-01566 RDDT n. 174, 2010, p. 145-146 RT v. 99, n. 894, 2010, p. 104-105.

da receita pertinente. A pretensão municipal não vingou. Foi consignado que a Corte Suprema "possui entendimento no sentido de que a alteração, consignada no art. 76 do ADCT, da destinação de parte dos recursos arrecadados a título de contribuições sociais não altera a finalidade dos referidos tributos, que permanece sendo o custeio da seguridade social".[70]

A jurisprudência da Corte já verberou, também, que "a desvinculação parcial e temporária da arrecadação das contribuições sociais da União, nos termos do art. 76 do ADCT, é constitucional e não altera a natureza desses tributos [...]".[71]

Mas o STF ainda não enfrentou especificamente a questão posta neste texto, referente à violação ao sistema constitucional de repartição de receitas e, consequentemente, ao pacto federativo. Uma coisa é a possibilidade de se desvincular parcela da receita das contribuições, mais uma é o fato de isso não gerar uma mutação parcial da contribuição em imposto, outra diferente dessas duas é a necessidade de partilha das novas receitas tributárias federais desvinculadas em respeito ao sistema constitucional de repartição de receitas.

A Corte deve ser chamada a resolver essa questão, especialmente em virtude de seu papel de Tribunal da Federação, incumbido do dever de zelar pelo pacto federativo (CRFB/88, art. 102, I, *f*), inúmeras vezes por ela bem cumprido, e conforme se vê, por exemplo, de trecho de decisão da ministra Rosa Weber no bojo da ACO nº 2.941 cuja discussão central residiu na destinação de receitas advindas da Lei de Repatriação (Lei nº 13.254/2016) para os cofres locais:[72]

> A técnica de repartição de receitas, que consubstancia modalidade de distribuição vertical de rendas, é fator inerente ao federalismo brasileiro, pois é inescapável a constatação (...) de que nem todos os Estados-membros e o Distrito Federal e Municípios – os quais se pretenderia tornar autônomos – são capazes de produzir em seus lindes riqueza suficiente para

---

[70] BRASIL. Supremo Tribunal Federal. *RE* nº *605.562*, Relator(a): Min. DIAS TOFFOLI, julgado em 27/06/2012, publicado em DJe-150 DIVULG 31/07/2012 PUBLIC 01/08/2012.

[71] BRASIL. Supremo Tribunal Federal. *RE nº 602.367*, Relator(a): Min. RICARDO LEWANDOWSKI, julgado em 20/04/2010, publicado em DJe-079 DIVULG 04/05/2010 PUBLIC 05/05/2010.

[72] LOBO, Rogério Leite. *Op. cit.*, p. 153.

dela extrair, sem auxílio externo, matéria tributável em montante compatível às atribuições constitucionais que lhes tenham sido conferidas"[73] Um aspecto que se torna fundamental, diante da importância dos repasses entre entes federativos (que nem sempre possuem competências tributárias em necessária correspondência às obrigações de prestação de serviços) é a da "intangibilidade dos recursos", ou seja, "às regras assecuratórias da entrega integral e incondicionada dos montantes às unidades federativas beneficiadas.

É diante de decisões judiciais corajosas como a ora transcrita que a advocacia pública estadual e distrital não pode nutrir posição de parcela da doutrina que aponta haver "influência do Executivo da União sobre o Supremo Tribunal Federal, causada especialmente pela forma como são escolhidos os seus Ministros".[74] Sem dúvidas, a consagração constitucional da advocacia pública como função essencial à justiça, bem como a sua função de representação judicial e de consultoria jurídica aconselham uma atitude proativa dessas autoridades estaduais e distrital no sentido da promoção de meios à judicialização da questão ora tratada.

No fim das contas, espera-se que a Corte Suprema, dotada que é de perspicácia constitucional, faça valer a forma federativa de Estado por meio do rearranjo do sistema de repartição de receitas, consagrando especificamente a repartição de receitas desvinculadas das contribuições.

E que não seja a federação brasileira, pois, transformada em sonho solitário. Segundo Alves,[75] sonhos sozinhos nada podem fazer. Sendo coisas belas, são coisas fracas. A federação também é bela, mas, sem uma instituição que a assegure, será inútil. Que não vivamos para ver um federalismo de aparências.

---

73 LOBO, Rogério Leite. *Federalismo Fiscal Brasileiro*: discriminação das rendas tributárias e centralidade normativa. Rio de Janeiro: Lumen Juris, 2006, p. 82.

74 MACHADO SEGUNDO, Hugo de Brito. *Contribuições e Federalismo*. São Paulo: Dialética, 2005, p. 67.

75 ALVES, Rubem. *O retorno e terno*. 29ª ed. Campinas: Papirus, 2013.

8. CONCLUSÕES

A associação da atividade da União de incrementar sua arrecadação tributária por meio de contribuições especiais, em vez de impostos, com a DRU, representa um drible ao sistema constitucional de repartição das receitas tributárias, que tem prejudicado a autonomia financeira dos Estados-membros e do Distrito Federal, essencial ao pacto federativo. Não obstante, a DRU promove a satisfação de importantes interesses do ente nacional. Diante disso, em vez de se declarar a sua inconstitucionalidade pura e simples, é mais democrático e consentâneo com a Constituição que se extraia do próprio texto constitucional uma medida de contrabalanço, permitindo à União a realização dos seus interesses, mas sem desrespeitar a autonomia dos estados-membros e do Distrito Federal, o que, no presente momento, os ajudará a sair da crise político-fiscal. A solução na verdade já foi dada claramente pelo próprio constituinte originário ao determinar que 20% das receitas arrecadadas pela União com os impostos residuais sejam repartidas com os Estados-membros e o Distrito Federal, de maneira a evitar dribles ao sistema de repartição de receitas. Como *ubi eadem ratio ibi idem jus*,[76] a solução é a repartição de 20% das receitas desvinculadas das contribuições com os Estados-membros e o Distrito Federal. Reparte-se 20% dos 30% desvinculados.

Esclareça-se que não se está dizendo que as contribuições viraram, em parte, impostos. Isso poderia trazer outras implicações. O que se diz é apenas que, para não haver fraude ao sistema constitucional de repartição das receitas, 20% das receitas de contribuições desvinculadas pela DRU devem ser repartidas com os Estados-membros e o Distrito Federal.

Não se tem conhecimento de que a questão abordada já foi resolvida pelo Supremo Tribunal Federal, de modo que cumpre a Advocacia Pública estadual e distrital promover meios para seu exame judicial.[77]

---

76 *Nota do organizador*: Onde houver a mesma razão de ser, haverá o mesmo direito (tradução livre).

77 *Nota do organizador*: A ADPF 523 foi ajuizada pelo Governador de Minas Gerais com o apoio do DF e de grande parte dos Estados brasileiros, sendo eles Acre, Alagoas, Amapá, Amazonas, Bahia, Ceará, Goiás, Maranhão, Mato Grosso, Mato Grosso do Sul, Pará, Paraíba, Paraná, Pernambuco, Piauí, Rio de Janeiro, Rio Grande do Norte, Rondônia, Roraima, Santa Catarina, Sergipe e Tocantins. Sua alegação é de

9. REFERÊNCIAS BIBLIOGRÁFICAS

AFONSO, José Roberto; REZENDE, Fernando. *A federação brasileira*: fatos, desafios e perspectivas. 2002. Disponível em: <https://www.researchgate.net/publication/267820480_A_Federacao_Brasileira_Fatos_desafios_e_perspectivas>.

ALEXANDRE, Ricardo. *Direito Tributário Esquematizado*. Revista e atual. Rio de Janeiro: Forense; São Paulo: Método, 2011.

ALMEIDA, Fernanda Dias Menezes. *Competências na Constituição de 1988*. São Paulo: Editora Atlas, 1991.

ALVES, Rubem. *O retorno e terno*. 29ª edição. Campinas: Papirus, 2013.

ANDRADE, Luana de Oliveira. *A Repartição das Receitas Tributárias*. 2010, p. 6. Disponível em: <http://www.emerj.tjrj.jus.br/paginas/trabalhos_conclusao/1semestre2010/trabalhos_12010/luanaandrade.pdf>.

BRASIL. Constituição (1891). *Constituição da República dos Estados Unidos do Brasil*. Rio de Janeiro, 1891. Disponível em < http://www.planalto.gov.br/ccivil_03/Constituicao/Constituicao91.htm>.

_____. Constituição (1988). *Constituição da República Federativa do Brasil*. Brasília, DF: Senado Federal: Centro Gráfico, 1988.

_____. Supremo Tribunal Federal. Ação Cível Originária: *ACO 2941 MC*, Relator(a): Min. Rosa Weber, Brasília, DF, 11 nov. 2016.

_____. Supremo Tribunal Federal. Recurso Especial: *RE 100033*, Relator(a): Min. Francisco Rezek, Tribunal Pleno, Brasília, DF, 21 set. 1983.

_____. Supremo Tribunal Federal. Recurso Especial: *RE 537610*, Relator(a): Min. Cezar Peluso, Segunda turma, Brasília, DF, 01 dez. 2009.

_____. Supremo Tribunal Federal. Recurso Especial: *RE 602367*, Relator(a): Min. Ricardo Lewandowski, Brasília, DF, 20 abr. 2010.

_____. Supremo Tribunal Federal. Recurso Especial: *RE 605562*, Relator(a): Min. Dias Toffoli, Brasília, DF, 27 jun. 2012.

CORREIA NETO, Celso de Barros. Repartição das Receitas Tributárias e Transferências Intergovernamentais. *In*: BRAGA, Carlos Eduardo Faraco; CONTI, José Mauricio;

---

que a União tem praticando reiteradamente o ato inconstitucional que descumpre o preceito fundamental do pacto federativo. Através da desvinculação da receita, a União não partilharia sua arrecadação, ferindo o desenho institucional do orçamento e finanças do Estado brasileiro previsto no artigo 157, inciso II, da CRFB/88. Desse modo, a União, ao desvincular a receita, haveria criado uma técnica legislativa de via transversal para o crescimento da própria receita, sem a necessidade de a repartir com os demais entes, acentuando de forma clara a degeneração do Pacto Federativo brasileiro.

SCAFF, Fernando Facury (Org.). *Federalismo Fiscal e Questões Contemporâneas*. Florianópolis: Conceito, 2010.

COSTA, Eduardo Alves da. *No caminho com Maiakóvski*. Disponível em: <http://www.jornaldepoesia.jor.br/autoria1.html>.

DALLARI, Dalmo de Abreu. *O Estado Federal*. São Paulo: Ática, 1986.

DIAS, Fernando Álvaro Correia. *Desvinculação de receitas da União, ainda necessária?* 2011. Disponível em: <https://www12.senado.leg.br/publicacoes/estudos-legislativos/tipos-de-estudos/textos-para-discussao/td-103-desvinculacao-de-receitas-da-uniao-ainda-necessaria>.

GOMES, Emerson César da Silva. Fundamentos das transferências intergovernamentais. *Revista Direito Público*, v. 6, nº 27, 2009. Disponível em: <https://www.portaldeperiodicos.idp.edu.br/direitopublico/article/view/1565>.

MACHADO SEGUNDO, Hugo de Brito. *Contribuições e Federalismo*. São Paulo: 2005, Dialética.

MACHADO, Hugo de Brito. *Curso de Direito Tributário*. São Paulo: Malheiros, 2008.

OLIVEIRA, Dinalva Souza de. *Natureza jurídica do abuso de direito à luz do Código Civil de 2002*. Disponível em: <http://www.ambito-juridico.com.br/site/?n_link=revista_artigos_leitura&artigo_id=13690>.

SARMENTO, Daniel; SOUZA NETO, Cláudio Pereira de. *Direito constitucional*: teoria, história e métodos de trabalho. Belo Horizonte: 2012, Fórum (*e-book*).

UCHÔA FILHO, Sérgio Papini de Mendonça. Repartição das Receitas Tributárias e Transferências Intergovernamentais. *In*: BRAGA, Carlos Eduardo Faraco; CONTI, José Mauricio; SCAFF, Fernando Facury (Org.). *Federalismo Fiscal e Questões Contemporâneas*. Florianópolis: Conceito, 2010.

Grupo
Editorial
LETRAMENTO